Lesebücher für unsere Zeit

Begründet von Walther Victor

Brecht-Lesebuch

Brecht

Ein Lesebuch für unsere Zeit

Aufbau-Verlag
Berlin und Weimar
1987

Textauswahl von Elisabeth Hauptmann und Benno Slupianek
Einleitung von Fritz Hofmann

ISBN 3-351-00466-4

15. Auflage 1987
Aufbau-Verlag Berlin und Weimar
Ausgabe für die Deutsche Demokratische Republik
mit Genehmigung des Suhrkamp Verlages, Frankfurt am Main
Der Vertrieb ist nur in den sozialistischen Ländern gestattet

Einbandgestaltung Wolfgang Kenkel
Typographie Gisela Fischer
Karl-Marx-Werk, Graphischer Großbetrieb, Pößneck V 15/30
Printed in the German Democratic Republic
Lizenznummer 301. 120/145/87
Bestellnummer 610 635 3
00650

Bertolt Brecht

Inhaltsverzeichnis

Über Bertolt Brecht

Lyrik

Prosa

Theater

Zu Literatur und Kunst

Reden und Briefe zur Politik

Über Bertolt Brecht

Brecht und seine Zeit

Eugen Berthold Friedrich Brecht am 10. Februar in Augsburg geboren. 1898

Um die Jahrhundertwende hat sich in Deutschland der Imperialismus, das höchste und letzte Stadium des Kapitalismus, voll herausgebildet. 1900

Bürgerlich-demokratische Revolution gegen das zaristische Regime in Rußland: die erste Revolution im Zeitalter des Imperialismus. 1905
Streik der Ruhrbergarbeiter.

Brecht wird in das Bayrische Realgymnasium an der „Blauen Kappe" in Augsburg aufgenommen. 1908

Streik- und Wahlrechtskämpfe in Deutschland. 1910

Brecht und Caspar Neher sind Klassenkameraden. 1911

Der Baseler Kongreß der II. Internationale nimmt ein Manifest gegen den imperialistischen Krieg an. 1912

Unter dem Namen Berthold Eugen veröffentlicht Brecht in der Schülerzeitschrift „Die Ernte" Aufsätze, Gedichte und Erzählungen. 1913

Streik der Hamburger Werftarbeiter.
August Bebel gestorben (geb. 1840).

Die Schülerzeitschrift „Die Ernte" veröffentlicht den Einakter „Die Bibel". 1914
Nach Ausbruch des Krieges verfaßt Brecht für die „Augsburger Neuesten Nachrichten" und die „Münchner-Augsburger Abendzeitung" patriotische Beiträge.

Beginn des ersten Weltkriegs, den vor allem der deutsche Imperialismus zur Neuaufteilung der Welt entfesselt hat. Die meisten Parteien der II. Internationale verraten das internationale Proletariat und unterstützen den imperialistischen Krieg. Die II. Internationale bricht zusammen. Die deutsche Sozialdemokratie bewilligt die Kriegskredite; die Linken – Karl

Liebknecht, Rosa Luxemburg, Clara Zetkin und Franz Mehring – nehmen öffentlich gegen den Krieg Stellung.

1916 *In einem Schulaufsatz über den Vers des Horaz „Dulce et decorum est pro patria mori" (Süß und ehrenvoll ist der Tod fürs Vaterland) macht Brecht keinen Hehl aus seiner ablehnenden Haltung gegenüber dem Krieg.*

Friedensdemonstration in Berlin am 1. Mai. Karl Liebknecht wird verhaftet.
Lenin schreibt sein Werk „Der Imperialismus als höchstes Stadium des Kapitalismus".

1917 *Brecht legt das „Notabitur" ab. Immatrikulation an der Philosophischen Fakultät der Münchner Universität.*

Februarrevolution in Rußland. Sturz des Zarismus.
Gründung der Unabhängigen Sozialdemokratischen Partei Deutschlands (USPD).
Erste Massenstreiks in Deutschland. Aufstand in der deutschen Flotte.
Sieg der Großen Sozialistischen Oktoberrevolution in Rußland. Sie leitet eine neue Epoche der Weltgeschichte ein.

1918 *Brecht veranstaltet eine Totenfeier für Frank Wedekind und nimmt am Begräbnis in München teil.*
„Baal" entsteht.
Von Oktober an Sanitätssoldat in einem Augsburger Reservelazarett. Brecht schreibt die „Legende vom toten Soldaten".

Militärischer, ökonomischer und politischer Zusammenbruch Deutschlands. Novemberrevolution. Die Republik wird ausgerufen.
Gründung der Kommunistischen Partei Deutschlands.
Alfred Döblins Roman „Wadzeks Kampf mit der Dampfturbine" erscheint.

1919 *Brecht arbeitet an dem Stück „Spartakus", später „Trommeln in der Nacht" betitelt. Er besucht Wahlversammlungen der USPD und nimmt an der Trauerfeier für Rosa Luxemburg und Karl Liebknecht teil.*
Im „Volkswillen", einer Tageszeitung der USPD, veröffentlicht Brecht seine erste Theaterkritik.

Ermordung Karl Liebknechts (geb. 1871) und Rosa Luxemburgs (geb. 1871).
Eröffnung der Nationalversammlung in Weimar. Wahl Eberts zum Reichspräsidenten. Annahme der Weimarer Verfassung.
Bildung der Münchner Räterepublik und ihre Niederschlagung durch konterrevolutionäre Truppen.

„Baal" liegt im Umbruch vor, aber der Verlag Georg Müller wagt nicht, das Stück zu drucken. 1920

Kapp-Putsch, niedergeschlagen durch den Generalstreik der deutschen Arbeiterklasse. Bildung der Roten Ruhrarmee. Bewaffnete Kämpfe gegen die Konterrevolution. Auf dem VI. Parteitag vereinigt sich die KPD mit dem revolutionären Flügel der USPD.
Lion Feuchtwanger veröffentlicht das Stück „Thomas Wendt".

Beginn der Arbeit an dem Stück „Garga", das später den Titel „Im Dickicht der Städte" erhält. 1921

Generalstreik der Arbeiterklasse und Märzkämpfe in Mitteldeutschland.

Uraufführung von „Trommeln in der Nacht" in den Münchner Kammerspielen. 1922
„Baal" erscheint im Kiepenheuer Verlag.
Brecht heiratet Marianne Zoff.
Auf Vorschlag von Herbert Ihering erhält Brecht den Kleist-Preis.

Errichtung der faschistischen Diktatur Mussolinis in Italien.
Abschluß des deutsch-sowjetischen Vertrages von Rapallo.
Ermordung des deutschen Außenministers Walther Rathenau.
Aufführung des ersten Tonfilms in Berlin.

Gemeinsam mit Lion Feuchtwanger bearbeitet Brecht Marlowes „Leben Eduards des Zweiten von England". 1923
Uraufführung von „Im Dickicht der Städte" in München und von „Baal" in Leipzig.
Brecht lernt die Schauspielerin Helene Weigel kennen.

Ruhrbesetzung durch französische und belgische Truppen.
Verschärfung der Inflation und der sozialen Not.
Aufstand der Hamburger Arbeiter unter Führung Ernst Thälmanns.
Ende der Inflation. Stabilisierung der Währung durch die Rentenmark.

Uraufführung von „Leben Eduards des Zweiten von England" in München unter der Regie von Brecht. 1924
Anfang September siedelt Brecht nach Berlin über. Max Reinhardt holt ihn als dramaturgischen Mitarbeiter an das Deutsche Theater.
Arbeit an dem Stück „Mann ist Mann".
Brecht lernt Elisabeth Hauptmann kennen, die seine ständige Mitarbeiterin wird.

W. I. Lenin gestorben (geb. 1870).
„Der Zauberberg" von Thomas Mann erscheint.

1925 *Abschluß der Arbeit an „Mann ist Mann".*

Die erstarkende Reaktion macht Hindenburg zum Reichspräsidenten.
X. Parteitag der KPD und 1. Reichsparteikonferenz. Geführt von Ernst Thälmann, wird die KPD zur marxistisch-leninistischen Massenpartei.

1926 *Brecht arbeitet an den Stücken „Dan Drew" und „Joe Fleischhacker". Im Verlauf seiner Materialstudien wird er mit dem Marxismus bekannt.*
Uraufführung von „Mann ist Mann" in Darmstadt.

Freundschafts- und Neutralitätsvertrag zwischen Deutschland und der Sowjetunion.
Deutschland tritt dem 1919 gegründeten Völkerbund bei.
Gemeinsame Aktion von KPD und SPD zur Enteignung der Fürsten; der anschließende Volksentscheid erbringt 14,5 Millionen Stimmen.
Die KPD bildet die „Arbeitsgemeinschaft Proletarischer Schriftsteller" im Schutzverband Deutscher Schriftsteller (SDS).
Der sowjetische Film „Panzerkreuzer Potemkin" in Berlin.

1927 *„Bertolt Brechts Hauspostille" kommt im Propyläen-Verlag heraus.*

Das Gastspiel der sowjetischen Agitpropgruppe „Blaue Blusen" gibt den Anstoß zu einer breiten Agitpropgruppenbewegung in Deutschland.

1928 *Brecht arbeitet an der „Dreigroschenoper". Die Uraufführung findet im Theater am Schiffbauerdamm in Berlin statt.*

Erster Fünfjahrplan in der Sowjetunion.
Die SPD-Führung befürwortet den Bau des Panzerkreuzers A.
Gründung des Bundes proletarisch-revolutionärer Schriftsteller Deutschlands.

1929 *Brecht heiratet Helene Weigel.*
Zusammen mit Elisabeth Hauptmann, Emil Burri, Slatan Dudow und Kurt Weill arbeitet Brecht an Lehrstücken und an „Happy End", aus dem sich später das Schauspiel „Die heilige Johanna der Schlachthöfe" entwickelt.

Blutmai in Berlin. Der Rote Frontkämpferbund wird verboten.
Der „Schwarze Freitag" an der New-Yorker Börse leitet die große Weltwirtschaftskrise ein, die alle kapitalistischen Länder erfaßt.

Uraufführung der Oper „Aufstieg und Fall der Stadt Mahagonny" in Leipzig. 1930
In Zusammenarbeit von Brecht, Hanns Eisler und Slatan Dudow entsteht das Lehrstück „Die Maßnahme". Uraufführung im Berliner Großen Schauspielhaus zusammen mit dem Arbeiterchor von Groß-Berlin.

Arbeiterklasse und werktätige Massen wehren sich in machtvollen Demonstrationen und in erbitterten Streikkämpfen gegen die Abwälzung der Krisenlasten auf ihre Schultern.
Die KPD zeigt mit dem Programm zur nationalen und sozialen Befreiung des deutschen Volkes als einzige Partei einen den Interessen der Arbeiterklasse und der Nation entsprechenden Ausweg aus der Krise.
Bei den Reichstagswahlen wird die NSDAP zur zweitstärksten Partei. Die Gefahr der faschistischen Diktatur wächst.

Uraufführung von „Mann ist Mann" im Berliner Staatstheater unter der Regie von Brecht. 1931
Unter Mitarbeit von Slatan Dudow und Hanns Eisler entsteht das Stück „Die Mutter".
Brecht besucht die Marxistische Arbeiterschule in Berlin und wird mit Hermann Duncker bekannt.
Abschluß der Arbeit an dem Stück „Die heilige Johanna der Schlachthöfe".

Großer Streik der Ruhrbergarbeiter.
Die imperialistischen und militaristischen Kreise versuchen mit der „Harzburger Front" einen reaktionären Block für die Errichtung der faschistischen Diktatur zu schaffen.

Uraufführung der „Mutter" in einer geschlossenen Vorstellung. 1932
Premiere des Films „Kuhle Wampe", an dem Brecht mitgearbeitet hat, zuerst in Moskau.

In Deutschland gibt es rund acht Millionen Arbeitslose.
Hindenburg wird erneut Reichspräsident. Der Kampf um die Abwehr der faschistischen Diktatur tritt in sein entscheidendes Stadium.
Die KPD ruft zur antifaschistischen Aktion auf.

Nach dem Reichstagsbrand Emigration über Prag, Wien und Zürich nach Paris. 1933
Auf Einladung der Schriftstellerin Karin Michaelis siedelt Brecht nach Dänemark über.
Brecht unterstützt die internationalen Aktionen zur Aufklärung des Reichstagsbrandes.

Beginn des zweiten Fünfjahrplans in der Sowjetunion.
Errichtung der faschistischen Diktatur in Deutschland. Der von den Hitlerfaschisten inszenierte Reichstagsbrand bildet den Auftakt zu grausamen Verfolgungen aller Antifaschisten, vor allem der Kommunisten. Verhaftung Ernst Thälmanns.
Bücherverbrennung der Nazis vor der Staatsoper.
Hitlerdeutschland tritt aus dem Völkerbund aus.

1934 *Brecht schreibt den „Dreigroschenroman".*
Die Sammlung „Lieder Gedichte Chöre" erscheint in den Editions du Carrefour in Paris. Der „Dreigroschenroman" kommt bei Allert de Lange in Amsterdam heraus.

Die Sowjetunion tritt dem Völkerbund bei.
In Österreich erheben sich die Arbeiter gegen den vordringenden Faschismus.
Erich Mühsam im KZ Oranienburg von den Hitlerfaschisten ermordet (geb. 1878).

1935 *Reise nach Moskau. In der Sowjetunion erscheint ein Band der Stücke in der Übersetzung von Sergej Tretjakow. Brecht wohnt der Einweihung der Moskauer Metro bei und verfaßt das Gedicht „Inbesitznahme der großen Metro durch die Moskauer Arbeiterschaft am 27. April 1935".*
Teilnahme am Internationalen Schriftstellerkongreß zur Verteidigung der Kultur vom 21. bis 25. Juni in Paris.
Im Oktober weilt Brecht in den Vereinigten Staaten, um die Aufführung der „Mutter" durch fortschrittliche Kräfte in New York zu unterstützen.

Die Brüsseler Parteikonferenz der KPD entwickelt das nationale Programm zur Herstellung der Aktionseinheit der Arbeiterklasse und zur Schaffung der antifaschistischen Volksfront aller Hitlergegner.
Wilhelm Pieck wird Vorsitzender der Partei.
Freitod Kurt Tucholskys (geb. 1890).

1936 *In Moskau erscheint die erste Nummer der von Brecht, Bredel und Feuchtwanger herausgegebenen Monatsschrift „Das Wort".*
Uraufführung von „Die Rundköpfe und die Spitzköpfe" in dänischer Sprache.
Brecht arbeitet an der Szenenfolge „Furcht und Elend des Dritten Reiches".

Annahme der neuen Verfassung der Union der Sozialistischen Sowjetrepubliken, die den Sieg des Sozialismus in der Sowjetunion widerspiegelt.

Franco-Putsch in Spanien, unterstützt von dem faschistischen Deutschland und dem faschistischen Italien. Antifaschisten aus aller Welt, darunter viele Deutsche, eilen dem spanischen Volk zu Hilfe und kämpfen in den Internationalen Brigaden.
Einmarsch von Nazitruppen in die entmilitarisierte Zone des Rheinlandes.
In Paris konstituiert sich der Ausschuß zur Bildung einer antifaschistischen Deutschen Volksfront gegen das Hitlerregime, dem Kommunisten, Sozialdemokraten und namhafte Schriftsteller angehören.
Maxim Gorki gestorben (geb. 1868).

Brecht verfaßt eine Rede zum Internationalen Schriftstellerkongreß in Madrid. Er schreibt das Stück „Die Gewehre der Frau Carrar". Die Uraufführung mit Helene Weigel findet am 16. Oktober in Paris statt. 1937
Im „Wort" veröffentlicht Brecht die ersten Gedichte für den deutschen Freiheitssender, die später unter dem Titel „Deutsche Satiren" erscheinen.

Befreiungskampf des chinesischen Volkes gegen den japanischen Imperialismus (bis 1945).

Brecht schreibt an dem Roman „Die Geschäfte des Herrn Julius Caesar". Entstehung des Stückes „Leben des Galilei". 1938

Einfall der Nazitruppen in Österreich, das Deutschland zwangsangegliedert wird.
Abkommen von München. Die Westmächte geben durch ihre „Befriedungspolitik" Hitler für seine Aggression freie Hand. Einmarsch in das Sudetenland.
Ossietzky an den Folgen der KZ-Haft gestorben (geb. 1889).

Arbeit an dem Stück „Der gute Mensch von Sezuan". Brecht erhält die Einladung zu einem Vortrag in Stockholm und übersiedelt nach Schweden. Entstehung des Stücks „Mutter Courage und ihre Kinder". Die Sammlung „Svendborger Gedichte" kommt heraus. 1939

Hitlerdeutschland annektiert die Tschechoslowakei. Der faschistische deutsche Imperialismus entfesselt durch den Überfall auf Polen den zweiten Weltkrieg. Die Berner Parteikonferenz der KPD begründet das Programm einer neuen deutschen demokratischen Republik nach dem Sturz des Hitlerregimes.
Entdeckung der Kernspaltung durch Otto Hahn und Lise Meitner.

1940 *Der Einmarsch der deutschen Truppen in Dänemark und Norwegen veranlaßt Brecht, Schweden zu verlassen und nach Finnland überzusiedeln.*
In Finnland entstehen die „Flüchtlingsgespräche" und das Volksstück „Herr Puntila und sein Knecht Matti". Vollendung des Stückes „Der gute Mensch von Sezuan".

In den ersten beiden Jahren des Krieges unterwirft der Hitlerfaschismus fast alle Staaten Europas, um den Krieg gegen die Sowjetunion vorzubereiten. In vielen europäischen Ländern errichten die Hitlerfaschisten Konzentrationslager.

1941 *Entstehung des Stückes „Der aufhaltsame Aufstieg des Arturo Ui".*
Uraufführung von „Mutter Courage und ihre Kinder" in Zürich.
Brecht reist über Leningrad, Moskau und Wladiwostok in die USA.
Beginn der Arbeit an dem Stück „Jeanne d'Arc 1940".

Mit dem Verteidigungskampf der Sowjetvölker gegen die faschistischen Aggressoren nimmt der Krieg endgültig den Charakter eines antifaschistischen Befreiungskampfes an. Die Antihitlerkoalition entsteht. In der Schlacht vor Moskau erleiden die Nazitruppen ihre erste entscheidende Niederlage.

1942 *Gemeinsam mit Lion Feuchtwanger schreibt Brecht am Jeanne-d'Arc-Stück, das den Titel „Die Visionen der Simone Machard", später „Die Gesichte der Simone Machard" erhält.*

Das Erinnerungsbuch „Unholdes Frankreich" von Lion Feuchtwanger erscheint.

1943 *Arbeit an dem Stück „Schweyk im zweiten Weltkrieg".*
Deutsche Emigranten rufen ein Initiativkomitee zur Bildung einer Bewegung „Freies Deutschland" in den USA ins Leben, dem auch Brecht angehört.
Uraufführung von „Leben des Galilei" in Zürich.

Konferenz in Teheran zwischen Stalin, Roosevelt und Churchill. Die Schlacht bei Stalingrad, in der die Hitlertruppen eine vernichtende Niederlage erhalten, bringt die Wende des Krieges. An allen Fronten befinden sich die faschistischen Truppen im Rückzug.

1944 *Entstehung des Stückes „Der kaukasische Kreidekreis".*

Putsch vom 20. Juli: Durch die Preisgabe Hitlers versuchen führende Kräfte des deutschen Monopolkapitals und des Militärs der drohenden Niederlage zu entgehen. Ermordung Ernst Thälmanns (geb. 1886) und Rudolf Breitscheids (geb. 1874) im KZ Buchenwald.

Der Roman „Simone" von Lion Feuchtwanger erscheint.

Durch den Abwurf der amerikanischen Atombombe auf Hiroshima sieht sich Brecht zu einer neuen Fassung des Stückes „Leben des Galilei" veranlaßt. 1945

Krimkonferenz zwischen der Sowjetunion, den Vereinigten Staaten und Großbritannien.
Bedingungslose Kapitulation Hitlerdeutschlands. Amerikanischer Atombombenabwurf auf Hiroshima und Nagasaki nach den entscheidenden Siegen der sowjetischen Armee über die japanischen Truppen. Bedingungslose Kapitulation Japans.
Unterzeichnung des Potsdamer Abkommens. In der sowjetischen Besatzungszone werden demokratische Parteien und Massenorganisationen zugelassen. Die KPD veröffentlicht ihr nationales Programm für den antifaschistisch-demokratischen Neuaufbau. KPD und SPD schließen sich zur Aktionseinheit zusammen. Beginn der Bodenreform und anderer antifaschistisch-demokratischer Reformen, die entscheidende Grundlagen des deutschen Imperialismus und Militarismus beseitigen. Neue, antifaschistisch-demokratische Verwaltungsorgane entstehen in Ostdeutschland.
Gründung der Vereinten Nationen.

Brecht erhält Angebote aus Berlin, das Theater am Schiffbauerdamm benutzen zu können. 1946

Vereinigungsparteitag von KPD und SPD. Die Gründung der Sozialistischen Einheitspartei Deutschlands ist der entscheidende Wendepunkt in der Geschichte der deutschen Arbeiterbewegung.
In den Westzonen verhindert die rechte SPD-Führung die Einheit der Arbeiterklasse und unterstützt aktiv die Restauration des Monopolkapitals.
Urteilsverkündung im Nürnberger Hauptkriegsverbrecherprozeß.
Gerhart Hauptmann gestorben (geb. 1862).

Brecht bemüht sich um die Ausreise aus den Vereinigten Staaten. Am 30. Oktober wird er zum Verhör vor das „Committee on Un-American Activities" geladen. Einen Tag später verläßt er die USA und fliegt nach Paris. Aufenthalt in der Schweiz. 1947

Deutscher Volkskongreß für Einheit und gerechten Frieden in Berlin.

Uraufführung von „Herr Puntila und sein Knecht Matti" in Zürich. 1948
Brecht schreibt das „Kleine Organon für das Theater".

Brecht und Helene Weigel verlassen die Schweiz und reisen über Prag nach Berlin.

Die Londoner „Empfehlungen" der Westmächte weisen den Weg zur Spaltung Deutschlands.
Separate Währung in den drei Westzonen.
In Ostdeutschland wird der Zweijahrplan zum Wiederaufbau und zur Entwicklung der Friedenswirtschaft für 1949/50 beschlossen.

1949 *Premiere von „Mutter Courage und ihre Kinder" im Deutschen Theater.*
Entstehung des Stückes „Die Tage der Commune".
Eröffnungsvorstellung des Berliner Ensembles mit der Inszenierung von „Herr Puntila und sein Knecht Matti".

Bildung der NATO.
Besatzungsstatut für Westdeutschland.
Unter Bruch des Potsdamer Abkommens wird die Bundesrepublik Deutschland gegründet.
Bildung der Nationalen Front des demokratischen Deutschland.
Gründung der Deutschen Demokratischen Republik, des ersten Arbeiter-und-Bauern-Staates in der deutschen Geschichte.
Wilhelm Pieck wird Staatspräsident und Otto Grotewohl Ministerpräsident.
Gründung der Weltfriedensbewegung.

1950 *Die „Neuen Kinderlieder" und die „Liebeslieder" entstehen.*

Überfall der USA auf die Koreanische Volksdemokratische Republik.
Der III. Parteitag der SED beschließt den ersten Fünfjahrplan (1951 bis 1955).
Abkommen über die Oder-Neiße-Friedensgrenze zwischen der Volksrepublik Polen und der DDR.
Heinrich Mann gestorben (geb. 1871).

1951 *Für die Weltfestspiele der Jugend schreibt Brecht mit Paul Dessau die Kantate „Herrnburger Bericht".*
In einem „Offenen Brief an die deutschen Künstler und Schriftsteller" warnt Brecht vor dem Revanchismus in Westdeutschland und der Gefahr eines neuen Krieges.
Brecht wird mit dem Nationalpreis I. Klasse ausgezeichnet.

Die Regierung der DDR ergreift wiederholt die Initiative zur Lösung der deutschen Frage und wendet sich mit zahlreichen Vorschlägen an die Bonner Regierung.

Gemeinsam mit Benno Besson bearbeitet Brecht das Hörspiel „Der Prozeß der Jeanne d'Arc zu Rouen 1431" von Anna Seghers. 1952

Aufruf zum Nationalen Aufbauprogramm in der DDR.
Entstehung der ersten landwirtschaftlichen Produktionsgenossenschaften.
Arbeiterdemonstrationen gegen die Remilitarisierung in Westdeutschland.

Brecht inszeniert Erwin Strittmatters Stück „Katzgraben" am Berliner Ensemble. 1953
Arbeit an dem Stück „Turandot oder Der Kongreß der Weißwäscher".

Umfangreiche Hilfe der Sowjetunion für den Aufbau des Sozialismus in der DDR.
Der faschistische Putschversuch gegen die DDR und den Frieden in Europa scheitert kläglich.
Erich Weinert (geb. 1890) und Friedrich Wolf (geb. 1888) gestorben.

Aufführung des „Kaukasischen Kreidekreises" am Berliner Ensemble unter der Regie von Brecht. 1954
Brecht wird der Lenin-Friedenspreis verliehen.

Konferenz der vier Außenminister (UdSSR, Frankreich, Großbritannien, USA) in Berlin.
IV. Parteitag der SED beschließt Grundsätze für die Lösung der Lebensfragen der deutschen Nation.
Adenauer unterzeichnet die Pariser Verträge.
Die Adenauer-Regierung führt die Wehrpflicht ein.
Martin Andersen Nexö (geb. 1869) gestorben.

Premiere von Johannes R. Bechers „Winterschlacht" in der Inszenierung von Brecht und Manfred Wekwerth. 1955
Erste Entwürfe für ein Stück „Leben des Einstein" entstehen.

Abschluß des Warschauer Vertrages über Freundschaft, Zusammenarbeit und gegenseitigen Beistand.
Abschluß des Vertrages über die Beziehungen zwischen der DDR und der UdSSR.
Die BRD wird in die aggressive NATO einbezogen.
Thomas Mann (geb. 1875) und Albert Einstein (geb. 1879) gestorben.

Am 14. August stirbt Brecht an den Folgen eines Herzinfarkts. 1956

XX. Parteitag der KPdSU.

Einleitung

„Georg Kaiser folgte Gerhart Hauptmann auf dem Thron der deutschen Dramatik nach", sagte Brecht einmal. „Seit Kaiser tot ist, sitze ich ganz einfach oben, ob es gefällt oder nicht. Aber wird meine Wirkung größer sein als die ihrige, wird meines Bleibens als lebendige Wirksamkeit länger sein?" Die Frage nach der Wirksamkeit der Kunst, seiner Kunst hat Brecht nicht aufgehört zu beschäftigen. Kunst erschien ihm nur insofern relevant, als sie in lebendigem Bezug, in Wechselbeziehung stand zu den sozialen Kämpfen, den Veränderungen in der Gesellschaft. Die „Frage der Beschreibbarkeit der Welt" war für ihn primär eine gesellschaftliche Frage. Wenn Max Frisch im Zusammenhang mit Brecht von der „durchschlagenden Wirkungslosigkeit eines Klassikers" spricht, so urteilt er ausschließlich vom Standpunkt der bürgerlichen Gesellschaft und charakterisiert damit eher die eigene Situation in dieser Gesellschaft.

Brecht hat sich niemals durch „Klassizität", am wenigsten durch die eigene, „einschüchtern" und eingrenzen lassen; die Resultate seiner Arbeit betrachtete er stets als etwas Vorläufiges, Unabgeschlossenes. In späteren Jahren spürte er sehr wohl die Gefahr der Fixierung, und er hat mit „dialektischer Rauflust" gegen frühere Entwürfe und Formulierungen polemisiert, um die Aufführung seiner Stücke vor einseitiger Festlegung zu bewahren. Noch 1956 mußte er überrascht feststellen, daß man sein Theater Jahre hindurch unnaiv betrachtet habe, und er äußerte betroffen, im Vokabular der meisten, die sich mit Theater befassen, fehlte das Wort naiv. „Wie wollen sie je würdiges, sinnvolles, lebendiges Theater machen?"

Brechts Werk ist erfüllt von dem Spannungsverhältnis zwischen der zu Ende gehenden bürgerlichen Epoche und dem heraufkommenden sozialistischen Zeitalter. In radikaler Frontstellung gegen die alte Gesellschaft attackierte er jede Form des Idealismus und des Romantizismus, jede Verschleierung der Wirklichkeit. Seine Stücke sind ein einziger großer Affront gegen die romantische Illusionsbühne, gegen bourgeoises Amüsiertheater, gegen Seelenrausch und Gefühlsverkleisterung. Die Ursprünglichkeit und Eigenwilligkeit, die Schärfe und Konsequenz seines Denkens und seiner Darstellungskraft läßt viele Vorgänge und Sachverhalte in einem neuen, überraschenden Lichte erscheinen. Eine ganze Generation jüngerer Schriftsteller ist in die Schule dieses aggressiven, oft unbequemen Dichters und Stückeschreibers gegangen und hat sich seine Methode, die Wirklichkeit zu gestalten, anzueignen versucht.

Die Faszination dieses Mannes bestand in der Übereinstimmung von Werk und Person, im Pathos einer Produktivität, das jeden, der in seiner Nähe war und der mit ihm zusammenarbeitete, selbst produktiv werden ließ. Erwin Strittmatter sagte über seine erste Begegnung mit Brecht: „Es mutet vielleicht ein wenig mystisch an, was ich jetzt aufschreibe, doch andere Freunde haben mir diesen Eindruck bestätigt: Als ich mich das erste Mal von ihm verabschiedete, sah er mich ungewöhnlich scharf und durchdringend an. Ich spürte die Kraft seiner Persönlichkeit mit einem Schlage und wußte: Jetzt gilt's, jetzt hast du dich zu bewähren." Menschen, die mit ihm zu tun hatten, meinte Wieland Herzfelde, begannen erstaunlich schnell, sich zu verändern. „Es strahlte von ihm ein Zwang zur durchdachten Wahrheit und zur Konzentration auf das Wesentliche aus und beherrschte diejenigen, die ihn umgaben."

In der Einbeziehung vieler Menschen in seine Arbeit sah Brecht eine Möglichkeit, den bürgerlichen Individualismus in der Kunst zu überwinden. Um die Kunst, um das Theater gesellschaftlich wirksam zu machen, reichten die Kraft des einzelnen, die Möglichkeiten einer isolierten Schriftstellerexistenz nicht aus. Die komplizierte Wirklichkeit des modernen Lebens ließ sich nur gestalten, wenn viele Erfahrungen, Aspekte, Beobachtungen einbezogen wurden. Brecht hat die kollektive Arbeitsweise industrieller Produktion, den Experimentiercharakter moderner Wissenschaft auf die künstlerische Arbeit übertragen. „Er hielt viel von kollektiver Arbeit", schrieb Lion Feuchtwanger, „er fand, man müsse ‚in breiter Front vorstoßen'. Wo immer er war, sammelte sich um ihn eine Schar von Anhängern, die bedingungslos an ihn glaubten ... Brecht fraß viel Leben, er war herrisch und stolz und forderte von seinen Freunden geduldige Mitarbeit. Aber er war ohne jede Hoffart und Prahlerei und gab selber neidlos, großmütig, in Fülle. Er gab mehr, als er verlangte. Das Wort Solidarität hat durch ihn neuen Sinn bekommen."

Mit Hilfe der materialistischen Dialektik hat Brecht die großen Widersprüche und Kämpfe dieser Epoche zu erhellen und darzustellen versucht. Durch die Anwendung marxistischer Grundprinzipien auf die Dramatik revolutionierte er das zeitgenössische Theater und hob es auf die Höhe des Zeitalters. Die dialektische Spannkraft, die bohrende Ungeduld des Gedankens verleihen diesem Werk bei aller Ursprünglichkeit der Anschauung und Einfachheit der Sprache ein hohes Maß an Intellektualität. Es ist eine Kunst, die sich über ihre Stellung und ihre Funktion in der Gesellschaft und über ihr Verhältnis zum Rezipienten ständig Rechenschaft ablegt und die diese Bewußtheit und Klarheit zu einem wichtigen Element der künstlerischen Produktion selbst entwickelt.

Durch die enge Verbindung mit den Kämpfen und Bestrebungen der Arbeiterklasse hat Brecht wesentliche Fragestellungen und Anregungen, inhaltliche und formale Neuerungen in die sozialistische Literaturentwicklung eingebracht. In vielen seiner Stücke, Gedichte und Prosaarbeiten sind Denkhaltungen, Verhaltensformen beschrieben, die weit über die Grenzen der alten Gesellschaft hinausweisen. Durch seinen kollektiven Arbeitsstil, durch das Beispiel seiner Persönlichkeit erscheint Brecht in vielem vorbildhaft für künstlerische Existenz und Produktion in der sozialistischen Gesellschaft.

Brecht hat niemals seine Person, seine privaten Erlebnisse in den Vordergrund gestellt; ihm ging es um das gesellschaftliche Anliegen, um die gemeinsame Arbeit, um Veränderung und „Fortschreiten". Ein Feind jeder unangemessenen Übersteigerung, jedes falschen Pathos, jeder aufgesetzten Poetisierung der Wirklichkeit, hat Brecht stets in der Stimmlage des Alltags, in der Sprache einfacher Menschen gesprochen. Das Schwierige und Komplizierte sagte er so, als sei es das Einfachste und Selbstverständliche von der Welt. Es gebe kaum einen Schriftsteller, betonen Freunde und Mitarbeiter, in dessen mündlichen und schriftlichen Äußerungen das Wort „ich" so selten vorkomme und von persönlichen Dingen so wenig die Rede sei wie bei Brecht. „Wenn wir", erklärte Wieland Herzfelde, „das Wort vom neuen Menschen gebrauchen und das Bedürfnis empfinden, uns dabei einen wirklichen Menschen vorzustellen, so können wir an Brecht denken. Er war ein neuer, ein wirklicher Mensch."

„Der Dichter ist aufgewachsen in einer Vorstadt mit vorwiegend katholischer Bevölkerung", schreibt Walter Benjamin, „jedoch mischten sich mit den kleinbürgerlichen Elementen schon die Arbeiter der großen Fabriken, die im Weichbild der Stadt lagen."

Bertolt Brecht mit seinem Bruder Walter und der Mutter (1908)

Geboren am 10. Februar 1898 in Augsburg als Sohn eines kaufmännischen Angestellten, der zum Prokuristen und später zum Direktor der Haindlschen Papierfabrik anvancierte, wuchs Brecht auf „als Sohn wohlhabender Leute". „Meine Eltern haben mir / Einen Kragen umgebunden und mich erzogen / In den Gewohnheiten des Bedientwerdens / Und unterrichtet in der Kunst des Befehlens", heißt es in dem Gedicht „Verjagt mit gutem Grund". Doch die Erziehung in dem gutbürgerlichen Elternhaus blieb nicht frei von störenden, aufstörenden Einflüssen. In den „Flüchtlingsgesprächen" erinnert sich Brecht frühkindlicher Erfahrungen: „Ordentliche Kinder gehen nicht barfuß. Ein Taschenmesser ist mehr wert als drei Kreisel. Kluckern. Reifeln. Rollschuh. Meerrohr. Fenstereinschmeißen. Nicht gewesen. Sauerkraut essen müssen-ist gesund. Vater will seine Ruhe haben. Zu Bett gehen. Otto bereitet seiner Mama Kummer. Man sagt nicht scheißen. Beim Handgeben in die Augen schauen."

Das Haus der Eltern am Rande der Stadt, in der Nähe der Lechauen, gewährte Ungebundenheit, ein ungezwungenes Verhältnis zur Natur. Das Spannungsverhältnis zwischen kindlich-jugendlichem Naturerleben und städtischer Alltagswelt bleibt bis in die späten Werke Brechts spürbar. Die von den Eltern überlieferte Grunderfahrung vieler Bauern, Handwerker, Landarbeiter, die Ende des neunzehnten Jahrhunderts aus den Dörfern in die Städte kamen, ist noch lebendig. „Ich, Bertolt Brecht, bin aus den schwarzen Wäldern. / Meine Mutter trug mich in die Städte hinein", heißt es in dem Gedicht „Vom armen B. B.". Zeitgenossen entdecken im Gesicht des Dichters bäuerlich-plebejische Züge, ein „Antlitz, wie aus hartem Holz geschnitzt von einem Meister aus der Zeit des deutschen Bauernkriegs".

Die Dichtung Brechts bewahrt die Bildhaftigkeit, die Drastik und schlagende Kürze der Sprechweise von Bauern und Handwerkern, die elementare Frische und Unverbrauchtheit des schwäbisch-bayrischen Dialekts, der stärker als andere deutsche Mundarten seine Literaturfähigkeit bewahrt hat. Urtümlich-christliche Vorstellungen vermischen sich, kollidieren mit der Erfahrungswelt des Heranwachsenden. Es ist mehr als nur ein Aperçu, wenn der junge Brecht die Bibel als seine Lieblingslektüre bezeichnet. Kraft und Zartheit des Luther-Deutschen haben seine Sprache beeinflußt; Bilder und Motive aus religiöser Sphäre sind vor allem in den frühen Zeugnissen nicht zu übersehen. Das erste, noch in einer Schülerzeitschrift veröffentlichte Stück heißt „Die Bibel".

Herausfordernde intellektuelle Schärfe und ein früh ausgeprägter Widerspruchsgeist machen Brecht schon auf dem Gymnasium zu einem unbequemen Schüler, von den Kameraden bewundert, von den Lehrern gefürchtet und gehaßt. Jene oft kolportierte Anekdote, wie der Schüler Brecht durch zusätzlich eingefügte falsche Fehlerkorrekturen seine Note in Französisch zu verbessern wußte, macht deutlich, wie er mit Hilfe eines überraschenden logischen Schlusses überlieferte Denkschablonen zu durchbrechen verstand. Besonders auf dem Gebiet des deutschen Aufsatzes geriet er bald in Konflikt mit der Schulautorität. „Weit über dem Herkömmlichen standen seine Aufsätze", erzählt einer seiner Mitschüler, „auch die, denen der Lehrer manchmal ein grellrotes ‚Ungenügend wegen herausfordernder Bearbeitung' als Prädikat erteilte. Brecht war schon in der ersten ‚Sie'-Klasse eigenwillig genug, die gestellten Themen nach eigener Überzeugung abzuhandeln, und geriet dadurch mit den geheiligten Überlieferungen des Schulaufsatzes in Zensurkonflikte."

Die ersten Gedichte und Prosabeiträge, die der Fünfzehn- und Sechzehnjährige in der Schülerzeitschrift „Die Ernte" veröffentlichte, gehen allerdings kaum über konventionelle Denk- und Darstellungsmuster hinaus. Auch im Herbst 1914, als der Hurra-Patriotismus die bürgerlichen und kleinbürgerlichen Gemüter in Deutschland in Hitze geraten ließ, heben sich die Auslassungen, die die „Augsburger Neuesten Nachrichten" und die „Münchner-Augsburger Abendzeitung" von dem Gymnasiasten Brecht drucken, nicht ab von den nationalistischen Exzessen der Zeit. „Wir alle, alle Deutschen fürchten Gott und sonst nichts auf der Welt", heißt es in den „Notizen über unsere Zeit" vom 17. August 1914. – „Wir haben von den Dingen nichts als Zeitungsberichte in uns", notierte Brecht später in seinem Tagebuch.

Aber bereits ein Jahr darauf, in dem Gedicht „Französische Bauern", hat sich die Haltung zum Krieg gewandelt. „Stunden und aber Stunden", heißt es dort, „Stehen da die Bauern drüben in Rudeln und starren / Über die rauchenden Höfe, die Bäume und Ackerschrunden / Über die klagenden Felder und die einsame Wacht / Der Baumsparren." Und als in der Sekunda über den Satz des Horaz „Dulce et decorum est pro patria mori" (Süß und ehrenvoll ist der Tod fürs Vaterland) ein Aufsatz zu schreiben war, lieferte Brecht, wie Otto Müllereisert, einer seiner Mitschüler und Freunde, erzählt, folgende Arbeit ab: „Der Ausspruch, daß es süß und ehrenvoll sei, für das Vaterland zu sterben, kann nur als Zweckpropaganda gewertet werden. Der Abschied vom Leben fällt immer schwer, im Bett wie auf dem Schlachtfeld, am meisten gewiß jungen Menschen in der Blüte ihrer Jahre. Nur Hohlköpfe können die Eitelkeit so weit treiben, von einem leichten Sprung durch das dunkle Tor zu reden, und auch dies nur, solange sie sich weitab von der letzten Stunde glauben. Tritt der Knochenmann aber an sie selbst heran, dann nehmen sie den Schild auf den Rükken und entwetzen, wie des Imperators feister Hofnarr bei Philippi, der diesen Spruch ersann."

Pubertäre Erfahrungen, Begegnungen mit großer Literatur und das Kriegserlebnis führen zu einer Steigerung des Lebensgefühls, stimulieren andererseits jedoch auch Todesvorstellungen. In den „Flüchtlingsgesprächen" skizziert Brecht die zwiespältige Situation nach 1914/15: „Zola. Schweinereien. Casanova wegen der Bayroszeichnungen. Maupassant. Nietzsche. Bleibtreus Schlachtenschilderungen. Dann reitet mein Kaiser wohl über mein Grab. In der Leihbibliothek. Und der Städtischen. Wenn du den ganzen Tag liest, bist du mit neunzehn ein nervöses Wrack. Aber gibt es einen Gott? Treib lieber Sport wie andere! Entweder er ist gut, *oder* er ist allmächtig. Das ist dieser moderne Zynismus. Einen geistigen Beruf. Und es wird am deutschen Wesen. Solange du deinem Vater die Füße unter den Tisch streckst, verbitt ich mir solche Ansichten. Einmal doch die Welt genesen. Zum Kotzen. In corpore sano. Gobineau, die Renaissance. Renaissancemenschen, aber die geistigen Berufe sind überfüllt. Faust. Im Tornister jedes Deutschen. Singend in den Tod" und so weiter.

Die Todesproblematik wird zu einem beherrschenden Thema der frühen Lyrik; sie bildet den dunklen Untergrund des „Baalischen Weltgefühls". Die längst fragwürdig gewordenen bürgerlichen Heldenideale waren in den Materialschlachten des Krieges untergegangen; der einzelne sah sich in einer entleerten, gottverlassenen Welt einem einsamen Kampf auf Tod und Leben ausgeliefert. In dem „Lied der Eisenbahntruppe von Fort Donald", am 13. Juli 1916 in den „Augsburger Neuesten Nachrichten" abgedruckt, ist diesem düsteren Existenzbewußtsein Ausdruck verliehen. Jenseits klischierter Vorstellungen und Metaphern findet der junge Brecht mehr und mehr die eigene Sprache.

„Schreiben kann ich, ich kann Theaterstücke schreiben, bessere als Hebbel, wildere als Wedekind", vertraut der Gymnasiast im Oktober 1916 voller Stolz und Selbstgefühl dem Tagebuch an. Von früh an ist seine Phantasie durch grell exotische Geschichten und

Gestalten, wild empörerische Gedanken in Bewegung gesetzt. Der höhnischen Ablehnung bürgerlichen Bildungsgutes, wie es auf dem Wilhelminischen Gymnasium vermittelt wurde, entsprach eine Dichtung, die sich ihre Vorbilder aus dem literarischen „Untergrund" besorgte. Hierher gehören Villon, Rimbaud, Büchner und Wedekind. In einem Brief äußert Brecht, daß er ein Stück über François Villon schreiben wolle, „der im 15. Jahrhundert in der Bretagne Mörder, Straßenräuber und Balladendichter war". Abenteurer, vagabundierende Außenseiter, Desperados, Goldgräber, Seeräuber stellen die Helden der Gedichte und Dramenprojekte dieser Jahre. In einer Zeit, da der einzelne barbarischen Zwängen und Pressionen ausgeliefert war, seiner Würde und seines Lebens beraubt wurde, machte sich Brecht zum Sprecher eines schrankenlosen Vitalismus, verkündete er die Befreiung des Individuums aus den Fesseln bürgerlicher Moralvorstellungen.

Die Lieder und Balladen der Jahre 1916 bis 1918 führen hin zu der Gestalt des Baal, der ganz aus dem Geiste Wedekindscher Lebens- und Triebverherrlichung hervorgegangen scheint. Die Persönlichkeit Frank Wedekinds gehörte zu den stärksten Eindrücken der ersten Münchener Monate, nachdem Brecht im Herbst 1917 das Studium an der Ludwig-Maximilian-Universität aufgenommen hatte. Seine frühen Balladen pflegte Brecht in der monotonen und gellen Art Wedekinds vorzutragen. Als Wedekind am 9. März 1918 starb, veranstaltete Brecht in Augsburg zusammen mit seinen Freunden eine Totenfeier. Und am 12. März 1918 schrieb er in den „Augsburger Neuesten Nachrichten": „Nie hat mich ein Sänger so begeistert und erschüttert. Es war die enorme Lebendigkeit dieses Menschen, die Energie, die ihn befähigte, von Gelächter und Hohn überschüttet, sein ehernes Hoheslied auf die Menschlichkeit zu schaffen, die ihm auch diesen persönlichen Zauber verlieh."

Viele der in den Jahren 1916 bis 1918 entstandenen Gedichte gehen ein in das erste größere Stück, die dramatische Ballade „Baal". Baal wird zum konzentrierten Ausdruck eines antibürgerlichen, extrem individualistischen Lebensgefühls, das mit seinen grellen, düsteren Metaphern und Motiven bis weit in die zwanziger Jahre hinein in der Lyrik Brechts vorherrscht. Baal, „der Provokateur, der Verehrer der Dinge, wie sie sind, der Sichausleber und Andreausleber", wie es im „Arbeitsjournal" vom 11. September 1938 heißt, wehrt sich gegen die „Verwurstung" „seiner Talente" in der kapitalistischen Gesellschaft, gegen die Herabwürdigung seiner Person zur bloßen Zahl, zum Tötungsobjekt. Baals Anbetung des Ego, des Ich-Triebs, der Natur und der natürlichen Lebensvorgänge bildet eine zynische Umkehrung der Denaturierung des Menschen in einer total kommerzialisierten und militarisierten Welt.

In den Tagen der Novemberrevolution war Brecht Sanitätssoldat in einem Augsburger Reservelazarett. Zehn Jahre später äußert er darüber: „In jener Zeit war ich Soldatenrat in einem Augsburger Lazarett, und zwar wurde ich das nur auf dringendes Zureden einiger Freunde, die behaupteten, ein Interesse daran zu haben. (Wie sich dann herausstellte, konnte ich jedoch den Staat nicht so verändern, wie es für sie gut gewesen wäre.) Wir alle litten unter einem Mangel an politischen Überzeugungen und ich speziell noch dazu an meinem alten Mangel an Begeisterungsfähigkeit . . . Kurz: ich unterschied mich kaum von der überwältigenden Mehrheit der übrigen Soldaten, die selbstverständlich von dem Krieg genug hatten, aber nicht imstande waren, politisch zu denken. Ich denke also nicht besonders gern daran." Dennoch waren die revolutionären Ereignisse, die ungehemmte Entfaltung des geistigen Lebens und die heftigen politischen und weltanschaulichen Auseinandersetzungen jener Monate für das dichterische Selbstverständnis Brechts von großer Bedeutung.

Das Nebeneinander von zwiespältigen politischen Erfahrungen, ausschweifendem Individualismus und schrankenloser Produktivität ist kennzeichnend für die Situation vieler junger Intellektueller in dieser Zeit. „Natürlich ist die Unruhe dieser Tage auch über uns gekommen", schreibt Hanns Otto Münsterer in seinen „Erinnerungen an Brecht im Jahre 1919 in Augsburg", „am 16. Januar besuchen wir die verschiedensten politischen Versammlungen, um schließlich in später Nacht bei Fechenbach, dem Sekretär Eisners, zu landen. Es geht in den Sälen nicht gerade gesittet zu, man reißt sich um die Galerieplätze, um den Rednern nötigenfalls auf die Glatze zu spucken. Einen Tag später sickert die Nachricht von der Ermordung Karl Liebknechts und Rosa Luxemburgs durch. Trotz unserer Erregung, denn unser Herz schlägt weit links, wenn auch weniger aus politischer Einsicht als aus jugendlichem Idealismus, wird gerade in diesen Tagen die erste Sammlung Brechtscher Gedichte unter dem Titel ‚Klampfenfibel' zusammengestellt, für die Caspar Neher unermüdlich glühbunte Aquarelle entwirft: den Gitarre spielenden Baal, Orge mit dem geseiften Strick, grausige Märsche des toten Soldaten mit Trubel und Fahnen in blauem Frühlingshimmel und violette Schiffsuntergänge."

Das Stück „Spartakus", später „Trommeln in der Nacht" betitelt, soll in der zweiten Januarhälfte 1919 in München innerhalb von drei Tagen entstanden sein, unmittelbar nach den Januarkämpfen in Berlin. Es ist Brechts erste, spontane Reaktion auf die revolutionären Ereignisse in Deutschland. Der ironisch-provokante Hinweis auf den Sklavenaufstand im alten Rom betont die Skepsis des Dichters gegenüber Verlauf und Ergebnis der Revolution. Zugleich opponiert Brecht gegen die literarische Modeströmung, den Expressionismus, dessen Idealismus er ablehnt. „Die Oh-Mensch-Dramatik dieser Zeit mit ihren unrealistischen Scheinlösungen stieß den Studenten der Naturwissenschaften ab", heißt es in der Vorbemerkung „Bei Durchsicht meiner ersten Stücke" von 1954. Brecht nennt „Trommeln in der Nacht" das „zwieschlächtigste" unter den frühen Stücken. „Die Auflehnung gegen eine zu verwerfende literarische Konvention führte hier beinahe zur Verwerfung einer großen sozialen Auflehnung. Die ‚normale', d. h. konventionelle Führung der Fabel hätte dem aus dem Krieg kehrenden Soldaten, der sich der Revolution anschließt, weil sein Mädchen sich anderweitig verlobt hat, entweder das Mädchen zurückgegeben oder endgültig verweigert, in beiden Fällen jedoch den Soldaten in der Revolution belassen. In ‚Trommeln in der Nacht' bekommt der Soldat Kragler sein Mädchen zurück, wenn auch ‚beschädigt', und kehrt der Revolution den Rücken. Dies erscheint geradezu die schäbigste aller möglichen Varianten, zumal da auch noch eine Zustimmung des Stückschreibers geahnt werden kann."

Noch enthält die Dramatik Brechts starke lyrische, balladeske Elemente. Dem Dichter geht es mehr um die Wahrheit des „Ausdrucks", der Haltung, der Lebensäußerung als um Wahrscheinlichkeit der Handlung. Auch wird sein Blick durch die nachrevolutionäre Entwicklung in Deutschland zunehmend auf außerdeutsche, exotische Gegenstände gelenkt. Besonders der in den Nachkriegsjahren grassierende Amerikanismus bleibt nicht ohne Einfluß; auch Brecht kann sich der Faszination nicht entziehen, die die reich und stark aus dem Krieg hervorgegangenen Vereinigten Staaten ausüben. In dem Gedicht „Deutschland, du Blondes, Bleiches" heißt es: „O Aasland, Kümmernisloch! / Scham würgt die Erinnerung / Und in den Jungen, die du / Nicht verdorben hast / Erwacht Amerika!" Im Tagebuch bemerkt er am 18. Juni 1920 über Deutschland, das ihn „langweilt": „Ein verkommener Bauernstand, dessen Roheit aber keine fabelhaften Unwesen gebiert, sondern eine stille Vertierung, ein verfetteter Mittelstand und eine matte Intellektuelle! Bleibt: Amerika!" Das stilisierte Amerikabild, das die Phantasie des Dichters produktiv werden läßt, beeinflußt zunehmend auch seine Haltung gegenüber der Welt und den Menschen.

Freunde bezeichneten das Jahr 1919 als die vielleicht produktivste Schaffensperiode Brechts. Fast täglich, erinnert sich Hanns Otto Münsterer, habe Brecht neue Verse vorgetragen. Vitalität war das Schlagwort dieser Monate. Der Kreis um Brecht, meist ehemalige Klassenkameraden und Studenten wie er, vor allem in den langen Sommerferien fast täglich mit ihm zusammen, fand in dessen Dichtungen sein Lebensgefühl artikuliert. „Dieser ‚Baal' beeinflußt unser Leben stark", schreibt Münsterer, „der ganze Sommer 1919 ist durchpulst von ‚Baalischem Weltgefühl', aber auch das Umgekehrte ist richtig, das Drama enthält selber viel vom damaligen Leben." Das Baden im Lech oder das Klettern in Bäumen geht ebenso in Gedichte ein wie die nächtlichen Streifzüge durch die Altstadt, bei denen Goethe- oder Wedekind-Balladen gesungen wurden, oder der Besuch des Plärrers, eines Augsburger Volksfestes, wo der Leidenschaft des Schiffschaukelns gefrönt wurde. „Wer schiffschaukelt, kann kein Spießer werden", erklärte Brecht und entwarf ein Drama, „Der dicke Mann auf der Schiffschaukel".

Das Studium wurde von Brecht nur noch nachlässig betrieben und bald ganz aufgegeben; sein Bemühen war darauf gerichtet, sich als Schriftsteller zu etablieren. Er suchte Theaterleute auf, um sie für seine Stücke zu interessieren, unter anderen Lion Feuchtwanger, den damaligen Dramaturgen der Münchner Kammerspiele. In seine Münchner Wohnung, so schildert Feuchtwanger die Begegnung, sei ein junger Mensch gekommen, „schmächtig, schlecht rasiert, verwahrlost in der Kleidung. Er drückte sich an den Wänden herum, sprach schwäbischen Dialekt, hatte ein Stück geschrieben, hieß Bertolt Brecht. Das Stück hieß ‚Spartakus'. Im Gegensatz zu der Mehrzahl der jungen Autoren, die, wenn sie Manuskripte überreichen, auf das blutende Herz hinzuweisen pflegen, aus dem sie ihr Werk herausgerissen hätten, betonte dieser junge Mensch, er habe sein Stück ‚Spartakus' ausschließlich des Gelderdienstes wegen verfaßt."

Das Bestreben Brechts, sich als Schriftsteller durchzusetzen, geriet ständig in Konflikt mit seinem „Widerspruchsgeist", dem Oppositionsdrang gegenüber der herrschenden Gesellschaft. Sergej Tretjakow nannte Brecht einen „zynisch höhnenden Einspänner, der es fertigbrachte, sich mit der ganzen Welt zu streiten". Zuweilen steigerte er sich geradezu in eine napoleonische Haltung. Auf seinem Waschtisch stand Napoleons Totenmaske, und er versäumte keine Gelegenheit, seine „Skrupellosigkeit" zu betonen und die Literatur gerade noch als eine Möglichkeit gelten zu lassen, Geld zu verdienen. Auch seine Kunstvorstellung gewann zuweilen cäsarische Maßstäbe. 1920 notierte er die Sätze: „Wiewohl ich erst 22 Jahre zähle, aufgewachsen in der kleinen Stadt Augsburg am Lech, und nur wenig von der Erde gesehen habe, außer den Wiesen nur diese Stadt mit Bäumen und einige andere Städte, aber nicht lang, trage ich den Wunsch, die Welt vollkommen überliefert zu bekommen. Ich wünsche alle Dinge *mir* ausgehändigt, sowie Gewalt über die Tiere, und ich begründe meine Forderung damit, daß ich nur *ein*mal vorhanden bin." Und einige Jahre später schreibt er: „Ich möchte gern eine Kunst machen, die die tiefsten und wichtigsten Dinge berührt und tausend Jahre geht."

Die Situation Brechts in diesen Jahren gestaltet sich zunehmend prekärer. Da er kaum noch Universitätsvorlesungen besucht, wird er Ende 1921 exmatrikuliert. Finanziell abhängig von seinem Vater, sucht er vor allem den kommerziellen Erfolg. Doch selbst die literarische Anerkennung stellt sich nur zögernd ein. „Ich bin ein kleiner provisorischer Punkt", reflektiert er im Tagebuch, „eine schwache Sache, die nicht viel aushält und der es gut gehen muß." Mehrfach kommt es zu Auseinandersetzungen mit dem Vater. Unter dem 15. September 1920 vermerkt Brecht zu dessen Vorwürfen: „Er möchte wissen, was ich schon für die Allgemeinheit getan hätte, noch rein gar nichts ... Er wolle jetzt einmal eine ernste Arbeit bei mir sehen. Das, was ich mit meiner Literatur getan hätte, halte er persönlich für gar nichts. Das müsse sich erst noch beweisen. Ich ging schnell hinaus. Ich habe noch nichts verdient." Später muß der Dichter sogar befürchten, „zu Hause hinausgeworfen zu werden".

Das Provisorische, Experimentelle dieser Situation, die Suche nach den Möglichkeiten und Mitteln seiner Kunst dokumentieren sich in den unzähligen Plänen, Projekten, Ideen, die Brecht in dieser Zeit entwickelt. Eine besondere Anziehungskraft übt das junge Medium des Films aus; es scheint ein adäquates Betätigungsfeld für seine bildhaft-gestische, lyrisch-dramatische Begabung. Die Beschäftigung mit dem Film, die Erzählung einer Fabel in Bildern und Szenen, die Auseinandersetzung mit Georg Kaiser und den filmischen Elementen in dessen Werk bilden für Brecht eine wichtige Voraussetzung für die Entwicklung neuer theatralischer Formen. Bereits in „Baal“ und in „Im Dickicht der Städte“ hofft er „einen großen Fehler sonstiger Kunst“ vermieden zu haben: ihre Bemühung, mitzureißen. Im September 1920 notiert er in seinem Tagebuch: „Wenn ich ein Theater in die Kluven kriege, ich engagiere zwei Clowns. Sie treten im Zwischenakt auf und machen Publikum. Sie tauschen ihre Ansichten über das Stück und die Zuschauer aus. Schließen Wetten ab über den Ausgang.“

Anfang der zwanziger Jahre tritt die Lyrik im Schaffen Brechts merklich zurück zugunsten der Dramatik. Die Gedichte werden stärker in ihrer Brauchbarkeit für die Stücke gesehen und geraten in ein neues Bezugsfeld. Schon früh hatte der Autor die Lieder und Balladen, die aus den Augsburger „Sturm-und-Drang“-Jahren zur Verfügung standen, wieder und wieder zu einer Sammlung geordnet, ehe er sie 1926 unter dem Titel „Taschenpostille“, 1927, leicht verändert, als „Hauspostille“ herausbrachte. Bereits die einzelnen „Lektionen“ und Überschriften: Bittgänge, Exerzitien, Psalmen, Choräle usw., deuten auf die Funktion und Zielrichtung dieser Gedichte. Der christlich erzogene Bürgersohn, Student der Naturwissenschaften, benutzt Formeln und Inhalte aus der kirchlich-religiösen Sphäre, um seine Vorstellungen vom Leben, von Gott und dem Menschen zum Ausdruck zu bringen. Er nimmt die christlichen Verzichts-, Vertröstungs- und Erbauungssprüche auf und wendet sie ins Diesseitig-Sensualistische. Ein Gedicht wie „Gegen Verführung“ erscheint beispielhaft für diese Haltung. Walter Benjamin schreibt darüber: „Die Leute wurden von der Geistlichkeit vor den Verführungen gewarnt, welche sie in einem zweiten Leben nach dem Tode teuer zu stehen kommen würden. Der Dichter warnt sie vor Verführungen, die sie in diesem Leben teuer zu stehen kommen. Er bestreitet, daß es ein zweites Leben gäbe. Seine Warnung ist nicht weniger feierlich gehalten als die der Geistlichkeit; seine Versicherungen sind ebenso apodiktisch. Wie die Geistlichkeit, so gebraucht auch er den Begriff der Verführung absolut ohne Zusatz; er übernimmt dessen erbauliche Klangfarbe.“

Schon in „Baal“ und in „Trommeln in der Nacht“ geht es, noch lyrisch-balladesk verbrämt, um die Situation des Individuums, des „starken Menschen“ in der modernen bürgerlichen Gesellschaft. Das Verhältnis des einzelnen zur Gemeinschaft, von Individuum und Masse, Ausgangspunkt theatralischer Präsentation, wird mehr und mehr zu einem ästhetischen, weltanschaulichen Problem. Vor allem nach seinen Besuchen in Berlin, dem „kalten Chicago“, wie er es nennt, wo er seit 1921/22 Fuß zu fassen sucht, bezieht Brecht das

Erlebnis der „großen Stadt“ als entscheidende dichterische Erfahrung in seine Bemühungen ein. Im Tagebuch vom September 1921 heißt es: „Als ich mir überlegte, was Kipling für die Nation machte, die die Welt ‚zivilisiert‘, kam ich zu der epochalen Entdeckung, daß eigentlich noch kein Mensch die große Stadt als Dschungel beschrieben hat. Wo sind ihre Helden, ihre Kolonisatoren, ihre Opfer? Die Feindseligkeit der großen Stadt, ihre bösartige steinerne Konsistenz, ihre babylonische Sprachverwirrung, kurz: ihre Poesie ist noch nicht geschaffen.“ Als heroische Landschaft habe er die Stadt, notiert Brecht 1926, als Gesichtspunkt die Relativität, als Situation den Einzug der Menschheit in die großen Städte zu Beginn des dritten Jahrtausends.

Der Bewohner der großen Städte, der Mensch des neuen Massenzeitalters, hat nichts mehr gemein mit dem Persönlichkeitspostulat der klassischen bürgerlichen Ästhetik. Brecht experimentiert unaufhörlich, sucht die Wirklichkeit, die Literatur der Zeit ab nach Möglichkeiten und Vorbildern, um dieses soziologisch noch weitgehend anonyme Wesen als den Helden zeitgenössischen Theaters herauszustellen. „Auch wenn sich eine meiner Personen in Widersprüchen bewegt“, sagt er 1926 in einem Interview, „so nur darum, weil der Mensch in zwei ungleichen Augenblicken niemals der gleiche sein kann. Das wechselnde Außen veranlaßt ihn beständig zu einer inneren Umgruppierung. Das kontinuierliche Ich ist eine Mythe. Der Mensch ist ein immerwährend zerfallendes und neu sich bildendes Atom. Es gilt zu gestalten, was ist.“

Die sich über Jahre hinziehende, vielen Wandlungen unterworfene Arbeit an dem Stück „Im Dickicht der Städte“ macht deutlich, mit welchen Schwierigkeiten der Dichter zu kämpfen hatte bei der Bewältigung der gesellschaftlichen Wirklichkeit des modernen Kapitalismus. Auch hier entwickelt sich das Werk in der Kontroverse mit überlieferten Inhalten und Formen. Die lebenslange Auseinandersetzung Brechts mit dem Werk Schillers gewinnt am Beispiel der „Räuber“ produktive Bedeutung. „In diesem Stück“, heißt es im Vorwort „Bei Durchsicht meiner ersten Stücke“, „wird um bürgerliches Erbe mit teilweise unbürgerlichen Mitteln ein äußerster, wildester, zerreißender Kampf geführt. Es war die Wildheit, die mich an diesem Kampf interessierte, und da in diesen Jahren (nach 1920) der Sport, besonders der Boxsport mir Spaß bereitete, als eine der ‚großen mythischen Vergnügungen der Riesenstädte von jenseits des großen Teiches‘, sollte in meinem neuen Stück ein ‚Kampf an sich‘, ein Kampf ohne andere Ursache als den Spaß am

Kampf, mit keinem anderen Ziel als der Festlegung des ‚besseren Mannes' ausgefochten werden. Hinzufügen muß ich, daß mir damals eine merkwürdige historische Vorstellung vorschwebte, eine Menschheitsgeschichte in Vorgängen massenhafter Art von bestimmter, eben historischer Bedeutung, eine Geschichte immer anderer, neuer Verhaltensarten, die da und dort auf dem Planeten gesichtet werden konnten."

Ein ähnlich „großstädtisches" Problem, das der Manipulierung, der „Vermassung" des Menschen in der modernen kapitalistischen Gesellschaft, gestaltet Brecht in „Mann ist Mann". Die zentrale Figur des Stückes, der Packer Galy Gay, steht nicht nur im Gegensatz zu dem Heldenideal des bürgerlichen Dramas, sondern auch zu einer Gestalt etwa wie Baal. Der totale Egozentrismus, die schrankenlose Selbstverherrlichung ist abgelöst durch einen strengen Determinismus. Galy Gay, der Mann, der aus dem Hause geht, um sich einen Fisch zu kaufen und nie mehr zurückkommt, sieht sich einem Schicksal ausgeliefert, auf das er keinen Einfluß besitzt. Das Subjekt, das sich als Baal absolut setzt, ist in Galy Gay gänzlich zum Objekt degradiert, zu einem Menschen, mit dem man „beliebig viel machen kann". „Auch hier", schreibt Brecht 1954, „hatte ich wieder einen sozial negativen Helden, der nicht ohne Sympathie behandelt war. Das Problem des Stückes ist das falsche, schlechte Kollektiv (der ‚Bande') und seine Verführungskraft, jenes Kollektiv, das in diesen Jahren Hitler und seine Geldgeber rekrutierten, das unbestimmte Verlangen der Kleinbürger nach dem geschichtlich reifen, echten sozialen Kollektiv der Arbeiter ausbeutend."

Mit den Stücken „Baal", „Trommeln in der Nacht", „Im Dickicht der Städte" und „Mann ist Mann" betrat Brecht die theatralische Szene in Deutschland. Nach den Buchveröffentlichungen von 1922 und 1923, den ersten Aufführungen seiner Stücke, der Anstellung als Dramaturg in München, später in Berlin und der ersten eigenen Regiearbeit (mit dem bearbeiteten Marlowestück „Leben Eduards des Zweiten von England") stabilisierte sich seine Existenz. Die Verleihung des Kleistpreises Ende 1922 auf Veranlassung Herbert Iherings machte seinen Namen einer breiteren literarischen Öffentlichkeit bekannt. Überall, wo Brecht in Erscheinung trat, sammelte er einen Kreis von Anhängern und Mitarbeitern um sich. „Er vervielfachte sich dauernd", schreibt Arnolt Bronnen, „und selbst wenn man ihn allein in ein Zimmer sperrte, so konnte man sicher sein, beim Wiederaufsperren einen bis zum Rande mit Brechts angefüllten Raum vorzufinden." Brecht „vervielfachte" sich besonders, nachdem er Ende 1924 nach Berlin übergesiedelt war, in das literarische Zentrum Deutschlands, wo die geistigen Kämpfe dieser Zeit ausgetragen wurden, an denen er sich in der Haltung des kommenden Siegers beteiligte.

Brecht bezog eine Atelierwohnung in der Spichernstraße, die ihm Helene Weigel überlassen hatte. „Man mußte fünf Treppen hoch steigen", erinnerte sich der Regisseur Bernhard Reich, „über eine Art Hühnerstiege balancieren, eine massive eiserne Tür aufklinken, durch einen breiten Korridor gehen, um in seine Atelierwohnung zu gelangen. Aus den großen Fenstern sah man auf Berlin hinunter. Ständig lag also im Blickfeld Brechts ein Teil des Dächermeers der Hauptstadt Deutschlands, die er zu erobern gedachte. Manches sprach für das Gelingen seiner Pläne. Er war frei von vielen der Jugend und dem Ehrgeiz schädlichen Illusionen. Er hatte zum Beispiel herausgefunden, daß die Wahrheit allein nichts bedeutet, nichts in Bewegung bringt – sie muß durchgesetzt werden. Das Durchsetzen aber übersteigt die Kraft auch eines Genies. Nur wenn viele dabei helfen, kann die Wahrheit siegen. Da Brecht damals jedoch wie ein bürgerlicher Intellektueller dachte, glaubte er, er müsse ein über ganz Deutschland reichendes Netz von Anhängern und Gläubigen schaffen, die an Schlüsselpositionen – in Theatern, Verlagen, Zeitungen – für eine neue Kunst wirken sollten. Sich selbst sah er als den Häuptling dieser Schar."

Das Jahr 1926 wurde in mehrfacher Hinsicht bedeutsam für die Entwicklung Brechts. In jenem Jahr erschien die seit langem vorbereitete „Taschenpostille", die spätere „Hauspostille", mit dem als Anhang beigegebenen Gedicht „Vom armen B. B.", das gleichsam einen Schlußstrich zieht unter die frühe Augsburger Lyrik und eine neue Haltung vorführt: die einer großen Gelassenheit und Sachlichkeit sich selbst und den Dingen gegenüber. Ein junger Amerikaner betrachtet die Welt mit den Augen eines unbeteiligten Beobachters: „Wir sind gesessen, ein leichtes Geschlechte / In Häusern, die für unzerstörbare galten / (So haben wir gebaut die langen Gehäuse des Eilands Manhattan / Und die dünnen Antennen, die das Atlantische Meer unterhalten)."

Verse wie die „Vom armen B. B." leiten hin zu den Gedichten der Sammlung „Aus einem Lesebuch für Städtebewohner" mit ihren Hinweisen und Unterweisungen für den Bewohner der großen Städte, der mit der Kälte und Hoffnungslosigkeit dieses Lebens fertig werden muß. Die metaphernreichen Lieder und Balladen der frühen Jahre sind abgelöst durch einen sachlich-kargen, didaktisch gefärbten Chronikstil, der nur noch Tatbestände und Verhaltensweisen vorführt. Die Wirklichkeit der großen Städte vermittelt mit der Erfahrung eines erbarmungslosen Daseinskampfes das Erlebnis sozialer Auseinandersetzungen, rückt die Welt der armen Leute, der Erniedrigten und Beleidigten, in das Blickfeld des Dichters. Chronikartige Gedichte wie „Achttausend arme Leute kommen vor die Stadt" und „Kohlen für Mike", 1926 geschrieben, erzählen nicht bloß vom Elend der Armen, sondern auch von ihrem Kampf und ihrer Solidarität.

Durch die neuen Themen und Sujetbereiche sah sich Brecht zunehmend Fragen gegenüber, die die Struktur und Organisation der Gesellschaft, die Produktion und Verteilung der Güter betreffen. Im Sommer 1926 begann er mit Vorarbeiten zu einem Stück, „Joe Fleischhacker", dem Vorgänge an der Chicagoer Weizenbörse zugrunde liegen. Dabei stieß er auf Probleme, die ihn bisher nur am Rande interessiert hatten. In ihren „Notizen über Brechts Arbeit" schrieb Elisabeth Hauptmann: „Die wichtigste Umstellung während der Arbeit geschah bei der Überprüfung des Materials für ‚Joe Fleischhacker'. Dieses Stück sollte in Chicago spielen, und zwar in großem Stil, und sollte innerhalb einer Reihe ‚Einzug der Menschheit in die großen Städte' den aufsteigenden Kapitalismus zeigen. Für dieses Stück sammelten wir Fachliteratur, ich selber fragte eine Reihe von Spezialisten aus, auch auf den Börsen in Breslau und Wien, und am Schluß fing Brecht an, Nationalökonomie zu lesen. Er behauptete, die Praktiken mit Geld seien sehr undurchsichtig, er müsse jetzt sehen, wie es mit den Theorien über Geld stehe. Bevor er noch in dieser Richtung zumindest für ihn sehr wichtige Entdeckungen machte, wußte er aber, daß die bisherige (große) Form des Dramas für die Darstellung solcher Prozesse, wie etwa die Verteilung des Weltweizens sowie auch für Lebensläufe der Menschen unserer Zeit und überhaupt für alle Handlungen mit Folgen nicht geeignet war. ‚Diese Dinge', sagt B., ‚sind nicht dramatisch in unserem Sinn, und wenn man sie ›umdichtet‹, dann sind sie nicht mehr wahr, und das Drama ist überhaupt keine solche Sache mehr, und wenn man sieht, daß unsere heutige Welt nicht mehr ins Drama paßt, dann paßt das Drama eben nicht mehr in die Welt.' Im Verlaufe dieser Studien stellte Brecht seine Theorie des ‚epischen Dramas' auf."

Die Logik der Tatsachen, die Brecht in seinen Stücken darstellen wollte, stimmte nicht überein mit der Logik der Fachleute.

Niemand konnte ihm die Vorgänge an der Weizenbörse hinreichend erklären. „Die Art, wie das Getreide der Welt verteilt wurde, war schlechthin unbegreiflich. Von jedem Standpunkt aus außer demjenigen einer Handvoll Spekulanten war dieser Getreidemarkt ein einziger Sumpf. Das geplante Drama wurde nicht geschrieben, statt dessen begann ich Marx zu lesen, und da, jetzt erst, las ich Marx."

Im September 1926 fand in Darmstadt die Uraufführung von „Mann ist Mann" statt. Wenige Tage später, im Oktober, meldete der Autor nach Berlin, an Elisabeth Hauptmann: „Ich stecke acht Schuh tief im ‚Kapital'. Ich muß das jetzt genau wissen . . ." Das Studium des Marxismus wurde zu jenem elementaren intellektuellen Erlebnis, das tiefgreifende Veränderungen in Brechts Wirklichkeitsverhältnis und in seiner Kunst zur Folge hatte. Die marxistische Theorie, vor allem die materialistische Dialektik, kam seiner Diskutier- und Experimentierlust entgegen, seinem Bemühen, den Mechanismus sozialer Vorgänge zu erfassen und bloßzulegen. Brecht wurde mit vielen linken, dem Marxismus nahestehenden Intellektuellen bekannt, die ihn bei seinen Nachforschungen und Experimenten unterstützten. Die Isolierung von der revolutionären Arbeiterklasse allerdings begünstigte mechanistische, deterministische Vorstellungen, vor allem bei der Beurteilung des Wechselverhältnisses von Freiheit und Notwendigkeit, von Individuum und Gesellschaft.

Bestimmte Elemente des neuen Gesellschaftsbildes sind bereits in die „Dreigroschenoper" eingegangen. Brecht war noch mit dem „Joe-Fleischhacker"-Projekt und anderen Unternehmungen befaßt, als ihn Elisabeth Hauptmann auf „The Beggar's Opera" von John Gay aus dem Jahre 1728 aufmerksam machte. Brecht fand Gefallen an dem Stoff und entwarf nebenher, „gewissermaßen zur Erholung", hier und da eine Szene. Elisabeth Hauptmann habe einen großen Spürsinn bewiesen, als sie Brecht auf die „Bettleroper" hinwies, meinte Lotte Lenya-Weill später. „Er fand darin genau die richtige Mischung von Exotik und Aktualität, die er für seine eigene Produktion brauchen konnte."

„‚Die Dreigroschenoper' gibt eine Darstellung der bürgerlichen Gesellschaft (und nicht nur ‚lumpenproletarischer Elemente')", bemerkt Brecht 1931. Der Stückeschreiber schildert die Einheit von Gangstertum, Prostitution, „ausgebeuteter" Armut und kapitalistischer Ordnung und trifft damit die materiellen Interessen der Gesellschaft, aber er weiß dem Bild dieser Gesellschaft durch seine zynisch provokante, marktschreierisch satirische Beschreibung zugleich ästhetische Reize neuer Art abzugewinnen. Indem Brecht die Oper als Prototyp „kulinarischen" Theaters in den Niederungen kapitalistischen Alltags ansiedelt, wendet er sich gegen die Verlogenheit des bourgeoisen Kulturbetriebes und verschafft der Oper eine neue, zeitgemäße Popularität. „Aber wenn die ‚Dreigroschenoper' einerseits als der Durchbruch volkstümlichen Theaters eine dauernde Wirkung ausübte", schreibt Paul Rilla, „andererseits mit den Stichworten ihrer lumpenproletarischen sozialen Opposition hinter der positiven gesellschaftlichen Sprache der Entwicklung zurückbleiben mußte, so begriff Brecht bald, daß die neue Volkstümlichkeit des Theaters auch den Durchbruch des neuen Inhalts zu vollziehen habe."

Die Einstudierung der „Dreigroschenoper" im Berliner Theater am Schiffbauerdamm, die unzähligen Kräche noch wenige Tage und Stunden vor der Uraufführung muten fast ebenso kolportagehaft und abenteuerlich an wie das Stück selbst. Niemand glaubte mehr recht an den Erfolg des Unternehmens, und der Besitzer des Theaters sah sich bereits nach einem neuen Autor um. „Über jene Uraufführung ist schon soviel geschrieben worden . . .", rekapitulierte Lotte Lenya-Weill, die Darstellerin der Spelunken-Jenny. „Sie ist in den Bereich der Sage eingegangen. Bis zur zweiten Szene, die in einem Pferdestall spielt, blieb das Publikum kühl und teilnahmslos. Die Leute machten den Eindruck, als wären sie von vornherein überzeugt davon, daß die Aufführung eine Pleite würde. Dann kam der Kanonen-Song. Ein unglaublicher Sturm erhob sich. Das Publikum raste. Von diesem Moment konnte nichts mehr schiefgehen."

Die „Dreigroschenoper" brachte den ersten großen Erfolg und den entscheidenden internationalen Durchbruch für Brecht. Die Moritat von Mackie Messer, der Song der Seeräuber-Jenny in der Vertonung von Kurt Weill gingen um die Welt. Auf diesem Wege fortschreitend, hätte Brecht, der Bourgeoisie den Zerrspiegel vorhaltend und sie mit ihren Perversitäten kitzelnd, zum Begründer eines neuen zynisch-clownesken Amüsiertheaters werden können. Aber bereits bei den Proben zu dem Stück „Happy End", das nach dem Willen der Veranstalter den Erfolg der „Dreigroschenoper" wiederholen sollte, stellte sich heraus, daß Brecht gar nicht daran dachte, Konzessionen an den Publikumsgeschmack zu machen.

Gerade die Erfahrungen mit der „Dreigroschenoper" und mit „Happy End" veranlaßten den Stückeschreiber, sich noch stärker von den überlieferten Inhalten und Formen bürgerlichen Dramas abzugrenzen und seine Vorstellungen von einem neuen, „epischen", der modernen Wirklichkeit angemessenen Theater zu realisieren. Diese „epische Form des Theaters", zuerst am Beispiel der Oper „Aufstieg und Fall der Stadt Mahagonny" ausführlich kommentiert, soll die Aktivität des Zuschauers wecken, „von ihm Entscheidungen" erzwingen, „ihm Kenntnisse" vermitteln. Sie arbeitet nicht „mit Suggestion", sondern „mit Argumenten", die Empfindungen werden nicht konserviert, sondern „bis zu Erkenntnissen getrieben". Der Mensch, „der veränderliche und verändernde Mensch", wird zum Gegenstand der Untersuchung.

Aus verschiedenen Versuchen und Projekten entwickelt sich 1930 das Schauspiel „Die heilige Johanna der Schlachthöfe", in das zum erstenmal marxistische Kategorien einbezogen sind. Das Heilsarmeemädchen Johanna Dark, die Gegenspielerin des Fleischkönigs Mauler, ist als eine Figur der „Mitte" noch weitgehend Objekt der streitenden Parteien. Doch die Geschichte ihrer Desillusionierung ist mitten hineingestellt in die großen sozialen Kämpfe der Epoche. Ihr Bemühen, schlichtend, tröstend einzugreifen, „wo Unruhe herrscht und Gewalttaten drohen", berührt wesentliche Streitfragen innerhalb der internationalen Arbeiterbewegung wie das Problem des Reformismus oder das der Gewaltanwendung. Brecht demonstriert nicht nur die geistige Anpassungsfähigkeit und den ideologischen Verwertungsmechanismus der kapitalistischen Gesellschaft, er macht durch die parodistische Behandlung des klassischen Dramas zugleich darauf aufmerksam, wie sehr der Anspruch des Bürgertums aus seiner Aufstiegsperiode im Widerspruch steht zu der zeitgenössischen Praxis. Mit der Gestalt der Johanna zeichnet er die Umrisse einer neuen Heldenfigur, die aus den Klassenkämpfen der Zeit hervorgeht.

Die weltweite Wirtschaftskrise und die sich zuspitzenden sozialen Auseinandersetzungen Ende der zwanziger Jahre führten Brecht näher an die revolutionäre Arbeiterbewegung heran und bestärkten ihn in seinem Bemühen, eine Kunst zu machen, die über die bloße Parteinahme hinausgeht, die mit ihren Mitteln selbst in die Kämpfe eingreift. Erfahrungen des politischen Tageskampfes, Erlebnisse wie die des Blutmai von 1929 trugen wesentlich zur Radikalisierung seines Bewußtseins und seiner künstlerischen Anstrengung bei. An jenem 1. Mai 1929 hatten sich die Kommunisten gegen das Demonstrationsverbot des sozialdemokratischen Polizeipräsidenten von Berlin zur Wehr gesetzt. Dabei kam es zu Zusammenstößen mit der

Polizei, die Schußwaffen einsetzte. Brecht war Augenzeuge dieser Ereignisse. Der Soziologe Fritz Sternberg schrieb darüber: „Als Brecht die Schüsse hörte und sah, wie Menschen getroffen wurden, war er so weiß im Gesicht geworden, wie ich ihn nie zuvor in meinem Leben gesehen hatte. Ich glaube, daß es nicht zuletzt dieses Erlebnis war, daß ihn dann immer stärker zu den Kommunisten trieb."

Die Einsicht in die totale Folgenlosigkeit und in die Realitätsfremdheit bürgerlicher Literatur und bürgerlichen Theaters zwang den Dichter, seine Kunst noch besser auf die Wirklichkeit und auf ein neues Publikum einzustellen. Die Gewißheit, daß „eine neue Kampfkraft von säkularem Ausmaß den Schauplatz betreten hatte: das revolutionäre Proletariat", führte zur Aufnahme proletarischer Themen. In dem Aufsatz „Über Stoffe und Form" von 1929 heißt es: „Das erste ist also: die Erfassung der neuen Stoffe, das zweite: die Gestaltung der neuen Beziehungen. Grund: die Kunst folgt der Wirklichkeit." Die Praxis des politischen Kampfes geriet in Widerspruch zu einer bloß sachlich beschreibenden Kunst. Die Notwendigkeit des Tages forderte das engagierte politische Gedicht, das für die Agitationsarbeit verwendbar war. Viele über die deutsche Arbeiterbewegung hinaus bekannt gewordenen Kampf- und Massenlieder entstanden als „Auftragsarbeit", aus einer konkreten politischen Situation heraus, und waren dazu bestimmt, gesellschaftliche Impulse auszulösen. Hanns Eisler äußerte dazu: „Wir haben in den politischen Tageskampf eingegriffen! Gab es ein neues Ereignis, war der erste Mann, der mich anrief, Brecht. ‚Da müßten wir doch etwas ganz rasch machen ...!' Zum Beispiel über den berüchtigten Paragraphen 218 hat Brecht eine Ballade geschrieben und über den ‚Osthilfe-Skandal'. Bei der großen Arbeitslosigkeit schrieben wir das ‚Arbeitslosenlied'."

Weit schwieriger war es, von der Bühne her den Emanzipationskampf des Proletariats zu unterstützen. Es mußten sowohl die Kunstmittel als auch die Form theatralischer Präsentation verändert werden. „Der neue Zweck heißt: Pädagogik", schrieb Brecht 1929. Er hoffte einmal mit Hilfe des neuen Kunstadressaten das Theater umzugestalten, mit Hilfe des veränderten Theaters aber auch das Publikum, das dem Vorgeführten nicht mehr nur als Betrachtender, Genießender gegenübersaß, sondern als Beteiligter, Aktivierter, zur Aktion Übergehender. Die verstandesmäßige Erfassung und Durchdringung des Vorgeführten bildete hierfür eine unerläßliche Voraussetzung.

Bei seiner Suche nach einem neuen Theater, das er anti-kulinarisches, nichtaristotelisches, episches Theater nannte, nahm Brecht Elemente der Agitpropkunst auf, die angesichts der verschärften Klassenauseinandersetzungen vor 1933 einen großen Aufschwung erlebte. Das Bemühen des Stückeschreibers kam dem Bestreben der Arbeiter entgegen, sich Klarheit zu verschaffen über die eigene Situation und politische Konsequenzen daraus abzuleiten. Das Lehrstück wurde zu einem Mittel, den geistigen Emanzipationsprozeß zu fördern und zentrale Fragen des politischen Kampfes von der Bühne herab zur Diskussion zu stellen. Indem Brecht das neue Theater zu einem Forum der Selbstverständigung und der künstlerischen Selbstbetätigung ausbaute, der Interessengemeinschaft von Schauspieler und Publikum zum Zwecke der wechselseitigen Belehrung und Einsichtnahme, vollzog er einen radikalen Bruch mit dem überlieferten „kulinarischen" Theater. Das epische lehrhafte Theater, heißt es in dem Aufsatz „Vergnügungstheater oder Lehrtheater?" von 1936, setze „außer einem bestimmten technischen Standard eine mächtige Bewegung im sozialen Leben voraus, die ein Interesse an der freien Erörterung der Lebensfragen zum Zwecke ihrer Lösung hat und dieses Interesse gegen alle gegensätzlichen Tendenzen verteidigen kann".

Das Lehrstück rechtfertigte und radikalisierte nicht nur die formalen Neuerungen, die Brecht anstrebte – epische, szenische Auflockerung der Fabel, gedankliche Strenge und Sachlichkeit in der Dialogführung, hoher Verallgemeinerungsgrad der Aussage, direkter Appell an das Publikum und Einbeziehung in den Lernprozeß –, sondern es führte auch zur Aufnahme neuer Inhalte. In der „Maßnahme" stellt Brecht zum erstenmal Revolutionäre, Parteifunktionäre als Träger der Handlung auf die Bühne. Dabei geht es erneut um das Gewaltproblem, das für viele Intellektuelle in dieser Zeit zu einer Frage politischer Entscheidung geworden war. In der zugespitzten, abstrakten Form, wie es Brecht behandelt, mußte es jedoch mißverständlich bleiben. Gegen jede Äußerung bürgerlichen Individualismus opponierend, rückt der Stückeschreiber das Gesellschaftliche und Allgemeine einseitig in den Vordergrund. So läuft er Gefahr, die Erfordernisse des revolutionären Kampfes den Lebensinteressen des einzelnen undialektisch gegenüberzustellen.

Erst mit der „Mutter", der dramatischen Adaption des Romans von Maxim Gorki, findet der neue Inhalt auch die neue Form. Im Schicksal einer einfachen russischen Frau gestaltet Brecht den Kampf der revolutionären Partei für eine bessere Gesellschaftsordnung.

Damit erreicht er eine neue Verbindung von epischer Darstellung und lyrischem Appell. In den Songs aus den Stücken „Die Maßnahme“ und „Die Mutter“ – Kernstück des zweiten Gedichtbandes „Lieder Gedichte Chöre“ von 1934 und Kernstück der Lyrik dieser Jahre – bekennt sich der Stückeschreiber mit der Autorität seines dichterischen Wortes zum Kommunismus und zum Kampf der Kommunistischen Partei. Die „Loblieder“, „Lob der Partei“, „Lob der Dialektik“, „Lob des Kommunismus“ und andere, sind in ihrer Einfachheit, Unmißverständlichkeit und aufrüttelnden Gewalt mitreißende Beispiele einer neuen politischen Dichtung in Deutschland.

Darüber hinaus richtet sich das Stück, 1932 aufgeführt, unmittelbar gegen die faschistische Gefahr. Aus dem Kampf der russischen Revolutionäre gegen das „kleinere Übel“, aus den Beziehungen der Wlassowa zu Ladenbesitzern, Bauern und Intellektuellen und aus deren Verhältnis zur Revolution ergeben sich vielfältige Analogien zur Situation in Deutschland. Seit 1930, dem Jahr der ersten großen Wahlerfolge der Hitlerpartei, wendet sich der Dichter in wachsendem Maße gegen die Nazibewegung und ihre Demagogie. Gleichzeitig verschärft sich die Polemik gegen bürgerliche Intellektuelle, deren Werk den politischen Erfordernissen des Tages nicht gerecht zu werden vermag. Die von Brecht oft gebrauchte Formel von der „Billigung der Welt“ brandmarkt die stillschweigende oder öffentliche Duldung des Unrechts und der Gewalt. Gegen faschistische Bedrohung und um sich greifenden Terror stellt Brecht seinen Glauben an den Sieg der guten, der revolutionären Sache, seinen revolutionären Optimismus. Im Schlußbild der „Mutter“ heißt es: „Denn die Besiegten von heute sind die Sieger von morgen / Und aus niemals wird: heute noch.“

Durch die Emigration Ende Februar 1933 sah sich Brecht, „ein Spezialist des Von-vorn-Anfangens“, wie Walter Benjamin sagt, über Nacht in eine radikal veränderte Situation gestellt. Freunde halfen ihm, daß er gefahrlos über die Grenze kam und bald wieder relativ normale Arbeitsbedingungen vorfand. In Skovsbostrand bei Svendborg auf der dänischen Insel Fünen, wo durch Vermittlung der Schriftstellerin Karin Michaelis ein Haus gekauft wurde, versuchte der Dichter, ähnlich wie in Berlin, wieder einen Kreis von Gleichgesinnten und Mitarbeitern um sich zu sammeln, um Formen, Methoden des politischen, des geistigen Widerstandes auszuprobieren und zu organisieren. Im Motto zu der Sammlung

„Svendborger Gedichte" von 1939 wendet er sich an die Antifaschisten in Deutschland: „Geflüchtet unter das dänische Strohdach, Freunde / Verfolg ich euren Kampf. Hier schick ich euch / Wie hin und wieder schon die Verse, aufgescheucht / Durch blutige Gesichte über Sund und Laubwerk. / Verwendet, was euch erreicht davon, mit Vorsicht! / Vergilbte Bücher, brüchige Berichte / Sind meine Unterlage. Sehen wir uns wieder / Will ich gern wieder in die Lehre gehn."

Zu den Versen, die Brecht nach Deutschland „schickt", gehören vor allem die für den deutschen Freiheitssender geschriebenen „Deutschen Satiren", denen Nachrichten aus Deutschland; Berichte von Reisenden, offizielle Verlautbarungen und faschistische Propagandaparolen zugrunde liegen. Die Kampfdichtung dieser Jahre erfordert, um auch unter schwierigen Bedingungen wirksam zu sein, ein Höchstmaß an politischer Konkretheit und Präzision. Der Appell, die direkte Anrede, das entlarvende, satirische Gedicht dominieren jetzt gegenüber der liedhaften Form und der Ballade. In den Versen der „Deutschen Kriegsfibel" gewinnt die Sprache Brechts eine Dichte und Prägnanz, die sie einprägsam, „zitierbar", brauchbar macht für den illegalen Kampf. Ein Vierzeiler wie „Auf der Mauer stand mit Kreide: / Sie wollen den Krieg. / Der es geschrieben hat / Ist schon gefallen" muß nicht aufgeschrieben, vervielfältigt werden; im tragischen Schicksal eines antifaschistischen Kämpfers ist das Los eines Volkes symbolisiert.

Eine Vorstellung von der Problematik des Kampfes gegen die Hitlerdiktatur vermittelt die illegal in Deutschland verbreitete Schrift „Fünf Schwierigkeiten beim Schreiben der Wahrheit". In ihr entwickelt Brecht seine Auffassungen von den Formen und Methoden illegaler Arbeit. Um in Zeiten blutiger Unterdrückung von den Massen gehört zu werden, muß der Revolutionär, muß der Dichter besondere Anstrengungen unternehmen, muß er seine Worte so fassen, daß sie jedermann verständlich und zugänglich sind, braucht er Mut, List, Schärfe des Verstandes, Leidenschaft.

Bereits vor Errichtung der Hitlerdiktatur hatte Brecht das Stück „Die Rundköpfe und die Spitzköpfe" geschrieben, ein Lustspiel in Parabelform, eine satirische Auseinandersetzung mit dem faschistischen Rassenwahn. Unter dem Eindruck der Entwicklung nach 1933 arbeitete er das Stück mehrfach um. Aber die Parabel bot einem Phänomen wie der Nazibewegung gegenüber nur eine begrenzte Entlarvungsmöglichkeit. Unablässig verfolgte der Dichter die Vorgänge in Deutschland, versuchte er die fremd gewordene Wirklichkeit sich lebendig zu halten; jede Radiomeldung, jeder Zeitungsbericht, jede Erzählung von Flüchtlingen und Reisenden waren ihm dazu recht. „Augenzeugenberichte und Zeitungsnotizen“ bilden die Vorlage für die Szenenfolge „Furcht und Elend des Dritten Reiches“, die in den Jahren 1934 bis 1938 entsteht. In einer sich allmählich zum Zyklus formenden, die verschiedenen Bereiche des sozialen Lebens erfassenden Reihe von Episoden und Einaktern gibt Brecht ein Bild von der Situation im faschistischen Deutschland, von den Bedingungen, unter denen die Menschen existieren müssen. Er zeigt, wie der einzelne vor Entscheidungen gestellt ist, die oft Entscheidungen sind auf Leben und Tod. Er macht das Inhumane, Barbarische des Hitlerregimes deutlich, das die Beziehungen zwischen den Menschen vergiftet und zerstört.

Die Antithese Humanismus–Barbarei wurde zu einer zentralen Kategorie des antifaschistischen Kampfes. Sie stand im Mittelpunkt auch des internationalen Schriftstellerkongresses zur Verteidigung der Kultur 1935 in Paris. In seiner Rede „Eine notwendige Feststellung zum Kampf gegen die Barbarei“ wandte sich Brecht gegen Tendenzen, den Faschismus lediglich als moralisches Problem, als Symptom einer allgemeinen Verrohung zu sehen. Mit dem Appell „Kameraden, sprechen wir von den Eigentumsverhältnissen!“ versuchte er die Aufmerksamkeit der Schriftsteller „auf einen Punkt“ zu lenken, auf den Klassencharakter des Faschismus. „Die Roheit kommt nicht von der Roheit, sondern von den Geschäften, die ohne sie nicht mehr gemacht werden können ... Viele von uns Schriftstellern, welche die Greuel des Faschismus erfahren und darüber entsetzt sind, haben diese Lehre noch nicht verstanden, haben die Wurzel der Roheit, die sie entsetzt, noch nicht entdeckt. Es besteht immerfort bei ihnen die Gefahr, daß sie die Grausamkeiten des Faschismus als unnötige Grausamkeiten betrachten.“

Das Versagen der Intelligenz vor den Lebensfragen der Nation Ende der zwanziger, Anfang der dreißiger Jahre und die Meinungsverschiedenheiten unter den antifaschistischen Schriftstellern im Exil lenkten den Blick des Dichters auf die Situation der bürgerlichen Intellektuellen, ihre Stellung und Funktion in der Gesellschaft. Die Erfahrungen der Zusammenarbeit überprüfte er auf ihre Brauchbarkeit für den antifaschistischen Kampf, den Befreiungskampf des Proletariats. Mit den unterschiedlichen schriftstellerischen Mitteln skizzierte, analysierte, exemplifizierte Brecht Haltungen, Fehlhaltungen, Entscheidungsfragen von Intellektuellen in den verschiedenen Epochen und Lebenssituationen. Ob in Form der

Kalendergeschichte, ob im Gewand der Parabel wie im Fragment des Tui-Romans (Tui ist eine Kurzformel Brechts für den Intellektuellen) oder in der dramatischen Gestaltung des Galilei-Stoffes – stets geht es um die besondere Verantwortung des Intellektuellen in der Gesellschaft.

Der Dichter benutzt verschiedenartige Masken und Positionen, um mit dialektischen Mitteln Lösungswege zu suchen für die politischen, philosophischen Probleme der Zeit. Er schlüpft in die Gestalt des alten chinesischen Philosophen Me-ti, um den Fragen der Gegenwart neue Aspekte abzugewinnen, er beschwört die Gestalt des Herrn Keuner, um in hintergründig-anekdotischer, aphoristischer Form widerspruchsvolle Haltungen und Situationen zu beleuchten, er reaktiviert den Dialog-Roman der französischen Aufklärer (in den „Flüchtlingsgesprächen"), um Versäumnisse und Irrtümer deutscher Intellektueller vom Standpunkt eines klassenbewußten Arbeiters her zu analysieren und auf satirische Weise bloßzustellen.

Vor allem beginnt Brecht wieder, wie in jungen Jahren, Tagebuch zu führen, in dem er sich Rechenschaft gibt über weltanschauliche Grundfragen, über politische Entwicklungen, über literarische und ästhetische Probleme, über seine Arbeit, seine Pläne und Intentionen. Das „Arbeitsjournal", eine Form der Selbstverständigung und Selbstkontrolle, spiegelt auf differenzierte Weise das Verhältnis Brechts zur revolutionären Arbeiterbewegung und seine Stellung innerhalb der Klassenkämpfe der Zeit. Man zögere oft, notiert er am 5. August 1940, Dichter wie ihn „bürgerliche Dichter zu nennen, aber mit Unrecht. Wir mögen die Sache des Proletariats zu der unsrigen machen, wir mögen sogar für eine gewisse Zeitspanne die Dichter des Proletariats sein – dann hat eben das Proletariat in dieser Zeitspanne bürgerliche Dichter, die für seine Sache eintreten."

Prüfstein seiner Arbeit war für Brecht stets der „Gebrauchswert" für das Proletariat, die Brauchbarkeit für den antifaschistischen Kampf. Ein Stück wie „Die Gewehre der Frau Carrar", Anfang 1937 unter dem Eindruck des heldenhaften Kampfes des spanischen Volkes in wenigen Wochen entstanden, zeigt, wie schnell der Dichter auf politische Ereignisse zu reagieren verstand, wie sehr er seine Kunst als Teil der antifaschistischen Bewegung verstand. Der Einakter, der den Zeitraum eines alltäglichen Vorgangs, des Brotbackens, nicht überschreitet, beleuchtet die verschiedenen Formen kleinbürgerlichen, kleinmütigen, kapitulantenhaften Verhaltens. Der

Stückeschreiber demonstriert und kritisiert die Wirkungen und Folgen eines Pazifismus und einer „Nichteinmischungspolitik", die den Faschisten in die Hände arbeitet. Das schlichte Pathos dieser Geschichte und dieser Gestalten, die einfache, ihr Schicksal und ihr Leben befragende Sprache dieser Menschen machen das kleine Drama zu einem bedeutenden Zeugnis des antifaschistischen Widerstands, der antifaschistischen Literatur. Mit Teresa Carrar schuf Brecht eine jener großartigen Frauengestalten aus dem Volk, denen – wie Pelagea Wlassowa, der Marketenderin Anna Fierling oder der Grusche des „Kreidekreises" – in schlimmen Zeiten die Bewahrung und Verteidigung des Lebens anvertraut ist. Die abschließenden Worte der Teresa Carrar: „Das sind keine Menschen. Das ist ein Aussatz, und das muß ausgebrannt werden wie ein Aussatz", sind Ausdruck eines neuen, kämpferischen Humanismus.

„Das kleine Stück", schreibt Brecht, „wurde im ersten Jahre des Spanischen Bürgerkrieges für eine deutsche Truppe in Paris geschrieben. Es ist aristotelische (Einfühlungs-) Dramatik. Die Nachteile dieser Technik können bis zu einem gewissen Grade ausgeglichen werden, wenn man das Stück zusammen mit einem Dokumentenfilm, der die Vorgänge in Spanien zeigt, oder irgendeiner propagandistischen Veranstaltung aufführt." Im Hinblick auf die Technik beurteilte Brecht die „Gewehre der Frau Carrar" als „Rückschritt", als „allzu opportunistisch".

Der Stückeschreiber betrachtete seine Arbeit stets unter dem Aspekt der Aufführungs- und Wirkungsmöglichkeit. Die „mächtige Bewegung im sozialen Leben", die Brechts Schaffen vor 1933 in Deutschland inspiriert hatte, war nicht mehr vorhanden. Das Publikum, das der Dichter zu erreichen trachtete, besaß weder politisch noch ästhetisch irgendwelche Voraussetzungen für ein „episches Theater". Wenn der Dichter im Sinne der Volksfrontpolitik wirken wollte, mußte er ein breites Publikum ansprechen, und das war nur möglich mit konventionellen theatralischen Mitteln. Die Grenzen der aristotelischen Technik wurden allerdings bei einem Thema wie dem Spanischen Bürgerkrieg besonders spürbar. Die komplizierte, widerspruchsvolle Klassensituation in Spanien vor dem Hintergrund der großen welthistorischen Auseinandersetzungen – das alles konnte mit den Mitteln der herkömmlichen Dramatik nur unzulänglich wiedergegeben werden.

Mit dem Spanischen Bürgerkrieg und den „Gewehren der Frau Carrar" rückt das Thema des Krieges, des antifaschistischen Befreiungskampfes ins Zentrum des Schaffens von Brecht. Werke wie „Mutter Courage und ihre Kinder“, „Das Verhör des Lukullus“, die „Flüchtlingsgespräche“, „Der aufhaltsame Aufstieg des Arturo Ui“ oder „Schweyk im zweiten Weltkrieg“ haben direkt oder mittelbar die Realität des faschistischen Deutschlands, die blutige Wirklichkeit des zweiten Weltkriegs zum Gegenstand.

Mit „Mutter Courage und ihre Kinder“, 1939 entstanden, warnt der Stückeschreiber vor den Illusionen der kleinen Leute über den Krieg, durch die die Politik der Herrschenden erst möglich ist. Bereits in der Anfangsszene wird der verhängnisvolle Widerspruch angezeigt, in dem sich viele Menschen auch in dem Deutschland Hitlers befanden. „Nötig: Auftrieb, Unternehmungslust“, so charakterisiert Brecht die Haltung der Courage, „eine neue Zeit wird erwartet, neue Geschäfte kündigen sich an, zugleich neue Gefahren. Sie erhofft und fürchtet den Krieg. Sie will sich beteiligen, aber nur friedlich geschäftlich, nicht kriegerisch. Sie will ihre Familie erhalten durch den Krieg und im Krieg. Sie will der Armee dienen und sich vor ihr retten.“

Eine solche Darstellung, unerbittlich in ihrer Zwangsläufigkeit, mußte nach 1945, da der Krieg in der Katastrophe geendet und vielen die Augen geöffnet hatte, zweifellos Mißverständnisse hervorrufen. Die Gestalt der Courage, die am Krieg verdienen möchte und die nichts lernt aus dem Krieg, blieb in der öffentlichen Kritik lange Zeit umstritten. Erst allmählich fanden sich die Intentionen des Stückeschreibers bestätigt in einem neuen gesellschaftlichen Bewußtsein, das den Krieg nicht mehr als unabwendbares Schicksal hinnimmt, sondern seine Ursachen erkennt und zu ihrer Beseitigung beiträgt. Die Courage wurde zum Demonstrationsgegenstand, mit dessen Hilfe der Zuschauer begreifen und verstehen lernt. „Die dem Publikum tief fühlbare Tragik der Courage und ihres Lebens bestand darin“, schreibt Brecht, „daß hier ein entsetzlicher Widerspruch bestand, der einen Menschen vernichtete, ein Widerspruch, der gelöst werden konnte, aber nur von der Gesellschaft selbst und in langen, schrecklichen Kämpfen. Und die sittliche Überlegenheit dieser Art der Darstellung bestand darin, daß der Mensch als zerstörbar gezeigt wurde, selbst der lebenskräftigste!“

Stets sind Krieg und Faschismus bei Brecht in Beziehung gestellt zu den Schicksalen einfacher Menschen. Ihr Wille zu überleben, ihre Haltung in schwierigen Situationen hat immer einen unausgesprochenen Bezug zu der Lage der Menschen in Deutschland.

Wohl selten war der Dichter so sehr mit dem Denken und Fühlen der Menschen des Volkes verbunden wie in diesen Jahren des Exils. Die Marketenderin Courage, der Knecht Matti, der Fabrikarbeiter Kalle, das Küchenmädchen Grusche wurden zu wirklichen Volksgestalten, die die Sprache der Arbeiter und Bauern sprechen.

Gerade Ende der dreißiger Jahre beschäftigte sich Brecht immer wieder mit dem Begriff der Volkstümlichkeit, stellte er Betrachtungen an über das Verhältnis von Volkstümlichkeit und Realismus. „Der Schriftsteller", heißt es 1938, „soll da für ein Volk schreiben, mit dem er nicht lebt. Jedoch ist bei näherer Betrachtung die Distanz des Schriftstellers zum Volk doch nicht so gewachsen, wie man denken könnte. Sie ist jetzt nicht ganz so groß, wie es scheint, und sie war ehedem nicht ganz so klein, wie es schien. Die herrschende Ästhetik, der Buchpreis und die Polizei haben immer eine beträchtliche Distanz zwischen Schriftsteller und Volk gelegt. Trotzdem wäre es unrichtig, nämlich unrealistisch, die Vergrößerung der Distanz als eine nur ‚äußerliche' zu betrachten. Es sind zweifellos besondere Bemühungen nötig, um heute volkstümlich schreiben zu können. Andererseits ist es leichter geworden, leichter und dringender. Das Volk hat sich deutlicher getrennt von seiner Oberschicht, seine Unterdrücker und Ausbeuter sind aus ihm herausgetreten und haben sich in einen nicht mehr übersehbaren, blutigen Kampf mit ihm verwickelt."

Während des finnischen Exils wird Brecht angeregt, ein „neues Volksstück" zu schreiben: „Herr Puntila und sein Knecht Matti". Interessant ist, wie der Dichter die wertvollen, verwertbaren Bestandteile des Volksstücks für seine Zwecke nutzt, ohne die „kruden und anspruchslosen" Elemente zu übernehmen. „Von der größten Bedeutung ist es", heißt es in den „Anmerkungen zum Volksstück", „einen Stil der Darstellung zu finden, der zugleich artistisch und natürlich ist." Und weiter: „Wir brauchen eine Kunst, die die Natur meistert, wir brauchen die künstlerisch gestaltete Wirklichkeit und die natürliche Kunst."

Die Beschreibung von Schicksalen und Verhaltensweisen einfacher Menschen steht in engem Zusammenhang mit dem Problem der Güte, der „Freundlichkeit", Ausdruck eines welthistorischen Optimismus. Wenn Brecht auch von den Vertretern seiner Generation sagt, daß sie „selber nicht freundlich sein" konnten, so hat er doch der „Freundlichkeit" Stimme und Gestalt gegeben. Seine Figuren aus dem Volk mit ihrer Gefühlssprödigkeit, ihrer Wortkargheit, ihrem unpathetischen Stolz und Selbstgefühl repräsentieren einen neuen Humanismus, der über die Unmenschlichkeit triumphiert.

Das tragische Los der Güte, die verhängnisvolle Dialektik des Gutseinwollens in der Klassengesellschaft liefert den anekdotischen Vorwurf für das Parabelstück vom „Guten Menschen von Sezuan". „Gut sein zu andern / Und zu mir konnte ich nicht zugleich. / Andern und mir zu helfen war mir zu schwer", klagt Shen Te. Eine Gesellschaft, in der die Liebe und die Freundlichkeit des Menschen mißbraucht und ausgebeutet werden, kann nicht vor der Vernunft bestehen. „Die Schlechtigkeit war eine Kehrseite der Güte, gute Taten waren nur zu ermöglichen durch schlechte Taten – ein erschütterndes Zeugnis für den unglücklichen Zustand dieser Welt", so kommentiert der Dichter seine Fabel. Erst wenn der verhängnisvolle Widerspruch beseitigt ist, wird sich die wahre Natur des Menschen entfalten können.

Stets sucht der Dichter nach Stoffen und Fabeln, in denen die großen sozialen, ökonomischen, politischen Vorgänge und Zusammenhänge der Epoche verdichtet, symbolhaft wiedergegeben werden können. Dabei geht er oft weit in die Geschichte zurück, um Probleme der Gegenwart im Spiegel der Vergangenheit darzustellen. Sein Interesse gilt historischen Gestalten wie Sokrates, Julius Caesar, Giordano Bruno, Galileo Galilei oder Francis Bacon. Die Schicksale bedeutender Männer in der Aufstiegsperiode des Bürgertums werden in Parallele gestellt zur Situation der Intellektuellen in der Gegenwart. Im Zentrum dieser Bemühungen steht die theatralische Präsentation der Lebensgeschichte des Galileo Galilei.

Die Arbeit an dem Stück „Leben des Galilei" zog sich über Jahre hin. Eine erste Fassung war bereits 1938 fertiggestellt; die spätere „amerikanische" Fassung wurde Ende 1945 vollendet. Der Dichter geht aus von der im Bewußtsein des Volkes lebenden Galilei-Gestalt. Galilei ist ein Mann, der zwar abschwört, aber die Wahrheit an die Nachwelt weitergibt, die legendäre Figur eines großen Wahrheitssuchers und Rebellen, der gegen die Mächtigen seiner Zeit, gegen Stumpfsinn und Opportunismus aufbegehrt. Dabei ergeben sich Analogien zu jener Situation, die Brecht in dem Aufsatz „Fünf Schwierigkeiten beim Schreiben der Wahrheit" bezeichnet hat. Die „List, die Wahrheit unter vielen zu verbreiten", ist dort ausführlich mit Hinweisen auf Konfutse, Thomas More, Voltaire bis hin zu Hegel und Lenin erläutert. „Die Vorkämpfer der Wahrheit können sich Kampfplätze auswählen, die verhältnismäßig unbeobachtet sind. Alles kommt darauf an, daß ein richtiges Denken gelehrt wird, ein Denken, das alle Dinge und Vorgänge nach ihrer vergänglichen und veränderbaren Seite fragt. Die Herrschenden haben eine große Abneigung gegen starke Veränderungen. Sie möchten, daß alles so bleibt, am liebsten tausend Jahre. Am besten, der Mond bliebe stehen und die Sonne liefe nicht weiter!"

Brechts Galilei weiß sich eins mit den vorwärtsweisenden Bestrebungen der Epoche, mit den Wünschen und Sehnsüchten des Volkes. Sein Vertrauen in die Vernunft stützt sich auf den nüchternen Sinn und die schöpferischen Fähigkeiten der Handwerker und Bauern. „Ich glaube an den Menschen", sagt Galilei, „und das heißt, ich glaube an seine Vernunft! . . . Die Alte, die am Abend vor der Reise dem Maulesel mit der harten Hand ein Extrabüschel Heu vorlegt, der Schiffer, der beim Einkauf der Vorräte des Sturmes und der Windstille gedenkt, das Kind, das die Mütze aufstülpt, wenn ihm bewiesen wurde, daß es regnen kann, sie alle sind meine Hoffnung, sie alle lassen Gründe gelten. Ja, ich glaube an die sanfte Gewalt der Vernunft über die Menschen."

Dieser Vernunftglaube Galileis hat nichts Abstraktes, Idealistisches, er ist Ausdruck einer tief sensualistischen, materialistischen Grundhaltung. In einem frühen Entwurf verteidigt Galilei seine Überzeugung nicht nur Sagredo, sondern auch Andrea gegenüber, der die Herrschaft der Vernunft durch die Selbstsucht der Menschen gefährdet sieht. Galilei entgegnet ihm: „Unsinn, Sie sind zuwenig selbstsüchtig. Oder besser: zu wenige sind es. Warum die Selbstsucht verdammen? Man muß sie ermöglichen, nur nicht die von einigen, sondern die von vielen, die Vernunft ist nichts als die Selbstsucht der ganzen Menschheit."

Die Arbeit des Wissenschaftlers ist für Galilei immer eine Arbeit für andere, für das Wohl der Allgemeinheit. „Ich halte dafür, daß das einzige Ziel der Wissenschaft darin besteht, die Mühseligkeit der menschlichen Existenz zu erleichtern." Um so schwerer wiegt der Widerruf Galileis, der nicht nur Verrat bedeutet an der Wissenschaft, sondern auch Verrat am Volk. Wenn Galilei sagt, das Denken gehöre zu den „größten Vergnügungen der menschlichen Rasse", so deutet dieser Satz auch auf die Gefahr einer intellektuellen Süffisanz und Selbstgenügsamkeit, eines Renegatentums um der „Freiheit" der Wissenschaft willen.

In den späteren Bearbeitungen des Stückes wurde das Versagen, der Verrat Galileis für Brecht zum Kernproblem. „Wer die Wahrheit nicht weiß, der ist bloß ein Dummkopf", sagt Galilei zu seinem Schüler Mucius, der dem Druck der Mächtigen nachgegeben hat. „Aber wer sie weiß und sie eine Lüge nennt, der ist ein Verbrecher!" Die Verantwortung des Wissenschaftlers war durch den Ausbruch des Krieges zum existentiellen Problem geworden. Und die Entwicklung der Atombombe machte die Beziehungen zwischen Wissenschaft und Gesellschaft vollends zu „einem Leben-und-Tod-Problem" („Arbeitsjournal"). In der Vorrede zur amerikanischen Fassung schreibt Brecht: „Das ‚atomarische Zeitalter' machte sein Debüt in Hiroshima in der Mitte unserer Arbeit. Von heute auf morgen las sich die Biographie des Begründers der neuen Physik anders. Der infernalische Effekt der Großen Bombe stellte den Konflikt des Galilei mit der Obrigkeit seiner Zeit in ein neues, schärferes Licht."

In der letzten Szene präsentiert sich Galilei als ein selbstgefälliger, bösartiger alter Mann; er ist der Gefangene der Kirche und seines eigenen Versagens. Er hat die revolutionäre Theorie geliefert, doch den Forderungen der Praxis ist er ausgewichen; er wurde zum „technischen Schöpfer" neuer Produktivkräfte, aber er wurde auch zu ihrem „sozialen Verräter". Durch die Analyse seines Versagens kann er den Schaden nicht wiedergutmachen, den er der Wahrheit zugefügt hat. Galilei übergibt die „Discorsi", sein Vermächtnis an die Nachwelt, an Andrea Sarti, doch seine Selbstverurteilung wird dadurch nicht aufgehoben. „Ein Mensch, der das tut, was ich getan habe, kann in den Reihen der Wissenschaft nicht geduldet werden."

In einer Notiz weist Brecht auf die gravierenden Unterschiede zwischen der frühen und der späten Fassung: „In der ersten Fassung des Stücks war die letzte Szene anders. Galilei hatte in großer Heimlichkeit die ‚Discorsi' geschrieben. Er veranlaßt anläßlich eines Besuchs seinen Lieblingsschüler Andrea, das Buch über die Grenze ins Ausland zu schmuggeln. Sein Widerruf hatte ihm die Möglichkeit verschafft, ein entscheidendes Werk zu schaffen. Er war weise gewesen. In der kalifornischen Fassung bricht Galilei die Lobeshymnen seines Schülers ab und beweist ihm, daß der Widerruf ein Verbrechen war und durch das Werk, so wichtig es sein mochte, nicht aufgewogen. Wenn es jemanden interessieren sollte: dies ist auch das Urteil des Stückeschreibers."

„Leben des Galilei" gehört zu den großen Weltanschauungsdramen der neueren sozialistischen Literatur. Die Wissenschaft, die Verantwortung der Wissenschaft, das Denken selbst wird zum dramatischen Gegenstand. Erkenntnislust, Wahrheitsmut und Versagen des Galileo Galilei verbinden das Faust-Thema mit der Problematik moderner Wissenschaft. Galilei repräsentiert den Typus eines Helden, der an der Schwelle eines neuen Zeitalters in Widersprüche und Konflikte gerät, denen er nicht gewachsen ist. Sein Kampf gegen die Allmacht der Herrschenden, gegen Aberglauben, Kleinmut und Afterdenken, seine bohrenden Fragen, seine Zweifel, seine Ängste und sein Verrat machen ihn zu der großen tragischen Gestalt einer Übergangsepoche mit ihren welthistorischen Entscheidungen.

Mit den Stücken der Exilzeit bereitete Brecht das Theater eines befreiten, demokratischen Deutschlands vor. Die Möglichkeiten, diese Stücke außerhalb des deutschsprachigen Raumes aufzuführen, blieben begrenzt. Brecht wandte sich deshalb in den Jahren der Emigration verstärkt erzählerischen, romanhaften, philosophisch-essayistischen Arbeiten zu. Bereits 1933/34, unmittelbar nach der Flucht aus Deutschland, hatte er im „Dreigroschenroman" den aus der „Bettleroper" von John Gay übernommenen Stoff mit der satirischen Beschreibung kapitalistischer Geschäftspraktiken weiter ausgesponnen. Dabei führte er die Analogien unter Einbeziehung aktueller Begebenheiten bis nahe an die Nazizeit heran.

Die Auseinandersetzung mit dem Hitlerfaschismus und seiner Ideologie, mit Ausbeutung, Krieg und Gewalt bildet ein wichtiges Thema fast aller Prosaschriften dieser Jahre. In den „Flüchtlingsgesprächen" beleuchtet der Autor von unterschiedlichen sozialen Positionen aus die Vorgeschichte und die Gegenwart des Faschismus in Deutschland. Die Anwendung der materialistischen Dialektik auf die Geschichte, besonders auf die Geistesgeschichte und ihre Repräsentanten, verleiht dieser Prosa einen hintergründigen Humor und eine philosophische Hintergründigkeit. Wenn Brecht in dem Fragment gebliebenen „Tui-Roman" die Käuflichkeit und den Mißbrauch des Geistes in der Ausbeutergesellschaft bloßstellt, so zielt er damit vor allem auf das Verhältnis der bürgerlichen Intellektuellen zum Faschismus. Auch in dem Romanfragment „Die Geschäfte des Herrn Julius Caesar" mit seinen offenkundigen Parallelen zu den Praktiken moderner Diktatoren geht es um die Position des Intellektuellen, um das Schicksal des kleinen Mannes im Machtgefüge der Klassengesellschaft. Und in „Me-ti" schließlich, dem „Buch der Wendungen", das in den philosophisch-essayistischen Bemühungen Brechts eine zentrale Stelle einnimmt, sind die welthistorischen Auseinandersetzungen zwischen der „Großen Ordnung" und der „Großen Unordnung", zwischen Sozialismus und

Kapitalismus, am Beispiel der Sowjetunion und Nazideutschlands demonstriert.

Brecht benutzt die verschiedenen literarischen Formen, Erzählung, Roman, essayistische Betrachtung, Tagebuchaufzeichnung, Aphorismus oder Spruchweisheit, um seine Vorstellungen über die Zeit, über menschliche Haltungen und Verhaltensweisen, seine Gedanken über politische, philosophische, ästhetische Probleme darzulegen. Es sind Äußerungen eines Wissenden und Zweifelnden, Bekundungen eines großen Denkers und Analytikers, eines scharfsinnigen Dialektikers, der mit seinem hintergründigen Witz, seiner verschlagenen Weisheit eher Fragen stellt als Antworten gibt, der Erscheinungen und Sachverhalte in ihrer ganzen Widersprüchlichkeit zu fassen sucht. Niemals sind die weltanschaulichen Probleme aus ihrem gesellschaftlichen Zusammenhang gelöst; stets drängt dieser Denker auf Nutzanwendung und Veränderung. Das Leninwort von der Sittlichkeit des Proletariats, die aus den Interessen des Kampfes gegen die Unterdrücker und Ausbeuter abgeleitet sei, wird mehrfach programmatisch in den Vordergrund gestellt. Die drängende Unruhe, die souveräne, den Mut zum eigenen Urteil fördernde Gelassenheit, die bajuwarische Durchtriebenheit und Schlagfertigkeit dieses Denkens machen die Lektüre der Prosaschriften Brechts zu einem hohen intellektuellen Vergnügen und zu einem nützlichen Begleiter in den geistigen Auseinandersetzungen dieser Zeit.

Die Rückkehr Brechts aus den Vereinigten Staaten nach Europa, bereits 1946 beantragt, war erst Ende 1947 möglich. Einen Zwischenaufenthalt in der Schweiz nutzte der Dichter, um sich über die Situation, die politische Entwicklung in der Heimat zu informieren. Im Oktober 1948 fuhren er und Helene Weigel über Österreich und die Tschechoslowakei nach Deutschland. Seinen Wohnsitz nahm er in jenem Teil des Landes, in dem die Arbeiterklasse sich als führende Kraft etabliert hatte. Die Entscheidung für die sowjetische Besatzungszone, für die Deutsche Demokratische Republik war eine natürliche Konsequenz seines Denkens und seines Werkes. In dieser Republik wurde, trotz aller Hemmnisse und Schwierigkeiten, das große Experiment einer umfassenden Gesellschaftsänderung, einer längst überfälligen Neustrukturierung der sozialen Verhältnisse begonnen, an denen vorrangig auch die Künste beteiligt waren, gehörte die Überwindung der Kluft zwischen Kunst und Leben zu den Hauptpunkten der kulturellen Revolution.

In den Jahren des Exils, nur in loser Beziehung zur praktischen Theaterarbeit, hatte Brecht immer wieder seine Gedanken entwickelt für ein neues Theater. Viele Stücke jener Zeit waren geschrieben für dieses neue Theater, für die Menschen in einem neuen, demokratischen Deutschland. Der revolutionäre Schriftsteller wartete darauf, an der revolutionären Umgestaltung mitzuarbeiten, sein eingreifendes Denken in einer Wirklichkeit zu bewähren, die dieses Denken und dieses Eingreifen forderte und seiner bedurfte.

Ziele und Vorstellungen der künftigen Arbeit legte Brecht, noch bevor er nach Deutschland zurückkehrte, in der ästhetischen Programmschrift „Kleines Organon für das Theater" nieder. Dort heißt es im Abschnitt 46, an das Fortschrittspathos Galileis erinnernd: „Es ist eine Lust unseres Zeitalters, das so viele und mannigfache Veränderungen der Natur bewerkstelligt, alles so zu begreifen, daß wir eingreifen können. Da ist viel im Menschen, sagen wir, da kann viel aus ihm gemacht werden. Wie er ist, muß er nicht bleiben; nicht nur, wie er ist, darf er betrachtet werden, sondern auch, wie er sein könnte. Wir müssen nicht von ihm, sondern auf ihn ausgehen. Das heißt aber, daß ich mich nicht einfach an seine Stelle, sondern ihm gegenüber setzen muß, uns alle vertretend. Darum muß das Theater, was es zeigt, verfremden."

Brechts Vorstellungen von einem realistischen, einem eingreifenden Theater gehen aus von seiner Theorie des epischen Theaters. Dabei betont der Dichter immer wieder, daß das Epische seines Theaters eine Kategorie des Gesellschaftlichen und nicht des Ästhetisch-Formalen sei. Das Theater könne sich nur in dem Maße verändern, wie sich die Gesellschaft verändere. Die Erfahrungen und Resultate seiner Theaterarbeit überdenkend, mußte Brecht zugeben, daß noch kaum „episch" gespielt werden könne. „Die Schauspieler müßten Marxisten sein und die Zuschauer auch. Woher nehmen, wenn nicht stehlen? Die einen kommen nicht ohne Einfühlung, die anderen nicht ohne Suggestion aus. Das Lampion der Illusion, der große Mond der Täuschung müssen leuchten! Ich bin ja nicht gegen den schönen Schein, in den alle Wirklichkeit auf dem Theater immer geraten muß. Aber weder die Schauspieler noch das Publikum sollten vergessen, daß der Zauber zur Enthüllung, der magische Schein zur Durchleuchtung der wirklichen Welt dienen muß."

Die Theaterlandschaft im zerstörten, gespaltenen Deutschland sah radikal anders aus als vor 1933. Alles mußte neu begonnen, neu durchdacht, unter anderen Voraussetzungen in Angriff genommen werden. „Als wir", sagt Brecht 1951 in seiner Rede auf dem Leipziger Kulturkongreß, „nach Beendigung des Hitlerkrieges wieder darangingen, Theater zu machen, Theater im Geist des Fortschritts und der Versuche, gerichtet auf die Veränderung der Gesellschaft, die so sehr dringend war, waren die Kunstmittel des Theaters, welche so lange zu ihrer Ausbildung brauchen, so gut wie zerstört durch den Geist des Rückschritts und der Abenteuer. Das Poetische war ins Deklamatorische entartet, das Artistische ins Künstliche, Trumpf war Äußerlichkeit und falsche Innigkeit. Anstatt des Beispielhaften gab es das Repräsentative, anstatt der Leidenschaft das Temperament. Eine ganze Generation von Schauspielern war ausgewählt nach falschen Gesichtspunkten, ausgebildet nach falschen Doktrinen."

Die Erfordernisse des Aufbaus der neuen Ordnung, der revolutionären Umgestaltung der Gesellschaft waren im übertragenen Sinne auch die Erfordernisse des neuen Theaters. Die Belange der neuen, sich wandelnden Wirklichkeit mußten auch für die Belange des neuen Theaters bestimmend sein. Immer wieder stellte Brecht für sich und seine Mitarbeiter die Frage, wie das Theater die Aufgabe bewältigen könne, die „Umwelt zu verändern. Es konnte hinfort seine Abbildungen der Welt nur noch zu gestalten hoffen, wenn es mithalf, die Welt selbst zu gestalten."

Nach ihrer Ankunft in Berlin gingen Brecht und Helene Weigel daran, ein eigenes Ensemble zu schaffen. Die Aufführung von „Mutter Courage und ihre Kinder" am 11. Januar 1949 im Berliner Deutschen Theater bildet einen Markstein in der Theaterentwicklung nach 1945. Mit der dramatisierten Geschichte der Marketenderin Anna Fierling, die mit dem Krieg leben und am Krieg verdienen will, eine ernste Mahnung an das deutsche Volk und an alle Völker zu Frieden und Zusammenarbeit, leistete Brecht einen wichtigen Beitrag für die demokratische Bewußtseinsbildung in Deutschland. Die „Courage"-Inszenierung bereitete die Bildung des Berliner Ensembles vor, das am 12. November 1949 mit „Herr Puntila und sein Knecht Matti" eröffnet wurde. In seinem Ensemble fand Brecht jene Arbeitsbedingungen, die ihm die bürgerliche Gesellschaft nie hatte gewähren können. Hier wurden jene meisterhaften, modellhaften Aufführungen erarbeitet, die nicht nur für die Inszenierung seiner Stücke beispielgebend wurden, sondern die auch eine neue, über die Grenzen des Landes hinaus wirkende sozialistische Theaterkunst begründeten. Mit seiner Regie- und Ensemblearbeit hat Brecht eine ganze Generation von Regisseuren, Schauspielern und Stückeschreibern beeinflußt.

Die Erfahrungen und Einsichten, die Brecht bei seiner Theaterarbeit gewann, Resultate unzähliger Probentage, Gespräche, Diskussionen, Beobachtungen im Kreise der Schauspieler, Mitarbeiter und Besucher, sind festgehalten in einer Fülle von Aufsätzen, Studien, Notaten, Briefen, Modellbüchern usw. Vor allem die Anmerkungen zu Stücken und Aufführungen, die „Katzgraben"-Notate und die Darlegungen zur Dialektik auf dem Theater vermitteln eine Fülle von Anregungen und weiterführenden Gedanken für ein Theater, das auf der Höhe der Epoche stehen will. Kaum ein Bühnenereignis von Belang in der DDR jener Jahre, das nicht in irgendeiner Weise von Brechts Theaterarbeit inspiriert, produktiv angeregt worden wäre.

Das Experiment, der ständig neue Versuch, die „lustige Arbeit" während der Probenvormittage bildete für Brecht eine wichtige Bedingung dramatischer Produktivität. „Er ruhte nicht, bevor seine Spieler alles hergaben, was sie vermochten", schrieb Lion Feuchtwanger 1957, „er trieb sie in ein Gefühl der Hilflosigkeit und Erschöpfung. Er selber war ein leidenschaftlicher Arbeiter. Jede Probe weckte ihm neue Einfälle, und er entließ keine Anregung, bevor er sie ausprobiert hatte." Brecht war besessen von seiner Art, Wirklichkeit abzubilden und Theater zu machen. Man hat ihn sagen hören, es gäbe nur zwei Regisseure auf der Welt. Der andere sei Chaplin.

Kaum ein Dramatiker unserer Zeit hat den kollektiven Arbeitsstil so systematisch und konsequent zu einem Bestandteil seiner Produktion gemacht wie Brecht. Er bot die Möglichkeit, viele Aspekte zu gewinnen, viele Erfahrungen, Beobachtungen, Begabungen einzubeziehen. Als Konstantin Fedin Brecht besuchte, wurde er durch die Größe und Leere seines Arbeitszimmers in Erstaunen versetzt: in verschiedenen Ecken standen einsam Tische und Stühle herum. „Die sind für die Mitarbeiter", sagte Brecht. „Wir müssen möglichst gut sehen, was wir da für die Bühne machen; darum brauchen wir viel Platz." Alles, was geprobt, erarbeitet, fixiert wurde, hielt Brecht für ein Vorläufiges, Unabgeschlossenes, im nächsten Augenblick konnte es wieder in Frage gestellt werden. „Er hatte ein Vergnügen an der Unstetigkeit der Gedanken", meinte Manfred Wekwerth. „Im übrigen machte es ihn verdrießlich, wenn man ihm sein eigenes ‚Absolut!' des Vortages entgegenhielt: er verleugnete es, weil es unwirklich geworden war. Brecht hat wie kein anderer das verachtete: ‚rin in die Kartoffeln, raus aus den Kartoffeln!‘ zu einer aufbauenden Arbeitsweise erhoben.“

Brecht hat die Kunst des Vergessens entwickelt, er verhielt sich dem Bekannten gegenüber so fremd, daß es ihn immer wieder überraschen konnte. Auch von den eigenen Stücken, den theoretischen Bekundungen ließ er sich ständig neu herausfordern, zum Widerspruch reizen; nur so bewiesen sie ihre Lebendigkeit und Produktivität. Das Wichtigste schien ihm für die praktische Theaterarbeit, einen Vorgang stets wieder auf seinen Prozeß, auf die bewegenden Widersprüche hin zu befragen. „Zu unserer Spielweise gibt es keinen rein theoretischen Zugang“, erklärte der Stückeschreiber.

Die Theaterarbeit, wie sie Brecht verstand, konnte nur erfolgreich sein in unmittelbarem Kontakt mit der gesellschaftlichen Wirklichkeit und ihren revolutionären Veränderungen. Gerade Anfang der fünfziger Jahre, als in der DDR die Grundlagen für den sozialistischen Aufbau geschaffen wurden, bemühte er sich wiederholt um die Aufführung von Gegenwartsstücken. Brecht gab zu, daß es sehr schwierig sei, die Gegenwart in einem Drama zu behandeln. Er selbst neige dazu, die Probleme der Gegenwart in die Vergangenheit zu verlegen, wie es Shakespeare getan habe. Das vielschichtige Verhältnis von Individuum und Masse, mit dem er sich bereits in den zwanziger und dreißiger Jahren beschäftigt hatte, trat ihm jetzt wieder bei der Darstellung des Arbeiters gegenüber. Die besondere Schwierigkeit sah Brecht darin begründet, daß der proletarische Held ungleich stärker Kollektiv, ungleich stärker Masse sei, als der bürgerliche Held es je sein konnte. Die Gestalt des Arbeiters könne nicht mehr in der alten Form, nach alten Gesichtspunkten dargestellt werden, die neuen Formen aber müßten erst entwickelt werden.

Bereits in dem Stück „Die Tage der Commune“, in den Jahren 1948/49 entstanden, hatte Brecht das Spannungsverhältnis von Massenbewegung und proletarischer Individualität zu lösen versucht. Das Stück war geschrieben worden mit dem Blick auf das neue Theater in Berlin, mit dem Blick vor allem auf die Arbeiterklasse im Osten Deutschlands, die alle Möglichkeiten besaß, ihre Revolution durchzusetzen. Dem Stückeschreiber kam es darauf an, durch die dramatische Gestaltung des Pariser Modells der historischen Auseinandersetzung zwischen Proletariat und Bourgeoisie, der Wechselbeziehung zwischen Volk und Führung, des Verhältnisses von Staat und Revolution, von Revolution und Gewalt das Klassenbewußtsein der Arbeiterschaft, ihre revolutionäre Bereitschaft zu stärken.

Auch die Lyrik dieser Jahre geht aus von dieser revolutionierenden Grundhaltung. „Besser als gerührt sein, ist: sich rühren / Denn kein Führer führt aus *dem* Salat! / Selber werden wir uns endlich führen: / Weg der alte, her der neue Staat!" heißt es im „Aufbaulied". Die Tendenz der Brechtschen Lyrik hin zum Einfachen und Einprägsamen findet Ausdruck in einer Reihe volksliedhafter Gedichte, so vor allem in den „Kinderliedern" und „Liebesliedern". Das Fortschritts- und Aufbaupathos vieler Verse stellt den Menschen in ein neues Verhältnis zur Natur. „So wie die Erde ist", fordert der Dichter in der „Erziehung der Hirse", „Muß die Erde nicht bleiben. / Sie anzutreiben / Forscht, bis ihr wißt!" Auch die kleinen Dinge des Alltags gewinnen Wichtigkeit, weil sie erst wirklich in Besitz genommen werden. Das „Anfangsgefühl", die „Pioniersituation", die „Haltung des Beginners", im „Leben des Galilei" vorgezeichnet, stellt sich ein als reale gesellschaftliche Erfahrung. Die Lust an der Veränderung bringt die Phantasie in Bewegung, setzt Kräfte frei. Am Ende des Gedichts „Die Erziehung der Hirse" stehen die Verse: „Laßt uns so mit immer neuen Künsten / Ändern dieser Erde Wirkung und Gestalt / Fröhlich messend tausendjährige Weisheit / An der neuen Weisheit, ein Jahr alt. / Träume! Goldnes Wenn! / Laß die schöne Flut der Ähren steigen! / Säer, nenn / Was du morgen schaffst, schon heut dein Eigen!"

Die neue Klasse mit ihren Potenzen und Möglichkeiten, das sich emanzipierende und emanzipierte, seiner Macht und seines intellektuellen Vermögens bewußt werdende Proletariat war für Brecht die treibende Kraft, der eigentliche Adressat seiner Kunst. Der Dichter wußte sehr wohl, daß noch viel kleinbürgerlicher Geschmack unter den Arbeitern vorherrschte, der seinen ästhetischen Intentionen, seinen Vorstellungen von Literatur, der vollen Entfaltung einer neuen Theaterkultur im Wege stand. Um diese Widerstände und Hemmnisse zu beseitigen, versuchte er eine Kunst zu schaffen, die sich ohne Komplikationen, fördernd und ändernd in den allgemeinen Revolutionsprozeß einfügt.

Stets ging es Brecht darum, mit seinen Gedichten, seinen Stücken den Arbeiter zu erreichen, stets suchte er dessen Erfahrungen, dessen Wissen und Wollen in seine Kunst einzubringen. In dem Aufsatz „Volkstümlichkeit und Realismus" von 1938 erinnert er sich der Zusammenarbeit mit Arbeitern während der Jahre vor 1933: „Ich vergesse nie, wie mich ein Arbeiter anschaute, dem ich auf seine

Anregung, in einen Chor über die Sowjetunion noch etwas einzubauen (‚Da *muß* noch das rein – sonst wozu?'), erwiderte, das würde die künstlerische Form sprengen: mit dem Kopf auf die Seite gelegt, lächelnd. Ein ganzer Trakt der Ästhetik stürzte durch dieses höfliche Lächeln zusammen. Die Arbeiter hatten keine Angst, uns zu lehren, und sie hatten keine Angst, selber zu lernen. Ich spreche aus Erfahrung, wenn ich sage: man braucht nie Angst zu haben, mit kühnen, ungewohnten Dingen vor das Proletariat zu treten, wenn sie nur mit seiner Wirklichkeit zu tun haben."

Brechts Art zu denken, zu sprechen, zu arbeiten, sein Vernunftpathos, seine Gefühlssprödigkeit, sein Widerspruchsgeist haben manches gemein mit der Mentalität, dem Lebensgefühl, der Arbeitshaltung der neuen Klasse. Nicht selten ist der Dichter von Arbeitern auf der Straße, im Theater als seinesgleichen angesehen und angesprochen worden, und er hat diese Verwechselung gern akzeptiert. „Er wirkt, wenn man ihn so sieht", notiert Max Frisch in seinem „Tagebuch 1948", „unscheinbar wie ein Arbeiter, ein Metallarbeiter, doch für einen Arbeiter zu unkräftig, zu grazil, zu wach für einen Bauern, überhaupt zu beweglich für einen Einheimischen; verkrochen und aufmerksam, ein Flüchtling, der schon zahllose Bahnhöfe verlassen hat, zu schüchtern für einen Weltmann, zu erfahren für einen Gelehrten, zu wissend, um nicht ängstlich zu sein, ein Staatenloser, ein Mann mit befristeten Aufenthalten, ein Passant unsrer Zeit, ein Mann namens Brecht, ein Physiker, ein Dichter ohne Weihrauch . . ."

Erst in der Übereinstimmung mit den Kämpfen und Bestrebungen der Arbeiterklasse erreicht die Literatur für Brecht die Höhe der Epoche. Sozialistisch-realistische Kunst, wie er sie versteht, zeigt „das Weltbild und die Absichten der proletarischen Klasse, welche sich anschickt, die Produktivität der Menschen durch eine neue Gestaltung der Gesellschaft ohne Ausbeutung in bisher unerhörter Ausdehnung zu steigern". Für eine solche Kunst, die der Befreiung, der Freisetzung der schöpferischen Fähigkeiten des Menschen dient, hat er seine Entwürfe und Versuche vorgelegt, Teil einer neuen sozialistischen Weltliteratur. „Ich benötige keinen Grabstein", schreibt Brecht in einem seiner letzten Gedichte, „aber / Wenn ihr einen für mich benötigt / Wünschte ich, es stünde darauf: / Er hat Vorschläge gemacht. Wir / Haben sie angenommen. / Durch eine solche Inschrift wären / Wir alle geehrt."

Fritz Hofmann

Lyrik

DIE LITERATUR WIRD DURCHFORSCHT WERDEN

Für Martin Andersen Nexö

1

Die auf die goldenen Stühle gesetzt sind, zu schreiben
Werden gefragt werden nach denen, die
Ihnen die Röcke webten.
Nicht nach ihren erhabenen Gedanken
Werden ihre Bücher durchforscht werden, sondern
Irgendein beiläufiger Satz, der schließen läßt
Auf eine Eigenheit derer, die Röcke webten
Wird mit Interesse gelesen werden, denn hier mag es sich um Züg
Der berühmten Ahnen handeln.

Ganze Literaturen
In erlesenen Ausdrücken verfaßt
Werden durchsucht werden nach Anzeichen
Daß da auch Aufrührer gelebt haben, wo Unterdrückung war.
Flehentliche Anrufe überirdischer Wesen
Werden beweisen, daß da Irdische über Irdischen gesessen sind.
Köstliche Musik der Worte wird nur berichten
Daß da für viele kein Essen war.

2

Aber in jener Zeit werden gepriesen werden
Die auf dem nackten Boden saßen, zu schreiben
Die unter den Niedrigen saßen
Die bei den Kämpfern saßen

Die von den Leiden der Niedrigen berichteten
Die von den Taten der Kämpfer berichteten
Kunstvoll, in der edlen Sprache
Vordem reserviert
Der Verherrlichung der Könige.

Ihre Beschreibungen der Mißstände und ihre Aufrufe
Werden noch den Daumenabdruck
Der Niedrigen tragen. Denn diesen
Wurden sie übermittelt, diese
Trugen sie weiter unter dem durchschwitzten Hemd
Durch die Kordone der Polizisten
Zu ihresgleichen.

Ja, es wird eine Zeit geben, wo
Diese Klugen und Freundlichen
Zornigen und Hoffnungsvollen
Die auf dem nackten Boden saßen, zu schreiben
Die umringt waren von Niedrigen und Kämpfern
Öffentlich gepriesen werden.

FRAGEN EINES LESENDEN ARBEITERS

Wer baute das siebentorige Theben?
In den Büchern stehen die Namen von Königen.
Haben die Könige die Felsbrocken herbeigeschleppt?
Und das mehrmals zerstörte Babylon –
Wer baute es so viele Male auf? In welchen Häusern
Des goldstrahlenden Lima wohnten die Bauleute?
Wohin gingen an dem Abend, wo die Chinesische Mauer fertig war
Die Maurer? Das große Rom
Ist voll von Triumphbögen. Wer errichtete sie? Über wen
Triumphierten die Cäsaren? Hatte das vielbesungene Byzanz
Nur Paläste für seine Bewohner? Selbst in dem sagenhaften Atlantis
Brüllten in der Nacht, wo das Meer es verschlang
Die Ersaufenden nach ihren Sklaven.

Der junge Alexander eroberte Indien.
Er allein?
Cäsar schlug die Gallier.
Hatte er nicht wenigstens einen Koch bei sich?
Philipp von Spanien weinte, als seine Flotte
Untergegangen war. Weinte sonst niemand?
Friedrich der Zweite siegte im Siebenjährigen Krieg. Wer
Siegte außer ihm?

Jede Seite ein Sieg.
Wer kochte den Siegesschmaus?
Alle zehn Jahre ein großer Mann.
Wer bezahlte die Spesen?

So viele Berichte.
So viele Fragen.

DAS LIED VOM WASSERRAD

1

Von den Großen dieser Erde
Melden uns die Heldenlieder:
Steigend auf so wie Gestirne
Gehn sie wie Gestirne nieder.
Das klingt tröstlich, und man muß es wissen.
Nur: für uns, die wir sie nähren müssen
Ist das leider immer ziemlich gleich gewesen.
Aufstieg oder Fall: wer trägt die Spesen?
    Freilich dreht das Rad sich immer weiter
    Daß, was oben ist, nicht oben bleibt.
    Aber für das Wasser unten heißt das leider
    Nur: daß es das Rad halt ewig treibt.

2

Ach, wir hatten viele Herren
Hatten Tiger und Hyänen
Hatten Adler, hatten Schweine
Doch wir nährten den und jenen.
Ob sie besser waren oder schlimmer:
Ach, der Stiefel glich dem Stiefel immer
Und uns trat er. Ihr versteht, ich meine
Daß wir keine andern Herren brauchen, sondern keine!
    Freilich dreht das Rad sich immer weiter
    Daß, was oben ist, nicht oben bleibt.
    Aber für das Wasser unten heißt das leider
    Nur: daß es das Rad halt ewig treibt.

3

Und sie schlagen sich die Köpfe
Blutig, raufend um die Beute
Nennen andre gierige Tröpfe
Und sich selber gute Leute.
Unaufhörlich sehn wir sie einander grollen
Und bekämpfen. Einzig und alleinig
Wenn wir sie nicht mehr ernähren wollen
Sind sie sich auf einmal völlig einig.
    Denn dann dreht das Rad sich
      nicht mehr weiter
    Und das heitre Spiel, es unterbleibt
    Wenn das Wasser endlich mit befreiter
    Stärke seine eigne Sach betreibt.

LEGENDE VON DER ENTSTEHUNG DES BUCHES TAOTEKING AUF DEM WEG DES LAOTSE IN DIE EMIGRATION

1

Als er siebzig war und war gebrechlich
Drängte es den Lehrer doch nach Ruh
Denn die Güte war im Lande wieder einmal
      schwächlich
Und die Bosheit nahm an Kräften wieder einmal zu
Und er gürtete den Schuh.

2

Und er packte ein, was er so brauchte:
Wenig. Doch es wurde dies und das.
So die Pfeife, die er immer abends rauchte
Und das Büchlein, das er immer las.
Weißbrot nach dem Augenmaß.

3

Freute sich des Tals noch einmal und vergaß es
Als er ins Gebirg den Weg einschlug.
Und sein Ochse freute sich des frischen Grases
Kauend, während er den Alten trug.
Denn dem ging es schnell genug.

4

Doch am vierten Tag im Felsgesteine
Hat ein Zöllner ihm den Weg verwehrt:
„Kostbarkeiten zu verzollen?" – „Keine."
Und der Knabe, der den Ochsen führte, sprach: „Er hat gelehrt."
Und so war auch das erklärt.

5

Doch der Mann, in einer heitren Regung
Fragte noch: „Hat er was rausgekriegt?"
Sprach der Knabe: „Daß das weiche Wasser in Bewegung
Mit der Zeit den mächtigen Stein besiegt.
Du verstehst, das Harte unterliegt."

6

Daß er nicht das letzte Tageslicht verlöre
Trieb der Knabe nun den Ochsen an.
Und die drei verschwanden schon um eine schwarze Föhre
Da kam plötzlich Fahrt in unsern Mann
Und er schrie: „He, du! Halt an!

7

Was ist das mit diesem Wasser, Alter?"
Hielt der Alte: „Intressiert es dich?"
Sprach der Mann: „Ich bin nur Zollverwalter
Doch wer wen besiegt, das intressiert auch mich.
Wenn du's weißt, dann sprich!

8

Schreib mir's auf! Diktier es diesem Kinde!
So was nimmt man doch nicht mit sich fort.
Da gibt's doch Papier bei uns und Tinte
Und ein Nachtmahl gibt es auch: ich wohne dort.
Nun, ist das ein Wort?"

9

Über seine Schulter sah der Alte
Auf den Mann: Flickjoppe. Keine Schuh.
Und die Stirne eine einzige Falte.
Ach, kein Sieger trat da auf ihn zu.
Und er murmelte: „Auch du?"

10

Eine höfliche Bitte abzuschlagen
War der Alte, wie es schien, zu alt.
Denn er sagte laut: „Die etwas fragen
Die verdienen Antwort." Sprach der Knabe: „Es wird
auch schon kalt."
„Gut, ein kleiner Aufenthalt."

11

Und von seinem Ochsen stieg der Weise
Sieben Tage schrieben sie zu zweit.
Und der Zöllner brachte Essen (und er fluchte nur noch
leise
Mit den Schmugglern in der ganzen Zeit).
Und dann war's soweit.

12

Und dem Zöllner händigte der Knabe
Eines Morgens einundachtzig Sprüche ein
Und mit Dank für eine kleine Reisegabe
Bogen sie um jene Föhre ins Gestein.
Sagt jetzt: kann man höflicher sein?

13

Aber rühmen wir nicht nur den Weisen
Dessen Name auf dem Buche prangt!
Denn man muß dem Weisen seine Weisheit erst entreißen.
Darum sei der Zöllner auch bedankt:
Er hat sie ihm abverlangt.

VOM ARMEN B. B.

1

Ich, Bertolt Brecht, bin aus den schwarzen Wäldern.
Meine Mutter trug mich in die Städte hinein
Als ich in ihrem Leibe lag. Und die Kälte der Wälder
Wird in mir bis zu meinem Absterben sein.

2

In der Asphaltstadt bin ich daheim. Von allem Anfang
Versehen mit jedem Sterbsakrament:
Mit Zeitungen. Und Tabak. Und Branntwein.
Mißtrauisch und faul und zufrieden am End.

3

Ich bin zu den Leuten freundlich. Ich setze
Einen steifen Hut auf nach ihrem Brauch.
Ich sage: Es sind ganz besonders riechende Tiere
Und ich sage: Es macht nichts, ich bin es auch.

4

In meine leeren Schaukelstühle vormittags
Setze ich mir mitunter ein paar Frauen
Und ich betrachte sie sorglos und sage ihnen:
In mir habt ihr einen, auf den könnt ihr nicht bauen.

5

Gegen Abend versammle ich um mich Männer
Wir reden uns da mit „Gentlemen" an.
Sie haben ihre Füße auf meinen Tischen
Und sagen: Es wird besser mit uns. Und ich frage nicht:
Wann?

6

Gegen Morgen in der grauen Frühe pissen die Tannen
Und ihr Ungeziefer, die Vögel, fängt an zu schrein.
Um die Stunde trink ich mein Glas in der Stadt aus und
schmeiße
Den Tabakstummel weg und schlafe beunruhigt ein.

7

Wir sind gesessen, ein leichtes Geschlechte
In Häusern, die für unzerstörbare galten
(So haben wir gebaut die langen Gehäuse des Eilands Manhattan
Und die dünnen Antennen, die das Atlantische Meer unterhalten).

8

Von diesen Städten wird bleiben: der durch sie hindurchging,
der Wind!
Fröhlich machet das Haus den Esser: er leert es.
Wir wissen, daß wir Vorläufige sind
Und nach uns wird kommen: nichts Nennenswertes.

9

Bei den Erdbeben, die kommen werden, werde ich hoffentlich
Meine Virginia nicht ausgehen lassen durch Bitterkeit
Ich, Bertolt Brecht, in die Asphaltstädte verschlagen
Aus den schwarzen Wäldern in meiner Mutter in früher Zeit.

DAS LIED DER EISENBAHNTRUPPE VON FORT DONALD

1

Die Männer von Fort Donald – hohé!
Zogen den Strom hinauf, bis die Wälder ewig und seelenlos
sind.
Aber eines Tages ging Regen nieder und der Wald wuchs
um sie zum See.
Sie standen im Wasser bis an die Knie.
Und der Morgen kommt nie, sagten sie
Und wir versaufen vor der Früh, sagten sie
Und sie horchten stumm auf den Eriewind.

2

Die Männer von Fort Donald – hohé!
Standen am Wasser mit Pickel und Schiene und schauten
zum dunkleren Himmel hinauf
Denn es ward dunkel und der Abend wuchs aus dem
plätschernden See.
Ach, kein Fetzen Himmel, der Hoffnung lieh.
Und wir sind schon müd, sagten sie
Und wir schlafen noch ein, sagten sie
Und uns weckt keine Sonne mehr auf.

3

Die Männer von Fort Donald – hohé!
Sagten gleich: Wenn wir einschlafen, sind wir adje!
Denn Schlaf wuchs aus Wasser und Nacht, und sie waren
voll Furcht wie Vieh
Einer sagte: Singt „Johnny über der See".
Ja, das hält uns vielleicht auf, sagten sie
Ja, wir singen seinen Song, sagten sie
Und sie sangen von Johnny über der See.

4

Die Männer von Fort Donald – hohé!
Tappten in diesem dunklen Ohio wie Maulwürfe blind
Aber sie sangen so laut, als ob ihnen wunder was
Angenehmes geschäh
Ja, so sangen sie nie.
Oh, wo ist mein Johnny zur Nacht, sangen sie
Oh, wo ist mein Johnny zur Nacht, sangen sie
Und das nasse Ohio wuchs unten, und oben wuchs Regen
und Wind.

5

Die Männer von Fort Donald – hohé!
Werden jetzt wachen und singen, bis sie ersoffen sind.
Doch das Wasser ist höher als sie bis zur Früh, und lauter als
sie der Eriewind schrie.
Wo ist mein Johnny zur Nacht, sangen sie
Dieses Ohio ist naß, sagten sie
Früh wachte nur noch das Wasser und nur noch der Eriewind.

6

Die Männer von Fort Donald – hohé!
Die Züge sausen über sie weg an den Eriesee
Und der Wind an der Stelle singt eine dumme Melodie
Und die Kiefern schrein den Zügen nach: Hohé!
Damals kam der Morgen nie, schreien sie
Ja, sie versoffen vor der Früh, schreien sie
Unser Wind singt abends oft noch ihren „Johnny über der See".

GEGEN VERFÜHRUNG

1

Laßt euch nicht verführen!
Es gibt keine Wiederkehr.
Der Tag steht in den Türen;
Ihr könnt schon Nachtwind spüren:
Es kommt kein Morgen mehr.

2

Laßt euch nicht betrügen!
Das Leben wenig ist.
Schlürft es in schnellen Zügen!
Es wird euch nicht genügen
Wenn ihr es lassen müßt!

3

Laßt euch nicht vertrösten!
Ihr habt nicht zu viel Zeit!
Laßt Moder den Erlösten!
Das Leben ist am größten:
Es steht nicht mehr bereit.

4

Laßt euch nicht verführen
Zu Fron und Ausgezehr!
Was kann euch Angst noch rühren?
Ihr sterbt mit allen Tieren
Und es kommt nichts nachher.

ERINNERUNG AN DIE MARIE A.

1

An jenem Tag im blauen Mond September
Still unter einem jungen Pflaumenbaum
Da hielt ich sie, die stille bleiche Liebe
In meinem Arm wie einen holden Traum.
Und über uns im schönen Sommerhimmel
War eine Wolke, die ich lange sah
Sie war sehr weiß und ungeheuer oben
Und als ich aufsah, war sie nimmer da.

2

Seit jenem Tag sind viele, viele Monde
Geschwommen still hinunter und vorbei.
Die Pflaumenbäume sind wohl abgehauen
Und fragst du mich, was mit der Liebe sei?
So sag ich dir: Ich kann mich nicht erinnern.
Und doch, gewiß, ich weiß schon, was du meinst.
Doch ihr Gesicht, das weiß ich wirklich nimmer
Ich weiß nur mehr: ich küßte es dereinst.

3

Und auch den Kuß, ich hätt ihn längst vergessen
Wenn nicht die Wolke dagewesen wär.
Die weiß ich noch und werd ich immer wissen
Sie war sehr weiß und kam von oben her.
Die Pflaumenbäume blühn vielleicht noch immer
Und jene Frau hat jetzt vielleicht das siebte Kind.
Doch jene Wolke blühte nur Minuten
Und als ich aufsah, schwand sie schon im Wind.

VOM KLETTERN IN BÄUMEN

1

Wenn ihr aus eurem Wasser steigt am Abend –
Denn ihr müßt nackt sein, und die Haut muß weich sein
Dann steigt auch noch auf eure großen Bäume
Bei leichtem Wind. Auch soll der Himmel bleich sein.
Sucht große Bäume, die am Abend schwarz
Und langsam ihre Wipfel wiegen, aus!
Und wartet auf die Nacht in ihrem Laub
Und um die Stirne Mahr und Fledermaus!

2

Die kleinen harten Blätter im Gesträuche
Zerkerben euch den Rücken, den ihr fest
Durchs Astwerk stemmen müßt; so klettert ihr
Ein wenig ächzend höher ins Geäst.

Es ist ganz schön, sich wiegen auf dem Baum!
Doch sollt ihr euch nicht wiegen mit den Knien
Ihr sollt dem Baum so wie sein Wipfel sein:
Seit hundert Jahren abends: er wiegt ihn.

DIE LIEBENDEN

Sieh jene Kraniche in großem Bogen!
Die Wolken, welche ihnen beigegeben
Zogen mit ihnen schon, als sie entflogen
Aus einem Leben in ein andres Leben.
In gleicher Höhe und mit gleicher Eile
Scheinen sie alle beide nur daneben.
Daß so der Kranich mit der Wolke teile
Den schönen Himmel, den sie kurz befliegen
Daß also keines länger hier verweile
Und keines andres sehe als das Wiegen
Des andern in dem Wind, den beide spüren
Die jetzt im Fluge beieinander liegen.
So mag der Wind sie in das Nichts entführen
Wenn sie nur nicht vergehen und sich bleiben
Solange kann sie beide nichts berühren
Solange kann man sie von jedem Ort vertreiben
Wo Regen drohen oder Schüsse schallen.
So unter Sonn und Monds wenig verschiedenen Scheiben
Fliegen sie hin, einander ganz verfallen.
Wohin, ihr? – Nirgend hin. – Von wem davon? – Von allen
Ihr fragt, wie lange sind sie schon beisammen?
Seit kurzem. – Und wann werden sie sich trennen? – Bald.
So scheint die Liebe Liebenden ein Halt.

BALLADE VON DER HANNA CASH

1

Mit dem Rock von Kattun und dem gelben Tuch
Und den Augen der schwarzen Seen
Ohne Geld und Talent und doch mit genug
Vom Schwarzhaar, das sie offen trug
Bis zu den schwärzeren Zeh'n:

Das war die Hanna Cash, mein Kind
Die die „Gentlemen“ eingeseift
Die kam mit dem Wind und ging mit dem Wind
Der in die Savannen läuft.

2

Die hatte keine Schuhe und die hatte auch kein Hemd
Und die konnte auch keine Choräle!
Und sie war wie eine Katze in die große Stadt geschwemmt
Eine kleine graue Katze zwischen Hölzer eingeklemmt
Zwischen Leichen in die schwarzen Kanäle.
Sie wusch die Gläser vom Absinth
Doch nie sich selber rein
Und doch muß die Hanna Cash, mein Kind
Auch rein gewesen sein.

3

Und sie kam eines Nachts in die Seemannsbar
Mit den Augen der schwarzen Seen
Und traf J. Kent mit dem Maulwurfshaar
Den Messerjack aus der Seemannsbar
Und der ließ sie mit sich gehn!
Und wenn der wüste Kent den Grind
Sich kratzte und blinzelte
Dann spürt die Hanna Cash, mein Kind
Den Blick bis in die Zeh.

4

Sie „kamen sich näher“ zwischen Wild und Fisch
Und „gingen vereint durchs Leben“
Sie hatten kein Bett und sie hatten keinen Tisch
Und sie hatten selber nicht Wild noch Fisch
Und keinen Namen für die Kinder.
Doch ob Schneewind pfeift, ob Regen rinnt
Ersöff auch die Savann
Es bleibt die Hanna Cash, mein Kind
Bei ihrem lieben Mann.

5

Der Sheriff sagt, daß er ein Schurke sei
Und die Milchfrau sagt: Er geht krumm.
Sie aber sagt: Was ist dabei?
Es ist mein Mann. Und sie war so frei
Und blieb bei ihm. Darum.
  Und wenn er hinkt und wenn er spinnt
  Und wenn er ihr Schläge gibt:
  Es fragt die Hanna Cash, mein Kind
  Doch nur: ob sie ihn liebt.

6

Kein Dach war da, wo die Wiege war
Und die Schläge schlugen die Eltern.
Die gingen zusammen Jahr für Jahr
Aus der Asphaltstadt in die Wälder gar
Und in die Savann aus den Wäldern.
  Solang man geht in Schnee und Wind
  Bis daß man nicht mehr kann
  Solang ging die Hanna Cash, mein Kind
  Nun mal mit ihrem Mann.

7

Kein Kleid war arm, wie das ihre war
Und es gab keinen Sonntag für sie
Keinen Ausflug zu dritt in die Kirschtortenbar
Und keinen Weizenfladen im Kaar
Und keine Mundharmonie.
  Und war jeder Tag, wie alle sind
  Und gab's kein Sonnenlicht:
  Es hatte die Hanna Cash, mein Kind
  Die Sonn stets im Gesicht.

8

Er stahl wohl die Fische, und Salz stahl sie
So war's. „Das Leben ist schwer."

Und wenn sie die Fische kochte, sieh:
So sagten die Kinder auf seinem Knie
Den Katechismus her.
    Durch fünfzig Jahr in Nacht und Wind
    Sie schliefen in einem Bett.
    Das war die Hanna Cash, mein Kind
    Gott mach's ihr einmal wett.

DIE MORITAT VON MACKIE MESSER

Und der Haifisch, der hat Zähne
Und die trägt er im Gesicht
Und Macheath, der hat ein Messer
Doch das Messer sieht man nicht.

Ach, es sind des Haifischs Flossen
Rot, wenn dieser Blut vergießt!
Mackie Messer trägt 'nen Handschuh
Drauf man keine Untat liest.

An 'nem schönen blauen Sonntag
Liegt ein toter Mann am Strand
Und ein Mensch geht um die Ecke
Den man Mackie Messer nennt.

Und Schmul Meier bleibt verschwunden
Und so mancher reiche Mann
Und sein Geld hat Mackie Messer
Dem man nichts beweisen kann.

Jenny Towler ward gefunden
Mit 'nem Messer in der Brust
Und am Kai geht Mackie Messer
Der von allem nichts gewußt.

Und das große Feuer in Soho
Sieben Kinder und ein Greis –
In der Menge Mackie Messer, den
Man nichts fragt und der nichts weiß.

Und die minderjährige Witwe
Deren Namen jeder weiß
Wachte auf und war geschändet –
Mackie, welches war dein Preis?

Und die Fische, sie verschwinden
Doch zum Kummer des Gerichts:
Man zitiert am End den Haifisch
Doch der Haifisch weiß von nichts.

Und er kann sich nicht erinnern
Und man kann nicht an ihn ran:
Denn ein Haifisch ist kein Haifisch
Wenn man's nicht beweisen kann.

DIE SEERÄUBER-JENNY

1

Meine Herren, heute sehen Sie mich Gläser abwaschen
Und ich mache das Bett für jeden.
Und Sie geben mir einen Penny, und ich bedanke mich schnel
Und Sie sehen meine Lumpen und dies lumpige Hotel
Und Sie wissen nicht, mit wem Sie reden.
Aber eines Abends wird ein Geschrei sein am Hafen
Und man fragt: Was ist das für ein Geschrei?
Und man wird mich lächeln sehn bei meinen Gläsern
Und man sagt: Was lächelt die dabei?
    Und ein Schiff mit acht Segeln
    Und mit fünfzig Kanonen
    Wird liegen am Kai.

2

Und man sagt: Geh, wisch deine Gläser, mein Kind
Und man reicht mir den Penny hin.
Und der Penny wird genommen, und das Bett wird gemacht.
(Es wird keiner mehr drin schlafen in dieser Nacht.)
Und Sie wissen immer noch nicht, wer ich bin.

Denn an diesem Abend wird ein Getös sein am Hafen
Und man fragt: Was ist das für ein Getös?
Und man wird mich stehen sehen hinterm Fenster
Und man sagt: Was lächelt die so bös?
  Und das Schiff mit acht Segeln
  Und mit fünfzig Kanonen
  Wird beschießen die Stadt.

3

Meine Herren, da wird wohl Ihr Lachen aufhören
Denn die Mauern werden fallen hin
Und die Stadt wird gemacht dem Erdboden gleich
Nur ein lumpiges Hotel wird verschont von jedem Streich
Und man fragt: Wer wohnt Besonderer darin?
Und in dieser Nacht wird ein Geschrei um das Hotel sein
Und man fragt: Warum wird das Hotel verschont?
Und man wird mich sehen treten aus der Tür gen Morgen
Und man sagt: *Die* hat darin gewohnt?
  Und das Schiff mit acht Segeln
  Und mit fünfzig Kanonen
  Wird beflaggen den Mast.

4

Und es werden kommen hundert gen Mittag an Land
Und werden in den Schatten treten
Und fangen einen jeglichen aus jeglicher Tür
Und legen ihn in Ketten und bringen vor mir
Und fragen: Welchen sollen wir töten?
Und an diesem Mittag wird es still sein am Hafen
Wenn man fragt, wer wohl sterben muß.
Und dann werden Sie mich sagen hören: Alle!
Und wenn dann der Kopf fällt, sag ich: Hoppla!
  Und das Schiff mit acht Segeln
  Und mit fünfzig Kanonen
  Wird entschwinden mit mir.

ZWEITES DREIGROSCHEN-FINALE

1

Ihr Herrn, die ihr uns lehrt, wie man brav leben
Und Sünd und Missetat vermeiden kann
Zuerst müßt ihr uns was zu fressen geben
Dann könnt ihr reden: damit fängt es an.
Ihr, die ihr euren Wanst und unsre Bravheit liebt
Das eine wisset ein für allemal:
Wie ihr es immer dreht und wie ihr's immer schiebt
Erst kommt das Fressen, dann kommt die Moral.
Erst muß es möglich sein auch armen Leuten
Vom großen Brotlaib sich ihr Teil zu schneiden.
Denn wovon lebt der Mensch? Indem er stündlich
Den Menschen peinigt, auszieht, anfällt, abwürgt und frißt.
Nur dadurch lebt der Mensch, daß er so gründlich
Vergessen kann, daß er ein Mensch doch ist.
Ihr Herren, bildet euch nur da nichts ein:
Der Mensch lebt nur von Missetat allein.

2

Ihr lehrt uns, wann ein Weib die Röcke heben
Und ihre Augen einwärts drehen kann.
Zuerst müßt ihr uns was zu fressen geben
Dann könnt ihr reden: damit fängt es an.
Ihr, die auf unsrer Scham und eurer Lust besteht
Das eine wisset ein für allemal:
Wie ihr es immer schiebt, wie ihr es immer dreht
Erst kommt das Fressen, dann kommt die Moral.
Erst muß es möglich sein auch armen Leuten
Vom großen Brotlaib sich ihr Teil zu schneiden.
Denn wovon lebt der Mensch? Indem er stündlich
Den Menschen peinigt, auszieht, anfällt, abwürgt und frißt.
Nur dadurch lebt der Mensch, daß er so gründlich
Vergessen kann, daß er ein Mensch doch ist.
Ihr Herren, bildet euch nur da nichts ein:
Der Mensch lebt nur von Missetat allein.

LEGENDE VOM TOTEN SOLDATEN

1

Und als der Krieg im vierten Lenz
Keinen Ausblick auf Frieden bot
Da zog der Soldat seine Konsequenz
Und starb den Heldentod.

2

Der Krieg war aber noch nicht gar
Drum tat es dem Kaiser leid
Daß sein Soldat gestorben war:
Es schien ihm noch vor der Zeit.

3

Der Sommer zog über die Gräber her
Und der Soldat schlief schon
Da kam eines Nachts eine militär-
ische ärztliche Kommission.

4

Es zog die ärztliche Kommission
Zum Gottesacker hinaus
Und grub mit geweihtem Spaten den
Gefallnen Soldaten aus.

5

Der Doktor besah den Soldaten genau
Oder was von ihm noch da war
Und der Doktor fand, der Soldat war k. v.
Und er drückte sich vor der Gefahr.

6

Und sie nahmen sogleich den Soldaten mit
Die Nacht war blau und schön.
Man konnte, wenn man keinen Helm aufhatte
Die Sterne der Heimat sehn.

7

Sie schütteten ihm einen feurigen Schnaps
In den verwesten Leib
Und hängten zwei Schwestern in seinen Arm
Und ein halb entblößtes Weib.

8

Und weil der Soldat nach Verwesung stinkt
Drum hinkt ein Pfaffe voran
Der über ihn ein Weihrauchfaß schwingt
Daß er nicht stinken kann.

9

Voran die Musik mit Tschindrara
Spielt einen flotten Marsch.
Und der Soldat, so wie er's gelernt
Schmeißt seine Beine vom Arsch.

10

Und brüderlich den Arm um ihn
Zwei Sanitäter gehn.
Sonst flög er noch in den Dreck ihnen hin
Und das darf nicht geschehn.

11

Sie malten auf sein Leichenhemd
Die Farben Schwarz-Weiß-Rot
Und trugen's vor ihm her; man sah
Vor Farben nicht mehr den Kot.

12

Ein Herr im Frack schritt auch voran
Mit einer gestärkten Brust
Der war sich als ein deutscher Mann
Seiner Pflicht genau bewußt.

13

So zogen sie mit Tschindrara
Hinab die dunkle Chaussee
Und der Soldat zog taumelnd mit
Wie im Sturm die Flocke Schnee.

14

Die Katzen und die Hunde schrein
Die Ratzen im Feld pfeifen wüst:
Sie wollen nicht französisch sein
Weil das eine Schande ist.

15

Und wenn sie durch die Dörfer ziehn
Waren alle Weiber da.
Die Bäume verneigten sich, Vollmond schien
Und alles schrie hurra.

16

Mit Tschindrara und Wiedersehn!
Und Weib und Hund und Pfaff!
Und mitten drin der tote Soldat
Wie ein besoffner Aff.

17

Und wenn sie durch die Dörfer ziehn
Kommt's, daß ihn keiner sah
So viele waren herum um ihn
Mit Tschindra und Hurra.

18

So viele tanzten und johlten um ihn
Daß ihn keiner sah.
Man konnte ihn einzig von oben noch sehn
Und da sind nur Sterne da.

19

Die Sterne sind nicht immer da
Es kommt ein Morgenrot.
Doch der Soldat, so wie er's gelernt
Zieht in den Heldentod.

O FALLADAH, DIE DU HANGEST!

Ich zog meine Fuhre trotz meiner Schwäche
Ich kam bis zur Frankfurter Allee.
Dort denke ich noch: O je!
Diese Schwäche! Wenn ich mich gehenlasse
Kann's mir passieren, daß ich zusammenbreche.
Zehn Minuten später lagen nur noch meine Knochen
auf der Straße.

Kaum war ich da nämlich zusammengebrochen
(Der Kutscher lief zum Telefon)
Da stürzten sich aus den Häusern schon
Hungrige Menschen, um ein Pfund Fleisch zu erben
Rissen mit Messern mir das Fleisch von den Knochen
Und ich lebte überhaupt noch und war gar nicht fertig
mit dem Sterben.

Aber die kannte ich doch von früher, die Leute!
Die brachten mir Säcke gegen die Fliegen doch
Schenkten mir altes Brot und ermahnten noch
Meinen Kutscher, sanft mit mir umzugehen.
Einst mir so freundlich und mir so feindlich heute!
Plötzlich waren sie wie ausgewechselt! Ach, was war
mit ihnen geschehen?

Da fragte ich mich: Was für eine Kälte
Muß über die Leute gekommen sein!
Wer schlägt da so auf sie ein
Daß sie jetzt so durch und durch erkaltet?
So helfet ihnen doch! Und tut es in Bälde!
Sonst passiert euch etwas, was ihr nicht für möglich haltet!

KOHLEN FÜR MIKE

1

Ich habe gehört, daß in Ohio
Zu Beginn dieses Jahrhunderts
Ein Weib wohnte zu Bidwell
Mary McCoy, Witwe eines Streckenwärters
Mit Namen Mike McCoy, in Armut.

2

Aber jede Nacht von den donnernden Zügen der Wheeling
Railroad
Warfen die Bremser einen Kohlenklumpen
Über die Zaunlatten in den Kartoffelgarten
Mit rauher Stimme ausrufend in Eile:
Für Mike!

3

Und jede Nacht, wenn der Kohlenklumpen für Mike
An die Rückwand der Hütte schlug
Erhob sich die Alte, kroch
Schlaftrunken in den Rock und räumte zur Seite den
Kohlenklumpen
Geschenk der Bremser an Mike, den Gestorbenen, aber
Nicht Vergessenen.

4

Sie aber erhob sich so lange vor Morgengrauen und räumte
Ihre Geschenke aus den Augen der Welt, damit nicht
Die Bremser in Ungelegenheiten kämen
Bei der Wheeling Railroad.

5

Dieses Gedicht ist gewidmet den Kameraden
Des Bremsers Mike McCoy
(Gestorben wegen zu schwacher Lunge
Auf den Kohlenzügen Ohios)
Für Kameradschaft.

WIEGENLIEDER

1

Als ich dich gebar, schrien deine Brüder
Schon um Suppe, und ich hatte sie nicht.
Als ich dich gebar, hatten wir kein Geld für den Gasmann
So empfingst du von der Welt wenig Licht.

Als ich dich trug all die Monate
Sprach ich mit deinem Vater über dich.
Aber wir hatten das Geld nicht für den Doktor
Das brauchten wir für den Brotaufstrich.

Als ich dich empfing, hatten wir
Fast schon alle Hoffnung auf Brot und Arbeit begraben
Und nur bei Karl Marx und Lenin stand
Wie wir Arbeiter eine Zukunft haben.

2

Als ich dich in meinem Leib trug
War es um uns gar nicht gut bestellt
Und ich sagte oft: Der, den ich trage
Kommt in eine schlechte Welt.

Und ich nahm mir vor, zu sorgen
Daß er sich da etwa auch nicht irrt.
Den ich trage, der muß sorgen helfen
Daß sie endlich besser wird.

Und ich sah da Kohlenberge
Mit 'nem Zaun drum. Sagt' ich: Nicht gehärmt!
Den ich trage, der wird dafür sorgen
Daß ihn diese Kohle wärmt.

Und ich sah das Brot hinter Fenstern
Und es war den Hungrigen verwehrt.
Den ich trage, sagt' ich, der wird sorgen
Daß ihn dieses Brot da nährt.

Und sie holten seinen Vater
In den Krieg, und ist nicht heimgekehrt.
Den ich trage, sagt' ich, der wird sorgen
Daß ihm das nicht widerfährt.

Als ich dich in meinem Leib trug
Sprach ich leise oft in mich hinein:
Du, den ich in meinem Leibe trage
Du mußt unaufhaltsam sein.

3

Ich hab dich ausgetragen
Und das war schon Kampf genug.
Dich empfangen hieß etwas wagen
Und kühn war es, daß ich dich trug.

Der Moltke und der Blücher
Die könnten nicht siegen, mein Kind
Wo schon ein paar Windeln und Tücher
Riesige Siege sind.

Brot und ein Schluck Milch sind Siege!
Warme Stube: gewonnene Schlacht!
Eh ich dich da groß kriege
Muß ich kämpfen Tag und Nacht.

Denn für dich ein Stück Brot erringen
Das heißt Streikposten stehn
Und große Generäle bezwingen
Und gegen Tanks angehn.

Doch hab ich im Kampf dich Kleinen
Erst einmal groß gekriegt
Dann hab ich gewonnen einen
Der mit uns kämpft und siegt.

4

Mein Sohn, was immer auch aus dir werde
Sie stehn mit Knüppeln bereit schon jetzt
Denn für dich, mein Sohn, ist auf dieser Erde
Nur der Schuttablagerungsplatz da, und der ist besetzt.

Mein Sohn, laß es dir von deiner Mutter sagen:
Auf dich wartet ein Leben, schlimmer als die Pest.
Aber ich habe dich nicht dazu ausgetragen
Daß du dir das einmal ruhig gefallen läßt.

Was du nicht hast, das gib nicht verloren.
Was sie dir nicht geben, sieh zu, daß du's kriegst.
Ich, deine Mutter, hab dich nicht geboren
Daß du einst des Nachts unter Brückenbögen liegst.

Vielleicht bist du nicht aus besonderem Stoffe
Ich habe nicht Geld für dich noch Gebet
Und ich baue auf dich allein, wenn ich hoffe
Daß du nicht an Stempelstellen lungerst und deine Zeit vergeht.

Wenn ich nachts schlaflos neben dir liege
Fühle ich oft nach deiner kleinen Faust.
Sicher, sie planen mit dir jetzt schon Kriege –
Was soll ich nur machen, daß du nicht ihren dreckigen Lügen traust?

Deine Mutter, mein Sohn, hat dich nicht betrogen
Daß du etwas ganz Besonderes seist
Aber sie hat dich auch nicht mit Kummer aufgezogen
Daß du einmal im Stacheldraht hängst und nach Wasser schreist.

Mein Sohn, darum halte dich an deinesgleichen
Damit ihre Macht wie ein Staub zerstiebt.
Du, mein Sohn, und ich und alle unsresgleichen
Müssen zusammenstehn und müssen erreichen
Daß es auf dieser Welt nicht mehr zweierlei Menschen gibt.

RESOLUTION DER KOMMUNARDEN

1

In Erwägung unsrer Schwäche machtet
Ihr Gesetze, die uns knechten solln.
Die Gesetze seien künftig nicht beachtet
In Erwägung, daß wir nicht mehr Knecht sein wolln.

In Erwägung, daß ihr uns dann eben
Mit Gewehren und Kanonen droht
Haben wir beschlossen: nunmehr schlechtes Leben
Mehr zu fürchten als den Tod.

2

In Erwägung, daß wir hungrig bleiben
Wenn wir dulden, daß ihr uns bestehlt
Wollen wir mal feststelln, daß nur Fensterscheiben
Uns vom guten Brote trennen, das uns fehlt.
In Erwägung, daß ihr uns dann eben
Mit Gewehren und Kanonen droht
Haben wir beschlossen: nunmehr schlechtes Leben
Mehr zu fürchten als den Tod.

3

In Erwägung, daß da Häuser stehen
Während ihr uns ohne Bleibe laßt
Haben wir beschlossen, jetzt dort einzuziehen
Weil es uns in unsern Löchern nicht mehr paßt.
In Erwägung, daß ihr uns dann eben
Mit Gewehren und Kanonen droht
Haben wir beschlossen: nunmehr schlechtes Leben
Mehr zu fürchten als den Tod.

4

In Erwägung: es gibt zuviel Kohlen
Während es uns ohne Kohlen friert
Haben wir beschlossen, sie uns jetzt zu holen
In Erwägung, daß es uns dann warm sein wird.
In Erwägung, daß ihr uns dann eben
Mit Gewehren und Kanonen droht
Haben wir beschlossen: nunmehr schlechtes Leben
Mehr zu fürchten als den Tod.

5

In Erwägung: es will euch nicht glücken
Uns zu schaffen einen guten Lohn
Übernehmen wir jetzt selber die Fabriken
In Erwägung: ohne euch reicht's für uns schon.
    In Erwägung, daß ihr uns dann eben
    Mit Gewehren und Kanonen droht
    Haben wir beschlossen: nunmehr schlechtes Leben
    Mehr zu fürchten als den Tod.

6

In Erwägung, daß wir der Regierung
Was sie immer auch verspricht, nicht traun
Haben wir beschlossen, unter eigner Führung
Uns nunmehr ein gutes Leben aufzubaun.
    In Erwägung: ihr hört auf Kanonen –
    Andre Sprache könnt ihr nicht verstehn –
    Müssen wir dann eben, ja, das wird sich lohnen
    Die Kanonen auf euch drehn!

DIE TEPPICHWEBER VON KUJAN-BULAK EHREN LENIN

1

Oftmals wurde geehrt und ausgiebig
Der Genosse Lenin. Büsten gibt es und Standbilder.
Städte wurden nach ihm benannt und Kinder.
Reden werden gehalten in vielerlei Sprachen
Versammlungen gibt es und Demonstrationen
Von Shanghai bis Chicago, Lenin zu Ehren.
So aber ehrten ihn die Teppichweber von Kujan-Bulak
Kleiner Ortschaft im südlichen Turkestan:

Zwanzig Teppichweber stehn dort abends
Fiebergeschüttelt auf von dem ärmlichen Webstuhl.
Fieber geht um: die Bahnstation
Ist erfüllt von dem Summen der Stechmücken, dicker Wolke
Die sich erhebt aus dem Sumpf hinter dem alten Kamelfriedhof.

Aber die Eisenbahn, die
Alle zwei Wochen Wasser und Rauch bringt, bringt
Eines Tages die Nachricht auch
Daß der Tag der Ehrung des Genossen Lenin bevorsteht.
Und es beschließen die Leute von Kujan-Bulak
Arme Leute, Teppichweber
Daß dem Genossen Lenin auch in ihrer Ortschaft
Aufgestellt werde die gipserne Büste.
Als nun aber das Geld gesammelt wird für die Büste
Stehen sie alle geschüttelt vom Fieber und zahlen
Ihre mühsam erworbnen Kopeken mit fliegenden Händen.
Und der Rotarmist Stepa Gamalew, der
Sorgsam Zählende und genau Schauende
Sieht die Bereitschaft, Lenin zu ehren, und freut sich
Aber er sieht auch die unsicheren Hände.
Und er macht plötzlich den Vorschlag
Mit dem Geld für die Büste Petroleum zu kaufen und
Es auf den Sumpf zu gießen hinter dem Kamelfriedhof
Von dem her die Stechmücken kommen, welche
Das Fieber erzeugen.
So also das Fieber zu bekämpfen in Kujan-Bulak, und zwar
Zu Ehren des gestorbenen, aber
Nicht zu vergessenden
Genossen Lenin.

Sie beschlossen es. An dem Tage der Ehrung trugen sie
Ihre zerbeulten Eimer, gefüllt mit dem schwarzen Petroleum
Einer hinter dem andern hinaus
Und begossen den Sumpf damit.

So nützten sie sich, indem sie Lenin ehrten, und
Ehrten ihn, indem sie sich nützten, und hatten ihn
Also verstanden.

2

Wir haben gehört, wie die Leute von Kujan-Bulak
Lenin ehrten. Als nun am Abend
Das Petroleum gekauft und ausgegossen über dem Sumpf war
Stand ein Mann auf in der Versammlung, und der verlangte
Daß eine Tafel angebracht würde an der Bahnstation

Mit dem Bericht dieses Vorgangs, enthaltend
Auch genau den geänderten Plan und den Eintausch der
Leninbüste gegen die fiebervernichtende Tonne Petroleum.
Und dies alles zu Ehren Lenins.
Und sie machten auch das noch
Und setzten die Tafel.

LOB DES LERNENS

Lerne das Einfachste! Für die
Deren Zeit gekommen ist
Ist es nie zu spät!
Lerne das Abc, es genügt nicht, aber
Lerne es! Laß es dich nicht verdrießen!
Fang an! Du mußt alles wissen!
Du mußt die Führung übernehmen.

Lerne, Mann im Asyl!
Lerne, Mann im Gefängnis!
Lerne, Frau in der Küche!
Lerne, Sechzigjährige!
Du mußt die Führung übernehmen.
Suche die Schule auf, Obdachloser!
Verschaffe dir Wissen, Frierender!
Hungriger, greif nach dem Buch: es ist eine Waffe.
Du mußt die Führung übernehmen.

Scheue dich nicht, zu fragen, Genosse!
Laß dir nichts einreden
Sieh selber nach!
Was du nicht selber weißt
Weißt du nicht.
Prüfe die Rechnung.
Du mußt sie bezahlen.
Lege den Finger auf jeden Posten
Frage: Wie kommt er hierher?
Du mußt die Führung übernehmen.

LOB DER DIALEKTIK

Das Unrecht geht heute einher mit sicherem Schritt.
Die Unterdrücker richten sich ein auf zehntausend Jahre.
Die Gewalt versichert: So, wie es ist, bleibt es.
Keine Stimme ertönt außer der Stimme der Herrschenden.
Und auf den Märkten sagt die Ausbeutung laut: Jetzt
beginne ich erst.
Aber von den Unterdrückten sagen viele jetzt:
Was wir wollen, geht niemals.

Wer noch lebt, sage nicht: niemals!
Das Sichere ist nicht sicher.
So, wie es ist, bleibt es nicht.
Wenn die Herrschenden gesprochen haben
Werden die Beherrschten sprechen.
Wer wagt zu sagen: niemals?
An wem liegt es, wenn die Unterdrückung bleibt? An uns.
An wem liegt es, wenn sie zerbrochen wird? Ebenfalls an uns.
Wer niedergeschlagen wird, der erhebe sich!
Wer verloren ist, kämpfe!
Wer seine Lage erkannt hat, wie soll der aufzuhalten sein?
Denn die Besiegten von heute sind die Sieger von morgen
Und aus Niemals wird: Heute noch!

LOB DES REVOLUTIONÄRS

Wenn die Unterdrückung zunimmt
Werden viele entmutigt.
Aber sein Mut wächst.

Er organisiert seinen Kampf
Um den Lohngroschen, um das Teewasser
Und um die Macht im Staat.
Er fragt das Eigentum:
Woher kommst du?
Er fragt die Ansichten:
Wem nützt ihr?

Wo immer geschwiegen wird
Dort wird er sprechen.
Und wo Unterdrückung herrscht und von Schicksal die
Rede ist
Wird er die Namen nennen.

Wo er sich zu Tisch setzt
Setzt sich die Unzufriedenheit zu Tisch
Das Essen wird schlecht
Und als eng wird erkannt die Kammer.

Wohin sie ihn jagen, dorthin
Geht der Aufruhr, und wo er verjagt ist
Bleibt die Unruhe doch.

LOB DER PARTEI

Der Einzelne hat zwei Augen
Die Partei hat tausend Augen.
Die Partei sieht sieben Staaten
Der Einzelne sieht eine Stadt.
Der Einzelne hat seine Stunde
Aber die Partei hat viele Stunden.
Der Einzelne kann vernichtet werden
Aber die Partei kann nicht vernichtet werden.
Denn sie ist der Vortrupp der Massen
Und führt ihren Kampf
Mit den Methoden der Klassiker, welche geschöpft sin
Aus der Kenntnis der Wirklichkeit.

WER ABER IST DIE PARTEI?

Wer aber ist die Partei?
Sitzt sie in einem Haus mit Telefonen?
Sind ihre Gedanken geheim, ihre Entschlüsse unbekannt?
Wer ist sie?

Wir sind sie.
Du und ich und wir – wir alle.

In deinem Anzug steckt sie, Genosse, und denkt in deinem Kopf.
Wo ich wohne, ist ihr Haus, und wo du angegriffen wirst, da kämpft sie.

Zeige uns den Weg, den wir gehen sollen, und wir
Werden ihn gehen wie du, aber
Gehe nicht ohne uns den richtigen Weg
Ohne uns ist er
Der falscheste.
Trenne dich nicht von uns!
Wir können irren, und du kannst recht haben, also
Trenne dich nicht von uns!

Daß der kurze Weg besser ist als der lange, das leugnet keiner
Aber wenn ihn einer weiß
Und vermag ihn uns nicht zu zeigen, was nützt uns seine Weisheit?
Sei bei uns weise!
Trenne dich nicht von uns!

LOB DES KOMMUNISMUS

Er ist vernünftig, jeder versteht ihn. Er ist leicht.
Du bist doch kein Ausbeuter, du kannst ihn begreifen.
Er ist gut für dich, erkundige dich nach ihm.
Die Dummköpfe nennen ihn dumm, und die Schmutzigen nennen ihn schmutzig.
Er ist gegen den Schmutz und gegen die Dummheit.
Die Ausbeuter nennen ihn ein Verbrechen.
Wir aber wissen:
Er ist das Ende der Verbrechen.
Er ist keine Tollheit, sondern
Das Ende der Tollheit.
Er ist nicht das Chaos
Sondern die Ordnung.
Er ist das Einfache
Das schwer zu machen ist.

DIE UNBESIEGLICHE INSCHRIFT

Zur Zeit des Weltkriegs
In einer Zelle des italienischen Gefängnisses San Carlo
Voll von verhafteten Soldaten, Betrunkenen und Dieben
Kratzte ein sozialistischer Soldat mit Kopierstift in die Wand:
Hoch Lenin!
Ganz oben, in der halbdunklen Zelle, kaum sichtbar, aber
Mit ungeheuren Buchstaben geschrieben.
Als die Wärter es sahen, schickten sie einen Maler mit
einem Eimer Kalk.
Und mit einem langstieligen Pinsel übertünchte er die drohende
Inschrift.
Da er aber mit seinem Kalk nur die Schriftzüge nachfuhr
Stand oben in der Zelle nun in Kalk:
Hoch Lenin!
Erst ein zweiter Maler überstrich das Ganze mit breitem Pinsel
So daß es für Stunden weg war, aber gegen Morgen
Als der Kalk trocknete, trat darunter die Inschrift wieder hervor:
Hoch Lenin!
Da schickten die Wärter einen Maurer mit einem Messer
gegen die Inschrift vor.
Und er kratzte Buchstabe für Buchstabe aus, eine Stunde lang.
Und als er fertig war, stand oben in der Zelle, jetzt farblos
Aber tief in die Mauer geritzt, die unbesiegliche Inschrift:
Hoch Lenin!
Jetzt entfernt die Mauer! sagte der Soldat.

DEUTSCHLAND

**Mögen andere von ihrer Schande sprechen,
ich spreche von der meinen.**

O Deutschland, bleiche Mutter!
Wie sitzest du besudelt
Unter den Völkern.
Unter den Befleckten
Fällst du auf.

Von deinen Söhnen der ärmste
Liegt erschlagen.

Als sein Hunger groß war
Haben deine anderen Söhne
Die Hand gegen ihn erhoben.
Das ist ruchbar geworden.

Mit ihren so erhobenen Händen
Erhoben gegen ihren Bruder
Gehen sie jetzt frech vor dir herum
Und lachen in dein Gesicht.
Das weiß man.

In deinem Hause
Wird laut gebrüllt, was Lüge ist
Aber die Wahrheit
Muß schweigen.
Ist es so?

Warum preisen dich ringsum die Unterdrücker, aber
Die Unterdrückten beschuldigen dich?
Die Ausgebeuteten
Zeigen mit Fingern auf dich, aber
Die Ausbeuter loben das System
Das in deinem Hause ersonnen wurde!

Und dabei sehen dich alle
Den Zipfel deines Rockes verbergen, der blutig ist
Vom Blut deines
Besten Sohnes.

Hörend die Reden, die aus deinem Hause dringen, lacht man.
Aber wer dich sieht, der greift nach dem Messer
Wie beim Anblick einer Räuberin.

O Deutschland, bleiche Mutter!
Wie haben deine Söhne dich zugerichtet
Daß du unter den Völkern sitzest
Ein Gespött oder eine Furcht!

VERJAGT MIT GUTEM GRUND

Ich bin aufgewachsen als Sohn
Wohlhabender Leute. Meine Eltern haben mir
Einen Kragen umgebunden und mich erzogen
In den Gewohnheiten des Bedientwerdens
Und unterrichtet in der Kunst des Befehlens. Aber
Als ich erwachsen war und um mich sah
Gefielen mir die Leute meiner Klasse nicht
Nicht das Befehlen und nicht das Bedientwerden
Und ich verließ meine Klasse und gesellte mich
Zu den geringen Leuten.

So
Haben sie einen Verräter aufgezogen, ihn unterrichtet
In ihren Künsten, und er
Verrät sie dem Feind.

Ja, ich plaudere ihre Geheimnisse aus. Unter dem Volk
Stehe ich und erkläre
Wie sie betrügen, und sage voraus, was kommen wird, denn ich
Bin in ihre Pläne eingeweiht.
Das Lateinisch ihrer bestochenen Pfaffen
Übersetze ich Wort für Wort in die gewöhnliche Sprache, da
Erweist es sich als Humbug. Die Waage ihrer Gerechtigkeit
Nehme ich herab und zeige
Die falschen Gewichte. Und ihre Angeber berichten ihnen
Daß ich mit den Bestohlenen sitze, wenn sie
Den Aufstand beraten.

Sie haben mich verwarnt und mir weggenommen
Was ich durch meine Arbeit verdiente. Und als ich mich nicht besserte
Haben sie Jagd auf mich gemacht, aber
Da waren
Nur noch Schriften in meinem Haus, die ihre Anschläge
Gegen das Volk aufdeckten. So
Haben sie einen Steckbrief hinter mir hergesandt
Der mich niedriger Gesinnung beschuldigt, das ist:
Der Gesinnung der Niedrigen.

Wo ich hinkomme, bin ich so gebrandmarkt
Vor allen Besitzenden, aber die Besitzlosen
Lesen den Steckbrief und
Gewähren mir Unterschlupf. Dich, höre ich da
Haben sie verjagt mit
Gutem Grund.

UND IN EUREM LANDE?

In unserem Lande zur Jahreswende
Und wenn eine Arbeit fertig ist und zum Tag der Geburt
Müssen wir dem Guten Glück wünschen
Denn in unserem Lande der Lautere
Braucht Glück.

Wer niemanden schädigt
Kommt in unserem Lande unter die Räder
Aber die Vermögen
Werden nur durch Schurkerei erworben.

Um zu einem Mittagessen zu kommen
Braucht es der Tapferkeit
Mit der sonst Reiche gegründet werden.
Ohne dem Tod ins Auge zu sehen
Hilft niemand einem Elenden.

Wer die Unwahrheit sagt, wird auf Händen getragen
Wer dagegen die Wahrheit sagt
Der braucht eine Leibwache
Aber er findet keine.

DAS LIED VOM KLASSENFEIND

1

Als ich klein war, ging ich zur Schule
Und ich lernte, was mein und was dein
Und als da alles gelernt war
Schien es mir nicht alles zu sein.

Und ich hatte kein Frühstück zu essen
Und andre, die hatten eins:
Und so lernte ich doch noch alles
Vom Wesen des Klassenfeinds.
    Und ich lernte, wieso und weswegen
    Da ein Riß ist durch die Welt!
    Und der bleibt zwischen uns, weil der Regen
    Von oben nach unten fällt.

2

Und sie sagten mir: wenn ich brav bin
Dann werd ich dasselbe wie sie.
Doch ich dachte: wenn ich ihr Schaf bin
Dann werd ich ein Metzger nie.
Und manchen von uns sah ich
Der ging ihnen auf den Strich
Und geschah ihm, was dir und was mir geschah
Dann wunderte er sich.
    Mich aber, mich nahm es nicht wunder
    Ich kam ihnen frühzeitig drauf:
    Der Regen fließt eben herunter
    Und fließt eben nicht hinauf.

3

Da hört ich die Trommel rühren
Und alle sprachen davon:
Wir müßten jetzt Kriege führen
Um ein Plätzlein an der Sonn.
Und heisere Stimmen versprachen
Uns das Blaue vom Himmel herab
Und herausgefressene Bonzen
Schrien: Macht jetzt nicht schlapp!
    Und wir glaubten: jetzt sind's nur mehr Stunden
    Dann haben wie dies und das.
    Doch der Regen floß wieder nach unten
    Und wir fraßen vier Jahre lang Gras.

4

Und einmal, da hieß es auf einmal:
Jetzt machen wir Republik!
Und der eine Mensch ist da dem andern gleich
Ob er mager ist oder dick.
Und was vom Hungern matt war
War so voll Hoffnung nie.
Doch was vom Essen satt war
War hoffnungsvoll wie sie.
  Und ich sagte: Da kann was nicht stimmen
  Und war trüber Zweifel voll:
  Das stimmt doch nicht, wenn der Regen
  Nach aufwärts fließen soll.

5

Sie gaben uns Zettel zum Wählen
Wir gaben die Waffen her
Sie gaben uns ein Versprechen
Und wir gaben unser Gewehr.
Und wir hörten: die es verstehen
Die würden uns helfen nun
Wir sollten an die Arbeit gehen
Sie würden das übrige tun.
  Da ließ ich mich wieder bewegen
  Und hielt, wie's verlangt wurd, still
  Und dachte: das ist schön von dem Regen
  Daß er aufwärts fließen will.

6

Und bald darauf hörte ich sagen:
Jetzt sei alles schon eingerenkt
Wenn wir das kleinere Übel tragen
Dann würd uns das größere geschenkt.
Und wir schluckten den Pfaffen Brüning
Damit's nicht der Papen sei.
Und wir schluckten den Junker Papen
Denn sonst war am Schleicher die Reih.

Und der Pfaffe gab es dem Junker
Und der Junker gab's dem General.
Und der Regen floß nach unten
Und er floß ganz kolossal.

7

Während wir mit Stimmzetteln liefen
Sperrten sie die Fabriken zu
Wenn wir vor Stempelstellen schliefen
Hatten sie vor uns Ruh.
Wir hörten Sprüche wie diese:
Immer ruhig! Wartet doch nur!
Nach einer größeren Krise
Kommt eine größere Konjunktur!
Und ich sagte meinen Kollegen:
So spricht der Klassenfeind!
Wenn der von guter Zeit spricht
Ist seine Zeit gemeint.
Der Regen kann nicht nach aufwärts
Weil er's plötzlich gut mit uns meint.
Was er kann, das ist: er kann aufhörn
Nämlich dann, wenn die Sonne scheint.

8

Eines Tags sah ich sie marschieren
Hinter neuen Fahnen her
Und viele der Unsrigen sagten:
Es gibt keinen Klassenfeind mehr.
Da sah ich an ihrer Spitze
Fressen, die kannte ich schon
Und ich hörte Stimmen brüllen
In dem alten Feldwebelton.
Und still durch die Fahnen und Feste
Floß der Regen Nacht und Tag.
Und jeder konnte ihn spüren
Der auf der Straße lag.

9

Sie übten sich fleißig im Schießen
Und sprachen laut vom *Feind*
Und zeigten wild über die Grenze
Und uns haben sie gemeint.
Denn wir und sie, wir sind Feinde
In einem Krieg, den nur einer gewinnt
Denn sie leben von uns und verrecken
Wenn wir nicht mehr die Kulis sind.
    Und das ist es auch, weswegen
    Ihr euch nicht wundern dürft
    Wenn sie sich werfen auf uns, wie der Regen
    Sich auf den Boden wirft.

10

Und wer von uns verhungert ist
Der fiel in einer Schlacht
Und wer von uns gestorben ist
Der wurde umgebracht.
Den sie holten mit ihren Soldaten
Dem hat Hungern nicht behagt
Dem sie den Kiefer eintraten
Der hatte nach Brot gefragt.
Dem sie das Brot versprochen
Auf den machen sie jetzt Jagd
Und den sie im Zinksarg bringen
Der hat die Wahrheit gesagt.
    Und wer ihnen da geglaubt hat
    Daß sie seine Freunde sind
    Der hat eben dann erwartet
    Daß der Regen nach oben rinnt.

11

Denn wir sind Klassenfeinde
Was man uns auch immer sagt:
Wer von uns nicht zu kämpfen wagte
Der hat zu verhungern gewagt.

Wir sind Klassenfeinde, Trommler!
Das deckt dein Getrommel nicht zu!
Fabrikant, General und Junker
Unser Feind, das bist du!
    Davon wird nichts verschoben
    Da wird nichts eingerenkt!
    Der Regen fließt nicht nach oben
    Und das sei ihm auch geschenkt!

12

Da mag dein Anstreicher streichen
Den Riß streicht er uns nicht zu!
Einer bleibt und einer muß weichen
Entweder ich oder du.
Und was immer ich auch noch lerne
Das bleibt das Einmaleins:
Nichts habe ich jemals gemeinsam
Mit der Sache des Klassenfeinds.
    Das Wort wird nicht gefunden
    Das uns beide jemals vereint:
    Der Regen fließt von oben nach unten
    Und du bist mein Klassenfeind.

DIE BALLADE VOM BAUM UND DEN ÄSTEN

1

Und sie kamen in ihren Hemden von braunem Schirting daher
Und Brot und Brotaufstrich war rar.
Und sie fraßen mit unverschämten Reden die Töpfe leer
In denen schon fast nichts mehr war.
Hier werden wir's recht toll treiben, sagten sie
Hier können wir wundervoll bleiben, sagten sie
Mindestens tausend Jahr.
    Gut, das sagen die Äste
    Aber der Baumstamm schweigt.
    Mehr her, sagen die Gäste
    Bis der Wirt die Rechnung zeigt.

2

Und sie suchten sich dicke Posten, neue Schreibtische wurden bestellt
Und sie fühlten sich gänzlich zu Haus.
Sie fragten nicht nach Kosten, sie sahen nicht auf das Geld:
Sie waren aus dem Gröbsten heraus.
Hier werden wir's recht toll treiben, sagten sie
Hier können wir wundervoll bleiben, sagten sie
Und sie zogen die Stiefel aus.
    Gut, das sagen die Äste
    Aber der Baumstamm schweigt.
    Mehr her, sagen die Gäste
    Bis der Wirt die Rechnung zeigt.

3

Und sie schießen ihre Pistolen in jeden bessern Kopf
Und sie kommen mindestens zu zweit.
Und dann gehen sie drei Mark abholen aus ihrem goldnen Topf.
Jetzt waren sie endlich soweit.
Der wird immer schön voll bleiben, sagten sie
Da können wir's lang toll treiben, sagten sie
Bis ans Ende der Zeit.
    Schön, so sagen die Äste
    Aber der Baumstamm schweigt.
    Mehr her, sagen die Gäste
    Bis der Wirt die Rechnung zeigt.

4

Und ihr Anstreicher strich die Sprünge im Haus mit brauner
    Tünche zu
Und sie schalteten alles gleich.
Und wenn es nach ihnen ginge, dann wären wir auf du und du:
Sie dachten, da springen wir gleich!
Wir müssen es nur toll treiben, sagten sie
Und uns bauen ein drittes Reich.
    Gut, das sagen die Äste
    Aber der Baumstamm schweigt.
    Mehr her, sagen die Gäste
    Bis der Wirt die Rechnung zeigt.

AUF DEN TOD EINES KÄMPFERS FÜR DEN FRIEDEN

Dem Andenken Carl von Ossietzkys

Der sich nicht ergeben hat
Ist erschlagen worden
Der erschlagen wurde
Hat sich nicht ergeben.

Der Mund des Warners
Ist mit Erde zugestopft.
Das blutige Abenteuer
Beginnt.
Über das Grab des Friedensfreundes
Stampfen die Bataillone.

War der Kampf also vergebens?

Wenn, der nicht allein gekämpft hat, erschlagen ist
Hat der Feind
Noch nicht gesiegt.

INBESITZNAHME DER GROSSEN METRO DURCH DIE MOSKAUER ARBEITERSCHAFT AM 27. APRIL 1935

Wir hörten: 80 000 Arbeiter
Haben die Metro gebaut, viele noch nach der täglichen Arbeit
Oft die Nächte durch. Während dieses Jahres
Hatte man immer junge Männer und Mädchen
Lachend aus den Stollen klettern sehen, ihre Arbeitsanzüge
Die lehmigen, schweißdurchnäßten, stolz vorweisend.
Alle Schwierigkeiten –
Unterirdische Flüsse, Druck der Hochhäuser
Nachgebende Erdmassen – wurden besiegt. Bei der
Ausschmückung
Wurde keine Mühe gespart. Der beste Marmor
Wurde weit hergeschafft, die schönsten Hölzer
Sorgfältig bearbeitet. Beinahe lautlos
Liefen schließlich die schönen Wagen
Durch taghelle Stollen: für strenge Besteller
Das Allerbeste.

Als nun die Bahn gebaut war nach den vollkommensten Mustern
Und die Besitzer kamen, sie zu besichtigen und
Auf ihr zu fahren, da waren es diejenigen
Die sie gebaut hatten.
Es waren da Tausende, die herumgingen
Die riesigen Hallen besichtigend, und in den Zügen
Fuhren große Massen vorbei, die Gesichter –
Männer, Frauen und Kinder, auch Greise –
Den Stationen zugewandt, strahlend wie im Theater
denn die Stationen
Waren verschieden gebaut, aus verschiedenen Steinen
In verschiedener Bauart, auch das Licht
Kam aus immer anderer Quelle. Wer in die Wagen einstieg
Wurde in fröhlichem Gedränge nach hinten geschoben
Da die Vorderplätze zur Besichtigung der Stationen
Die besten waren. An jeder Station
Wurden die Kinder hochgehoben. Möglichst oft
Stürmten die Fahrenden hinaus und betrachteten
Mit fröhlicher Strenge das Geschaffene. Sie befühlten die Pfeiler
Und begutachteten ihre Glätte. Mit den Schuhen
Fuhren sie über die Steinböden, ob die Steine
Auch gut eingefügt seien. Zurückströmend in die Wagen
Prüften sie die Bespannung der Wände und griffen
An das Glas. Immerfort
Wiesen Männer und Frauen – unsicher, ob es die richtigen waren –
Auf Stellen, wo sie gearbeitet hatten: das Gestein
Trug die Spuren ihrer Hände. Jedes Gesicht
War gut sichtbar, denn es gab viel Licht
Vieler Lampen, mehr als in irgendeiner Bahn, die ich je gesehen
habe.
Auch die Stollen waren beleuchtet, kein Meter Arbeit
War unbeleuchtet. Und all dies
War in einem einzigen Jahr gebaut worden und von so vielen
Bauleuten
Wie keine andere Bahn der Welt. Und keine
Andere Bahn der Welt hatte je so viele Besitzer.

Denn es sah der wunderbare Bau
Was keiner seiner Vorgänger in vielen Städten vieler Zeiten
Jemals gesehen hatte: *als Bauherren die Bauleute!*

Wo wäre dies je vorgekommen, daß die Frucht der Arbeit
Denen zufiel, die da gearbeitet hatten? Wo jemals
Wurden die nicht vertrieben aus dem Bau
Die ihn errichtet hatten?
Als wir sie fahren sahen in ihren Wagen
Den Werken ihrer Hände, wußten wir:
Dies ist das große Bild, das die Klassiker einstmals
Erschüttert voraussahen.

GLEICHNIS DES BUDDHA VOM BRENNENDEN HAUS

Gothama, der Buddha, lehrte
Die Lehre vom Rade der Gier, auf das wir geflochten sind, und
empfahl
Alle Begierde abzutun und so
Wunschlos einzugehen in Nichts, das er Nirwana nannte.
Da fragten ihn eines Tags seine Schüler:
Wie ist dies Nichts, Meister? Wir alle möchten
Abtun alle Begierde, wie du empfiehlst, aber sage uns
Ob dies Nichts, in das wir dann eingehen
Etwa so ist wie dies Einssein mit allem Geschaffenen
Wenn man im Wasser liegt, leichten Körpers, im Mittag
Ohne Gedanken fast, faul im Wasser liegt oder in Schlaf fällt
Kaum noch wissend, daß man die Decke zurechtschiebt
Schnell versinkend, ob dies Nichts also
So ein fröhliches ist, ein gutes Nichts, oder ob dies dein
Nichts nur einfach ein Nichts ist, kalt, leer und bedeutungslos.
Lange schwieg der Buddha, dann sagte er lässig:
Keine Antwort ist auf euere Frage.
Aber am Abend, als sie gegangen waren
Saß der Buddha noch unter dem Brotbaum und sagte den andern
Denen, die nicht gefragt hatten, folgendes Gleichnis:
Neulich sah ich ein Haus. Es brannte. Am Dache
Leckte die Flamme. Ich ging hinzu und bemerkte
Daß noch Menschen drin waren. Ich trat in die Tür und rief ihnen
Zu, daß Feuer im Dach sei, sie also auffordernd
Schnell hinauszugehen. Aber die Leute
Schienen nicht eilig. Einer fragte mich
Während ihm schon die Hitze die Braue versengte

Wie es draußen denn sei, ob es auch nicht regne
Ob nicht doch Wind gehe, ob da ein anderes Haus sei
Und so noch einiges. Ohne zu antworten
Ging ich wieder hinaus. Diese, dachte ich
Müssen verbrennen, bevor sie zu fragen aufhören. Wirklich, Freunde
Wem der Boden noch nicht so heiß ist, daß er ihn lieber
Mit jedem andern vertauschte, als daß er da bliebe, dem
Habe ich nichts zu sagen. So Gothama, der Buddha.
Aber auch wir, nicht mehr beschäftigt mit der Kunst des Duldens
Eher beschäftigt mit der Kunst des Nichtduldens und vielerlei
Vorschläge
Irdischer Art vorbringend und die Menschen lehrend
Ihre menschlichen Peiniger abzuschütteln, meinen, daß wir denen, die
Angesichts der heraufkommenden Bombenflugzeuggeschwader
des Kapitals noch allzulang fragen
Wie wir uns dies dächten, wie wir uns das vorstellten
Und was aus ihren Sparbüchsen und Sonntagshosen werden soll
nach einer Umwälzung
Nicht viel zu sagen haben.

SCHLECHTE ZEIT FÜR LYRIK

Ich weiß doch: nur der Glückliche
Ist beliebt. Seine Stimme
Hört man gern. Sein Gesicht ist schön.

Der verkrüppelte Baum im Hof
Zeigt auf den schlechten Boden, aber
Die Vorübergehenden schimpfen ihn einen Krüppel
Doch mit Recht.

Die grünen Boote und die lustigen Segel des Sundes
Sehe ich nicht. Von allem
Sehe ich nur der Fischer rissiges Garnnetz.
Warum rede ich nur davon
Daß die vierzigjährige Häuslerin gekrümmt geht?
Die Brüste der Mädchen
Sind warm wie ehedem.

In meinem Lied ein Reim
Käme mir fast vor wie Übermut.

In mir streiten sich
Die Begeisterung über den blühenden Apfelbaum
Und das Entsetzen über die Reden des Anstreichers.
Aber nur das zweite
Drängt mich zum Schreibtisch.

AUS: DEUTSCHE KRIEGSFIBEL 1938

Bei den Hochgestellten
Gilt das Reden vom Essen als niedrig.
Das kommt: sie haben
Schon gegessen.

Die Niedrigen müssen von der Erde gehen
Ohne vom guten Fleisch
Etwas gegessen zu haben.

Nachzudenken, woher sie kommen und
Wohin sie gehen, sind sie
An den schönen Abenden
Zu erschöpft.

Die Gebirge und das große Meer
Haben sie noch nicht gesehen
Wenn ihre Zeit schon um ist.

Wenn die Niedrigen nicht
An das Niedrige denken
Kommen sie nicht hoch.

Das Brot der Hungernden ist aufgegessen
Das Fleisch kennt man nicht mehr. Nutzlos
Ist der Schweiß des Volkes vergossen.
Die Lorbeerhaine stehen
Abgeholzt.

Aus den Schloten der Munitionsfabriken
Steigt Rauch.

Der Anstreicher spricht von kommenden großen Zeiten
Die Wälder wachsen noch.
Die Äcker tragen noch.
Die Städte stehen noch.
Die Menschen atmen noch.

Die das Fleisch wegnehmen vom Tisch
Lehren Zufriedenheit.
Die, für die die Gabe bestimmt ist
Verlangen Opfermut.
Die Sattgefressenen sprechen zu den Hungernden
Von den großen Zeiten, die kommen werden.
Die das Reich in den Abgrund führen
Nennen das Regieren zu schwer
Für den einfachen Mann.

Die Oberen sagen: Friede und Krieg
Sind aus verschiedenem Stoff.
Aber ihr Friede und ihr Krieg
Sind wie Wind und Sturm.

Der Krieg wächst aus ihrem Frieden
Wie der Sohn aus der Mutter
Er trägt
Ihre schrecklichen Züge.

Ihr Krieg tötet
Was ihr Friede
Übriggelassen hat.

Auf der Mauer stand mit Kreide:
Sie wollen den Krieg.
Der es geschrieben hat
Ist schon gefallen.

Die Konstrukteure hocken
Gekrümmt in den Zeichensälen:
Eine falsche Ziffer, und die Städte des Feindes
Bleiben unzerstört.

Aus den Bücherhallen
Treten die Schlächter.

Die Kinder an sich drückend
Stehen die Mütter und durchforschen entgeistert
Den Himmel nach den Erfindungen der Gelehrten.

Wenn es zum Marschieren kommt, wissen viele nicht
Daß ihr Feind an ihrer Spitze marschiert.
Die Stimme, die sie kommandiert
Ist die Stimme ihres Feindes.
Der da vom Feind spricht
Ist selber der Feind.

General, dein Tank ist ein starker Wagen.
Er bricht einen Wald nieder und zermalmt hundert Menschen.
Aber er hat einen Fehler:
Er braucht einen Fahrer.

General, dein Bombenflugzeug ist stark.
Es fliegt schneller als ein Sturm und trägt mehr als ein Elefant.
Aber es hat einen Fehler:
Es braucht einen Monteur.

General, der Mensch ist sehr brauchbar.
Er kann fliegen, und er kann töten.
Aber er hat einen Fehler:
Er kann denken.

UND WAS BEKAM DES SOLDATEN WEIB?

Und was bekam des Soldaten Weib
Aus der alten Hauptstadt Prag?
Aus Prag bekam sie die Stöckelschuh.
Einen Gruß und dazu die Stöckelschuh
Das bekam sie aus der Stadt Prag.

Und was bekam des Soldaten Weib
Aus Warschau am Weichselstrand?
Aus Warschau bekam sie das leinene Hemd
So bunt und so fremd, ein polnisches Hemd!
Das bekam sie vom Weichselstrand.

Und was bekam des Soldaten Weib
Aus Oslo über dem Sund?
Aus Oslo bekam sie das Kräglein aus Pelz,
Hoffentlich gefällt's, das Kräglein aus Pelz!
Das bekam sie aus Oslo am Sund.

Und was bekam des Soldaten Weib
Aus dem reichen Rotterdam?
Aus Rotterdam bekam sie den Hut.
Und er steht ihr gut, der holländische Hut.
Den bekam sie aus Rotterdam.

Und was bekam des Soldaten Weib
Aus Brüssel im belgischen Land?
Aus Brüssel bekam sie die seltenen Spitzen.
Ach, das zu besitzen, so seltene Spitzen!
Sie bekam sie aus belgischem Land.

Und was bekam des Soldaten Weib
Aus der Lichterstadt Paris?
Aus Paris bekam sie das seidene Kleid.
Zu der Nachbarin Neid das seidene Kleid
Das bekam sie aus Paris.

Und was bekam des Soldaten Weib
Aus dem libyschen Tripolis?
Aus Tripolis bekam sie das Kettchen.
Das Amulettchen am kupfernen Kettchen
Das bekam sie aus Tripolis.

Und was bekam des Soldaten Weib
Aus dem weiten Russenland?
Aus Rußland bekam sie den Witwenschleier.
Zu der Totenfeier den Witwenschleier
Das bekam sie aus Rußland.

AN DIE DEUTSCHEN SOLDATEN IM OSTEN

1

Brüder, wenn ich bei euch wäre
Auf den östlichen Schneefeldern einer von euch wäre
Einer von euch Tausenden zwischen den Eisenkärren
Würde ich sagen, wir ihr sagt: Sicher
Muß da ein Weg nach Haus sein.

Aber, Brüder, liebe Brüder
Unter dem Stahlhelm, unter der Hirnschale
Würde ich wissen, was ihr wißt: Da
Ist kein Weg nach Haus mehr.

Auf der Landkarte im Schulatlas
Ist der Weg nach Smolensk nicht größer
Als der kleine Finger des Führers, aber
Auf den Schneefeldern ist er weiter
Sehr weit, zu weit.

Der Schnee hält nicht ewig, nur bis zum Frühjahr.
Aber auch der Mensch hält nicht ewig. Bis zum Frühjahr
Hält er nicht.

Also muß ich sterben, das weiß ich.
Im Rock des Räubers muß ich sterben
Sterben im Hemd des Mordbrenners.

Als einer der vielen, als einer der Tausende
Gejagt als Räuber, erschlagen als Mordbrenner.

2

Brüder, wenn ich bei euch wäre
Mit euch trottete über die Eiswüsten
Würde ich fragen, wie ihr fragt: Warum
Bin ich hierhergekommen, von wo
Kein Weg mehr nach Haus führt?

Warum habe ich den Rock des Räubers angezogen?
Warum habe ich das Hemd des Mordbrenners angezogen?
Das war doch nicht aus Hunger
Das war doch aus Mordlust nicht.

Nur weil ich ein Knecht war
Und es mir geheißen wurd
Bin ich ausgezogen zu morden und zu brennen
Und muß jetzt gejagt werden
Und muß jetzt erschlagen werden.

3

Weil ich eingebrochen bin
In das friedliche Land der Bauern und Arbeiter
Der großen Ordnung, des unaufhörlichen Aufbaus
Niedertrampelnd und niederfahrend Saat und Gehöfte
Auszurauben die Werkstätten, die Mühlen und Dammbauten
Abzubrechen den Unterricht der tausend Schulen
Aufzustören die Sitzungen der unermüdlichen Räte:

Darum muß ich jetzt sterben wie eine Ratte
Die der Bauer ertappt hat.

4

Daß von mir gereinigt werde
Das Gesicht der Erde
Von mir Aussatz! Daß ein Exempel statuiert werde
An mir für alle Zeiten, wie verfahren werden soll
Mit Räubern und Mordbrennern
Und den Knechten von Räubern und Mordbrennern.

5

Daß da Mütter sagen, sie haben keine Kinder.
Daß da Kinder sagen, sie haben keine Väter.
Daß da Erdhügel sind, die keine Auskünfte geben.

6

Und ich werde nicht mehr sehen
Das Land, aus dem ich gekommen bin
Nicht die bayrischen Wälder, noch das Gebirge im Süden
Nicht das Meer, nicht die märkische Heide, die Föhre nicht
Noch den Weinhügel am Fluß im Frankenland.
Nicht in der grauen Frühe, nicht am Mittag
Und nicht, wenn der Abend herabsteigt.

Noch die Städte und die Stadt, wo ich geboren bin.
Nicht die Werkbänke, und auch die Stube nicht mehr
Und den Stuhl nicht.

All das werde ich nie mehr sehen.
Und keiner, der mit mir ging
Wird das alles noch einmal sehen
Und ich nicht und du nicht
Werden die Stimme der Frauen und Mütter hören
Oder den Wind über dem Schornstein der Heimat
Oder den fröhlichen Lärm der Stadt oder den bitteren.

7

Sondern ich werde sterben in der Mitte der Jahre
Ungeliebt, unvermißt
Eines Kriegsgeräts törichter Fahrer.

Unbelehrt, außer durch die letzte Stunde
Unerprobt, außer beim Morden
Nicht vermißt, außer von den Schlächtern.

Und ich werde unter der Erde liegen
Die ich zerstört habe
Ein Schädling, um den es nicht schad ist.
Ein Aufatmen wird an meiner Grube sein.

Denn was wird da eingescharrt?
Ein Zentner Fleisch in einem Tank, das bald faul wurde.
Was kommt da weg?

Ein dürrer Strauch, der erfroren ist
Ein Dreck, der weggeschaufelt wurde
Ein Gestank, den der Wind wegwehte.

8

Brüder, wenn ich jetzt bei euch wäre
Auf dem Weg zurück nach Smolensk
Von Smolensk zurück nach irgendwohin

Würde ich fühlen, was ihr fühlt: immer schon
Habe ich es gewußt unter dem Stahlhelm, unter der
Hirnschale
Daß schlecht nicht gut ist
Daß zwei mal zwei vier ist
Und daß sterben wird, wer mit ihm ging
Dem blutigen Brüllenden
Dem blutigen Dummkopf.

Der nicht wußte, daß der Weg nach Moskau lang ist
Sehr lang, zu lang.
Daß der Winter in den östlichen Ländern kalt ist
Sehr kalt, zu kalt.
Daß die Bauern und Arbeiter des neuen Staates
Ihre Erde und ihre Städte verteidigen würden
So daß wir alle vertilgt werden.

9

Vor den Wäldern, hinter den Kanonen
In den Straßen und in den Häusern
Unter den Tanks, am Straßenrand
Durch die Männer, durch die Weiber, durch die Kinder
In der Kälte, in der Nacht, im Hunger

Daß wir alle vertilgt werden
Heute oder morgen oder am nächsten Tag
Ich und du und der General, alles
Was hier gekommen ist, zu verwüsten
Was von Menschenhand errichtet wurde.

10

Weil es eine solche Mühe ist, die Erde zu bebauen.
Weil es soviel Schweiß gekostet, ein Haus aufzustellen
Die Balken zu fällen, den Plan zu zeichnen
Die Mauer aufzuschichten, das Dach zu decken
Weil es so müde machte, weil die Hoffnung so groß war.

11

Tausend Jahre war da nur ein Gelächter
Wenn die Werke von Menschenhand angetastet wurden.
Aber jetzt wird es sich herumsprechen auf allen Kontinenten:
Der Fuß, der die Felder der neuen Traktorenfahrer zertrat
Ist verdorrt.
Die Hand, die sich gegen die Werke der neuen Städtebauer
erhob
Ist abgehauen.

AN MEINE LANDSLEUTE

Ihr, die ihr überlebtet in gestorbenen Städten
Habt doch nun endlich mit euch selbst Erbarmen!
Zieht nun in neue Kriege nicht, ihr Armen
Als ob die alten nicht gelanget hätten:
Ich bitt euch, habet mit euch selbst Erbarmen!

Ihr Männer, greift zur Kelle, nicht zum Messer!
Ihr säßet unter Dächern schließlich jetzt
Hättet ihr auf das Messer nicht gesetzt
Und unter Dächern sitzt es sich doch besser.
Ich bitt euch, greift zur Kelle, nicht zum Messer!

Ihr Kinder, daß sie euch mit Krieg verschonen
Müßt ihr um Einsicht eure Eltern bitten.
Sagt laut, ihr wollt nicht in Ruinen wohnen
Und nicht das leiden, was sie selber litten:
Ihr Kinder, daß sie euch mit Krieg verschonen!

Ihr Mütter, da es euch anheimgegeben
Den Krieg zu dulden oder nicht zu dulden
Ich bitt euch, lasset eure Kinder leben!
Daß sie euch die Geburt und nicht den Tod dann
schulden:
Ihr Mütter, lasset eure Kinder leben!

KINDERHYMNE

Anmut sparet nicht noch Mühe
Leidenschaft nicht noch Verstand
Daß ein gutes Deutschland blühe
Wie ein andres gutes Land.

Daß die Völker nicht erbleichen
Wie vor einer Räuberin
Sondern ihre Hände reichen
Uns wie andern Völkern hin.

Und nicht über und nicht unter
Andern Völkern wolln wir sein
Von der See bis zu den Alpen
Von der Oder bis zum Rhein.

Und weil wir dies Land verbessern
Lieben und beschirmen wir's
Und das liebste mag's uns scheinen
So wie andern Völkern ihrs.

DER ANACHRONISTISCHE ZUG ODER FREIHEIT UND DEMOCRACY

Frühling wurd's in deutschem Land.
Über Asch und Trümmerwand
Flog ein erstes Birkengrün
Probweis, delikat und kühn

Als von Süden, aus den Tälern
Herbewegte sich von Wählern
Pomphaft ein zerlumpter Zug
Der zwei alte Tafeln trug.

Mürbe war das Holz von Stichen
Und die Inschrift sehr verblichen
Und es war so etwas wie
Freiheit und Democracy.

Von den Kirchen kam Geläute.
Kriegerwitwen, Fliegerbräute
Waise, Zittrer, Hinkebein –
Offnen Maules stand's am Rain.

Und der Blinde frug den Tauben
Was vorbeizog in den Stauben
Hinter einem Aufruf wie
Freiheit und Democracy.

Vornweg schritt ein Sattelkopf
Und er sang aus vollem Kropf:
„Allons, enfants, god save the king
Und den Dollar, kling, kling, kling."

Dann in Kutten schritten zwei
Trugen 'ne Monstranz vorbei.
Wurd die Kutte hochgerafft
Sah hervor ein Stiefelschaft.

Doch dem Kreuz dort auf dem Laken
Fehlen heute ein paar Haken
Da man mit den Zeiten lebt
Sind die Haken überklebt.

Drunter schritt dafür ein Pater
Abgesandt vom Heiligen Vater
Welcher tief beunruhigt
Wie man weiß, nach Osten blickt.

Dicht darauf die Nichtvergesser
Die für ihre langen Messer
Stampfend in geschloßnen Reihn
Laut nach einer Freinacht schrein.

Ihre Gönner dann, die schnellen
Grauen Herrn von den Kartellen:
Für die Rüstungsindustrie
Freiheit und Democracy!

Einem impotenten Hahne
Gleichend, stolzt ein Pangermane
Pochend auf das *freie* Wort.
Es heißt Mord.

Gleichen Tritts marschiern die Lehrer
Machtverehrer, Hirnverheerer
Für das Recht, die deutsche Jugend
Zu erziehn zur Schlächtertugend.

Folgen die Herrn Mediziner
Menschverächter, Nazidiener
Fordernd, daß man ihnen buche
Kommunisten für Versuche.

Drei Gelehrte, ernst und hager
Planer der Vergasungslager
Fordern auch für die Chemie
Freiheit und Democracy.

Folgen, denn es braucht der Staat sie
Alle die entnazten Nazi
Die als Filzlaus in den Ritzen
Aller hohen Ämter sitzen.

Dort die Stürmerredakteure
Sind besorgt, daß man sie höre
Und nicht etwa jetzt vergesse
Auf die *Freiheit* unsrer Presse.

Einige unsrer besten Bürger
Einst geschätzt als Judenwürger
Jetzt verschrien, seht ihr hier schreiten
Für das Recht der Minderheiten.

Früherer Parlamentarier
In den Hitlerzeiten Arier
Bietet sich als Anwalt an:
Schafft dem Tüchtigen freie Bahn!

Und der schwarze Marketier
Sagt, befraget: Ich marschier
Auf Gedeih (und auf Verderb)
Für den Freien Wettbewerb.

Und der Richter dort: zur Hetz
Schwenkt er frech ein alt Gesetz
Mit ihm von der Hitlerei
Spricht er sich und alle frei.

Künstler, Musiker, Dichterfürsten,
Schrei'nd nach Lorbeer und nach Würsten
All die Guten, die geschwind
Nun es nicht gewesen sind.

Peitschen klatschen auf das Pflaster
Die SS macht es für Zaster
Aber Freiheit braucht auch sie
Freiheit und Democracy.

Und die Hitlerfrauenschaft
Kommt, die Röcke hochgerafft
Fischend mit gebräunter Wade
Nach des Erbfeinds Schokolade.

Spitzel, Kraft-durch-Freude-Weiber
Winterhelfer, Zeitungsschreiber
Steuer-Spenden-Zins-Eintreiber
Deutsches-Erbland-Einverleiber.

Blut und Dreck in Wahlverwandtschaft
Zog das durch die deutsche Landschaft
Rülpste, kotzte, stank und schrie:
Freiheit und Democracy!

Und kam, berstend vor Gestank
Endlich an die Isarbank
Zu der Hauptstadt der Bewegung
Stadt der deutschen Grabsteinlegung.

Informiert von den Gazetten
Hungernd zwischen den Skeletten
Seiner Häuser stand herum
Das verstörte Bürgertum.

Und als der mephitische Zug
Durch den Schutt die Tafeln trug
Treten aus dem Braunen Haus
Schweigend sechs Gestalten aus.

Und es kommt der Zug zum Halten.
Neigen sich die sechs Gestalten
Und gesellen sich dem Zug
Der die alten Tafeln trug.

Und sie fahrn in sechs Karossen
Alle sechs Parteigenossen
Durch den Schutt, und alles schrie:
Freiheit und Democracy!

Knochenhand am Peitschenknauf
Fährt die *Unterdrückung* auf.
In 'nem Panzerkarr'n fährt sie
Dem Geschenk der Industrie.

Groß begrüßt, in rostigem Tank
Fährt der *Aussatz*. Er scheint krank.
Schämig zupft er sich im Winde
Hoch zum Kinn die braune Binde.

Hinter ihm fährt der *Betrug*
Schwenkend einen großen Krug
Freibier. Müßt nur, draus zu saufen
Eure Kinder ihm verkaufen.

Alt wie das Gebirge, doch
Unternehmend immer noch
Fährt die *Dummheit* mit im Zug
Läßt kein Auge vom Betrug.

Hängend überm Wagenbord
Mit dem Arm, fährt vor der *Mord.*
Wohlig räkelt sich das Vieh
Singt: Sweet dream of liberty.

Zittrig noch vom gestrigen Schock
Fährt der *Raub* dann auf im Rock
Eines Junkers Feldmarschall
Auf dem Schoß einen Erdball.

Aber alle die sechs Großen
Eingeseßnen, Gnadelosen
Alle nun verlangen sie
Freiheit und Democracy.

Holpernd hinter den sechs Plagen
Fährt ein Riesentotenwagen
Drinnen liegt, man sieht's nicht recht:
's ist ein unbekannt Geschlecht.

Und ein Wind aus den Ruinen
Singt die Totenmesse ihnen
Die dereinst gesessen hatten
Hier in Häusern. Große Ratten

Schlüpfen aus gestürzten Gassen
Folgend diesem Zug in Massen.
Hoch die Freiheit, piepsen sie
Freiheit der Democracy!

AN DIE GLEICHGESCHALTETEN

Gesprochen 1935 über den Moskauer Sender

Um sein Brot nicht zu verlieren
In den Zeiten zunehmender Unterdrückung
Beschließt mancher, die Wahrheit
Über die Verbrechen des Regimes bei der Aufrechterhaltung
der Ausbeutung
Nicht mehr zu sagen, aber
Auch die Lügen des Regimes nicht zu verbreiten, also
Zwar nichts zu enthüllen, aber
Auch nichts zu beschönigen. Der so Vorgehende
Scheint nur von neuem zu bekräftigen, daß er entschlossen ist
Auch in den Zeiten zunehmender Unterdrückung
Sein Gesicht nicht zu verlieren, aber in Wirklichkeit
Ist er doch nur entschlossen
Sein Brot nicht zu verlieren. Ja, dieser sein Entschluß
Keine Unwahrheit zu sagen, dient ihm dazu, von nun an
Die Wahrheit zu verschweigen. Das kann freilich
Nur eine kleine Zeit durchgeführt werden. Aber auch zu dieser Zeit
Während sie noch einhergehen in den Ämtern und Redaktionen
In den Laboratorien und auf den Fabrikhöfen als Leute
Aus deren Mund keine Unwahrheit kommt
Beginnt schon ihre Schädlichkeit. Wer mit keiner Wimper zuckt
Beim Anblick blutiger Verbrechen, verleiht ihnen nämlich
Den Anschein des Natürlichen. Er bezeichnet
Die furchtbare Untat als etwas so Unauffälliges wie Regen
Auch so unhinderbar wie Regen.
So unterstützt er schon durch sein Schweigen
Die Verbrecher, aber bald
Wird er bemerken, daß er, um sein Brot nicht zu verlieren
Nicht nur die Wahrheit verschweigen, sondern
Die Lüge sagen muß. Nicht ungnädig
Nehmen die Unterdrücker ihn auf, der da bereit ist
Sein Brot nicht zu verlieren.
Er geht nicht einher wie ein Bestochener
Da man ihm ja nichts gegeben, sondern
Nur nichts genommen hat.
Wenn der Lobredner
Aufstehend vom Tisch der Machthaber sein Maul aufreißt

Und man zwischen seinen Zähnen
Die Reste der Mahlzeit sieht, hört man
Seine Lobrede mit Zweifeln an.
Aber die Lobrede dessen
Der gestern noch geschmäht hat und zum Siegesmahl nicht gelade
war
Ist mehr wert. Er
Ist doch der Freund der Unterdrückten. Sie kennen ihn.
Was er sagt, das ist
Und was er nicht sagt, ist nicht.
Und nun sagt er, es ist
Keine Unterdrückung.
Am besten schickt der Mörder
Den Bruder des Ermordeten
Den er gekauft hat, zu bestätigen
Daß ihm den Bruder
Ein Dachziegel erschlagen hat. Die einfache Lüge freilich
Hilft ihm, der sein Brot nicht verlieren will
Auch nicht lange weiter. Da gibt es zu viele
Seiner Art. Schnell
Gerät er in den unerbittlichen Wettkampf aller derer
Die ihr Brot nicht verlieren wollen: es genügt nicht mehr der Will
zu lügen.
Das Können ist nötig und die Leidenschaft wird verlangt.
Der Wunsch, das Brot nicht zu verlieren, mischt sich
Mit dem Wunsch, durch besondere Kunst dem ungereimtesten
Gewäsch
Einen Sinn zu verleihen, das Unsagbare
Dennoch zu sagen.
Dazu kommt, daß er den Unterdrückern
Mehr Lob herbeischleppen muß als jeder andere, denn er
Steht unter dem Verdacht, früher einmal
Die Unterdrückung beleidigt zu haben. So
Werden die Kenner der Wahrheit die wildesten Lügner.
Und das alles geht nur
Bis einer daherkommt und sie doch überführt
Früherer Ehrlichkeit, einstigen Anstands, und dann
Verlieren sie ihr Brot.

KINDERLIEDER

Der Schneider von Ulm[1]

Bischof, ich kann fliegen
Sagte der Schneider zum Bischof.
Paß auf, wie ich's mach!
Und er stieg mit so'nen Dingen
Die aussahn wie Schwingen
Auf das große, große Kirchendach.

Der Bischof ging weiter.
Das sind lauter so Lügen
Der Mensch ist kein Vogel
Es wird nie ein Mensch fliegen
Sagte der Bischof vom Schneider.

Der Schneider ist verschieden
Sagten die Leute dem Bischof.
Es war eine Hatz.
Seine Flügel sind zerspellet
Und er liegt zerschellet
Auf dem harten, harten Kirchenplatz.

Die Glocken sollen läuten
Es waren nichts als Lügen
Der Mensch ist kein Vogel
Es wird nie ein Mensch fliegen
Sagte der Bischof den Leuten.

Der Pflaumenbaum

Im Hofe steht ein Pflaumenbaum
Der ist klein, man glaubt es kaum.
Er hat ein Gitter drum
So tritt ihn keiner um.

Der Kleine kann nicht größer wer'n.
Ja, größer wer'n, das möcht er gern.
's ist keine Red davon
Er hat zu wenig Sonn.

1 Legende aus der Zeit der Bauernkriege.

Den Pflaumenbaum glaubt man ihm kaum
Weil er nie eine Pflaume hat.
Doch er ist ein Pflaumenbaum
Man kennt es an dem Blatt.

Die Vögel warten im Winter vor dem Fenster

1

Ich bin der Sperling.
Kinder, ich bin am Ende.
Und ich rief euch immer im vergangnen Jahr
Wenn der Rabe wieder im Salatbeet war.
Bitte um eine kleine Spende.
    Sperling, komm nach vorn.
    Sperling, hier ist dein Korn.
    Und besten Dank für die Arbeit!

2

Ich bin der Buntspecht.
Kinder, ich bin am Ende.
Und ich hämmere die ganze Sommerzeit
All das Ungeziefer schaffe ich beiseit.
Bitte um eine kleine Spende.
    Buntspecht, komm noch vurn.
    Buntspecht, hier ist dein Wurm.
    Und besten Dank für die Arbeit!

3

Ich bin die Amsel.
Kinder, ich bin am Ende.
Und ich war es, die den ganzen Sommer lang
Früh im Dämmergrau in Nachbars Garten sang.
Bitte um eine kleine Spende.
    Amsel, komm nach vorn.
    Amsel, hier ist dein Korn.
    Und besten Dank für die Arbeit!

DAS MANIFEST[1]

Kriege zertrümmern die Welt, und im Trümmerfeld geht ein
Gespenst um.
Nicht geboren im Krieg, auch im Frieden gesichtet, seit lange.
Schrecklich den Herrschenden, aber den Kindern der Vorstädte
freundlich.
Lugend in ärmlicher Küche kopfschüttelnd in halbleere Speisen
Abpassend dann die Erschöpften am Gatter der Gruben und
Werften.
Freunde besuchend im Kerker, passierend dort ohne Passierschein.
Selbst in Kontoren gesehn, selbst gehört in den Hörsälen, zeitweis
Riesige Tanks besteigend und fliegend in tödlichen Bombern.
Redend in vielerlei Sprachen, in allen. Und schweigend in vielen.
Ehrengast in den Elendsquartieren und Furcht der Paläste
Ewig zu bleiben gekommen: sein Name ist Kommunismus.
Viel davon hörtet ihr. Dies aber ist, was die Klassiker sagen.
Lest ihr Geschichte, so lest ihr von Taten enormer Personen;
Ihrem Gestirn, sich erhebend und fallend; vom Zug ihrer Heere;
Oder von Glanz und Zerstörung der Reiche. Den Klassikern aber
Ist die Geschichte zuvörderst Geschichte der Kämpfe der Klassen.
Denn sie sehen in Klassen geteilt und kämpfend die Völker
In ihrem Innern. Patrizier und Ritter, Plebejer und Sklaven
Adlige, Bauern und Handwerker, heut Proletarier und Bourgeois
Halten sie jeweils den riesigen Haushalt im Gang, der Erzeugung
Und der Verteilung der lebensnotwendigen Güter, zugleich doch
Kämpfend den Kampf bis aufs Messer, den uralten, den um die
Herrschaft.
Mitkämpfend fügen die großen umstürzenden Lehrer des Volkes
Zu der Geschichte der herrschenden Klassen die der beherrschten ...
Tiefer nämlich und dauernder ist als der Krieg noch der Völker
Den die Geschichtsschreiber schwatzhaft berichten, der Kampf doch
der Klassen
Offen gekämpft und versteckt und geführt um die eigenen Städte
Nicht die des Feinds, jener Kampf der Beherrschten mit ihren
Beherrschern
Endigend nur mit dem völligen Umsturz des Baus der Gesellschaft
Oder der kämpfenden Klassen gemeinsamem Sturz in das Chaos.

1 Aus der Fragment gebliebenen Versfassung des „Manifestes der Kommunistischen Partei".

So nun geschah es, daß unsre Epoche entstand, die des Bürgers:
Leibeigne wurden zu Pfahlbürgern. Hinter den sturmsichern Pfählen
Blühen die Zünfte auf. Doch die Mauern halten das Tuch nicht
Und es erwecket der Handel das schlummernde Dorf. An der Küste
Bauen die Seestädte Schiffe, die neue Gestade erreichen
Afrika fleißig umsegeln und tapfer Amerika angehn.
Und der ostindische Markt, der chinesische Markt und Amerikas
Kolonisierung, die Häufung der Gelder und Waren beschwingen
Handel und Schiffahrt und Industrie und mächtig heraustritt
Aus der feudalen Gesellschaft der neue Beherrscher, der Bürger.
Manufaktur überflügelt das Handwerk. Der Zunftmeister weicht dem
Manufakturherrn. Die einzelne Werkstatt verteilt nun die Arbeit
Ehemals verteilt zwischen Korporationen. Und immer noch wachsen
Unersättlich die Märkte. Die Manufaktur nun bewältigt
Nicht mehr den neuen Bedarf. Da wälzte Dampf und Maschine
Neuerdings alles um, und der Manufakturherr macht Platz dem
Mächtigen Industriellen, dem Chef ganzer Arbeitsheere
Unserm modernen Bourgeois. Die Großindustrie schuf den Weltmarkt.
Dieser vermehrte den Weltverkehr, Schiffahrt und Handel, so wieder
Mehr Industrie denn erzeugend und so mit dem immer vermehrten
Handel erkämpfte die Bourgeoisie sich den Vorrang im Staate.
Denn unsre Staatsgewalt heut ist nichts als ein Ausschuß, der treulich
All die verzweigten Geschäfte der Bourgeoisklasse verwaltet.

Und sie erwies sich als harte und sehr ungeduldige Herrin.
Eisernen Trittes zerstampfte die Bourgeoisie all die alten
Patriarchalischen stillen Idylle, zerriß die feudalen
Buntscheckig ewigen Bande, geknüpft zwischen Schützling und Schutzherr
Duldend kein anderes Band zwischen Menschen als nacktes Intresse
Und die gefühllose Barzahlung. Ritterlichkeit eines Herrn und
Treues Gesinde und Liebe zum Boden und ehrliches Handwerk
Dienst an der Sache und innre Berufung bespritzte sie mit dem
Eiskalten Strahl der Berechnung. Persönliche Würde verramscht sie
Grob in den Tauschwert und setzt an die Stelle der vielen verbrieften

Wohlerworbenen Freiheiten nur die Freiheit des Handels.
Kurz, an die Stelle natürlicher Ausbeutung, inniger, frommer
Ausbeutung setzt sie nunmehr die offene, schamlose, dürre . . .

Aber dies alles geschieht nicht in einem Land oder zweien
Denn der unstillbare Drang nach dem Absatz der schwellenden
Waren
Jagt unsre Bourgeoisie ohne Unterlaß über die ganze
Erdkugel hin wie im Taumel. Überall muß sie sich anbaun
Überall einnisten, überall knüpfen die klebrigen Fäden.
Kosmopolitisch so macht sie Verbrauch und Herstellung der Güter.
Einheimisch alte Gewerbe zerstört sie und holt sich den Rohstoff
Aus den entlegensten Ländern, und ihre Fabriken bedienen
Nöte und Launen, erzeugt durch die Klimate andrer Regionen.
Hoch in den Wolken den Bergpaß erklimmen die fiebrigen Waren
Uralte Schlagbäume drücken sie ein und ihr Paßwort ist: billig.
Ballen Kattun schießen Breschen in alle chinesischen Mauern.
Allseitig abhängig werden die Völker. Auch geistige Güter
Werden Gemeingut. Die Wissenschaft baut ein gemeinsames
Weltbild
Und zur Weltdichtung wird die Dichtung der einzelnen
Völker.

Keuchend schleppt aus dem Innern fremdländischer Schiffe der
Neger
Nie gesehne Produkte und schwitzend dahinter die fremde
Neue Erzeugerin selbst, die Maschine. Und so den Barbaren
Zivilisiert der Bourgeois, indem er ihn zum Bourgeois macht.
Nach ihrem eigenen Bild schafft die Bourgeoisie eine Welt sich . . .

Niemals zuvor ward entfesselt ein solcher Rausch der Erzeugung
Als ihn die Bourgeoisie in der Zeit ihrer Herrschaft entfacht hat
Die die Natur unterjochte, Elektrizität schuf und Dampfkraft
Schiffbar machte die Ströme und riesige Weltteile urbar.
Niemals zuvor hat die Menschheit geahnt, daß schlummernd
im Schoß ihr
Solche Befreiungen waren und solche erzeugende Kräfte . . .

Auch der Gedanken Flug folgt solchen Stürmen; sie zwingen
Gedanken
Nieder zum Grund oder schwenken sie mächtig in andere Flugbahn.

Recht erscheint nicht mehr Recht, Weisheit nicht weise mehr,
alles ist anders.
Große Veränderung bewirken so neue erzeugende Kräfte.
Tödlich herauf gegen sich, die von Stürmen zur Herrschaft getragen
Sieht nun die Bourgeoisie die gewaltsamen Stürme sich sammeln.

So also seht ihr, wie hurrikangleich Produktivkräfte aufstehn
Und Produktionsweisen, alte, für ewig gehaltene, zertrümmern
Und wie mit Ungestüm andre und gestern noch dienende Klassen
Jeden Besitzbrief zerreißen und uralter Vorrechte lachen.

Als diese Klasse mit neuem Besitzbrief und Vorrecht sich nämlich
Nun Produktivkräfte, niemals erahnte, hervorgehext hatte
Glich sie dem Zauberer, welcher die unterirdischen Mächte
Die er so listig heraufbeschwor, nicht mehr zu bändigen wußte.
Stauwasser gleich, das die Saaten befruchtet, dann aber nicht
haltend
Ganz sie ersäuft, so bedrohn Produktivkräfte, immerfort wachsend
Immerfort mehrend die Macht dieser Klasse so, weiter noch
wachsend
Sie mit dem völligen Untergang. Wie es die Klassiker zeigen.

Lange schon ist die Geschichte der Großindustrie und des Handels
Nur die Geschichte des Aufruhrs der Güter erzeugenden Kräfte
Gegen den Bourgeoisbesitz und die Bourgeoisart, Güter zu schaffen.
Riesige Krisen, in zyklischer Wiederkehr, gleichend enormen
Unsichtbar tappenden Händen, ergreifen und drosseln den Handel
Schüttelnd in schweigender Wut Produktionsstätten, Märkte
und Heime.
Hunger von altersher plagte die Welt, wenn die Kornkammer
leer war
Jetzt aber, keiner versteht es mehr, hungern wir, wenn sie zu voll ist.
Nichts in der Speise mehr finden die Mütter, die Mäulchen zu füllen
Und hinter Mauern, in turmhohen Speichern gehäuft, fault das
Korn weg.
Irgendwo türmt sich in Ballen das Tuch, aber frierend durchzieht die
Lumpenverhüllte Familie, von heute auf morgen geworfen
Aus dem gemieteten Heim, die Wohnviertel ohne Bewohner.
Ach, der so rastlos gearbeitet, fluchend der Ausbeutung, findet
Heute schon keinen mehr, der ihn noch ausbeutet; rastlos
durchquert er

Suchend nach Arbeit die Stadt. Der gigantische Bau der
Gesellschaft
Teuer, mit so vieler Mühe errichtet, von vielen Geschlechtern
Sinkt in barbarische Vorzeit zurück. Und es ist nicht der
Mangel
Der da die Schuld trägt, der Überfluß ist's, das Zuviel macht
ihn wanken.

Denn nicht zum Wohnen bestimmt ist das Haus und das Tuch nicht
zum Kleiden
Noch ist das Brot nur zum Essen bestimmt; nein, Gewinn soll
es tragen.
Wenn das Erzeugnis jedoch nur gebraucht und nicht auch
gekauft wird
Weil der Verdienst des Erzeugers zu klein ist – und macht man
ihn größer
Lohnt es sich nicht mehr, das Zeug zu erzeugen – wozu dann noch
Hände
Mieten? Sie müssen doch mehr an der Werkbank vollbringen
als eben
Nur ihren Mann und die Seinen zu nähren und kleiden und hausen
Wenn da Profit sein soll; nur – wo dann hin mit der Ware? Und also
Baumwolle, Weizen, Kaffee und Früchte und Fische und Schweine
Alles ins Feuer geopfert, den Gott des Profits zu erweichen!
Haufen von Maschinerie, das Werkzeug von Arbeiterheeren
Wollkämmereien und Schiffswerften, Hochöfen, Sägwerke, Gruben
Alles zerstückt und geopfert, den Gott des Profits zu erweichen!
Aber ihr Gott des Profits ist mit Blindheit geschlagen. Die Opfer
Kann er nicht sehn. Er ist unwissend. Ratend den Gläubigen,
murmelt
Unverständliches er. Die Gesetze der Wirtschaft enthüllen
Sich wie der Schwerkraft Gesetze, wenn über den Köpfen das
Haus uns
Krachend zusammenfällt. Panisch zerhackt unsre Bourgeoisie so
Unübersehbare Haufen von Gütern und rast mit den Resten
Über die Erdkugel hin nach neuen, gewaltigern Märkten
Gleichend dem Mann, der, die Pest fliehend, diese nur mitnimmt
und so den
Zufluchtsort auch noch verpestet: in neuen, gewaltigern Krisen
Kommt sie entgeistert zu sich. Den Millionen der Arbeiter aber
Die sie als riesige Heere befehligt und planlos herumtreibt

Jetzt in die Schwitzbuden packt und dann aus den Schwitzbuden
wieder
Barsch auf die eisigen Straßen wirft, dämmert die Wahrheit,
sie raunen
Staunend sich's zu, daß der Bourgeoiswelt Tage gezählt sind
Da sie, sich ständig vergrößernd, nur ständig ihr Elend vergrößert
Da sie den Reichtum zu fassen noch, den sie erzeugt hat, zu
eng wurd.

Gegen die Bourgeoisie aber richten sich jetzt jene Waffen
Die sie so tödlich einst schwang, die feudale Welt zu zertrümmern
Hat doch auch sie eine Klasse erzeugt, die die tödlichen Waffen
Gegen sie führen wird; durch die Jahrhunderte nämlich ihr dienend
Wuchs mit der Bourgeoisie auch das Proletariat der modernen
Arbeiter, lebend durch Arbeit, und Arbeit nur findend, solang sie
Arbeitend in seinem Dienst des Bourgeois Kapitalien vermehren ...

Immer beruhte der Herrschenden Herrschaft darauf, daß die Untern
Von ihrem Schuften doch lebten: die Ausbeutung war ihnen sicher.
Aber die Bourgeoisie jetzt vermag ihrem Sklaven nicht einmal
Sklavisches Leben zu sichern. Anstatt sich ernähren zu lassen
Von ihrem Proletariat, muß sie dieses ernähren. Sie braucht es
Kann es jedoch nicht gebrauchen und macht es doch größer und
größer.
Und es obsiegt die Entmenschtheit und zeichnet so Opfer wie
Opfrer.
Chaos erzeugen die Pläne der Bourgeoisie, je mehr Pläne
Desto mehr Chaos. Und Mangel entspringt aus Erzeugung, wo
sie herrscht.
Tödlich geworden der riesigen Mehrzahl, so ist ihre Regel.
Nicht mehr zu leben vermag unter ihr die Gesellschaft. Die neue
Klasse, das Proletariat, wird sie stürzen, das selber sie aufzog:
Selber mußte sie aufziehn das Riesige, das ihr das Grab gräbt.
Seiner ist die Bewegung der riesigen Mehrzahl und herrscht es
Ist es nicht Herrschaft mehr, sondern die Knechtung von Herrschaft.
Nur Unterdrückung wird da unterdrückt, denn das Proletariat muß
Unterste Schicht der Gesellschaft, um sich zu erheben, den ganzen
Bau der Gesellschaft zertrümmern mit all seinen oberen Schichten.
Abschütteln kann sie die eigene Knechtschaft nur abschüttelnd alle
Knechtschaft von allen.

AUF EINEN CHINESISCHEN THEEWURZELLÖWEN[1]

Die Schlechten fürchten deine Klaue.
Die Guten freuen sich deiner Grazie.
Derlei
Hörte ich gern
Von meinem Vers.

DIE MASKE DES BÖSEN

An meiner Wand hängt ein japanisches Holzwerk
Maske eines bösen Dämons, bemalt mit Goldlack.
Mitfühlend sehe ich
Die geschwollenen Stirnadern, andeutend
Wie anstrengend es ist, böse zu sein.

DER SCHUH DES EMPEDOKLES

1

Als Empedokles, der Agrigenter
Sich die Ehrungen seiner Mitbürger erworben hatte zugleich
Mit den Gebrechen des Alters
Beschloß er zu sterben. Da er aber
Einige liebte, von denen er wieder geliebt ward
Wollte er nicht zunichte werden vor ihnen, sondern
Lieber zu Nichts.
Er lud sie zum Ausflug, nicht alle
Einen oder den andern ließ er auch weg, so in die Auswahl
Und das gesamte Unternehmen
Zufall zu mengen.
Sie bestiegen den Ätna.
Die Mühe des Steigens
Erzeugte Schweigen. Niemand vermißte
Weise Worte. Oben
Schnauften sie aus, zum gewohnten Pulse zu kommen
Beschäftigt mit Aussicht, fröhlich, am Ziel zu sein.

1 Figur aus Wurzeln des Teestrauches, im alten China als Glückstier betrachtet und um so höher bewertet, je weniger Schnitzarbeit sie aufwies.

Unbemerkt verließ sie der Lehrer.
Als sie wieder zu sprechen begannen, merkten sie
Noch nichts, erst später
Fehlte hier und da ein Wort, und sie sahen sich um nach ihm.
Er aber ging da schon längst um die Bergkuppe
Nicht so sehr eilend. Einmal
Blieb er stehen, da hörte er
Wie entfernt, weit hinter der Kuppe
Das Gespräch wieder anhub. Die einzelnen Worte
Waren nicht mehr zu verstehen: das Sterben hatte begonnen.
Als er am Krater stand
Abgewandten Gesichts, nicht wissen wollend das Weitere
Das ihn nicht mehr betraf, bückte der Alte sich langsam
Löste sorglich den Schuh vom Fuß und warf ihn lächelnd
Ein paar Schritte seitwärts, so daß er nicht allzubald
Gefunden würd, aber doch rechtzeitig, nämlich
Bevor er verfault wär. Dann erst
Ging er zum Krater. Als seine Freunde
Ohne ihn und ihn suchend zurückgekehrt waren
Fing durch die nächsten Wochen und Monate mählich
Jetzt sein Absterben an, so wie er's gewünscht hatte. Immer noch
Warteten einige auf ihn, während schon andre
Selber die Lösung versuchten. Langsam, wie Wolken
Sich entfernen am Himmel, unverändert, nur kleiner werdend
Weiter weichend, wenn man nicht hinsieht, entfernter
Wenn man sie wieder sucht, vielleicht schon verwechselt mit andern
So entfernte er sich aus ihrer Gewohnheit, gewöhnlicherweise.
Dann erwuchs ein Gerücht.
Er sei nicht gestorben, da er nicht sterblich gewesen sei, hieß es.
Geheimnis umgab ihn. Es wurde für möglich gehalten
Daß außer Irdischem anderes sei, daß der Lauf des Menschlichen
Abzuändern sei für den einzelnen: solches Geschwätz kam auf.
Aber zu dieser Zeit ward dann sein Schuh gefunden, der aus Leder
Der greifbare, abgetragene, der irdische! Hinterlegt für jene, die
Wenn sie nicht sehen, sogleich mit dem glauben beginnen.
Seiner Tage Ende
War so wieder natürlich. Er war wie ein andrer gestorben.

2

Andere wieder beschreiben den Vorgang
Anders: Dieser Empedokles habe
Wirklich versucht, sich göttliche Ehren zu sichern
Und durch geheimnisvolles Entweichen, durch einen schlauen
Zeugenlosen Sturz in den Ätna die Sage begründen wollen, er
Sei nicht von der menschlichen Art, den Gesetzen des Verfalls
Nicht unterworfen. Dabei dann
Habe sein Schuh ihm den Possen gespielt, in menschliche Hände
zu fallen.
(Einige sagen sogar, der Krater selber, verärgert
Über solches Beginnen, habe den Schuh des Entarteten
Einfach ausgespien.) Aber da glauben wir lieber:
Wenn er den Schuh tatsächlich nicht auszog, hätte er eher
Nur unsere Dummheit vergessen und nicht bedacht, wie wir
eilends
Dunkles noch dunkler machen wollen und lieber das Ungereimte
Glauben, als suchen nach einem zureichenden Grund. Und
dann hätte der Berg –
Zwar nicht empört über solche Nachlässigkeit oder gar glaubend
Jener hätte uns täuschen wollen, um göttliche Ehren zu heimsen
(Denn der Berg glaubt nichts und ist mit uns nicht beschäftigt)
Aber doch eben Feuer speiend wie immer – den Schuh uns
Ausgeworfen, und so hielten die Schüler –
Schon beschäftigt, großes Geheimnis zu wittern
Tiefe Metaphysik zu entwickeln, nur allzu beschäftigt! –
Plötzlich bekümmert den Schuh des Lehrers in Händen, den
greifbaren
Abgetragenen, den aus Leder, den irdischen.

BUCKOWER ELEGIEN

Der Blumengarten

Am See, tief zwischen Tann und Silberpappel
Beschirmt von Mauer und Gesträuch ein Garten
So weise angelegt mit monatlichen Blumen
Daß er vom März bis zum Oktober blüht.

Hier, in der Früh, nicht allzu häufig, sitz ich
Und wünsche mir, auch ich mög allezeit
In den verschiedenen Wettern, guten, schlechten
Dies oder jenes Angenehme zeigen.

Rudern, Gespräche

Es ist Abend. Vorbei gleiten
Zwei Faltboote, darinnen
Zwei nackte junge Männer. Nebeneinander rudernd
Sprechen sie. Sprechend
Rudern sie nebeneinander.

Der Rauch

Das kleine Haus unter Bäumen am See
Vom Dach steigt Rauch.
Fehlte er
Wie trostlos dann wären
Haus, Bäume und See.

Heißer Tag

Heißer Tag. Auf den Knien die Schreibmappe
Sitze ich im Pavillon. Ein grüner Kahn
Kommt durch die Weide in Sicht. Im Heck
Eine dicke Nonne, dick gekleidet. Vor ihr
Ein ältlicher Mensch im Schwimmanzug, wahrscheinlich ein
Priester.
An der Ruderbank, aus vollen Kräften rudernd
Ein Kind. Wie in alten Zeiten! denke ich
Wie in alten Zeiten!

Bei der Lektüre eines sowjetischen Buches

Die Wolga, lese ich, zu bezwingen
Wird keine leichte Aufgabe sein. Sie wird
Ihre Töchter zu Hilfe rufen, die Oka, Kama, Unscha, Wjetluga
Und ihre Enkelinnen, die Tschussowaja, die Wjatka.
Alle ihre Kräfte wird sie sammeln, mit den Wassern aus
siebentausend Nebenflüssen

Wird sie sich zornerfüllt auf den Stalingrader Staudamm
stürzen.
Dieses erfinderische Genie, mit dem teuflischen Spürsinn
Des Griechen Odysseus, wird alle Erdspalten ausnützen
Rechts ausbiegen, links vorbeigehn, unterm Boden
Sich verkriechen – aber, lese ich, die Sowjetmenschen
Die sie lieben, die sie besingen, haben sie
Neuerdings studiert und werden sie
Noch vor dem Jahre 1958
Bezwingen.
Und die schwarzen Gefilde der Kaspischen Niederung
Die dürren, die Stiefkinder
Werden es ihnen mit Brot vergüten.

Der Radwechsel

Ich sitze am Straßenhang.
Der Fahrer wechselt das Rad.
Ich bin nicht gern, wo ich herkomme.
Ich bin nicht gern, wo ich hinfahre.
Warum sehe ich den Radwechsel
Mit Ungeduld?

Tannen

In der Frühe
Sind die Tannen kupfern.
So sah ich sie
Vor einem halben Jahrhundert
Vor zwei Weltkriegen
Mit jungen Augen.

Eisen

Im Traum heute nacht
Sah ich einen großen Sturm.
Ins Baugerüst griff er
Den Bauschragen riß er
Den eisernen, abwärts.
Doch was da aus Holz war
Bog sich und blieb.

LIED ÜBER DIE GUTEN LEUTE

1

Die guten Leute erkennt man daran
Daß sie besser werden
Wenn man sie erkennt. Die guten Leute
Laden ein, sie zu verbessern, denn
Wovon wird einer klüger? Indem er zuhört
Und indem man ihm etwas sagt.

2

Gleichzeitig aber
Verbessern sie den, der sie ansieht und den
Sie ansehen. Nicht indem sie einem helfen
Zu Futterplätzen oder Klarheit, sondern mehr noch
dadurch
Daß wir wissen, diese leben und
Verändern die Welt, nützen sie uns.

3

Wenn man zu ihnen hinkommt, sind sie da.
Sie erinnern sich ihres eigenen
Alten Gesichts bei dem letzten Treffen.
Wie immer sie sich verändert haben –
Denn gerade sie ändern sich –
Sie sind höchstens kenntlicher geworden.

4

Sie sind wie ein Haus, an dem wir mitgebaut haben
Sie zwingen uns nicht, darin zu wohnen
Manchmal erlauben sie es nicht.
Wir können jederzeit zu ihnen kommen in unserer kleinst
Größe, aber
Was wir mitbringen, müssen wir aussuchen.

5

Für ihre Geschenke wissen sie Gründe anzugeben
Sie weggeworfen wiederfindend, lachen sie.
Aber auch darin sind sie verläßlich, daß wir
Uns selber verlassend auch
Sie verlassen.

6

Wenn sie Fehler machen, lachen wir:
Denn wenn sie einen Stein an die falsche Stelle legen
Sehen wir, sie betrachtend
Die richtige Stelle.
Sie verdienen jeden Tag unser Interesse, wie sie sich
Ihr Brot verdienen jeden Tag.
Sie sind an etwas interessiert
Was außer ihnen liegt.

7

Die guten Leute beschäftigen uns
Sie scheinen allein nichts fertigbringen zu können
Alle ihre Lösungen enthalten noch Aufgaben.
In den gefährlichen Augenblicken auf untergehenden
Schiffen
Sehen wir plötzlich ihr Aug groß auf uns ruhen.
Wiewohl wir ihnen nicht recht sind, wie wir sind
Sind sie doch einverstanden mit uns.

SOLIDARITÄTSLIED

Auf, ihr Völker dieser Erde!
Einigt euch in diesem Sinn:
Daß sie jetzt die eure werde
Und die große Nährerin.
Vorwärts und nicht vergessen
Worin unsre Stärke besteht!
Beim Hungern und beim Essen
Vorwärts, nie vergessen
Die Solidarität!

Schwarzer, Weißer, Brauner, Gelber!
Endet ihre Schlächterein!
Reden erst die Völker selber
Werden sie schnell einig sein.
    Vorwärts und nicht vergessen
    Worin unsre Stärke besteht!
    Beim Hungern und beim Essen
    Vorwärts, nie vergessen
    Die Solidarität!

Wollen wir es schnell erreichen
Brauchen wir noch dich und dich.
Wer im Stich läßt seinesgleichen
Läßt ja nur sich selbst im Stich.
    Vorwärts und nicht vergessen
    Worin unsre Stärke besteht!
    Beim Hungern und beim Essen:
    Vorwärts, nie vergessen
    Die Solidarität!

Unsre Herrn, wer sie auch seien
Sehen unsre Zwietracht gern
Denn solang sie uns entzweien
Bleiben sie doch unsre Herrn.
    Vorwärts und nicht vergessen
    Worin unsre Stärke besteht!
    Beim Hungern und beim Essen
    Vorwärts, nie vergessen
    Die Solidarität!

Proletarier aller Länder
Einigt euch und ihr seid frei.
Eure großen Regimenter
Brechen jede Tyrannei!
    Vorwärts und nicht vergessen
    Und die Frage konkret gestellt
    Beim Hungern und beim Essen
    Wessen Morgen ist der Morgen?
    Wessen Welt ist die Welt?

DER GROSSE OKTOBER

O großer Oktober der Arbeiterklasse!
Endliches Sichaufrichten der so lange
Niedergebeugten! O Soldaten, die ihr
Endlich die Gewehre in die richtige Richtung gerichtet!
Die den Boden bestellten im Frühjahr
Taten es nicht für sich selber. Der Sommer
Beugte sie tiefer. Noch die Ernte
Ging in die Scheuern der Herren. Aber der Oktober
Sah das Brot schon in den richtigen Händen!

Seitdem
Hat die Welt ihre Hoffnung.
Der Kumpel in Wales und der mandschurische Kuli
Und der pennsylvanische Arbeiter, der unter dem Hund lebt
Und der deutsche, mein Bruder, der jenen
Noch beneidet: sie alle
Wissen, es gibt
Einen Oktober.

Selbst die Flugzeuge der Faschisten, die
Gegen ihn heraufkommen, sieht
Der Soldat der spanischen Miliz darum
Mit geringerer Sorge.

Aber in Moskau, der berühmten Hauptstadt
Aller Arbeiter
Bewegt sich alljährlich über den Roten Platz
Der unendliche Zug der Sieger.
Mit sich führend die Embleme ihrer Fabriken
Abbilder der Traktoren und die Wollbüsche der
        Textilwerke
Auch die Ährenbündel der Getreidefabriken.
Über sich ihre Kampfflugzeuge
Die den Himmel verdunkeln, und vor sich
Ihre Regimenter und Tankgeschwader.
Auf breiten Tuchstreifen
Tragen sie ihre Losungen und
Die Bildnisse ihrer großen Lehrer. Die Tücher
Sind durchsichtig, so daß
All dies zugleich sichtbar ist.

Schmal, an dünnen Stecken
Wehen die hohen Fahnen. In den entfernteren Straßen
Wenn der Zug ins Halten kommt
Leben Tänze auf und Wettspiele. Fröhlich
Ziehen die Züge, viele nebeneinander, fröhlich
Aber allen Unterdrückern
Eine Drohung.

O großer Oktober der Arbeiterklasse!

EINHEITSFRONTLIED

Und weil der Mensch ein Mensch ist
Drum will er was zu essen, bitte sehr!
Es macht ihn ein Geschwätz nicht satt
Das schafft kein Essen her.
    Drum links, zwei, drei!
    Drum links, zwei, drei!
    Wo dein Platz, Genosse, ist!
    Reih dich ein in die Arbeitereinheitsfront
    Weil du auch ein Arbeiter bist.

Und weil der Mensch ein Mensch ist
Hat er Stiefel im Gesicht nicht gern.
Er will unter sich keinen Sklaven sehn
Und über sich keinen Herrn.
    Drum links, zwei, drei!
    Drum links, zwei, drei!
    Wo dein Platz, Genosse, ist!
    Reih dich ein in die Arbeitereinheitsfront
    Weil du auch ein Arbeiter bist.

Und weil der Prolet ein Prolet ist
Drum wird ihn kein andrer befrein.
Es kann die Befreiung der Arbeiter nur
Das Werk der Arbeiter sein.
    Drum links, zwei, drei!
    Drum links, zwei, drei!
    Wo dein Platz, Genosse, ist!
    Reih dich ein in die Arbeitereinheitsfront
    Weil du auch ein Arbeiter bist.

AUFBAULIED

1

Keiner plagt sich gerne, doch wir wissen:
Grau ist's immer, wenn ein Morgen naht
Und trotz Hunger, Kält und Finsternissen
Stehn zum Handanlegen wir parat.
Fort mit den Trümmern
Und was Neues hingebaut!
Um uns selber müssen wir uns selber kümmern
Und heraus gegen uns, wer sich traut!

2

Jeder sitzt mal gerne unterm Dache
Drum ist aufbaun gar kein schlechter Rat.
Aber es muß sein in eigner Sache
Und so baun wir erst 'nen neuen Staat.
Fort mit den Trümmern
Und was Neues hingebaut!
Um uns selber müssen wir uns selber kümmern
Und heraus gegen uns, wer sich traut!

3

Und das Schieberpack, das uns verblieben
Das nach Freiheit jammert früh und spat
Und die Herren, die die Schieber schieben
Schieben wir per Schub aus unserm Staat.
Fort mit den Trümmern
Und was Neues hingebaut!
Um uns selber müssen wir uns selber kümmern
Und heraus gegen uns, wer sich traut!

4

Denn das Haus ist hin, doch nicht die Wanzen
Junker, Unternehmer, Potentat.
Schaufeln her, Mensch, schaufeln wir den ganzen
Klumpatsch heiter jetzt aus unserm Staat.

Fort mit den Trümmern
Und was Neues hingebaut!
Um uns selber müssen wir uns selber kümmern
Und heraus gegen uns, wer sich traut!

5

Besser als gerührt sein, ist: sich rühren
Denn kein Führer führt aus *dem* Salat!
Selber werden wir uns endlich führen:
Weg der alte, her der neue Staat.
Fort mit den Trümmern
Und was Neues hingebaut!
Um uns selber müssen wir uns selber kümmern
Und heraus gegen uns, wer sich traut!

NICHT SO GEMEINT

Als die Akademie der Künste von engstirnigen Behörden
Die Freiheit des künstlerischen Ausdrucks forderte
Gab es ein Au! und Gekreisch in ihrer näheren Umgebung
Aber alles überschallend
Kam ein betäubendes Beifallsgeklatsche
Von jenseits der Sektorengrenze.

Freiheit! erscholl es. Freiheit den Künstlern!
Freiheit ringsherum! Freiheit für alle!
Freiheit den Ausbeutern! Freiheit den Kriegstreibern!
Freiheit den Ruhrkartellen! Freiheit den Hitlergenerälen!
Sachte, meine Lieben!

Dem Judaskuß für die Arbeiter
Folgt der Judaskuß für die Künstler.
Der Brandstifter, der die Benzinflasche schleppt
Nähert sich feixend
Der Akademie der Künste.

Aber nicht, um ihn zu umarmen, sondern
Ihm aus der schmutzigen Hand die Flasche zu schlagen
Forderten wir die Freiheit des Ellbogens.

Selbst die schmalsten Stirnen
In denen der Friede wohnt
Sind den Künsten willkommener als jener Kunstfreund
Der auch Freund der Kriegskunst ist.

LIED VOM GLÜCK

Das Schiff läuft durch die Flut
Der Schiffer träumt vom Land
Er sieht viel goldene Häuser stehn
Am blassen Himmelsrand.
Bewacht die Feuer im Kessel
Steuert und rechnet gut
Daß ihr durch all die Stürme
Kommt über alle die Flut!

Und wie der Schiffer träumt
Von einer guten Stadt
So wissen wir, daß jedes Meer
Doch eine Küste hat.
Drum rührt geschäftig die Hände
Legt euer Herz hinein
Will doch das Glück erst erkämpft sein
Kommt es doch nicht von allein.

Die Arbeit ist nicht Fluch
Für die nicht Sklaven sind
Ist Milch und Tuch und Schuh und Buch
Und wie dem Segler Wind.
Das Werk, es will euch beschenken
Ruft euch und ist bereit
Müßt für es schaffen und denken
Daß es euch wächst und gedeiht.

Das Kind liegt in der Wiegn
Es ruft zur Mittagsstund
Muß Milch und Weißbrot kriegn
Da wird es groß und rund.

Das Kind, es kann nicht klein bleiben
Auch wenn es selber wollt
Das ist, warum es so laut ruft
Daß ihr ihm Milch geben sollt.

Der Setzling wird ein Baum.
Der Grundstein wird ein Haus.
Und haben wir erst Haus und Baum
Wird Stadt und Garten draus.
Und weil uns unsere Mütter
Nicht für das Leid geborn
Haben wir alle gemeinsam
Glücklich zu leben geschworn.

DEUTSCHLAND 1952

O Deutschland, wie bist du zerrissen
Und nicht mit dir allein!
In Kält und Finsternissen
Läßt eins das andre sein.
Und hättst so schöne Auen
Und reger Städte viel;
Tätst du dir selbst vertrauen
Wär alles Kinderspiel.

AN DIE NACHGEBORENEN

1

Wirklich, ich lebe in finsteren Zeiten!
Das arglose Wort ist töricht. Eine glatte Stirn
Deutet auf Unempfindlichkeit hin. Der Lachende
Hat die furchtbare Nachricht
Nur noch nicht empfangen.

Was sind das für Zeiten, wo
Ein Gespräch über Bäume fast ein Verbrechen ist
Weil es ein Schweigen über so viele Untaten einschließt!

Der dort ruhig über die Straße geht
Ist wohl nicht mehr erreichbar für seine Freunde
Die in Not sind?

Es ist wahr: ich verdiene noch meinen Unterhalt
Aber glaubt mir: das ist nur ein Zufall. Nichts
Von dem, was ich tue, berechtigt mich dazu, mich
 sattzuessen.
Zufällig bin ich verschont. (Wenn mein Glück aussetzt,
 bin ich verloren.)

Man sagt mir: Iß und trink du! Sei froh, daß du hast!
Aber wie kann ich essen und trinken, wenn
Ich dem Hungernden entreiße, was ich esse, und
Mein Glas Wasser einem Verdurstenden fehlt?
Und doch esse und trinke ich.

Ich wäre gerne auch weise.
In den alten Büchern steht, was weise ist:
Sich aus dem Streit der Welt halten und die kurze Zeit
Ohne Furcht verbringen
Auch ohne Gewalt auskommen
Böses mit Gutem vergelten
Seine Wünsche nicht erfüllen, sondern vergessen
Gilt für weise.
Alles das kann ich nicht:
Wirklich, ich lebe in finsteren Zeiten!

2

In die Städte kam ich zur Zeit der Unordnung
Als da Hunger herrschte.
Unter die Menschen kam ich zur Zeit des Aufruhrs
Und ich empörte mich mit ihnen.
So verging meine Zeit
Die auf Erden mir gegeben war.

Mein Essen aß ich zwischen den Schlachten
Schlafen legte ich mich unter die Mörder
Der Liebe pflegte ich achtlos
Und die Natur sah ich ohne Geduld.

So verging meine Zeit
Die auf Erden mir gegeben war.

Die Straßen führten in den Sumpf zu meiner Zeit.
Die Sprache verriet mich dem Schlächter.
Ich vermochte nur wenig. Aber die Herrschenden
Saßen ohne mich sicherer, das hoffte ich.
So verging meine Zeit
Die auf Erden mir gegeben war.

Die Kräfte waren gering. Das Ziel
Lag in großer Ferne.
Es war deutlich sichtbar, wenn auch für mich
Kaum zu erreichen.
So verging meine Zeit
Die auf Erden mir gegeben war.

3

Ihr, die ihr auftauchen werdet aus der Flut
In der wir untergegangen sind
Gedenkt
Wenn ihr von unseren Schwächen sprecht
Auch der finsteren Zeit
Der ihr entronnen seid.
Gingen wir doch, öfter als die Schuhe die Länder wechseln
Durch die Kriege der Klassen, verzweifelt
Wenn da nur Unrecht war und keine Empörung.

Dabei wissen wir doch:
Auch der Haß gegen die Niedrigkeit
Verzerrt die Züge.
Auch der Zorn über das Unrecht
Macht die Stimme heiser. Ach, wir
Die wir den Boden bereiten wollten für Freundlichkeit
Konnten selber nicht freundlich sein.

Ihr aber, wenn es soweit sein wird
Daß der Mensch dem Menschen ein Helfer ist
Gedenkt unsrer
Mit Nachsicht.

Prosa

DER VERWUNDETE SOKRATES

Sokrates, der Sohn der Hebamme, der in seinen Zwiegesprächen so gut und leicht und unter so kräftigen Scherzen seine Freunde wohlgestalteter Gedanken entbinden konnte und sie so mit eigenen Kindern versorgte, anstatt wie andere Lehrer ihnen Bastarde aufzuhängen, galt nicht nur als der klügste aller Griechen, sondern auch als einer der tapfersten. Der Ruf der Tapferkeit scheint uns ganz gerechtfertigt, wenn wir beim Platon lesen, wie frisch und unverdrossen er den Schierlingsbecher leerte, den ihm die Obrigkeit für die seinen Mitbürgern geleisteten Dienste am Ende reichen ließ. Einige seiner Bewunderer aber haben es für nötig gehalten, auch noch von seiner Tapferkeit im Felde zu reden. Tatsächlich kämpfte er in der Schlacht bei Delion mit, und zwar bei den leichtbewaffneten Fußtruppen, da er weder seinem Ansehen nach, er war Schuster, noch seinem Einkommen nach, er war Philosoph, zu den vornehmeren und teueren Waffengattungen eingezogen wurde. Jedoch war, wie man sich denken kann, seine Tapferkeit von besonderer Art.

Sokrates hatte sich am Morgen der Schlacht so gut wie möglich auf das blutige Geschäft vorbereitet, indem er Zwiebeln kaute, was nach Ansicht der Soldaten Mut erzeugte. Seine Skepsis auf vielen Gebieten veranlaßte ihn zur Leichtgläubigkeit auf vielen andern Gebieten; er war gegen die Spekulation und für die praktische Erfahrung, und so glaubte er nicht an die Götter, wohl aber an die Zwiebeln.

Leider verspürte er keine eigentliche Wirkung, jedenfalls keine sofortige, und so trottete er düster in einer Abteilung von Schwertkämpfern, die im Gänsemarsch in ihre Stellung auf irgendeinem Stoppelfeld einrückte. Hinter und vor ihm stolperten Athener Jungens aus den Vorstädten, die ihn darauf aufmerksam machten, daß die Schilde der Athenischen Zeughäuser für dicke Leute wie ihn zu klein geschnitten seien. Er hatte denselben Gedanken gehabt, nur waren es bei ihm *breite* Leute gewesen, die durch die lächerlich schmalen Schilde nicht halbwegs gedeckt wurden.

Der Gedankenaustausch zwischen seinem Vorder- und seinem Hintermann über die Profite der großen Waffenschmieden aus zu kleinen Schilden wurde abgebrochen durch das Kommando „Lagern".

Man ließ sich auf den Stoppelboden nieder, und ein Hauptmann wies Sokrates zurecht, weil er versucht hatte, sich auf seinen Schild zu setzen. Mehr als der Anschnauzer selbst beunruhigte ihn die gedämpfte Stimme, mit der er erfolgte. Der Feind schien in der Nähe vermutet zu werden.

Der milchige Morgennebel verhinderte alle Aussicht. Jedoch zeigten die Laute von Tritten und klirrenden Waffen an, daß die Ebene besetzt war.

Sokrates erinnerte sich mit großer Unlust an ein Gespräch, das er am Abend vorher mit einem jungen vornehmen Mann geführt hatte, den er hinter den Kulissen einmal getroffen hatte und der Offizier bei der Reiterei war.

„Ein kapitaler Plan!" hatte der junge Laffe erklärt. „Das Fußvolk steht ganz einfach, treu und bieder aufgestellt da und fängt den Stoß des Feindes auf. Und inzwischen geht die Reiterei in der Niederung vor und kommt ihm in den Rücken."

Die Niederung mußte ziemlich weit nach rechts, irgendwo im Nebel liegen. Da ging wohl jetzt also die Reiterei vor.

Der Plan hatte Sokrates gut geschienen, oder jedenfalls nicht schlecht. Es wurden ja immer Pläne gemacht, besonders wenn man dem Feind unterlegen an Stärke war. In Wirklichkeit wurde dann einfach gekämpft, das heißt zugehauen. Und man ging nicht da vor, wo der Plan es vorschrieb, sondern da, wo der Feind es zuließ.

Jetzt, im grauen Morgenlicht, kam der Plan Sokrates ganz und gar miserabel vor. Was hieß das: das Fußvolk fängt den Stoß des Feindes auf? Im allgemeinen war man froh, wen man einem Stoß ausweichen konnte, und jetzt sollte die Kunst darin bestehen, ihn aufzufangen! Es war sehr schlimm, daß der Feldherr selber ein Reiter war.

So viele Zwiebeln gab es gar nicht auf dem Markt, als für den einfachen Mann nötig waren.

Und wie unnatürlich war es, so früh am Morgen, statt im Bett zu liegen, hier mitten in einem Feld auf dem nackten Boden zu sitzen, mit mindestens zehn Pfund Eisen auf dem Leib und einem Schlachtmesser in der Hand! Es war richtig, daß man die Stadt verteidigen mußte, wenn sie angegriffen wurde, da man sonst dort großen Ungelegenheiten ausgesetzt war, aber warum wurde die Stadt angegriffen? Weil die Reeder, Weinbergbesitzer und Sklavenhändler in Kleinasien den persischen Reedern, Weinbergbesitzern und Sklavenhändlern ins Gehege gekommen waren! Ein schöner Grund!

Plötzlich saßen alle wie erstarrt.

Von links aus dem Nebel kam ein dumpfes Gebrüll, begleitet von einem metallenen Schallen. Es pflanzte sich ziemlich rasch fort. Der Angriff des Feindes hatte begonnen.

Die Abteilung stand auf. Mit herausgewälzten Augen stierte man in den Nebel vorn. Zehn Schritt zur Seite fiel ein Mann in die Knie und rief lallend die Götter an. Zu spät, schien es Sokrates.

Plötzlich, wie eine Antwort, erfolgte ein schreckliches Gebrüll weiter rechts. Der Hilfeschrei schien in einen Todesschrei übergegangen zu sein. Aus dem Nebel sah Sokrates eine kleine Eisenstange geflogen kommen. Ein Wurfspeer!

Und dann tauchten, undeutlich im Dunst, vorn massive Gestalten auf: die Feinde.

Sokrates, unter dem überwältigenden Eindruck, daß er vielleicht schon zu lange gewartet hatte, wandte sich schwerfällig um und begann zu laufen. Der Brustpanzer und die schweren Beinschienen hinderten ihn beträchtlich. Sie waren viel gefährlicher als Schilde, da man sie nicht wegwerfen konnte.

Keuchend lief der Philosoph über das Stoppelfeld. Alles hing davon ab, ob er genügend Vorsprung gewann. Hoffentlich fingen die braven Jungen hinter ihm den Stoß für eine Zeit auf.

Plötzlich durchfuhr ihn ein höllischer Schmerz. Seine linke Sohle brannte, daß er meinte, es überhaupt nicht aushalten zu können. Er ließ sich stöhnend zu Boden sinken, ging aber mit einem neuen Schmerzensschrei wieder hoch. Mit irren Augen blickte er um sich und begriff alles. Er war in ein Dornenfeld geraten!

Es war ein Gewirr niedriger Hecken mit sehr scharfen Dornen. Auch im Fuß mußte ein Dorn stecken. Vorsichtig, mit tränenden Augen, suchte er eine Stelle am Boden, wo er sitzen konnte. Auf dem gesunden Fuß humpelte er ein paar Schritte im Kreise, bevor er sich zum zweitenmal niederließ. Er mußte sofort den Dorn ausziehen.

Gespannt horchte er nach dem Schlachtlärm: er zog sich nach beiden Seiten ziemlich weit hin, jedoch war er nach vorn mindestens hundert Schritte entfernt. Immerhin schien er sich zu nähern, langsam, aber unverkennbar.

Sokrates konnte die Sandale nicht herunterbekommen. Der Dorn hatte die dünne Ledersohle durchbohrt und stak tief im Fleisch.

Wie konnte man den Soldaten, die die Heimat gegen den Feind verteidigen sollten, so dünne Schuhe liefern! Jeder Ruck an der Sandale war von einem brennenden Schmerz gefolgt. Ermattet ließ der Arme die massiven Schultern vorsinken. Was tun?

Sein trübes Auge fiel auf das Schwert neben ihm. Ein Gedanke durchzuckte sein Gehirn, willkommener als je einer in einem Streitgespräch. Konnte man das Schwert als ein Messer benutzen? Er griff danach.

In diesem Augenblick hörte er dumpfe Tritte. Ein kleiner Trupp brach durch das Gestrüpp. Den Göttern sei Dank, es waren eigene! Sie blieben einige Sekunden stehen, als sie ihn sahen. „Das ist der Schuster", hörte er sie sagen. Dann gingen sie weiter!

Aber links von ihnen kam jetzt auch Lärm. Und dort ertönten Kommandos in einer fremden Sprache. Die Perser!

Sokrates versuchte, wieder auf die Beine zu kommen, das heißt auf das rechte Bein. Er stützte sich auf das Schwert, das nur um wenig zu kurz war. Und dann sah er links, in der kleinen Lichtung, einen Knäuel Kämpfender auftauchen. Er hörte Ächzen und das Aufschlagen stumpfen Eisens auf Eisen oder Leder.

Verzweifelt hüpfte er auf dem gesunden Fuß rückwärts. Umknackend kam er wieder auf den verwundeten Fuß zu stehen und sank stöhnend zusammen. Als der kämpfende Knäuel, der nicht groß war, es handelte sich vielleicht um zwanzig oder dreißig Mann, sich auf wenige Schritte genähert hatte, saß der Philosoph auf dem Hintern zwischen zwei Dornsträuchern, hilflos dem Feind entgegenblickend.

Es war unmöglich für ihn, sich zu bewegen. Alles war besser, als diesen Schmerz im Fußballen noch ein einziges Mal zu spüren. Er wußte nicht, was machen, und plötzlich fing er an zu brüllen.

Genau beschrieben war es so: er hörte sich brüllen. Er hörte sich aus seinem mächtigen Brustkasten brüllen wie eine Röhre:

„Hierher, dritte Abteilung! Gebt ihnen Saures, Kinder!"

Und gleichzeitig sah er sich, wie er das Schwert faßte und es im Kreise um sich schwang, denn vor ihm stand, aus dem Gestrüpp aufgetaucht, ein persischer Soldat mit einem Spieß. Der Spieß flog zur Seite und riß den Mann mit.

Und Sokrates hörte sich zum zweiten Male brüllen und sagen:

„Keinen Fußbreit mehr zurück, Kinder! Jetzt haben wir sie, wo wir sie haben wollen, die Hundesöhne! Krapolus, vor mit der sechsten! Nullos, nach rechts! Zu Fetzen zerreiße ich, wer zurückgeht!"

Neben sich sah er zu seinem Erstaunen zwei von den Eigenen, die ihn entsetzt anglotzten. „Brüllt", sagte er leise, „brüllt, um des Himmels willen!"

Der eine ließ die Kinnlade fallen vor Schrecken, aber der andere fing wirklich an zu brüllen, irgendwas. Und der Perser vor ihnen stand mühsam auf und lief ins Gestrüpp.

Von der Lichtung her stolperten ein Dutzend Erschöpfte. Die Perser hatten sich auf das Gebrüll hin zur Flucht gewandt. Sie fürchteten einen Hinterhalt.

„Was ist hier?" fragte einer der Landsleute Sokrates, der immer noch auf dem Boden saß.

„Nichts", sagte dieser. „Steht nicht so herum und glotzt nicht auf mich. Lauft lieber hin und her und gebt Kommandos, damit man drüben nicht merkt, wie wenige wir sind."

„Besser, wir gehen zurück", sagte der Mann zögernd.

„Keinen Schritt", protestierte Sokrates. „Seid ihr Hasenfüße?"

Und da es für den Soldaten nicht genügt, wenn er Furcht hat, sondern er auch Glück haben muß, hörte man plötzlich von ziemlich weit her, aber ganz deutlich, Pferdegetrappel und wilde Schreie, und sie waren in griechischer Sprache! Jedermann weiß, wie vernichtend die Niederlage der Perser an diesem Tage war. Sie beendete den Krieg.

Als Alkibiades an der Spitze der Reiterei an das Dornenfeld kam, sah er, wie eine Rotte von Fußsoldaten einen dicken Mann auf den Schultern trug.

Sein Pferd anhaltend, erkannte er den Sokrates in ihm, und die Soldaten klärten ihn darüber auf, daß er die wankende Schlachtreihe durch seinen unerschütterlichen Widerstand zum Stehen gebracht hatte.

Sie trugen ihn im Triumph bis zum Train. Dort wurde er, trotz seines Protestes, auf einen der Fouragewagen gesetzt, und umgeben von schweißübergossenen, aufgeregt schreienden Soldaten gelangte er nach der Hauptstadt zurück.

Man trug ihn auf den Schultern in sein kleines Haus.

Xanthippe, seine Frau, kochte ihm eine Bohnensuppe. Vor dem Herd kniend und mit vollen Backen das Feuer anblasend, schaute sie ab und zu nach ihm hin. Er saß noch auf dem Stuhl, in den ihn seine Kameraden gesetzt hatten.

„Was ist mit *dir* passiert?" fragte sie argwöhnisch.

„Mit mir?" murmelte er, „nichts."

„Was ist denn das für ein Gerede von deinen Heldentaten?" wollte sie wissen.

„Übertreibungen", sagte er, „sie riecht ausgezeichnet."

„Wie kann sie riechen, wenn ich das Feuer noch nicht anhabe? Du hast dich wieder zum Narren gemacht, wie?" sagte sie zornig. „Morgen kann ich dann wieder das Gelächter haben, wenn ich einen Wecken holen gehe."

„Ich habe keineswegs einen Narren aus mir gemacht. Ich habe mich geschlagen."

„Warst du betrunken?"

„Nein. Ich habe sie zum Stehen gebracht, als sie zurückwichen."

„Du kannst nicht einmal dich zum Stehen bringen", sagte sie aufstehend, denn das Feuer brannte. „Gib mir das Salzfaß vom Tisch."

„Ich weiß nicht", sagte er langsam und nachdenklich, „ich weiß nicht, ob ich nicht am allerliebsten überhaupt nichts zu mir nähme. Ich habe mir den Magen ein wenig verdorben."

„Ich sagte dir ja, besoffen bist du. Versuch einmal aufzustehen und durchs Zimmer zu gehen, dann werden wir ja sehen."

Ihre Ungerechtigkeit erbitterte ihn. Aber er wollte unter keinen Umständen aufstehen und ihr zeigen, daß er nicht auftreten konnte. Sie war unheimlich klug, wenn es galt, etwas Ungünstiges über ihn herauszubekommen. Und es war ungünstig, wenn der tiefere Grund seiner Standhaftigkeit in der Schlacht offenbar wurde.

Sie hantierte weiter mit dem Kessel auf dem Herd herum, und dazwischen teilte sie ihm mit, was sie sich dachte.

„Ich bin überzeugt, deine feinen Freunde haben dir wieder einen Druckposten ganz hinten, bei der Feldküche, verschafft. Da ist ja nichts als Schiebung."

Er sah gequält durch die Fensterluke auf die Gasse hinaus, wo viele Leute mit weißen Laternen herumzogen, da der Sieg gefeiert wurde.

Seine vornehmen Freunde hatten nichts dergleichen versucht, und er würde es auch nicht angenommen haben, jedenfalls nicht so ohne weiteres.

„Oder haben sie es ganz in der Ordnung gefunden, daß der Schuster mitmarschiert? Nicht den kleinen Finger rühren sie für dich. Er ist Schuster, sagen sie, und Schuster soll er bleiben. Wie können wir sonst zu ihm in sein Dreckloch kommen und stundenlang mit ihm schwatzen und alle Welt sagen hören: Sieh mal an, ob er Schuster ist oder nicht, diese feine Leute setzen sich doch zu ihm und reden mit ihm über Philersophie. Dreckiges Pack."

„Es heißt Philerphobie", sagte er gleichmütig.

Sie warf ihm einen unfreundlichen Blick zu.

„Belehr mich nicht immer. Ich weiß, daß ich ungebildet bin. Wenn ich es nicht wäre, hättest du niemand, der dir ab und zu einen Schaff Wasser zum Füßewaschen hinstellt."

Er zuckte zusammen und hoffte, sie hatte es nicht bemerkt. Es durfte heute auf keinen Fall zum Füßewaschen kommen. Den Göttern sei Dank, fuhr sie schon in ihrer Ansprache fort.

„Also betrunken warst du nicht und einen Druckposten haben sie dir auch nicht verschafft. Also mußt du dich wie ein Schlächter aufgeführt haben. Blut hast du an deiner Hand, wie? Aber wenn ich eine Spinne zertrete, brüllst du los. Nicht als ob ich glaubte, daß du wirklich deinen Mann gestanden hättest, aber irgend etwas Schlaues, so etwas hintenrum, mußt du doch wohl gemacht haben, damit sie dir so auf die Schulter klopfen. Aber ich bringe es schon noch heraus, verlaß dich drauf."

Die Suppe war jetzt fertig. Sie roch verführerisch. Die Frau nahm den Kessel, stellte ihn, mit ihrem Rock die Henkel anfassend, auf den Tisch und begann ihn auszulöffeln.

Er überlegte, ob er nicht doch noch seinen Appetit wiedergewinnen sollte. Der Gedanke, daß er dann wohl an den Tisch mußte, hielt ihn rechtzeitig ab.

Es war ihm nicht wohl zumute. Er fühlte deutlich, daß die Sache noch nicht vorüber war. Sicher würde es in der nächsten Zeit allerhand Unangenehmes geben. Man entschied nicht eine Schlacht gegen die Perser und blieb ungeschoren. Jetzt, im ersten Siegesjubel, dachte man natürlich nicht an den, der das Verdienst hatte. Man war vollauf beschäftigt, seine eigenen Ruhmestaten herumzuposaunen. Aber morgen oder übermorgen würde jeder sehen, daß sein Kollege allen Ruhm für sich in Anspruch nahm, und dann würde man ihn hervorziehen wollen. Viele konnten zu vielen damit etwas am Zeug flicken, wenn sie den Schuster als den eigentlichen Hauptihelden erklärten. Dem Alkibiades war man sowieso nicht grün. Mit Wonne würde man ihm zurufen: du hast die Schlacht gewonnen, aber ein Schuster hat sie ausgekämpft.

Und der Dorn schmerzte wilder denn je.

Wenn er die Sandale nicht bald ausbekam, konnte es Blutvergiftung werden.

„Schmatz nicht so", sagte er geistesabwesend.

Der Frau blieb der Löffel im Mund stecken.

„Was tue ich?"

„Nichts", beeilte er sich erschrocken zu versichern. „Ich war gerade in Gedanken."

Sie stand außer sich auf, feuerte den Kessel auf den Herd und lief hinaus.

Er seufzte tief auf vor Erleichterung. Hastig arbeitete er sich aus dem Stuhl hoch und hüpfte, sich scheu umblickend, zu seinem Lager hinter. Als sie wieder hereinkam, um ihren Schal zum Ausgehen zu holen, sah sie mißtrauisch, wie er unbeweglich auf der lederbezogenen Hängematte lag. Einen Augenblick dachte sie, es fehle ihm doch etwas. Sie erwog sogar, ihn danach zu fragen, denn sie war ihm sehr ergeben. Aber sie besann sich eines Besseren und verließ maulend die Stube, sich mit der Nachbarin die Festlichkeiten anzusehen.

Sokrates schlief schlecht und unruhig und erwachte sorgenvoll. Die Sandale hatte er herunter, aber den Dorn hatte er nicht zu fassen bekommen. Der Fuß war stark geschwollen.

Seine Frau war heute morgen weniger heftig.

Sie hatte am Abend die ganze Stadt von ihrem Mann reden hören. Es mußte tatsächlich irgend etwas stattgefunden haben, was den Leuten so imponiert hatte. Daß er eine ganze persische Schlachtreihe aufgehalten haben sollte, wollte ihr allerdings nicht in den Kopf. Nicht er, dachte sie. Eine ganze Versammlung aufhalten mit seinen Fragen, ja, das konnte er. Aber nicht eine Schlachtreihe. Was war also vorgegangen?

Sie war so unsicher, daß sie ihm die Ziegenmilch ans Lager brachte.

Er traf keine Anstalten aufzustehen.

„Willst du nicht raus?" fragte sie.

„Keine Lust", brummte er.

So antwortete man seiner Frau nicht auf eine höfliche Frage, aber sie dachte sich, daß er vielleicht nur vermeiden wollte, sich den Blicken der Leute auszusetzen, und ließ die Antwort passieren.

Früh am Vormittag kamen schon Besucher.

Es waren ein paar junge Leute, Söhne wohlhabender Eltern, sein gewöhnlicher Umgang. Sie behandelten ihn immer als ihren Lehrer, und einige schrieben sogar mit, wenn er zu ihnen sprach, als sei es etwas ganz Besonderes.

Heute berichteten sie ihm sogleich, daß Athen voll von seinem Ruhm sei. Es sei ein historisches Datum für die Philosophie (sie hatte also doch recht gehabt, es hieß Philersophie und nicht anders). Sokrates habe bewiesen, daß der groß Betrachtende auch der groß Handelnde sein könne.

Sokrates hörte ihnen ohne die übliche Spottsucht zu. Während sie sprachen, war es ihm, als höre er, noch weit weg, wie man ein fernes Gewitter hören kann, ein ungeheures Gelächter, das Gelächter einer ganzen Stadt, ja eines Landes, weit weg, aber sich nähernd, unaufhaltsam heranziehend, jedermann ansteckend, die Passanten auf den Straßen, die Kaufleute und Politiker auf dem Markt, die Handwerker in ihren kleinen Läden.

„Es ist alles Unsinn, was ihr da redet“, sagte er mit einem plötzlichen Entschluß. „Ich habe gar nichts gemacht.“

Lächelnd sahen sie sich an. Dann sagte einer:

„Genau, was wir auch sagten. Wir wußten, daß du es so auffassen würdest. Was ist das jetzt für ein Geschrei plötzlich, fragten wir Eusopulos vor den Gymnasien. Zehn Jahre hat Sokrates die größten Taten des Geistes verrichtet, und kein Mensch hat sich auch nur nach ihm umgeblickt. Jetzt hat er eine Schlacht gewonnen, und ganz Athen redet von ihm. Seht ihr nicht ein, sagten wir, wie beschämend das ist?“

Sokrates stöhnte.

„Aber ich habe sie ja gar nicht gewonnen. Ich habe mich verteidigt, weil ich angegriffen wurde. Mich interessierte diese Schlacht nicht. Ich bin weder ein Waffenhändler, noch habe ich Weinberge in der Umgebung. Ich wüßte nicht, für was ich Schlachten schlagen sollte. Ich steckte unter lauter vernünftigen Leuten aus den Vorstädten, die kein Interesse an Schlachten haben, und ich tat genau, was sie alle auch taten, höchstens einige Augenblicke vor ihnen.“

Sie waren wie erschlagen.

„Nicht wahr“, riefen sie, „das haben wir auch gesagt. Er hat nichts getan, als sich verteidigt. Das ist seine Art, Schlachten zu gewinnen. Erlaube, daß wir in die Gymnasien zurückeilen. Wir haben ein Gespräch über dieses Thema nur unterbrochen, um dir guten Tag zu sagen.“

Und sie gingen, wollüstig ins Gespräch vertieft.

Sokrates lag schweigend, auf die Ellbogen gestützt, und sah nach der rußgeschwärzten Decke. Er hatte recht gehabt mit seinen finsteren Ahnungen.

Seine Frau beobachtete ihn von der Ecke des Zimmers aus. Sie flickte mechanisch an einem alten Rock herum.

Plötzlich sagte sie leise: „Also was steckt dahinter?“

Er fuhr zusammen. Unsicher schaute er sie an.

Sie war ein abgearbeitetes Wesen, mit einer Brust wie ein Brett und traurigen Augen. Er wußte, daß er sich auf sie verlassen konnte. Sie würde ihm noch die Stange halten, wenn seine Schüler schon sagen würden: Sokrates? Ist das nicht dieser üble Schuster, der die Götter leugnet? Sie hatte es schlecht mit ihm getroffen, aber sie beklagte sich nicht, außer zu ihm hin. Und es hatte noch keinen Abend gegeben, wo nicht ein Brot und ein Stück Speck für ihn auf dem Sims gestanden hatte, wenn er hungrig heimgekommen war von seinen wohlhabenden Schülern.

Er fragte sich, ob er ihr alles sagen sollte. Aber dann dachte er daran, daß er in der nächsten Zeit in ihrer Gegenwart eine ganze Menge Unwahres und Heuchlerisches würde sagen müssen, wenn Leute kamen wie eben jetzt und von seinen Heldentaten redeten, und das konnte er nicht, wenn sie die Wahrheit wußte, denn er achtete sie.

So ließ er es sein und sagte nur: „Die kalte Bohnensuppe von gestern abend stinkt wieder die ganze Stube aus."

Sie schickte ihm nur einen neuen mißtrauischen Blick zu.

Natürlich waren sie nicht in der Lage, Essen wegzuschütten. Er suchte nur etwas, was sie ablenken konnte. In ihr wuchs die Überzeugung, daß etwas mit ihm los war. Warum stand er nicht auf? Er stand immer spät auf, aber nur, weil er immer spät zu Bett ging. Gestern war es sehr früh gewesen. Und heute war die ganze Stadt auf den Beinen, der Siegesfeiern wegen. In der Gasse waren alle Läden geschlossen. Ein Teil der Reiterei war früh fünf Uhr von der Verfolgung des Feindes zurückgekommen, man hatte das Pferdegetrappel gehört. Menschenaufläufe waren eine Leidenschaft von ihm. Er lief an solchen Tagen von früh bis spät herum und knüpfte Gespräche an. Warum stand er also nicht auf?

Die Tür verdunkelte sich, und herein kamen vier Magistratspersonen. Sie blieben mitten in der Stube stehen, und einer sagte in geschäftsmäßigem, aber überaus höflichem Ton, er habe den Auftrag, Sokrates in den Areopag zu bringen. Der Feldherr Alkibiades selber habe den Antrag gestellt, es solle ihm für seine kriegerischen Leistungen eine Ehrung bereitet werden.

Ein Gemurmel von der Gasse her zeigte an, daß sich die Nachbarn vor dem Haus versammelten.

Sokrates fühlte, wie ihm der Schweiß ausbrach. Er wußte, daß er jetzt aufstehen und, wenn er schon mitzugehen ablehnte, doch wenigstens stehend etwas Höfliches sagen und die Leute zur Tür geleiten mußte. Und er wußte, daß er nicht weiter kommen würde als höchstens zwei Schritte weit. Dann würden sie nach seinem Fuß schauen und Bescheid wissen. Und das große Gelächter würde seinen Anfang nehmen, hier und jetzt.

Er ließ sich also, anstatt aufzustehen, auf sein hartes Polster zurücksinken und sagte mißmutig:

„Ich brauche keine Ehrung. Sagt dem Areopag, daß ich mich mit einigen Freunden für elf Uhr verabredet habe, um eine philosophische Frage, die uns interessiert, durchzusprechen, und also zu meinem Bedauern nicht kommen kann. Ich eigne mich durchaus nicht für öffentliche Veranstaltungen und bin viel zu müde."

Das letztere fügte er hinzu, weil es ihn ärgerte, daß er die Philosophie hereingezogen hatte, und das erstere sagte er, weil er sie mit Grobheit am leichtesten loszuwerden hoffte.

Die Magistratspersonen verstanden denn auch diese Sprache. Sie drehten sich auf den Hacken um und gingen weg, dem Volk, das draußen stand, auf die Füße tretend.

„Dir werden sie die Höflichkeit zu Amtspersonen noch beibringen", sagte seine Frau verärgert und ging in die Küche.

Sokrates wartete, bis sie draußen war, dann drehte er seinen schweren Körper schnell im Bett herum, setzte sich, nach der Tür schielend, auf die Bettkante und versuchte mit unendlicher Vorsicht, mit dem kranken Fuß aufzutreten.

Es schien aussichtslos.

Schweißüberströmt legte er sich zurück.

Eine halbe Stunde verging. Er nahm ein Buch vor und las. Wenn er den Fuß ruhig hielt, merkte er fast nichts.

Dann kam sein Freund Antisthenes.

Er zog seinen dicken Überrock nicht aus, blieb am Fußende des Lagers stehen, hustete etwas krampfhaft und kratzte sich seinen struppigen Bart am Hals, auf Sokrates schauend.

„Liegst du noch? Ich dachte, ich treffe nur Xanthippe. Ich bin eigens aufgestanden, um mich nach dir zu erkundigen. Ich war stark erkältet und konnte darum gestern nicht dabei sein."

„Setz dich", sagte Sokrates einsilbig.

Antisthenes holte sich einen Stuhl aus der Ecke und setzte sich zu seinem Freund.

„Ich beginne heute abend wieder mit dem Unterricht. Kein Grund, länger auszusetzen."

„Nein."

„Ich fragte mich natürlich, ob sie kommen würden. Heute sind die großen Essen. Aber auf dem Weg hierher begegnete ich dem jungen Pheston, und als ich ihm sagte, daß ich abends Algebra gebe, war er einfach begeistert. Ich sagte, er könne im Helm kommen. Der Protagoras und die andern werden vor Ärger hochgehen, wenn es heißt: bei dem Antisthenes haben sie am Abend nach der Schlacht weiter Algebra studiert."

Sokrates schaukelte sich ganz leicht in seiner Hängematte, indem er sich mit der flachen Hand an der etwas schiefen Wand abstieß. Mit seinen heraussthehenden Augen sah er forschend auf den Freund.

„Hast du sonst noch jemand getroffen?"

„Menge Leute."

Sokrates sah schlechtgelaunt nach der Decke. Sollte er dem Antisthenes reinen Wein einschenken? Er war seiner ziemlich sicher. Er selber nahm nie Geld für Unterricht und war also keine Konkurrenz für Antisthenes. Vielleicht sollte er ihm wirklich den schwierigen Fall unterbreiten.

Antisthenes sah mit seinen funkelnden Grillenaugen neugierig den Freund an und berichtete:

„Der Georgias geht herum und erzählt allen Leuten, du müßtest davongelaufen sein und in der Verwirrung die falsche Richtung, nämlich nach vorn, eingeschlagen haben. Ein paar von den besseren jungen Leuten wollen ihn schon deswegen verprügeln."

Sokrates sah ihn unangenehm überrascht an.

„Unsinn", sagte er verärgert. Es war ihm plötzlich klar, was seine Gegner gegen ihn in der Hand hatten, wenn er Farbe bekannte.

Er hatte nachts, gegen Morgen zu, gedacht, er könne vielleicht die ganze Sache als ein Experiment drehen und sagen, er habe sehen wollen, wie groß die Leichtgläubigkeit aller sei. Zwanzig Jahre habe ich auf allen Gassen Pazifismus gelehrt, und ein Gerücht genügte, daß mich meine eigenen Schüler für einen Berserker hielten usw. usw. Aber da hätte die Schlacht nicht gewonnen werden dürfen. Offenkundig war jetzt eine schlechte Zeit für Pazifismus. Nach einer Niederlage waren sogar die Oberen eine Zeitlang Pazifisten, nach einem Sieg sogar die Unteren Kriegsanhänger, wenigstens eine Zeitlang, bis sie merkten, daß für sie Sieg und Niederlage nicht so verschieden waren. Nein, mit Pazifismus konnte er jetzt nicht Staat machen.

Von der Gasse kam Pferdegetrappel. Reiter hielten vor dem Haus, und herein trat, mit seinem beschwingten Schritt, Alkibiades.

„Guten Morgen, Antisthenes, wie geht das Philosophiegeschäft? Sie sind außer sich", rief er strahlend. „Sie toben auf dem Areopag über deine Antwort, Sokrates. Um einen Witz zu machen, habe ich meinen Antrag, dir den Lorbeerkranz zu verleihen, abgeändert in den Antrag, dir fünfzig Stockschläge zu verleihen. Das hat sie natürlich verschnupft, weil es genau ihrer Stimmung entsprach. Aber du mußt doch mitkommen. Wir werden zu zweit hingehen, zu Fuß."

Sokrates seufzte. Er stand sich sehr gut mit dem jungen Alkibiades. Sie hatten oftmals miteinander getrunken. Es war freundlich von ihm, ihn aufzusuchen. Es war sicher nicht nur der Wunsch, den Areopag vor den Kopf zu stoßen. Und auch dieser letztere Wunsch war ehrenvoll und mußte unterstützt werden.

Bedächtig sagte er endlich, sich weiterschaukelnd in seiner Hängematte: „Eile heißt der Wind, der das Baugerüst umwirft. Setz dich."

Alkibiades lachte und zog einen Stuhl heran. Bevor er sich setzte, verbeugte er sich höflich vor Xanthippe, die in der Küchentür stand, sich die nassen Hände am Rock abwischend.

„Ihr Philosophen seid komische Leute", sagte er ein wenig ungeduldig. „Vielleicht tut es dir schon wieder leid, daß du uns hast die Schlacht gewinnen helfen. Antisthenes hat dich wohl darauf aufmerksam gemacht, daß nicht genügend viele Gründe dafür vorlagen?"

„Wir haben von Algebra gesprochen", sagte Antisthenes schnell und hustete wieder.

Alkibiades grinste.

„Ich habe nichts anderes erwartet. Nur kein Aufheben machen von so was, nicht? Nun, meiner Meinung nach war es einfach Tapferkeit. Wenn ihr wollt, nichts Besonderes, aber was sollen eine Handvoll Lorbeerblätter Besonderes sein? Beiß die Zähne zusammen und laß es über dich ergehen, Alter. Es ist schnell herum und schmerzt nicht. Und dann gehen wir einen heben."

Neugierig blickte er auf die breite, kräftige Figur, die jetzt ziemlich stark ins Schaukeln geraten war.

Sokrates überlegte schnell. Es war ihm etwas eingefallen, was er sagen konnte. Er konnte sagen, daß er sich gestern nacht oder heute morgen den Fuß verstaucht habe. Zum Beispiel, als ihn die Soldaten von ihren Schultern heruntergelassen hatten. Da war sogar eine Pointe drin. Der Fall zeigte, wie leicht man durch die Ehrungen seiner Mitbürger zu Schaden kommen konnte.

Ohne aufzuhören, sich zu wiegen, beugte er sich nach vorn, so daß er aufrecht saß, rieb sich mit der rechten Hand den nackten linken Arm und sagte langsam:

„Die Sache ist so. Mein Fuß . . ."

Bei diesem Wort fiel sein Blick, der nicht ganz stetig war, denn jetzt hieß es, die erste wirkliche Lüge in dieser Angelegenheit auszusprechen, bisher hatte er nur geschwiegen, auf Xanthippe in der Küchentür.

Sokrates versagte die Sprache. Er hatte plötzlich keine Lust mehr, seine Geschichte vorzubringen. Sein Fuß war nicht verstaucht.

Die Hängematte kam zum Stillstand.

„Höre, Alkibiades“, sagte er energisch und mit ganz frischer Stimme, „es kann in diesem Falle nicht von Tapferkeit geredet werden. Ich bin sofort, als die Schlacht begann, das heißt, als ich die ersten Perser auftauchen sah, davongelaufen, und zwar in der richtigen Richtung, nach hinten. Aber da war ein Distelfeld. Ich habe mir einen Dorn in den Fuß getreten und konnte nicht weiter. Ich habe dann wie ein Wilder um mich gehauen und hätte beinahe einige von den Eigenen getroffen. In der Verzweiflung schrie ich irgendwas von anderen Abteilungen, damit die Perser glauben sollten, da seien welche, was Unsinn war, denn sie verstehen natürlich nicht griechisch. Andrerseits scheinen sie aber ebenfalls ziemlich nervös gewesen zu sein. Sie konnten wohl das Gebrüll einfach nicht mehr ertragen, nach allem, was sie bei dem Vormarsch hatten durchmachen müssen. Sie stockten einen Augenblick, und dann kam schon unsere Reiterei. Das ist alles.“

Einige Sekunden war es sehr still in der Stube. Alkibiades sah ihn starr an. Antisthenes hustete hinter der vorgehaltenen Hand, diesmal ganz natürlich. Von der Küchentür her, wo Xanthippe stand, kam ein schallendes Gelächter.

Dann sagte Antisthenes trocken:

„Und da konntest du natürlich nicht in den Areopag gehen und die Treppen hinaufhinken, um den Lorbeerkranz in Empfang zu nehmen. Das verstehe ich.“

Alkibiades legte sich in seinem Stuhl zurück und betrachtete mit zusammengekniffenen Augen den Philosophen auf dem Lager. Weder Sokrates noch Antisthenes sahen nach ihm hin.

Er beugte sich wieder vor und umschlang mit den Händen sein eines Knie. Sein schmales Knabengesicht zuckte ein wenig, aber es verriet nichts von seinen Gedanken oder Gefühlen.

„Warum hast du nicht gesagt, du hast irgendeine andere Wunde?“ fragte er.

„Weil ich einen Dorn im Fuß habe“, sagte Sokrates grob.

„Oh, deshalb?“ sagte Alkibiades. „Ich verstehe.“ Er stand schnell auf und trat an das Bett.

„Schade, daß ich meinen eigenen Kranz nicht mit hergebracht

habe. Ich habe ihn meinem Mann zum Halten gegeben. Sonst würde ich ihn jetzt dir dalassen. Du kannst mir glauben, daß ich dich für tapfer genug halte. Ich kenne niemand, der unter diesen Umständen erzählt hätte, was du erzählt hast."

Und er ging rasch hinaus.

Als dann Xanthippe den Fuß badete und den Dorn auszog, sagte sie übellaunig:

„Es hätte eine Blutvergiftung werden können."

„Mindestens", sagte der Philosoph.

DER SOLDAT VON LA CIOTAT

Nach dem ersten Weltkrieg sahen wir in der kleinen südfranzösischen Hafenstadt La Ciotat bei einem Jahrmarkt zur Feier eines Schiffsstapellaufs auf einem öffentlichen Platz das bronzene Standbild eines Soldaten der französischen Armee, um das die Menge sich drängte. Wir traten näher hinzu und entdeckten, daß es ein lebendiger Mensch war, der da unbeweglich in erdbraunem Mantel, den Stahlhelm auf dem Kopf, ein Bajonett im Arm, in der heißen Junisonne auf einem Steinsockel stand. Sein Gesicht und seine Hände waren mit einer Bronzefarbe angestrichen. Er bewegte keinen Muskel, nicht einmal seine Wimpern zuckten.

Zu seinen Füßen an dem Sockel lehnte ein Stück Pappe, auf dem folgender Text zu lesen war:

Der Statuenmensch

Homme Statue

> Ich, Charles Louis Franchard, Soldat im . . .ten Regiment, erwarb als Folge einer Verschüttung vor Verdun die ungewöhnliche Fähigkeit, vollkommen unbeweglich zu verharren und mich beliebige Zeit lang *wie eine Statue* zu verhalten. Diese meine Kunst wurde von vielen Professoren geprüft und als eine unerklärliche Krankheit bezeichnet. Spenden Sie, bitte, einem Familienvater ohne Stellung eine kleine Gabe!

Wir warfen eine Münze in den Teller, der neben dieser Tafel stand, und gingen kopfschüttelnd weiter.

Hier also, dachten wir, steht er, bis an die Zähne bewaffnet, der unverwüstliche Soldat vieler Jahrtausende, er, mit dem Geschichte gemacht wurde, er, der alle diese großen Taten der Alexander, Cäsar, Napoleon ermöglichte, von denen wir in den Schullesebüchern lesen. Das ist er. Er zuckt nicht mit der Wimper. Das ist der Bogenschütze des Cyrus, der Sichelwagenlenker des Kambyses, den der Sand der Wüste nicht endgültig begraben konnte, der Legionär Cäsars, der Lanzenreiter des Dschingis-Khan, der Schweizer des XIV. Ludwig und des I. Napoleon Grenadier. Er besitzt die eben doch nicht so ungewöhnliche Fähigkeit, sich nichts anmerken zu lassen, wenn alle erdenklichen Werkzeuge der Vernichtung an ihm ausprobiert werden. Wie ein Stein, fühllos (sagt er), verharre er, wenn man ihn in den Tod schicke. Durchlöchert von Lanzen der verschiedensten Zeitalter, steinernen, bronzenen, eisernen, angefahren von Streitwagen, denen des Artaxerxes und denen des Generals Ludendorff, zertrampelt von den Elefanten des Hannibal und den Reitergeschwadern des Attila, zerschmettert von den fliegenden Erzstücken der immer vollkommeneren Geschütze mehrerer Jahrhunderte, aber auch den fliegenden Steinen der Katapulte, zerrissen von Gewehrkugeln, groß wie Taubeneier und klein wie Bienen, steht er, unverwüstlich, immer von neuem, kommandiert in vielerlei Sprachen, aber immer unwissend, warum und wofür. Die Ländereien, die er eroberte, nahm nicht er in Besitz, so wie der Maurer nicht das Haus bewohnt, das er gebaut hat. Noch gehörte ihm etwa das Land, das er verteidigte. Nicht einmal seine Waffe oder seine Montur gehört ihm. Aber er steht, über sich den Todesregen der Flugzeuge und das brennende Pech der Stadtmauern, unter sich Mine und Fallgrube, um sich Pest und Gelbkreuzgas, fleischerner Köcher für Wurfspieß und Pfeil, Zielpunkt, Tankmatsch, Gaskocher, vor sich den Feind und hinter sich den General!

Unzählige Hände, die ihm das Wams webten, den Harnisch klopften, die Stiefel schnitten! Unzählige Taschen, die sich durch ihn füllten! Unermeßliches Geschrei in *allen* Sprachen der Welt, das ihn anfeuerte! Kein Gott, der ihn nicht segnete! Ihn, der behaftet ist mit dem entsetzlichen Aussatz der Geduld, ausgehöhlt von der unheilbaren Krankheit der Unempfindlichkeit!

Was für eine Verschüttung, dachten wir, ist das, der er diese Krankheit verdankt, diese furchtbare, ungeheuerliche, so überaus ansteckende Krankheit?

Sollte sie, fragten wir uns, nicht doch heilbar sein?

PARADE DES ALTEN NEUEN

Ich stand auf einem Hügel, da sah ich das Alte herankommen, aber es kam als das Neue.

Es kroch heran auf neuen Krücken, die man nirgends je gesehen hatte, und stank nach neuen Dünsten der Verwesung, die man nirgends je gerochen hatte.

Der Stein rollte vorbei als die neueste Erfindung, und die Raubschreie der Gorillas, die sich die Brustkasten trommelten, gaben sich als die neuesten Kompositionen.

Allenthalben sah man geöffnete Gräber, die leer waren, als das Neue sich auf die Hauptstadt zu bewegte.

Ringsum standen solche, die Schrecken einflößten und schrien: Hier kommt das Neue, das ist alles neu, begrüßt das Neue, seid neu wie wir! Und wer hörte, hörte nur ihr Geschrei, doch wer sah, sah solche, die nicht schrien. So schritt das Alte einher, verkleidet als das Neue, aber in seinem Triumphzug führte er das Neue mit sich, und es wurde vorgeführt als das Alte. Das Neue ging gefesselt und in Lumpen, sie entblößten die blühenden Glieder.

Und der Zug bewegte sich in der Nacht, aber es war eine Brandröte am Himmel, die wurde angesehen wie eine Morgenröte. Und das Geschrei: Hier kommt das Neue, das ist alles neu, begrüßt das Neue, seid neu wie wir! wäre noch hörbarer gewesen, wenn nicht ein Geschützdonner alles übertönt hätte.

DIE NIEDERKUNFT DER GROSSEN BABEL

Als ihre schwere Stunde gekommen war, zog sie sich zurück in das Innerste ihrer Zimmer und umgab sich mit Ärzten und Wahrsagern.

Ein Gewisper entstand. In das Haus gingen gewichtige Männer mit ernsten Gesichtern und kamen heraus mit besorgten Gesichtern, die bleich waren. Und der Preis der weißen Schminke verdoppelte sich in den Schönheitsläden.

Auf den Straßen versammelte sich das Volk und stand vom Morgen bis zum Abend, mit leerem Magen.

Das erste, was zu hören war, klang wie ein gewaltiger Furz im Dachgebälk, gefolgt von einem gewaltigen Geschrei: „Frieden!", worauf sich der Gestank vergrößerte.

Unmittelbar darauf spritzte Blut auf in einer schmalen, wäßrigen

Fontäne. Und nun kamen weitere Geräusche in unaufhörlicher Folge, eines schrecklicher als das andere.

Die große Babel kotzte und es klang wie „Freiheit!" und hustete und es klang wie „Gerechtigkeit!" und furzte von neuem und es klang wie „Wohlstand!" Und in einem blutigen Leintuch wurde ein quiekender Balg auf den Balkon getragen und dem Volk gezeigt unter Glockengeläute und es war der Krieg. Und er hatte tausend Väter.

DER KRIEGSGOTT

Ich sah den alten Kriegsgott stehen auf einem Sumpf zwischen Abgrund und Felswand.

Er roch nach Freibier und Karbol und zeigte Halbwüchsigen seine Hoden, denn er war von einigen Professoren verjüngt worden.

Er beteuerte mit heiserer Wolfsstimme seine Liebe zu allem Jungen. Dabei stand eine schwangere Frau und zitterte.

Und ohne Scham redete er weiter und stellte sich vor als großer Ordnungsmann. Und er schilderte, wie er die Scheunen überall ordnete, indem er sie leerte.

Und wie man Spatzen Brocken hinwirft, so fütterte er arme Leute mit Brotkrusten, die er armen Leuten weggenommen hatte.

Seine Stimme war bald laut und bald leise, aber immer heiser. Mit lauter Stimme sprach er von kommenden großen Zeiten, und mit leiser Stimme lehrte er die Weiber, wie man Krähen und Möwen kocht.

Dabei hatte er einen unruhigen Rücken und sah sich immerfort um, als fürchtete er einen Dolchstoß.

Und alle fünf Minuten versicherte er dem Publikum, daß er nur ganz kurz aufzutreten gedenke.

DIE ZWEI SÖHNE

Eine Bäuerin im Thüringischen träumte im Januar 1945, als der Hitlerkrieg zu Ende ging, daß ihr Sohn im Feld sie rief, und schlaftrunken auf den Hof hinausgehend, glaubte sie ihren Sohn an der Pumpe zu sehen, trinkend. Als sie ihn ansprach, erkannte sie, daß es einer der jungen russischen Kriegsgefangenen war, die auf dem Hof Zwangsarbeit verrichteten. Einige Tage darauf hatte sie ein merkwürdiges Erlebnis. Sie brachte den Gefangenen ihr Essen in ein nahes Gehölz, wo sie Baumstümpfe auszugraben hatten. Im Weggehen sah sie über die Schulter zurück denselben jungen Kriegsgefangenen, übrigens einen kränklichen Menschen, das Gesicht nach dem Blechtopf wenden, den ihm jemand mit der Suppe reichte, und zwar in einer enttäuschten Weise, und plötzlich verwandelte sich dieses Gesicht in das ihres Sohnes. Schnelle und schnell verschwimmende Verwandlungen des Gesichts eben dieses jungen Menschen in das ihres Sohnes passierten ihr in den nächsten Tagen öfter. Dann wurde der Kriegsgefangene krank; er blieb ohne Pflege in der Scheuer liegen. Die Bäuerin spürte einen zunehmenden Drang, ihm etwas Kräftigendes zu bringen, jedoch wurde sie daran gehindert durch ihren Bruder, einen Kriegsinvaliden, der den Hof führte und die Gefangenen roh behandelte, besonders nun, wo alles anfing drunter und drüber zu gehen und das Dorf die Gefangenen zu fürchten anfing. Die Bäuerin selbst konnte sich seinen Argumenten nicht verschließen; sie hielt es keineswegs für recht, diesen Untermenschen zu helfen, über die sie schreckliche Dinge gehört hatte. Sie lebte in Furcht, was die Feinde ihrem Sohn antun mochten, der im Osten stand. So hatte sie ihren halben Vorsatz, *diesem* Gefangenen zu helfen in seiner Verlassenheit, noch nicht ausgeführt, als sie eines Abends im verschneiten Obstgärtchen eine Gruppe der Gefangenen bei einer eifrig geführten Unterredung überraschte, die wohl, um im geheimen vorgehen zu können, in der Kälte stattfand. Der junge Mensch stand dabei, fieberzitternd, und wahrscheinlich seines besonders geschwächten Zustandes wegen erschrak er am tiefsten vor ihr. Mitten im Schrecken nun geschah wieder die sonderbare Verwandlung seines Gesichts, so daß sie in das Gesicht ihres Sohnes schaute, und es war sehr erschrocken. Das beschäftigte sie tief, und wiewohl sie pflichtgemäß ihrem Bruder von der Unterredung im Obstgärtchen berichtete, beschloß sie doch, dem jungen Menschen die bereitgestellte Schinkenschwarte nunmehr zuzustecken. Dies stellte sich, wie manche gute Tat im Dritten Reich, als äußerst schwierig und gefahrvoll heraus. Sie hatte bei diesem Unternehmen ihren eigenen Bruder zum Feind, und sie konnte auch der Kriegsgefangenen nicht sicher sein. Dennoch gelang es ihr. Allerdings entdeckte sie dabei, daß die Gefangenen wirklich vorhatten auszubrechen, da die Gefahr für sie täglich wuchs, daß sie vor den anrückenden Roten Armeen nach Westen verschleppt oder einfach niedergemacht werden würden. Die Bäuerin konnte gewisse, ihr pantomimisch und mit wenigen Brocken Deutsch klargemachte Wünsche des jungen Gefangenen, an den sie ihr merkwürdiges

Erlebnis band, nicht abschlagen und ließ sich so in die Fluchtpläne des Gefangenen verwickeln. Sie besorgte eine Jacke und eine große Blechschere. Eigentümlicherweise fand die Verwandlung von da ab nicht mehr statt; die Bäuerin half jetzt lediglich dem fremden jungen Menschen. So war es ein Schock für sie, als eines Morgens Ende Februar ans Fenster geklopft wurde und sie durch das Glas im Dämmer das Gesicht ihres Sohnes erblickte. Diesmal war es ihr Sohn. Er trug die zerfetzte Uniform der Waffen-SS, sein Truppenteil war aufgerieben, und er berichtete aufgeregt, daß die Russen nur noch wenige Kilometer vom Dorf entfernt seien. Seine Heimkunft mußte unbedingt geheimgehalten werden. Bei einer Art Kriegsrat, den die Bäuerin, ihr Bruder und ihr Sohn in einem Winkel des Dachbodens abhielten, wurde vor allem beschlossen, sich der Kriegsgefangenen zu entledigen, da sie möglicherweise den SS-Mann gesehen hatten und überhaupt voraussichtlich über ihre Behandlung Aussagen machen würden. In der Nähe war ein Steinbruch. Der SS-Mann bestand darauf, daß er in der kommenden Nacht sie einzeln aus der Scheuer locken und niedermachen müßte. Dann konnte man die Leichen in den Steinbruch schaffen. Am Abend sollten sie noch einige Rationen Branntwein bekommen; das konnte ihnen nicht allzusehr auffallen, meinte der Bruder, weil dieser zusammen mit dem Gesinde in der letzten Zeit schon ausgemacht freundlich zu den Russen gewesen war, um sie im letzten Augenblick noch günstig zu stimmen. Als der junge SS-Mann den Plan entwickelte, sah er plötzlich seine Mutter zittern. Die Männer beschlossen, sie auf keinen Fall mehr in die Nähe der Scheuer zu lassen. So erwartete sie voller Entsetzen die Nacht. Die Russen nahmen den Branntwein anscheinend dankend an, und die Bäuerin hörte sie betrunken ihre melancholischen Lieder singen. Aber als ihr Sohn gegen elf Uhr in die Scheuer ging, waren die Gefangenen weg. Sie hatten die Trunkenheit vorgetäuscht. Gerade die neue unnatürliche Freundlichkeit des Hofs hatte sie überzeugt, daß die Rote Armee sehr nahe sein mußte.

Die Russen kamen in der zweiten Hälfte der Nacht. Der Sohn lag betrunken auf dem Dachboden, während die Bäuerin, von Panik erfaßt, seine SS-Uniform zu verbrennen versuchte. Auch ihr Bruder hatte sich betrunken; sie selbst mußte die russischen Soldaten empfangen und verköstigen. Sie tat es mit versteinertem Gesicht. Die Russen zogen am Morgen ab, die Rote Armee setzte ihren Vormarsch fort. Der Sohn, übernächtig, verlangte von neuem Branntwein und äußerte die feste Absicht, sich zu den rückflutenden deutschen Heeresteilen durchzuschlagen, um weiterzukämpfen. Die Bäuerin versuchte nicht, ihm klarzumachen, daß Weiterkämpfen nun sicheren Untergang bedeutete. Verzweifelt warf sie sich ihm in den Weg und versuchte, ihn körperlich zurückzuhalten. Er schleuderte sie auf das Stroh zurück. Sich wieder aufrichtend, fühlte sie ein Deichselscheit in der Hand, und weit ausholend schlug sie den Rasenden nieder.

Am selben Vormittag fuhr mit einem Leiterwagen eine Bäuerin in dem nächstgelegenen Marktflecken bei der russischen Kommandantur vor und lieferte, mit Ochsenstricken gebunden, ihren Sohn als Kriegsgefangenen ab, damit er, wie sie einem Dolmetscher klarzumachen suchte, sein Leben behalte.

GESCHICHTEN VOM HERRN KEUNER

Herr K. und die Natur

Befragt über sein Verhältnis zur Natur, sagte Herr K.: „Ich würde gern mitunter aus dem Haus tretend ein paar Bäume sehen. Besonders da sie durch ihr der Tages- und Jahreszeit entsprechendes Andersaussehen einen so besonderen Grad von Realität erreichen. Auch verwirrt es uns in den Städten mit der Zeit, immer nur Gebrauchsgegenstände zu sehen, Häuser und Bahnen, die unbewohnt leer, unbenutzt sinnlos wären. Unsere eigentümliche Gesellschaftsordnung läßt uns ja auch die Menschen zu solchen Gebrauchsgegenständen zählen, und da haben Bäume, wenigstens für mich, der ich kein Schreiner bin, etwas beruhigend Selbständiges, von mir Absehendes, und ich hoffe sogar, sie haben selbst für die Schreiner einiges an sich, was nicht verwertet werden kann."

„Warum fahren Sie, wenn Sie Bäume sehen wollen, nicht einfach manchmal ins Freie?" fragte man ihn. Herr Keuner antwortete erstaunt: „Ich habe gesagt, ich möchte sie sehen *aus dem Hause tretend.*"

(Herr K. sagte auch: „Es ist nötig für uns, von der Natur einen sparsamen Gebrauch zu machen. Ohne Arbeit in der Natur weilend, gerät man leicht in einen krankhaften Zustand, etwas wie Fieber befällt einen.")

Organisation

Herr K. sagte einmal: „Der Denkende benützt kein Licht zuviel, kein Stück Brot zuviel, keinen Gedanken zuviel."

Form und Stoff

Herr K. betrachtete ein Gemälde, das einigen Gegenständen eine sehr eigenwillige Form verlieh. Er sagte: „Einigen Künstlern geht es, wenn sie die Welt betrachten, wie vielen Philosophen. Bei der Bemühung um die Form geht der Stoff verloren. Ich arbeitete einmal bei einem Gärtner. Er händigte mir eine Gartenschere aus und hieß mich einen Lorbeerbaum beschneiden. Der Baum stand in einem Topf und wurde zu Festlichkeiten ausgeliehen. Dazu mußte er die Form einer Kugel haben. Ich begann sogleich mit dem Abschneiden der wilden Triebe, aber wie sehr ich mich auch mühte, die Kugelform zu erreichen, es wollte mir lange nicht gelingen. Einmal hatte ich auf der einen, einmal auf der anderen Seite zu viel weggestutzt. Als es endlich eine Kugel geworden war, war die Kugel sehr klein. Der Gärtner sagte enttäuscht: ‚Gut, das ist die Kugel, aber wo ist der Lorbeer?'"

Freundschaftsdienste

Als Beispiel für die richtige Art, Freunden einen Dienst zu erweisen, gab Herr K. folgende Geschichte zum besten. „Zu einem alten Araber kamen drei junge Leute und sagten ihm: ‚Unser Vater ist gestorben. Er hat uns siebzehn Kamele hinterlassen und im Testament verfügt, daß der Älteste die Hälfte, der Zweite ein Drittel und der Jüngste ein Neuntel der Kamele bekommen soll. Jetzt können wir uns über die Teilung nicht einigen; übernimm du die Entscheidung!' Der Araber dachte nach und sagte: ‚Wie ich es sehe, habt ihr, um gut teilen zu können, ein Kamel zu wenig. Ich habe selbst nur ein einziges Kamel, aber es steht euch zur Verfügung. Nehmt es und teilt dann, und bringt mir nur, was übrigbleibt.' Sie bedankten sich für den Freundschaftsdienst, nahmen das Kamel mit und teilten die achtzehn Kamele nun so, daß der Älteste die Hälfte, das sind neun, der Zweite ein Drittel, das sind sechs, und der Jüngste ein Neuntel, das sind zwei Kamele, bekam. Zu ihrem Erstaunen blieb, als sie ihre Kamele zur Seite geführt hatten, ein Kamel übrig. Dieses brachten sie, ihren Dank erneuernd, ihrem alten Freund zurück."

Herr K. nannte diesen Freundschaftsdienst richtig, weil er keine besonderen Opfer verlangte.

Die Frage, ob es einen Gott gibt

Einer fragte Herrn K., ob es einen Gott gäbe. Herr K. sagte: „Ich rate dir, nachzudenken, ob dein Verhalten je nach der Antwort auf diese Frage sich ändern würde. Würde es sich nicht ändern, dann können wir die Frage fallenlassen. Würde es sich ändern, dann kann ich dir wenigstens noch so weit behilflich sein, daß ich dir sage, du hast dich schon entschieden: Du brauchst einen Gott."

Herr K. in einer fremden Behausung

Eine fremde Behausung betretend, sah Herr K., bevor er sich zur Ruhe begab, nach den Ausgängen des Hauses und sonst nichts. Auf eine Frage antwortete er verlegen: „Das ist eine alte leidige Gewohnheit. Ich bin für die Gerechtigkeit; da ist es gut, wenn meine Wohnung mehr als einen Ausgang hat."

Wenn Herr K. einen Menschen liebte

„Was tun Sie", wurde Herr K. gefragt, „wenn Sie einen Menschen lieben?" – „Ich mache einen Entwurf von ihm", sagte Herr K., „und sorge, daß er ihm ähnlich wird." – „Wer? Der Entwurf?" – „Nein", sagte Herr K., „der Mensch."

Der hilflose Knabe

Herr K. sprach über die Unart, erlittenes Unrecht stillschweigend in sich hineinzufressen, und erzählte folgende Geschichte: „Einen vor sich hin weinenden Jungen fragte ein Vorübergehender nach dem Grund seines Kummers. ‚Ich hatte zwei Groschen für das Kino beisammen', sagte der Knabe, ‚da kam ein Junge und riß mir einen aus der Hand', und er zeigte auf einen Jungen, der in einiger Entfernung zu sehen war. ‚Hast du denn nicht um Hilfe geschrien?' fragte der Mann. ‚Doch', sagte der Junge und schluchzte ein wenig stärker. ‚Hat dich niemand gehört?' fragte ihn der Mann weiter, ihn liebevoll streichelnd. ‚Nein', schluchzte der Junge. ‚Kannst du denn nicht lauter schreien?' fragte der Mann. ‚Nein', sagte der Junge und blickte ihn mit neuer Hoffnung an. Denn der Mann lächelte. ‚Dann gib auch den her', sagte er, nahm ihm den letzten Groschen aus der Hand und ging unbekümmert weiter."

Der Zweckdiener

Herr K. stellte die folgenden Fragen:

„Jeden Morgen macht mein Nachbar Musik auf einem Grammophonkasten. Warum macht er Musik? Ich höre, weil er turnt. Warum turnt er? Weil er Kraft benötigt, höre ich. Wozu benötigt er Kraft? Weil er seine Feinde in der Stadt besiegen muß, sagt er. Warum muß er Feinde besiegen? Weil er essen will, höre ich."

Nachdem Herr K. dies gehört hatte, daß sein Nachbar Musik machte, um zu turnen, turnte, um kräftig zu sein, kräftig sein wollte, um seine Feinde zu erschlagen, seine Feinde erschlug, um zu essen, stellte er seine Frage: „Warum ißt er?"

Überzeugende Fragen

„Ich habe bemerkt", sagte Herr K., „daß wir viele abschrecken von unserer Lehre dadurch, daß wir auf alles eine Antwort wissen. Könnten wir nicht im Interesse der Propaganda eine Liste der Fragen aufstellen, die uns ganz ungelöst erscheinen?"

Das Wiedersehen

Ein Mann, der Herrn K. lange nicht gesehen hatte, begrüßte ihn mit den Worten: „Sie haben sich gar nicht verändert."

„Oh!" sagte Herr K. und erbleichte.

Eine gute Antwort

Ein Arbeiter wurde vor Gericht gefragt, ob er die weltliche oder die kirchliche Form des Eides benutzen wolle. Er antwortete: „Ich bin arbeitslos." – „Dies war nicht nur Zerstreutheit", sagte Herr K. „Durch diese Antwort gab er zu erkennen, daß er sich in einer Lage befand, wo solche Fragen, ja vielleicht das ganze Gerichtsverfahren als solches, keinen Sinn mehr haben."

Herr K. und die Katzen

Herr K. liebte die Katzen nicht. Sie schienen ihm keine Freunde der Menschen zu sein; also war er auch nicht ihr Freund. „Hätten wir gleiche Interessen", sagte er, „dann wäre mir ihre feindselige Haltung gleichgültig." Aber Herr K. verscheuchte die Katzen nur ungern von seinem Stuhl. „Sich zur Ruhe zu legen ist eine Arbeit", sagte er; „sie soll Erfolg haben." Auch wenn Katzen vor seiner Tür jaulten, stand er auf vom Lager, selbst bei Kälte, und ließ sie in die Wärme ein. „Ihre Rechnung ist einfach", sagte er, „wenn sie rufen, öffnet man ihnen. Wenn man ihnen nicht mehr öffnet, rufen sie nicht mehr. Rufen, das ist ein Fortschritt."

Herrn K.s Lieblingstier

Als Herr K. gefragt wurde, welches Tier er vor allen schätze, nannte er den Elefanten und begründete dies so: Der Elefant vereint List mit Stärke. Das ist nicht die kümmerliche List, die ausreicht, einer Nachstellung zu entgehen oder ein Essen zu ergattern, indem man nicht auffällt, sondern die List, welcher die Stärke für große Unternehmungen zur Verfügung steht. Wo dieses Tier war, führt eine breite Spur. Dennoch ist es gutmütig, es versteht Spaß. Es ist ein guter Freund, wie es ein guter Feind ist. Sehr groß und schwer, ist es doch auch sehr schnell. Sein Rüssel führt einem enormen Körper auch die kleinsten Speisen zu, auch Nüsse. Seine Ohren sind verstellbar: er hört nur, was ihm paßt. Er wird auch sehr alt. Er ist auch gesellig, und dies nicht nur zu Elefanten. Überall ist er sowohl beliebt als auch gefürchtet. Eine gewisse Komik macht es möglich, daß er sogar verehrt werden kann. Er hat eine dicke Haut, darin zerbrechen die Messer; aber sein Gemüt ist zart. Er kann traurig werden. Er kann zornig werden. Er tanzt gern. Er stirbt im Dickicht. Er liebt Kinder und andere kleine Tiere. Er ist grau und fällt nur durch seine Masse auf. Er ist nicht eßbar. Er kann gut arbeiten. Er trinkt gern und wird fröhlich. Er tut etwas für die Kunst: er liefert Elfenbein.

Wenn die Haifische Menschen wären

„Wenn die Haifische Menschen wären", fragte Herrn K. die kleine Tochter seiner Wirtin, „wären sie dann netter zu den kleinen Fischen?" – „Sicher", sagte er. „Wenn die Haifische Menschen wären, würden sie im Meer für die kleinen Fische gewaltige Kästen bauen lassen, mit allerhand Nahrung drin, sowohl Pflanzen als auch Tierzeug. Sie würden sorgen, daß die Kästen immer frisches Wasser hätten, und sie würden überhaupt allerhand sanitäre Maßnahmen treffen. Wenn zum Beispiel ein Fischlein sich die Flosse verletzen würde, dann würde ihm sogleich ein Verband gemacht, damit es den Haifischen nicht wegstürbe vor der Zeit. Damit die Fischlein nicht trübsinnig würden, gäbe es ab und zu große Wasserfeste; denn lustige Fischlein schmecken besser als trübsinnige. Es gäbe natürlich auch Schulen in den großen Kästen. In diesen Schulen würden die Fischlein lernen, wie man in den Rachen der Haifische schwimmt. Sie würden zum Beispiel Geographie brauchen, damit sie die großen Haifische, die faul irgendwo liegen, finden könnten. Die Hauptsache wäre natürlich die moralische Ausbildung der Fischlein. Sie würden unterrichtet werden, daß es das Größte und Schönste sei, wenn ein Fischlein sich freudig aufopfert, und daß sie alle an die Haifische glauben müßten, vor allem, wenn sie sagten, sie würden für eine schöne Zukunft sorgen. Man würde den Fischlein beibringen, daß diese Zukunft nur gesichert sei, wenn sie Gehorsam lernten. Vor allen niedrigen, materialistischen, egoistischen und marxistischen Neigungen müßten sich die Fischlein hüten und es sofort den Haifischen melden, wenn eines von ihnen solche Neigungen verriete. Wenn die Haifische Menschen wären, würden sie natürlich auch untereinander Kriege führen, um fremde Fischkästen und fremde Fischlein zu erobern. Die Kriege würden sie von ihren eigenen Fischlein führen lassen. Sie würden die Fischlein lehren, daß zwischen ihnen und den Fischlein der anderen Haifische ein riesiger Unterschied bestehe. Die Fischlein, würden sie verkünden, sind bekanntlich stumm, aber sie schweigen in ganz verschiedenen Sprachen und können einander daher unmöglich verstehen. Jedem Fischlein, das im Krieg ein paar andere Fischlein, feindliche, in anderer Sprache schweigende Fischlein tötete, würden sie einen kleinen Orden aus Seetang anheften und den Titel Held verleihen. Wenn die Haifische Menschen wären, gäbe es bei ihnen auch eine Kunst. Es gäbe schöne Bilder, auf denen die Zähne der Haifische in prächtigen Farben, ihre Rachen als reine Lustgärten, in denen es sich prächtig tummeln läßt, dargestellt wären. Die Theater auf dem Meeresgrund würden zeigen, wie heldenmütige Fischlein begeistert in die Haifischrachen schwimmen, und die Musik wäre so schön, daß die Fischlein unter ihren Klängen, die Kapelle voran, träumerisch, und in allerangenehmste Gedanken eingelullt, in die Haifischrachen strömten. Auch eine Religion gäbe es da, wenn die Haifische Menschen wären. Sie würde lehren, daß die Fischlein erst im Bauch der Haifische richtig zu leben begännen. Übrigens würde es auch aufhören, wenn die Haifische Menschen wären, daß alle Fischlein, wie es jetzt ist, gleich sind. Einige von ihnen würden Ämter bekommen und über die anderen gesetzt werden. Die ein wenig größeren dürften sogar die kleineren auffressen. Das wäre für die Haifische nur angenehm, da sie dann selber öfter größere Brocken zu fressen bekämen. Und die größeren, Posten habenden Fischlein würden für die Ordnung unter den Fischlein sorgen, Lehrer, Offiziere, Ingenieure im Kastenbau usw. werden. Kurz, es gäbe überhaupt erst eine Kultur im Meer, wenn die Haifische Menschen wären.“

Theater

MUTTER COURAGE UND IHRE KINDER

Eine Chronik
aus dem Dreißigjährigen Krieg

PERSONEN

Mutter Courage
Kattrin, *ihre stumme Tochter*
Eilif, *der ältere Sohn*
Schweizerkas, *der jüngere Sohn*
Der Werber
Der Feldwebel
Der Koch
Der Feldhauptmann
Der Feldprediger
Der Zeugmeister
Yvette Pottier
Der mit der Binde
Ein anderer Feldwebel
Der alte Obrist
Ein Schreiber
Ein junger Soldat
Ein älterer Soldat
Ein Bauer
Die Bauersfrau
Der junge Mann
Die alte Frau
Ein anderer Bauer
Die Bäuerin
Ein junger Bauer
Der Fähnrich
Soldaten
Eine Stimme

1

Frühjahr 1624. Der Feldhauptmann Oxenstjerna wirbt in Dalarne Truppen für den Feldzug in Polen. Der Marketenderin Anna Fierling, bekannt unter dem Namen Mutter Courage, kommt ein Sohn abhanden.

Landstraße in Stadtnähe. Ein Feldwebel und ein Werber stehen frierend.

Der Werber: Wie soll man sich hier eine Mannschaft zusammenlesen? Feldwebel, ich denk schon mitunter an Selbstmord. Bis zum Zwölften soll ich dem Feldhauptmann vier Fähnlein hinstelln, und die Leut hier herum sind so voll Bosheit, daß ich keine Nacht mehr schlaf. Hab ich endlich einen aufgetrieben und schon durch die Finger gesehn und mich nix wissen gemacht, daß er eine Hühnerbrust hat und Krampfadern, ich hab ihn glücklich besoffen, er hat schon unterschrieben, ich zahl nur noch den Schnaps, er tritt aus, ich hinterher zur Tür, weil mir was schwant: Richtig, weg ist er, wie die Laus unterm Kratzen. Da gibts kein Manneswort, kein Treu und Glauben, kein Ehrgefühl. Ich hab hier mein Vertrauen in die Menschheit verloren, Feldwebel.

Der Feldwebel: Man merkts, hier ist zu lang kein Krieg gewesen. Wo soll da Moral herkommen, frag ich? Frieden, das ist nur Schlamperei, erst der Krieg schafft Ordnung. Die Menschheit schießt ins Kraut im Frieden. Mit Mensch und Vieh wird herumgesaut, als wärs gar nix. Jeder frißt, was er will, einen Ranken Käs aufs Weißbrot und dann noch eine Scheibe Speck auf den Käs. Wie viele junge Leut und gute Gäul diese Stadt da vorn hat, weiß kein Mensch, es ist niemals gezählt worden. Ich bin in Gegenden gekommen, wo kein Krieg war vielleicht siebzig Jahr, da hatten die Leut überhaupt noch keine Namen, die kannten sich selber nicht. Nur wo Krieg ist, gibts ordentliche Listen und Registraturen, kommt das Schuhzeug in Ballen und das Korn in Säck, wird Mensch und Vieh sauber gezählt und weggebracht, weil man eben weiß: Ohne Ordnung kein Krieg!

Der Werber: Wie richtig das ist!

Der Feldwebel: Wie alles Gute ist auch der Krieg am Anfang halt schwer zu machen. Wenn er dann erst floriert, ist er auch zäh; dann schrecken die Leut zurück vorm Frieden wie die Würfler vorm Aufhören, weil dann müssens zählen, was sie verloren haben. Aber zuerst schreckens zurück vorm Krieg. Er ist ihnen was Neues.

Der Werber: Du, da kommt ein Planwagen. Zwei Weiber und zwei junge Burschen. Halt die Alte auf, Feldwebel. Wenn das wieder nix ist, stell ich mich nicht weiter in den Aprilwind hin, das sag ich dir.

Man hört eine Maultrommel. Von zwei jungen Burschen gezogen, rollt ein Planwagen heran. Auf ihm sitzen Mutter Courage und ihre stumme Tochter Kattrin.

Mutter Courage: Guten Morgen, Herr Feldwebel!

Der Feldwebel (sich in den Weg stellend): Guten Morgen, ihr Leut! Wer seid ihr?

Mutter Courage: Geschäftsleut. *(Singt)*:

Ihr Hauptleut, laßt die Trommel ruhen
Und laßt eur Fußvolk halten an:
Mutter Courage, die kommt mit Schuhen
In denens besser laufen kann.
Mit seinen Läusen und Getieren
Bagage, Kanone und Gespann –
Soll es euch in die Schlacht marschieren
So will es gute Schuhe han.
Das Frühjahr kommt. Wach auf, du Christ!
Der Schnee schmilzt weg. Die Toten ruhn.
Und was noch nicht gestorben ist
Das macht sich auf die Socken nun.

Ihr Hauptleut, eure Leut marschieren
Euch ohne Wurst nicht in den Tod.
Laßt die Courage sie erst kurieren
Mit Wein von Leibs- und Geistesnot.
Kanonen auf die leeren Mägen
Ihr Hauptleut, das ist nicht gesund.
Doch sind sie satt, habt meinen Segen
Und führt sie in den Höllenschlund.
Das Frühjahr kommt. Wach auf, du Christ!
Der Schnee schmilzt weg. Die Toten ruhn.

Und was noch nicht gestorben ist
Das macht sich auf die Socken nun.

Der Feldwebel: Halt, wohin gehört ihr, Bagage?

Der ältere Sohn: Zweites Finnisches Regiment.

Der Feldwebel: Wo sind eure Papiere?

Mutter Courage: Papiere?

Jüngerer Sohn: Das ist doch die Mutter Courage!

Der Feldwebel: Nie von ihr gehört. Warum heißt sie Courage?

Mutter Courage: Courage heiß ich, weil ich den Ruin gefürchtet hab, Feldwebel, und bin durch das Geschützfeuer von Riga gefahrn mit fünfzig Brotlaib im Wagen. Sie waren schon angeschimmelt, es war höchste Zeit, ich hab keine Wahl gehabt.

Der Feldwebel: Keine Witze, du. Wo sind die Papiere!

Mutter Courage (aus einer Zinnbüchse einen Haufen Papiere kramend und herunterkletternd): Das sind alle meine Papiere, Feldwebel. Da ist ein ganzes Meßbuch dabei, aus Altötting, zum Einschlagen von Gurken, und eine Landkarte von Mähren, weiß Gott, ob ich da je hinkomm, sonst ist sie für die Katz, und hier stehts besiegelt, daß mein Schimmel nicht die Maul- und Klauenseuch hat, leider ist er uns umgestanden, er hat fünfzehn Gulden gekostet, aber nicht mich, Gott sei Dank. Ist das genug Papier?

Der Feldwebel: Willst du mich auf den Arm nehmen? Ich werd dir deine Frechheit austreiben. Du weißt, daß du eine Lizenz haben mußt.

Mutter Courage: Reden Sie anständig mit mir und erzählen Sie nicht meinen halbwüchsigen Kindern, daß ich Sie auf den Arm nehmen will, das gehört sich nicht, ich hab nix mit Ihnen. Meine Lizenz beim Zweiten Regiment ist mein anständiges Gesicht, und wenn Sie es nicht lesen können, kann ich nicht helfen. Einen Stempel laß ich mir nicht draufsetzen.

Der Werber: Feldwebel, ich spür einen unbotmäßigen Geist heraus bei der Person. Im Lager da brauchen wir Zucht.

Mutter Courage: Ich dacht Würst.

Der Feldwebel: Name.

Mutter Courage: Anna Fierling.

Der Feldwebel: Also dann heißts ihr alle Fierling?

Mutter Courage: Wieso? Ich heiß Fierling. Die nicht.

Der Feldwebel: Ich denk, das sind alles Kinder von dir?

Mutter Courage: Sind auch, aber heißen sie deshalb alle gleich? *(Auf den älteren Sohn deutend)*: Der zum Beispiel heißt Eilif Nojocki, warum, sein Vater hat immer behauptet, er heißt Kojocki

Helene Weigel in „Mutter Courage und ihre Kinder"
(Aufführung des Berliner Ensembles)

oder Mojocki. Der Junge hat ihn noch gut im Gedächtnis, nur, das war ein anderer, den er im Gedächtnis hat, ein Franzos mit einem Spitzbart. Aber sonst hat er vom Vater die Intelligenz geerbt; der konnt einem Bauern die Hos vom Hintern wegziehn, ohne daß der was gemerkt hat. Und so hat eben jedes von uns seinen Namen.

Der Feldwebel: Was, jedes einen anderen?

Mutter Courage: Sie tun grad, als ob Sie das nicht kennten.

Der Feldwebel: Dann ist der wohl ein Chineser? *(Auf den Jüngeren deutend.)*

Mutter Courage: Falsch geraten. Ein Schweizer.

Der Feldwebel: Nach dem Franzosen?

Mutter Courage: Nach was für einem Franzosen? Ich weiß von keinem Franzosen. Bringen Sies nicht durcheinander, sonst stehn wir am Abend noch da. Ein Schweizer, heißt aber Fejos, ein Name, der nix mit seinem Vater zu tun hat. Der hieß ganz anders und war Festungsbaumeister, nur versoffen.

Schweizerkas nickt strahlend, und auch die stumme Kattrin amüsiert sich.

Der Feldwebel: Wie kann er da Fejos heißen?

Mutter Courage: Ich will Sie nicht beleidigen, aber Phantasie haben Sie nicht viel. Er heißt natürlich Fejos, weil, als er kam, war ich mit einem Ungarn, dem wars gleich, er hatte schon den Nierenschwund, obwohl er nie einen Tropfen angerührt hat, ein sehr redlicher Mensch. Der Junge ist nach ihm geraten.

Der Feldwebel: Aber er war doch gar nicht der Vater?

Mutter Courage: Aber nach ihm ist er geraten. Ich heiß ihn Schweizerkas, warum, er ist gut im Wagenziehen. *(Auf ihre Tochter deutend)*: Die heißt Kattrin Haupt, eine halbe Deutsche.

Der Feldwebel: Eine nette Familie, muß ich sagen.

Mutter Courage: Ja, ich bin durch die ganze Welt gekommen mit meinem Planwagen.

Der Feldwebel: Das wird alles aufgeschrieben. *(Er schreibt auf.)* Du bist aus Bamberg in Bayern, wie kommst du hierher?

Mutter Courage: Ich kann nicht warten, bis der Krieg gefälligst nach Bamberg kommt.

Der Werber: Ihr solltet lieber Jakob Ochs und Esau Ochs heißen, weil ihr doch den Wagen zieht. Aus dem Gespann kommt ihr wohl nie heraus?

Eilif: Mutter, darf ich ihm aufs Maul hauen? Ich möcht gern.

Mutter Courage: Und ich untersags dir, du bleibst stehn. Und jetzt, meine Herren Offiziere, brauchens nicht eine gute Pistolen oder eine Schnall, die Ihre ist schon abgewetzt, Herr Feldwebel.

Der Feldwebel: Ich brauch was andres. Ich seh, die Burschen sind wie die Birken gewachsen, runde Brustkästen, stämmige Haxen: warum drückt sich das vom Heeresdienst, möcht ich wissen?

Mutter Courage (schnell): Nicht zu machen, Feldwebel. Meine Kinder sind nicht für das Kriegshandwerk.

Der Werber: Aber warum nicht? Das bringt Gewinn und bringt Ruhm. Stiefelverramschen ist Weibersache. *(Zu Eilif)*: Tritt einmal vor, laß dich anfühlen, ob du Muskeln hast oder ein Hühnchen bist.

Mutter Courage: Ein Hühnchen ist er. Wenn einer ihn streng anschaut, möcht er umfallen.

Der Werber: Und ein Kalb dabei erschlagen, wenn eins neben ihm stünd. *(Er will ihn wegführen.)*

Mutter Courage: Willst du ihn wohl in Ruhe lassen? Der ist nix für euch.

Der Werber: Er hat mich grob beleidigt und von meinem Mund als einem Maul geredet. Wir zwei gehen dort ins Feld und tragen die Sach aus unter uns Männern.

Eilif: Sei ruhig: Ich besorgs ihm, Mutter.

Mutter Courage: Stehen bleibst! Du Haderlump! Ich kenn dich, nix wie raufen. Ein Messer hat er im Stiefel, stechen tut er.

Der Werber: Ich ziehs ihm aus wie einen Milchzahn, komm, Bürschchen.

Mutter Courage: Herr Feldwebel, ich sags dem Obristen. Der steckt euch ins Loch. Der Leutnant ist ein Freier meiner Tochter.

Der Feldwebel: Keine Gewalt, Bruder. *(Zu Mutter Courage)*: Was hast du gegen den Heeresdienst? War sein Vater nicht Soldat? Und ist anständig gefallen? Das hast du selber gesagt.

Mutter Courage: Er ist ein ganzes Kind. Ihr wollt ihn mir zur Schlachtbank führen, ich kenn euch. Ihr kriegt fünf Gulden für ihn.

Der Werber: Zunächst kriegt er eine schöne Kappe und Stulpenstiefel, nicht?

Eilif: Nicht von dir.

Mutter Courage: Komm, geh mit angeln, sagte der Fischer zum Wurm. *(Zum Schweizerkas)*: Lauf weg und schrei, die wollen deinen Bruder stehlen. *(Sie zieht ein Messer.)* Probierts nur und stehlt ihn. Ich stech euch nieder, Lumpen. Ich werds euch geben,

Krieg mit ihm führen! Wir verkaufen ehrlich Leinen und Schinken und sind friedliche Leut.

Der Feldwebel: Das sieht man an deinem Messer, wie friedlich ihr seid. Überhaupt sollst du dich schämen, gib das Messer weg, Vettel! Vorher hast du eingestanden, du lebst vom Krieg, denn wie willst du sonst leben, von was? Aber wie soll Krieg sein, wenn es keine Soldaten gibt?

Mutter Courage: Das müssen nicht meine sein.

Der Feldwebel: So, den Butzen soll dein Krieg fressen, und die Birne soll er ausspucken! Deine Brut soll dir fett werden vom Krieg, und ihm gezinst wird nicht. Er kann schauen, wie er zu seine Sach kommt, wie? Heißt dich Courage, he? Und fürchtest den Krieg, deinen Brotgeber? Deine Söhne fürchten ihn nicht, das weiß ich von ihnen.

Eilif: Ich fürcht kein Krieg.

Der Feldwebel: Und warum auch? Schaut mich an: ist mir das Soldatenlos schlecht bekommen? Ich war mit siebzehn dabei.

Mutter Courage: Du bist noch nicht siebzig.

Der Feldwebel: Ich kanns erwarten.

Mutter Courage: Ja, unterm Boden vielleicht.

Der Feldwebel: Willst du mich beleidigen und sagst, ich sterb?

Mutter Courage: Und wenns die Wahrheit ist? Wenn ich seh, daß du gezeichnet bist? Wenn du dreinschaust wie eine Leich auf Urlaub, he?

Schweizerkas: Sie hat das Zweite Gesicht, das sagen alle. Sie sagt die Zukunft voraus.

Der Werber: Dann sag doch mal dem Herrn Feldwebel die Zukunft voraus, es möcht ihn amüsieren.

Der Feldwebel: Ich halt nix davon.

Mutter Courage: Gib den Helm.

Er gibt ihn ihr.

Der Feldwebel: Das bedeutet nicht so viel wie ins Gras scheißen. Nur daß ich was zum Lachen hab.

Mutter Courage (nimmt einen Pergamentbogen und zerreißt ihn): Eilif, Schweizerkas und Kattrin, so möchten wir alle zerrissen werden, wenn wir uns in 'n Krieg zu tief einlassen täten. *(Zum Feldwebel)*: Ich werds Ihnen ausnahmsweise gratis machen. Ich mal ein schwarzes Kreuz auf den Zettel. Schwarz ist der Tod.

Schweizerkas: Und den anderen läßt sie leer, siehst du?

Mutter Courage: Da falt ich sie zusammen, und jetzt schüttel ich sie durcheinander. Wie wir alle gemischt sind, von Mutterleib an, und jetzt ziehst du und weißt Bescheid.

Der Feldwebel zögert.

Der Werber (zu Eilif): Ich nehm nicht jeden, ich bin bekannt für wählerisch, aber du hast ein Feuer, das mich angenehm berührt.

Der Feldwebel (im Helm fischend): Blödheit! Nix als ein Augenauswischen.

Schweizerkas: Ein schwarzes Kreuz hat er gezogen. Hin geht er.

Der Werber: Laß du dich nicht ins Boxhorn jagen, für jeden ist keine Kugel gegossen.

Der Feldwebel (heiser): Du hast mich beschissen.

Mutter Courage: Das hast du dich selber an dem Tag, wo du Soldat geworden bist. Und jetzt fahrn wir weiter, es ist nicht alle Tag Krieg, ich muß mich tummeln.

Der Feldwebel: Hölle und Teufel, ich laß mich von dir nicht anschmieren. Deinen Bankert nehmen wir mit, der wird uns Soldat.

Eilif: Ich möchts schon werden, Mutter.

Mutter Courage: Das Maul hältst du, du finnischer Teufel.

Eilif: Der Schweizerkas will jetzt auch Soldat werden.

Mutter Courage: Das ist mir was Neues. Ich werd euch auch das Los ziehen lassen müssen, euch alle drei. *(Sie läuft nach hinten, auf Zettel Kreuze zu malen.)*

Der Werber (zu Eilif): Es ist gegen uns gesagt worden, daß es fromm zugeht im schwedischen Lager, aber das ist üble Nachred, damit man uns schadet. Gesungen wird nur am Sonntag, eine Stroph! und nur, wenn einer eine Stimm hat.

Mutter Courage (kommt zurück mit den Zetteln im Helm des Feldwebels): Möchten ihrer Mutter weglaufen, die Teufel, und in den Krieg wie die Kälber zum Salz. Aber ich werd die Zettel befragen, und da werden sie schon sehen, daß die Welt kein Freudental ist, mit „Komm mit, Sohn, wir brauchen noch Feldhauptleut". Feldwebel, ich hab wegen ihnen die größten Befürchtungen, sie möchten mir nicht durch den Krieg kommen. Sie haben schreckliche Eigenschaften, alle drei. *(Sie streckt Eilif den Helm hin.)* Da, fisch dir dein Los raus. *(Er fischt, faltet auf. Sie entreißt es ihm.)* Da hast dus, ein Kreuz! Oh, ich unglückliche Mutter, ich schmerzensreiche Gebärerin. Er stirbt? Im Lenz des Lebens muß er dahin. Wenn er ein Soldat wird, muß er ins Gras beißen, das ist klar. Er ist zu kühn, nach seinem Vater. Und wenn er nicht klug ist, geht er den Weg des Fleisches, der Zettel beweist es. *(Sie herrscht ihn an)*: Wirst du klug sein?

Eilif: Warum nicht?

Mutter Courage: Klug ist, wenn du bei deiner Mutter bleibst, und wenn sie dich verhöhnen und ein Hühnchen schimpfen, lachst du nur.

Der Werber: Wenn du dir in die Hosen machst, werd ich mich an deinen Bruder halten.

Mutter Courage: Ich hab dir geheißen, du sollst lachen. Lach! Und jetzt fisch du, Schweizerkas. Bei dir fürcht ich weniger, du bist redlich. *(Er fischt im Helm.)* Oh, warum schaust du so sonderbar auf den Zettel? Bestimmt ist er leer. Es kann nicht sein, daß da ein Kreuz drauf steht. Dich soll ich doch nicht verlieren. *(Sie nimmt den Zettel.)* Ein Kreuz? Auch er! Sollte das etwa sein, weil er so einfältig ist? Oh, Schweizerkas, du sinkst auch dahin, wenn du nicht ganz und gar redlich bist allezeit, wie ichs dir gelehrt hab von Kindesbeinen an, und mir das Wechselgeld zurückbringst vom Brotkaufen. Nur dann kannst du dich retten. Schau her, Feldwebel, obs nicht ein schwarzes Kreuz ist?

Der Feldwebel: Ein Kreuz ists. Ich versteh nicht, daß ich eins gezogen hab. Ich halt mich immer hinten. *(Zum Werber)*: Sie treibt keinen Schwindel. Es trifft ihre eigenen auch.

Schweizerkas: Mich triffts auch. Aber ich laß mirs gesagt sein.

Mutter Courage (zu Kattrin): Und jetzt bleibst mir nur noch du sicher, du bist selber ein Kreuz: du hast ein gutes Herz. *(Sie hält ihr den Helm zum Wagen hoch, nimmt aber selber den Zettel heraus.)* Ich möcht schier verzweifeln. Das kann nicht stimmen, vielleicht hab ich einen Fehler gemacht beim Mischen. Sei nicht zu gutmütig, Kattrin, seis nie mehr, ein Kreuz steht auch über deinem Weg. Halt dich immer recht still, das kann nicht schwer sein, wo du doch stumm bist. So, jetzt wißt ihr. Seid alle vorsichtig, ihr habts nötig. Und jetzt steigen wir auf und fahren weiter. *(Sie gibt dem Feldwebel seinen Helm zurück und besteigt den Wagen.)*

Der Werber (zum Feldwebel): Mach was!

Der Feldwebel: Ich fühl mich gar nicht wohl.

Der Werber: Vielleicht hast du dich schon verkühlt, wie du den Helm weggegeben hast im Wind. Verwickel sie in einen Handel. *(Laut)*: Du kannst dir die Schnalle ja wenigstens anschauen, Feldwebel. Die guten Leut leben vom Geschäft, nicht? He, ihr, der Feldwebel will die Schnalle kaufen!

Mutter Courage: Einen halben Gulden. Wert ist so eine Schnall zwei Gulden. *(Sie klettert wieder vom Wagen.)*

Der Feldwebel: Sie ist nicht neu. Da ist so ein Wind, ich muß sie in Ruh studieren. *(Er geht mit der Schnalle hinter den Wagen.)*

Mutter Courage: Ich finds nicht zugig.

Der Feldwebel: Vielleicht ist sie einen halben Gulden wert, es ist Silber.

Mutter Courage (geht zu ihm hinter den Wagen): Es sind solide sechs Unzen.

Der Werber (zu Eilif): Und dann heben wir einen unter Männern. Ich hab Handgeld bei mir, komm. *(Eilif steht unschlüssig.)*

Mutter Courage: Dann ein halber Gulden.

Der Feldwebel: Ich verstehs nicht. Immer halt ich mich dahint. Einen sichereren Platz, als wenn du Feldwebel bist, gibts nicht. Da kannst du die andern vorschicken, daß sie sich Ruhm erwerben. Mein ganzes Mittag ist mir versaut. Ich weiß genau, nix werd ich hinunterbringen.

Mutter Courage: So sollst du dirs nicht zu Herzen nehmen, daß du nicht mehr essen kannst. Halt dich nur dahint. Da, nimm einen Schluck Schnaps, Mann. *(Sie gibt ihm zu trinken.)*

Der Werber (hat Eilif untern Arm genommen und zieht ihn nach hinten mit sich fort): Zehn Gulden auf die Hand, und ein mutiger Mensch bist du und kämpfst für den König, und die Weiber reißen sich um dich. Und mich darfst du in die Fresse hauen, weil ich dich beleidigt hab. *(Beide ab.)*

Die stumme Kattrin springt vom Wagen und stößt rauhe Laute aus.

Mutter Courage: Gleich, Kattrin, gleich. Der Herr Feldwebel zahlt noch. *(Beißt in den halben Gulden.)* Ich bin mißtrauisch gegen jedes Geld. Ich bin ein gebranntes Kind, Feldwebel. Aber die Münze ist gut. Und jetzt fahrn wir weiter. Wo ist der Eilif?

Schweizerkas: Der ist mitm Werber weg.

Mutter Courage (steht ganz still, dann): Du einfältiger Mensch. *(Zu Kattrin)*: Ich weiß, du kannst nicht reden, du bist unschuldig.

Der Feldwebel: Kannst selber einen Schluck nehmen, Mutter. So geht es eben. Soldat ist nicht das Schlechteste. Du willst vom Krieg leben, aber dich und die Deinen willst du draußen halten, wie?

Mutter Courage: Jetzt mußt du mit deinem Bruder ziehn, Kattrin.

Die beiden, Bruder und Schwester, spannen sich vor den Wagen und ziehen an. Mutter Courage geht nebenher. Der Wagen rollt weiter.

Der Feldwebel (nachblickend):
Will vom Krieg leben
Wird ihm wohl müssen auch was geben.

2

In den Jahren 1625 und 26 zieht Mutter Courage im Troß der schwedischen Heere durch Polen. Vor der Festung Wallhof trifft sie ihren Sohn wieder. – Glücklicher Verkauf eines Kapauns und große Tage des kühnen Sohnes.

Das Zelt des Feldhauptmanns. Daneben die Küche. Kanonendonner. Der Koch streitet sich mit Mutter Courage, die einen Kapaun verkaufen will.

Der Koch: Sechzig Heller für einen so jämmerlichen Vogel?
Mutter Courage: Jämmerlicher Vogel? Dieses fette Vieh? Dafür soll ein Feldhauptmann, wo verfressen ist bis dorthinaus, weh Ihnen, wenn Sie nix zum Mittag haben, nicht sechzig Hellerchen zahlen können?
Der Koch: Solche krieg ich ein Dutzend für zehn Heller gleich ums Eck.
Mutter Courage: Was, so einen Kapaun wollen Sie gleich ums Eck kriegen? Wo Belagerung ist und also ein Hunger, daß die Schwarten krachen! Eine Feldratt kriegen Sie vielleicht, vielleicht sag ich, weil die aufgefressen sind, fünf Mann hoch sind sie einen halben Tag hinter einer hungrigen Feldratt her. Fünfzig Heller für einen riesigen Kapaun bei Belagerung.
Der Koch: Wir werden doch nicht belagert, sondern die andern. Wir sind die Belagerer, das muß in Ihren Kopf endlich hinein.
Mutter Courage: Aber zu fressen haben wir auch nix, ja weniger als die in der Stadt drin. Die haben doch alles hineingeschleppt. Die leben in Saus und Braus, hör ich. Aber wir! Ich war bei die Bauern, sie haben nix.
Der Koch: Sie haben. Sie versteckens.
Mutter Courage (triumphierend): Sie haben nicht. Sie sind ruiniert, das ist, was sie sind. Sie nagen am Hungertuch. Ich hab welche gesehn, die graben die Wurzeln aus vor Hunger, die schlecken

sich die Finger nach einem gekochten Lederriemen. So steht es. Und ich hab einen Kapaun und soll ihn für vierzig Heller ablassen.

Der Koch: Für dreißig, nicht für vierzig. Ich habe gesagt für dreißig.

Mutter Courage: Sie, das ist kein gewöhnlicher Kapaun. Das war ein so talentiertes Vieh, hör ich, daß es nur gefressen hat, wenn sie ihm Musik aufgespielt haben, und es hat einen Leibmarsch gehabt. Es hat rechnen können, so intelligent war es. Und da solln vierzig Heller zuviel sein? Der Feldhauptmann wird Ihnen den Kopf abreißen, wenn nix aufm Tisch steht.

Der Koch: Sehen Sie, was ich mach? *(Er nimmt ein Stück Rindfleisch und setzt das Messer dran.)* Da hab ich ein Stück Rindfleisch, das brat ich. Ich geb Ihnen eine letzte Bedenkzeit.

Mutter Courage: Braten Sies nur. Das ist vom vorigen Jahr.

Der Koch: Das ist von gestern abend, da ist der Ochs noch herumgelaufen, ich hab ihn persönlich gesehn.

Mutter Courage: Dann muß er schon bei Lebzeiten gestunken haben.

Der Koch: Ich kochs fünf Stunden lang, wenns sein muß, ich will sehn, obs da noch hart ist. *(Er schneidet hinein.)*

Mutter Courage: Nehmens viel Pfeffer, daß der Herr Feldhauptmann den Gestank nicht riecht.

Ins Zelt treten der Feldhauptmann, ein Feldprediger und Eilif.

Der Feldhauptmann (Eilif auf die Schulter schlagend): Nun, mein Sohn, herein mit dir zu deinem Feldhauptmann und setz dich zu meiner Rechten. Denn du hast eine Heldentat vollbracht, als frommer Streiter, und für Gott getan, was du getan hast, in einem Glaubenskrieg, das rechne ich dir besonders hoch an, mit einer goldenen Armspang, sobald ich die Stadt hab. Wir sind gekommen, ihnen ihre Seelen zu retten, und was tun sie, als unverschämte und verdreckte Saubauern? Uns ihr Vieh wegtreiben! Aber ihren Pfaffen schieben sies vorn und hinten rein, aber du hast ihnen Mores gelehrt. Da schenk ich dir eine Kanne Roten ein, das trinken wir beide aus auf einen Hupp! *(Sie tun es.)* Der Feldprediger kriegt einen Dreck, der ist fromm. Und was willst du zu Mittag, mein Herz?

Eilif: Einen Fetzen Fleisch, warum nicht?

Der Feldhauptmann: Koch, Fleisch!

Der Koch: Und dann bringt er sich noch Gäst mit, wo nix da ist.

Mutter Courage bringt ihn zum Schweigen, da sie lauschen will.

Eilif: Bauernschinden macht hungrig.
Mutter Courage: Jesus, das ist mein Eilif.
Der Koch: Wer?
Mutter Courage: Mein Ältester. Zwei Jahr hab ich ihn aus den Augen verloren, ist mir gestohlen worden auf der Straß und muß in hoher Gunst stehen, wenn ihn der Feldhauptmann zum Essen einlädt, und was hast du zum Essen? Nix! Hast du gehört, was er als Gast gern speisen will: Fleisch! Laß dir gut raten, nimm jetzt auf der Stell den Kapaun, er kostet einen Gulden.
Der Feldhauptmann (hat sich mit Eilif und dem Feldprediger gesetzt und brüllt): Zu essen, Lamb, du Kochbestie, sonst erschlag ich dich.
Der Koch: Gib her, zum Teufel, du Erpresserin.
Mutter Courage: Ich dacht, es ist ein jämmerlicher Vogel.
Der Koch: Jämmerlich, her gib ihn, es ist ein Sündenpreis, fünfzig Heller.
Mutter Courage: Ich sag einen Gulden. Für meinen Ältesten, den lieben Gast vom Herrn Feldhauptmann, ist mir nix zu teuer.
Der Koch (gibt ihr das Geld): Dann aber rupft ihn wenigstens, bis ich ein Feuer mach.
Mutter Courage (setzt sich, den Kapaun zu rupfen): Was mag der für ein Gesicht machen, wenn er mich sieht. Er ist mein kühner und kluger Sohn. Ich hab noch einen dummen, der aber redlich ist. Die Tochter ist nix. Wenigstens red sie nicht, das ist schon etwas.
Der Feldhauptmann: Trink noch einen, mein Sohn, das ist mein Lieblingsfalerner, ich hab nur noch ein Faß davon oder zwei, höchstens, aber das ists mir wert, daß ich seh, es gibt noch einen echten Glauben in meinem Heerhaufen. Und der Seelenhirt schaut wieder zu, weil er predigt nur, und wies gemacht werden soll, weiß er nicht. Und jetzt, mein Sohn Eilif, bericht uns genauer, wie fein du die Bauern geschlenkt und die zwanzig Rinder gefangen hast. Hoffentlich sind sie bald da.
Eilif: In einem Tag oder zwei höchstens.
Mutter Courage: Das ist rücksichtsvoll von meinem Eilif, daß er die Ochsen erst morgen eintreibt, sonst hättet ihr meinen Kapaun überhaupt nicht mehr gegrüßt.
Eilif: Also, das war so: Ich hab erfahren, daß die Bauern unter der Hand, in der Nacht hauptsächlich, ihre versteckten Ochsen aus den Wäldern in ein bestimmtes Holz getrieben haben. Da wollten die von der Stadt sie abholen. Ich hab sie ruhig ihre

Ochsen eintreiben lassen, die, dacht ich, finden sie leichter als ich. Meine Leut habe ich glustig auf das Fleisch gemacht, hab ihnen zwei Tag lang die schmale Ration noch gekürzt, daß ihnen das Wasser im Maul zusammengelaufen ist, wenn sie bloß ein Wort gehört haben, das mit Fl angeht, wie Fluß.

Der Feldhauptmann: Das war klug von dir.

Eilif: Vielleicht. Alles andere war eine Kleinigkeit. Nur daß die Bauern Knüppel gehabt haben und dreimal so viele waren wie wir und einen mörderischen Überfall auf uns gemacht haben. Vier haben mich in ein Gestrüpp gedrängt und mir mein Eisen aus der Hand gehaun und gerufen: Ergib dich! Was tun, denk ich, die machen aus mir Hackfleisch.

Der Feldhauptmann: Was hast getan?

Eilif: Ich hab gelacht.

Der Feldhauptmann: Was hast?

Eilif: Gelacht. So ist ein Gespräch draus geworden. Ich verleg mich gleich aufs Handeln und sag: zwanzig Gulden für den Ochsen ist mir zu viel. Ich biet fünfzehn. Als wollt ich zahlen. Sie sind verdutzt und kratzen sich die Köpf. Sofort bück ich mich nach meinem Eisen und hau sie zusammen. Not kennt kein Gebot, nicht?

Der Feldhauptmann: Was sagst du dazu, Seelenhirt?

Der Feldprediger: Strenggenommen, in der Bibel steht der Satz nicht, aber unser Herr hat aus fünf Broten fünfhundert herzaubern können, da war eben keine Not, und da konnt er auch verlangen, daß man seinen Nächsten liebt, denn man war satt. Heutzutage ist das anders.

Der Feldhauptmann (lacht): Ganz anders. Jetzt kriegst du doch einen Schluck, du Pharisäer. *(Zu Eilif)*: Zusammengehauen hast du sie, so ists recht, damit meine braven Leut ein gutes Stückl zwischen die Zähn kriegen. Heißts nicht in der Schrift: Was du dem geringsten von meinen Brüdern getan hast, hast du mir getan? Und was hast du ihnen getan? Eine gute Mahlzeit von Ochsenfleisch hast du ihnen verschafft, denn schimmliges Brot sind sie nicht gewöhnt, sondern früher haben sie sich in der Sturmhaub ihre kalten Schalen von Semmel und Wein hergericht, vor sie für Gott gestritten haben.

Eilif: Ja, sofort bück ich mich nach meinem Eisen und hau sie zusammen.

Der Feldhauptmann: In dir steckt ein junger Cäsar. Du solltest den König sehn.

Eilif: Ich hab von weitem. Er hat was Lichtes. Ihn möcht ich mir zum Vorbild nehmen.

Der Feldhauptmann: Du hast schon was von ihm. Ich schätz mir einen solchen Soldaten wie dich, Eilif, einen mutigen. So einen behandel ich wie meinen eigenen Sohn. *(Er führt ihn zur Landkarte.)* Schau dir die Lage an, Eilif; da brauchts noch viel.

Mutter Courage (die zugehört hat und jetzt zornig ihren Kapaun rupft): Das muß ein sehr schlechter Feldhauptmann sein.

Der Koch: Ein verfressener, aber warum ein schlechter?

Mutter Courage: Weil er mutige Soldaten braucht, darum. Wenn er einen guten Feldzugsplan machen könnt, wozu bräucht er da so mutige Soldaten? Gewöhnliche täten ausreichen. Überhaupt, wenn es wo so große Tugenden gibt, das beweist, daß da etwas faul ist.

Der Koch: Ich dacht, es beweist, daß etwas gut ist.

Mutter Courage: Nein, daß etwas faul ist. Warum? Wenn ein Feldhauptmann oder König recht dumm ist und er führt seine Leut in die Scheißgaß, dann brauchts Todesmut bei den Leuten, auch eine Tugend. Wenn er zu geizig ist und zuwenig Soldaten anwirbt, dann müssen sie lauter Herkulesse sein. Und wenn er ein Schlamper ist und kümmert sich um nix, dann müssen sie klug wie die Schlangen sein, sonst sind sie hin. So brauchts auch die ganz besondere Treue, wenn er ihnen immer zuviel zumutet. Lauter Tugenden, die ein ordentliches Land und ein guter König und Feldhauptmann nicht brauchen. In einem guten Land brauchts keine Tugenden, alle können ganz gewöhnlich sein, mittelgescheit und meinetwegen Feiglinge.

Der Feldhauptmann: Ich wett, dein Vater war ein Soldat.

Eilif: Ein großer, hör ich. Meine Mutter hat mich gewarnt deshalb. Da kann ich ein Lied.

Der Feldhauptmann: Sings uns! *(Brüllend)*: Wirds bald mit dem Essen!

Eilif: Es heißt: Das Lied vom Weib und dem Soldaten.

(Er singt es, einen Kriegstanz mit dem Säbel tanzend):

Das Schießgewehr schießt, und das Spießmesser spießt
Und das Wasser frißt auf, die drin waten.
Was könnt ihr gegen Eis? Bleib weg, 's ist nicht weis!
Sagte das Weib zum Soldaten.
Doch der Soldat mit der Kugel im Lauf
Hörte die Trommel und lachte darauf:

Marschieren kann nimmermehr schaden!
Hinab nach dem Süden, nach dem Norden hinauf
Und das Messer fängt er mit Händen auf!
Sagten zum Weib die Soldaten.

Ach, bitter bereut, wer des Weisen Rat scheut
Und vom Alter sich nicht läßt beraten.
Ach, zu hoch nicht hinaus! Es geht übel aus!
Sagte das Weib zum Soldaten.
Doch der Soldat mit dem Messer im Gurt
Lacht' ihr kalt ins Gesicht und ging über die Furt
Was konnte das Wasser ihm schaden?
Wenn weiß der Mond überm Schindeldach steht
Kommen wir wieder, nimms auf ins Gebet!
Sagten zum Weib die Soldaten.

Mutter Courage (in der Küche singt weiter, mit dem Löffel einen Topf schlagend):

Ihr vergeht wie der Rauch! Und die Wärme geht auch
Und uns wärmen nicht eure Taten!
Ach, wie schnell geht der Rauch! Gott behüte ihn auch!
Sagte das Weib vom Soldaten.

Eilif: Was ist das?
Mutter Courage (singt weiter):

Und der Soldat mit dem Messer im Gurt
Sank hin mit dem Spieß, und mit riß ihn die Furt
Und das Wasser fraß auf, die drin waten.
Kühl stand der Mond überm Schindeldach weiß
Doch der Soldat trieb hinab mit dem Eis
Und was sagten dem Weib die Soldaten?

Er verging wie der Rauch, und die Wärme ging auch
Und es wärmten sie nicht seine Taten.
Ach, bitter bereut, wer des Weisen Rat scheut
Sagte das Weib den Soldaten.

Der Feldhauptmann: Die erlauben sich heut allerhand in meiner Küch.
Eilif (ist in die Küche gegangen. Er umarmt seine Mutter): Daß ich dich wiederseh! Wo sind die andern?

Mutter Courage (in seinen Armen): Wohlauf wie die Fisch im Wasser. Der Schweizerkas ist Zahlmeister beim Zweiten geworden; da kommt er mir wenigstens nicht ins Gefecht, ganz konnt ich ihn nicht heraushalten.

Eilif: Und was macht dein Fußwerk?

Mutter Courage: Am Morgen komm ich halt schwer in die Schuh.

Der Feldhauptmann (ist dazugetreten): So, du bist die Mutter. Ich hoff, du hast noch mehr Söhn für mich wie den da.

Eilif: Wenn das nicht mein Glück ist: sitzt du da in der Küch und hörst, wie dein Sohn ausgezeichnet wird!

Mutter Courage: Ja, ich habs gehört. *(Sie gibt ihm eine Ohrfeige.)*

Eilif (sich die Backe haltend): Weil ich die Ochsen gefangen hab?

Mutter Courage: Nein. Weil du dich nicht ergeben hast, wie die vier auf dich losgegangen sind und haben aus dir Hackfleisch machen wollen! Hab ich dir nicht gelernt, daß du auf dich achtgeben sollst? Du finnischer Teufel!

Der Hauptmann und der Feldprediger stehen lachend in der Tür.

3

Weitere drei Jahre später gerät Mutter Courage mit Teilen eines finnischen Regiments in die Gefangenschaft. Ihre Tochter ist zu retten, ebenso ihr Planwagen, aber ihr redlicher Sohn stirbt.

Feldlager. Nachmittag. An einer Stange die Regimentsfahne. Mutter Courage hat von ihrem Planwagen, der reich mit allerhand Waren behangen ist, zu einer großen Kanone eine Wäscheleine gespannt und faltet mit Kattrin auf der Kanone Wäsche. Dabei handelt sie mit einem Zeugmeister um einen Sack Kugeln. Schweizerkas, nunmehr in der Montur eines Zahlmeisters, schaut zu.

Eine hübsche Person, Yvette Pottier, näht, ein Glas Branntwein vor sich, an einem bunten Hut. Sie ist in Strümpfen, ihre roten Stöckelschuhe stehen neben ihr.

Der Zeugmeister: Ich geb Ihnen die Kugeln für zwei Gulden. Das ist billig, ich brauch das Geld, weil der Obrist seit zwei Tag mit die Offizier sauft und der Likör ausgegangen ist.

Mutter Courage: Das ist Mannschaftsmunition. Wenn die gefunden wird bei mir, komm ich vors Feldgericht. Ihr verkaufts die Kugeln, ihr Lumpen, und die Mannschaft hat nix zum Schießen vorm Feind.

Der Zeugmeister: Sinds nicht hartherzig, eine Hand wäscht die andre.

Mutter Courage: Heeresgut nehm ich nicht. Nicht für den Preis.

Der Zeugmeister: Sie könnens für fünf Gulden, sogar für acht noch heut abend diskret an den Zeugmeister vom Vierten verkaufen, wenns ihm eine Quittung auf zwölf Gulden ausstellen. Der hat überhaupt keine Munition mehr.

Mutter Courage: Warum machens das nicht selber?

Der Zeugmeister: Weil ich ihm nicht trau, wir sind befreundet.

Mutter Courage (nimmt den Sack): Gib her. *(Zu Kattrin)*: Trag hinter und zahl ihm eineinhalb Gulden aus. *(Auf des Zeugmeisters Protest)*: Ich sag, eineinhalb Gulden. *(Kattrin schleppt den Sack hinter, der Zeugmeister folgt ihr. Mutter Courage zum Schweizerkas)*: Da hast du deine Unterhos zurück, heb sie gut auf, es ist jetzt Oktober, und da kanns leicht Herbst werden, ich sag ausdrücklich nicht muß, denn ich hab gelernt, nix muß kommen, wie man denkt, nicht einmal die Jahreszeiten. Aber deine Regimentskass muß stimmen, wies auch kommt. Stimmt deine Kass?

Schweizerkas: Ja, Mutter.

Mutter Courage: Vergiß nicht, daß sie dich zum Zahlmeister gemacht haben, weil du redlich bist und nicht etwa kühn wie dein Bruder, und vor allem, weil du so einfältig bist, daß du sicher nicht auf den Gedanken kommst, damit wegzurennen, du nicht. Das beruhigt mich recht. Und die Hos verleg nicht.

Schweizerkas: Nein, Mutter, ich geb sie unter die Matratz. *(Will gehn.)*

Der Zeugmeister: Ich geh mit dir, Zahlmeister.

Mutter Courage: Und lernens ihm nicht Ihre Kniffe!

Der Zeugmeister ohne Gruß mit dem Schweizerkas ab.

Yvette (winkt ihm nach): Könntest auch grüßen, Zeugmeister!

Mutter Courage (zu Yvette): Die seh ich nicht gern zusammen. Der ist keine Gesellschaft für meinen Schweizerkas. Aber der Krieg läßt sich nicht schlecht an. Bis alle Länder drin sind, kann er vier, fünf Jahre dauern wie nix. Ein bissel Weitblick und keine Unvorsichtigkeit, und ich mach gute Geschäft. Weißt du nicht, daß du nicht trinken sollst am Vormittag mit deiner Krankheit?

Yvette: Wer sagt, daß ich krank bin, das ist eine Verleumdung!

Mutter Courage: Alle sagens.

Yvette: Weil alle lügen. Mutter Courage, ich bin ganz verzweifelt, weil alle gehen um mich herum wie um einen faulen Fisch wegen dieser Lügen, wozu richt ich noch meinen Hut her? *(Sie wirft ihn weg)*. Drum trink ich am Vormittag, das hab ich nie gemacht, es gibt Krähenfüß, aber jetzt ist alles gleich. Beim Zweiten Finnischen kennen mich alle. Ich hätt zu Haus bleiben sollen, wie mein Erster mich verraten hat. Stolz ist nix für unsereinen, Dreck muß man schlucken können, sonst gehts abwärts.

Mutter Courage: Nur fang jetzt nicht wieder mit deinem Pieter an und wie alles gekommen ist, vor meiner unschuldigen Tochter.

Yvette: Grad soll sies hören, damit sie abgehärtet wird gegen die Liebe.

Mutter Courage: Da wird keine abgehärtet.

Yvette: Dann erzähl ichs, weil mir davon leichter wird. Es fangt damit an, daß ich in dem schönen Flandern aufgewachsen bin, ohne das hätt ich ihn nicht zu Gesicht bekommen und säß nicht hier jetzt in Polen, denn er war ein Soldatenkoch, blond, ein Holländer, aber mager. Kattrin, hüt dich vor den Mageren, aber das wußt ich damals noch nicht, auch nicht, daß er schon damals noch eine andere gehabt hat und sie ihn überhaupt schon Pfeifenpieter genannt haben, weil er die Pfeif nicht aus dem Maul genommen hat dabei, so beiläufig wars bei ihm. *(Sie singt das Lied vom Fraternisieren)*:

Ich war erst siebzehn Jahre
Da kam der Feind ins Land.
Er legte beiseit den Säbel
Und gab mir freundlich seine Hand.
Und nach der Maiandacht
Da kam die Maiennacht.
Das Regiment stand im Geviert
Dann wurd getrommelt, wies der Brauch
Dann nahm der Feind uns hintern Strauch
Und hat fraternisiert.

Da waren viele Feinde
Und mein Feind war ein Koch
Ich haßte ihn bei Tage
Und nachts, da liebte ich ihn doch.

Denn nach der Maiandacht
Da kommt die Maiennacht.
Das Regiment steht im Geviert
Dann wird getrommelt, wies der Brauch
Dann nimmt der Feind uns hintern Strauch
Und's wird fraternisiert.

Die Liebe, die ich spürte
War eine Himmelsmacht.
Meine Leut habens nicht begriffen
Daß ich ihn lieb und nicht veracht.
In einer trüben Früh
Begann mein Qual und Müh.
Das Regiment stand im Geviert
Dann wurd getrommelt, wies der Brauch
Dann ist der Feind, mein Liebster auch
Aus unsrer Stadt marschiert.

Ich bin ihm leider nachgefahren, hab ihn aber nie getroffen, es ist fünf Jahre her. *(Sie geht schwankend hinter den Planwagen.)*

Mutter Courage: Du hast deinen Hut liegenlassen.

Yvette: Den kann haben, wer will.

Mutter Courage: Laß dirs also zur Lehre dienen, Kattrin. Nie fang mir was mit Soldatenvolk an. Die Liebe ist eine Himmelsmacht, ich warn dich. Sogar mit die, wo nicht beim Heer sind, ists kein Honigschlecken. Er sagt, er möcht den Boden küssen, über den deine Füß gehn, hast du sie gewaschen gestern, weil ich grad dabei bin, und dann bist du sein Dienstbot. Sei froh, daß du stumm bist, da widersprichst du dir nie oder willst dir nie die Zung abbeißen, weil du die Wahrheit gesagt hast, das ist ein Gottesgeschenk, Stummsein. Und da kommt der Koch vom Feldhauptmann, was mag der wollen?

Der Koch und der Feldprediger kommen.

Der Feldprediger: Ich bring Ihnen eine Botschaft von Ihrem Sohn, dem Eilif, und der Koch ist gleich mitgekommen, auf den haben Sie Eindruck gemacht.

Der Koch: Ich bin nur mitgekommen, ein bissel Luft schnappen.

Mutter Courage: Das können Sie immer hier, wenn Sie sich anständig aufführen, und auch sonst, ich werd fertig mit euch. Was will er denn, ich hab kein Geld übrig.

Der Feldprediger: Eigentlich sollt ich dem Bruder was ausrichten, dem Herrn Zahlmeister.

Mutter Courage: Der ist nicht mehr hier und woanders auch nicht. Der ist nicht seinem Bruder sein Zahlmeister. Er soll ihn nicht in Versuchung führen und gegen ihn klug sein. *(Gibt ihm Geld aus der umgehängten Tasche.)* Geben Sie ihm das, es ist eine Sünde, er spekuliert auf die Mutterliebe und soll sich schämen.

Der Koch: Nicht mehr lang, dann muß er aufbrechen mit dem Regiment, wer weiß, vielleicht in den Tod. Sie sollten noch was zulegen, hinterher bereuen Sies. Ihr Weiber seid hart, aber hinterher bereut ihr. Ein Gläschen Branntwein hätt seinerzeit nix ausgemacht, ist aber nicht gegeben worden, und wer weiß, dann liegt einer unterm grünen Rasen, und ihr könnt ihn euch nicht mehr ausscharren.

Der Feldprediger: Werden Sie nicht gerührt, Koch. In dem Krieg fallen ist eine Gnad und keine Ungelegenheit, warum? Es ist ein Glaubenskrieg. Kein gewöhnlicher, sondern ein besonderer, wo für den Glauben geführt wird, und also Gott wohlgefällig.

Der Koch: Das ist richtig. In einer Weis ist es ein Krieg, indem daß gebrandschatzt, gestochen und geplündert wird, bissel schänden nicht zu vergessen, aber unterschieden von alle andern Kriege dadurch, daß es ein Glaubenskrieg ist, das ist klar. Aber er macht auch Durst, das müssen Sie zugeben.

Der Feldprediger (zu Mutter Courage, auf den Koch zeigend): Ich hab ihn abzuhalten versucht, aber er hat gesagt, Sie habens ihm angetan, er träumt von Ihnen.

Der Koch (zündet sich eine Stummelpfeife an): Bloß daß ich ein Glas Branntwein krieg von schöner Hand, nix Schlimmeres. Aber ich bin schon geschlagen genug, weil der Feldprediger den ganzen Wegher solche Witze gemacht hat, daß ich noch jetzt rot sein muß.

Mutter Courage: Und im geistlichen Gewand! Ich werd euch was zu trinken geben müssen, sonst macht ihr mir noch einen unsittlichen Antrag vor Langeweil.

Der Feldprediger: Das ist eine Versuchung, sagte der Hofprediger und erlag ihr. *(Im Gehen sich nach Kattrin umwendend)*: Und wer ist diese einnehmende Person?

Mutter Courage: Das ist keine einnehmende, sondern eine anständige Person.

Der Feldprediger und der Koch gehen mit Mutter Courage hinter den Wagen. Kattrin schaut ihnen nach und geht dann von der Wäsche weg, auf den Hut zu. Sie hebt ihn auf und setzt sich, die roten Schuhe anziehend. Man hört von hinten Mutter Courage mit dem Feldprediger und dem Koch politisieren.

Mutter Courage: Die Polen hier in Polen hätten sich nicht einmischen sollen. Es ist richtig, unser König ist bei ihnen eingerückt mit Roß und Mann und Wagen, aber anstatt daß die Polen den Frieden aufrechterhalten haben, haben sie sich eingemischt in ihre eigenen Angelegenheiten und den König angegriffen, wie er grad in aller Ruh dahergezogen ist. So haben sie sich eines Friedensbruchs schuldig gemacht, und alles Blut kommt auf ihr Haupt.

Der Feldprediger: Unser König hat nur die Freiheit im Aug gehabt. Der Kaiser hat alle unterjocht, die Polen so gut wie die Deutschen, und der König hat sie befreien müssen.

Der Koch: So seh ichs, Ihr Branntwein ist vorzüglich, ich hab mich nicht getäuscht in Ihrem Gesicht, aber weil wir vom König sprechen, die Freiheit, wo er hat einführen wollen in Deutschland, hat sich der König genug kosten lassen, indem er die Salzsteuer eingeführt hat in Schweden, was die armen Leut, wie gesagt, was gekostet hat, und dann hat er die Deutschen noch einsperren und vierteilen lassen müssen, weil sie an ihrer Knechtschaft gegenüber dem Kaiser festgehalten haben. Freilich, wenn einer nicht hat frei werden wolln, hat der König keinen Spaß gekannt. Zuerst hat er nur Polen schützen wolln vor böse Menschen, besonders dem Kaiser, aber dann ist mitn Essen der Appetit gekommen, und er hat ganz Deutschland geschützt. Es hat sich nicht schlecht widersetzt. So hat der gute König nix wie Ärger gehabt von seiner Güte und Auslagen, und die hat er natürlich durch Steuern reinbringen lassen müssen, was böses Blut erzeugt hat, aber er hat sichs nicht verdrießen lassen. Er hat eins für sich gehabt, da war Gottes Wort, das war noch gut. Denn sonst hätts noch geheißen, er tuts für sich und weil er Gewinst haben will. So hat er immer ein gutes Gewissen gehabt, das war ihm die Hauptsach.

Mutter Courage: Man merkt, Sie sind kein Schwed, sonst würden Sie anders vom Heldenkönig reden.

Der Feldprediger: Schließlich essen Sie sein Brot.

Der Koch: Ich eß nicht sein Brot, sondern ich backs ihm.

Mutter Courage: Besiegt werden kann er nicht, warum, seine Leut glauben an ihn. *(Ernsthaft)*: Wenn man die Großkopfigen hört, führens die Krieg nur aus Gottesfurcht und für alles, was gut und schön ist. Aber wenn man genauer hinsieht, sinds nicht so blöd, sondern führn die Krieg für Gewinn. Und anders würden die kleinen Leut wie ich auch nicht mitmachen.

Der Koch: So ist es.

Der Feldprediger: Und Sie täten gut als Holländer, sich die Flagg anzusehen, die hier aufgezogen ist, bevor Sie eine Meinung äußern in Polen.

Mutter Courage: Hie gut evangelisch allewege. Prosit!

Kattrin hat begonnen, mit Yvettes Hut auf dem Kopf herumzustolzieren, Yvettes Gang kopierend.

Plötzlich hört man Kanonendonner und Schüsse. Trommeln. Mutter Courage, der Koch und der Feldprediger stürzen hinter dem Wagen vor, die beiden letzteren noch die Gläser in der Hand. Der Zeugmeister und ein Soldat kommen zur Kanone gelaufen und versuchen, sie wegzuschieben.

Mutter Courage: Was ist denn los? Ich muß doch erst meine Wäsch wegtun, ihr Lümmel. *(Sie versucht ihre Wäsche zu retten.)*

Der Zeugmeister: Die Katholischen! Ein Überfall! Wir wissen nicht, ob wir noch wegkommen. *(Zum Soldaten)*: Bring das Geschütz weg! *(Läuft weiter.)*

Der Koch: Um Gottes willen, ich muß zum Feldhauptmann. Courage, ich komm nächster Tag einmal herüber zu einer kleinen Unterhaltung. *(Stürzt ab.)*

Mutter Courage: Halt, Sie haben Ihre Pfeif liegenlassen!

Der Koch (von weitem): Heben Sie sie mir auf! Ich brauch sie.

Mutter Courage: Grad jetzt, wo wir ein bissel verdient haben!

Der Feldprediger: Ja, dann geh ich halt auch. Freilich, wenn der Feind schon so nah heran ist, möchts gefährlich sein. Selig sind die Friedfertigen, heißts im Krieg. Wenn ich einen Mantel über hätt.

Mutter Courage: Ich leih keine Mäntel aus, und wenns das Leben kostet. Ich hab schlechte Erfahrungen gemacht.

Der Feldprediger: Aber ich bin besonders gefährdet wegen meinem Glauben.

Mutter Courage (holt ihm einen Mantel): Ich tus gegen mein besseres Gewissen. Laufen Sie schon.

Der Feldprediger: Schönen Dank, das ist großherzig von Ihnen, aber vielleicht bleib ich noch besser sitzen hier, ich möcht Verdacht erregen und den Feind auf mich ziehen, wenn ich laufend gesehn werd.

Mutter Courage (zum Soldaten): Laß sie doch stehn, du Esel, wer zahlts dir? Ich nehm sie dir in Verwahrung, und dich kostets Leben.

Der Soldat (weglaufend): Sie können bezeugen, ich habs versucht.

Mutter Courage: Ich schwörs. *(Sieht ihre Tochter mit dem Hut.)* Was machst denn du mit dem Hurenhut? Willst du gleich den Deckel abnehmen, du bist wohl übergeschnappt? Jetzt, wo der Feind kommt? *(Sie reißt Kattrin den Hut vom Kopf.)* Sollen sie dich entdecken und zur Hur machen? Und die Schuh hat sie sich angezogen, diese Babylonische! Herunter mit die Schuh! *(Sie will sie ihr ausziehen.)* Jesus, hilf mir, Herr Feldprediger, daß sie den Schuh runterbringt! Ich komm gleich wieder. *(Sie läuft zum Wagen.)*

Yvette (kommt, sich pudernd): Was sagen Sie, die Katholischen kommen? Wo ist mein Hut? Wer hat auf ihm herumgetrampelt? So kann ich doch nicht herumlaufen, wenn die Katholischen kommen. Was denken die von mir? Spiegel hab ich auch nicht. *(Zum Feldprediger)*: Wie schau ich aus? Ist es zuviel Puder?

Der Feldprediger: Grad richtig.

Yvette: Und wo sind die roten Schuh? *(Sie findet sie nicht, weil Kattrin die Füße unter den Rock zieht.)* Ich hab sie hier stehnlassen. Ich muß in mein Zelt hinüber, barfuß. Das ist eine Schand! *(Ab.)*

Schweizerkas kommt gelaufen, eine kleine Schatulle tragend.

Mutter Courage (kommt mit den Händen voll Asche. Zu Kattrin): Da hab ich Asche. *(Zu Schweizerkas)*: Was schleppst du da?

Schweizerkas: Die Regimentskass.

Mutter Courage: Wirf sie weg! Es hat sich ausgezahlmeistert.

Schweizerkas: Die ist anvertraut. *(Er geht nach hinten.)*

Mutter Courage (zum Feldprediger): Zieh den geistlichen Rock ab, Feldprediger, sonst kennen sie dich trotz dem Mantel. *(Sie reibt Kattrin das Gesicht ein mit Asche.)* Halt still! So, ein bissel Dreck, und du bist sicher. So ein Unglück! Die Feldwachen sind besoffen gewesen. Sein Licht muß man unter den Scheffel stellen, heißt es. Ein Soldat, besonders ein katholischer, und ein sauberes Gesicht, und gleich ist die Hur fertig. Sie kriegen wochenlang nichts zu fressen, und wenn sie dann kriegen, durch Plündern, fallen sie über die Frauenzimmer her. Jetzt mags angehn. Laß dich anschaun. Nicht schlecht. Wie wenn du im Dreck gewühlt hättst. Zitter nicht. So kann dir nix geschehen. *(Zum Schweizerkas)*: Wo hast du die Kass gelassen?

Schweizerkas: Ich dacht, ich geb sie in den Wagen.

Mutter Courage (entsetzt): Was, in meinen Wagen? So eine gottsträfliche Dummheit! Wenn ich einmal wegschau! Aufhängen tun sie uns alle drei!

Schweizerkas: Dann geb ich sie woanders hin oder flücht damit.

Mutter Courage: Hier bleibst du, das ist zu spät.

Der Feldprediger (halb umgezogen nach vorn): Um Himmels willen, die Fahn!

Mutter Courage (nimmt die Regimentsfahne herunter): Boshe moi! Mir fällt die schon gar nicht mehr auf. Fünfundzwanzig Jahr hab ich die.

Der Kanonendonner wird lauter.

An einem Vormittag, drei Tage später. Die Kanone ist weg. Mutter Courage, Kattrin, der Feldprediger und Schweizerkas sitzen bekümmert zusammen beim Essen.

Schweizerkas: Das ist schon der dritte Tag, daß ich hier faul herumsitz, und der Herr Feldwebel, wo immer nachsichtig zu mir gewesen ist, möcht langsam fragen: wo ist denn der Schweizerkas mit der Soldschatull?

Mutter Courage: Sei froh, daß sie dir nicht auf die Spur gekommen sind.

Der Feldprediger: Was soll ich sagen? Ich kann auch nicht eine Andacht halten hier, sonst möchts mir schlecht gehn. Wes das Herz voll ist, des läuft das Maul über, heißts, aber weh, wenns mir überläuft!

Mutter Courage: So ists. Ich hab hier einen sitzen mit einem Glauben und einen mit einer Kass. Ich weiß nicht, was gefährlicher ist.

Der Feldprediger: Wir sind eben jetzt in Gottes Hand.

Mutter Courage: Ich glaub nicht, daß wir schon so verloren sind, aber schlafen tu ich doch nicht nachts. Wenn du nicht wärst, Schweizerkas, wärs leichter. Ich glaub, daß ich mirs gericht hab. Ich hab ihnen gesagt, daß ich gegen den Antichrist bin, den Schweden, wo Hörner aufhat, und daß ichs gesehn hab, das linke Horn ist ein bissel abgeschabt. Mitten im Verhör hab ich gefragt, wo ich Weihkerzen einkaufen kann, nicht zu teuer. Ich habs gut gekonnt, weil dem Schweizerkas sein Vater katholisch gewesen ist und oft drüber Witz gemacht hat. Sie habens mir nicht ganz geglaubt, aber sie haben keine Marketender beim Regiment. So haben sie ein Aug zugedrückt. Vielleicht schlägts sogar zum Guten aus. Wir sind gefangen, aber so wie die Laus im Pelz.

Der Feldprediger: Die Milch ist gut. Was die Quantitäten betrifft, werden wir unsere schwedischen Appetite ja jetzt etwas einschränken müssen. Wir sind eben besiegt.

Mutter Courage: Wer ist besiegt? Die Sieg und Niederlagen der Großkopfigen oben und der von unten fallen nämlich nicht immer zusammen, durchaus nicht. Es gibt sogar Fälle, wo die Niederlage für die Untern eigentlich ein Gewinn ist für sie. Die Ehr ist verloren, aber nix sonst. Ich erinner mich, einmal im Livländischen hat unser Feldhauptmann solche Dresche vom Feind eingesteckt, daß ich in der Verwirrung sogar einen Schimmel aus der Bagage gekriegt hab, der hat mir den Wagen sieben Monat lang gezogen, bis wir gesiegt haben und Revision war. Im allgemeinen kann man sagen, daß uns gemeinen Leuten Sieg und Niederlag teuer zu stehn kommen. Das beste für uns ist, wenn die Politik nicht recht vom Fleck kommt. *(Zu Schweizerkas)*: Iß!

Schweizerkas: Mir schmeckts nicht. Wie soll der Feldwebel den Sold auszahlen?

Mutter Courage: Auf der Flucht wird kein Sold ausgezahlt.

Schweizerkas: Doch, sie haben Anspruch. Ohne Sold brauchen sie nicht zu flüchten. Sie müssen keinen Schritt machen.

Mutter Courage: Schweizerkas, deine Gewissenhaftigkeit macht mir fast Angst. Ich hab dir beigebracht, du sollst redlich sein, denn klug bist du nicht, aber es muß seine Grenzen haben. Ich geh jetzt mit dem Feldprediger eine katholische Fahn einkaufen und Fleisch. So wie der kann keiner Fleisch aussuchen, wie im Schlafwandel, so sicher. Ich glaub, er merkts gute Stückl dran, daß ihm unwillkürlich das Wasser im Maul zusammenläuft. Nur gut, daß sie mir meinen Handel erlauben. Ein Händler wird nicht nach dem Glauben gefragt, sondern nach dem Preis. Und evangelische Hosen halten auch warm.

Der Feldprediger: Wie der Bettelmönch gesagt hat, wie davon die Red war, daß die Lutherischen alles auf den Kopf stelln werden in Stadt und Land: Bettler wird man immer brauchen. *(Mutter Courage verschwindet im Wagen.)* Um die Schatull sorgt sie sich doch. Bisher sind wir unbemerkt geblieben, als gehörten wir alle zum Wagen, aber wie lang?

Schweizerkas: Ich kann sie wegschaffen.

Der Feldprediger: Das ist beinah noch gefährlicher. Wenn dich einer sieht! Sie haben Spitzel. Gestern früh ist einer vor mir aufgetaucht aus dem Graben, wie ich meine Notdurft verrichtet hab. Ich erschreck und kann grad noch ein Stoßgebet zurückhalten. Das hätt mich verraten. Ich glaub, die röchen am liebsten noch am Kot, obs ein Evangelischer ist. Der Spitzel war so ein kleiner Verrecker mit einer Bind über einem Aug.

Mutter Courage (mit einem Korb aus dem Wagen kletternd): Und was hab ich gefunden, du schamlose Person? *(Sie hebt triumphierend rote Stöckelschuhe hoch.)* Die roten Stöckelschuh der Yvette! Sie hat sie kaltblütig gegrapscht. Weil Sie ihr eingeredet haben, daß sie eine einnehmende Person ist! *(Sie legt sie in den Korb.)* Ich geb sie zurück. Der Yvette die Schuh stehlen! Die richt sich zugrund fürs Geld, das versteh ich. Aber du möchtest es umsonst, zum Vergnügen. Ich hab dirs gesagt, du mußt warten, bis Frieden ist. Nur keinen Soldaten! Wart du auf den Frieden mit der Hoffart!

Der Feldprediger: Ich find sie nicht hoffärtig.

Mutter Courage: Immer noch zuviel. Wenn sie ist wie ein Stein in Darlane, wos nix andres gibt, so daß die Leut sagen: den Krüppel sieht man gar nicht, ist sie mir am liebsten. Solang passiert ihr nix. *(Zu Schweizerkas)*: Du läßt die Schatull, wo sie ist, hörst du. Und gib auf deine Schwester acht, sie hats nötig. Ihr bringt mich noch unter den Boden. Lieber einen Sack Flöhe hüten.

Sie geht mit dem Feldprediger weg. Kattrin räumt das Geschirr auf.

Schweizerkas: Nicht mehr viele Tag, wo man in Hemdsärmeln in der Sonne sitzen kann. *(Kattrin deutet auf einen Baum.)* Ja, die Blätter sind bereits gelb. *(Kattrin fragt ihn mit Gesten, ob er trinken will.)* Ich trink nicht. Ich denk nach. *(Pause.)* Sie sagt, sie schlaft nicht. Ich sollt die Schatull doch wegbringen, ich hab ein Versteck ausgefunden. Hol mir doch ein Glas voll. *(Kattrin geht hinter den Wagen.)* Ich gebs in das Maulwurfsloch am Fluß, bis ichs abhol. Ich hol sie vielleicht schon heut nacht gegen Morgen zu ab und bring sie zum Regiment. Was können die schon in drei Tagen weit geflüchtet sein? Der Herr Feldwebel wird Augen machen. Du hast mich angenehm enttäuscht, Schweizerkas, wird er sagen, ich vertrau dir die Kass an, und du bringst sie zurück.

Wie Kattrin mit einem Glas voll wieder hinter dem Wagen vorkommt, steht sie vor zwei Männern. Einer davon ist ein Feldwebel, der zweite schwenkt den Hut vor ihr. Er hat eine Binde über dem einen Auge.

Der mit der Binde: Gott zum Gruß, liebes Fräulein. Haben Sie hier einen vom Quartier des Zweiten Finnischen gesehn?

Kattrin, sehr erschrocken, läuft weg, nach vorn, den Branntwein verschüttend. Die beiden sehen sich an und ziehn sich zurück, nachdem sie Schweizerkas haben sitzen sehen.

Schweizerkas (aus seinem Nachdenken auffahrend): Die Hälfte hast du verschüttet. Was machst du für Faxen? Hast du dich am Aug gestoßen? Ich versteh dich nicht. Ich muß auch weg, ich habs beschlossen, es ist das beste. *(Er steht auf. Sie versucht alles, ihn auf die Gefahr aufmerksam zu machen. Er wehrt sie nur ab.)* Ich möcht wissen, was du meinst. Du meinsts sicher gut, armes Tier, kannst dich nicht ausdrücken. Was solls schon machen, daß du den Branntwein verschüttet hast, ich trink noch manches Glas, es kommt nicht auf eins an. *(Er holt aus dem Wagen die Schatulle heraus und nimmt sie unter den Rock.)* Gleich komm ich wieder. Jetzt halt mich aber nicht auf, sonst werd ich bös. Freilich meinst dus gut. Wenn du reden könntest.

Da sie ihn zurückhalten will, küßt er sie und reißt sich los. Ab. Sie ist verzweifelt, läuft hin und her, kleine Laute ausstoßend. Der Feldprediger und Mutter Courage kommen zurück. Kattrin bestürmt ihre Mutter.

Mutter Courage: Was denn, was denn? Du bist ja ganz auseinander. Hat dir jemand was getan? Wo ist der Schweizerkas? Erzähls ordentlich, Kattrin. Deine Mutter versteht dich. Was, der Bankert hat die Schatull doch weggenommen? Ich schlag sie ihm um die Ohren, dem Heimtücker. Laß dir Zeit und quatsch nicht, nimm die Händ, ich mag nicht, wenn du wie ein Hund jaulst, was soll der Feldprediger denken? Dem grausts doch. Ein Einäugiger war da?

Der Feldprediger: Der Einäugige, das ist ein Spitzel. Haben sie den Schweizerkas gefaßt? *(Kattrin schüttelt den Kopf, zuckt die Achseln.)* Wir sind aus.

Mutter Courage (nimmt aus dem Korb eine katholische Fahne, die der Feldprediger an der Fahnenstange befestigt): Ziehens die neue Fahne auf!

Der Feldprediger (bitter): Hie gut katholisch allerwege.

Man hört von hinten Stimmen. Die beiden Männer bringen Schweizerkas.

Schweizerkas: Laßt mich los, ich hab nix bei mir. Verrenk mir nicht das Schulterblatt, ich bin unschuldig.

Der Feldwebel: Der gehört hierher. Ihr kennt euch.

Mutter Courage: Wir? Woher?

Schweizerkas: Ich kenn sie nicht. Wer weiß, wer das ist, ich hab nix mit ihnen zu schaffen. Ich hab hier ein Mittag gekauft, zehn Heller hats gekostet. Mag sein, daß ihr mich da sitzen gesehn habt, versalzen wars auch.

Der Feldwebel: Wer seid ihr, he?

Mutter Courage: Wir sind ordentliche Leut. Das ist wahr, er hat hier ein Essen gekauft. Es war ihm zu versalzen.

Der Feldwebel: Wollt ihr etwa tun, als kennt ihr ihn nicht?

Mutter Courage: Wie soll ich ihn kennen? Ich kenn nicht alle. Ich frag keinen, wie er heißt und ob er ein Heid ist; wenn er zahlt, ist er kein Heid. Bist du ein Heid?

Schweizerkas: Gar nicht.

Der Feldprediger: Er ist ganz ordentlich gesessen und hat das Maul nicht aufgemacht, außer wenn er gegessen hat. Und dann muß er.

Der Feldwebel: Und wer bist du?

Mutter Courage: Das ist nur mein Schankknecht. Und ihr seid sicher durstig, ich hol euch ein Glas Branntwein, ihr seid sicher gerannt und erhitzt.

Der Feldwebel: Keinen Branntwein im Dienst. *(Zum Schweizerkas)*: Du hast was weggetragen. Am Fluß mußt dus versteckt haben. Der Rock ist dir so herausgestanden, wie du von hier weg bist.

Mutter Courage: Wars wirklich der?

Schweizerkas: Ich glaub, ihr meint einen andern. Ich hab einen springen gesehn, dem ist der Rock abgestanden. Ich bin der falsche.

Mutter Courage: Ich glaub auch, es ist ein Mißverständnis, das kann vorkommen. Ich kenn mich aus auf Menschen, ich bin die Courage, davon habt ihr gehört, mich kennen alle, und ich sag euch, der sieht redlich aus.

Der Feldwebel: Wir sind hinter der Regimentskass vom Zweiten Finnischen her. Und wir wissen, wie der ausschaut, der sie in Verwahrung hat. Wir haben ihn zwei Tag gesucht. Du bists.

Schweizerkas: Ich bins nicht.

Der Feldwebel: Und wenn du sie nicht rausrückst, bist du hin, das weißt du. Wo ist sie?

Mutter Courage (dringlich): Er würd sie doch herausgeben, wenn er sonst hin wär. Auf der Stell würd er sagen, ich hab sie, da ist sie, ihr seid die Stärkeren. So dumm ist er nicht. Red doch, du dummer Hund, der Feldwebel gibt dir eine Gelegenheit.

Schweizerkas: Wenn ich sie nicht hab!

Der Feldwebel: Dann komm mit. Wir werdens herausbringen. *(Sie führen ihn ab.)*

Mutter Courage (ruft nach): Er würds sagen. So dumm ist er nicht. Und renkt ihm nicht das Schulterblatt aus! *(Läuft ihnen nach.)*

Am selben Abend. Der Feldprediger und die stumme Kattrin spülen Gläser und putzen Messer.

Der Feldprediger: Solche Fäll, wos einen erwischt, sind in der Religionsgeschicht nicht unbekannt. Ich erinnere an die Passion von unserm Herrn und Heiland. Da gibts ein altes Lied darüber. *(Er singt das Horenlied)*:

In der ersten Tagesstund
Ward der Herr bescheiden
Als ein Mörder dargestellt
Pilatus dem Heiden.

Der ihn unschüldig fand
Ohn Ursach des Todes
In derhalben von sich sandt
Zum König Herodes.

Umb drei ward der Gottessohn
Mit Geißeln geschmissen
Ihm sein Haupt mit einer Kron
Von Dornen zurrissen!

Gekleidet zu Hohn und Spott
Ward er es geschlagen
Und das Kreuz zu seinem Tod
Mußt er selber tragen.

Umb sechs ward er nackt und bloß
An das Kreuz geschlagen
An dem er sein Blut vergoß
Betet mit Wehklagen.

Die Zuseher spotten sein
Auch die bei ihm hingen
Bis die Sonn auch ihren Schein
Entzog solchen Dingen.

Jesus schrie zur neunden Stund
Klaget sich verlassen
Bald ward Gall in seinem Mund
Mit Essig gelassen.

Da gab er auf seinen Geist
Und die Erd erbebet
Des Tempels Vorhang zerreißt
Mancher Fels zerklübet.

Da hat man zur Vesperzeit
Der Schechr Bein zerbrochen
Ward Jesus in seine Seit
Mit eim Speer gestochen.

Doraus Blut und Wasser ran
Sie machtens zum Hohne
Solches stellen sie uns an
Mit dem Menschensohne.

Mutter Courage (kommt aufgeregt): Es ist auf Leben und Tod. Aber der Feldwebel soll mit sich sprechen lassen. Nur, wir dürfen nicht aufkommen lassen, daß es unser Schweizerkas ist, sonst haben wir ihn begünstigt. Es ist nur eine Geldsach. Aber wo nehmen wir das Geld her? War die Yvette nicht da? Ich hab sie unterwegs getroffen, sie hat schon einen Obristen aufgegabelt, vielleicht kauft ihr der einen Marketenderhandel.

Der Feldprediger: Wollen Sie wirklich verkaufen?

Mutter Courage: Woher soll ich das Geld für den Feldwebel nehmen?

Der Feldprediger: Und wovon wollens leben?

Mutter Courage: Das ist es.

Yvette Pottier kommt mit einem uralten Obristen.

Yvette (umarmt Mutter Courage): Liebe Courage, daß wir uns so schnell wiedersehen! *(Flüsternd)*: Er ist nicht abgeneigt. *(Laut)*: Das ist mein guter Freund, der mich berät im Geschäftlichen. Ich hör nämlich zufällig, Sie wollen Ihren Wagen verkaufen, umständehalber. Ich würd reflektieren.

Mutter Courage: Verpfänden, nicht verkaufen, nur nix Vorschnelles, so ein Wagen kauft sich nicht leicht wieder in Kriegszeiten.

Yvette (enttäuscht): Nur verpfänden, ich dacht verkaufen. Ich weiß nicht, ob ich da Interesse hab. *(Zum Obristen)*: Was meinst du?

Der Obrist: Ganz deiner Meinung, Liebe.

Mutter Courage: Er wird nur verpfändet.

Yvette: Ich dachte, Sie müssen das Geld haben.

Mutter Courage (fest): Ich muß das Geld haben, aber lieber lauf ich mir die Füß in den Leib nach einem Angebot, als daß ich gleich verkauf. Warum, wir leben von dem Wagen. Es ist eine Gelegenheit für dich, Yvette, wer weiß, wann du so eine wiederfindest und einen lieben Freund hast, der dich berät, ists nicht so?

Yvette: Ja, mein Freund meint, ich sollt zugreifen, aber ich weiß nicht. Wenns nur verpfändet ist ... du meinst doch auch, wir sollten gleich kaufen?

Der Obrist: Ich meins auch.

Mutter Courage: Da mußt du dir was aussuchen, was zu verkaufen ist, vielleicht findst dus; wenn du dir Zeit läßt, und dein Freund geht herum mit dir, sagen wir eine Woche oder zwei Wochen, könntst du was Geeignetes finden.

Yvette: Dann können wir ja suchen gehn, ich geh gern herum und such mir was aus, ich geh mit dir herum, Poldi, das ist ein reines Vergnügen, nicht? Und wenns zwei Wochen dauert! Wann wollen Sie denn zurückzahlen, wenn Sie das Geld kriegen?

Mutter Courage: In zwei Wochen kann ich zurückzahlen, vielleicht in einer.

Yvette: Ich bin mir nicht schlüssig, Poldi, Chéri, berat mich. *(Sie nimmt den Obristen auf die Seite.)* Ich weiß, sie muß verkaufen, da hab ich keine Sorg. Und der Fähnrich, der blonde, du kennst ihn, will mirs Geld gern borgen. Der ist verschossen in mich, er sagt, ich erinner ihn an jemand. Was rätst du mir?

Der Obrist: Ich warn dich vor dem. Das ist kein Guter. Der nützts aus. Ich hab dir gesagt, ich kauf dir was, nicht, Haserl?

Yvette: Ich kanns nicht annehmen von dir. Freilich, wenn du meinst, der Fähnrich könnts ausnützen ... Poldi, ich nehms von dir an.

Der Obrist: Das mein ich.

Yvette: Rätst dus mir?

Der Obrist: Ich rats dir.

Yvette (zurück zu Courage): Mein Freund täts mir raten. Schreiben Sie mir eine Quittung aus und daß der Wagen mein ist, wenn die zwei Wochen um sind, mit allem Zubehör, wir gehens gleich durch, die zweihundert Gulden bring ich später. *(Zum Obristen)*: Da mußt du voraus ins Lager gehn, ich komm nach, ich muß alles durchgehen, damit nix wegkommt aus meinem Wagen. *(Sie küßt ihn. Er geht weg. Sie klettert auf den Wagen.)* Stiefel sinds aber wenige.

Mutter Courage: Yvette, jetzt ist keine Zeit, deinen Wagen durchzugehen, wenns deiner ist. Du hast mir versprochen, daß du mit dem Feldwebel redest wegen meinem Schweizerkas, da ist keine Minut zu verlieren, ich hör, in einer Stund kommt er vors Feldgericht.

Yvette: Nur noch die Leinenhemden möcht ich nachzählen.

Mutter Courage (zieht sie am Rock herunter): Du Hyänenvieh, es geht um Schweizerkas. Und kein Wort, von wem das Angebot kommt, tu, als seis dein Liebster in Gottes Namen, sonst sind wir alle hin, weil wir ihm Vorschub geleistet haben.

Yvette: Ich hab den Einäugigen ins Gehölz bestellt, sicher, er ist schon da.

Der Feldprediger: Und es müssen nicht gleich die ganzen zweihundert sein, geh bis hundertfünfzig, das reicht auch.

Mutter Courage: Ists Ihr Geld? Ich bitt mir aus, daß Sie sich draußen halten. Sie werden Ihre Zwiebelsupp schon kriegen. Lauf und handel nicht herum, es geht ums Leben. *(Sie schiebt Yvette weg.)*

Der Feldprediger: Ich wollt Ihnen nix dreinreden, aber wovon wolln wir leben? Sie haben eine erwerbsunfähige Tochter aufm Hals.

Mutter Courage: Ich rechn mit der Regimentskass, Sie Siebengescheiter. Die Spesen werden sie ihm doch wohl bewilligen.

Der Feldprediger: Aber wird sies richtig ausrichten?

Mutter Courage: Sie hat doch ein Interesse daran, daß ich ihre zweihundert ausgeb und sie den Wagen bekommt. Sie ist scharf drauf, wer weiß, wie lang ihr Obrist bei der Stange bleibt. Kattrin, du putzt die Messer, nimm Bimsstein. Und Sie, stehn Sie auch nicht herum wie Jesus am Ölberg, tummeln Sie sich, waschen Sie die Gläser aus, abends kommen mindestens fünfzig Reiter, und dann hör ich wieder: „Ich bin das Laufen nicht gewohnt, meine Füße, beir Andacht renn ich nicht." Ich denk, sie werden ihn uns herausgeben. Gott sei Dank sind sie bestechlich. Sie sind doch keine Wölf, sondern Menschen und auf Geld aus. Die Bestechlichkeit ist bei die Menschen dasselbe wie beim lieben Gott die Barmherzigkeit. Bestechlichkeit ist unsre einzige Aussicht. Solangs die gibt, gibts milde Urteilssprüch, und sogar der Unschuldige kann durchkommen vor Gericht.

Yvette (kommt schnaufend): Sie wollens nur machen für zweihundert. Und es muß schnell gehn. Sie habens nimmer lang in der Hand. Ich geh am besten sofort mit dem Einäugigen zu meinem Obristen. Er hat gestanden, daß er die Schatull gehabt hat, sie haben ihm die Daumenschrauben angelegt. Aber er hat sie in Fluß geschmissen, wie er gemerkt hat, daß sie hinter ihm her sind. Die Schatull ist futsch. Soll ich laufen und von meinem Obristen das Geld holen?

Mutter Courage: Die Schatull ist futsch? Wie soll ich da meine zweihundert wiederkriegen?

Yvette: Ach, Sie haben geglaubt, Sie können aus der Schatull nehmen? Da wär ich ja schön hereingelegt worden. Machen Sie sich keine Hoffnung. Sie müssens schon zahln, wenn Sie den Schweizerkas zurückhaben wolln, oder vielleicht soll ich jetzt die ganze Sach liegenlassen, damit Sie Ihren Wagen behalten können?

Mutter Courage: Damit hab ich nicht gerechnet. Du brauchst nicht drängen, du kommst schon zum Wagen, er ist schon weg, ich hab ihn siebzehn Jahr gehabt. Ich muß nur ein Augenblick überlegen, es kommt ein bissel schnell, was mach ich, zweihundert kann ich nicht geben, du hättest doch abhandeln solln. Etwas muß ich in der Hand haben, sonst kann mich jeder Beliebige in den Straßengraben schubsen. Geh und sag, ich geb hundertzwanzig Gulden, sonst wird nix draus, da verlier ich auch schon den Wagen.

Yvette: Sie werdens nicht machen. Der Einäugige ist sowieso in Eil und schaut immer hinter sich, so aufgeregt ist er. Soll ich nicht lieber die ganzen zweihundert geben?

Mutter Courage (verzweifelt): Ich kanns nicht geben. Dreißig Jahr hab ich gearbeitet. Die ist schon fünfundzwanzig und hat noch kein Mann. Ich hab die auch noch. Dring nicht in mich, ich weiß, was ich tu. Sag hundertzwanzig, oder es wird nix draus.

Yvette: Sie müssens wissen. *(Schnell ab.)*

Mutter Courage sieht weder den Feldprediger noch ihre Tochter an und setzt sich, Kattrin beim Messerputzen zu helfen.

Mutter Courage: Zerbrechen Sie nicht die Gläser, es sind nimmer unsre. Schau auf deine Arbeit, du schneidst dich. Der Schweizerkas kommt zurück, ich geb auch zweihundert, wenns nötig ist. Dein Bruder kriegst du. Mit achtzig Gulden können wir eine Hucke mit Waren vollpacken und von vorn anfangen. Es wird überall mit Wasser gekocht.

Der Feldprediger: Der Herr wirds zum Guten lenken, heißt es.

Mutter Courage: Trocken sollen Sie sie reiben. *(Sie putzen schweigend Messer.)*

Kattrin läuft plötzlich schluchzend hinter den Wagen.

Yvette (kommt gelaufen): Sie machens nicht. Ich hab Sie gewarnt. Der Einäugige hat gleich weggehn wolln, weil es keinen Wert hat. Er hat gesagt, er erwartet jeden Augenblick, daß die Trommeln gerührt werden, dann ist das Urteil gesprochen. Ich hab hundertfünfzig geboten. Er hat nicht einmal mit den Achseln gezuckt. Mit Müh und Not ist er dageblieben, daß ich noch einmal mit Ihnen sprech.

Mutter Courage: Sag ihm, ich geb die zweihundert. Lauf. *(Yvette läuft weg. Sie sitzen schweigend. Der Feldprediger hat aufgehört, die Gläser zu putzen.)* Mir scheint, ich hab zu lang gehandelt.

Von weit her hört man Trommeln. Der Feldprediger steht auf und geht nach hinten. Mutter Courage bleibt sitzen. Es wird dunkel. Das Trommeln hört auf. Es wird wieder hell. Mutter Courage sitzt unverändert.

Yvette (taucht auf, sehr bleich): Jetzt haben Sies geschafft mitn Handel und daß Sie Ihren Wagen behalten. Elf Kugeln hat er gekriegt, sonst nix. Sie verdienens nicht, daß ich mich überhaupt noch um Sie kümmer. Aber ich hab aufgeschnappt, daß sie nicht glauben, die Kass ist wirklich im Fluß. Sie haben einen Verdacht, sie ist hier, überhaupt, daß Sie eine Verbindung mit ihm gehabt haben. Sie wolln ihn herbringen, ob Sie sich verraten, wenn Sie ihn sehn. Ich warn Sie, daß Sie ihn nicht kennen, sonst seid ihr alle dran. Sie sind dicht hinter mir, besser, ich sags gleich. Soll ich die Kattrin weghalten? *(Mutter Courage schüttelt den Kopf.)*

Weiß sies? Sie hat vielleicht nix gehört von Trommeln oder nicht verstanden.

Mutter Courage: Sie weiß. Hol sie.

Yvette holt Kattrin, welche zu ihrer Mutter geht und neben ihr stehenbleibt. Mutter Courage nimmt sie bei der Hand. Zwei Landsknechte kommen mit einer Bahre, auf der unter einem Laken etwas liegt. Nebenher geht der Feldwebel. Sie setzen die Bahre nieder.

Der Feldwebel: Da ist einer, von dem wir nicht seinen Namen wissen. Er muß aber notiert werden, daß alles in Ordnung geht. Bei dir hat er eine Mahlzeit genommen. Schau ihn dir an, ob du ihn kennst. *(Er nimmt das Laken weg.)* Kennst du ihn? *(Mutter Courage schüttelt den Kopf.)* Was, du hast ihn nie gesehn, vor er bei dir eine Mahlzeit genommen hat? *(Mutter Courage schüttelt den Kopf.)* Hebt ihn auf. Gebt ihn auf den Schindanger. Er hat keinen, der ihn kennt.

Sie tragen ihn weg.

4

Mutter Courage singt das Lied von der Großen Kapitulation.

Vor einem Offizierszelt. Mutter Courage wartet. Ein Schreiber schaut aus dem Zelt.

Der Schreiber: Ich kenn Sie. Sie haben einen Zahlmeister von die Evangelischen bei sich gehabt, wo sich verborgen hat. Beschweren Sie sich lieber nicht.

Mutter Courage: Doch beschwer ich mich. Ich bin unschuldig, und wenn ichs zulaß, schauts aus, als ob ich ein schlechtes Gewissen hätt. Sie haben mir alles mit die Säbel zerfetzt im Wagen und fünf Taler Buß für nix und wieder nix abverlangt.

Der Schreiber: Ich rat Ihnen zum Guten, halten Sie das Maul. Wir haben nicht viel Marketender und lassen Ihnen Ihren Handel, besonders, wenn Sie ein schlechtes Gewissen haben und ab und zu eine Buß zahln.

Mutter Courage: Ich beschwer mich.

Der Schreiber: Wie Sie wolln. Dann warten Sie, bis der Herr Rittmeister Zeit hat. *(Zurück ins Zelt.)*

Junger Soldat (kommt randalierend): Bouque la Madonne! Wo ist der gottverdammte Hund von einem Rittmeister, wo mir das Trinkgeld unterschlagt und versaufts mit seine Menscher? Er muß hin sein!

Älterer Soldat (kommt nachgelaufen): Halts Maul. Du kommst in Stock!

Junger Soldat: Komm heraus, du Dieb! Ich hau dich zu Koteletten! Die Belohnung unterschlagen, nachdem ich in Fluß geschwommen bin, allein vom ganzen Fähnlein, daß ich nicht einmal ein Bier kaufen kann, ich laß mirs nicht gefalln. Komm heraus, daß ich dich zerhack!

Älterer Soldat: Maria und Josef, das rennt sich ins Verderben.

Mutter Courage: Haben sie ihm kein Trinkgeld gezahlt?

Junger Soldat: Laß mich los, ich renn dich mit nieder, es geht auf ein Aufwaschen.

Älterer Soldat: Er hat den Gaul vom Obristen gerettet und kein Trinkgeld bekommen. Er ist noch jung und nicht lang genug dabei.

Mutter Courage: Laß ihn los, er ist kein Hund, wo man in Ketten legen muß. Trinkgeld habn wolln ist ganz vernünftig. Warum zeichnet er sich sonst aus?

Junger Soldat: Daß der sich besauft drinnen! Ihr seids nur Hosenscheißer. Ich hab was Besonderes gemacht und will mein Trinkgeld haben.

Mutter Courage: Junger Mensch, brüllen Sie mich nicht an. Ich hab meine eigenen Sorgen, und überhaupt, schonen Sie Ihre Stimme, Sie möchten sie brauchen, bis der Rittmeister kommt, nachher ist er da, und Sie sind heiser und bringen keinen Ton heraus, und er kann Sie nicht in Stock schließen lassen, bis Sie schwarz sind. Solche, wo so brüllen, machens nicht lange, eine halbe Stunde, und man muß sie in Schlaf singen, so erschöpft sind sie.

Junger Soldat: Ich bin nicht erschöpft, und von Schlafen ist keine Red, ich hab Hunger. Das Brot backen sie aus Eicheln und Hanfkörnern und sparn damit noch. Der verhurt mein Trinkgeld, und ich hab Hunger. Er muß hin sein.

Mutter Courage: Ich verstehe, Sie haben Hunger. Voriges Jahr hat euer Feldhauptmann euch von die Straßen runterkommandiert und quer über die Felder, damit das Korn niedergetrampelt würd, ich hätt für Stiefel zehn Gulden kriegen können, wenn einer zehn Gulden hätt ausgeben können und ich Stiefel gehabt hätt. Er hat geglaubt, er ist nicht mehr in der Gegend dies Jahr, aber jetzt ist er doch noch da, und der Hunger ist groß. Ich versteh, daß Sie einen Zorn haben.

Junger Soldat: Ich leids nicht, reden Sie nicht, ich vertrag keine Ungerechtigkeit.

Mutter Courage: Da haben Sie recht, aber wie lang? Wie lang vertragen Sie keine Ungerechtigkeit? Eine Stund oder zwei? Sehen Sie, das haben Sie sich nicht gefragt, obwohls die Hauptsach ist, warum, im Stock ists ein Elend, wenn Sie entdecken, jetzt vertragen Sies Unrecht plötzlich.

Junger Soldat: Ich weiß nicht, warum ich Ihnen zuhör. Bouque la Madonne! Wo ist der Rittmeister?

Mutter Courage: Sie hören mir zu, weil Sie schon wissen, was ich Ihnen sag, daß Ihre Wut schon verraucht ist, es ist nur eine kurze gewesen, und Sie brauchten eine lange, aber woher nehmen?

Junger Soldat: Wollen Sie etwa sagen, wenn ich das Trinkgeld verlang, das ist nicht billig?

Mutter Courage: Im Gegenteil. Ich sag nur, Ihre Wut ist nicht lang genug, mit der können Sie nix ausrichten, schad. Wenn Sie eine lange hätten, möcht ich Sie noch aufhetzen. Zerhacken Sie den Hund, möcht ich Ihnen dann raten, aber was, wenn Sie ihn dann gar nicht zerhacken, weil Sie schon spüren, wie Sie den Schwanz einziehn. Dann steh ich da, und der Rittmeister hält sich an mich.

Älterer Soldat: Sie haben ganz recht, er hat nur einen Rappel.

Junger Soldat: So, das will ich sehn, ob ich ihn nicht zerhack. *(Er zieht sein Schwert.)* Wenn er kommt, zerhack ich ihn.

Der Schreiber (guckt heraus): Der Herr Rittmeister kommt gleich. Hinsetzen.

Der junge Soldat setzt sich hin.

Mutter Courage: Er sitzt schon. Sehn Sie, was hab ich gesagt. Sie sitzen schon. Ja, die kennen sich aus in uns und wissen, wie sies machen müssen. Hinsetzen! und schon sitzen wir. Und im Sitzen gibts kein Aufruhr. Stehen Sie lieber nicht wieder auf, so wie Sie vorhin gestanden haben, stehen Sie jetzt nicht wieder. Vor mir müssen Sie sich nicht genieren, ich bin nicht besser, was nicht gar. Uns haben sie allen unsre Schneid abgekauft. Warum, wenn ich aufmuck, möchts das Geschäft schädigen. Ich werd Ihnen was erzählen von der Großen Kapitulation. *(Sie singt das Lied von der Großen Kapitulation)*:

Einst, im Lenze meiner jungen Jahre
Dacht auch ich, daß ich was ganz Besondres bin.

(Nicht wie jede beliebige Häuslertochter, mit meinem Aussehn und Talent und meinem Drang nach Höherem!)

Und bestellte meine Suppe ohne Haare
Und von mir, sie hatten kein Gewinn.

(Alles oder nix, jedenfalls nicht den Nächstbesten, jeder ist seines Glückes Schmied, ich laß mir keine Vorschriften machen!)

Doch vom Dach ein Star
Pfiff: wart paar Jahr!
Und du marschierst in der Kapell
Im Gleichschritt, langsam oder schnell
Und bläset deinen kleinen Ton:
Jetzt kommt er schon.
Und jetzt das Ganze schwenkt!
Der Mensch denkt: Gott lenkt.
Keine Red davon!

Und bevor das Jahr war abgefahren
Lernte ich zu schlucken meine Medizin.

(Zwei Kinder aufm Hals und bei dem Brotpreis und was alles verlangt wird!)

Als sie einmal mit mir fix und fertig waren
Hatten sie mich auf dem Arsch und auf den Knien.

(Man muß sich stelln mit den Leuten, eine Hand wäscht die andre, mit dem Kopf kann man nicht durch die Wand.)

Und vom Dach der Star
Pfiff: noch kein Jahr!
Und sie marschiert in der Kapell
Im Gleichschritt, langsam oder schnell
Und bläset ihren kleinen Ton:
Jetzt kommt er schon.
Und jetzt das Ganze schwenkt!
Der Mensch denkt: Gott lenkt.
Keine Red davon!

Viele sah ich schon den Himmel stürmen
Und kein Stern war ihnen groß und weit genug.

(Der Tüchtige schafft es, wo ein Wille ist, ist ein Weg, wir werden den Laden schon schmeißen.)

Doch sie fühlten bald beim Berg-auf-Berge-Türmen
Wie doch schwer man schon an einem Strohhut trug.

(Man muß sich nach der Decke strecken!)

Und vom Dach der Star
Pfeift: wart paar Jahr!
Und sie marschiern in der Kapell
Im Gleichschritt, langsam oder schnell
Und blasen ihren kleinen Ton:
Jetzt kommt er schon.
Und jetzt das Ganze schwenkt!
Der Mensch denkt: Gott lenkt.
Keine Red davon!

Mutter Courage zu dem jungen Soldaten:

Darum denk ich, du solltest dableiben mitn offnen Schwert, wenns dir wirklich danach ist und dein Zorn ist groß genug, denn du hast einen guten Grund, das geb ich zu, aber wenn dein Zorn ein kurzer ist, geh lieber gleich weg!

Junger Soldat: Leck mich am Arsch! *(Er stolpert weg, der ältere Soldat ihm nach.)*

Der Schreiber (steckt den Kopf heraus): Der Rittmeister ist gekommen. Jetzt können Sie sich beschweren.

Mutter Courage: Ich habs mir anders überlegt. Ich beschwer mich nicht. *(Ab.)*

5

Zwei Jahre sind vergangen. Der Krieg überzieht immer weitere Gebiete. Auf rastlosen Fahrten durchquert der kleine Wagen der Courage Polen, Mähren, Bayern, Italien und wieder Bayern. 1631. Tillys Sieg bei Magdeburg kostet Mutter Courage vier Offiziershemden.

Mutter Courages Wagen steht in einem zerschossenen Dorf. Von weit her dünne Militärmusik. Zwei Soldaten am Schanktisch, von Kattrin und Mutter Courage bedient. Der eine hat einen Damenpelzmantel umgehängt.

Mutter Courage: Was, zahlen kannst du nicht? Kein Geld, kein Schnaps. Siegesmärsch spielen sie auf, aber den Sold zahlen sie nicht aus.

Soldat: Meinen Schnaps will ich. Ich bin zu spät zum Plündern gekommen. Der Feldhauptmann hat uns beschissen und die Stadt nur für eine Stunde zum Plündern freigegeben. Er ist kein Unmensch, hat er gesagt; die Stadt muß ihm was gezahlt haben.
Der Feldprediger (kommt gestolpert): In dem Hof da liegen noch welche. Die Bauernfamilie. Hilf mir einer. Ich brauche Leinen.

Der zweite Soldat geht mit ihm weg. Kattrin gerät in große Erregung und versucht, ihre Mutter zur Herausgabe von Leinen zu bringen.

Mutter Courage: Ich hab keins. Meine Binden hab ich ausverkauft beim Regiment. Ich zerreiß für die nicht meine Offiziershemden.
Der Feldprediger (zurücklaufend): Ich brauch Leinen, sag ich.
Mutter Courage (Kattrin den Eintritt in den Wagen verwehrend, indem sie sich auf die Treppe setzt): Ich gib nix. Die zahlen nicht, warum, die haben nix.
Der Feldprediger (über einer Frau, die er hergetragen hat): Warum seid ihr dageblieben im Geschützfeuer?
Die Bauersfrau (schwach): Hof.
Mutter Courage: Die und weggehen von was! Aber jetzt soll ich herhalten. Ich tus nicht.
Erster Soldat: Das sind Evangelische. Warum müssen sie evangelisch sein?
Mutter Courage: Die pfeifen dir aufn Glauben. Denen ist der Hof hin.
Zweiter Soldat: Die sind gar nicht evangelisch. Die sind selber katholisch.
Erster Soldat: Wir können sie nicht herausklauben bei der Beschießung.
Ein Bauer (den der Feldprediger bringt): Mein Arm ist hin.
Der Feldprediger: Wo ist das Leinen?

Alle sehen auf Mutter Courage, die sich nicht rührt.

Mutter Courage: Ich kann nix geben. Mit all die Abgaben, Zöll, Zins und Bestechungsgelder! *(Kattrin hebt, Gurgellaute ausstoßend, eine Holzplanke auf und bedroht ihre Mutter damit.)* Bist du übergeschnappt? Leg das Brett weg, sonst schmier ich dir eine, Krampen! Ich gib nix, ich mag nicht, ich muß an mich selber denken! *(Der Feldprediger hebt sie von der Wagentreppe auf und setzt sie auf den Boden; dann kramt er Hemden heraus und reißt sie in Streifen.)* Meine Hemden! Das Stück zu einem halben Gulden! Ich bin ruiniert!

Aus dem Hause kommt eine schmerzliche Kinderstimme.

Der Bauer: Das Kleine ist noch drin!

Kattrin rennt hinein.

Der Feldprediger (zur Frau): Bleib liegen! Es wird schon herausgeholt.
Mutter Courage: Haltet sie zurück, das Dach kann einfallen.
Der Feldprediger: Ich geh nicht mehr hinein.
Mutter Courage (hin und her gerissen): Aasens nicht mit meinem teuren Leinen!

Der zweite Soldat hält sie zurück. Kattrin bringt einen Säugling aus der Trümmerstätte.

Mutter Courage: Hast du glücklich wieder einen Säugling gefunden zum Herumschleppen? Auf der Stell gibst ihn der Mutter, sonst hab ich wieder einen stundenlangen Kampf, bis ich ihn dir herausgerissen hab, hörst du nicht? *(Zum zweiten Soldaten)*: Glotz nicht, geh lieber dort hinter und sag ihnen, sie sollen mit der Musik aufhören, ich seh hier, daß sie gesiegt haben. Ich hab nur Verluste von eure Sieg.
Der Feldprediger (beim Verbinden): Das Blut kommt durch.

Kattrin wiegt den Säugling und lallt ein Wiegenlied.

Mutter Courage: Da sitzt sie und ist glücklich in all dem Jammer. Gleich gibst es weg, die Mutter kommt schon zu sich. *(Sie entdeckt den ersten Soldaten, der sich über die Getränke hergemacht hat und jetzt mit der Flasche weg will.)* Pschagreff! Du Vieh, willst du noch weitersiegen? Du zahlst.
Erster Soldat: Ich hab nix.
Mutter Courage (reißt ihm den Pelzmantel ab): Dann laß den Mantel da, der ist sowieso gestohlen.
Der Feldprediger: Es liegt noch einer drunter.

6

Vor der Stadt Ingolstadt in Bayern wohnt die Courage dem Begräbnis des gefallenen kaiserlichen Feldhauptmanns Tilly bei. Es finden Gespräche über Kriegshelden und die Dauer des

Krieges statt. Der Feldprediger beklagt, daß seine Talente brachliegen, und die stumme Kattrin bekommt die roten Schuhe. Man schreibt das Jahr 1632.

Im Innern eines Marketenderzeltes, mit einem Ausschank nach hinten zu. Regen. In der Ferne Trommeln und Trauermusik.

Der Feldprediger und der Regimentsschreiber spielen ein Brettspiel. Mutter Courage und ihre Tochter machen Inventur.

Der Feldprediger: Jetzt setzt sich der Trauerzug in Bewegung.

Mutter Courage: Schad um den Feldhauptmann – zweiundzwanzig Paar von die Socken –, daß er gefallen ist, heißt es, war ein Unglücksfall. Es war Nebel auf der Wiesen, der war schuld. Der Feldhauptmann hat noch einem Regiment zugerufen, sie solln todesmutig kämpfen, und ist zurückgeritten, in dem Nebel hat er sich aber in der Richtung geirrt, so daß er nach vorn war und er mitten in der Schlacht eine Kugel erwischt hat – nur noch vier Windlichter zurück. *(Von hinten ein Pfiff. Sie geht zum Ausschank.)* Eine Schand, daß ihr euch vom Begräbnis von eurem toten Feldhauptmann drückt! *(Sie schenkt aus.)*

Der Schreiber: Man hätts Geld nicht vorm Begräbnis auszahln solln. Jetzt besaufen sie sich, anstatt daß sie zum Begräbnis gehen.

Der Feldprediger (zum Schreiber): Müssen Sie nicht zum Begräbnis?

Der Schreiber: Ich hab mich gedrückt, wegn Regen.

Mutter Courage: Bei Ihnen ists was anderes, Ihnen möchts die Uniform verregnen. Es heißt, sie haben ihm natürlich die Glocken läuten wollen zum Begräbnis, aber es hat sich herausgestellt, daß die Kirchen weggeschossen waren auf seinen Befehl, so daß der arme Feldhauptmann keine Glocken hören wird, wenn sie ihn hinabsenken. Anstatt dem wolln sie drei Kanonenschüsse abfeuern, daß es nicht gar zu nüchtern wird – siebzehn Leibriemen.

Rufe vom Ausschank: Wirtschaft! Ein Branntwein!

Mutter Courage: Ersts Geld! Nein, herein kommt ihr mir nicht mit eure Dreckstiefeln in mein Zelt! Ihr könnt draußen trinken, Regen hin, Regen her. *(Zum Schreiber)*: Ich laß nur die Chargen herein. Der Feldhauptmann hat die letzte Zeit Sorgen gehabt, hör ich. Im Zweiten Regiment solls Unruhen gegeben haben, weil er keinen Sold ausgezahlt, sondern gesagt hat, es ist ein Glaubenskrieg, sie müssens ihm umsonst tun. *(Trauermarsch. Alle sehen nach hinten.)*

Der Feldprediger: Jetzt defilierens vor der hohen Leich.

Mutter Courage: Mir tut so ein Feldhauptmann oder Kaiser leid, er hat sich vielleicht gedacht, er tut was übriges und was, wovon die Leute reden, noch in künftigen Zeiten, und kriegt ein Standbild, zum Beispiel er erobert die Welt, das ist ein großes Ziel für einen Feldhauptmann, er weiß es nicht besser. Kurz, er rakkert sich ab, und dann scheiterts am gemeinen Volk, was vielleicht ein Krug Bier will und ein bissel Gesellschaft, nix Höheres. Die schönsten Plän sind schon zuschanden geworden durch die Kleinlichkeit von denen, wo sie ausführen sollten, denn die Kaiser selber können ja nix machen, sie sind angewiesen auf die Unterstützung von ihre Soldaten und dem Volk, wo sie grad sind, hab ich recht?

Der Feldprediger (lacht): Courage, ich geb Ihnen recht, bis auf die Soldaten. Die tun, was sie können. Mit denen da draußen zum Beispiel, die ihren Branntwein im Regen saufen, getrau ich mich hundert Jahr einen Krieg nach dem andern zu machen und zwei auf einmal, wenns sein muß, und ich bin kein gelernter Feldhauptmann.

Mutter Courage: Dann meinen Sie nicht, daß der Krieg ausgehn könnt?

Der Feldprediger: Weil der Feldhauptmann hin ist? Sein Sie nicht kindisch. Solche finden sich ein Dutzend, Helden gibts immer.

Mutter Courage: Sie, ich frag Sie das nicht nur aus Hetz, sondern weil ich mir überleg, ob ich Vorrät einkaufen soll, was grad billig zu haben sind, aber wenn der Krieg ausgeht, kann ich sie dann wegschmeißen.

Der Feldprediger: Ich versteh, daß Sies ernst meinen. Es hat immer welche gegeben, die gehn herum und sagen: „Einmal hört der Krieg auf." Ich sag: daß der Krieg einmal aufhört, ist nicht gesagt. Es kann natürlich zu einer kleinen Paus kommen. Der Krieg kann sich verschnaufen müssen, ja, er kann sogar sozusagen verunglücken. Davor ist er nicht gesichert, es gibt ja nix Vollkommenes allhier auf Erden. Einen vollkommenen Krieg, wo man sagen könnt: an dem ist nix mehr auszusetzen, wirds vielleicht nie geben. Plötzlich kann er ins Stocken kommen, an was Unvorhergesehenem, an alles kann kein Mensch denken. Vielleicht ein Übersehn, und das Schlamassel ist da. Und dann kann man den Krieg wieder aus dem Dreck ziehn! Aber die Kaiser und Könige und der Papst wird ihm zu Hilf kommen in seiner Not. So hat er im ganzen nix Ernstliches zu fürchten, und ein langes Leben liegt vor ihm.

Ein Soldat (singt vor der Schenke):

Ein Schnaps, Wirt, schnell, sei g'scheit!
Ein Reiter hat kein Zeit.
Muß für sein Kaiser streiten.

Einen doppelten, heut ist Festtag!
Mutter Courage: Wenn ich Ihnen traun könnt ...
Der Feldprediger: Denken Sie selber! Was sollt gegen den Krieg sein?
Der Soldat (singt hinten):

Dein Brust, Weib, schnell, sei g'scheit!
Ein Reiter hat kein Zeit.
Er muß gen Mähren reiten.

Der Schreiber (plötzlich): Und der Frieden, was wird aus ihm? Ich bin aus Böhmen und möcht gelegentlich heim.
Der Feldprediger: So, möchten Sie? Ja, der Frieden! Was wird aus dem Loch, wenn der Käs gefressen ist?
Der Soldat (singt hinten):

Trumpf aus, Kamrad, sei g'scheit!
Ein Reiter hat kein Zeit.
Muß kommen, solang sie werben.

Dein Spruch, Pfaff, schnell, sei g'scheit!
Ein Reiter hat kein Zeit.
Er muß fürn Kaiser sterben.

Der Schreiber: Auf die Dauer kann man nicht ohne Frieden leben.
Der Feldprediger: Ich möcht sagen, den Frieden gibts im Krieg auch, er hat seine friedlichen Stelln. Der Krieg befriedigt nämlich alle Bedürfnis, auch die friedlichen darunter, dafür ist gesorgt, sonst möcht er sich nicht halten können. Im Krieg kannst du auch kacken wie im tiefsten Frieden, und zwischen dem einen Gefecht und dem andern gibts ein Bier, und sogar auf dem Vormarsch kannst du ein'n Nicker machen, aufn Ellbogen, das ist immer möglich, im Straßengraben. Beim Stürmen kannst du nicht Karten spielen, das kannst du beim Ackerpflügen im tiefsten Frieden auch nicht, aber nach dem Sieg gibts Möglichkeiten. Dir mag ein Bein abgeschossen werden, da erhebst du zuerst ein großes Geschrei, als wärs was, aber dann beruhigst du dich oder kriegst Schnaps, und am End hüpfst du wieder herum, und der Krieg ist

nicht schlechter dran als vorher. Und was hindert dich, daß du dich vermehrst inmitten all dem Gemetzel, hinter einer Scheun oder woanders, davon bist du nie auf die Dauer abzuhalten, und dann hat der Krieg deine Sprößlinge und kann mit ihnen weiterkommen. Nein, der Krieg findet immer einen Ausweg, was nicht gar. Warum soll er aufhörn müssen?

Kattrin hat aufgehört zu arbeiten und starrt auf den Feldprediger.

Mutter Courage: Da kauf ich also die Waren. Ich verlaß mich auf Sie. *(Kattrin schmeißt plötzlich einen Korb mit Flaschen auf den Boden und läuft hinaus.)* Kattrin! *(Lacht.)* Jesses, die wart doch auf den Frieden. Ich hab ihr versprochen, sie kriegt einen Mann, wenn Frieden wird. *(Sie läuft ihr nach.)*

Der Schreiber (aufstehend): Ich hab gewonnen, weil Sie geredet haben. Sie zahln.

Mutter Courage (herein mit Kattrin): Sei vernünftig, der Krieg geht noch ein bissel weiter, und wir machen noch ein bissel Geld, da wird der Friede um so schöner. Du gehst in die Stadt, das sind keine zehn Minuten, und holst die Sachen im Goldenen Löwen, die wertvollern, die andern holn wir später mitm Wagen, es ist alles ausgemacht, der Herr Regimentsschreiber begleitet dich. Die meisten sind beim Begräbnis vom Feldhauptmann, da kann dir nix geschehn. Machs gut, laß dir nix wegnehmen, denk an deine Aussteuer!

Kattrin nimmt eine Leinwand über den Kopf und geht mit dem Schreiber.

Der Feldprediger: Können Sie sie mit dem Schreiber gehn lassen?

Mutter Courage: Sie is nicht so hübsch, daß sie einer ruinieren möcht.

Der Feldprediger: Wie Sie so Ihren Handel führn und immer durchkommen, das hab ich oft bewundert. Ich verstehs, daß man Sie Courage geheißen hat.

Mutter Courage: Die armen Leut brauchen Courage. Warum, sie sind verloren. Schon daß sie aufstehn in der Früh, dazu gehört was in ihrer Lag. Oder daß sie einen Acker umpflügen, und im Krieg! Schon daß sie Kinder in die Welt setzen, zeigt, daß sie Courage haben, denn sie haben keine Aussicht. Sie müssen einander den Henker machen und sich gegenseitig abschlachten, wenn sie einander da ins Gesicht schaun wolln, das braucht wohl Courage. Daß sie einen Kaiser und einen Papst dulden, das beweist eine unheimliche Courage, denn die kosten ihnen das Leben. *(Sie setzt sich nieder, zieht eine kleine Pfeife aus der Tasche und raucht.)* Sie könnten ein bissel Kleinholz machen.

Der Feldprediger (zieht widerwillig die Jacke aus und bereitet sich vor zum Kleinholzmachen): Ich bin eigentlich Seelsorger und nicht Holzhacker.

Mutter Courage: Ich hab aber keine Seel. Dagegen brauch ich Brennholz.

Der Feldprediger: Was ist das für eine Stummelpfeif?

Mutter Courage: Halt eine Pfeif.

Der Feldprediger: Nein, nicht „halt eine", sondern eine ganz bestimmte.

Mutter Courage: So?

Der Feldprediger: Das ist die Stummelpfeif von dem Koch vom Oxenstjerna-Regiment.

Mutter Courage: Wenn Sies wissen, warum fragen Sie dann erst so scheinheilig?

Der Feldprediger: Weil ich nicht weiß, ob Sie sich bewußt sind, daß Sie grad die rauchen. Hätt doch sein können, Sie fischen nur so in Ihren Habseligkeiten herum, und da kommt Ihnen irgendeine Stummelpfeif in die Finger, und Sie nehmen sie aus reiner Geistesabwesenheit.

Mutter Courage: Und warum sollts nicht so sein?

Der Feldprediger: Weils nicht so ist. Sie rauchen sie bewußt.

Mutter Courage: Und wenn ich das tät?

Der Feldprediger: Courage, ich warn Sie. Es ist meine Pflicht. Sie werden den Herrn kaum mehr zu Gesicht kriegn, aber das ist nicht schad, sondern Ihr Glück. Er hat mir keinen verläßlichen Eindruck gemacht. Im Gegenteil.

Mutter Courage: So? Er war ein netter Mensch.

Der Feldprediger: So, das nennen Sie einen netten Menschen? Ich nicht. Ich bin weit entfernt, ihm was Böses zu wolln, aber nett kann ich ihn nicht nennen. Eher einen Donschuan, einen raffinierten. Schauen Sie die Pfeif an, wenn Sie mir nicht glauben. Sie müssen zugeben, daß sie allerhand von seinem Charakter verrät.

Mutter Courage: Ich seh nix. Gebraucht ist sie.

Der Feldprediger: Durchgebissen ist sie halb. Ein Gewaltmensch. Das ist die Stummelpfeif von einem rücksichtslosen Gewaltmenschen, das sehn Sie dran, wenn Sie noch nicht alle Urteilskraft verloren haben.

Mutter Courage: Hacken Sie mir nicht meinen Hackpflock durch.

Der Feldprediger: Ich hab Ihnen gesagt, ich bin kein gelernter Holzhacker. Ich hab Seelsorgerei studiert. Hier werden meine Gaben und Fähigkeiten mißbraucht zu körperlicher Arbeit. Meine von Gott verliehenen Talente kommen überhaupt nicht zur Geltung. Das ist eine Sünd. Sie haben mich nicht predigen hören. Ich kann ein Regiment nur mit einer Ansprach so in Stimmung versetzen, daß es den Feind wie eine Hammelherd ansieht. Ihr Leben ist ihnen wie ein alter verstunkener Fußlappen, den sie wegwerfen in Gedanken an den Endsieg. Gott hat mir die Gabe der Sprachgewalt verliehen. Ich predig, daß Ihnen Hören und Sehen vergeht.

Mutter Courage: Ich möcht gar nicht, daß mir Hören und Sehen vergeht. Was tu ich da?

Der Feldprediger: Courage, ich hab mir oft gedacht, ob Sie mit Ihrem nüchternen Reden nicht nur eine warmherzige Natur verbergen. Auch Sie sind ein Mensch und brauchen Wärme.

Mutter Courage: Wir kriegen das Zelt am besten warm, wenn wir genug Brennholz haben.

Der Feldprediger: Sie lenken ab. Im Ernst, Courage, ich frag mich mitunter, wie es wär, wenn wir unsere Beziehung ein wenig enger gestalten würden. Ich mein, nachdem uns der Wirbelsturm der Kriegszeiten so seltsam zusammengewirbelt hat.

Mutter Courage: Ich denk, sie ist eng genug. Ich koche Ihnens Essen, und Sie betätigen sich und machen zum Beispiel Brennholz.

Der Feldprediger (tritt auf sie zu): Sie wissen, was ich mit „enger" mein; das ist keine Beziehung mit Essen und Holzhacken und solche niedrigen Bedürfnisse. Lassen Sie Ihr Herz sprechen, verhärten Sie sich nicht.

Mutter Courage: Kommen Sie nicht mitn Beil auf mich zu. Das wär mir eine zu enge Beziehung.

Der Feldprediger: Ziehen Sies nicht ins Lächerliche. Ich bin ein ernster Mensch und hab mir überlegt, was ich sag.

Mutter Courage: Feldprediger, seien Sie gescheit. Sie sind mir sympathisch, ich möcht Ihnen nicht den Kopf waschen müssen. Auf was ich aus bin, ist, mich und meine Kinder durchzubringen mit meinem Wagen. Ich betracht ihn nicht als mein, und ich hab auch jetzt keinen Kopf für Privatgeschichten. Eben jetzt geh ich ein Risiko ein mit Einkaufen, wo der Feldhauptmann gefalln ist und alles vom Frieden redet. Wo wolln Sie hin, wenn ich ruiniert bin? Sehen Sie, das wissen Sie nicht. Hacken Sie uns das Brennholz, dann haben wir abends warm, das ist schon viel in diese Zeiten. Was ist das? *(Sie steht auf.)*

Herein Kattrin, atemlos, mit einer Wunde über Stirn und Auge. Sie schleppt allerlei Sachen, Pakete, Lederzeug, eine Trommel usw.

Mutter Courage: Was ist, bist du überfalln worden? Aufn Rückweg? Sie ist aufn Rückweg überfalln worden! Wenn das nicht der Reiter gewesen ist, der sich bei mir besoffen hat! Ich hätt dich nie gehn lassen solln. Schmeiß das Zeug weg! Das ist nicht schlimm, die Wund ist nur eine Fleischwund. Ich verbind sie dir, und in einer Woche ist sie geheilt. Sie sind schlimmer als die Tier. *(Sie verbindet die Wunde.)*

Der Feldprediger: Ich werf ihnen nix vor. Daheim haben sie nicht geschändet. Schuld sind die, wo Krieg anstiften, sie kehren das Unterste zuoberst in die Menschen.

Mutter Courage: Hat dich der Schreiber nicht zurückbegleitet? Das kommt davon, daß du eine anständige Person bist, da schern sie sich nicht drum. Die Wund ist gar nicht tief, da bleibt nix zurück. So, jetzt ists verbunden. Du kriegst was, sei ruhig. Ich hab dir insgeheim was aufgehoben, du wirst schauen. *(Sie kramt aus einem Sack die roten Stöckelschuhe der Pottier heraus.)* Was, da schaust du? Die hast du immer wolln. Da hast du sie. Zieh sie schnell an, daß es mich nicht reut. Nix bleibt zurück, wenngleich mirs nix ausmachen möcht. Das Los von denen, wo ihnen gefallen, ist das schlimmste. Die ziehn sie herum, bis sie kaputt sind. Wen sie nicht mögen, die lassen sie am Leben. Ich hab schon solche gesehn, wo hübsch im Gesicht gewesen sind, und dann haben sie bald so ausgeschaut, daß einen Wolf gegraust hat. Nicht hinter einen Alleebaum können sie gehn, ohne daß sie was fürchten müssen, sie haben ein grausliches Leben. Das ist wie mit die Bäum, die graden, luftigen werden abgehaun für Dachbalken, und die krummen dürfen sich ihres Lebens freun. Das wär also nix als ein Glück. Die Schuh sind noch gut, ich hab sie eingeschmiert aufgehoben.

Kattrin läßt die Schuhe stehen und kriecht in den Wagen.

Der Feldprediger: Hoffentlich ist sie nicht verunstaltet.

Mutter Courage: Eine Narb wird bleiben. Auf den Frieden muß die nimmer warten.

Der Feldprediger: Die Sachen hat sie sich nicht nehmen lassen.

Mutter Courage: Ich hätts ihr vielleicht nicht einschärfen solln. Wenn ich wüßt, wie es in ihrem Kopf ausschaut! Einmal ist sie eine Nacht ausgeblieben, nur einmal in all die Jahr. Danach ist sie herumgegangen wie vorher, hat aber stärker gearbeitet. Ich konnt nicht herausbringen, was sie erlebt hat. Ich hab mir eine Zeitlang den Kopf zerbrochen. *(Sie nimmt die von Kattrin gebrachten Waren auf und sortiert sie zornig.)* Das ist der Krieg! Eine schöne Einnahmequell!

Man hört Kanonenschüsse.

Der Feldprediger: Jetzt begraben sie den Feldhauptmann. Das ist ein historischer Augenblick.

Mutter Courage: Mir ist ein historischer Augenblick, daß sie meiner Tochter übers Aug geschlagen haben. Die ist schon halb kaputt, einen Mann kriegt sie nicht mehr, und dabei so ein Kindernarr, stumm ist sie auch nur wegen dem Krieg, ein Soldat hat ihr als klein was in den Mund geschoppt. Den Schweizerkas seh ich nicht mehr, und wo der Eilif ist, das weiß Gott. Der Krieg soll verflucht sein.

7

Mutter Courage auf der Höhe ihrer geschäftlichen Laufbahn.

Landstraße. Der Feldprediger, Mutter Courage und ihre Tochter Kattrin ziehen den Planwagen, an dem neue Waren hängen. Mutter Courage trägt eine Kette mit Silbertalern.

Mutter Courage: Ich laß mir den Krieg von euch nicht madig machen. Es heißt, er vertilgt die Schwachen, aber die sind auch hin im Frieden. Nur, der Krieg nährt seine Leut besser. *(Sie singt)*:

Und geht er über deine Kräfte
Bist du beim Sieg halt nicht dabei.
Der Krieg ist nix als die Geschäfte
Und statt mit Käse ists mit Blei.

Und was möcht schon Seßhaftwerden nützen? Die Seßhaften sind zuerst hin. *(Singt)*:

So mancher wollt so manches haben
Was es für manchen gar nicht gab:

Er wollt sich schlau ein Schlupfloch graben
Und grub sich nur ein frühes Grab.
Schon manchen sah ich sich abjagen
In Eil nach einer Ruhestatt –
Liegt er dann drin, mag er sich fragen
Warums ihm so geeilet hat.

Sie ziehen weiter.

8

Im selben Jahr fällt der Schwedenkönig Gustav Adolf in der Schlacht bei Lützen. Der Frieden droht Mutter Courages Geschäft zu ruinieren. Der Courage kühner Sohn vollbringt eine Heldentat zuviel und findet ein schimpfliches Ende.

Feldlager. Ein Sommermorgen. Vor dem Wagen stehen eine alte Frau und ihr Sohn. Der Sohn schleppt einen großen Sack mit Bettzeug.

Mutter Courages Stimme (aus dem Wagen): Muß das in aller Herrgottsfrüh sein?

Der junge Mann: Wir sind die ganze Nacht zwanzig Meilen hergelaufen und müssen noch zurück heut.

Mutter Courages Stimme: Was soll ich mit Bettfedern? Die Leut haben keine Häuser.

Der junge Mann: Wartens lieber, bis Sie sie sehn.

Die alte Frau: Da ist auch nix. Komm!

Der junge Mann: Dann verpfänden sie uns das Dach überm Kopf für die Steuern. Vielleicht gibt sie drei Gulden, wenn du das Kreuzel zulegst. *(Glocken beginnen zu läuten.)* Horch, Mutter!

Stimmen (von hinten): Frieden! Der Schwedenkönig ist gefallen.

Mutter Courage (steckt den Kopf aus dem Wagen. Sie ist noch unfrisiert): Was ist das für ein Geläut mitten in der Woch?

Der Feldprediger (kommt unterm Wagen vorgekrochen): Was schrein sie?

Mutter Courage: Sagen Sie mir nicht, daß Friede ausgebrochen ist, wo ich eben neue Vorrät eingekauft hab.

Der Feldprediger (nach hinten rufend): Ists wahr, Frieden?

Stimme: Seit drei Wochen, heißts, wir habens nur nicht erfahren.

Der Feldprediger (zur Courage): Warum solln sie sonst die Glokken läuten?

Stimme: In der Stadt sind schon ein ganzer Haufen Lutherische mit Fuhrwerken angekommen, die haben die Neuigkeit gebracht.

Der junge Mann: Mutter, es ist Frieden. Was hast? *(Die alte Frau ist zusammengebrochen.)*

Mutter Courage (zurück in den Wagen): Marandjosef! Kattrin, Friede! Zieh dein Schwarzes an! Wir gehn in Gottesdienst. Das sind wir dem Schweizerkas schuldig. Obs wahr ist?

Der junge Mann: Die Leut hier sagens auch. Es ist Frieden gemacht worden. Kannst du aufstehn? *(Die alte Frau steht betäubt auf.)* Jetzt bring ich die Sattlerei wieder in Gang. Ich versprech dirs. Alles kommt in Ordnung. Vater kriegt sein Bett wieder. Kannst du laufen? *(Zum Feldprediger)*: Schlecht ist ihr geworden. Das ist die Nachricht. Sie hats nicht geglaubt, daß es noch Frieden wird. Vater hats immer gesagt. Wir gehn gleich heim. *(Beide ab.)*

Mutter Courages Stimme: Gebt ihr einen Schnaps!

Der Feldprediger: Sie sind schon fort.

Mutter Courages Stimme: Was ist im Lager drüben?

Der Feldprediger: Sie laufen zusammen. Ich geh hinüber. Soll ich nicht mein geistliches Gewand anziehn?

Mutter Courages Stimme: Erkundigen Sie sich erst genauer, bevor Sie sich zu erkennen geben als Antichrist. Ich bin froh übern Frieden, wenn ich auch ruiniert bin. Wenigstens zwei von den Kindern hätt ich also durchgebracht durch den Krieg. Jetzt werd ich meinen Eilif wiedersehn.

Der Feldprediger: Und wer kommt da die Lagergaß herunter? Wenn das nicht der Koch vom Feldhauptmann ist!

Der Koch (etwas verwahrlost und mit einem Bündel): Wen seh ich? Den Feldprediger!

Der Feldprediger: Courage, ein Besuch!

Mutter Courage klettert heraus.

Der Koch: Ich habs doch versprochen, ich komm, sobald ich Zeit hab, zu einer kleinen Unterhaltung herüber. Ich hab Ihren Branntwein nicht vergessen, Frau Fierling.

Mutter Courage: Jesus, der Koch vom Feldhauptmann! Nach all die Jahr! Wo ist Eilif, mein Ältester?

Der Koch: Ist der noch nicht da? Der ist vor mir weg und wollt auch zu Ihnen.

Der Feldprediger: Ich zieh mein geistliches Gewand an, wartets. *(Ab hinter den Wagen.)*

Mutter Courage: Da kann er jede Minute eintreffen. *(Ruft in den Wagen)*: Kattrin, der Eilif kommt! Hol ein Glas Branntwein fürn Koch, Kattrin! *(Kattrin zeigt sich nicht.)* Gib ein Büschel Haar drüber, und fertig! Herr Lamb ist kein Fremder. *(Holt selber den Branntwein.)* Sie will nicht heraus, sie macht sich nix ausn Frieden. Er hat zu lang auf sich warten lassen. Sie haben sie über das eine Aug geschlagen, man siehts schon kaum mehr, aber sie meint, die Leut stiern auf sie.

Der Koch: Ja, der Krieg! *(Er und Mutter Courage setzen sich.)*

Mutter Courage: Koch, Sie treffen mich im Unglück. Ich bin ruiniert.

Der Koch: Was? Das ist aber Pech.

Mutter Courage: Der Friede bricht mirn Hals. Ich hab auf den Feldprediger sein Rat neulich noch Vorrät eingekauft. Und jetzt wird sich alles verlaufen, und ich sitz auf meine Waren.

Der Koch: Wie können Sie auf den Feldprediger hören? Wenn ich damals Zeit gehabt hätt, aber die Katholischen sind zu schnell gekommen, hätt ich Sie vor dem gewarnt. Das ist ein Schmalger. So, der führt bei Ihnen jetzt das große Wort.

Mutter Courage: Er hat mirs Geschirr gewaschen und ziehn helfen.

Der Koch: Der und ziehn! Er wird Ihnen schon auch ein paar von seine Witz erzählt haben, wie ich den kenn, der hat eine ganz unsaubere Anschauung vom Weib, ich hab mein Einfluß umsonst bei ihm geltend gemacht. Er ist unsolid.

Mutter Courage: Sind Sie solid?

Der Koch: Wenn ich nix bin, bin ich solid. Prost!

Mutter Courage: Das ist nix, solid. Ich hab nur einen gehabt, Gott sei Dank, wo solid war. So hab ich nirgends schuften müssen, er hat die Decken von die Kinder verkauft im Frühjahr, und meine Mundharmonika hat er unchristlich gefunden. Ich find, Sie empfehln sich nicht, wenn Sie eingestehn, Sie sind solid.

Der Koch: Sie haben immer noch Haare auf die Zähn, aber ich schätz Sie drum.

Mutter Courage: Sagen Sie jetzt nicht, Sie haben von meine Haar auf die Zähn geträumt!

Der Koch: Ja, jetzt sitzen wir hier, und Friedensglocken und Ihr Branntwein, wie nur Sie ihn ausschenken, das ist ja berühmt.

Mutter Courage: Ich halt nix von Friedensglocken im Moment. Ich seh nicht, wie sie den Sold auszahln wolln, wo im Rückstand ist, und wo bleib ich dann mit meinem berühmten Branntwein? Habt ihr denn ausgezahlt bekommen?

Der Koch (zögernd): Das nicht grad. Darum haben wir uns aufgelöst. Unter diese Umstände hab ich mir gedacht, was soll ich bleiben, ich besuch inzwischen Freunde. Und so sitz ich jetzt Ihnen gegenüber.

Mutter Courage: Das heißt, Sie haben nix.

Der Koch: Mit dem Gebimmel könnten sie wirklich aufhören, nachgerad. Ich käm gern in irgendeinen Handel mit was. Ich hab keine Lust mehr, denen den Koch zu machen. Ich soll ihnen aus Baumwurzeln und Schuhleder was zusammenpantschen, und dann schütten sie mir die heiße Suppe ins Gesicht. Heut Koch, das ist ein Hundeleben. Lieber Kriegsdienst tun, aber freilich, jetzt ist ja Frieden. *(Da der Feldprediger auftaucht, nunmehr in seinem alten Gewand.)* Wir reden später darüber weiter.

Der Feldprediger: Es ist noch gut, nur paar Motten waren drin.

Der Koch: Ich seh nur nicht, wozu Sie sich die Müh machen. Sie werden doch nicht wieder eingestellt, wen sollten Sie jetzt anfeuern, daß er seinen Sold ehrlich verdient und sein Leben in die Schanz schlägt? Ich hab überhaupt mit Ihnen noch ein Hühnchen zu rupfen, weil Sie die Dame zu einem Einkauf von überflüssigen Waren geraten haben unter der Angabe, der Krieg geht ewig.

Der Feldprediger (hitzig): Ich möcht wissen, was Sie das angeht?

Der Koch: Weils gewissenlos ist, so was! Wie können Sie sich in die Geschäftsführung von andern Leuten einmischen mit ungewünschten Ratschlägen?

Der Feldprediger: Wer mischt sich ein? *(Zur Courage):* Ich hab nicht gewußt, daß Sie eine so enge Freundin von dem Herrn sind und ihm Rechenschaft schuldig sind.

Mutter Courage: Regen Sie sich nicht auf, der Koch sagt nur seine Privatmeinung, und Sie können nicht leugnen, daß Ihr Krieg eine Niete war.

Der Feldprediger: Sie sollten sich nicht am Frieden versündigen, Courage! Sie sind eine Hyäne des Schlachtfelds.

Mutter Courage: Was bin ich?

Der Koch: Wenn Sie meine Freundin beleidigen, kriegen Sies mit mir zu tun.

Der Feldprediger: Mit Ihnen red ich nicht. Sie haben mir zu durchsichtige Absichten. *(Zur Courage)*: Aber wenn ich Sie den Frieden entgegennehmen seh wie ein altes verrotztes Sacktuch, mit Daumen und Zeigefinger, dann empör ich mich menschlich; denn dann seh ich, Sie wollen keinen Frieden, sondern Krieg, weil Sie

Gewinne machen, aber vergessen Sie dann auch nicht den alten Spruch: „Wer mitn Teufel frühstücken will, muß ein langen Löffel haben!"

Mutter Courage: Ich hab nix fürn Krieg übrig, und er hat wenig genug für mich übrig. Ich verbitt mir jedenfalls die Hyäne, wir sind geschiedene Leut.

Der Feldprediger: Warum beklagen Sie sich dann übern Frieden, wenn alle Menschen aufatmen? Wegen paar alte Klamotten in Ihrem Wagen?!

Mutter Courage: Meine Waren sind keine alten Klamotten, sondern davon leb ich, und Sie habens bisher auch.

Der Feldprediger: Also vom Krieg! Aha!

Der Koch (zum Feldprediger): Als erwachsener Mensch hätten Sie sich sagen müssen, daß man keinen Rat gibt. *(Zur Courage)*: In der Lag können Sie jetzt nix Besseres mehr tun als gewisse Waren schnell losschlagen, vor die Preis ins Aschgraue sinken. Ziehn Sie sich an und gehn Sie los, verliern Sie keine Minut!

Mutter Courage: Das ist ein ganz vernünftiger Rat. Ich glaub, ich machs.

Der Feldprediger: Weil der Koch es sagt!

Mutter Courage: Warum haben Sies nicht gesagt? Er hat recht, ich geh besser auf den Markt. *(Sie geht in den Wagen.)*

Der Koch: Einen für mich, Feldprediger. Sie sind nicht geistesgegenwärtig. Sie hätten sagen müssen: ich soll Ihnen ein Rat geben haben? Ich hab höchstens politisiert! Mit mir sollten Sie sich nicht hinstelln. So ein Hahnenkampf paßt sich nicht für Ihr Gewand!

Der Feldprediger: Wenn Sie nicht das Maul halten, ermord ich Sie, ob sich das paßt oder nicht.

Der Koch (seine Stiefel ausziehend und sich die Fußlappen abwickelnd): Wenn Sie nicht ein so gottloser Lump geworden wären, könntens jetzt im Frieden leicht wieder zu einem Pfarrhaus kommen. Köch wird man nicht brauchen, zum Kochen ist nix da, aber geglaubt wird immer noch, da hat sich nix verändert.

Der Feldprediger: Herr Lamb, ich muß Sie bitten, mich hier nicht hinauszudrängeln. Seit ich verlumpt bin, bin ich ein besserer Mensch geworden. Ich könnt ihnen nicht mehr predigen.

Yvette Pottier kommt, in Schwarz, aufgetakelt, mit Stock. Sie ist viel älter, dicker und sehr gepudert. Hinter ihr ein Bedienter.

Yvette: Holla, ihr Leut! Ist das bei Mutter Courage?

Der Feldprediger: Ganz recht. Und mit wem haben wir das Vergnügen?

Yvette: Mit der Obristin Starhemberg, gute Leut. Wo ist die Courage?

Der Feldprediger (ruft in den Wagen): Die Obristin Starhemberg möcht Sie sprechen!

Stimme der Mutter Courage: Ich komm gleich!

Yvette: Ich bin die Yvette!

Stimme der Mutter Courage: Ach, die Yvette!

Yvette: Nur nachschaun, wies geht! *(Da der Koch sich entsetzt herumgedreht hat)*: Pieter!

Der Koch: Yvette!

Yvette: So was! Wie kommst denn du da her?

Der Koch: Im Fuhrwerk.

Der Feldprediger: Ach, ihr kennts euch? Intim?

Yvette: Ich möchts meinen. *(Sie betrachtet den Koch.)* Fett.

Der Koch: Du gehörst auch nicht mehr zu die Schlanksten.

Yvette: Jedenfalls schön, daß ich dich treff, Lump. Da kann ich dir sagen, was ich über dich denk.

Der Feldprediger: Sagen Sies nur genau, aber warten Sie, bis die Courage heraußen ist.

Mutter Courage (kommt heraus, mit allerlei Waren): Yvette! *(Sie umarmen sich.)* Aber warum bist du in Trauer?

Yvette: Stehts mir nicht? Mein Mann, der Obrist, ist vor ein paar Jahr gestorben.

Mutter Courage: Der Alte, wo beinah mein Wagen gekauft hätt?

Yvette: Sein älterer Bruder.

Mutter Courage: Da stehst dich ja nicht schlecht! Wenigstens eine, wos im Krieg zu was gebracht hat.

Yvette: Auf und ab und wieder auf ists halt gegangen.

Mutter Courage: Reden wir nichts Schlechtes von die Obristen, sie machen Geld wie Heu!

Der Feldprediger (zum Koch): Ich möcht an Ihrer Stell die Schuh wieder anziehn. *(Zu Yvette)*: Sie haben versprochen, Sie sagen, was Sie über den Herrn denken, Frau Obristin.

Der Koch: Yvette, mach keinen Stunk hier.

Mutter Courage: Das ist ein Freund von mir, Yvette.

Yvette: Das ist der Pfeifenpieter.

Der Koch: Laß die Spitznamen! Ich heiß Lamb.

Mutter Courage (lacht): Der Pfeifenpieter! Wo die Weiber verrückt gemacht hat! Sie, Ihre Pfeif hab ich aufbewahrt.

Der Feldprediger: Und draus geraucht!

Yvette: Ein Glück, daß ich Sie vor dem warnen kann. Das ist der schlimmste, wo an der ganzen flandrischen Küste herumgelaufen ist. An jedem Finger eine, die er ins Unglück gebracht hat.

Der Koch: Das ist lang her. Das ist schon nimmer wahr.

Yvette: Steh auf, wenn eine Dame dich ins Gespräch zieht! Wie ich diesen Menschen geliebt hab! Und zu gleicher Zeit hat er eine kleine Schwarze gehabt mit krumme Bein, die hat er auch ins Unglück gebracht, natürlich.

Der Koch: Dich hab ich jedenfalls eher ins Glück gebracht, wies scheint.

Yvette: Halt das Maul, traurige Ruin! Aber hüten Sie sich vor ihm, so einer bleibt gefährlich auch im Zustand des Verfalls!

Mutter Courage (zu Yvette): Komm mit, ich muß mein Zeug losschlagen, vor die Preis sinken. Vielleicht hilfst du mir beim Regiment mit deine Verbindungen. *(Ruft in den Wagen)*: Kattrin, es ist nix mit der Kirch, stattdem geh ich aufn Markt. Wenn der Eilif kommt, gebts ihm was zum Trinken. *(Ab mit Yvette.)*

Yvette (im Abgehn): Daß mich so was wie dieser Mensch einmal vom graden Weg hat abbringen können! Ich habs nur meinem guten Stern zu danken, daß ich dennoch in die Höh gekommen bin. Aber daß ich dir jetzt das Handwerk gelegt hab, wird mir dereinst oben angerechnet, Pfeifenpieter.

Der Feldprediger: Ich möcht unsrer Unterhaltung das Wort zugrund legen: Gottes Mühlen mahlen langsam. Und Sie beschweren sich über meinen Witz!

Der Koch: Ich hab halt kein Glück. Ich sags, wies ist: ich hab auf eine warme Mahlzeit gehofft. Ich bin ausgehungert, und jetzt reden die über mich, und sie bekommt ein ganz falsches Bild von mir. Ich glaub, ich verschwind, bis sie zurück ist.

Der Feldprediger: Ich glaub auch.

Der Koch: Feldprediger, mir hangt der Frieden schon wieder zum Hals heraus. Die Menschheit muß hingehn durch Feuer und Schwert, weil sie sündig ist von Kindesbeinen an. Ich wollt, ich könnt dem Feldhauptmann, wo Gott weiß wo ist, wieder einen fetten Kapaun braten, in Senfsoße mit bissel gelbe Rüben.

Der Feldprediger: Rotkohl. Zum Kapaun Rotkohl.

Der Koch: Das ist richtig, aber er hat gelbe Rüben wolln.

Der Feldprediger: Er hat nix verstanden.

Der Koch: Sie habens immer wacker mitgefressen.

Der Feldprediger: Mit Widerwillen.

Der Koch: Jedenfalls müssen Sie zugeben, daß das noch Zeiten warn.

Der Feldprediger: Das würd ich eventuell zugeben.

Der Koch: Nachdem Sie sie eine Hyäne geheißen haben, sinds für Sie hier keine Zeiten mehr. Was stiern Sie denn?

Der Feldprediger: Der Eilif! *(Von Soldaten mit Picketten gefolgt, kommt Eilif daher. Seine Hände sind gefesselt. Er ist kalkweiß.)* Was ist denn mit dir los?

Eilif: Wo ist die Mutter?

Der Feldprediger: In die Stadt.

Eilif: Ich hab gehört, sie ist am Ort. Sie haben erlaubt, daß ich sie noch besuchen darf.

Der Koch (zu den Soldaten): Wo führt ihr ihn denn hin?

Ein Soldat: Nicht zum Guten.

Der Feldprediger: Was hat er angestellt?

Der Soldat: Bei einem Bauern ist er eingebrochen. Die Frau ist hin.

Der Feldprediger: Wie hast du das machen können?

Eilif: Ich hab nix andres gemacht als vorher auch.

Der Koch: Aber im Frieden.

Eilif: Halt das Maul. Kann ich mich hinsetzen, bis sie kommt?

Der Soldat: Wir haben keine Zeit.

Der Feldprediger: Im Krieg haben sie ihn dafür geehrt, zur Rechten vom Feldhauptmann ist er gesessen. Da wars Kühnheit! Könnt man nicht mit dem Profos reden?

Der Soldat: Das nutzt nix. Einem Bauern sein Vieh nehmen, was wär daran kühn?

Der Koch: Das war eine Dummheit!

Eilif: Wenn ich dumm gewesen wär, dann wär ich verhungert, du Klugscheißer.

Der Koch: Und weil du klug warst, kommt dir der Kopf herunter.

Der Feldprediger: Wir müssen wenigstens die Kattrin herausholen.

Eilif: Laß sie drin! Gib mir lieber einen Schluck Schnaps.

Der Soldat: Zu dem hats keine Zeit, komm!

Der Feldprediger: Und was solln wir deiner Mutter ausrichten?

Eilif: Sag ihr, es war nichts anderes, sag ihr, es war dasselbe. Oder sag ihr gar nix. *(Die Soldaten treiben ihn weg.)*

Der Feldprediger: Ich geh mit dir deinen schweren Weg.

Eilif: Ich brauch keinen Pfaffen.

Der Feldprediger: Das weißt du noch nicht. *(Er folgt ihm.)*

Helene Weigel und Ernst Busch in „Mutter Courage und ihre Kinder"
(Aufführung des Berliner Ensembles)

Der Koch (ruft ihnen nach): Ich werds ihr doch sagen müssen, sie wird ihn noch sehn wollen!

Der Feldprediger: Sagen Sie ihr lieber nix. Höchstens, er war da und kommt wieder, vielleicht morgen. Inzwischen bin ich zurück und kanns ihr beibringen. *(Hastig ab.)*

Der Koch schaut ihnen kopfschüttelnd nach, dann geht er unruhig herum. Am Ende nähert er sich dem Wagen.

Der Koch: Holla! Wolln Sie nicht rauskommen? Ich versteh ja, daß Sie sich vorm Frieden verkrochen haben. Ich möchts auch. Ich bin der Koch vom Feldhauptmann, erinnern Sie sich an mich? Ich frag mich, ob Sie bissel was zu essen hätten, bis Ihre Mutter zurückkommt. Ich hätt grad Lust auf ein Speck oder auch Brot, nur wegen der Langeweil. *(Er schaut hinein.)* Hat die Deck überm Kopf. *(Hinten Kanonendonner.)*

Mutter Courage (kommt gelaufen, sie ist außer Atem und hat ihre Waren noch): Koch, der Frieden ist schon wieder aus! Schon seit drei Tag ist wieder Krieg. Ich hab mein Zeug noch nicht losgeschlagen gehabt, wie ichs erfahrn hab. Gott sei Dank! In der Stadt schießen sie sich mit die Lutherischen. Wir müssen gleich weg mitn Wagen. Kattrin, packen! Warum sind Sie betreten! Was ist los?

Der Koch: Nix.

Mutter Courage: Doch, es ist was. Ich sehs Ihnen an.

Der Koch: Weil wieder Krieg ist, wahrscheinlich. Jetzt kanns bis morgen abend dauern, bis ich irgendwo was Warmes in Magen krieg.

Mutter Courage: Das ist gelogen, Koch.

Der Koch: Der Eilif war da. Er hat nur gleich wieder wegmüssen.

Mutter Courage: War er da? Da werden wir ihn aufn Marsch sehn. Ich zieh mit die Unsern jetzt. Wie sieht er aus?

Der Koch: Wie immer.

Mutter Courage: Der wird sich nie ändern. Den hat der Krieg mir nicht wegnehmen können. Der ist klug. Helfen Sie mir beim Pakken? *(Sie beginnt zu packen.)* Hat er was erzählt? Steht er sich gut mitn Hauptmann? Hat er was von seine Heldentaten berichtet?

Der Koch (finster): Eine hat er, hör ich, noch einmal wiederholt.

Mutter Courage: Sie erzählens mir später, wir müssen fort. *(Kattrin taucht auf.)* Kattrin, der Frieden ist schon wieder herum. Wir ziehn weiter. *(Zum Koch)*: Was ist mit Ihnen?

Der Koch: Ich laß mich anwerben.

Mutter Courage: Ich schlag Ihnen vor ... wo ist der Feldprediger?

Der Koch: In die Stadt mit dem Eilif.

Mutter Courage: Dann kommen Sie ein Stückl mit, Lamb. Ich brauch eine Hilf.

Der Koch: Die Geschichte mit der Yvette ...

Mutter Courage: Die hat Ihnen nicht geschadet in meinen Augen. Im Gegenteil. Wos raucht, ist Feuer, heißts. Kommen Sie also mit uns?

Der Koch: Ich sag nicht nein.

Mutter Courage: Das Zwölfte is schon aufgebrochen. Gehens an die Deichsel. Da is ein Stück Brot. Wir müssen hintenrum, zu den Lutherischen. Vielleicht seh ich den Eilif schon heut nacht. Das ist mir der liebste von allen. Ein kurzer Friede wars, und schon gehts weiter. *(Sie singt, während der Koch und Kattrin sich vorspannen)*:

Von Ulm nach Metz, von Metz nach Mähren!
Mutter Courage ist dabei!
Der Krieg wird seinen Mann ernähren
Er braucht nur Pulver zu und Blei.
Von Blei allein kann er nicht leben
Von Pulver nicht, er braucht auch Leut!
Müßts euch zum Regiment begeben
Sonst steht er um! So kommt noch heut!

9

Schon sechzehn Jahre dauert nun der große Glaubenskrieg. Über die Hälfte seiner Bewohner hat Deutschland eingebüßt. Gewaltige Seuchen töten, was die Metzeleien übriggelassen haben. In den ehemals blühenden Landstrichen wütet der Hunger. Wölfe durchstreifen die niedergebrannten Städte. Im Herbst 1634 begegnen wir der Courage im deutschen Fichtelgebirge, abseits der Heerstraße, auf der die schwedischen Heere ziehen. Der Winter in diesem Jahr kommt früh und ist streng. Die Geschäfte gehen schlecht, so daß nur Betteln übrigbleibt. Der Koch bekommt einen Brief aus Utrecht und wird verabschiedet.

Vor einem halbzerfallenen Pfarrhaus. Grauer Morgen im Frühwinter. Windstöße. Mutter Courage und der Koch in schäbigen Schafsfellen am Wagen.

Der Koch: Es ist alles dunkel, noch niemand auf.

Mutter Courage: Aber ein Pfarrhaus. Und zum Glockenläuten muß er aus den Federn kriechen. Dann hat er eine warme Supp.

Der Koch: Woher, wenns ganze Dorf verkohlt ist, wie wir gesehn haben.

Mutter Courage: Aber es ist bewohnt, vorhin hat ein Hund gebellt.

Der Koch: Wenn der Pfaff hat, gibt er nix.

Mutter Courage: Vielleicht, wenn wir singen ...

Der Koch: Ich habs bis oben auf. *(Plötzlich.)* Ich hab einen Brief aus Utrecht, daß meine Mutter an der Cholera gestorben ist, und das Wirtshaus gehört mir. Da ist der Brief, wenns nicht glaubst. Ich zeig ihn dir, wenns dich auch nix angeht, was meine Tante über meinen Lebenswandel schmiert.

Mutter Courage (liest den Brief): Lamb, ich bin das Herumziehn auch müd. Ich komm mir vor wie 'n Schlachterhund, ziehts Fleisch für die Kunden und kriegt nix davon ab. Ich hab nix mehr zu verkaufen, und die Leut haben nix, das Nix zu zahln. Im Sächsischen hat mir einer in Lumpen ein Klafter Pergamentbänd aufhängen wolln für zwei Eier, und fürn Säcklein Salz hätten sie mir im Württembergischen ihren Pflug abgelassen. Wozu pflügen? Es wachst nix mehr, nur Dorngestrüpp. Im Pommerschen solln die Dörfler schon die jüngern Kinder aufgegessen haben, und Nonnen haben sie bei Raubüberfäll erwischt.

Der Koch: Die Welt stirbt aus.

Mutter Courage: Manchmal seh ich mich schon durch die Höll fahrn mit mein Planwagen und Pech verkaufen oder durchn Himmel, Wegzehrung ausbieten an irrende Seelen. Wenn ich mit meine Kinder, wo mir verblieben sind, eine Stell fänd, wo nicht herumgeschossen würd, möcht ich noch ein paar ruhige Jahr haben.

Der Koch: Wir könnten das Wirtshaus aufmachen. Anna, überleg dirs. Ich hab heut nacht meinen Entschluß gefaßt, ich geh mit dir oder ohne dich nach Utrecht zurück, und zwar heut.

Mutter Courage: Ich muß mit der Kattrin reden. Es kommt bissel schnell, und ich faß meine Entschlüß ungern in der Kält und mit nix im Magen. Kattrin! *(Kattrin klettert aus dem Wagen.)* Kattrin, ich muß dir was mitteilen. Der Koch und ich wolln nach Utrecht. Er hat eine Wirtschaft dort geerbt. Da hättst du ein festen Punkt und könntest Bekanntschaften machen. Eine gesetzte Person möcht mancher schätzen, das Aussehn ist nicht alles. Ich wär auch dafür. Ich vertrag mich mitn Koch. Ich muß für ihn sagen: er hat ein Kopf fürs Geschäft. Wir hätten unser gesichertes Essen, das wär fein, nicht? Und du hast deine Bettstatt, das paßt dir, wie? Auf der Straß ist kein Leben auf die Dauer. Du möchtest verkommen. Verlaust bist schon. Wir müssen uns entscheiden, warum, wir könnten mit den Schweden ziehn, nach Norden, sie müssen dort drüben sein. *(Sie zeigt nach links.)* Ich denk, wir entschließen uns, Kattrin.

Der Koch: Anna, ich möcht ein Wort mit dir allein haben.

Mutter Courage: Geh in den Wagen zurück, Kattrin.

Kattrin klettert zurück.

Der Koch: Ich hab dich unterbrochen, weil das ist ein Mißverständnis von deiner Seit, sehe ich. Ich hab gedacht, das müßt ich nicht eigens sagen, weils klar ist. Aber wenn nicht, muß ich dirs halt sagen, daß du die mitnimmst, davon kann keine Rede sein. Ich glaub, du verstehst mich.

Kattrin steckt hinter ihnen den Kopf aus dem Wagen und lauscht.

Mutter Courage: Du meinst, ich soll die Kattrin zurücklassen?

Der Koch: Wie denkst du dirs? Da ist kein Platz in der Wirtschaft. Das ist keine mit drei Schankstuben. Wenn wir zwei uns auf die Hinterbein stelln, können wir unsern Unterhalt finden, aber nicht drei, das ist ausgeschlossen. Die Kattrin kann den Wagen behalten.

Mutter Courage: Ich hab mir gedacht, sie kann in Utrecht einen Mann finden.

Der Koch: Daß ich nicht lach! Wie soll die einen Mann finden? Stumm und die Narb dazu! Und in dem Alter?

Mutter Courage: Red nicht so laut!

Der Koch: Was ist, ist, leis oder laut. Und das ist auch ein Grund, warum ich sie nicht in der Wirtschaft haben kann. Die Gäst wolln so was nicht immer vor Augen haben. Das kannst du ihnen nicht verdenken.

Mutter Courage: Halts Maul. Ich sag, du sollst nicht so laut sein.

Der Koch: Im Pfarrhaus ist Licht. Wir können singen.

Mutter Courage: Koch, wie könnt sie allein mitn Wagen ziehn? Sie hat Furcht vorm Krieg. Sie verträgts nicht. Was die für Träum haben muß! Ich hör sie stöhnen nachts. Nach Schlachten besonders. Was sie da sieht in ihre Träum, weiß ich nicht. Die leidet an Mitleid. Neulich hab ich bei ihr wieder einen Igel versteckt gefunden, wo wir überfahren haben.

Der Koch: Die Wirtschaft ist zu klein. *(Er ruft)*: Werter Herr, Gesinde und Hausbewohner! Wir bringen zum Vortrag das Lied von Salomon, Julius Cäsar und andere große Geister, denens nicht genützt hat. Damit ihr seht, auch wir sind ordentliche Leut und habens drum schwer, durchzukommen, besonders im Winter.

(Sie singen):

Ihr saht den weisen Salomon
Ihr wißt, was aus ihm wurd.
Dem Mann war alles sonnenklar
Er verfluchte die Stunde seiner Geburt
Und sah, daß alles eitel war.
Wie groß und weis war Salomon!
Und seht, da war es noch nicht Nacht
Da sah die Welt die Folgen schon:
Die Weisheit hatte ihn so weit gebracht!
Beneidenswert, wer frei davon!

Alle Tugenden sind nämlich gefährlich auf dieser Welt, wie das schöne Lied beweist, man hat sie besser nicht und hat ein angenehmes Leben und Frühstück, sagen wir, eine warme Supp. Ich zum Beispiel hab keine und möcht eine, ich bin ein Soldat, aber was hat meine Kühnheit mir genutzt in all die Schlachten, nix, ich hunger und wär besser ein Hosenscheißer geblieben und daheim. Denn warum?

Ihr saht den kühnen Cäsar dann
Ihr wißt, was aus ihm wurd.
Der saß wie 'n Gott auf dem Altar
Und wurde ermordet, wie ihr erfuhrt
Und zwar, als er am größten war.
Wie schrie der laut: Auch du, mein Sohn!
Denn seht, da war es noch nicht Nacht
Da sah die Welt die Folgen schon:
Die Kühnheit hatte ihn so weit gebracht!
Beneidenswert, wer frei davon!

(Halblaut): Sie schaun nicht mal heraus. *(Laut)*: Werter Herr, Gesinde und Hausbewohner! Sie möchten sagen, ja, die Tapferkeit ist nix, was seinen Mann nährt, versuchts mit der Ehrlichkeit!

Da möchtet ihr satt werden oder wenigstens nicht ganz nüchtern bleiben. Wie ists damit?

Ihr kennt den redlichen Sokrates
Der stets die Wahrheit sprach:
Ach nein, sie wußten ihm keinen Dank
Vielmehr stellten die Obern böse ihm nach
Und reichten ihm den Schierlingstrank.
Wie redlich war des Volkes großer Sohn!
Und seht, da war es noch nicht Nacht
Da sah die Welt die Folgen schon:
Die Redlichkeit hatt' ihn so weit gebracht!
Beneidenswert, wer frei davon!

Ja, das heißts selbstlos sein und teilen, was man hat, aber wenn man nix hat? Denn die Wohltäter habens vielleicht auch nicht leicht, das sieht man ein, nur, man brauchet halt doch was. Ja, die Selbstlosigkeit ist eine seltene Tugend, weil sie sich nicht rentiert.

Der heilige Martin, wie ihr wißt
Ertrug nicht fremde Not.
Er sah im Schnee ein armen Mann
Und er bot seinen halben Mantel ihm an
Da frorn sie alle beid zu Tod.
Der Mann sah nicht auf irdischen Lohn!
Und seht, da war es noch nicht Nacht
Da sah die Welt die Folgen schon:
Selbstlosigkeit hatt' ihn so weit gebracht!
Beneidenswert, wer frei davon!

Und so ists mit uns! Wir sind ordentliche Leut, halten zusammen, stehln nicht, morden nicht, legen kein Feuer! Und so kann man sagen, wir sinken immer tiefer, und das Lied bewahrheitet sich an uns, und die Suppen sind rar, und wenn wir anders wären und Dieb und Mörder, möchten wir vielleicht satt sein! Denn die Tugenden zahln sich nicht aus, nur die Schlechtigkeiten, so ist die Welt und müßt nicht so sein!

Hier seht ihr ordentliche Leut
Haltend die zehn Gebot.
Es hat uns bisher nichts genützt.
Ihr, die am warmen Ofen sitzt
Helft lindern unsre große Not!

Wie kreuzbrav waren wir doch schon!
Und seht, da war es noch nicht Nacht
Da sah die Welt die Folgen schon:
Die Gottesfurcht hat uns so weit gebracht!
Beneidenswert, wer frei davon!

Stimme (von oben): Ihr da! Kommt herauf! Eine Brennsupp könnt ihr haben.

Mutter Courage: Lamb, ich könnt nix hinunterwürgen. Ich sag nicht, was du sagst, is unvernünftig, aber wars dein letztes Wort? Wir haben uns gut verstanden.

Der Koch: Mein letztes. Überlegs dir.

Mutter Courage: Ich brauch nix zu überlegen. Ich laß sie nicht hier.

Der Koch: Das wär recht unvernünftig, ich könnts aber nicht ändern. Ich bin kein Unmensch, nur, das Wirtshaus ist ein kleines. Und jetzt müssen wir hinauf, sonst ist das auch nix hier, und wir haben umsonst in der Kälte gesungen.

Mutter Courage: Ich hol die Kattrin.

Der Koch: Lieber steck oben was für sie ein. Wenn wir zu dritt anrücken, kriegen sie einen Schreck. *(Beide ab.)*

Aus dem Wagen klettert Kattrin, mit einem Bündel. Sie sieht sich um, ob die beiden fort sind. Dann arrangiert sie auf dem Wagenrad eine alte Hose vom Koch und einen Rock ihrer Mutter nebeneinander, so, daß es leicht gesehen wird. Sie ist damit fertig und will mit ihrem Bündel weg, als Mutter Courage aus dem Haus zurückkommt.

Mutter Courage (mit einem Teller Suppe): Kattrin! Bleibst stehn! Kattrin! Wo willst du hin, mit dem Bündel? Bist du von Gott und alle guten Geister verlassen? *(Sie untersucht das Bündel.)* Ihre Sachen hat sie gepackt! Hast du zugehört? Ich hab ihm gesagt, daß nix wird aus Utrecht, seinem dreckigen Wirtshaus, was solln wir dort? Du und ich, wir passen in kein Wirtshaus. In dem Krieg is noch allerhand für uns drin. *(Sie sieht die Hose und den Rock.)* Du bist ja dumm. Was denkst, wenn ich das gesehn hätt, und du wärst weggewesen? *(Sie hält Kattrin fest, die weg will.)* Glaub nicht, daß ich ihm deinetwegen den Laufpaß gegeben hab. Es war der Wagen, darum. Ich trenn mich doch nicht vom Wagen, wo ich gewohnt bin, wegen dir ists gar nicht, es ist wegen dem Wagen. Wir gehn die andere Richtung, und dem Koch sein Zeug legen wir heraus, daß ers find, der dumme Mensch. *(Sie klettert hinauf und wirft noch ein paar Sachen neben die Hose.)* So, der ist draus aus unserm Geschäft, und ein andrer kommt mir nimmer rein. Jetzt machen wir beide weiter. Der Winter geht auch rum, wie alle andern. Spann dich ein, es könnt Schnee geben.

Sie spannen sich beide vor den Wagen, drehen ihn um und ziehen ihn weg. Wenn der Koch kommt, sieht er verdutzt sein Zeug.

10

Das ganze Jahr 1635 ziehen Mutter Courage und ihre Tochter Kattrin über die Landstraßen Mitteldeutschlands, folgend den immer zerlumpteren Heeren.

Landstraße. Mutter Courage und Kattrin ziehn den Planwagen. Sie kommen an einem Bauernhaus vorbei, aus dem eine Stimme singt.

Die Stimme:
Uns hat eine Ros ergetzet
Im Garten mittenan
Die hat sehr schön geblühet
Haben sie im März gesetzet
Und nicht umsonst gemühet.
Wohl denen, die ein Garten han.
Sie hat so schön geblühet.

Und wenn die Schneewind wehen
Und blasen durch den Tann
Es kann uns wenig g'schehen:
Wir habens Dach gerichtet
Mit Moos und Stroh verdichtet.
Wohl denen, die ein Dach jetzt han
Wenn solche Schneewind wehen.

Mutter Courage und Kattrin haben eingehalten, um zuzuhören, und ziehen dann weiter.

11

Januar 1636. Die kaiserlichen Truppen bedrohen die evangelische Stadt Halle. Der Stein beginnt zu reden. Mutter Courage verliert ihre Tochter und zieht allein weiter. Der Krieg ist noch lange nicht zu Ende.

Der Planwagen steht zerlumpt neben einem Bauernhaus mit riesigem Strohdach, das sich an eine Felswand anlehnt. Es ist Nacht. Aus dem Gehölz treten ein Fähnrich und drei Soldaten in schwerem Eisen.

Der Fähnrich: Ich will keinen Lärm haben. Wer schreit, dem haut den Spieß hinauf.

Erster Soldat: Aber wir müssen sie herausklopfen, wenn wir einen Führer haben wollen.

Der Fähnrich: Das ist kein unnatürlicher Lärm, Klopfen. Da kann eine Kuh sich an die Stallwand wälzen.

Die Soldaten klopfen an die Tür des Bauernhauses. Eine Bäuerin öffnet. Sie halten ihr den Mund zu. Zwei Soldaten hinein.

Männerstimme drinnen: Ist was?

Die Soldaten bringen einen Bauern und seinen Sohn heraus.

Der Fähnrich (deutet auf den Wagen, in dem Kattrin aufgetaucht ist): Da ist auch noch eine. *(Ein Soldat zerrt sie heraus.)* Seid ihr alles, was hier wohnt?

Die Bauersleute: Das ist unser Sohn. – Und das ist eine Stumme. – Ihre Mutter ist in die Stadt, einkaufen. – Für ihren Warenhandel, weil viele fliehn und billig verkaufen. – Es sind fahrende Leut, Marketender.

Der Fähnrich: Ich ermahn euch, daß ihr euch ruhig verhaltet, sonst, beim geringsten Lärm, gibts den Spieß über die Rübe. Und ich brauch einen, der uns den Pfad zeigt, wo auf die Stadt führt. *(Deutet auf den jungen Bauern.)* Du, komm her!

Der junge Bauer: Ich weiß keinen Pfad nicht.

Zweiter Soldat (grinsend): Er weiß keinen Pfad nicht.

Der junge Bauer: Ich dien nicht die Katholischen.

Der Fähnrich (zum zweiten Soldaten): Gib ihm den Spieß in die Seit!

Der junge Bauer (auf die Knie gezwungen und mit dem Spieß bedroht): Ich tus nicht ums Leben.

Erster Soldat: Ich weiß was, wie er klug wird. *(Er tritt auf den Stall zu.)* Zwei Küh und ein Ochs. Hör zu: wenn du keine Vernunft annimmst, säbel ich das Vieh nieder.

Der junge Bauer: Nicht das Vieh!

Die Bäuerin (weint): Herr Hauptmann, verschont unser Vieh, wir möchten sonst verhungern.

Der Fähnrich: Es ist hin, wenn er halsstarrig bleibt.

Erster Soldat: Ich fang mit dem Ochsen an.

Der junge Bauer (zum Alten): Muß ichs tun? *(Die Bäuerin nickt.)* Ich tus.

Die Bäuerin: Und schönen Dank, Herr Hauptmann, daß Sie uns verschont haben, in Ewigkeit, Amen.

Der Bauer hält die Bäuerin von weiterem Dank zurück.

Erster Soldat: Hab ich nicht gleich gewußt, daß der Ochs ihnen über alles geht!

Geführt von dem jungen Bauern, setzen der Fähnrich und die Soldaten ihren Weg fort.

Der Bauer: Ich möcht wissen, was die vorhaben. Nix Gutes.

Die Bäuerin: Vielleicht sinds nur Kundschafter. – Was willst?

Der Bauer (eine Leiter ans Dach stellend und hinaufkletternd): Sehn, ob die allein sind. *(Oben.)* Im Gehölz bewegt sichs. Bis zum Steinbruch hinab seh ich was. Und da sind auch Gepanzerte in der Lichtung. Und eine Kanon. Das ist mehr als ein Regiment. Gnade Gott der Stadt und allen, wo drin sind.

Die Bäuerin: Ist Licht in der Stadt?

Der Bauer: Nix. Da schlafens jetzt. *(Er klettert herunter.)* Wenn die eindringen, stechen sie alles nieder.

Die Bäuerin: Der Wachtposten wirds rechtzeitig entdecken.

Der Bauer: Den Wachtposten im Turm oben aufm Hang müssen sie hingemacht haben, sonst hätt der ins Horn gestoßen.

Die Bäuerin: Wenn wir mehr wären ...

Der Bauer: Mit dem Krüppel allein hier oben ...

Die Bäuerin: Wir können nix machen, meinst ...

Der Bauer: Nix.

Die Bäuerin: Wir können nicht hinunterlaufen, in der Nacht.

Der Bauer: Der ganze Hang hinunter ist voll von ihnen. Wir könnten nicht einmal ein Zeichen geben.

Die Bäuerin: Daß sie uns hier oben auch umbringen?

Der Bauer: Ja, wir können nix machen.

Die Bäuerin (zu Kattrin): Bet, armes Tier, bet! Wir können nix machen gegen das Blutvergießen. Wenn du schon nicht reden kannst, kannst doch beten. Er hört dich, wenn dich keiner hört. Ich helf dir. *(Alle knien nieder, Kattrin hinter den Bauersleuten.)* Vater unser, der du bist im Himmel, hör unser Gebet, laß die Stadt nicht umkommen mit alle, wo drinnen sind und schlummern und ahnen nix. Erweck sie, daß sie aufstehn und gehn auf die Mauern und sehn, wie sie auf sie kommen mit Spießen und Kanonen in der Nacht über die Wiesen, herunter zum Hang. *(Zu Kattrin zurück)*: Beschirm unsre Mutter und mach, daß der Wächter nicht schläft, sondern aufwacht, sonst ist es zu spät. Unserm Schwager steh auch bei, er ist drin mit seine vier Kinder, laß die nicht umkommen, sie sind unschuldig und wissen von nix. *(Zu Kattrin, die stöhnt)*: Eins ist unter zwei, das älteste sieben. *(Kattrin steht verstört auf.)* Vater unser, hör uns, denn nur du kannst helfen, wir möchten zugrund gehn, warum, wir sind schwach und haben keine Spieß und nix und können uns nix traun und sind in deiner Hand mit unserm Vieh und dem ganzen Hof, und so auch die Stadt, sie ist auch in deiner Hand, und der Feind ist vor den Mauern mit großer Macht.

Kattrin hat sich unbemerkt zum Wagen geschlichen, etwas herausgenommen, es unter ihre Schürze getan und ist die Leiter hoch aufs Dach des Stalles geklettert.

Die Bäuerin: Gedenkt der Kinder, wo bedroht sind, der allerkleinsten besonders, der Greise, wo sich nicht rühren können, und aller Kreatur.

Der Bauer: Und vergib uns unsre Schuld, wie auch wir vergeben unsern Schuldigern. Amen.

Kattrin beginnt, auf dem Dach sitzend, die Trommel zu schlagen, die sie unter ihrer Schürze hervorgezogen hat.

Die Bäuerin: Jesus, was macht die?

Der Bauer: Sie hat den Verstand verloren.

Die Bäuerin: Hol sie runter, schnell!

Der Bauer läuft auf die Leiter zu, aber Kattrin zieht sie aufs Dach.

Die Bäuerin: Sie bringt uns ins Unglück.

Der Bauer: Hör auf der Stell auf mit Schlagen, du Krüppel!

Die Bäuerin: Die Kaiserlichen auf uns ziehn!

Der Bauer (sucht Steine am Boden): Ich bewerf dich!
Die Bäuerin: Hast denn kein Mitleid? Hast gar kein Herz? Hin sind wir, wenn sie auf uns kommen! Abstechen tuns uns.

Kattrin starrt in die Weite, auf die Stadt, und trommelt weiter.

Die Bäuerin (zum Alten): Ich hab dir gleich gesagt, laß das Gesindel nicht auf den Hof. Was kümmerts die, wenn sie uns das letzte Vieh wegtreiben.
Der Fähnrich (kommt mit seinen Soldaten und dem jungen Bauern gelaufen): Euch zerhack ich!
Die Bäuerin: Herr Offizier, wir sind unschuldig, wir können nix dafür. Sie hat sich raufgeschlichen. Eine Fremde.
Der Fähnrich: Wo ist die Leiter?
Der Bauer: Oben.
Der Fähnrich (hinauf): Ich befehl dir, schmeiß die Trommel runter!

Kattrin trommelt weiter.

Der Fähnrich: Ihr seids alle verschworen. Das hier überlebt ihr nicht.
Der Bauer: Drüben im Holz haben sie Fichten geschlagen. Wenn wir einen Stamm holn und stochern sie herunter ...
Erster Soldat (zum Fähnrich): Ich bitt um Erlaubnis, daß ich einen Vorschlag mach. *(Er sagt dem Fähnrich etwas ins Ohr. Der nickt.)* Hörst du, wir machen dir einen Vorschlag zum Guten. Komm herunter und geh mit uns in die Stadt, stracks voran. Zeig uns deine Mutter, und sie soll verschont werden.

Kattrin trommelt weiter.

Der Fähnrich (schiebt ihn roh weg): Sie traut dir nicht, bei deiner Fresse kein Wunder. *(Er ruft hinauf)*: Wenn ich dir mein Wort gebe? Ich bin ein Offizier und hab ein Ehrenwort.

Kattrin trommelt stärker.

Der Fähnrich: Der ist nix heilig.
Der junge Bauer: Herr Offizier, es is ihr nicht nur wegen ihrer Mutter!
Erster Soldat: Lang dürfts nicht mehr fortgehn. Das müssen sie hören in der Stadt.
Der Fähnrich: Wir müssen einen Lärm mit irgendwas machen, wo größer ist als ihr Trommeln. Mit was können wir einen Lärm machen?

Erster Soldat: Wir dürfen doch keinen Lärm machen.

Der Fähnrich: Einen unschuldigen, Dummkopf. Einen nicht kriegerischen.

Der Bauer: Ich könnt mit der Axt Holz hacken.

Der Fähnrich: Ja, hack. *(Der Bauer holt die Axt und haut in den Stamm.)* Hack mehr! Mehr! Du hackst um dein Leben.

Kattrin hat zugehört, dabei leiser geschlagen. Unruhig herumspähend, trommelt sie jetzt weiter.

Der Fähnrich (zum Bauern): Zu schwach. *(Zum ersten Soldaten)*: Hack du auch.

Der Bauer: Ich hab nur eine Axt. *(Hört auf mit dem Hacken.)*

Der Fähnrich: Wir müssen den Hof anzünden. Ausräuchern müssen wir sie.

Der Bauer: Das nützt nix, Herr Hauptmann. Wenn sie in der Stadt hier Feuer sehn, wissen sie alles.

Kattrin hat während des Trommelns wieder zugehört. Jetzt lacht sie.

Der Fähnrich: Sie lacht uns aus, schau. Ich halts nicht aus. Ich schieß sie herunter, und wenn alles hin ist. Holt die Kugelbüchs!

Zwei Soldaten laufen weg. Kattrin trommelt weiter.

Die Bäuerin: Ich habs, Herr Hauptmann. Da drüben steht ihr Wagen. Wenn wir den zusammenhaun, hört sie auf. Sie haben nix als den Wagen.

Der Fähnrich (zum jungen Bauern): Hau ihn zusammen. *(Hinauf.)* Wir haun deinen Wagen zusammen, wenn du nicht mit Schlagen aufhörst.

Der junge Bauer führt einige schwache Schläge gegen den Planwagen.

Die Bäuerin: Hör auf, du Vieh!

Kattrin stößt, verzweifelt nach ihrem Wagen starrend, jämmerliche Laute aus. Sie trommelt aber weiter.

Der Fähnrich: Wo bleiben die Dreckkerle mit der Kugelbüchs?

Erster Soldat: Sie können in der Stadt drin noch nix gehört haben, sonst möchten wir ihr Geschütz hörn.

Der Fähnrich (hinauf): Sie hörn dich gar nicht. Und jetzt schießen wir dich ab. Ein letztes Mal. Wirf die Trommel herunter!

Der junge Bauer (wirft plötzlich die Planke weg): Schlag weiter! Sonst sind wir alle hin! Schlag weiter, schlag weiter ...

Der Soldat wirft ihn nieder und schlägt auf ihn mit dem Spieß ein. Kattrin beginnt zu weinen, sie trommelt aber weiter.

Die Bäuerin: Schlagts ihn nicht in 'n Rücken! Gottes willen, ihr schlagt ihn tot!

Die Soldaten mit der Büchse kommen gelaufen.

Zweiter Soldat: Der Obrist hat Schaum vorm Mund, Fähnrich. Wir kommen vors Kriegsgericht.

Der Fähnrich: Stell auf! Stell auf! *(Hinauf, während das Gewehr auf die Gabel gestellt wird)*: Zum allerletzten Mal: Hör auf mit Schlagen! *(Kattrin trommelt weinend, so laut sie kann.)* Gebt Feuer!

Die Soldaten feuern. Kattrin, getroffen, schlägt noch einige Schläge und sinkt dann langsam zusammen.

Der Fähnrich: Schluß ist mitm Lärm!

Aber die letzten Schläge Kattrins werden von den Kanonen der Stadt abgelöst. Man hört von weitem verwirrtes Sturmglockenläuten und Kanonendonner.

Erster Soldat: Sie hats geschafft.

12

Nacht gegen Morgen. Man hört Trommeln und Pfeifen marschierender Truppen, die sich entfernen.

Vor dem Planwagen hockt Mutter Courage bei ihrer Tochter. Die Bauersleute stehen daneben.

Der Bauer (feindlich): Sie müssen fort, Frau. Nur mehr ein Regiment ist dahinter. Allein könnens nicht weg.

Mutter Courage: Vielleicht schlaft sie mir ein.

Sie singt:

Eia popeia
Was raschelt im Stroh?
Nachbars Bälg greinen
Und meine sind froh.

Nachbars gehn in Lumpen
Und du gehst in Seid
Ausn Rock von einem Engel
Umgearbeit'.

Nachbars han kein Brocken
Und du kriegst eine Tort
Ist sie dir zu trocken
Dann sag nur ein Wort.
Eia popeia
Was raschelt im Stroh?
Der eine liegt in Polen
Der andre ist werweißwo.

Sie hätten ihr nix von die Kinder von Ihrem Schwager sagen sollen.

Der Bauer: Wenns nicht in die Stadt gegangen wärn, Ihren Schnitt machen, wärs vielleicht nicht passiert.

Mutter Courage: Jetzt schlaft sie.

Die Bäuerin: Sie schlaft nicht, Sie müssens einsehn, sie ist hinüber.

Der Bauer: Und Sie selber müssen los endlich. Da sind die Wölf, und was schlimmer ist, die Marodöre.

Mutter Courage: Ja.

Sie geht und holt eine Blache aus dem Wagen, um die Tote zuzudecken.

Die Bäuerin: Habens denn niemand sonst? Wos hingehn könnten?

Mutter Courage: Doch, einen. Den Eilif.

Der Bauer (während Mutter Courage die Tote zudeckt): Den müssens finden. Für die da sorgen wir, daß sie ordentlich begraben wird. Da könnens ganz beruhigt sein.

Mutter Courage: Da haben Sie Geld für die Auslagen.

Sie zählt dem Bauern Geld in die Hand. Der Bauer und sein Sohn geben ihr die Hand und tragen Kattrin weg.

Die Bäuerin (gibt ihr ebenfalls mit einer Verbeugung die Hand. Im Abgehen): Eilen Sie sich!

Mutter Courage (spannt sich vor den Wagen): Hoffentlich zieh ich den Wagen allein. Es wird schon gehn, es ist nicht viel drinnen. Ich muß wieder in 'n Handel kommen.

Ein weiteres Regiment zieht mit Pfeifen und Trommeln hinten vorbei.

Mutter Courage (zieht an): Nehmts mich mit!

Man hört Singen von hinten.

Gesang:

Mit seinem Glück, seiner Gefahre
Der Krieg, er zieht sich etwas hin.
Der Krieg, er dauert hundert Jahre
Der g'meine Mann hat kein Gewinn.
Ein Dreck sein Fraß, sein Rock ein Plunder!
Sein halben Sold stiehlts Regiment.
Jedoch vielleicht geschehn noch Wunder:
Der Feldzug ist noch nicht zu End!
Das Frühjahr kommt! Wach auf, du Christ!
Der Schnee schmilzt weg! Die Toten ruhn!
Und was noch nicht gestorben ist
Das macht sich auf die Socken nun.

ANMERKUNG ZU „MUTTER COURAGE UND IHRE KINDER“

In den Bauernkriegen, dem größten Unglück der deutschen Geschichte, war, was das Soziale betrifft, der Reformation der Reißzahn gezogen worden. Übrig blieben die Geschäfte und der Zynismus. Die Courage – dies sei gesagt, der theatralischen Darstellung zu helfen – erkennt zusammen mit ihren Freunden und Gästen und nahezu jedermann das rein merkantile Wesen des Kriegs: das ist gerade, was sie anzieht. Sie glaubt an den Krieg bis zuletzt. Es geht ihr nicht einmal auf, daß man eine große Schere haben muß, um am Krieg seinen Schnitt zu machen. Die Zuschauer bei Katastrophen erwarten ja zu Unrecht, daß die Betroffenen daraus lernen werden. Solang die Masse das *Objekt* der Politik ist, kann sie, was mit ihr geschieht, nicht als einen Versuch, sondern nur als ein Schicksal ansehen; sie lernt so wenig aus der Katastrophe wie das Versuchskarnickel über Biologie lernt. Dem Stückschreiber obliegt es nicht, die Courage am Ende sehend zu machen – sie sieht einiges, gegen die Mitte des Stückes zu, am Ende der 6. Szene, und verliert dann die Sicht wieder –, ihm kommt es darauf an, daß der Zuschauer sieht.

„MUTTER COURAGE“, IN ZWEIFACHER ART DARGESTELLT

Bei der üblichen Darstellungsart, welche Einfühlung in die Hauptperson bewirkt, kommt der Zuschauer (nach vielen Zeugnissen) in den Genuß eines eigentümlichen Genusses: eines Triumphs über die Unzerstörbarkeit einer lebenskräftigen, durch die Unbilden des Krieges heimgesuchten Person. Die aktive Beteiligung der Courage am Krieg wird nicht wichtig genommen, er ist eine Erwerbsquelle, möglicherweise die einzige. Abgesehen von diesem Moment der Beteiligung, trotz ihrer, ist die Wirkung ähnlich wie die beim Schwejk, wo – in einer allerdings komischen Sphäre – der Zuschauer mit dem Schwejk über die Pläne in seiner Aufopferung durch die großen kriegführenden Mächte triumphiert. Die ähnliche Wirkung bei der Courage ist aber von weit geringerem gesellschaftlichem Wert, weil eben ihre Beteiligung, so indirekt sie auch hingestellt werden mag, nicht gewogen wird. In der Tat ist die Wirkung geradezu negativ. Die Courage erscheint hauptsächlich als Mutter, und Niobe gleich vermag sie ihre Kinder nicht vor dem Verhängnis Krieg zu schützen. Ihr Beruf als Händlerin und die Art, wie sie ihn ausübt, gibt ihr höchstens etwas „realistisch Unideales", nimmt dem Krieg aber nichts von seinem Verhängnischarakter. Er ist natürlich auch hier rein negativ, aber schließlich überlebt sie ihn, wenn auch verunstaltet. Demgegenüber behandelte die Weigel, eine Technik anwendend, die restlose Einfühlung verhinderte, den Beruf der Händlerin nicht als einen eben natürlichen, sondern als einen historischen, das heißt einer historischen und *vergänglichen* Epoche angehörend, und den Krieg als die beste Zeit für den Handel. Der Handel war auch hier eine selbstverständliche Erwerbsquelle, aber doch eine verschmutzte, aus der die Courage Tod trank. Die Händlerin-Mutter wurde ein großer lebender Widerspruch, und er war es, der sie verunstaltete und deformierte bis zur Unkenntlichkeit. In der Szene auf dem Schlachtfeld, die bei üblicher Darstellung meist gestrichen wird, war sie wirklich die Hyäne; sie rückte mit den Hemden nur heraus, weil sie den Haß ihrer Tochter sah und überhaupt Gewaltanwendung fürchtete, und sie sprang den Soldaten mit dem Mantel fluchend an wie eine Tigerin. Nach der Verunstaltung der Tochter verdammte sie den Krieg mit ebenso tiefer Ehrlichkeit, als sie ihn in der unmittelbar folgenden Szene pries. So gestaltete sie die Gegensätze in aller Abruptheit und Unversöhnlichkeit. Der Aufstand ihrer Tochter gegen sie (bei der Rettung der Stadt Halle) betäubte sie völlig und belehrte sie keineswegs. Die dem Publikum tief fühlbare Tragik der Courage und ihres Lebens bestand darin, daß hier ein entsetzlicher Widerspruch bestand, der einen Menschen vernichtete, ein Widerspruch, der gelöst werden konnte, aber nur von der Gesellschaft selbst und in langen, schrecklichen Kämpfen. Und die sittliche Überlegenheit dieser Art der Darstellung bestand darin, daß der Mensch als zerstörbar gezeigt wurde, selbst der lebenskräftigste!

1951

LEBEN DES GALILEI

Schauspiel

VORWORT

Es ist bekannt, wie vorteilhaft die Überzeugung, an der Schwelle einer neuen Zeit zu stehen, die Menschen beeinflussen kann. Ihre Umgebung erscheint ihnen da als noch ganz unfertig, erfreulichster Verbesserungen fähig, voll von ungeahnten und geahnten Möglichkeiten, als fügsamer Rohstoff in ihrer Hand. Sie selbst kommen sich vor wie am Morgen, ausgeruht, kräftig, erfindungsreich. Bisheriger Glaube wird als Aberglaube behandelt, was gestern noch als selbstverständlich erschien, wird neuem Studium unterworfen. Wir sind beherrscht worden, sagen die Menschen, aber nun werden wir herrschen.

Keine andere Zeile eines Liedes begeisterte die Arbeiter um die Jahrhundertwende stärker als die Zeile „Mit uns zieht die neue Zeit"; die Alten und Jungen marschierten unter ihr, die Ärmsten und Ausgemergeltsten und die sich schon etwas von der Zivilisation erkämpft hatten; sie schienen sich alle jung. Unter dem Anstreicher wurde die unerhörte Verführungskraft dieser Worte ebenfalls erprobt, auch er verhieß eine neue Zeit. Die Worte zeigten da ihre Vagheit und Leere. Ihre Unbestimmtheit, die nun von den Verführern der Massen ausgenutzt wurde, hatte lange die Stärke ausgemacht. Die neue Zeit, das war etwas und ist etwas, was alles betrifft, nichts unverändert läßt, aber doch eben ihren Charakter erst entfalten wird, etwas, in dem alle Phantasie Raum hat, was durch allzu bestimmte Aussagen nur eingeschränkt werden kann. Geliebt wird das Anfangsgefühl, die Pioniersituation, begeisternd wirkt die Haltung des Beginners. Geliebt wird das Glücksgefühl derer, die eine neue Maschine ölen, bevor sie ihre Kraft zeigen soll, derer, die in eine alte Landkarte einen weißen Fleck ausfüllen, derer, die den Grund eines neuen Hauses ausheben, ihres Hauses.

Dieses Gefühl kennt der Forscher, der eine Entdeckung macht, die alles verändern wird, der Redner, der eine Rede vorbereitet, die eine neue Situation schaffen wird. Furchtbar die Enttäuschung, wenn die Menschen erkennen oder zu erkennen glauben, daß sie einer Illusion zum Opfer gefallen sind, daß das Alte stärker ist als das Neue, daß die „Tatsachen“ gegen sie und nicht für sie sind, daß ihre Zeit, die neue, noch nicht gekommen ist. Es ist dann nicht nur so schlecht wie vorher, sondern viel schlechter; denn sie haben allerhand geopfert für ihre Pläne, was ihnen jetzt fehlt, sie haben sich vorgewagt und werden jetzt überfallen, das Alte rächt sich an ihnen. Der Forscher oder Entdecker, ein unbekannter, aber auch unverfolgter Mann, bevor er seine Entdeckung veröffentlicht hat, ist nun, wo sie widerlegt oder diffamiert wird, ein Schwindler und Scharlatan, ach, allzusehr bekannt, der Unterdrückte und Ausgebeutete nun, nachdem sein Aufstand niedergeschlagen wurde, ein Aufrührer, der besonderer Unterdrückung und Bestrafung unterzogen wird. Der Anstrengung folgt die Erschöpfung, der vielleicht übertriebenen Hoffnung die vielleicht übertriebene Hoffnungslosigkeit. Die nicht in Stumpfheit und Teilnahmslosigkeit zurückfallen, fallen in schlimmeres; die die Aktivität für ihre Ideale nicht eingebüßt haben, verwenden sie nun gegen dieselben! Kein Reaktionär ist unerbittlicher als der gescheiterte Neuerer, kein Elefant ein grausamerer Feind der wilden Elefanten als der gezähmte Elefant.

Und doch mögen diese Enttäuschten immer noch in einer neuen Zeit, Zeit des großen Umsturzes, leben. Sie wissen nur nichts von neuen Zeiten.

In diesen Zeiten wird der Begriff des Neuen selber verfälscht. Das Alte und Uralte, neuerdings auf den Plan tretend, proklamiert sich als neu, oder es wird als neu verkündet, wenn das Alte oder Uralte auf eine neue Art durchgesetzt wird. Das wirklich Neue aber wird, da heute abgesetzt, als das Gestrige erklärt, zu einer flüchtigen Mode heruntergemacht, deren Zeit vorbei ist. Das Neue ist z. B. die Art, wie Kriege geführt werden, und alt soll sein eine Art der Wirtschaft, angedeutet, noch niemals ausgeführt, welche Kriege überflüssig machen will. Auf eine neue Art wird die Gesellschaftsordnung in Klassen befestigt, und alt soll sein, die Klassen beseitigen zu wollen. Die Hoffnungen der Menschen werden nicht etwa entmutigt in solchen Zeiten. Jedoch werden sie umgelenkt. Man hat gehofft, da würde einmal Brot sein zu essen. Nun darf man hoffen, da würden einmal Steine sein zu essen.

Inmitten der schnell wachsenden Finsternis über einer fiebernden Welt, umgeben von blutigen Taten und nicht weniger blutigen Gedanken, der zunehmenden Barbarei, die unhemmbar in den vielleicht größten und furchtbarsten Krieg aller Zeiten zu führen scheint, ist es schwer, eine Haltung einzunehmen, die sich für Leute an der Schwelle einer neuen und glücklichen Zeit schicken mag. Deutet nicht alles darauf hin, daß es Nacht wird, und nichts, daß eine neue Zeit beginnt? Soll man also nicht eine Haltung einnehmen, die sich für Leute schickt, die der Nacht entgegengehen?

Was ist das für ein Gerede: „Neue Zeit"? Ist nicht selbst dieser Ausdruck veraltet? Wo es uns entgegengerufen wird, wird es aus heiseren Kehlen gebrüllt. Es ist eben jetzt die Barbarei, die sich als die neue Zeit gebärdet. Sie sagt von sich, sie hoffe, 1000 Jahre zu dauern.

Soll man sich also an die alte Zeit halten? Soll man von dem versunkenen Atlantis reden?

Liege ich schon auf meinem Nachtlager und denke, an den Morgen denkend, an den, der vergangen ist, um nicht an den zu denken, der kommt? Beschäftige ich mich darum mit jener Epoche der Blüte der Künste und Wissenschaften vor 300 Jahren? Ich hoffe, nicht.

Die Bilder vom Morgen und von der Nacht sind irreführend. Die glücklichen Zeiten kommen nicht, wie der Morgen nach durchschlafener Nacht kommt.

Svendborg 1938

PERSONEN

Galileo Galilei
Andrea Sarti
Frau Sarti, *Galileis Haushälterin, Andreas Mutter*
Ludovico Marsili, *ein reicher junger Mann*
Der Kurator der Universität Padua, Herr Priuli
Sagredo, *Galileis Freund*
Virginia, *Galileis Tochter*
Federzoni, *ein Linsenschleifer, Galileis Mitarbeiter*
Der Doge
Ratsherren
Cosmo de Medici, *Großherzog von Florenz*
Der Hofmarschall
Der Theologe
Der Philosoph
Der Mathematiker
Die ältere Hofdame
Die jüngere Hofdame
Großherzoglicher Lakai
Zwei Nonnen
Zwei Soldaten
Die alte Frau
Ein dicker Prälat
Zwei Gelehrte
Zwei Mönche
Zwei Astronomen
Ein sehr dünner Mönch
Der sehr alte Kardinal
Pater Christopher Clavius, *Astronom*
Der kleine Mönch
Der Kardinal Inquisitor
Kardinal Barberini, später Papst Urban VIII.
Kardinal Bellarmin
Zwei geistliche Sekretäre
Zwei junge Damen
Filippo Mucius, *ein Gelehrter*
Herr Gaffone, *Rektor der Universität Pisa*
Der Balladensänger
Seine Frau
Vanni, *ein Eisengießer*
Ein Beamter
Ein hoher Beamter
Ein Individuum
Ein Mönch
Ein Bauer
Ein Grenzwächter
Ein Schreiber
Männer, Frauen, Kinder

Mitarbeiter: M. Steffin

1

Galileo Galilei, Lehrer der Mathematik zu Padua, will das neue Kopernikanische Weltsystem beweisen.

In dem Jahr sechzehnhundertundneun
Schien das Licht des Wissens hell
Zu Padua aus einem kleinen Haus.
Galileo Galilei rechnete aus:
Die Sonn steht still, die Erd kommt von der Stell.

Das ärmliche Studierzimmer des Galilei in Padua. Es ist morgens. Ein Knabe, Andrea, der Sohn der Haushälterin, bringt ein Glas Milch und einen Wecken.

Galilei (sich den Oberkörper waschend, prustend und fröhlich): Stell die Milch auf den Tisch, aber klapp kein Buch zu.

Andrea: Mutter sagt, wir müssen den Milchmann bezahlen. Sonst macht er bald einen Kreis um unser Haus, Herr Galilei.

Galilei: Es heißt: er beschreibt einen Kreis, Andrea.

Andrea: Wie Sie wollen. Wenn wir nicht bezahlen, dann beschreibt er einen Kreis um uns, Herr Galilei.

Galilei: Während der Gerichtsvollzieher, Herr Cambione, schnurgerade auf uns zu kommt, indem er was für eine Strecke zwischen zwei Punkten wählt?

Andrea (grinsend): Die kürzeste.

Galilei: Gut. Ich habe was für dich. Sieh hinter den Sterntafeln nach.

Andrea fischt hinter den Sterntafeln ein großes hölzernes Modell des Ptolemäischen Systems hervor.

Andrea: Was ist das?

Galilei: Das ist ein Astrolab; das Ding zeigt, wie sich die Gestirne um die Erde bewegen, nach Ansicht der Alten.

Andrea: Wie?

Galilei: Untersuchen wir es. Zuerst das erste: Beschreibung.

Andrea: In der Mitte ist ein kleiner Stein.

Galilei: Das ist die Erde.

Andrea: Drum herum sind, immer übereinander, Schalen.

Galilei: Wie viele?

Andrea: Acht.

Galilei: Das sind die kristallnen Sphären.

Andrea: Auf den Schalen sind Kugeln angemacht ...

Galilei: Die Gestirne.

Andrea: Da sind Bänder, auf die sind Wörter gemalt.

Galilei: Was für Wörter?

Andrea: Sternnamen.

Galilei: Als wie?

Andrea: Die unterste Kugel ist der Mond, steht drauf. Und darüber ist die Sonne.

Galilei: Und jetzt laß die Sonne laufen.

Andrea (bewegt die Schalen): Das ist schön. Aber wir sind so eingekapselt.

Galilei (sich abtrocknend): Ja, das fühlte ich auch, als ich das Ding zum ersten Mal sah. Einige fühlen das. *(Er wirft Andrea das Handtuch zu, daß er ihm den Rücken abreibe.)* Mauern und Schalen und Unbeweglichkeit! Durch zweitausend Jahre glaubte die Menschheit, daß die Sonne und alle Gestirne des Himmels sich um sie drehten. Der Papst, die Kardinäle, die Fürsten, die Gelehrten, Kapitäne, Kaufleute, Fischweiber und Schulkinder glaubten unbeweglich in dieser kristallenen Kugel zu sitzen. Aber jetzt fahren wir heraus, Andrea, in großer Fahrt. Denn die alte Zeit ist herum, und es ist eine neue Zeit. Seit hundert Jahren ist es, als erwartete die Menschheit etwas.

Die Städte sind eng, und so sind die Köpfe. Aberglauben und Pest. Aber jetzt heißt es: da es so ist, bleibt es nicht so. Denn alles bewegt sich, mein Freund.

Ich denke gerne, daß es mit den Schiffen anfing. Seit Menschengedenken waren sie nur an den Küsten entlang gekrochen, aber plötzlich verließen sie die Küsten und liefen aus über alle Meere. Auf unserm alten Kontinent ist ein Gerücht entstanden: es gibt neue Kontinente. Und seit unsere Schiffe zu ihnen fahren, spricht es sich auf den lachenden Kontinenten herum: das große gefürchtete Meer ist ein kleines Wasser. Und es ist eine große Lust aufgekommen, die Ursachen aller Dinge zu erforschen: warum der Stein fällt, den man losläßt, und wie er steigt, wenn man ihn hochwirft. Jeden Tag wird etwas gefunden. Selbst die Hundertjährigen lassen sich noch von den Jungen ins Ohr schreien, was Neues entdeckt wurde.

Brecht und der Regisseur Erich Engel auf der Probe zu „Leben des Galilei“

Da ist schon viel gefunden, aber da ist mehr, was noch gefunden werden kann. Und so gibt es wieder zu tun für neue Geschlechter.
In Siena, als junger Mensch, sah ich, wie ein paar Bauleute eine tausendjährige Gepflogenheit, Granitblöcke zu bewegen, durch eine neue und zweckmäßigere Anordnung der Seile ersetzten, nach einem Disput von fünf Minuten. Da und dann wußte ich: die alte Zeit ist herum, und es ist eine neue Zeit. Bald wird die Menschheit Bescheid wissen über ihre Wohnstätte, den Himmelskörper, auf dem sie haust. Was in den alten Büchern steht, das genügt ihr nicht mehr.
Denn wo der Glaube tausend Jahre gesessen hat, eben da sitzt jetzt der Zweifel. Alle Welt sagt: ja, das steht in den Büchern, aber laßt uns jetzt selbst sehn. Den gefeiertsten Wahrheiten wird auf die Schulter geklopft; was nie bezweifelt wurde, das wird jetzt bezweifelt.
Dadurch ist eine Zugluft entstanden, welche sogar den Fürsten und Prälaten die goldbestickten Röcke lüftet, so daß fette und dürre Beine darunter sichtbar werden, Beine wie unsere Beine. Die Himmel, hat es sich herausgestellt, sind leer. Darüber ist ein fröhliches Gelächter entstanden.
Aber das Wasser der Erde treibt die neuen Spinnrocken, und auf den Schiffswerften, in den Seil- und Segelhäusern regen sich fünfhundert Hände zugleich in einer neuen Anordnung.
Ich sage voraus, daß noch zu unsern Lebzeiten auf den Märkten von Astronomie gesprochen werden wird. Selbst die Söhne der Fischweiber werden in die Schulen laufen. Denn es wird diesen neuerungssüchtigen Menschen unserer Städte gefallen, daß eine neue Astronomie nun auch die Erde sich bewegen läßt. Es hat immer geheißen, die Gestirne sind an einem kristallenen Gewölbe angeheftet, daß sie nicht herunterfallen können. Jetzt haben wir Mut gefaßt und lassen sie im Freien schweben, ohne Halt, und sie sind in großer Fahrt, gleich unseren Schiffen, ohne Halt und in großer Fahrt.
Und die Erde rollt fröhlich um die Sonne, und die Fischweiber, Kaufleute, Fürsten und die Kardinäle und sogar der Papst rollen mit ihr.
Das Weltall aber hat über Nacht seinen Mittelpunkt verloren, und am Morgen hatte es deren unzählige. So daß jetzt jeder als Mittelpunkt angesehen wird und keiner. Denn da ist viel Platz plötzlich. Unsere Schiffe fahren weit hinaus, unsere Gestirne be-

wegen sich weit im Raum herum, selbst im Schachspiel die Türme gehen neuerdings weit über alle Felder.
Wie sagt der Dichter? „O früher Morgen des Beginnens! . . .“

Andrea:

„O früher Morgen des Beginnens!
O Hauch des Windes, der
Von neuen Küsten kommt!“

Und Sie müssen Ihre Milch trinken, denn dann kommen sofort wieder Leute.

Galilei: Hast du, was ich dir gestern sagte, inzwischen begriffen?

Andrea: Was? Das mit dem Kippernikus seinem Drehen?

Galilei: Ja.

Andrea: Nein. Warum wollen Sie denn, daß ich es begreife? Es ist sehr schwer, und ich bin im Oktober erst elf.

Galilei: Ich will gerade, daß auch du es begreifst. Dazu, daß man es begreift, arbeite ich und kaufe die teuren Bücher, statt den Milchmann zu bezahlen.

Andrea: Aber ich sehe doch, daß die Sonne abends woanders hält als morgens. Da kann sie doch nicht stillstehn! Nie und nimmer.

Galilei: Du siehst! Was siehst du? Du siehst gar nichts. Du glotzt nur. Glotzen ist nicht sehen. *(Er stellt den eisernen Waschschüsselständer in die Mitte des Zimmers.)* Also das ist die Sonne. Setz dich. *(Andrea setzt sich auf den einen Stuhl. Galilei steht hinter ihm.)* Wo ist die Sonne, rechts oder links?

Andrea: Links.

Galilei: Und wie kommt sie nach rechts?

Andrea: Wenn Sie sie nach rechts tragen, natürlich.

Galilei: Nur so? *(Er nimmt ihn mitsamt dem Stuhl auf und vollführt mit ihm eine halbe Drehung.)* Wo ist jetzt die Sonne?

Andrea: Rechts.

Galilei: Und hat sie sich bewegt?

Andrea: Das nicht.

Galilei: Was hat sich bewegt?

Andrea: Ich.

Galilei (brüllt): Falsch! Dummkopf! Der Stuhl!

Andrea: Aber ich mit ihm!

Galilei: Natürlich. Der Stuhl ist die Erde. Du sitzt drauf.

Frau Sarti (ist eingetreten, das Bett zu machen. Sie hat zugeschaut): Was machen Sie eigentlich mit meinem Jungen, Herr Galilei?

Galilei: Ich lehre ihn sehen, Sarti.

Frau Sarti: Indem Sie ihn im Zimmer herumschleppen?

Andrea: Laß doch, Mutter. Das verstehst du nicht.

Frau Sarti: So? Aber du verstehst es, wie? Ein junger Herr, der Unterricht wünscht. Sehr gut angezogen und bringt einen Empfehlungsbrief. *(Übergibt diesen.)* Sie bringen meinen Andrea noch so weit, daß er behauptet, zwei mal zwei ist fünf. Er verwechselt schon alles, was Sie ihm sagen. Gestern abend bewies er mir schon, daß die Erde sich um die Sonne dreht. Er ist fest überzeugt, daß ein Herr namens Kippernikus das ausgerechnet hat.

Andrea: Hat es der Kippernikus nicht ausgerechnet, Herr Galilei? Sagen Sie es ihr selber!

Frau Sarti: Was, Sie sagen ihm wirklich einen solchen Unsinn? Daß er es in der Schule herumplappert und die geistlichen Herren zu mir kommen, weil er lauter unheiliges Zeug vorbringt. Sie sollten sich schämen, Herr Galilei.

Galilei (frühstückend): Auf Grund unserer Forschungen, Frau Sarti, haben, nach heftigem Disput, Andrea und ich Entdeckungen gemacht, die wir nicht länger der Welt gegenüber geheimhalten können. Eine neue Zeit ist angebrochen, ein großes Zeitalter, in dem zu leben eine Lust ist.

Frau Sarti: So. Hoffentlich können wir auch den Milchmann bezahlen in dieser neuen Zeit, Herr Galilei. *(Auf den Empfehlungsbrief deutend.)* Tun Sie mir den einzigen Gefallen und schicken Sie den nicht auch wieder weg. Ich denke an die Milchrechnung. *(Ab.)*

Galilei (lachend): Lassen Sie mich wenigstens meine Milch austrinken! – *(Zu Andrea)*: Einiges haben wir gestern also doch verstanden!

Andrea: Ich habe es ihr nur gesagt, damit sie sich wundert. Aber es stimmt nicht. Den Stuhl mit mir haben Sie nur seitwärts um sich selber gedreht und nicht so. *(Macht eine Armbewegung vornüber.)* Sonst wäre ich nämlich heruntergefallen, und das ist ein Fakt. Warum haben Sie den Stuhl nicht vorwärts gedreht? Weil dann bewiesen ist, daß ich von der Erde ebenfalls herunterfallen würde, wenn sie sich so drehen würde. Da haben Sie's.

Galilei: Ich hab dir doch bewiesen . . .

Andrea: Aber heute nacht habe ich gefunden, daß ich da ja, wenn die Erde sich so drehen würde, mit dem Kopf die Nacht nach unten hängen würde. Und das ist ein Fakt.

Galilei (nimmt einen Apfel vom Tisch): Also das ist die Erde.

Andrea: Nehmen Sie nicht lauter solche Beispiele, Herr Galilei. Damit schaffen Sie's immer.

Galilei (den Apfel zurücklegend): Schön.

Andrea: Mit Beispielen kann man es immer schaffen, wenn man schlau ist. Nur, ich kann meine Mutter nicht in einem Stuhl herumschleppen wie Sie mich. Da sehen Sie, was das für ein schlechtes Beispiel ist. Und was ist, wenn der Apfel also die Erde ist? Dann ist gar nichts.

Galilei (lacht): Du willst es ja nicht wissen.

Andrea: Nehmen Sie ihn wieder. Wieso hänge ich nicht mit dem Kopf nach unten nachts?

Galilei: Also hier ist die Erde, und hier stehst du. *(Er steckt einen Holzsplitter von einem Ofenscheit in den Apfel.)* Und jetzt dreht sich die Erde.

Andrea: Und jetzt hänge ich mit dem Kopf nach unten.

Galilei: Wieso? Schau genau hin! Wo ist der Kopf?

Andrea (zeigt am Apfel): Da. Unten.

Galilei: Was? *(Er dreht zurück.)* Ist er etwa nicht an der gleichen Stelle? Sind die Füße nicht mehr unten? Stehst du etwa, wenn ich drehe, so? *(Er nimmt den Splitter heraus und dreht ihn um.)*

Andrea: Nein. Und warum merke ich nichts von der Drehung?

Galilei: Weil du sie mitmachst! Du und die Luft über dir und alles, was auf der Kugel ist.

Andrea: Und warum sieht es so aus, als ob die Sonne läuft?

Galilei (dreht wieder den Apfel mit dem Splitter): Also unter dir siehst du die Erde, die bleibt gleich, sie ist immer unten und bewegt sich für dich nicht. Aber jetzt schau über dich. Nun ist die Lampe über deinem Kopf, aber jetzt, was ist jetzt, wenn ich gedreht habe, über deinem Kopf, also oben?

Andrea (macht die Drehung mit): Der Ofen.

Galilei: Und wo ist die Lampe?

Andrea: Unten.

Galilei: Aha!

Andrea: Das ist fein, das wird sie wundern.

Ludovico Marsili, ein reicher junger Mann, tritt ein.

Galilei: Hier geht es zu wie in einem Taubenschlag.

Ludovico: Guten Morgen, Herr. Mein Name ist Ludovico Marsili.

Galilei (seinen Empfehlungsbrief studierend): Sie waren in Holland?

Ludovico: Wo ich viel von Ihnen hörte, Herr Galilei.

Galilei: Ihre Familie besitzt Güter in der Campagna?

Ludovico: Die Mutter wünschte, daß ich mich ein wenig umsähe, was in der Welt sich zuträgt usw.

Galilei: Und Sie hörten in Holland, daß in Italien zum Beispiel ich mich zutrage?

Ludovico: Und da die Mutter wünscht, daß ich mich auch in den Wissenschaften umsehe . . .

Galilei: Privatunterricht. 10 Skudi pro Monat.

Ludovico: Sehr wohl, Herr.

Galilei: Was sind Ihre Interessen?

Ludovico: Pferde.

Galilei: Aha.

Ludovico: Ich habe keinen Kopf für die Wissenschaften, Herr Galilei.

Galilei: Aha. Unter diesen Umständen sind es 15 Skudi pro Monat.

Ludovico: Sehr wohl, Herr Galilei.

Galilei: Ich werde Sie in der Frühe drannehmen müssen. Es wird auf deine Kosten gehen, Andrea. Du fällst natürlich dann aus. Du verstehst, du zahlst nichts.

Andrea: Ich geh schon. Kann ich den Apfel mithaben?

Galilei: Ja.

Andrea ab.

Ludovico: Sie werden Geduld mit mir haben müssen. Hauptsächlich weil es in den Wissenschaften immer anders ist, als der gesunde Menschenverstand einem sagt. Nehmen Sie zum Beispiel dieses komische Rohr, das sie in Amsterdam verkaufen. Ich habe es genau untersucht. Eine Hülse aus grünem Leder und zwei Linsen, eine so *(er deutet eine konkave Linse an)*, eine so *(er deutet eine konvexe Linse an)*. Ich höre, eine vergrößert und eine verkleinert. Jeder vernünftige Mensch würde denken, sie gleichen einander aus. Falsch. Man sieht alles fünfmal so groß durch das Ding. Das ist Ihre Wissenschaft.

Galilei: Was sieht man fünfmal so groß?

Ludovico: Kirchturmspitzen, Tauben; alles, was weit weg ist.

Galilei: Haben Sie solche Kirchturmspitzen selber vergrößert gesehen?

Ludovico: Jawohl, Herr.

Galilei: Und das Rohr hatte zwei Linsen? *(Er macht auf einem Blatt eine Skizze.)* Sah es so aus? *(Ludovico nickt.)* Wie alt ist die Erfindung?

Ludovico: Ich glaube, sie war nicht älter als ein paar Tage, als ich Holland verließ, jedenfalls nicht länger auf dem Markt.

Galilei (beinahe freundlich): Und warum muß es Physik sein? Warum nicht Pferdezucht?

Herein Frau Sarti, von Galilei unbemerkt.

Ludovico: Die Mutter meint, ein wenig Wissenschaft ist nötig. Alle Welt nimmt ihren Wein heutzutage mit Wissenschaft, wissen Sie.

Galilei: Sie könnten ebensogut eine tote Sprache wählen oder Theologie. Das ist leichter. *(Sieht Frau Sarti.)* Gut, kommen Sie Dienstag morgen.

Ludovico geht.

Galilei: Schau mich nicht so an. Ich habe ihn genommen.

Frau Sarti: Weil du mich zur rechten Zeit gesehen hast. Der Kurator von der Universität ist draußen.

Galilei: Den bring herein, der ist wichtig. Das sind vielleicht 500 Skudi. Dann brauche ich keine Schüler.

Frau Sarti bringt den Kurator herein. Galilei hat sich vollends angezogen, dabei Ziffern auf einen Zettel kritzelnd.

Galilei: Guten Morgen, leihen Sie mir einen halben Skudo. *(Gibt die Münze, die der Kurator aus dem Beutelchen fischt, der Sarti.)* Sarti, schicken Sie Andrea zum Brillenmacher um zwei Linsen; hier sind die Maße.

Sarti ab mit dem Zettel.

Der Kurator: Ich komme betreffs Ihres Ansuchens um Erhöhung des Gehalts auf 1000 Skudi. Ich kann es bei der Universität leider nicht befürworten. Sie wissen, mathematische Kollegien bringen der Universität nun einmal keinen Zustrom. Mathematik ist eine brotlose Kunst, sozusagen. Nicht als ob die Republik sie nicht über alles schätzte. Sie ist nicht so nötig wie die Philosophie, noch so nützlich wie die Theologie, aber sie verschafft den Kennern doch so unendliche Genüsse!

Galilei (über seinen Papieren): Mein lieber Mann, ich kann nicht auskommen mit 500 Skudi.

Der Kurator: Aber, Herr Galilei, Sie lesen zweimal zwei Stunden in der Woche. Ihr außerordentlicher Ruf verschafft Ihnen sicher Schüler in beliebiger Menge, die zahlen können für Privatstunden. Haben Sie keine Privatschüler?

Galilei: Herr, ich habe zu viele! Ich lehre und lehre, und wann soll ich lernen? Mann Gottes, ich bin nicht so siebengescheit wie die Herren von der philosophischen Fakultät. Ich bin dumm. Ich verstehe rein gar nichts. Ich bin also gezwungen, die Löcher in meinem Wissen auszustopfen. Und wann soll ich das tun? Wann soll ich forschen? Herr, meine Wissenschaft ist noch wißbegierig! Über die größten Probleme haben wir heute noch nichts als Hypothesen. Aber wir verlangen Beweise von uns. Und wie soll ich da weiterkommen, wenn ich, um meinen Haushalt in Gang zu halten, gezwungen bin, jedem Wasserkopf, der es bezahlen kann, einzutrichtern, daß die Parallelen sich im Unendlichen schneiden?

Der Kurator: Vergessen Sie nicht ganz, daß die Republik vielleicht nicht so viel bezahlt, wie gewisse Fürsten bezahlen, daß sie aber die Freiheit der Forschung garantiert. Wir in Padua lassen sogar Protestanten als Hörer zu! Und wir verleihen ihnen den Doktorgrad. Herrn Cremonini haben wir nicht nur nicht an die Inquisition ausgeliefert, als man uns bewies, bewies Herr Galilei, daß er irreligiöse Äußerungen tut, sondern wir haben ihm sogar eine Gehaltserhöhung bewilligt. Bis nach Holland weiß man, daß Venedig die Republik ist, in der die Inquisition nichts zu sagen hat. Und das ist einiges wert für Sie, der Sie Astronom sind, also in einem Fach tätig, wo seit geraumer Zeit die Lehre der Kirche nicht mehr mit dem schuldigen Respekt geachtet wird!

Galilei: Herrn Giordano Bruno haben Sie von hier nach Rom ausgeliefert. Weil er die Lehre des Kopernikus verbreitete.

Der Kurator: Nicht, weil er die Lehre des Herrn Kopernikus verbreitete, die übrigens falsch ist, sondern weil er kein Venezianer war und auch keine Anstellung hier hatte. Sie können den Verbrannten also aus dem Spiele lassen. Nebenbei, bei aller Freiheit ist es doch rätlich, einen solchen Namen, auf dem der ausdrückliche Fluch der Kirche ruht, nicht so sehr laut in alle Winde rufen, auch hier nicht, ja, nicht einmal hier.

Galilei: Euer Schutz der Gedankenfreiheit ist ein ganz gutes Geschäft, wie? Indem ihr darauf verweist, daß woanders die Inquisition herrscht und brennt, kriegt ihr hier billig gute Lehrkräfte. Den Schutz vor der Inquisition laßt ihr euch damit vergüten, daß ihr die schlechtesten Gehälter zahlt.

Der Kurator: Ungerecht! Ungerecht! Was würde es Ihnen schon nützen, beliebig viel freie Zeit zur Forschung zu haben, wenn jeder beliebige ungebildete Mönch der Inquisition Ihre Gedanken einfach verbieten könnte? Keine Rose ohne Dornen, keine Fürsten ohne Mönche, Herr Galilei!

Galilei: Und was nützt freie Forschung ohne freie Zeit zu forschen? Was geschieht mit den Ergebnissen? Vielleicht zeigen Sie den Herren von der Signoria einmal diese Untersuchungen über die Fallgesetze *(er weist auf ein Bündel Manuskripte)* und fragen sie, ob das nicht ein paar Skudi mehr wert ist!

Der Kurator: Es ist unendlich viel mehr wert, Herr Galilei.

Galilei: Nicht unendlich viel mehr wert, sondern 500 Skudi mehr, Herr.

Der Kurator: Skudi wert ist nur, was Skudi bringt. Wenn Sie Geld haben wollen, müssen Sie etwas anderes vorzeigen. Sie können für das Wissen, das Sie verkaufen, nur so viel verlangen, als es dem, der es Ihnen abkauft, einbringt. Die Philosophie zum Beispiel, die Herr Colombe in Florenz verkauft, bringt dem Fürsten mindestens 10 000 Skudi im Jahr ein. Ihre Fallgesetze haben Staub aufgewirbelt, gewiß. Man klatscht Ihnen Beifall in Paris und Prag. Aber die Herren, die da klatschen, bezahlen der Universität Padua nicht, was Sie sie kosten. Ihr Unglück ist Ihr Fach, Herr Galilei.

Galilei: Ich verstehe: freier Handel, freie Forschung. Freier Handel mit der Forschung, wie?

Der Kurator: Aber Herr Galilei! Welch eine Auffassung! Erlauben Sie mir zu sagen, daß ich Ihre spaßhaften Bemerkungen nicht ganz verstehe. Der blühende Handel der Republik erscheint mir kaum als etwas Verächtliches. Noch viel weniger aber vermöchte ich als langjähriger Kurator der Universität in diesem, darf ich es sagen, frivolen Ton von der Forschung zu sprechen. *(Während Galilei sehnsüchtige Blicke nach seinem Arbeitstisch schickt.)* Bedenken Sie die Zustände ringsum! Die Sklaverei, unter deren Peitsche die Wissenschaften an gewissen Orten seufzen! Aus alten Lederfolianten hat man dort Peitschen geschnitten. Man muß dort nicht wissen, wie der Stein fällt, sondern was der Aristoteles darüber schreibt. Die Augen hat man nur zum Lesen. Wozu neue Fallgesetze, wenn nur die Gesetze des Fußfalls wichtig sind? Halten Sie dagegen die unendliche Freude, mit der unsere Republik Ihre Gedanken, sie mögen so kühn sein, wie sie wollen, aufnimmt! Hier können Sie forschen! Hier können Sie arbeiten!

Niemand überwacht Sie, niemand unterdrückt Sie! Unsere Kaufleute, die wissen, was besseres Leinen im Kampf mit der Florentiner Konkurrenz bedeutet, hören mit Interesse Ihren Ruf „Bessere Physik!", und wieviel verdankt die Physik dem Schrei nach besseren Webstühlen! Unsere hervorragendsten Bürger interessieren sich für Ihre Forschungen, besuchen Sie, lassen sich Ihre Entdeckungen vorführen, Leute, deren Zeit kostbar ist. Verachten Sie nicht den Handel, Herr Galilei. Niemand würde hier dulden, daß Ihre Arbeit auch nur im geringsten gestört wird, daß Unberufene Ihnen Schwierigkeiten bereiten. Geben Sie zu, Herr Galilei, daß Sie hier arbeiten können!

Galilei (verzweifelt): Ja.

Der Kurator: Und was das Materielle angeht: machen Sie doch mal wieder was so Hübsches wie Ihren famosen Proportionalzirkel, mit dem man *(er zählt es an den Fingern ab)* ohne alle mathematischen Kenntnisse Linien ausziehen, die Zinseszinsen eines Kapitals berechnen, Grundrisse von Liegenschaften in verkleinertem oder vergrößertem Maßstab reproduzieren und die Schwere von Kanonenkugeln bestimmen kann.

Galilei: Schnickschnack.

Der Kurator: Etwas, was die höchsten Herren entzückt und in Erstaunen gesetzt hat und was Bargeld getragen hat, nennen Sie Schnickschnack. Ich höre, daß sogar der General Stefano Gritti mit diesem Instrument Wurzeln ausziehen kann!

Galilei: Wahrhaftig ein Wunderwerk! – Trotzdem, Priuli, Sie haben mich nachdenklich gemacht. Priuli, ich habe vielleicht etwas für Sie von der erwähnten Art. *(Er nimmt das Blatt mit der Skizze auf.)*

Der Kurator: Ja? Das wäre die Lösung. *(Steht auf.)* Herr Galilei, wir wissen, Sie sind ein großer Mann. Ein großer, aber unzufriedener Mann, wenn ich so sagen darf.

Galilei: Ja, ich bin unzufrieden, und das ist es, was ihr mir noch bezahlen würdet, wenn ihr Verstand hättet! Denn ich bin mit mir unzufrieden. Aber statt dessen sorgt ihr, daß ich es mit euch sein muß. Ich gebe es zu, es macht mir Spaß, ihr meine Herren Venezianer, in eurem berühmten Arsenal, den Werften und Artilleriezeughäusern meinen Mann zu stellen. Aber ihr laßt mir keine Zeit, den weiterführenden Spekulationen nachzugehen, welche sich mir dort für mein Wissensgebiet aufdrängen. Ihr verbindet dem Ochsen, der da drischt, das Maul. Ich bin 46 Jahre alt und habe nichts geleistet, was mich befriedigt.

Der Kurator: Da möchte ich Sie nicht länger stören.
Galilei: Danke.

Der Kurator ab.
Galilei bleibt einige Augenblicke allein und beginnt zu arbeiten. Dann kommt Andrea gelaufen.

Galilei (im Arbeiten): Warum hast du den Apfel nicht gegessen?
Andrea: Damit zeige ich ihr doch, daß sie sich dreht.
Galilei: Ich muß dir etwas sagen, Andrea, sprich nicht zu andern Leuten von unsern Ideen.
Andrea: Warum nicht?
Galilei: Die Obrigkeit hat es verboten.
Andrea: Aber es ist doch die Wahrheit.
Galilei: Aber sie verbietet es. – In diesem Fall kommt noch etwas dazu. Wir Physiker können immer noch nicht beweisen, was wir für richtig halten. Selbst die Lehre des großen Kopernikus ist noch nicht bewiesen. Sie ist nur eine Hypothese. Gib mir die Linsen.
Andrea: Der halbe Skudo hat nicht gereicht. Ich mußte meinen Rock dalassen. Pfand.
Galilei: Was wirst du ohne Rock im Winter machen?

Pause. Galilei ordnet die Linsen auf dem Blatt mit der Skizze an.

Andrea: Was ist eine Hypothese?
Galilei: Das ist, wenn man etwas als wahrscheinlich annimmt, aber keine Fakten hat. Daß die Felice dort unten, vor dem Korbmacherladen, die ihr Kind an der Brust hat, dem Kind Milch gibt und nicht etwa Milch von ihm empfängt, das ist so lange eine Hypothese, als man nicht hingehen und es sehen und beweisen kann. Den Gestirnen gegenüber sind wir wie Würmer mit trüben Augen, die nur ganz wenig sehen. Die alten Lehren, die tausend Jahre geglaubt wurden, sind ganz baufällig; an diesen riesigen Gebäuden ist weniger Holz als an den Stützen, die sie halten sollen. Viele Gesetze, die weniges erklären, während die neue Hypothese wenige Gesetze hat, die vieles erklären.
Andrea: Aber Sie haben mir alles bewiesen.
Galilei: Nur, daß es so sein kann. Du verstehst, die Hypothese ist sehr schön, und es spricht nichts dagegen.
Andrea: Ich möchte auch Physiker werden, Herr Galilei.
Galilei: Das glaube ich, angesichts der Unmenge von Fragen, die

es auf unserm Gebiet zu klären gibt. *(Er ist zum Fenster gegangen und hat durch die Linsen geschaut. Mäßig interessiert.)* Schau einmal da durch, Andrea.

Andrea: Heilige Maria, alles kommt nah. Die Glocke auf dem Campanile ganz nah. Ich kann sogar die kupfernen Lettern lesen: Gracia dei.

Galilei: Das bringt uns 500 Skudi.

2

Galilei überreicht der Republik Venedig eine neue Erfindung.

Groß ist nicht alles, was ein großer Mann tut
Und Galilei aß gern gut.
Nun hört, und seid nicht grimm darob
Die Wahrheit übers Teleskop.

Das große Arsenal von Venedig am Hafen. Ratsherren, an ihrer Spitze der Doge. Seitwärts Galileis Freund Sagredo und die fünfzehnjährige Virginia Galilei mit einem Samtkissen, auf dem ein etwa 60 Zentimeter langes Fernrohr in karmesinrotem Lederfutteral liegt. Auf einem Podest Galilei. Hinter sich das Gestell für das Fernrohr, betreut von dem Linsenschleifer Federzoni.

Galilei: Eure Exzellenz, Hohe Signoria! Als Lehrer der Mathematik an Ihrer Universität in Padua und Direktor Ihres Großen Arsenals hier in Venedig habe ich es stets als meine Aufgabe betrachtet, nicht nur meinem hohen Lehrauftrag zu genügen, sondern auch durch nützliche Erfindungen der Republik Venedig außergewöhnliche Vorteile zu schaffen. Mit tiefer Freude und aller schuldigen Demut kann ich Ihnen heute ein vollkommen neues Instrument vorführen und überreichen, mein Fernrohr oder Teleskop, angefertigt in Ihrem weltberühmten Großen Arsenal nach den höchsten wissenschaftlichen und christlichen Grundsätzen, Frucht siebenzehnjähriger geduldiger Forschung Ihres ergebenen Dieners.

Galilei verläßt das Podest und stellt sich neben Sagredo. Händeklatschen. Galilei verbeugt sich.

Galilei (leise zu Sagredo): Zeitverlust!

Sagredo (leise): Du wirst deinen Fleischer bezahlen können, Alter.

Galilei: Ja, es wird ihnen Geld einbringen. *(Er verbeugt sich wieder.)*

Der Kurator (betritt das Podest): Exzellenz, Hohe Signoria! Wieder einmal bedeckt sich ein Ruhmesblatt im großen Buch der Künste mit venezianischen Schriftzeichen. *(Höflicher Beifall.)* Ein Gelehrter von Weltruf übergibt Ihnen, und Ihnen allein, hier ein höchst verkaufbares Rohr, es herzustellen und auf den Markt zu werfen, wie immer Sie belieben. *(Stärkerer Beifall.)* Und ist es Ihnen beigefallen, daß wir vermittels dieses Instruments im Kriege die Schiffe des Feindes nach Zahl und Art volle zwei Stunden früher erkennen werden als er die unsern, so daß wir, seine Stärke wissend, uns zur Verfolgung, zum Kampf oder zur Flucht zu entscheiden vermögen? *(Sehr starker Beifall.)* Und nun, Exzellenz, Hohe Signoria, bittet Herr Galilei Sie, dieses Instrument seiner Erfindung, dieses Zeugnis seiner Intuition, aus der Hand seiner reizenden Tochter entgegenzunehmen.

Musik. Virginia tritt vor, verbeugt sich, übergibt das Fernrohr dem Kurator, der es Federzoni übergibt. Federzoni legt es auf das Gestell und stellt es ein. Doge und Ratsherren besteigen das Podium und schauen durch das Rohr.

Galilei (leise): Ich kann dir nicht versprechen, daß ich den Karneval hier durchstehen werde. Die meinen hier, sie kriegen einen einträglichen Schnickschnack, aber es ist viel mehr. Ich habe das Rohr gestern nacht auf den Mond gerichtet.

Sagredo: Was hast du gesehen?

Galilei: Er leuchtet nicht selbst.

Sagredo: Was?

Ratsherren: Ich kann die Befestigungen von Santa Rosita sehen, Herr Galilei. – Auf dem Boot dort essen sie zu Mittag. Bratfisch. Ich habe Appetit.

Galilei: Ich sage dir, die Astronomie ist seit tausend Jahren stehengeblieben, weil sie kein Fernrohr hatten.

Ratsherr: Herr Galilei!

Sagredo: Man wendet sich an dich.

Ratsherr: Mit dem Ding sieht man zu gut. Ich werde meinen Frauenzimmern sagen müssen, daß das Baden auf dem Dach nicht mehr geht.

Galilei: Weißt du, aus was die Milchstraße besteht?

Sagredo: Nein.

Galilei: Ich weiß es.

Ratsherr: Für so ein Ding kann man seine 10 Skudi verlangen, Herr Galilei.

Galilei verbeugt sich.

Virginia (bringt Ludovico zu ihrem Vater): Ludovico will dir gratulieren, Vater.
Ludovico (verlegen): Ich gratuliere, Herr.
Galilei: Ich habe es verbessert.
Ludovico: Jawohl, Herr. Ich sah, Sie machten das Futteral rot. In Holland war es grün.
Galilei (wendet sich zu Sagredo): Ich frage mich sogar, ob ich mit dem Ding nicht eine gewisse Lehre nachweisen kann.
Sagredo: Nimm dich zusammen.
Der Kurator: Ihre 500 Skudi sind unter Dach, Galilei.
Galilei (ohne ihn zu beachten): Ich bin natürlich sehr mißtrauisch gegen jede vorschnelle Folgerung.

Der Doge, ein dicker, bescheidener Mann, hat sich Galilei genähert und versucht mit unbeholfener Würde ihn anzureden.

Der Kurator: Herr Galilei, seine Exzellenz, der Doge.

Der Doge schüttelt Galilei die Hand.

Galilei: Richtig, die 500! Sind Sie zufrieden, Exzellenz?
Doge: Unglücklicherweise brauchen wir in der Republik immer einen Vorwand für unsere Stadtväter, um unseren Gelehrten etwas zukommen lassen zu können.
Der Kurator: Andrerseits, wo bliebe sonst der Ansporn, Herr Galilei?
Doge (lächelnd): Wir brauchen den Vorwand.

Der Doge und der Kurator führen Galilei zu den Ratsherren, die ihn umringen. Virginia und Ludovico gehen langsam weg.

Virginia: Habe ich es richtig gemacht?
Ludovico: Ich fand es richtig.
Virginia: Was hast du denn?
Ludovico: Oh, nichts. Ein grünes Futteral wäre vielleicht ebensogut gewesen.
Virginia: Ich glaube, alle sind sehr zufrieden mit Vater.
Ludovico: Und ich glaube, ich fange an, etwas von Wissenschaft zu verstehen.

3

10. Januar 1610: Vermittels des Fernrohrs entdeckt Galilei am Himmel Erscheinungen, welche das Kopernikanische System beweisen. Von seinem Freund vor den möglichen Folgen seiner Forschungen gewarnt, bezeugt Galilei seinen Glauben an die menschliche Vernunft.

Sechzehnhundertzehn, zehnter Januar:
Galileo Galilei sah, daß kein Himmel war.

Studierzimmer des Galilei in Padua. Nacht. Galilei und Sagredo, in dicke Mäntel gehüllt, am Fernrohr.

Sagredo (durch das Fernrohr schauend, halblaut): Der Sichelrand ist ganz unregelmäßig, zackig und rauh. Auf dem dunklen Teil, in der Nähe des leuchtenden Rands, sind leuchtende Punkte. Sie treten einer nach dem anderen hervor. Von diesen Punkten aus ergießt sich das Licht, wachsend über immer weitere Flächen, wo es zusammenfließt mit dem größeren leuchtenden Teil.

Galilei: Wie erklärst du dir diese leuchtenden Punkte?

Sagredo: Es kann nicht sein.

Galilei: Doch. Es sind Berge.

Sagredo: Auf einem Stern?

Galilei: Riesenberge. Deren Spitzen die aufgehende Sonne vergoldet, während rings Nacht auf den Abhängen liegt. Du siehst das Licht von den höchsten Gipfeln in die Täler niedersteigen.

Sagredo: Aber das widerspricht aller Astronomie von zwei Jahrtausenden.

Galilei: So ist es. Was du siehst, hat noch kein Mensch gesehen, außer mir. Du bist der zweite.

Sagredo: Aber der Mond kann keine Erde sein mit Bergen und Tälern, so wenig die Erde ein Stern sein kann.

Galilei: Der Mond kann eine Erde sein mit Bergen und Tälern, und die Erde kann ein Stern sein. Ein gewöhnlicher Himmelskörper, einer unter Tausenden. Sieh noch einmal hinein. Siehst du den verdunkelten Teil des Mondes ganz dunkel?

Sagredo: Nein. Jetzt, wo ich darauf achtgebe, sehe ich ein schwaches, aschfarbenes Licht darauf ruhen.

Galilei: Was kann das für ein Licht sein?

Sagredo: ?

Galilei: Das ist von der Erde.

Sagredo: Das ist Unsinn. Wie soll die Erde leuchten, mit ihren Gebirgen und Wäldern und Gewässern, ein kalter Körper?

Galilei: So wie der Mond leuchtet. Weil die beiden Sterne angeleuchtet sind von der Sonne, darum leuchten sie. Was der Mond uns ist, das sind wir dem Mond. Und er sieht uns einmal als Sichel, einmal als Halbkreis, einmal voll und einmal nicht.

Sagredo: So wäre kein Unterschied zwischen Mond und Erde?

Galilei: Offenbar nein.

Sagredo: Vor noch nicht zehn Jahren ist ein Mensch in Rom verbrannt worden. Er hieß Giordano Bruno und hatte eben das behauptet.

Galilei: Gewiß. Und wir sehen es. Laß dein Auge am Rohr, Sagredo. Was du siehst, ist, daß es keinen Unterschied zwischen Himmel und Erde gibt. Heute ist der 10. Januar 1610. Die Menschheit trägt in ihr Journal ein: Himmel abgeschafft.

Sagredo: Das ist furchtbar.

Galilei: Ich habe noch eine Sache entdeckt. Sie ist vielleicht noch erstaunlicher.

Sarti (herein): Der Kurator.

Der Kurator stürzt herein.

Der Kurator: Entschuldigen Sie die späte Stunde. Ich wäre Ihnen verpflichtet, wenn ich mit Ihnen allein sprechen könnte.

Galilei: Herr Sagredo kann alles hören, was ich hören kann, Herr Priuli.

Der Kurator: Aber es wird Ihnen vielleicht doch nicht angenehm sein, wenn der Herr hört, was vorgefallen ist. Es ist leider etwas ganz und gar Unglaubliches.

Galilei: Herr Sagredo ist es gewohnt, in meiner Gegenwart Unglaublichem zu begegnen, wissen Sie.

Der Kurator: Ich fürchte, ich fürchte. *(Auf das Fernrohr zeigend.)* Das ist ja das famose Ding. Das Ding können Sie gradesogut wegwerfen. Es ist nichts damit, absolut nichts.

Sagredo (der unruhig herumgegangen war): Wieso?

Der Kurator: Wissen Sie, daß man diese Ihre Erfindung, die Sie als Frucht einer siebzehnjährigen Forschertätigkeit bezeichnet haben, an jeder Straßenecke Italiens für ein paar Skudi kaufen kann? Und zwar hergestellt in Holland? In diesem Augenblick lädt im Hafen ein holländischer Frachter 500 Fernrohre aus!

Galilei: Tatsächlich?

Der Kurator: Ich verstehe nicht Ihre Ruhe, Herr.

Sagredo: Was bekümmert Sie eigentlich? Lassen Sie sich erzählen, daß Herr Galilei vermittels dieses Instruments in eben diesen Tagen umwälzende Entdeckungen die Gestirnwelt betreffend gemacht hat.

Galilei (lachend): Sie können durchsehen, Priuli.

Der Kurator: So lassen Sie sich erzählen, daß mir die Entdeckung genügt, die ich als der Mann, der für diesen Schund Herrn Galilei eine Gehaltsverdoppelung verschafft hat, gemacht habe. Es ist ein reiner Zufall, daß die Herren von der Signoria, die im Glauben, in diesem Instrument der Republik etwas zu sichern, was nur hier hergestellt werden kann, nicht beim ersten Durchblicken an der nächsten Straßenecke, siebenmal vergrößert, einen gewöhnlichen Straßenhändler erblickt haben, der eben dieses Rohr für ein Butterbrot verkauft.

Galilei lacht schallend.

Sagredo: Lieber Herr Priuli, ich kann den Wert dieses Instruments für den Handel vielleicht nicht beurteilen, aber sein Wert für die Philosophie ist so unermeßlich, daß ...

Der Kurator: Für die Philosophie! Was hat Herr Galilei, der Mathematiker ist, mit der Philosophie zu schaffen? Herr Galilei, Sie haben seinerzeit der Stadt eine sehr anständige Wasserpumpe erfunden, und Ihre Berieselungsanlage funktioniert. Die Tuchweber loben Ihre Maschine ebenfalls, wie konnte ich da so was erwarten?

Galilei: Nicht so schnell, Priuli. Die Seewege sind immer noch lang, unsicher und teuer. Es fehlt uns eine Art zuverlässiger Uhr am Himmel. Ein Wegweiser für die Navigation. Nun habe ich Grund zu der Annahme, daß mit dem Fernrohr gewisse Gestirne, die sehr regelmäßige Bewegungen vollführen, deutlich wahrgenommen werden können. Neue Sternkarten könnten da der Schiffahrt Millionen von Skudi ersparen, Priuli.

Der Kurator: Lassen Sie's. Ich habe Ihnen schon zuviel zugehört. Zum Dank für meine Freundlichkeit haben Sie mich zum Gelächter der Stadt gemacht. Ich werde im Gedächtnis fortleben als der Kurator, der sich mit einem wertlosen Fernrohr hereinlegen ließ. Sie haben allen Grund zu lachen. Sie haben Ihre 500 Skudi. Ich aber kann Ihnen sagen, und es ist ein ehrlicher Mann, der Ihnen das sagt: mich ekelt diese Welt an!

Er geht, die Tür hinter sich zuschlagend.

Galilei: In seinem Zorn wird er geradezu sympathisch. Hast du gehört: eine Welt, in der man nicht Geschäfte machen kann, ekelt ihn an!

Sagredo: Hast du gewußt von diesen holländischen Instrumenten?

Galilei: Natürlich, vom Hörensagen. Aber ich habe diesen Filzen von der Signoria ein doppelt so gutes konstruiert. Wie soll ich arbeiten, mit dem Gerichtsvollzieher in der Stube? Und Virginia braucht wirklich bald eine Aussteuer, sie ist nicht intelligent. Und dann, ich kaufe gern Bücher, nicht nur über Physik, und ich esse gern anständig. Bei gutem Essen fällt mir am meisten ein. Ein verrottetes Zeitalter! Sie haben mir nicht so viel bezahlt wie einem Kutscher, der ihnen die Weinfässer fährt. Vier Klafter Brennholz für zwei Vorlesungen über Mathematik. Ich habe ihnen jetzt 500 Skudi herausgerissen, aber ich habe auch jetzt noch Schulden, einige sind zwanzig Jahre alt. Fünf Jahre Muße für Forschung, und ich hätte alles bewiesen! Ich werde dir noch etwas anderes zeigen.

Sagredo (zögert, an das Fernrohr zu gehen): Ich verspüre beinahe etwas wie Furcht, Galilei.

Galilei: Ich werde dir jetzt einen der milchweiß glänzenden Nebel der Milchstraße vorführen. Sage mir, aus was er besteht!

Sagredo: Das sind Sterne, unzählige.

Galilei: Allein im Sternbild des Orion sind es 500 Fixsterne. Das sind die vielen Welten, die zahllosen anderen, die entfernteren Gestirne, von denen der Verbrannte gesprochen hat. Er hat sie nicht gesehen, er hat sie erwartet!

Sagredo: Aber selbst wenn diese Erde ein Stern ist, so ist es noch ein weiter Weg zu den Behauptungen des Kopernikus, daß sie sich um die Sonne dreht. Da ist kein Gestirn am Himmel, um das ein andres sich dreht. Aber um die Erde dreht sich immer noch der Mond.

Galilei: Sagredo, ich frage mich. Seit vorgestern frage ich mich. Da ist der Jupiter. *(Er stellt ihn ein.)* Da sind nämlich vier kleinere Sterne nahe bei ihm, die man nur durch das Rohr sieht. Ich sah sie am Montag, nahm aber nicht besondere Notiz von ihrer Position. Gestern sah ich wieder nach. Ich hätte schwören können, alle vier hatten ihre Position geändert. Ich merkte sie mir an. Sie stehen wieder anders. Was ist das? Ich sah doch vier. *(In Bewegung.)* Sieh du durch!

Sagredo: Ich sehe drei.

Galilei: Wo ist der vierte? Da sind die Tabellen. Wir müssen ausrechnen, was für Bewegungen sie gemacht haben können.

Sie setzen sich erregt zur Arbeit. Es wird dunkel auf der Bühne, jedoch sieht man weiter am Rundhorizont den Jupiter und seine Begleitsterne. Wenn es wieder hell wird, sitzen sie immer noch, mit Wintermänteln an.

Galilei: Es ist bewiesen. Der vierte kann nur hinter den Jupiter gegangen sein, wo man ihn nicht sieht. Da hast du ein Gestirn, um das ein anderes sich dreht.

Sagredo: Aber die Kristallschale, an die der Jupiter angeheftet ist?

Galilei: Ja, wo ist sie jetzt? Wie kann der Jupiter angeheftet sein, wenn andere Sterne um ihn kreisen? Da ist keine Stütze im Himmel, da ist kein Halt im Weltall! Da ist eine andere Sonne!

Sagredo: Beruhige dich. Du denkst zu schnell.

Galilei: Was, schnell! Mensch, reg dich auf! Was du siehst, hat noch keiner gesehen. Sie hatten recht!

Sagredo: Wer? Die Kopernikaner?

Galilei: Und der andere! Die ganze Welt war gegen sie, und sie hatten recht. Das ist was für Andrea! *(Er läuft außer sich zur Tür und ruft hinaus)*: Frau Sarti! Frau Sarti!

Sagredo: Galilei, du sollst dich beruhigen!

Galilei: Sagredo, du sollst dich aufregen! Frau Sarti!

Sagredo (dreht das Fernrohr weg): Willst du aufhören, wie ein Narr herumzubrüllen?

Galilei: Willst du aufhören, wie ein Stockfisch dazustehen, wenn die Wahrheit entdeckt ist?

Sagredo: Ich stehe nicht wie ein Stockfisch, sondern ich zittere, es könnte die Wahrheit sein.

Galilei: Was?

Sagredo: Hast du allen Verstand verloren? Weißt du wirklich nicht mehr, in was für eine Sache du kommst, wenn das wahr ist, was du da siehst? Und du es auf allen Märkten herumschreist: daß die Erde ein Stern ist und nicht der Mittelpunkt des Universums.

Galilei: Ja, und daß nicht das ganze riesige Weltall mit allen Gestirnen sich um unsere winzige Erde dreht, wie jeder sich denken konnte!

Sagredo: Daß da also nur Gestirne sind! – Und wo ist dann Gott?

Galilei: Was meinst du damit?

Sagredo: Gott! Wo ist Gott?

Galilei (zornig): Dort nicht! So wenig wie er hier auf der Erde zu finden ist, wenn dort Wesen sind und ihn hier suchen sollten!

Sagredo: Und wo ist also Gott?

Galilei: Bin ich Theologe? Ich bin Mathematiker.

Sagredo: Vor allem bist du ein Mensch. Und ich frage dich, wo ist Gott in deinem Weltsystem?

Galilei: In uns oder nirgends.

Sagredo (schreiend): Wie der Verbrannte gesagt hat?

Galilei: Wie der Verbrannte gesagt hat.

Sagredo: Darum ist er verbrannt worden! Vor noch nicht zehn Jahren!

Galilei: Weil er nichts beweisen konnte! Weil er es nur behauptet hat! Frau Sarti!

Sagredo: Galilei, ich habe dich immer als einen schlauen Mann gekannt. Siebzehn Jahre in Padua und drei Jahre in Pisa hast du Hunderte von Schülern geduldig das Ptolemäische System gelehrt, das die Kirche verkündet und die Schrift bestätigt, auf der die Kirche ruht. Du hast es für falsch gehalten mit dem Kopernikus, aber du hast es gelehrt.

Galilei: Weil ich nichts beweisen konnte.

Sagredo (ungläubig): Und du glaubst, das macht einen Unterschied?

Galilei: Allen Unterschied! Sieh her, Sagredo! Ich glaube an den Menschen, und das heißt, ich glaube an seine Vernunft! Ohne diesen Glauben würde ich nicht die Kraft haben, am Morgen aus meinem Bett aufzustehen.

Sagredo: Dann will ich dir etwas sagen: ich glaube nicht an sie. Vierzig Jahre unter den Menschen haben mich ständig gelehrt, daß sie der Vernunft nicht zugänglich sind. Zeige ihnen einen roten Kometenschweif, jage ihnen eine dumpfe Angst ein, und sie werden aus ihren Häusern laufen und sich die Beine brechen. Aber sage ihnen einen vernünftigen Satz und beweise ihn mit sieben Gründen, und sie werden dich einfach auslachen.

Galilei: Das ist ganz falsch und eine Verleumdung. Ich begreife nicht, wie du, so etwas glaubend, die Wissenschaft lieben kannst. Nur die Toten lassen sich nicht mehr von Gründen bewegen!

Sagredo: Wie kannst du ihre erbärmliche Schlauheit mit Vernunft verwechseln!

Galilei: Ich rede nicht von ihrer Schlauheit. Ich weiß, sie nennen den Esel ein Pferd, wenn sie ihn verkaufen, und das Pferd einen

Esel, wenn sie es einkaufen wollen. Das ist ihre Schlauheit. Die Alte, die am Abend vor der Reise dem Maulesel mit der harten Hand ein Extrabüschel Heu vorlegt, der Schiffer, der beim Einkauf der Vorräte des Sturmes und der Windstille gedenkt, das Kind, das die Mütze aufstülpt, wenn ihm bewiesen wurde, daß es regnen kann, sie alle sind meine Hoffnung, sie alle lassen Gründe gelten. Ja, ich glaube an die sanfte Gewalt der Vernunft über die Menschen. Sie können ihr auf die Dauer nicht widerstehen. Kein Mensch kann lange zusehen, wie ich *(er läßt aus der Hand einen Stein auf den Boden fallen)* einen Stein fallen lasse und dazu sage: er fällt nicht. Dazu ist kein Mensch imstande. Die Verführung, die von einem Beweis ausgeht, ist zu groß. Ihr erliegen die meisten, auf die Dauer alle. Das Denken gehört zu den größten Vergnügungen der menschlichen Rasse.

Frau Sarti (tritt ein): Brauchen Sie etwas, Herr Galilei?

Galilei (der wieder an seinem Fernrohr ist und Notizen macht, sehr freundlich): Ja, ich brauche den Andrea.

Frau Sarti: Andrea? Er liegt im Bett und schläft.

Galilei: Können Sie ihn nicht wecken?

Frau Sarti: Wozu brauchen Sie ihn denn?

Galilei: Ich will ihm etwas zeigen, was ihn freuen wird. Er soll etwas sehen, was noch kein Mensch gesehen hat, seit die Erde besteht, außer uns.

Frau Sarti: Etwa wieder etwas durch Ihr Rohr?

Galilei: Etwas durch mein Rohr, Frau Sarti.

Frau Sarti: Und darum soll ich ihn mitten in der Nacht aufwecken? Sind Sie denn bei Trost? Er braucht seinen Nachtschlaf. Ich denke nicht daran, ihn aufzuwecken.

Galilei: Bestimmt nicht?

Frau Sarti: Bestimmt nicht.

Galilei: Frau Sarti, vielleicht können dann Sie mir helfen. Sehen Sie, es ist eine Frage entstanden, über die wir uns nicht einig werden können, wahrscheinlich, weil wir zu viele Bücher gelesen haben. Es ist eine Frage über den Himmel, eine Frage die Gestirne betreffend. Sie lautet: ist es anzunehmen, daß das Große sich um das Kleine dreht, oder dreht wohl das Kleine sich um das Große?

Frau Sarti (mißtrauisch): Mit Ihnen kennt man sich nicht leicht aus, Herr Galilei. Ist das eine ernsthafte Frage, oder wollen Sie mich wieder einmal zum besten haben?

Galilei: Eine ernste Frage.

Frau Sarti: Dann können Sie schnell Antwort haben. Stelle ich Ihnen das Essen hin, oder stellen Sie es mir hin?

Galilei: Sie stellen es mir hin. Gestern war es angebrannt.

Frau Sarti: Und warum war es angebrannt? Weil ich Ihnen die Schuhe bringen mußte, mitten im Kochen. Habe ich Ihnen nicht die Schuhe gebracht?

Galilei: Vermutlich.

Frau Sarti: Sie sind es nämlich, der studiert hat und der bezahlen kann.

Galilei: Ich sehe. Ich sehe, da ist keine Schwierigkeit. Guten Morgen, Frau Sarti.

Frau Sarti belustigt ab.

Galilei: Und solche Leute sollen nicht die Wahrheit begreifen können? Sie schnappen danach!

Eine Frühmetteglocke hat begonnen zu bimmeln. Herein Virginia, im Mantel, ein Windlicht tragend.

Virginia: Guten Morgen, Vater.

Galilei: Warum bist du schon auf?

Virginia: Ich gehe mit Frau Sarti zur Frühmette. Ludovico kommt auch hin. Wie war die Nacht, Vater?

Galilei: Hell.

Virginia: Darf ich durchschauen?

Galilei: Warum? *(Virginia weiß keine Antwort.)* Es ist kein Spielzeug.

Virginia: Nein, Vater.

Galilei: Übrigens ist das Rohr eine Enttäuschung, das wirst du bald überall zu hören bekommen. Es wird für 3 Skudi auf der Gasse verkauft und ist in Holland schon erfunden gewesen.

Virginia: Hast du nichts Neues mehr am Himmel mit ihm gesehen?

Galilei: Nichts für dich. Nur ein paar kleine trübe Fleckchen an der linken Seite eines großen Sterns, ich werde irgendwie die Aufmerksamkeit auf sie lenken müssen. *(Über seine Tochter zu Sagredo sprechend)*: Vielleicht werde ich sie die „Mediceischen Gestirne" taufen, nach dem Großherzog von Florenz. *(Wieder zu Virginia)*: Es wird dich interessieren, Virginia, daß wir vermutlich nach Florenz ziehen. Ich habe einen Brief dorthin geschrieben, ob der Großherzog mich als Hofmathematiker brauchen kann.

Virginia (strahlend): Am Hof?

Sagredo: Galilei!

Galilei: Mein Lieber, ich brauche Muße. Ich brauche Beweise. Und ich will die Fleischtöpfe. Und in diesem Amt werde ich nicht Privatschülern das Ptolemäische System einpauken müssen, sondern die Zeit haben, Zeit, Zeit, Zeit, Zeit!, meine Beweise auszuarbeiten, denn es genügt nicht, was ich jetzt habe. Das ist nichts, kümmerliches Stückwerk! Damit kann ich mich nicht vor die ganze Welt stellen. Da ist noch kein einziger Beweis, daß sich irgendein Himmelskörper um die Sonne dreht. Aber ich werde Beweise dafür bringen, Beweise für jedermann, von Frau Sarti bis hinauf zum Papst. Meine einzige Sorge ist, daß der Hof mich nicht nimmt.

Virginia: Sicher wird man dich nehmen, Vater, mit den neuen Sternen und allem.

Galilei: Geh in deine Messe.

Virginia ab.

Galilei: Ich schreibe selten Briefe an große Persönlichkeiten. *(Er gibt Sagredo einen Brief.)* Glaubst du, daß ich es so gut gemacht habe?

Sagredo (liest laut das Ende des Briefes, den ihm Galilei gereicht hat): „Sehne ich mich doch nach nichts so sehr, als Euch näher zu sein, der aufgehenden Sonne, welche dieses Zeitalter erhellen wird." Der Großherzog von Florenz ist neun Jahre alt.

Galilei: So ist es. Ich sehe, du findest meinen Brief zu unterwürfig? Ich frage mich, ob er unterwürfig genug ist, nicht zu formell, als ob es mir doch an echter Ergebenheit fehlte. Einen zurückhaltenden Brief könnte jemand schreiben, der sich das Verdienst erworben hätte, den Aristoteles zu beweisen, nicht ich. Ein Mann wie ich kann nur auf dem Bauch kriechend in eine halbwegs würdige Stellung kommen. Und du weißt, ich verachte Leute, deren Gehirn nicht fähig ist, ihren Magen zu füllen.

Frau Sarti und Virginia gehen, an den Männern vorbei, zur Messe.

Sagredo: Geh nicht nach Florenz, Galilei.

Galilei: Warum nicht?

Sagredo: Weil die Mönche dort herrschen.

Galilei: Am Florentiner Hof sind Gelehrte von Ruf.

Sagredo: Lakaien.

Galilei: Ich werde sie bei den Köpfen nehmen und sie vor das Rohr schleifen. Auch die Mönche sind Menschen, Sagredo. Auch sie erliegen der Verführung der Beweise. Der Kopernikus, vergiß das nicht, hat verlangt, daß sie seinen Zahlen glauben, aber ich verlange nur, daß sie ihren Augen glauben. Wenn die Wahrheit zu schwach ist, sich zu verteidigen, muß sie zum Angriff übergehen. Ich werde sie bei den Köpfen nehmen und sie zwingen, durch dieses Rohr zu schauen.

Sagredo: Galilei, ich sehe dich auf einer furchtbaren Straße. Das ist eine Nacht des Unglücks, wo der Mensch die Wahrheit sieht. Und eine Stunde der Verblendung, wo er an die Vernunft des Menschengeschlechts glaubt. Von wem sagt man, daß er sehenden Auges geht? Von dem, der ins Verderben geht. Wie könnten die Mächtigen einen frei herumlaufen lassen, der die Wahrheit weiß, und sei es eine über die entferntesten Gestirne! Meinst du, der Papst hört deine Wahrheit, wenn du sagst, er irrt, und hört nicht, daß er irrt? Glaubst du, er wird einfach in sein Tagebuch einschreiben: 10. Januar 1610 – Himmel abgeschafft? Wie kannst du aus der Republik gehen wollen, die Wahrheit in der Tasche, in die Fallen der Fürsten und Mönche mit deinem Rohr in der Hand? So mißtrauisch in deiner Wissenschaft, bist du leichtgläubig wie ein Kind in allem, was dir ihr Betreiben zu erleichtern scheint. Du glaubst nicht an den Aristoteles, aber an den Großherzog von Florenz. Als ich dich vorhin am Rohr sah und du sahst diese neuen Sterne, da war es mir, als sähe ich dich auf brennenden Scheiten stehen, und als du sagtest, du glaubst an die Beweise, roch ich verbranntes Fleisch. Ich liebe die Wissenschaft, aber mehr dich, mein Freund. Geh nicht nach Florenz, Galilei!

Galilei: Wenn sie mich nehmen, gehe ich.

Auf einem Vorhang erscheint die letzte Seite des Briefes:

Wenn ich den neuen Sternen, die ich entdeckt habe, den erhabenen Namen des Mediceischen Geschlechts zuteile, so bin ich mir bewußt, daß den Göttern und Heroen die Erhebung in den Sternenhimmel zur Verherrlichung gereicht hat, daß aber in diesem Fall umgekehrt der erhabene Name der Medici den Sternen unsterbliches Gedächtnis sichern wird. Ich aber bringe mich Euch in Erinnerung als einen aus der Zahl der treuesten und ergebensten Diener, der sich zur höchsten Ehre anrechnet, als Euer Untertan geboren zu sein.

Sehne ich mich doch nach nichts so sehr, als Euch näher zu sein, der aufgehenden Sonne, welche dieses Zeitalter erhellen wird.

Galileo Galilei

4

Galilei hat die Republik Venedig mit dem Florentiner Hof vertauscht. Seine Entdeckungen durch das Fernrohr stoßen in der dortigen Gelehrtenwelt auf Unglauben.

Das Alte sagt: So wie ich bin, bin ich seit je.
Das Neue sagt: Bist du nicht gut, dann geh.

Haus des Galilei in Florenz. Frau Sarti trifft in Galileis Studierzimmer Vorbereitungen zum Empfang von Gästen. Ihr Sohn Andrea sitzt und räumt Sternkarten auf.

Frau Sarti: Seit wir glücklich in diesem gepriesenen Florenz sind, hört das Buckeln und Speichellecken nicht mehr auf. Die ganze Stadt zieht an diesem Rohr vorbei, und ich kann dann den Fußboden aufwischen. Und nichts wird es helfen! Wenn was dran wäre an diesen Entdeckungen, würden das doch die geistlichen Herren am ehesten wissen. Ich war vier Jahre bei Monsignore Filippo im Dienst und habe seine Bibliothek nie ganz abstauben können. Lederbände bis zur Decke, und keine Gedichtchen! Und der gute Monsignore hatte zwei Pfund Geschwüre am Hintern vom vielen Sitzen über all der Wissenschaft, und ein solcher Mann soll nicht Bescheid wissen? Und die große Besichtigung heute wird eine Blamage, daß ich morgen wieder nicht dem Milchmann ins Gesicht schauen kann. Ich wußte, was ich sagte, als ich ihm riet, den Herren zuerst ein gutes Abendessen vorzusetzen, ein ordentliches Stück Lammfleisch, bevor sie über sein Rohr gehen. Aber nein! *(Sie ahmt Galilei nach)*: „Ich habe etwas anderes für sie."

Es klopft unten.

Frau Sarti (schaut in den Spion am Fenster): Um Gottes willen, da ist schon der Großherzog. Und Galilei ist noch in der Universität!

Sie läuft die Treppe hinunter und läßt den Großherzog von Toscana, Cosmo de Medici, mit dem Hofmarschall und zwei Damen ein.

Cosmo: Ich will das Rohr sehen.

Der Hofmarschall: Vielleicht gedulden sich Eure Hoheit, bis Herr Galilei und die anderen Herren von der Universität gekommen sind. *(Zu Frau Sarti)*: Herr Galilei wollte die von ihm neu entdeckten und die Mediceischen genannten Sterne von den Herren Astronomen prüfen lassen.

Cosmo: Sie glauben nicht an das Rohr, gar nicht. Wo ist es denn?

Frau Sarti: Oben, im Arbeitszimmer.

Der Knabe nickt, zeigt die Treppe hinauf, und auf ein Nicken Frau Sartis läuft er hoch.

Der Hofmarschall (ein sehr alter Mann): Eure Hoheit! *(Zu Frau Sarti)*: M u ß man da hinauf? Ich bin nur mitgekommen, weil der Erzieher erkrankt ist.

Frau Sarti: Dem jungen Herrn kann nichts passieren. Mein Junge ist droben.

Cosmo (oben eintretend): Guten Abend.

Die Knaben verbeugen sich zeremoniell voreinander. Pause. Dann wendet sich Andrea wieder seiner Arbeit zu.

Andrea (sehr ähnlich seinem Lehrer): Hier geht es zu wie in einem Taubenschlag.

Cosmo: Viele Besucher?

Andrea: Stolpern hier herum, gaffen und verstehen nicht die Bohne.

Cosmo: Verstehe. Ist das ...? *(Zeigt auf das Rohr.)*

Andrea: Ja, das ist es. Aber da heißt es: Finger weg.

Cosmo: Und was ist das? *(Er deutet auf das Holzmodell des Ptolemäischen Systems.)*

Andrea: Das ist das Ptolemäische.

Cosmo: Das zeigt, wie die Sonne sich dreht, nicht?

Andrea: Ja, das sagt man.

Cosmo (sich auf einen Stuhl setzend, nimmt es auf den Schoß): Mein Lehrer ist erkältet. Da konnte ich früher weg. Angenehm hier.

Andrea (unruhig, geht schlendernd und unschlüssig, den fremden Jungen mißtrauisch anschauend, herum und fischt endlich, unfähig, der Versuchung länger zu widerstehen, ein zweites Holzmodell hinter Karten hervor, eine Darstellung des Kopernikanischen Systems): Aber in Wirklichkeit ist es natürlich so.

Cosmo: Was ist so?

Andrea (auf Cosmos Modell zeigend): So meint man, daß es ist, und so *(auf seines deutend)* ist es. Die Erde dreht sich um die Sonne, verstehen Sie?

Cosmo: Meinst du wirklich?

Andrea: Allerdings. Das ist bewiesen.

Cosmo: Tatsächlich? – Ich möchte wissen, warum sie mich zum Alten überhaupt nicht mehr hineinließen. Gestern war er noch bei der Abendtafel.
Andrea: Sie scheinen es nicht zu glauben, was?
Cosmo: Doch, natürlich.
Andrea (plötzlich auf das Modell in Cosmos Schoß zeigend): Gib das her, du verstehst ja nicht einmal das!
Cosmo: Du brauchst doch nicht zwei.
Andrea: Du sollst es hergeben. Das ist kein Spielzeug für Jungens.
Cosmo: Ich habe nichts dagegen, es dir zu geben, aber du müßtest ein wenig höflicher sein, weißt du.
Andrea: Du bist ein Dummkopf, und höflich hin oder her, raus damit, sonst setzt's was.
Cosmo: Laß die Finger weg, hörst du.

Sie beginnen zu raufen und kugeln sich bald auf dem Boden.

Andrea: Ich werde dir schon zeigen, wie man ein Modell behandelt. Ergib dich!
Cosmo: Jetzt ist es entzweigegangen. Du drehst mir die Hand um.
Andrea: Wir werden schon sehen, wer recht hat und wer nicht. Sag, sie dreht sich, sonst gibt's Kopfnüsse.
Cosmo: Niemals. Au, du Rotkopf! Ich werde dir Höflichkeit beibringen.
Andrea: Rotkopf? Bin ich ein Rotkopf?

Sie raufen schweigend weiter.
Unten treten Galilei und einige Professoren der Universität ein.
Hinter ihnen Federzoni.

Der Hofmarschall: Meine Herren, eine leichte Erkrankung hielt den Erzieher Seiner Hoheit, Herrn Suri, ab, Seine Hoheit hierher zu begleiten.
Der Theologe: Hoffentlich nichts Schlimmes.
Der Hofmarschall: Ganz und gar nicht.
Galilei (enttäuscht): Seine Hoheit nicht hier?
Der Hofmarschall: Seine Hoheit ist oben. Bitte die Herren, sich nicht aufhalten zu wollen. Der Hof ist so überaus begierig, die Meinung der erlauchten Universität über das außerordentliche

Instrument Herrn Galileis und die wunderbaren neuen Gestirne kennenzulernen.

Sie gehen nach oben.

Die Knaben liegen jetzt still. Sie haben unten Lärm gehört.

Cosmo: Sie sind da. Laß mich auf.

Sie stehen schnell auf.

Die Herren (im Hinaufgehen): Nein, nein, es ist alles in schönster Ordnung. – Die Medizinische Fakultät erklärt es für ausgeschlossen, daß es sich bei den Erkrankungen in der Altstadt um Pestfälle handeln könne. Die Miasmen müßten bei der jetzt herrschenden Temperatur erfrieren. – Das schlimmste in solchen Fällen ist immer Panik. – Nichts als die in dieser Jahreszeit üblichen Erkältungswellen. – Jeder Verdacht ist ausgeschlossen. – Alles in schönster Ordnung.

Begrüßung oben.

Galilei: Eure Hoheit, ich bin glücklich, in Eurer Gegenwart die Herren Eurer Universität mit den Neuerungen bekannt machen zu dürfen.

Cosmo verbeugt sich sehr formell nach allen Seiten, auch vor Andrea.

Der Theologe (das zerbrochene Ptolemäische Modell am Boden sehend): Hier scheint etwas entzweigegangen.

Cosmo bückt sich rasch und übergibt Andrea höflich das Modell. Inzwischen räumt Galilei verstohlen das andere Modell beiseite.

Galilei (am Fernrohr): Wie Eure Hoheit zweifellos wissen, sind wir Astronomen seit einiger Zeit mit unseren Berechnungen in große Schwierigkeiten gekommen. Wir benützen dafür ein sehr altes System, das sich in Übereinstimmung mit der Philosophie, aber leider nicht mit den Fakten zu befinden scheint. Nach diesem alten System, dem Ptolemäischen, werden die Bewegungen der Gestirne als äußerst verwickelt angenommen. Der Planet Venus zum Beispiel soll eine Bewegung von dieser Art vollführen. *(Er zeichnet auf eine Tafel die epizyklische Bahn der Venus nach der ptolemäischen Annahme.)* Aber selbst solche schwierigen

Bewegungen annehmend, sind wir nicht in der Lage, die Stellung der Gestirne richtig vorauszuberechnen. Wir finden sie nicht an den Orten, wo sie eigentlich sein müßten. Dazu kommen solche Gestirnbewegungen, für welche das Ptolemäische System überhaupt keine Erklärung hat. Bewegungen dieser Art scheinen mir einige von mir neu entdeckte kleine Sterne um den Planeten Jupiter zu vollführen. Ist es den Herren angenehm, mit einer Besichtigung der Jupitertrabanten zu beginnen, der Mediceischen Gestirne?

Andrea (auf den Hocker vor dem Fernrohr zeigend): Bitte, sich hier zu setzen.

Der Philosoph: Danke, mein Kind. Ich fürchte, das alles ist nicht ganz so einfach. Herr Galilei, bevor wir Ihr berühmtes Rohr applizieren, möchten wir um das Vergnügen eines Disputs bitten: Thema: Können solche Planeten existieren?

Der Mathematiker: Eines formalen Disputs.

Galilei: Ich dachte mir, Sie schauen einfach durch das Fernrohr und überzeugen sich?

Andrea: Hier, bitte.

Der Mathematiker: Gewiß, gewiß. – Es ist Ihnen natürlich bekannt, daß nach der Ansicht der Alten Sterne nicht möglich sind, die um einen anderen Mittelpunkt als die Erde kreisen, noch solche Sterne, die im Himmel keine Stütze haben?

Galilei: Ja.

Der Philosoph: Und, ganz absehend von der Möglichkeit solcher Sterne, die der Mathematiker *(er verbeugt sich gegen den Mathematiker)* zu bezweifeln scheint, möchte ich in aller Bescheidenheit als Philosoph die Frage aufwerfen: sind solche Sterne nötig? Aristotelis divini universum . . .

Galilei: Sollten wir nicht in der Umgangssprache fortfahren? Mein Kollege, Herr Federzoni, versteht Latein nicht.

Der Philosoph: Ist es von Wichtigkeit, daß er uns versteht?

Galilei: Ja.

Der Philosoph: Entschuldigen Sie mich. Ich dachte, er ist Linsenschleifer.

Andrea: Herr Federzoni ist ein Linsenschleifer und ein Gelehrter.

Der Philosoph: Danke, mein Kind. Wenn Herr Federzoni darauf besteht . . .

Galilei: Ich bestehe darauf.

Der Philosoph: Das Argument wird an Glanz verlieren, aber es ist Ihr Haus. – Das Weltbild des göttlichen Aristoteles mit seinen mystisch musizierenden Sphären und kristallenen Gewölben und den Kreisläufen seiner Himmelskörper und dem Schiefenwinkel der Sonnenbahn und den Geheimnissen der Satellitentafeln und dem Sternenreichtum des Katalogs der südlichen Halbkugel und der erleuchteten Konstruktion des celestialen Globus ist ein Gebäude von solcher Ordnung und Schönheit, daß wir wohl zögern sollten, diese Harmonie zu stören.

Galilei: Wie, wenn Eure Hoheit die sowohl unmöglichen als auch unnötigen Sterne nun durch dieses Fernrohr wahrnehmen würden?

Der Mathematiker: Man könnte versucht sein zu antworten, daß Ihr Rohr, etwas zeigend, was nicht sein kann, ein nicht sehr verläßliches Rohr sein müßte, nicht?

Galilei: Was meinen Sie damit?

Der Mathematiker: Es wäre doch viel förderlicher, Herr Galilei, wenn Sie uns die Gründe nennten, die Sie zu der Annahme bewegen, daß in der höchsten Sphäre des unveränderlichen Himmels Gestirne freischwebend in Bewegung sein können.

Der Philosoph: Gründe, Herr Galilei, Gründe!

Galilei: Die Gründe? Wenn ein Blick auf die Gestirne selber und meine Notierungen das Phänomen zeigen? Mein Herr, der Disput wird abgeschmackt.

Der Mathematiker: Wenn man sicher wäre, daß Sie sich nicht noch mehr erregten, könnte man sagen, daß, was in Ihrem Rohr ist und was am Himmel ist, zweierlei sein kann.

Der Philosoph: Das ist nicht höflicher auszudrücken.

Federzoni: Sie denken, wir malten die Mediceischen Sterne auf die Linse!

Galilei: Sie werfen mir Betrug vor?

Der Philosoph: Aber wie könnten wir das? In Anwesenheit Seiner Hoheit!

Der Mathematiker: Ihr Instrument, mag man es nun Ihr Kind, mag man es Ihren Zögling nennen, ist sicher äußerst geschickt gemacht, kein Zweifel!

Der Philosoph: Und wir sind vollkommen überzeugt, Herr Galilei, daß weder Sie noch sonst jemand es wagen würde, Sterne mit dem erlauchten Namen des Herrscherhauses zu schmücken, deren Existenz nicht über allen Zweifel erhaben wäre.

Alle verbeugen sich tief vor dem Großherzog.

Cosmo (sieht sich nach den Hofdamen um): Ist etwas nicht in Ordnung mit meinen Sternen?

Die ältere Hofdame (zum Großherzog): Es ist alles in Ordnung mit den Sternen Eurer Hoheit. Die Herren fragen sich nur, ob sie auch wirklich, wirklich da sind.

Pause.

Die jüngere Hofdame: Man soll ja jedes Rad am Großen Wagen sehen können durch das Instrument.

Federzoni: Ja, und alles mögliche am Stier.

Galilei: Werden die Herren nun also durchschauen oder nicht?

Der Philosoph: Sicher, sicher.

Der Mathematiker: Sicher.

Pause.

Plötzlich wendet sich Andrea um und geht steif ab durch den ganzen Raum. Seine Mutter fängt ihn auf.

Frau Sarti: Was ist los mit dir?

Andrea: Sie sind dumm. *(Er reißt sich los und läuft weg.)*

Der Philosoph: Bedauernswertes Kind.

Der Hofmarschall: Eure Hoheit, meine Herren, darf ich daran erinnern, daß der Staatsball in drei viertel Stunden beginnt?

Der Mathematiker: Warum einen Eiertanz aufführen? Früher oder später wird Herr Galilei sich doch noch mit den Tatsachen befreunden müssen. Seine Jupiterplaneten würden die Sphärenschale durchstoßen. Es ist ganz einfach.

Federzoni: Sie werden sich wundern: es gibt keine Sphärenschale.

Der Philosoph: Jedes Schulbuch wird Ihnen sagen, daß es sie gibt, mein guter Mann.

Federzoni: Dann her mit neuen Schulbüchern.

Der Philosoph: Eure Hoheit, mein verehrter Kollege und ich stützen uns auf die Autorität keines Geringeren als des göttlichen Aristoteles selber.

Galilei (fast unterwürfig): Meine Herren, der Glaube an die Autorität des Aristoteles ist e i n e Sache, Fakten, die mit Händen zu greifen sind, eine andere. Sie sagen, nach dem Aristoteles gibt es dort oben Kristallschalen, und so können gewisse Bewegungen nicht stattfinden, weil die Gestirne die Schalen durchstoßen müßten. Aber wie, wenn Sie diese Bewegungen konstatieren könnten? Vielleicht sagt Ihnen das, daß es diese Kristallschalen gar nicht gibt? Meine Herren, ich ersuche Sie in aller Demut, Ihren Augen zu trauen.

Der Mathematiker: Lieber Galilei, ich pflege mitunter, so altmodisch es Ihnen erscheinen mag, den Aristoteles zu lesen und kann Sie dessen versichern, daß ich da meinen Augen traue.

Galilei: Ich bin es gewohnt, die Herren aller Fakultäten sämtlichen Fakten gegenüber die Augen schließen zu sehen und so zu tun, als sei nichts geschehen. Ich zeige meine Notierungen, und man lächelt, ich stelle mein Fernrohr zur Verfügung, so daß man sich überzeugen kann, und man zitiert Aristoteles.

Federzoni: Der Mann hatte kein Fernrohr!

Der Mathematiker: Allerdings nicht, allerdings nicht.

Der Philosoph (groß): Wenn hier Aristoteles in den Kot gezogen werden soll, eine Autorität, welche nicht nur die gesamte Wissenschaft der Antike, sondern auch die Hohen Kirchenväter selber anerkannten, so scheint jedenfalls mir eine Fortsetzung der Diskussion überflüssig. Unsachliche Diskussion lehne ich ab. Basta.

Galilei: Die Wahrheit ist das Kind der Zeit, nicht der Autorität. Unsere Unwissenheit ist unendlich, tragen wir einen Kubikmillimeter ab! Wozu jetzt noch so klug sein wollen, wenn wir endlich ein klein wenig weniger dumm sein können! Ich habe das unvorstellbare Glück gehabt, ein neues Instrument in die Hand zu bekommen, mit dem man ein Zipfelchen des Universums etwas, nicht viel, näher besehen kann. Benützen Sie es.

Der Philosoph: Eure Hoheit, meine Damen und Herren, ich frage mich nur, wohin dies alles führen soll.

Galilei: Ich würde meinen, als Wissenschaftler haben wir uns nicht zu fragen, wohin die Wahrheit uns führen mag.

Der Philosoph (wild): Herr Galilei, die Wahrheit mag uns zu allem möglichen führen!

Galilei: Eure Hoheit. In diesen Nächten werden über ganz Italien Fernrohre auf den Himmel gerichtet. Die Monde des Jupiter verbilligen nicht die Milch. Aber sie wurden nie je gesehen, und es gibt sie doch. Daraus zieht der Mann auf der Straße den Schluß, daß es noch vieles geben könnte, wenn er nur seine Augen aufmachte! Ihr seid ihm eine Bestätigung schuldig! Es sind nicht die Bewegungen einiger entfernter Gestirne, die Italien aufhorchen machen, sondern die Kunde, daß für unerschütterlich angesehene Lehren ins Wanken gekommen sind, und jedermann weiß, daß es deren zu viele gibt. Meine Herren, lassen Sie uns nicht erschütterte Lehren verteidigen!

Federzoni: Ihr als die Lehrer solltet das Erschüttern besorgen.

Der Philosoph: Ich wünschte, Ihr Mann offerierte nicht Ratschläge in einem wissenschaftlichen Disput.

Galilei: Eure Hoheit! Mein Werk in dem Großen Arsenal von Venedig brachte mich täglich zusammen mit Zeichnern, Bauleuten und Instrumentenmachern. Diese Leute haben mich manchen neuen Weg gelehrt. Unbelesen, verlassen sie sich auf das Zeugnis ihrer fünf Sinne, furchtlos zumeist, wohin dies Zeugnis sie führen wird . . .

Der Philosoph: Oho!

Galilei: Sehr ähnlich unsern Seeleuten, die vor hundert Jahren unsere Küsten verließen, ohne zu wissen, was für andere Küsten sie erreichen würden, wenn überhaupt welche. Es scheint, daß man heute, um die hohe Neugierde zu finden, die den wahren Ruhm des alten Griechenland ausmachte, sich in die Schiffswerften begeben muß.

Der Philosoph: Nach allem, was wir hier gehört haben, zweifle ich nicht länger, daß Herr Galilei in den Schiffswerften Bewunderer finden wird.

Der Hofmarschall: Eure Hoheit, zu meiner Bestürzung stelle ich fest, daß sich die außerordentlich belehrende Unterhaltung ein wenig ausgedehnt hat. Seine Hoheit muß vor dem Hofball noch etwas ruhen.

Auf ein Zeichen verbeugt sich der Großherzog vor Galilei. Der Hof schickt sich schnell an zu gehen.

Frau Sarti (stellt sich dem Großherzog in den Weg und bietet ihm einen Teller mit Bäckereien an): Ein Kringel, Eure Hoheit?

Die ältere Hofdame führt den Großherzog hinaus.

Galilei (hinterherlaufend): Aber die Herren brauchten wirklich nur durch das Instrument zu schauen!

Der Hofmarschall: Ihre Hoheit wird nicht versäumen, über Ihre Behauptungen die Meinung unseres größten lebenden Astronomen einzuholen, des Herrn Pater Christopher Clavius, Hauptastronom am Päpstlichen Collegium in Rom.

5

Uneingeschüchtert auch durch die Pest setzt Galilei seine Forschungen fort.

a

Morgens früh. Galilei über seinen Aufzeichnungen am Fernrohr. Virginia herein mit einer Reisetasche.

Galilei: Virginia! Ist etwas passiert?

Virginia: Das Stift hat geschlossen, wir mußten sofort heim. In Arcetri gibt es fünf Pestfälle.

Galilei (ruft): Sarti!

Virginia: Die Marktgasse hier ist seit heut nacht auch schon abgeriegelt. In der Altstadt sollen zwei Tote sein und drei liegen sterbend im Spital.

Galilei: Sie haben wieder einmal alles bis zum letzten Augenblick verheimlicht.

Frau Sarti (herein): Was machst du hier?

Virginia: Die Pest.

Frau Sarti: Mein Gott! Ich packe. *(Setzt sich.)*

Galilei: Packen Sie nichts. Nehmen Sie Virginia und Andrea! Ich hole meine Aufzeichnungen.

Er läuft eilig zurück an seinen Tisch und klaubt in größter Hast Papiere zusammen. Frau Sarti zieht Andrea, der gelaufen kommt, einen Mantel an und holt etwas Bettzeug und Essen herbei.
Herein ein großherzoglicher Lakai.

Lakai: Seine Hoheit hat der grassierenden Krankheit wegen die Stadt in Richtung Bologna verlassen. Er bestand jedoch darauf, daß Herrn Galilei die Möglichkeit geboten wird, sich ebenfalls in Sicherheit zu bringen. Die Kalesche ist in zwei Minuten vor der Tür.

Frau Sarti (zu Virginia und Andrea): Geht ihr sogleich hinaus. Hier, nehmt das mit.

Andrea: Aber warum? Wenn du mir nicht sagst, warum, gehe ich nicht.

Frau Sarti: Es ist die Pest, mein Kind.

Virginia: Wir warten auf Vater.

Frau Sarti: Herr Galilei, sind Sie fertig?

Galilei (das Fernrohr in das Tischtuch packend): Setzen Sie Virginia und Andrea in die Kalesche. Ich komme gleich.

Virginia: Nein, wir gehen nicht ohne dich. Du wirst nie fertig werden, wenn du erst deine Bücher einpackst.

Frau Sarti: Der Wagen ist da.

Galilei: Sei vernünftig, Virginia, wenn ihr euch nicht hineinsetzt, fährt der Kutscher weg. Die Pest, das ist keine Kleinigkeit.

Virginia (protestierend, während Frau Sarti sie und Andrea hinausführt): Helfen Sie ihm mit den Büchern, sonst kommt er nicht.

Frau Sarti (ruft von der Haustür): Herr Galilei! Der Kutscher weigert sich zu warten.

Galilei: Frau Sarti, ich glaube nicht, daß ich weg sollte. Da ist alles in Unordnung, wissen Sie, Aufzeichnungen von drei Monaten, die ich wegschmeißen kann, wenn ich sie nicht noch ein, zwei Nächte fortführe. Und diese Seuche ist ja überall.

Frau Sarti: Herr Galilei! Komm sofort mit! Du bist wahnsinnig!

Galilei: Sie müssen mit Virginia und Andrea fahren. Ich komme nach.

Frau Sarti: In einer Stunde kommt niemand mehr hier weg. Du mußt kommen! *(Horcht.)* Er fährt! Ich muß ihn aufhalten. *(Ab.)*

Galilei geht hin und her. Frau Sarti kehrt zurück, sehr bleich, ohne ihr Bündel.

Galilei: Was stehen Sie herum? Die Kalesche mit den Kindern fährt Ihnen noch weg.

Frau Sarti: Sie sind weg. Virginia mußten sie festhalten. Man wird für die Kinder sorgen in Bologna. Aber wer soll Ihnen Ihr Essen hinstellen?

Galilei: Du bist wahnsinnig. Wegen dem Kochen in der Stadt zu bleiben! ... *(Nimmt seine Aufzeichnungen in die Hand.)* Glauben Sie von mir nicht, Frau Sarti, daß ich ein Narr bin. Ich kann diese Beobachtungen nicht im Stich lassen. Ich habe mächtige Feinde und muß Beweise für gewisse Behauptungen sammeln.

Frau Sarti: Sie brauchen sich nicht zu entschuldigen. Aber vernünftig ist es nicht.

b

Vor Galileis Haus in Florenz. Heraus tritt Galilei und blickt die Straße hinunter. Zwei Nonnen kommen vorüber.

Galilei (spricht sie an): Können Sie mir sagen, Schwestern, wo ich Milch zu kaufen bekomme? Heute früh ist die Milchfrau nicht gekommen, und meine Haushälterin ist weg.

Die eine Nonne: Die Läden sind nur noch in der unteren Stadt offen.

Die andere Nonne: Sind Sie hier herausgekommen? *(Galilei nickt.)* Das ist diese Gasse!

Die beiden Nonnen bekreuzigen sich, murmeln den Englischen Gruß und laufen weg.
Ein Mann kommt vorbei.

Galilei (spricht ihn an): Sind Sie nicht der Bäcker, der uns das Weißbrot bringt? *(Der Mann nickt.)* Haben Sie meine Haushälterin gesehen? Sie muß gestern abend weggegangen sein. Seit heute früh ist sie nicht mehr im Haus.

Der Mann schüttelt den Kopf.
Ein Fenster gegenüber geht auf, und eine Frau schaut heraus.

Die Frau (schreiend): Laufen Sie! Bei denen da drüben ist die Pest!

Der Mann läuft erschrocken weg.

Galilei: Wissen Sie etwas über meine Haushälterin?

Die Frau: Ihre Haushälterin ist oben an der Straße niedergebrochen. Sie muß es gewußt haben. Darum ist sie weg. Solche Rücksichtslosigkeit! *(Sie schlägt das Fenster zu.)*

Kinder kommen die Straße herunter. Sie sehen Galilei und rennen schreiend weg. Galilei wendet sich, da kommen zwei Soldaten gelaufen, ganz in Eisen.

Die Soldaten: Geh sofort ins Haus zurück!

Mit ihren langen Spießen schieben sie Galilei in sein Haus zurück.
Hinter ihm verrammeln sie das Tor.

Galilei (am Fenster): Könnt ihr mir sagen, was mit der Frau geschehen ist?

Die Soldaten: Sie werden auf den Anger geschafft.

Die Frau (erscheint wieder am Fenster): Die ganze Gasse da hinten ist ja verseucht. Warum sperrt ihr nicht ab?

Die Soldaten ziehen einen Strick über die Straße.

Die Frau: Aber so kann ja auch in unser Haus keiner mehr! Hier braucht ihr doch nicht abzusperren. Hier ist doch alles gesund. Halt! Halt! So hört doch! Mein Mann ist doch in der Stadt, er kann ja nicht mehr zu uns! Ihr Tiere, ihr Tiere!

Man hört von innen her ihr Schluchzen und Schreien. Die Soldaten gehen ab. An einem anderen Fenster erscheint eine alte Frau.

Galilei: Dort hinten muß es brennen.

Die alte Frau: Sie löschen nicht mehr, wenn Pestverdacht ist. Jeder denkt nur noch an die Pest.

Galilei: Wie ihnen das gleich sieht! Das ist ihr ganzes Regierungssystem. Sie hauen uns ab wie den kranken Ast eines Feigenbaumes, der keine Frucht mehr bringen kann.

Die alte Frau: Das dürfen Sie nicht sagen. Sie sind nur hilflos.

Galilei: Sind Sie allein im Haus?

Die alte Frau: Ja. Mein Sohn hat mir einen Zettel geschickt. Er hat Gott sei Dank gestern abend schon erfahren, daß dort hinten wer gestorben ist, und ist nicht mehr heimgekommen. Es sind elf Fälle gewesen in der Nacht hier im Viertel.

Galilei: Ich mache mir Vorwürfe, daß ich meine Haushälterin nicht rechtzeitig weggeschickt habe. Ich hatte eine dringende Arbeit, aber sie hatte keinen Grund zu bleiben.

Die alte Frau: Wir können ja auch nicht weg. Wer soll uns aufnehmen? Sie müssen sich keine Vorwürfe machen. Ich habe sie gesehen. Sie ging heute früh weg, gegen sieben Uhr. Sie war krank, denn als sie mich aus der Tür treten und die Brote hereinholen sah, machte sie einen Bogen um mich. Sie wollte wohl nicht, daß man Ihnen das Haus zuschließt. Aber sie bringen alles heraus.

Ein klapperndes Geräusch wird hörbar.

Galilei: Was ist das?

Die alte Frau: Sie versuchen, mit Geräuschen die Wolken zu vertreiben, in denen die Pestkeime sind.

Galilei lacht schallend.

Die alte Frau: Daß Sie noch lachen können!

Ein Mann kommt die Straße herunter und findet sie versperrt durch den Strick.

Galilei: Heda, Sie! Hier ist abgeriegelt, und im Haus ist nichts zu essen.

Der Mann ist schon weggelaufen.

Galilei: Aber ihr könnt einen doch nicht hier verhungern lassen! Heda! Heda!

Die alte Frau: Vielleicht bringen sie was. Sonst kann ich Ihnen, aber erst nachts, einen Krug Milch vor die Tür stellen, wenn Sie sich nicht fürchten.

Galilei: Heda! Heda! Man muß uns doch hören.

Am Strick steht plötzlich Andrea. Er hat ein verweintes Gesicht.

Galilei: Andrea! Wie kommst du her?

Andrea: Ich war schon früh hier. Ich habe geklopft, aber Sie haben nicht aufgemacht. Die Leute haben mir gesagt, daß ...

Galilei: Bist du denn nicht weggefahren?

Andrea: Doch. Aber unterwegs konnte ich abspringen. Virginia ist weitergefahren. Kann ich nicht hinein?

Die alte Frau: Nein, das kannst du nicht. Du mußt zu den Ursulinerinnen. Deine Mutter ist vielleicht auch dort.

Andrea: Ich war da. Aber man hat mich nicht zu ihr hineingelassen. Sie ist so krank.

Galilei: Bist du so weit hergelaufen? Das sind doch drei Tage, daß du wegfuhrst.

Andrea: So lang brauchte ich, seien Sie nicht böse. Sie haben mich einmal eingefangen.

Galilei (hilflos): Weine jetzt nicht mehr. Siehst du, ich habe allerhand gefunden in der Zwischenzeit. Soll ich dir erzählen? *(Andrea nickt schluchzend.)* Gib genau acht, sonst verstehst du nicht. Erinnerst du dich, daß ich dir den Planeten Venus gezeigt habe? Horch nicht auf das Geräusch, das ist nichts. Kannst du dich erinnern? Weißt du, was ich gesehen habe? Er ist wie der Mond! Ich habe ihn als halbe Kugel und ich habe ihn als Sichel gesehen. Was sagst du dazu? Ich kann dir alles zeigen mit einer kleinen Kugel und einem Licht. Es beweist, daß auch dieser Planet kein eigenes Licht hat. Und er dreht sich um die Sonne, in einem einfachen Kreis, ist das nicht wunderbar?

Andrea (schluchzend): Sicher, und das ist ein Fakt.
Galilei (leise): Ich habe sie nicht zurückgehalten.

Andrea schweigt.

Galilei: Aber natürlich, wenn ich nicht geblieben wäre, wäre das nicht geschehen.
Andrea: Müssen sie es Ihnen jetzt glauben?
Galilei: Ich habe jetzt alle Beweise zusammen. Weißt du, wenn das hier vorüber ist, gehe ich nach Rom und zeige es ihnen.

Die Straße herunter kommen zwei vermummte Männer mit langen Stangen und Kübeln. An den Stangen reichen sie Galilei und dann der alten Frau Brote in die Fenster.

Die alte Frau: Und dort drüben ist eine Frau mit drei Kindern. Legt da auch was hin.
Galilei: Aber ich habe nichts zu trinken. Im Haus ist kein Wasser. *(Die beiden zucken die Achseln.)* Kommt ihr auch morgen?
Der eine Mann (mit erstickter Stimme, da er ein Tuch vor dem Mund hat): Wer weiß heut, was morgen ist?
Galilei: Könntet ihr, wenn ihr kommt, auch ein Büchlein heraufreichen, das ich für meine Arbeit brauche?
Der Mann (lacht dumpf): Als ob es jetzt auf ein Buch ankäme. Sei froh, wenn du Brot bekommst.
Galilei: Aber der Junge dort, mein Schüler, wird da sein und es euch geben für mich. Es ist die Karte mit der Umlaufzeit des Merkur, Andrea, ich habe sie verlegt. Willst du sie beschaffen in der Schule?

Die Männer sind schon weitergegangen.

Andrea: Bestimmt. Ich hol sie, Herr Galilei. *(Ab.)*

Auch Galilei zieht sich zurück. Gegenüber aus dem Haus tritt die alte Frau und stellt einen Krug vor Galileis Tür.

6

1616: Das Collegium Romanum, Forschungsinstitut des Vatikans, bestätigt Galileis Entdeckungen.

Das hat die Welt nicht oft gesehn
Daß Lehrer selbst ans Lernen gehn.
Clavius, der Gottesknecht
Gab dem Galilei recht.

Saal des Collegium Romanum in Rom. Es ist Nacht. Hohe Geistliche, Mönche, Gelehrte in Gruppen. An der Seite allein Galilei. Es herrscht große Ausgelassenheit. Bevor die Szene beginnt, hört man gewaltiges Gelächter.

Ein dicker Prälat (hält sich den Bauch vor Lachen): O Dummheit! O Dummheit! Ich möchte, daß mir einer einen Satz nennt, der n i c h t geglaubt wurde!

Ein Gelehrter: Zum Beispiel, daß Sie unüberwindliche Abneigung gegen Mahlzeiten verspüren, Monsignore!

Der dicke Prälat: Wird geglaubt, wird geglaubt. Nur das Vernünftige wird nicht geglaubt. Daß es einen Teufel gibt, das wird bezweifelt. Aber daß die Erde sich dreht wie ein Schusser in der Gosse, das wird geglaubt. Sancta simplicitas!

Ein Mönch (spielt Komödie): Mir schwindelt. Die Erde dreht sich zu schnell. Gestatten Sie, daß ich mich an Ihnen einhalte, Professor. *(Er tut, als schwanke er, und hält sich an einem Gelehrten ein.)*

Der Gelehrte (mitmachend): Ja, sie ist heute wieder ganz besoffen, die Alte. *(Er hält sich an einem anderen ein.)*

Der Mönch: Halt, halt! Wir rutschen ab! Halt, sag ich!

Ein zweiter Gelehrter: Die Venus steht schon ganz schief. Ich sehe nur noch ihren halben Hintern, Hilfe!

Es bildet sich ein Klumpen von Mönchen, die unter Gelächter tun, als wehrten sie sich, von einem Schiff im Sturm abgeschüttelt zu werden.

Ein zweiter Mönch: Wenn wir nur nicht auf den Mond geschmissen werden! Brüder, der soll scheußlich scharfe Bergspitzen haben!

Der erste Gelehrte: Stemm dich mit dem Fuß dagegen.

Der erste Mönch: Und schaut nicht hinab. Ich leide unter Schwindel.

Der dicke Prälat (absichtlich laut in Galileis Richtung): Unmöglich, Schwindel im Collegium Romanum!

Großes Gelächter.
Aus einer Tür hinten kommen zwei Astronomen des Collegiums. Stille tritt ein.

Ein Mönch: Untersucht ihr immer noch? Das ist ein Skandal!

Der eine Astronom (zornig): Wir nicht!

Der zweite Astronom: Wohin soll das führen? Ich verstehe den Clavius nicht ... Wenn man alles für bare Münze nähme, was in den letzten fünfzig Jahren behauptet wurde! Im Jahre 1572 leuchtet in der höchsten Sphäre, der achten, der Sphäre der Fixsterne, ein neuer Stern auf, eher strahlender und größer als alle seine Nachbarsterne, und noch bevor anderthalb Jahre um waren, verschwindet er wieder und fällt der Vernichtung anheim. Soll man fragen: was ist also mit der ewigen Dauer und der Unveränderlichkeit des Himmels?

Der Philosoph: Wenn man es ihnen erlaubt, zertrümmern sie uns noch den ganzen Sternenhimmel.

Der erste Astronom: Ja, wohin kommt man! Fünf Jahre später bestimmt der Däne Tycho Brahe die Bahn eines Kometen. Sie begann oberhalb des Mondes und durchbrach, eine nach der andern, alle Kugelschalen der Sphären, der materiellen Träger der bewegten Himmelskörper! Er trifft keinen Widerstand, er erfährt keine Ablenkung seines Lichts. Soll man also fragen: wo sind die Sphären?

Der Philosoph: Das ist doch ausgeschlossen! Wie kann Christopher Clavius, der größte Astronom Italiens und der Kirche, so etwas überhaupt untersuchen!

Der dicke Prälat: Skandal!

Der erste Astronom: Er untersucht aber! Er sitzt drinnen und glotzt durch dieses Teufelsrohr!

Der zweite Astronom: Principiis obsta! Alles fing damit an, daß wir so vieles, die Länge des Sonnenjahres, die Daten der Sonnen- und Mondfinsternis, die Stellungen der Himmelskörper, seit Jahr und Tag nach den Tafeln dieses Kopernikus berechnen, der ein Ketzer ist.

Ein Mönch: Ich frage: was ist besser, eine Mondfinsternis drei Tage später als im Kalender steht zu erleben oder die ewige Seligkeit niemals?

Ein sehr dünner Mönch (kommt mit einer aufgeschlagenen Bibel nach vorn, fanatisch den Finger auf eine Stelle stoßend): Was steht hier in der Schrift: „Sonne, steh still zu Gibeon und Mond im Tale Ajalon!" Wie kann die Sonne stillstehen, wenn sie sich überhaupt nicht dreht, wie diese Ketzer behaupten? Lügt die Schrift?

Der zweite Astronom: Es gibt Erscheinungen, die uns Astronomen Schwierigkeiten bereiten, aber muß der Mensch alles verstehen?

Beide ab.

Der sehr dünne Mönch: Die Heimat des Menschengeschlechts setzen sie einem Wandelstern gleich. Mensch, Tier, Pflanze und Erdreich verpacken sie auf einen Karren und treiben ihn im Kreis durch einen leeren Himmel. Erde und Himmel gibt es nicht mehr nach diesen. Die Erde nicht, weil sie ein Gestirn des Himmels ist, und den Himmel nicht, weil er aus Erden besteht. Da ist kein Unterschied mehr zwischen Oben und Unten, zwischen dem Ewigen und dem Vergänglichen. Daß wir vergehen, das wissen wir. Daß auch der Himmel vergeht, das sagen sie uns jetzt. Sonne, Mond und Sterne, und wir leben auf der Erde, hat es geheißen und steht es geschrieben; aber jetzt ist auch die Erde ein Stern nach diesen da. Es gibt nur Sterne! Wir werden den Tag erleben, wo sie sagen: Es gibt auch nicht Mensch und Tier, der Mensch selber ist ein Tier, es gibt nur Tiere!

Der erste Gelehrte (zu Galilei): Herr Galilei, Ihnen ist etwas hinabgefallen.

Galilei (der seinen Stein während des Vorigen aus der Tasche gezogen, damit gespielt und ihn am Ende auf den Boden hat fallen lassen, indem er sich bückt, ihn aufzuheben): Hinauf, Monsignore, er ist mir hinaufgefallen.

Der dicke Prälat (kehrt sich um): Unverschämter Mensch.

Eintritt ein sehr alter Kardinal, von einem Mönch gestützt. Man macht ihm ehrerbietig Platz.

Der sehr alte Kardinal: Sind sie immer noch drinnen? Können sie mit dieser Kleinigkeit wirklich nicht schneller fertig werden? Dieser Clavius sollte doch seine Astronomie verstehen! Ich höre, dieser Herr Galilei versetzt den Menschen aus dem Mittelpunkt des Weltalls irgendwohin an den Rand. Er ist folglich deutlich ein Feind des Menschengeschlechts! Als solcher muß er behandelt werden. Der Mensch ist die Krone der Schöpfung, das weiß jedes Kind, Gottes höchstes und geliebtestes Geschöpf. Wie könnte er es, ein solches Wunderwerk, eine solche Anstrengung, auf ein kleines, abseitiges und immerfort weglaufendes Gestirnlein setzen? Würde er so wohin seinen Sohn schicken? Wie kann es Leute geben, so pervers, daß sie diesen Sklaven ihrer Rechentafeln Glauben schenken! Welches Geschöpf Gottes wird sich so etwas gefallen lassen?

Der dicke Prälat (halblaut): Der Herr ist anwesend.

Der sehr alte Kardinal (zu Galilei): So, sind Sie das? Wissen Sie, ich sehe nicht mehr allzu gut, aber das sehe ich doch, daß Sie diesem Menschen, den wir seinerzeit verbrannt haben – wie hieß er doch? –, auffallend gleichen.

Der Mönch: Eure Eminenz sollten sich nicht aufregen. Der Arzt ...

Der sehr alte Kardinal (schüttelt ihn ab, zu Galilei): Sie wollen die Erde erniedrigen, obwohl Sie auf ihr leben und alles von ihr empfangen. Sie beschmutzen Ihr eigenes Nest! Aber ich jedenfalls lasse es mir nicht gefallen. *(Er stößt den Mönch zurück und beginnt stolz auf und ab zu schreiten.)* Ich bin nicht irgendein Wesen auf irgendeinem Gestirnchen, das für kurze Zeit irgendwo kreist. Ich gehe auf einer festen Erde, in sicherem Schritt, sie ruht, sie ist der Mittelpunkt des Alls, ich bin im Mittelpunkt, und das Auge des Schöpfers ruht auf mir und auf mir allein. Um mich kreisen, fixiert an acht kristallene Schalen, die Fixsterne und die gewaltige Sonne, die geschaffen ist, meine Umgebung zu beleuchten. Und auch mich, damit Gott mich sieht. So kommt sichtbar und unwiderleglich alles an auf mich, den Menschen, die Anstrengung Gottes, das Geschöpf in der Mitte, das Ebenbild Gottes, unvergänglich und ... *(Er sinkt zusammen.)*

Der Mönch: Eure Eminenz haben sich zuviel zugemutet!

In diesem Augenblick öffnet sich die Tür hinten, und an der Spitze seiner Astronomen kommt der große Clavius herein. Er durchschreitet schweigend und schnell, ohne zur Seite zu blikken, den Saal und spricht, schon am Ausgang, zu einem Mönch hin.

Clavius: Es stimmt.

Er geht ab, gefolgt von den Astronomen. Die Tür hinten bleibt offenstehen. Totenstille.
Der sehr alte Kardinal kommt zu sich.

Der sehr alte Kardinal: Was ist? Die Entscheidung gefallen?

Niemand wagt es ihm zu sagen.

Der Mönch: Eure Eminenz müssen nach Hause gebracht werden.

Man hilft dem alten Mann hinaus. Alle verlassen verstört den Saal. Ein kleiner Mönch aus der Untersuchungskommission des Clavius bleibt bei Galilei stehen.

Der kleine Mönch (verstohlen): Herr Galilei, Pater Clavius sagte, bevor er wegging: Jetzt können die Theologen sehen, wie sie die Himmelskreise wieder einrenken! Sie haben gesiegt. *(Ab.)*

Galilei (sucht ihn zurückzuhalten): Sie hat gesiegt! Nicht ich, die Vernunft hat gesiegt!

Der kleine Mönch ist schon weg.
Auch Galilei geht. Unter der Tür begegnet er einem hochgewachsenen Geistlichen, dem Kardinal Inquisitor. Ein Astronom begleitet ihn. Galilei verbeugt sich. Bevor er hinausgeht, stellt er einem Türhüter flüsternd eine Frage.

Türhüter (zurückflüsternd): Seine Eminenz, der Kardinal Inquisitor.

Der Astronom geleitet den Kardinal Inquisitor zum Fernrohr.

7

Aber die Inquisition setzt die Kopernikanische Lehre auf den Index (5. März 1616).

In Rom war Galilei Gast
In einem Kardinalspalast.
Man bot ihm Schmaus und bot ihm Wein
Und hatt' nur ein klein Wünschelein.

Haus des Kardinals Bellarmin in Rom. Ein Ball ist im Gang. Im Vestibül, wo zwei geistliche Sekretäre Schach spielen und Notizen über die Gäste machen, wird Galilei von einer kleinen Gruppe maskierter Damen empfangen. Er kommt in Begleitung seiner Tochter Virginia und ihres Verlobten Ludovico Marsili.

Virginia: Ich tanze mit niemand sonst, Ludovico.
Ludovico: Die Schulterspange ist lose.
Galilei:
„Dies leicht verschobene Busentuch, Thais
Ordne mir nicht. Manche Unordnung, tiefere
Zeigt es mir köstlich und
Andern auch. In des wimmelnden Saals
Kerzenlicht dürfen sie denken an
Dunklere Stellen des wartenden Parkes."
Virginia: Fühl mein Herz.
Galilei (legt ihr die Hand auf das Herz): Es klopft.
Virginia: Ich möchte schön aussehen.

Galilei: Du mußt, sonst zweifeln sie sofort wieder, daß sie sich dreht.

Ludovico: Sie dreht sich ja gar nicht. *(Galilei lacht.)* Rom spricht nur von Ihnen. Von heute abend an, Herr, wird man von Ihrer Tochter sprechen.

Galilei: Es heißt, es sei leicht, im römischen Frühling schön auszusehen. Selbst ich muß einem beleibteren Adonis gleichen. *(Zu den Sekretären)*: Ich sollte den Herrn Kardinal hier erwarten. *(Zu dem Paar)*: Geht und vergnügt euch!

Bevor sie nach hinten zum Ball gehen, kommt Virginia noch einmal zurückgelaufen.

Virginia: Vater, der Friseur in der Via del Trionfo nahm mich zuerst dran und ließ vier Damen warten. Er kannte deinen Namen sofort. *(Ab.)*

Galilei (zu den Schach spielenden Sekretären): Wie könnt ihr noch immer das alte Schach spielen? Eng, eng. Jetzt spielt man doch so, daß die größeren Figuren über alle Felder gehen. Der Turm so *(er zeigt es)* und der Läufer so – und die Dame so und so. Da hat man Raum und kann Pläne machen.

Der eine Sekretär: Das entspricht nicht unsern kleinen Gehältern, wissen Sie. Wir können nur solche Sprünge machen. *(Er zieht einen kleinen Zug.)*

Galilei: Umgekehrt, mein Guter, umgekehrt! Wer auf großem Fuß lebt, dem bezahlen sie auch den größten Stiefel! Man muß mit der Zeit gehen, meine Herren. Nicht an den Küsten lang, einmal muß man ausfahren.

Der sehr alte Kardinal der vorigen Szene überquert die Bühne, geleitet von seinem Mönch. Er erblickt den Galilei, geht an ihm vorbei, wendet sich dann unsicher und grüßt ihn. Galilei setzt sich. Aus dem Ballsaal hört man, von Knaben gesungen, den Beginn des berühmten Gedichts Lorenzo de Medicis über die Vergänglichkeit:

„Ich, der ich Rosen aber sterben sah
Und ihre Blätter lagen welkend da
Entfärbt auf kaltem Boden, wußte gut:
Wie eitel ist der Jugend Übermut!"

Galilei: Rom. – Großes Fest?

Sekretär: Der erste Karneval nach den Pestjahren. Alle großen

Familien Italiens sind heute abend hier vertreten. Die Orsinis, die Villanis, die Nuccolis, die Soldanieris, die Canes, die Lecchis, die Estensis, die Colombinis ...

Zweiter Sekretär (unterbricht): Ihre Eminenzen, die Kardinäle Bellarmin und Barberini.

Herein Kardinal Bellarmin und Kardinal Barberini. Sie halten die Masken eines Lamms und einer Taube an Stöcken vors Gesicht.

Barberini (den Zeigefinger auf Galilei): „Die Sonne geht auf und unter und kehret an ihren Ort zurück." Das sagt Salomo, und was sagt Galilei?

Galilei: Als ich so klein war *(er deutet es mit der Hand an)*, Eure Eminenz, stand ich auf einem Schiff, und ich rief: Das Ufer bewegt sich fort. – Heute weiß ich, das Ufer stand fest, und das Schiff bewegte sich fort.

Barberini: Schlau, schlau. Was man sieht, Bellarmin, nämlich daß der Gestirnhimmel sich dreht, braucht nicht zu stimmen, siehe Schiff und Ufer. Aber was stimmt, nämlich daß die Erde sich dreht, kann man nicht wahrnehmen! Schlau. Aber seine Jupitermonde sind harte Brocken für unsere Astronomen. Leider habe ich auch einmal etwas Astronomie gelesen, Bellarmin. Das hängt einem an wie die Krätze.

Bellarmin: Gehen wir mit der Zeit, Barberini. Wenn Sternkarten, die sich auf eine neue Hypothese stützen, unsern Seeleuten die Navigation erleichtern, mögen sie die Karten benutzen. Uns mißfallen nur Lehren, welche die Schrift falsch machen. *(Er winkt grüßend nach dem Ballsaal zu.)*

Galilei: Die Schrift. – „Wer aber das Korn zurückhält, dem wird das Volk fluchen." Sprüche Salomonis.

Barberini: „Der Weise verbirget sein Wissen." Sprüche Salomonis.

Galilei: „Wo da Ochsen sind, da ist der Stall unrein. Aber viel Gewinn ist durch die Stärke des Ochsen."

Barberini: „Der seine Vernunft im Zaum hält, ist besser als der eine Stadt nimmt."

Galilei: „Des Geist aber gebrochen ist, dem verdorren die Gebeine." *(Pause.)* „Schreiet die Wahrheit nicht laut?"

Barberini: „Kann man den Fuß setzen auf glühende Kohle, und der Fuß verbrennt nicht?" – Willkommen in Rom, Freund Galilei. Sie wissen von seinem Ursprung? Zwei Knäblein, so geht die Mär, empfingen Milch und Zuflucht von einer Wölfin. Von der Stunde an müssen alle Kinder der Wölfin für ihre Milch zahlen. Aber dafür sorgt die Wölfin für alle Arten von Genüssen, himmlische und irdische; von Gesprächen mit meinem gelehrten Freund Bellarmin bis zu drei oder vier Damen von internationalem Ruf, darf ich sie Ihnen zeigen?

Er führt Galilei hinter, ihm den Ballsaal zu zeigen. Galilei folgt widerstrebend.

Barberini: Nein? Er besteht auf einer ernsten Unterhaltung. Gut. Sind Sie sicher, Freund Galilei, daß ihr Astronomen euch nicht nur einfach eure Astronomie bequemer machen wollt? *(Er führt ihn wieder nach vorn.)* Ihr denkt in Kreisen oder Ellipsen und in gleichmäßigen Schnelligkeiten, einfachen Bewegungen, die euren Gehirnen gemäß sind. Wie, wenn es Gott gefallen hätte, seine Gestirne so laufen zu lassen? *(Er zeichnet mit dem Finger in der Luft eine äußerst verwickelte Bahn mit unregelmäßiger Geschwindigkeit.)* Was würde dann aus euren Berechnungen?

Galilei: Eminenz, hätte Gott die Welt so konstruiert *(er wiederholt Barberinis Bahn)*, dann hätte er auch unsere Gehirne so konstruiert *(er wiederholt dieselbe Bahn)*, so daß sie eben diese Bahnen als die einfachsten erkennen würden. Ich glaube an die Vernunft.

Barberini: Ich halte die Vernunft für unzulänglich. Er schweigt. Er ist zu höflich, jetzt zu sagen, er hält meine für unzulänglich. *(Lacht und geht zur Brüstung zurück.)*

Bellarmin: Die Vernunft, mein Freund, reicht nicht sehr weit. Ringsum sehen wir nichts als Schiefheit, Verbrechen und Schwäche. Wo ist die Wahrheit?

Galilei (zornig): Ich glaube an die Vernunft.

Barberini (zu den Sekretären): Ihr sollt nicht mitschreiben, das ist eine wissenschaftliche Unterhaltung unter Freunden.

Bellarmin: Bedenken Sie einen Augenblick, was es die Kirchenväter und so viele nach ihnen für Mühe und Nachdenken gekostet hat, in eine solche Welt (ist sie etwa nicht abscheulich?) etwas Sinn zu bringen. Bedenken Sie die Roheit derer, die ihre Bauern in der Campagna halbnackt über ihre Güter peitschen lassen, und die Dummheit dieser Armen, die ihnen dafür die Füße küssen.

Galilei: Schandbar! Auf meiner Fahrt hierher sah ich ...

Bellarmin: Wir haben die Verantwortung für den Sinn solcher Vorgänge (das Leben besteht daraus), die wir nicht begreifen können, einem höheren Wesen zugeschoben, davon gesprochen, daß mit derlei gewisse Absichten verfolgt werden, daß dies alles einem großen Plan zufolge geschieht. Nicht als ob dadurch absolute Beruhigung eingetreten wäre, aber jetzt beschuldigen Sie dieses höchste Wesen, es sei sich im unklaren darüber, wie die Welt der Gestirne sich bewegt, worüber Sie sich im klaren sind. Ist das weise?

Galilei (zu einer Erklärung ausholend): Ich bin ein gläubiger Sohn der Kirche . . .

Barberini: Es ist entsetzlich mit ihm. Er will in aller Unschuld Gott die dicksten Schnitzer in der Astronomie nachweisen! Wie, Gott hat nicht sorgfältig genug Astronomie studiert, bevor er die Heilige Schrift verfaßte? L i e b e r Freund!

Bellarmin: Ist es nicht auch für Sie wahrscheinlich, daß der Schöpfer über das von ihm Geschaffene besser Bescheid weiß als sein Geschöpf?

Galilei: Aber, meine Herren, schließlich kann der Mensch nicht nur die Bewegungen der Gestirne falsch auffassen, sondern auch die Bibel!

Bellarmin: Aber wie die Bibel aufzufassen ist, darüber haben schließlich die Theologen der Heiligen Kirche zu befinden, nicht?

Galilei schweigt.

Bellarmin: Sehen Sie: jetzt schweigen Sie. *(Er macht den Sekretären ein Zeichen.)* Herr Galilei, das Heilige Offizium hat heute nacht beschlossen, daß die Lehre des Kopernikus, nach der die Sonne Zentrum der Welt und unbeweglich, die Erde aber nicht Zentrum der Welt und beweglich ist, töricht, absurd und ketzerisch im Glauben ist. Ich habe den Auftrag, Sie zu ermahnen, diese Meinung aufzugeben. *(Zum ersten Sekretär)*: Wiederholen Sie das.

Erster Sekretär: Seine Eminenz, Kardinal Bellarmin, zu dem besagten Galileo Galilei: Das Heilige Offizium hat beschlossen, daß die Lehre des Kopernikus, nach der die Sonne Zentrum der Welt und unbeweglich, die Erde aber nicht Zentrum der Welt und beweglich ist, töricht, absurd und ketzerisch im Glauben ist. Ich habe den Auftrag, Sie zu ermahnen, diese Meinung aufzugeben.

Galilei: Was heißt das?

Aus dem Ballsaal hört man, von Knaben gesungen, eine weitere Strophe des Gedichts:

„Sprach ich: Die schöne Jahreszeit geht schnell vorbei:
Pflücke die Rose, noch ist es Mai."

Barberini bedeutet dem Galilei zu schweigen, solange der Gesang währt. Sie lauschen.

Galilei: Aber die Tatsachen? Ich verstand, daß die Astronomen des Collegium Romanum meine Notierungen anerkannt haben.

Bellarmin: Mit den Ausdrücken der tiefsten Genugtuung, in der für Sie ehrendsten Weise.

Galilei: Aber die Jupitertrabanten, die Phasen der Venus . . .

Bellarmin: Die Heilige Kongregation hat ihren Beschluß gefaßt, ohne diese Einzelheiten zur Kenntnis zu nehmen.

Galilei: Das heißt, daß jede weitere wissenschaftliche Forschung . . .

Bellarmin: Durchaus gesichert ist, Herr Galilei. Und das gemäß der Anschauung der Kirche, daß wir nicht wissen können, aber forschen mögen. *(Er begrüßt wieder einen Gast im Ballsaal.)* Es steht Ihnen frei, in Form der mathematischen Hypothese auch diese Lehre zu behandeln. Die Wissenschaft ist die legitime und höchst geliebte Tochter der Kirche, Herr Galilei. Niemand von uns nimmt im Ernst an, daß Sie das Vertrauen zur Kirche untergraben wollen.

Galilei (zornig): Vertrauen wird dadurch erschöpft, daß es in Anspruch genommen wird.

Barberini: Ja? *(Er klopft ihm, schallend lachend, auf die Schulter. Dann sieht er ihn scharf an und sagt nicht unfreundlich)*: Schütten Sie nicht das Kind mit dem Bade aus, Freund Galilei. Wir tun es auch nicht. Wir brauchen Sie, mehr als Sie uns.

Bellarmin: Ich brenne darauf, den größten Mathematiker Italiens dem Kommissar des Heiligen Offiziums vorzustellen, der Ihnen die allergrößte Wertschätzung entgegenbringt.

Barberini (den andern Arm Galileis fassend): Worauf er sich wieder in ein Lamm verwandelt. Auch Sie wären besser als braver Doktor der Schulmeinung kostümiert hier erschienen, lieber Freund. Es ist meine Maske, die mir heute ein wenig Freiheit gestattet. In einem solchen Aufzug können Sie mich murmeln hören: Wenn es keinen Gott gäbe, müßte man ihn erfinden. Gut, nehmen wir wieder unsere Masken vor. Der arme Galilei hat keine.

(Sie nehmen Galilei in die Mitte und führen ihn in den Ballsaal.)

Erster Sekretär: Hast du den letzten Satz?

Zweiter Sekretär: Bin dabei. *(Sie schreiben eifrig.)* Hast du das, wo er sagt, daß er an die Vernunft glaubt?

Herein der Kardinal Inquisitor.

Der Inquisitor: Die Unterredung hat stattgefunden?

Erster Sekretär (mechanisch): Zuerst kam Herr Galilei mit seiner Tochter. Sie hat sich heute verlobt mit Herrn ... *(Der Inquisitor winkt ab.)* Herr Galilei unterrichtete uns sodann von der neuen Art des Schachspielens, bei der die Figuren entgegen allen Spielregeln über alle Felder hinweg bewegt werden.

Der Inquisitor (winkt ab): Das Protokoll.

Ein Sekretär händigt ihm das Protokoll aus, und der Kardinal setzt sich, es zu durchfliegen. Zwei junge Damen in Masken überqueren die Bühne, sie knicksen vor dem Kardinal.

Die eine: Wer ist das?

Die andere: Der Kardinal Inquisitor.

Sie kichern und gehen ab. Herein Virginia, sich suchend umblickend.

Der Inquisitor (aus seiner Ecke): Nun, meine Tochter?

Virginia (erschrickt ein wenig, da sie ihn nicht gesehen hat): Oh, Eure Eminenz!

Der Inquisitor streckt ihr, ohne aufzustehen, die Rechte hin. Sie nähert sich und küßt kniend seinen Ring.

Der Inquisitor: Eine superbe Nacht! Gestatten Sie mir, Sie zu Ihrer Verlobung zu beglückwünschen. Ihr Bräutigam kommt aus einer vornehmen Familie. Sie bleiben uns in Rom?

Virginia: Zunächst nicht, Eure Eminenz. Es gibt so viel vorzubereiten für eine Heirat.

Der Inquisitor: So, Sie folgen also Ihrem Vater wieder nach Florenz. Ich freue mich darüber. Ich kann mir denken, daß Ihr Vater Sie braucht. Mathematik ist eine kalte Hausgefährtin, nicht? Ein Geschöpf aus Fleisch und Blut in solcher Umgebung macht da allen Unterschied. Man verliert sich so leicht in den Gestirnwelten, welche so sehr ausgedehnt sind, wenn man ein großer Mann ist.

Virginia (atemlos): Sie sind sehr gütig, Eminenz. Ich verstehe wirklich fast gar nichts von diesen Dingen.

Der Inquisitor: Nein? *(Er lacht.)* Im Haus des Fischers ißt man nicht Fisch, wie? Es wird Ihren Herrn Vater amüsieren, wenn er hört, daß Sie schließlich von mir gehört haben, was Sie über die Gestirnwelten wissen, mein Kind. *(Im Protokoll blätternd.)* Ich lese hier, daß unsere Neuerer, deren in der ganzen Welt anerkannter Führer Ihr Herr Vater ist, ein großer Mann, einer der größten, unsere gegenwärtigen Vorstellungen von der Bedeutung unserer lieben Erde für etwas übertrieben ansehen. Nun, von den Zeiten des Ptolemäus, eines Weisen des Altertums, bis zum heutigen Tag maß man für die ganze Schöpfung, also für die gesamte Kristallkugel, in deren Mitte die Erde ruht, etwa zwanzigtausend Erddurchmesser. Eine schöne Geräumigkeit, aber zu klein, weit zu klein für Neuerer. Nach diesen ist sie, wie wir hören, ganz unvorstellbar weit ausgedehnt, ist der Abstand der Erde von der Sonne, ein durchaus bedeutender Abstand, wie es uns immer geschienen hat, so verschwindend klein gegen den Abstand unserer armen Erde von den Fixsternen, die auf der alleräußersten Schale befestigt sind, daß man ihn bei den Berechnungen überhaupt nicht einzukalkulieren braucht! Da soll man noch sagen, daß die Neuerer nicht auf großem Fuße leben.

Virginia lacht. Auch der Inquisitor lacht.

Der Inquisitor: In der Tat, einige Herren des Heiligen Offiziums haben kürzlich an einem solchen Weltbild, gegen das unser bisheriges nur ein Bildchen ist, das man um einen so entzückenden Hals wie den gewisser junger Mädchen legen könnte, beinahe Anstoß genommen. Sie sind besorgt, auf so ungeheuren Strecken könnte ein Prälat und sogar ein Kardinal leicht verlorengehen. Selbst ein Papst könnte vom Allmächtigen da aus den Augen verloren werden. Ja, das ist lustig, aber ich bin doch froh, Sie auch weiterhin in der Nähe Ihres großen Vaters zu wissen, den wir alle so schätzen, liebes Kind. Ich frage mich, ob ich nicht Ihren Beichtvater kenne ...

Virginia: Pater Christophorus von Sankt Ursula.

Der Inquisitor: Ja, ich freue mich, daß Sie Ihren Herrn Vater also begleiten. Er wird Sie brauchen, Sie mögen es sich nicht vorstellen können, aber es wird so kommen. Sie sind noch so jung und wirklich, so sehr Fleisch und Blut, und Größe ist nicht immer leicht zu tragen für diejenigen, denen Gott sie verliehen hat, nicht immer. Niemand unter den Sterblichen ist ja so groß, daß er nicht in ein Gebet eingeschlossen werden könnte. Aber nun halte ich Sie auf, liebes Kind, und mache Ihren Verlobten eifersüchtig und vielleicht auch Ihren lieben Vater, weil ich Ihnen etwas über die Gestirne erzählt habe, was möglicherweise sogar veraltet ist. Gehen Sie schnell zum Tanzen, nur vergessen Sie nicht, Pater Christophorus von mir zu grüßen.

Virginia nach einer tiefen Verbeugung schnell ab.

8

Ein Gespräch.

Galilei las den Spruch
Ein junger Mönch kam zu Besuch
War eines armen Bauern Kind
Wollt wissen, wie man Wissen find't.
Wollt es wissen, wollt es wissen.

Im Palast des Florentinischen Gesandten in Rom hört Galilei den kleinen Mönch an, der ihm nach der Sitzung des Collegium Romanum den Ausspruch des päpstlichen Astronomen zugeflüstert hat.

Galilei: Reden Sie, reden Sie! Das Gewand, das Sie tragen, gibt Ihnen das Recht zu sagen, was immer Sie wollen.

Der kleine Mönch: Ich habe Mathematik studiert, Herr Galilei.

Galilei: Das könnte helfen, wenn es Sie veranlaßte einzugestehen, daß zwei mal zwei hin und wieder vier ist!

Der kleine Mönch: Herr Galilei, seit drei Nächten kann ich keinen Schlaf mehr finden. Ich wußte nicht, wie ich das Dekret, das ich gelesen habe, und die Trabanten des Jupiter, die ich gesehen habe, in Einklang bringen sollte. Ich beschloß, heute früh die Messe zu lesen und zu Ihnen zu gehen.

Galilei: Um mir mitzuteilen, daß der Jupiter keine Trabanten hat?

Der kleine Mönch: Nein. Mir ist es gelungen, in die Weisheit des Dekrets einzudringen. Es hat mir die Gefahren aufgedeckt, die ein allzu hemmungsloses Forschen für die Menschheit in sich birgt, und ich habe beschlossen, der Astronomie zu entsagen. Jedoch ist mir noch daran gelegen, Ihnen die Beweggründe zu unterbreiten, die auch einen Astronomen dazu bringen können, von einem weiteren Ausbau der gewissen Lehre abzusehen.

Galilei: Ich darf sagen, daß mir solche Beweggründe bekannt sind.

Der kleine Mönch: Ich verstehe Ihre Bitterkeit. Sie denken an die gewissen außerordentlichen Machtmittel der Kirche.

Galilei: Sagen Sie ruhig Folterinstrumente.

Der kleine Mönch: Aber ich möchte andere Gründe nennen. Erlauben Sie, daß ich von mir rede. Ich bin als Sohn von Bauern in der Campagna aufgewachsen. Es sind einfache Leute. Sie wissen alles über den Ölbaum, aber sonst recht wenig. Die Phasen der Venus beobachtend, kann ich nun meine Eltern vor mir sehen, wie sie mit meiner Schwester am Herd sitzen und ihre Käsespeise essen. Ich sehe die Balken über ihnen, die der Rauch von Jahrhunderten geschwärzt hat, und ich sehe genau ihre alten abgearbeiteten Hände und den kleinen Löffel darin. Es geht ihnen nicht gut, aber selbst in ihrem Unglück liegt eine gewisse Ordnung verborgen. Da sind diese verschiedenen Kreisläufe, von dem des Bodenaufwischens über den der Jahreszeiten im Ölfeld zu dem der Steuerzahlung. Es ist regelmäßig, was auf sie herabstößt an Unfällen. Der Rücken meines Vaters wird zusammengedrückt nicht auf einmal, sondern mit jedem Frühjahr im Ölfeld mehr, so wie auch die Geburten, die meine Mutter immer geschlechtsloser gemacht haben, in ganz bestimmten Abständen erfolgten. Sie schöpfen die Kraft, ihre Körbe schweißtriefend den steinigen Pfad hinaufzuschleppen, Kinder zu gebären, ja zu essen, aus dem Gefühl der Stetigkeit und Notwendigkeit, das der Anblick des Bodens, der jedes Jahr von neuem grünenden Bäume, der kleinen Kirche und das Anhören der sonntäglichen Bibeltexte ihnen verleihen können. Es ist ihnen versichert worden, daß das Auge der Gottheit auf ihnen liegt, forschend, ja beinahe angstvoll; daß das ganze Welttheater um sie aufgebaut ist, damit sie, die Agierenden, in ihren großen oder kleinen Rollen sich bewähren können. Was würden meine Leute sagen, wenn sie von mir erführen, daß sie sich auf einem kleinen Steinklumpen befinden, der sich unaufhörlich drehend im leeren Raum um ein anderes Gestirn bewegt, einer unter sehr vielen, ein ziemlich unbedeutender! Wozu ist jetzt noch solche Geduld, solches Einverständnis in ihr Elend nötig oder gut? Wozu ist die Heilige Schrift noch gut, die alles erklärt und als notwendig begründet hat, den Schweiß, die Geduld, den Hunger, die Unterwerfung, und die jetzt voll von Irrtümern befunden wird? Nein, ich sehe ihre

Blicke scheu werden, ich sehe sie die Löffel auf die Herdplatte senken, ich sehe, wie sie sich verraten und betrogen fühlen. Es liegt also kein Auge auf uns, sagen sie. Wir müssen nach uns selber sehen, ungelehrt, alt und verbraucht, wie wir sind? Niemand hat uns eine Rolle zugedacht außer dieser irdischen, jämmerlichen auf einem winzigen Gestirn, das ganz unselbständig ist, um das sich nichts dreht? Kein Sinn liegt in unserm Elend, Hunger ist eben Nichtgegessenhaben, keine Kraftprobe; Anstrengung ist eben Sichbücken und Schleppen, kein Verdienst. Verstehen Sie da, daß ich aus dem Dekret der Heiligen Kongregation ein edles mütterliches Mitleid, eine große Seelengüte herauslese?

Galilei: Seelengüte! Wahrscheinlich meinen Sie nur, es ist nichts da, der Wein ist weggetrunken, ihre Lippen vertrocknen, mögen sie die Soutane küssen! Warum ist denn nichts da? Warum ist die Ordnung in diesem Land nur die Ordnung einer leeren Lade und die Notwendigkeit nur die, sich zu Tode zu arbeiten? Zwischen strotzenden Weinbergen, am Rand der Weizenfelder! Ihre Campagnabauern bezahlen die Kriege, die der Stellvertreter des milden Jesus in Spanien und Deutschland führt. Warum stellt er die Erde in den Mittelpunkt des Universums? Damit der Stuhl Petri im Mittelpunkt der Erde stehen kann! Um das letztere handelt es sich. Sie haben recht, es handelt sich nicht um die Planeten, sondern um die Campagnabauern. Und kommen Sie mir nicht mit der Schönheit von Phänomenen, die das Alter vergoldet hat! Wissen Sie, wie die Auster Margaritifera ihre Perle produziert? Indem sie in lebensgefährlicher Krankheit einen unerträglichen Fremdkörper, z. B. ein Sandkorn, in eine Schleimkugel einschließt. Sie geht nahezu drauf bei dem Prozeß. Zum Teufel mit der Perle, ich ziehe die gesunde Auster vor. Tugenden sind nicht an Elend geknüpft, mein Lieber. Wären Ihre Leute wohlhabend und glücklich, könnten sie die Tugenden der Wohlhabenheit und des Glücks entwickeln. Jetzt stammen diese Tugenden Erschöpfter von erschöpften Äckern, und ich lehne sie ab. Herr, meine neuen Wasserpumpen können da mehr Wunder tun als ihre lächerliche übermenschliche Plackerei. – „Seid fruchtbar und mehret euch“, denn die Äcker sind unfruchtbar, und die Kriege dezimieren euch. Soll ich Ihre Leute anlügen?

Der kleine Mönch (in großer Bewegung): Es sind die allerhöchsten Beweggründe, die uns schweigen machen müssen, es ist der Seelenfrieden Unglücklicher.

Galilei: Wollen Sie eine Cellini-Uhr sehen, die Kardinal Bellarmins Kutscher heute morgen hier abgegeben hat? Mein Lieber, als Belohnung dafür, daß ich zum Beispiel Ihren guten Eltern den Seelenfrieden lasse, offeriert mir die Behörde den Wein, den sie keltern im Schweiße ihres Antlitzes, das bekanntlich nach Gottes Ebenbild geschaffen ist. Würde ich mich zum Schweigen bereit finden, wären es zweifellos recht niedrige Beweggründe: Wohlleben, keine Verfolgung etc.

Der kleine Mönch: Herr Galilei, ich bin Priester.

Galilei: Sie sind auch Physiker. Und Sie sehen, die Venus hat Phasen. Da, sieh hinaus! *(Er zeigt durch das Fenster.)* Siehst du dort den kleinen Priap an der Quelle neben dem Lorbeer? Der Gott der Gärten, der Vögel und der Diebe, der bäurische obszöne Zweitausendjährige! Er hat weniger gelogen. Nichts davon, schön, ich bin ebenfalls ein Sohn der Kirche. Aber kennen Sie die achte Satire des Horaz? Ich lese ihn eben wieder in diesen Tagen, er verleiht einiges Gleichgewicht. *(Er greift nach einem kleinen Buch.)* Er läßt eben diesen Priap sprechen, eine kleine Statue, die in den Esquilinischen Gärten aufgestellt war. Folgendermaßen beginnt es:

„Ein Feigenklotz, ein wenig nützes Holz
War ich, als einst der Zimmermann, unschlüssig
Ob einen Priap machen oder einen Schemel
Sich für den Gott entschied . . .“

Meinen Sie, Horaz hätte sich etwa den Schemel verbieten und einen Tisch in das Gedicht setzen lassen? Herr, mein Schönheitssinn wird verletzt, wenn die Venus in meinem Weltbild ohne Phasen ist! Wir können nicht Maschinerien für das Hochpumpen von Flußwasser erfinden, wenn wir die größte Maschinerie, die uns vor Augen liegt, die der Himmelskörper, nicht studieren sollen. Die Winkelsumme im Dreieck kann nicht nach den Bedürfnissen der Kurie abgeändert werden. Die Bahnen fliegender Körper kann ich nicht so berechnen, daß auch die Ritte der Hexen auf Besenstielen erklärt werden.

Der kleine Mönch: Und Sie meinen nicht, daß die Wahrheit, wenn es Wahrheit ist, sich durchsetzt, auch ohne uns?

Galilei: Nein, nein, nein. Es setzt sich nur so viel Wahrheit durch, als wir durchsetzen; der Sieg der Vernunft kann nur der Sieg der Vernünftigen sein. Eure Campagnabauern schildert Ihr ja schon wie das Moos auf ihren Hütten! Wie kann jemand annehmen, daß die Winkelsumme im Dreieck i h r e n Bedürfnissen widersprechen könnte! Aber wenn sie nicht in Bewegung kommen und denken lernen, werden ihnen auch die schönsten Bewässerungsanlagen nichts nützen. Zum Teufel, ich sehe die göttliche Geduld Ihrer Leute, aber wo ist ihr göttlicher Zorn?

Der kleine Mönch: Sie sind müde!

Galilei (wirft ihm einen Packen Manuskripte hin): Bist du ein Physiker, mein Sohn? Hier stehen die Gründe, warum das Weltmeer sich in Ebbe und Flut bewegt. Aber du sollst es nicht lesen, hörst du? Ach, du liest schon? Du bist also ein Physiker?

Der kleine Mönch hat sich in die Papiere vertieft.

Galilei: Ein Apfel vom Baum der Erkenntnis! Er stopft ihn schon hinein. Er ist ewig verdammt, aber er muß ihn hineinstopfen, ein unglücklicher Fresser! Ich denke manchmal: ich ließe mich zehn Klafter unter der Erde in einen Kerker einsperren, zu dem kein Licht mehr dringt, wenn ich dafür erführe, was das ist: Licht. Und das Schlimmste: was ich weiß, muß ich weitersagen. Wie ein Liebender, wie ein Betrunkener, wie ein Verräter. Es ist ganz und gar ein Laster und führt ins Unglück. Wie lang werde ich es in den Ofen hineinschreien können – das ist die Frage.

Der kleine Mönch (zeigt auf eine Stelle in den Papieren): Diesen Satz verstehe ich nicht.

Galilei: Ich erkläre ihn dir, ich erkläre ihn dir.

9

Nach achtjährigem Schweigen wird Galilei durch die Thronbesteigung eines neuen Papstes, der selbst Wissenschaftler ist, ermutigt, seine Forschungen auf dem verbotenen Feld wieder aufzunehmen. Die Sonnenflecken.

Die Wahrheit im Sacke
Die Zung in der Backe
Schwieg er acht Jahre, dann war's ihm zu lang.
Wahrheit, geh deinen Gang.

Haus des Galilei in Florenz. Galileis Schüler, Federzoni, der kleine Mönch und Andrea Sarti, jetzt ein junger Mann, sind zu einer experimentellen Vorlesung versammelt. Galilei selber liest stehend in einem Buch. – Virginia und die Sarti nähen Brautwäsche.

Virginia: Aussteuernähen ist lustiges Nähen. Das ist für einen langen Gästetisch, Ludovico hat gern Gäste. Es muß nur ordentlich sein, seine Mutter sieht jeden Faden. Sie ist mit Vaters Büchern nicht einverstanden. So wenig wie Pater Christophorus.
Frau Sarti: Er hat seit Jahren kein Buch mehr geschrieben.
Virginia: Ich glaube, er hat eingesehen, daß er sich getäuscht hat. In Rom hat mir ein sehr hoher geistlicher Herr vieles aus der Astronomie erklärt. Die Entfernungen sind zu weit.
Andrea (während er das Pensum des Tages auf die Tafel schreibt): „Donnerstag nachmittag. Schwimmende Körper." – Wieder Eis; Schaff mit Wasser; Waage; eiserne Nadel; Aristoteles.

Er holt die Gegenstände. Die andern lesen in Büchern nach. Eintritt Filippo Mucius, ein Gelehrter in mittleren Jahren. Er zeigt ein etwas verstörtes Wesen.

Mucius: Könnten Sie Herrn Galilei sagen, daß er mich empfangen muß? Er verdammt mich, ohne mich zu hören.
Frau Sarti: Aber er will Sie doch nicht empfangen.
Mucius: Gott wird es Ihnen lohnen, wenn Sie ihn darum bitten. Ich muß ihn sprechen.
Virginia (geht zur Treppe): Vater!
Galilei: Was gibt es?
Virginia: Herr Mucius!
Galilei (brüsk aufsehend, geht zur Treppe, seine Schüler hinter sich): Was wünschen Sie?
Mucius: Herr Galilei, ich bitte Sie um die Erlaubnis, Ihnen die Stellen in meinem Buch zu erklären, wo eine Verdammung der kopernikanischen Lehren von der Drehung der Erde vorzuliegen scheint. Ich habe . . .
Galilei: Was wollen Sie da erklären? Sie befinden sich in Übereinstimmung mit dem Dekret der Heiligen Kongregation von 1616. Sie sind vollständig in Ihrem Recht. Sie haben zwar hier Mathematik studiert, aber das gibt uns kein Recht, von Ihnen zu hören, daß zwei mal zwei vier ist. Sie haben das volle Recht zu sagen, daß dieser Stein *(er zieht einen kleinen Stein aus der Tasche und wirft ihn in den Flur hinab)* soeben nach oben geflogen ist, ins Dach.
Mucius: Herr Galilei, ich . . .
Galilei: Sagen Sie nichts von Schwierigkeiten! Ich habe mich von der Pest nicht abhalten lassen, meine Notierungen fortzusetzen.
Mucius: Herr Galilei, die Pest ist nicht das schlimmste.

Galilei: Ich sage Ihnen: Wer die Wahrheit nicht weiß, der ist bloß ein Dummkopf. Aber wer sie weiß und sie eine Lüge nennt, der ist ein Verbrecher! Gehen Sie hinaus aus meinem Haus!
Mucius (tonlos): Sie haben recht. *(Er geht hinaus.)*

Galilei geht wieder in sein Studierzimmer.

Federzoni: Das ist leider so. Er ist kein großer Mann und gälte wohl gar nichts, wenn er nicht Ihr Schüler gewesen wäre. Aber jetzt sagen sie natürlich: Er hat alles gehört, was Galilei zu lehren hatte, und er muß zugeben, es ist alles falsch.
Frau Sarti: Der Herr tut mir leid.
Virginia: Vater mochte ihn zu gern.
Frau Sarti: Ich wollte mit dir gern über deine Heirat sprechen, Virginia. Du bist noch ein so junges Ding, und eine Mutter hast du nicht, und dein Vater legt diese Eisstückchen aufs Wasser. Jedenfalls würde ich dir nicht raten, ihn irgend etwas in bezug auf deine Ehe zu fragen. Er würde eine Woche lang, und zwar beim Essen und wenn die jungen Leute dabei sind, die schrecklichsten Sachen sagen, da er nicht für einen halben Skudo Schamgefühl hat, nie hatte. Ich meine auch nicht solche Sachen, sondern einfach, wie die Zukunft sein wird. Ich kann auch nichts wissen, ich bin eine ungebildete Person. In eine so ernste Angelegenheit geht man aber nicht blind hinein. Ich meine wirklich, du solltest zu einem richtigen Astronomen an der Universität gehen, damit er dir das Horoskop stellt, dann weißt du, woran du bist. Warum lachst du?
Virginia: Weil ich dort war.
Frau Sarti (sehr begierig): Was sagte er?
Virginia: Drei Monate lang muß ich achtgeben, weil da die Sonne im Steinbock steht, aber dann bekomme ich einen äußerst günstigen Aszendenten, und die Wolken zerteilen sich. Wenn ich den Jupiter nicht aus den Augen lasse, kann ich jede Reise unternehmen, da ich ein Steinbock bin.
Frau Sarti: Und Ludovico?
Virginia: Er ist ein Löwe. *(Nach einer kleinen Pause.)* Er soll sinnlich sein.

Pause.

Virginia: Diesen Schritt kenne ich. Das ist der Rektor, Herr Gaffone.

Eintritt Herr Gaffone, der Rektor der Universität.

Gaffone: Ich bringe nur ein Buch, das Ihren Vater vielleicht interessiert. Bitte um des Himmels willen, Herrn Galilei nicht zu stören. Ich kann mir nicht helfen, ich habe immer den Eindruck, daß man jede Minute, die man diesem großen Mann stiehlt, Italien stiehlt. Ich lege das Buch fein säuberlich in Ihre Hände und gehe weg, auf Fußspitzen.

Er geht ab. Virginia gibt das Buch Federzoni.

Galilei: Worüber ist es?
Federzoni: Ich weiß nicht. *(Buchstabiert)*: „De maculis in sole."
Andrea: Über die Sonnenflecken. Wieder eines!

Federzoni händigt es ihm ärgerlich aus.

Andrea: Horch auf die Widmung! „Der größten lebenden Autorität in der Physik, Galileo Galilei".

Galilei hat sich wieder in sein Buch vertieft.

Andrea: Ich habe den Traktat des Fabrizius aus Holland über die Flecken gelesen. Er glaubt, es sind Sternenschwärme, die zwischen Erde und Sonne vorüberziehen.
Der kleine Mönch: Ist das nicht zweifelhaft, Herr Galilei?

Galilei antwortet nicht.

Andrea: In Paris und Prag glaubt man, es sind Dünste von der Sonne.
Federzoni: Hm.
Andrea: Federzoni bezweifelt das.
Federzoni: Laßt mich gefälligst draußen. Ich habe „Hm" gesagt, das ist alles. Ich bin der Linsenschleifer, ich schleife Linsen, und ihr schaut durch und beobachtet den Himmel, und was ihr seht, sind nicht Flecken, sondern „maculis". Wie soll ich an irgend etwas zweifeln? Wie oft soll ich euch noch sagen, daß ich nicht die Bücher lesen kann, sie sind in Latein.

Im Zorn gestikuliert er mit der Waage. Eine Schale fällt zu Boden. Galilei geht hinüber und hebt sie schweigend vom Boden auf.

Der kleine Mönch: Da ist Glückseligkeit im Zweifeln; ich frage mich, warum.
Andrea: Ich bin seit zwei Wochen an jedem sonnigen Tag auf den Hausboden geklettert, unter das Schindeldach. Durch die feinen

Ernst Busch in „Leben des Galilei“ (Aufführung des Berliner Ensembles)

Risse der Schindeln fällt nur ein dünner Strahl. Da kann man das umgekehrte Sonnenbild auf einem Blatt Papier auffangen. Ich habe einen Flecken gesehen, groß wie eine Fliege, verwischt wie ein Wölkchen. Er wanderte. Warum untersuchen wir die Flecken nicht, Herr Galilei?

Galilei: Weil wir über schwimmende Körper arbeiten.

Andrea: Mutter hat Waschkörbe voll von Briefen. Ganz Europa fragt nach Ihrer Meinung. Ihr Ansehen ist so gewachsen, daß Sie nicht schweigen können.

Galilei: Rom hat mein Ansehen wachsen lassen, weil ich geschwiegen habe.

Federzoni: Aber jetzt können Sie sich Ihr Schweigen nicht mehr leisten.

Galilei: Ich kann es mir auch nicht leisten, daß man mich über einem Holzfeuer röstet wie einen Schinken.

Andrea: Denken Sie denn, die Flecken haben mit dieser Sache zu tun?

Galilei antwortet nicht.

Andrea: Gut, halten wir uns an die Eisstückchen; das kann Ihnen nicht schaden.

Galilei: Richtig. – Unsere These, Andrea!

Andrea: Was das Schwimmen angeht, so nehmen wir an, daß es nicht auf die Form eines Körpers ankommt, sondern darauf, ob er leichter oder schwerer ist als das Wasser.

Galilei: Was sagt Aristoteles?

Der kleine Mönch: „Discus latus platique ..."

Galilei: Übersetzen, übersetzen!

Der kleine Mönch: „Eine breite und flache Eisscheibe vermag auf dem Wasser zu schwimmen, während eine eiserne Nadel untersinkt."

Galilei: Warum sinkt nach dem Aristoteles das Eis nicht?

Der kleine Mönch: Weil es breit und flach ist und so das Wasser nicht zu zerteilen vermag.

Galilei: Schön. *(Er nimmt ein Eisstück entgegen und legt es in das Schaff.)* Jetzt presse ich das Eis gewaltsam auf den Boden des Gefäßes. Ich entferne den Druck meiner Hände. Was geschieht?

Der kleine Mönch: Es steigt wieder in die Höhe.

Galilei: Richtig. Anscheinend vermag es beim Emporsteigen das Wasser zu zerteilen. Fulganzio!

Der kleine Mönch: Aber warum schwimmt es denn überhaupt? Eis ist schwerer als Wasser, da es verdichtetes Wasser ist.
Galilei: Wie wenn es verdünntes Wasser wäre?
Andrea: Es muß leichter sein als Wasser, sonst schwämme es nicht.
Galilei: Aha.
Andrea: So wenig wie eine eiserne Nadel schwimmt. Alles, was leichter ist, als Wasser ist, schwimmt, und alles, was schwerer ist, sinkt. Was zu beweisen war.
Galilei: Andrea, du mußt lernen, vorsichtig zu denken. Gib mir die eiserne Nadel. Ein Blatt Papier. Ist Eisen schwerer als Wasser?
Andrea: Ja.

Galilei legt die Nadel auf ein Stück Papier und flößt sie auf das Wasser. – Pause.

Galilei: Was geschieht?
Federzoni: Die Nadel schwimmt! Heiliger Aristoteles, sie haben ihn niemals überprüft! *(Sie lachen.)*
Galilei: Eine Hauptursache der Armut in den Wissenschaften ist meist eingebildeter Reichtum. Es ist nicht ihr Ziel, der unendlichen Weisheit eine Tür zu öffnen, sondern eine Grenze zu setzen dem unendlichen Irrtum. Macht eure Notizen.
Virginia: Was ist?
Frau Sarti: Jedesmal, wenn sie lachen, kriege ich einen kleinen Schreck. Worüber lachen sie? denke ich.
Virginia: Vater sagt: Die Theologen haben ihr Glockenläuten, und die Physiker haben ihr Lachen.
Frau Sarti: Aber ich bin froh, daß er wenigstens nicht mehr so oft durch sein Rohr schaut. Das war noch schlimmer.
Virginia: Jetzt legt er doch nur Eisstücke aufs Wasser, da kann nicht viel Schlimmes dabei herauskommen.
Frau Sarti: Ich weiß nicht.

Herein Ludovico Marsili in Reisekleidung, gefolgt von einem Bedienten, der Gepäckstücke trägt. Virginia läuft auf ihn zu und umarmt ihn.

Virginia: Warum hast du mir nicht geschrieben, daß du kommen willst?
Ludovico: Ich war nur in der Nähe, unsere Weinberge bei Bucciole zu studieren, und konnte mich nicht weghalten.
Galilei (wie kurzsichtig): Wer ist das?

Virginia: Ludovico.
Der kleine Mönch: Können Sie ihn nicht sehen?
Galilei: O ja, Ludovico. *(Geht ihm entgegen.)* Was machen die Pferde?
Ludovico: Sie sind wohlauf, Herr.
Galilei: Sarti, wir feiern. Hol einen Krug von diesem sizilischen Wein, dem alten!

Sarti ab mit Andrea.

Ludovico (zu Virginia): Du siehst blaß aus. Das Landleben wird dir bekommen. Die Mutter erwartet dich im September.
Virginia: Wart, ich zeig dir das Brautkleid! *(Läuft hinaus.)*
Galilei: Setz dich.
Ludovico: Ich höre, Sie haben mehr als tausend Studenten in Ihren Vorlesungen an der Universität, Herr. An was arbeiten Sie im Augenblick?
Galilei: Tägliches Einerlei. Kommst du über Rom?
Ludovico: Ja. – Bevor ich vergesse, die Mutter beglückwünscht Sie zu Ihrem bewunderungswürdigen Takt angesichts der neuen Sonnenfleckenorgien der Holländer.
Galilei (trocken): Besten Dank.

Sarti und Andrea bringen Wein und Gläser. Man gruppiert sich um den Tisch.

Ludovico: Rom hat wieder sein Tagesgespräch für den Februar. Christopher Clavius drückte die Befürchtung aus, der ganze Erde-um-die-Sonne-Zirkus möchte wieder von vorn anfangen durch diese Sonnenflecken?
Andrea: Keine Sorge.
Galilei: Sonstige Neuigkeiten aus der Heiligen Stadt, abgesehen von den Hoffnungen auf neue Sünden meinerseits?
Ludovico: Ihr wißt natürlich, daß der Heilige Vater im Sterben liegt?
Der kleine Mönch: Oh.
Galilei: Wer wird als Nachfolger genannt?
Ludovico: Meistenteils Barberini.
Galilei: Barberini.
Andrea: Herr Galilei kennt Barberini.
Der kleine Mönch: Kardinal Barberini ist Mathematiker.
Federzoni: Ein Wissenschaftler auf dem Heiligen Stuhl!

Pause.

Galilei: So, sie brauchen jetzt Männer wie Barberini, die etwas Mathematik gelesen haben! Die Dinge kommen in Bewegung. Federzoni, wir mögen noch eine Zeit erleben, wo wir uns nicht mehr wie Verbrecher umzublicken haben, wenn wir sagen: zwei mal zwei ist vier. *(Zu Ludovico)*: Der Wein schmeckt mir, Ludovico. Was sagst du zu ihm?

Ludovico: Er ist gut.

Galilei: Ich kenne den Weinberg. Der Hang ist steil und steinig, die Traube fast blau. Ich liebe diesen Wein.

Ludovico: Ja, Herr.

Galilei: Er hat kleine Schatten in sich. Und er ist beinahe süß, läßt es aber bei dem „beinahe“ bewenden. – Andrea, räum das Zeug weg, Eis, Schaff und Nadel. – Ich schätze die Tröstungen des Fleisches. Ich habe keine Geduld mit den feigen Seelen, die dann von Schwächen sprechen. Ich sage: Genießen ist eine Leistung.

Der kleine Mönch: Was beabsichtigen Sie?

Federzoni: Wir beginnen wieder mit dem Erde-um-die-Sonne-Zirkus.

Andrea (summend):

Die Schrift sagt, sie steht still. Und die Doktoren
Beweisen, daß sie still steht, noch und noch.
Der Heilige Vater nimmt sie bei den Ohren
Und hält sie fest. Und sie bewegt sich doch.

Andrea, Federzoni und der kleine Mönch eilen zum Experimentiertisch und räumen ihn ab.

Andrea: Wir könnten herausfinden, daß die Sonne sich ebenfalls dreht. Wie würde dir das gefallen, Marsili?

Ludovico: Woher die Erregung?

Frau Sarti: Sie wollen doch nicht wieder mit diesem Teufelszeug anfangen, Herr Galilei?

Galilei: Ich weiß jetzt, warum deine Mutter dich zu mir schickte. Barberini im Aufstieg! Das Wissen wird eine Leidenschaft sein und die Forschung eine Wollust. Clavius hat recht, diese Sonnenflecken interessieren mich. Schmeckt dir mein Wein, Ludovico?

Ludovico: Ich sagte es Ihnen, Herr.

Galilei: Er schmeckt dir wirklich?

Ludovico (steif): Er schmeckt mir.

Galilei: Würdest du so weit gehen, eines Mannes Wein oder Tochter anzunehmen, ohne zu verlangen, daß er seinen Beruf an den

Nagel hängt? Was hat meine Astronomie mit meiner Tochter zu tun? Die Phasen der Venus ändern ihren Hintern nicht.

Frau Sarti: Seien Sie nicht so ordinär. Ich hole sofort Virginia.

Ludovico (hält sie zurück): Die Ehen in Familien wie der meinen werden nicht nur nach geschlechtlichen Gesichtspunkten geschlossen.

Galilei: Hat man dich acht Jahre lang zurückgehalten, meine Tochter zu ehelichen, während ich eine Probezeit zu absolvieren hatte?

Ludovico: Meine Frau wird auch im Kirchenstuhl unserer Dorfkirche Figur machen müssen.

Galilei: Du meinst, deine Bauern werden es von der Heiligkeit der Gutsherrin abhängig machen, ob sie Pachtzinsen zahlen oder nicht?

Ludovico: In gewisser Weise.

Galilei: Andrea, Fulganzio, holt den Messingspiegel und den Schirm! Darauf werfen wir das Sonnenbild, unsrer Augen wegen; das ist deine Methode, Andrea.

Andrea und der kleine Mönch holen Spiegel und Schirm.

Ludovico: Sie haben in Rom seinerzeit unterschrieben, daß Sie sich nicht mehr in diese Erde-um-die-Sonne-Sache einmischen würden, Herr.

Galilei: Ach das! Damals hatten wir einen rückschrittlichen Papst!

Frau Sarti: Hatten! Und Seine Heiligkeit ist noch nicht einmal gestorben!

Galilei: Nahezu, nahezu! – Legt ein Netz von Quadraten über den Schirm. Wir gehen methodisch vor. Und dann werden wir ihnen ihre Briefe beantworten können, wie, Andrea?

Frau Sarti: „Nahezu!" Fünfzigmal wiegt der Mann seine Eisstückchen ab, aber wenn es zu etwas kommt, was in seinen Kram paßt, glaubt er es blind!

Der Schirm wird aufgestellt.

Ludovico: Sollte Seine Heiligkeit sterben, Herr Galilei, wird der nächste Papst, wer immer es sein wird und wie groß immer seine Liebe zu den Wissenschaften sein mag, doch auch beachten müssen, wie groß die Liebe ist, welche die vornehmsten Familien des Landes zu ihm fühlen.

Der kleine Mönch: Gott machte die physische Welt, Ludovico; Gott machte das menschliche Gehirn; Gott wird die Physik erlauben.

Frau Sarti: Galileo, jetzt werde ich dir etwas sagen. Ich habe meinen Sohn in Sünde fallen sehen für diese „Experimente" und „Theorien" und „Observationen", und ich habe nichts machen können. Du hast dich aufgeworfen gegen die Obrigkeiten, und sie haben dich schon einmal verwarnt. Die höchsten Kardinäle haben in dich hineingeredet wie in ein krankes Roß. Es hat eine Zeitlang geholfen, aber vor zwei Monaten, kurz nach Mariae Empfängnis habe ich dich wieder erwischt, wie du insgeheim mit diesen „Observationen" angefangen hast. Auf dem Dachboden! Ich habe nicht viel gesagt, aber ich wußte Bescheid. Ich bin gelaufen und habe eine Kerze gespendet für den Heiligen Joseph. Es geht über meine Kräfte. Wenn ich allein mit dir bin, zeigst du Anzeichen von Verstand und sagst mir, du weißt, du mußt dich verhalten, weil es gefährlich ist, aber zwei Tage Experimente, und es ist so schlimm mit dir wie je. Wenn ich meine ewige Seligkeit einbüße, weil ich zu einem Ketzer halte, das ist meine Sache, aber du hast kein Recht, auf dem Glück deiner Tochter herumzutrampeln mit deinen großen Füßen!

Galilei (mürrisch): Bringt das Teleskop!

Ludovico: Giuseppe, bring das Gepäck zurück in die Kutsche.

Der Bediente ab.

Frau Sarti: Das übersteht sie nicht. Sie können ihr es selber sagen!

Läuft weg, noch den Krug in Händen.

Ludovico: Ich sehe, Sie haben Ihre Vorbereitungen getroffen. Herr Galilei, die Mutter und ich leben dreiviertel des Jahres auf dem Gut in der Campagna, und wir können Ihnen bezeugen, daß unsere Bauern sich durch Ihre Traktate über die Trabanten des Jupiter nicht beunruhigen. Ihre Feldarbeit ist zu schwer. Jedoch könnte es sie verstören, wenn sie erführen, daß frivole Angriffe auf die heiligen Doktrinen der Kirche nunmehr ungestraft blieben. Vergessen Sie nicht ganz, daß diese Bedauernswerten in ihrem vertierten Zustand alles durcheinanderbringen. Sie sind wirkliche Tiere, Sie können sich das kaum vorstellen. Auf das Gerücht, daß auf einem Apfelbaum eine Birne gesehen wurde, laufen sie von der Feldarbeit weg, um darüber zu schwatzen.

Galilei (interessiert): Ja?

Ludovico: Tiere. Wenn sie aufs Gut kommen, sich über eine Kleinigkeit zu beschweren, ist die Mutter gezwungen, vor ihren

Augen einen Hund auspeitschen zu lassen, das allein kann sie an Zucht und Ordnung und Höflichkeit erinnern. Sie, Herr Galilei, sehen gelegentlich von der Reisekutsche aus blühende Maisfelder, Sie essen geistesabwesend unsere Oliven und unsern Käse, und Sie haben keine Ahnung, welche Mühe es kostet, das zu ziehen, wieviel Aufsicht!

Galilei: Junger Mann, ich esse meine Oliven nicht geistesabwesend. *(Grob)*: Du hältst mich auf. *(Ruft hinaus)*: Habt ihr den Schirm?

Andrea: Ja. Kommen Sie?

Galilei: Ihr peitscht nicht nur Hunde, um sie in Zucht zu halten, wie, Marsili?

Ludovico: Herr Galilei. Sie haben ein wunderbares Gehirn. Schade.

Der kleine Mönch (erstaunt): Er droht Ihnen.

Galilei: Ja, ich könnte seine Bauern aufstören, neue Gedanken zu denken. Und seine Dienstleute und seine Verwalter.

Federzoni: Wie? Keiner von ihnen liest Latein.

Galilei: Ich könnte in der Sprache des Volkes schreiben, für die vielen, anstatt in Latein für die wenigen. Für die neuen Gedanken brauchen wir Leute, die mit den Händen arbeiten. Wer sonst wünscht zu erfahren, was die Ursachen der Dinge sind? Die das Brot nur auf dem Tische sehen, wollen nicht wissen, wie es gebacken wurde; das Pack dankt lieber Gott als dem Bäcker. Aber die das Brot machen, werden verstehen, daß nichts sich bewegt, was nicht bewegt wird. Deine Schwester an der Olivenpresse, Fulganzio, wird sich nicht groß wundern, sondern vermutlich lachen, wenn sie hört, daß die Sonne kein goldenes Adelsschild ist, sondern ein Hebel: die Erde bewegt sich, weil die Sonne sich bewegt.

Ludovico: Sie werden für immer der Sklave Ihrer Leidenschaften sein. Entschuldigen Sie mich bei Virginia; ich denke, es ist besser, ich sehe sie jetzt nicht.

Galilei: Die Mitgift steht zu Ihrer Verfügung, jederzeit.

Ludovico: Guten Tag. *(Er geht.)*

Andrea: Und empfehlen Sie uns allen Marsilis!

Federzoni: Die der Erde befehlen stillzustehen, damit ihre Schlösser nicht herunterpurzeln!

Andrea: Und den Cenzis und den Villanis!

Federzoni: Den Cervillis!

Andrea: Den Lecchis!

Federzoni: Den Pirleonis!

Andrea: Die dem Papst nur die Füße küssen wollen, wenn er damit das Volk niedertritt!

Der kleine Mönch (ebenfalls an den Apparaten): Der neue Papst wird ein aufgeklärter Mann sein.

Galilei: So treten wir ein in die Beobachtung dieser Flecken an der Sonne, welche uns interessieren, auf eigene Gefahr, ohne zuviel auf den Schutz eines neuen Papstes zu zählen.

Andrea (unterbrechend): Aber mit voller Zuversicht, Herrn Fabrizius' Sternschatten und die Sonnendünste von Prag und Paris zu zerstreuen und zu beweisen die Rotation der Sonne.

Galilei: Um mit einiger Zuversicht die Rotation der Sonne zu beweisen. Meine Absicht ist nicht, zu beweisen, daß ich bisher recht gehabt habe, sondern: herauszufinden, ob. Ich sage: laßt alle Hoffnung fahren, ihr, die ihr in die Beobachtung eintretet. Vielleicht sind es Dünste, vielleicht sind es Flecken, aber bevor wir Flecken annehmen, welche uns gelegen kämen, wollen wir lieber annehmen, daß es Fischschwänze sind. Ja, wir werden alles, alles noch einmal in Frage stellen. Und wir werden nicht mit Siebenmeilenstiefeln vorwärtsgehen, sondern im Schneckentempo. Und was wir heute finden, werden wir morgen von der Tafel streichen und erst wieder anschreiben, wenn wir es noch einmal gefunden haben. Und was wir zu finden wünschen, das werden wir, gefunden, mit besonderem Mißtrauen ansehen. Also werden wir an die Beobachtung der Sonne herangehen mit dem unerbittlichen Entschluß, den Stillstand der Erde nachzuweisen! Und erst wenn wir gescheitert sind, vollständig und hoffnungslos geschlagen und unsere Wunden leckend, in traurigster Verfassung, werden wir zu fragen anfangen, ob wir nicht doch recht gehabt haben und die Erde sich dreht! *(Mit einem Zwinkern.)* Sollte uns aber dann jede andere Annahme als diese unter den Händen zerronnen sein, dann keine Gnade mehr mit denen, die nicht geforscht haben und doch reden. Nehmt das Tuch vom Rohr und richtet es auf die Sonne!

Er stellt den Messingspiegel ein.

Der kleine Mönch: Ich wußte, daß Sie schon mit der Arbeit begonnen hatten. Ich wußte es, als Sie Herrn Marsili nicht erkannten.

Sie beginnen schweigend die Untersuchung. Wenn das flammende Abbild der Sonne auf dem Schirm erscheint, kommt Virginia gelaufen, im Brautkleid.

Virginia: Du hast ihn weggeschickt, Vater!

Sie wird ohnmächtig. Andrea und der kleine Mönch eilen auf sie zu.

Galilei: Ich muß es wissen.

10

Im folgenden Jahrzehnt findet Galileis Lehre beim Volk Verbreitung. Pamphletisten und Balladensänger greifen überall die neuen Ideen auf. Während der Fastnacht 1632 wählen viele Städte Italiens als Thema der Fastnachtsumzüge der Gilden die Astronomie.

Ein halb verhungertes Schaustellerpaar mit einem fünfjährigen Mädchen und einem Säugling kommt auf einen Marktplatz, wo eine Menge, teilweise maskiert, auf den Fastnachtsumzug wartet. Beide schleppen Bündel, eine Trommel und andere Utensilien.

Der Balladensänger (trommelnd): Geehrte Einwohner, Damen und Herrn! Vor der großen Fastnachtsprozession der Gilden bringen wir das neueste Florentiner Lied, das man in ganz Oberitalien singt und das wir mit großen Kosten hier importiert haben. Es betitelt sich: Die erschröckliche Lehre und Meinung des Herrn Hofphysikers Galileo Galilei oder Ein Vorgeschmack der Zukunft.

Er singt:

Als der Allmächtige sprach sein großes Werde
Rief er die Sonn, daß sie auf sein Geheiß
Ihm eine Lampe trage um die Erde
Als kleine Magd in ordentlichem Kreis.
Denn sein Wunsch war, daß sich ein jeder kehr
Fortan um den, der besser ist als er.
Und es begann sich zu kehren
Um die Gewichtigen die Minderen
Um die Vorderen die Hinteren
Wie im Himmel, so auch auf Erden.
Und um den Papst zirkulieren die Kardinäle.
Und um die Kardinäle zirkulieren die Bischöfe.
Und um die Bischöfe zirkulieren die Sekretäre.
Und um die Sekretäre zirkulieren die Stadtschöffen.

Und um die Stadtschöffen zirkulieren die Handwerker.
Und um die Handwerker zirkulieren die Dienstleute.
Und um die Dienstleute zirkulieren die Hunde, die Hühner
und die Bettler.

Das, ihr guten Leute, ist die Große Ordnung, ordo ordinum, wie die Herren Theologen sagen, regula aeternis, die Regel der Regeln, aber was, ihr lieben Leute, geschah?

Er singt:

Auf stund der Doktor Galilei
(Schmiß die Bibel weg, zückte sein Fernrohr, warf einen Blick
auf das Universum)
Und sprach zur Sonn: Bleib stehn!
Es soll jetzt die creatio dei
Mal andersrum sich drehn.
Jetzt soll sich mal die Herrin, he!
Um ihre Dienstmagd drehn.
Das ist doch allerhand? Ihr Leut, das ist kein Scherz!
Die Dienstleut werden sowieso tagtäglich dreister!
Denn eins ist wahr: Spaß ist doch rar. Und Hand aufs Herz:
Wer wär nicht auch mal gern sein eigner Herr und Meister?

Geehrte Einwohner, solche Lehren sind ganz unmöglich.

Er singt:

Der Knecht würd faul, die Magd würd keß
Der Schlachterhund würd fett
Der Meßbub käm nicht mehr zur Meß
Der Lehrling blieb im Bett.
Nein, nein, nein! Mit der Bibel, Leut, treibt keinen Scherz!
Macht man den Strick uns ums Genick nicht dick, dann reißt er!
Denn eins ist wahr: Spaß ist doch rar. Und Hand aufs Herz:
Wer wär nicht auch mal gern sein eigner Herr und Meister?

Ihr guten Leute, werft einen Blick in die Zukunft, wie der gelehrte Doktor Galileo Galilei sie voraussagt:

Er singt:

Zwei Hausfraun stehn am Fischmarkt draus
Und wissen nicht aus noch ein:
Das Fischweib zieht ein' Brotkipf raus
Und frißt ihren Fisch allein!

Der Maurer hebt den Baugrund aus
Und holt des Bauherrn Stein
Und wenn er's dann gebaut, das Haus
Dann zieht er selber ein!
Ja, darf denn das sein? Nein, nein, nein, das ist kein Scherz!
Macht man den Strick uns ums Genick nicht dick, dann reißt er!
Denn eins ist wahr: Spaß ist doch rar. Und Hand aufs Herz:
Wer wär nicht auch mal gern sein eigner Herr und Meister?
Der Pächter tritt jetzt in den Hintern
Den Pachtherrn ohne Scham
Die Pächtersfrau gibt ihren Kindern
Milch, die der Pfaff bekam.
Nein, nein, ihr Leut! Mit der Bibel, Leut, treibt keinen Scherz!
Macht man den Strick uns ums Genick nicht dick, dann reißt er!
Denn eins ist wahr: Spaß ist doch rar. Und Hand aufs Herz:
Wer wär nicht auch mal gern sein eigner Herr und Meister?

Das Weib des Sängers:
Jüngst bin ich aus der Reih getanzt.
Da sagte ich zu meinem Mann:
Will sehen, ob nicht, was du kannst
Ein andrer Fixstern besser kann.

Der Sänger:
Nein, nein, nein, nein, nein, nein! Schluß, Galilei, Schluß!
Nehmt einem tollen Hund den Maulkorb ab, dann beißt er.
Freilich, 's ist wahr: Spaß ist halt rar und muß ist muß:
Wer wär nicht auch mal gern sein eigner Herr und Meister?

Beide:
Ihr, die auf Erden lebt in Ach und Weh
Auf, sammelt eure schwachen Lebensgeister
Und lernt vom guten Doktor Galuleh
Des Erdenglückes großes Abc.
Gehorsam war des Menschen Kreuz von je!
Wer wär nicht auch mal gern sein eigner Herr und Meister?

Der Sänger: Geehrte Einwohner, seht Galileo Galileis phänomenale Entdeckung: Die Erde kreisend um die Sonne!

Er bearbeitet heftig die Trommel. Das Weib und das Kind treten vor. Das Weib hält ein rohes Abbild der Sonne, und das Kind, über dem Kopf einen Kürbis, Abbild der Erde, haltend, umkreist das Weib. Der Sänger deutet exaltiert auf das Kind, als vollführe es einen gefährlichen Salto mortale, wenn es auf einzelne Trommelschläge ruckartig Schritt für Schritt macht. Dann kommt Trommelschlag von hinten.

Eine tiefe Stimme (ruft): Die Prozession!

Herein zwei Männer in Lumpen, die ein Wägelchen ziehen. Auf einem lächerlichen Thron sitzt „Der Großherzog von Florenz" mit einer Pappendeckelkrone, gekleidet in Sackleinwand, der durch ein Teleskop späht. Über dem Thron ein Schild „Schaut aus nach Verdruß". Dann marschieren vier maskierte Männer ein, die eine große Blache tragen. Sie halten an und schleudern eine Puppe in die Luft, die einen Kardinal darstellt. Ein Zwerg hat sich seitwärts aufgestellt mit einem Schild „Das neue Zeitalter". In der Menge hebt sich ein Bettler an seinen Krücken hoch und stampft tanzend auf den Boden, bis er krachend niederfällt. Herein eine überlebensgroße Puppe, Galileo Galilei, die sich vor dem Publikum verbeugt. Vor ihr trägt ein Kind eine riesige Bibel, aufgeschlagen, mit ausgekreuzten Seiten.

Der Balladensänger: Galileo Galilei, der Bibelzertrümmerer!

Großes Gelächter der Menge.

11

1633: Die Inquisition beordert den weltbekannten Forscher nach Rom.

Die Tief ist heiß, die Höhn sind kühl
Die Gass' ist laut, der Hof ist still.

Vorzimmer und Treppe im Palast der Medici in Florenz. Galilei und seine Tochter warten, vom Großherzog vorgelassen zu werden.

Virginia: Es dauert lang.
Galilei: Ja.
Virginia: Da ist dieser Mensch wieder, der uns hierher folgte. *(Sie weist auf ein Individuum, das vorbeigeht, ohne sie zu beachten.)*
Galilei (dessen Augen gelitten haben): Ich kenne ihn nicht.

Virginia: Aber ich habe ihn öfter gesehen in den letzten Tagen. Er ist mir unheimlich.

Galilei: Unsinn. Wir sind in Florenz und nicht unter korsischen Räubern.

Virginia: Da kommt Rektor Gaffone.

Galilei: Den fürchte ich. Der Dummkopf wird mich wieder in ein stundenlanges Gespräch verwickeln.

Die Treppe herab kommt Herr Gaffone, der Rektor der Universität. Er erschrickt deutlich, als er Galilei sieht, und geht, den Kopf krampfhaft weggedreht, steif an den beiden vorüber, kaum nickend.

Galilei: Was ist in den gefahren? Meine Augen sind heute wieder schlecht. Hat er überhaupt gegrüßt?

Virginia: Kaum. – Was steht in deinem Buch? Ist es möglich, daß man es für ketzerisch hält?

Galilei: Du hängst zuviel in den Kirchen herum. Das Frühaufstehen und Indiemesselaufen verdirbt deinen Teint noch vollends. Du betest für mich, wie?

Virginia: Da ist Herr Vanni, der Eisengießer, für den du die Schmelzanlage entworfen hast. Vergiß nicht, dich für die Wachteln zu bedanken.

Die Treppe herab ist ein Mann gekommen.

Vanni: Haben die Wachteln geschmeckt, die ich Ihnen schickte, Herr Galilei?

Galilei: Die Wachteln waren exzellent, Meister Vanni, nochmals besten Dank.

Vanni: Oben war von Ihnen die Rede. Man macht Sie verantwortlich für die Pamphlete gegen die Bibel, die neuerdings überall verkauft werden.

Galilei: Von Pamphleten weiß ich nichts. Die Bibel und der Homer sind meine Lieblingslektüre.

Vanni: Und auch wenn das nicht so wäre: ich möchte die Gelegenheit benützen, Ihnen zu versichern, daß wir von der Manufaktur auf Ihrer Seite sind. Ich bin nicht ein Mann, der viel von den Bewegungen der Sterne weiß, aber für mich sind Sie der Mann, der für die Freiheit kämpft, neue Dinge lehren zu dürfen. Nehmen Sie diesen mechanischen Kultivator aus Deutschland, den Sie mir beschrieben. Im letzten Jahr allein erschienen fünf Bände über Agrikultur in London. Wir wären hier schon dankbar für ein Buch über die holländischen Kanäle. Dieselben Kreise, die Ihnen Schwierigkeiten machen, erlauben den Ärzten von Bologna nicht, Leichen aufzuschneiden für Forschungszwecke.

Galilei: Ihre Stimme trägt, Vanni.

Vanni: Das hoffe ich. Wissen Sie, daß sie in Amsterdam und London Geldmärkte haben? Gewerbeschulen ebenfalls. Regelmäßig erscheinende Zeitungen mit Nachrichten. Hier haben wir nicht einmal die Freiheit, Geld zu machen. Man ist gegen Eisengießereien, weil man der Ansicht ist, zu viele Arbeiter an einem Ort fördere die Unmoral! Ich stehe und falle mit Männern wie Sie, Herr Galilei. Wenn man je versuchen sollte, etwas gegen Sie zu machen, dann erinnern Sie sich bitte, daß Sie Freunde in allen Geschäftszweigen haben. Hinter Ihnen stehen die oberitalienischen Städte, Herr Galilei.

Galilei: Soviel mir bekannt ist, hat niemand die Absicht, gegen mich etwas zu machen.

Vanni: Nein?

Galilei: Nein.

Vanni: Meiner Meinung nach wären Sie in Venedig besser aufgehoben. Weniger Schwarzröcke. Von dort aus könnten Sie den Kampf aufnehmen. Ich habe eine Reisekutsche und Pferde, Herr Galilei.

Galilei: Ich kann mich nicht als Flüchtling sehen. Ich schätze meine Bequemlichkeit.

Vanni: Sicher. Aber nach dem, was ich da oben hörte, handelt es sich um Eile. Ich habe den Eindruck, man würde Sie gerade jetzt lieber nicht in Florenz wissen.

Galilei: Unsinn. Der Großherzog ist mein Schüler, und außerdem würde der Papst selber jedem Versuch, mir aus irgendwas einen Strick zu drehen, ein geharnischtes Nein entgegensetzen.

Vanni: Sie scheinen Ihre Freunde nicht von Ihren Feinden auseinanderzukennen, Herr Galilei.

Galilei: Ich kenne Macht von Ohnmacht auseinander. *(Er geht brüsk weg.)*

Vanni: Schön. Ich wünsche Ihnen Glück. *(Ab.)*

Galilei (zurück bei Virginia): Jeder Nächstbeste mit irgendeiner Beschwerde hierzulande wählt mich als seinen Wortführer, besonders an Orten, wo es mir nicht gerade nützt. Ich habe ein Buch geschrieben über die Mechanik des Universums, das ist alles. Was daraus gemacht oder nicht gemacht wird, geht mich nichts an.

Virginia (laut): Wenn die Leute wüßten, wie du verurteilt hast, was letzte Fastnacht überall passierte!

Galilei: Ja. Gib einem Bär Honig, und du wirst deinen Arm einbüßen, wenn das Vieh Hunger hat!
Virginia (leise): Hat dich der Großherzog überhaupt für heute bestellt?
Galilei: Nein, aber ich habe mich ansagen lassen. Er will das Buch haben, er hat dafür bezahlt. Frag den Beamten und beschwer dich, daß man uns hier warten läßt.
Virginia (von dem Individuum gefolgt, geht einen Beamten ansprechen): Herr Mincio, ist Seine Hoheit verständigt, daß mein Vater ihn zu sprechen wünscht?
Der Beamte: Wie soll ich das wissen?
Virginia: Das ist keine Antwort.
Der Beamte: Nein?
Virginia: Sie haben höflich zu sein.

Der Beamte wendet ihr halb die Schulter zu und gähnt, das Individuum ansehend.

Virginia (zurück): Er sagt, der Großherzog ist noch beschäftigt.
Galilei: Ich hörte dich etwas von „höflich" sagen. Was war das?
Virginia: Ich dankte ihm für seine höfliche Auskunft, nichts sonst. Kannst du das Buch nicht hier zurücklassen? Du verlierst nur Zeit.
Galilei: Ich fange an, mich zu fragen, was diese Zeit wert ist. Möglich, daß ich der Einladung Sagredos nach Padua für ein paar Wochen doch folge. Meine Gesundheit ist nicht die beste.
Virginia: Du könntest nicht ohne deine Bücher leben.
Galilei: Etwas von dem sizilischen Wein könnte man in ein, zwei Kisten in der Kutsche mitnehmen.
Virginia: Du hast immer gesagt, er verträgt Transportation nicht. Und der Hof schuldet dir noch drei Monate Gehalt. Das schickt man dir nicht nach.
Galilei: Das ist wahr.

Der Kardinal Inquisitor kommt die Treppe herab.

Virginia: Der Kardinal Inquisitor.

Vorbeigehend verbeugt er sich tief vor Galilei.

Virginia: Was will der Kardinal Inquisitor in Florenz, Vater?
Galilei: Ich weiß nicht. Er benahm sich nicht ohne Respekt. Ich wußte, was ich tat, als ich nach Florenz ging und all die Jahre lang schwieg. Sie haben mich so hoch gelobt, daß sie mich jetzt nehmen müssen, wie ich bin.

Der Beamte (ruft aus): Seine Hoheit, der Großherzog!

Cosmo de Medici kommt die Treppe herab. Galilei geht auf ihn zu. Cosmo hält ein wenig verlegen an.

Galilei: Ich wollte Eurer Hoheit meine Dialoge über die beiden größten Weltsysteme ...

Cosmo: Aha, aha. Wie steht es mit Ihren Augen?

Galilei: Nicht zum besten, Eure Hoheit. Wenn Eure Hoheit gestatten, ich habe das Buch ...

Cosmo: Der Zustand Ihrer Augen beunruhigt mich. Wirklich, er beunruhigt mich. Er zeigt mir, daß Sie Ihr vortreffliches Rohr vielleicht ein wenig zu eifrig benützen, nicht? *(Er geht weiter, ohne das Buch entgegenzunehmen.)*

Galilei: Er hat das Buch nicht genommen, wie?

Virginia: Vater, ich fürchte mich.

Galilei (gedämpft und fest): Zeig keine Gefühle. Wir gehen von hier nicht nach Hause, sondern zum Glasschneider Volpi. Ich habe mit ihm verabredet, daß im anliegenden Hof der Weinschänke ein Wagen mit leeren Weinfässern immer bereit steht, der mich aus der Stadt bringen kann.

Virginia: Du wußtest ...

Galilei: Sieh dich nicht um.

Sie wollen weg.

Ein hoher Beamter (kommt die Treppe herab): Herr Galilei, ich habe den Auftrag, Ihnen mitzuteilen, daß der Florentinische Hof nicht länger imstande ist, dem Wunsch der Heiligen Inquisition, Sie in Rom zu verhören, Widerstand entgegenzusetzen. Der Wagen der Heiligen Inquisition erwartet Sie, Herr Galilei.

12

Der Papst.

Gemach des Vatikans. Papst Urban VIII. (vormals Kardinal Barberini) hat den Kardinal Inquisitor empfangen. Während der Audienz wird er angekleidet. Von außen das Geschlurfe vieler Füße.

Der Papst (sehr laut): Nein! Nein! Nein!

Der Inquisitor: So wollen Eure Heiligkeit Ihren sich nun versammelnden Doktoren aller Fakultäten, Vertreter aller Heiligen

Orden und der gesamten Geistlichkeit, welche alle in kindlichem Glauben an das Wort Gottes, niedergelegt in der Schrift, gekommen sind, Eurer Heiligkeit Bestätigung ihres Glaubens zu vernehmen, mitteilen, daß die Schrift nicht länger für wahr gelten könne?

Der Papst: Ich lasse nicht die Rechentafel zerbrechen. Nein!

Der Inquisitor: Daß es die Rechentafel ist und nicht der Geist der Auflehnung und des Zweifels, das sagen diese Leute. Aber es ist nicht die Rechentafel. Sondern eine entsetzliche Unruhe ist in die Welt gekommen. Es ist die Unruhe ihres eigenen Gehirns, die diese auf die unbewegliche Erde übertragen. Sie schreien: die Zahlen zwingen uns! Aber woher kommen ihre Zahlen? Jedermann weiß, daß sie vom Zweifel kommen. Diese Menschen zweifeln an allem. Sollen wir die menschliche Gesellschaft auf den Zweifel begründen und nicht mehr auf den Glauben? „Du bist mein Herr, aber ich zweifle, ob das gut ist." „Das ist dein Haus und deine Frau, aber ich zweifle, ob sie nicht mein sein sollen." Andererseits findet Eurer Heiligkeit Liebe zur Kunst, der wir so schöne Sammlungen verdanken, schimpfliche Auslegungen wie die auf den Häuserwänden Roms zu lesende: „Was die Barbaren Rom gelassen haben, rauben ihm die Barberinis." Und im Auslande? Es hat Gott gefallen, den Heiligen Stuhl schweren Prüfungen zu unterwerfen. Eurer Heiligkeit spanische Politik wird von Menschen, denen die Einsicht mangelt, nicht verstanden, das Zerwürfnis mit dem Kaiser bedauert. Seit eineinhalb Jahrzehnten ist Deutschland eine Fleischbank, und man zerfleischt sich mit Bibelzitaten auf den Lippen. Und jetzt, wo unter der Pest, dem Krieg und der Reformation die Christenheit zu einigen Häuflein zusammenschmilzt, geht das Gerücht über Europa, daß Sie mit dem lutherischen Schweden in geheimem Bündnis stehen, um den katholischen Kaiser zu schwächen. Und da richten diese Würmer von Mathematikern ihre Rohre auf den Himmel und teilen der Welt mit, daß Eure Heiligkeit auch hier, in dem einzigen Raum, den man Ihnen noch nicht bestreitet, schlecht beschlagen sind. Man könnte sich fragen: welch ein Interesse plötzlich an einer so abliegenden Wissenschaft wie der Astronomie! Ist es nicht gleichgültig, wie diese Kugeln sich drehen? Aber niemand in ganz Italien, das bis auf die Pferdeknechte hinab durch das böse Beispiel dieses Florentiners von den Phasen der Venus schwatzt, denkt nicht zugleich an so vieles, was in den Schulen und an anderen Orten für unumstößlich erklärt wird und so sehr lästig ist. Was käme heraus, wenn diese alle, schwach im Fleisch und zu jedem Exzeß geneigt, nur noch an die eigene Vernunft glaubten, die dieser Wahnsinnige für die einzige Instanz erklärt! Sie möchten, erst einmal zweifelnd, ob die Sonne stillstand zu Gibeon, ihren schmutzigen Zweifel an den Kollekten üben! Seit sie über das Meer fahren – ich habe nichts dagegen –, setzen sie ihr Vertrauen auf eine Messingkugel, die sie den Kompaß nennen, nicht mehr auf Gott. Dieser Galilei hat schon als junger Mensch über die Maschinen geschrieben. Mit den Maschinen wollen sie Wunder tun. Was für welche? Gott brauchen sie jedenfalls nicht mehr, aber was sollen es für Wunder sein? Zum Beispiel soll es nicht mehr Oben und Unten geben. Sie brauchen es nicht mehr. Der Aristoteles, der für sie sonst ein toter Hund ist, hat gesagt – und das zitieren sie –: Wenn das Weberschifflein von selber webte und der Zitherschlegel von selber spielte, dann brauchten allerdings die Meister keine Gesellen und die Herren keine Knechte. Und so weit sind sie jetzt, denken sie. Dieser schlechte Mensch weiß, was er tut, wenn er seine astronomischen Arbeiten statt in Latein im Idiom der Fischweiber und Wollhändler verfaßt.

Der Papst: Das zeigt sehr schlechten Geschmack: das werde ich ihm sagen.

Der Inquisitor: Er verhetzt die einen und besticht die andern. Die oberitalienischen Seestädte fordern immer dringender für ihre Schiffe die Sternkarten des Herrn Galilei. Man wird ihnen nachgeben müssen, es sind materielle Interessen.

Der Papst: Aber diese Sternkarten beruhen auf seinen ketzerischen Behauptungen. Es handelt sich gerade um die Bewegungen dieser gewissen Gestirne, die nicht stattfinden können, wenn man seine Lehre ablehnt. Man kann nicht die Lehre verdammen und die Sternkarten nehmen.

Der Inquisitor: Warum nicht? Man kann nichts anderes.

Der Papst: Dieses Geschlurfe macht mich nervös. Entschuldigen Sie, wenn ich immer horche.

Der Inquisitor: Es wird Ihnen vielleicht mehr sagen, als ich es kann, Eure Heiligkeit. Sollen diese alle von hier weggehen, den Zweifel im Herzen?

Der Papst: Schließlich ist der Mann der größte Physiker dieser Zeit, das Licht Italiens, und nicht irgendein Wirrkopf. Er hat Freunde. Da ist Versailles. Da ist der Wiener Hof. Sie werden die Heilige Kirche eine Senkgrube verfaulter Vorurteile nennen. Hand weg von ihm!

Der Inquisitor: Man wird praktisch bei ihm nicht weit gehen müssen. Er ist ein Mann des Fleisches. Er würde sofort nachgeben.

Der Papst: Er kennt mehr Genüsse als irgendein Mann, den ich getroffen habe. Er denkt aus Sinnlichkeit. Zu einem alten Wein oder einem neuen Gedanken könnte er nicht nein sagen. Und ich will keine Verurteilung physikalischer Fakten, keine Schlachtrufe wie „Hie Kirche! und Hie Vernunft!" Ich habe ihm sein Buch erlaubt, wenn es am Schluß die Meinung wiedergäbe, daß das letzte Wort nicht die Wissenschaft, sondern der Glaube hat. Er hat sich daran gehalten.

Der Inquisitor: Aber wie? In seinem Buch streiten ein dummer Mensch, der natürlich die Ansichten des Aristoteles vertritt, und ein kluger Mensch, der ebenso natürlich die des Herrn Galilei vertritt, und die Schlußbemerkung, Eure Heiligkeit, spricht wer?

Der Papst: Was ist das jetzt wieder? Wer äußert also unsere?

Der Inquisitor: Nicht der Kluge.

Der Papst: Das ist allerdings eine Unverschämtheit. Dieses Getrampel in den Korridoren ist unerträglich. Kommt denn die ganze Welt?

Der Inquisitor: Nicht die ganze, aber ihr bester Teil.

Pause. Der Papst ist jetzt in vollem Ornat.

Der Papst: Das Alleräußerste ist, daß man ihm die Instrumente zeigt.

Der Inquisitor: Das wird genügen, Eure Heiligkeit. Herr Galilei versteht sich auf Instrumente.

13

Galileo Galilei widerruft vor der Inquisition am 22. Juni 1633 seine Lehre von der Bewegung der Erde.

Und es war ein Junitag, der schnell verstrich
Und der war wichtig für dich und mich.
Aus Finsternis trat die Vernunft herfür
Ein' ganzen Tag stand sie vor der Tür.

Im Palast des Florentinischen Gesandten in Rom. Galileis Schüler warten auf Nachrichten. Der kleine Mönch und Federzoni spielen mit weiten Bewegungen das neue Schach. In einer Ecke kniet Virginia und betet den Englischen Gruß.

Der kleine Mönch: Der Papst hat ihn nicht empfangen. Keine wissenschaftlichen Diskussionen mehr.

Federzoni: Er war seine letzte Hoffnung. Es war wahr, was er ihm damals vor Jahren in Rom sagte, als er noch der Kardinal Barberini war: wir brauchen dich. Jetzt haben sie ihn.

Andrea: Sie werden ihn umbringen. Die Discorsi werden nicht zu Ende geschrieben.

Federzoni (sieht ihn verstohlen an): Meinst du?

Andrea: Da er niemals widerruft.

Pause.

Der kleine Mönch: Man verbeißt sich immer in einen ganz nebensächlichen Gedanken, wenn man nachts wach liegt. Heute nacht zum Beispiel dachte ich immerfort: er hätte nie aus der Republik Venedig weggehen dürfen.

Andrea: Da konnte er sein Buch nicht schreiben.

Federzoni: Und in Florenz konnte er es nicht veröffentlichen.

Pause.

Der kleine Mönch: Ich dachte auch, ob sie ihm wohl seinen kleinen Stein lassen, den er immer in der Tasche mit sich herumträgt. Seinen Beweisstein.

Federzoni: Dahin, wo sie ihn hinführen, geht man ohne Taschen.

Andrea (aufschreiend): Das werden sie nicht wagen! Und selbst wenn sie es ihm antun, wird er nicht widerrufen. „Wer die Wahrheit nicht weiß, der ist bloß ein Dummkopf. Aber wer sie weiß und sie eine Lüge nennt, der ist ein Verbrecher."

Federzoni: Ich glaube es auch nicht, und ich möchte nicht mehr leben, wenn er es täte, aber sie haben die Gewalt.

Andrea: Man kann nicht alles mit Gewalt.

Federzoni: Vielleicht nicht.

Der kleine Mönch (leise): Er ist 23 Tage im Kerker gesessen. Gestern war das große Verhör. Und heute ist die Sitzung. *(Da Andrea herhört, laut)*: Als ich ihn damals, zwei Tage nach dem Dekret, hier besuchte, saßen wir dort drüben, und er zeigte mir den kleinen Priapgott bei der Sonnenuhr, im Garten, ihr könnt ihn sehen von hier, und er verglich sein Werk mit einem Gedicht des Horaz, in dem man auch nichts ändern kann. Er sprach von seinem Schönheitssinn, der ihn zwinge, die Wahrheit zu suchen. Und er erwähnte das Motto: hieme et aestate, et prope et procul, usque dum vivam et ultra. Und er meinte die Wahrheit.

Andrea (zu dem kleinen Mönch): Hast du ihm erzählt, wie er im Collegium Romanum stand, während sie sein Rohr prüften? Erzähl es! *(Der kleine Mönch schüttelt den Kopf.)* Er benahm sich ganz wie gewöhnlich. Er hatte seine Hände auf seinen Schinken, streckte den Bauch heraus und sagte: Ich bitte um Vernunft, meine Herren! *(Er macht lachend Galilei nach.)*

Pause.

Andrea (über Virginia): Sie betet, daß er widerrufen möge.

Federzoni: Laß sie. Sie ist ganz verwirrt, seit sie mit ihr gesprochen haben. Sie haben ihren Beichtvater von Florenz hierher kommen lassen.

Das Individuum aus dem Palast des Großherzogs von Florenz tritt ein.

Individuum: Herr Galilei wird bald hier sein. Er mag ein Bett benötigen.

Federzoni: Man hat ihn entlassen?

Individuum: Man erwartet, daß Herr Galilei um fünf Uhr in einer Sitzung der Inquisition widerrufen wird. Die große Glocke von Sankt Markus wird geläutet und der Wortlaut des Widerrufs öffentlich ausgerufen werden.

Andrea: Ich glaube es nicht.

Individuum: Wegen der Menschenansammlungen in den Gassen wird Herr Galilei an das Gartentor hier hinter dem Palast gebracht werden. *(Ab.)*

Andrea (plötzlich laut): Der Mond ist eine Erde und hat kein eigenes Licht. Und so hat die Venus kein eigenes Licht und ist wie die Erde und läuft um die Sonne. Und es drehen sich vier Monde um das Gestirn Jupiter, das sich in der Höhe der Fixsterne befindet und an keiner Schale befestigt ist. Und die Sonne ist das Zentrum der Welt und unbeweglich an ihrem Ort, und die Erde ist nicht Zentrum und nicht unbeweglich. Und er ist es, der es uns gezeigt hat.

Der kleine Mönch: Und mit Gewalt kann man nicht ungesehen machen, was gesehen wurde.

Schweigen.

Federzoni (blickt auf die Sonnenuhr im Garten): Fünf Uhr.

Virginia betet lauter.

Andrea: Ich kann nicht mehr warten, ihr! Sie köpfen die Wahrheit!

Er hält sich die Ohren zu, der kleine Mönch ebenfalls. Aber die Glocke wird nicht geläutet. Nach einer Pause, ausgefüllt durch das murmelnde Beten Virginias, schüttelt Federzoni verneinend den Kopf. Die anderen lassen die Hände sinken.

Federzoni (heiser): Nichts. Es ist drei Minuten über fünf.
Andrea: Er widersteht.
Der kleine Mönch: Er widerruft nicht!
Federzoni: Nein. Oh, wir Glücklichen!

Sie umarmen sich. Sie sind überglücklich.

Andrea: Also: es geht nicht mit Gewalt! Sie kann nicht alles! Also: die Torheit wird besiegt, sie ist nicht unverletzlich! Also: der Mensch fürchtet den Tod nicht!
Federzoni: Jetzt beginnt wirklich die Zeit des Wissens. Das ist ihre Geburtsstunde. Bedenkt, wenn er widerrufen hätte!
Der kleine Mönch: Ich sagte es nicht, aber ich war voll Sorge. Ich Kleingläubiger!
Andrea: Ich aber wußte es.
Federzoni: Als ob es am Morgen wieder Nacht würde, wäre es gewesen.
Andrea: Als ob der Berg gesagt hätte: ich bin ein Wasser.
Der kleine Mönch (kniet nieder, weinend): Herr, ich danke dir!
Andrea: Aber es ist alles verändert heute! Der Mensch hebt den Kopf, der Gepeinigte, und sagt: ich kann leben. So viel ist gewonnen, wenn nur einer aufsteht und N e i n sagt!

In diesem Augenblick beginnt die Glocke von Sankt Markus zu dröhnen.
Alles steht erstarrt.

Virginia (steht auf): Die Glocke von Sankt Markus! Er ist nicht verdammt!

Von der Straße herauf hört man den Ansager den Widerruf Galileis verlesen.

Stimme des Ansagers: „Ich, Galileo Galilei, Lehrer der Mathematik und der Physik in Florenz, schwöre ab, was ich gelehrt habe, daß die Sonne das Zentrum der Welt ist und an ihrem Ort unbeweglich, und die Erde ist nicht Zentrum und nicht unbeweglich. Ich schwöre ab, verwünsche und verfluche mit redlichem Herzen und nicht erheucheltem Glauben alle diese Irrtümer und Ketzereien sowie überhaupt jeden anderen Irrtum und jede andere Meinung, welche der Heiligen Kirche entgegen ist."

Es wird dunkel.
Wenn es wieder hell wird, dröhnt die Glocke noch, hört dann aber auf.
Virginia ist hinausgegangen. Galileis Schüler sind noch da.

Federzoni: Er hat dich nie für deine Arbeit richtig bezahlt. Du hast weder eine Hose kaufen noch selber publizieren können. Das hast du gelitten, weil „für die Wissenschaft gearbeitet wurde"!
Andrea (laut): Unglücklich das Land, das keine Helden hat!

Eingetreten ist Galilei, völlig, beinahe bis zur Unkenntlichkeit verändert durch den Prozeß. Er hat den Satz Andreas gehört. Einige Augenblicke wartet er an der Tür auf eine Begrüßung. Da keine erfolgt, denn die Schüler weichen vor ihm zurück, geht er, langsam und seines schlechten Augenlichts wegen unsicher, nach vorn, wo er einen Schemel findet und sich niedersetzt.

Andrea: Ich kann ihn nicht ansehen. Er soll weg.
Federzoni: Beruhige dich.
Andrea (schreit Galilei an): Weinschlauch! Schneckenfresser! Hast du deine geliebte Haut gerettet? *(Setzt sich.)* Mir ist schlecht.
Galilei (ruhig): Gebt ihm ein Glas Wasser!

Der kleine Mönch holt Andrea von draußen ein Glas Wasser. Die andern beschäftigen sich nicht mit Galilei, der horchend auf seinem Schemel sitzt. Von weitem hört man wieder die Stimme des Ansagers.

Andrea: Ich kann schon wieder gehen, wenn ihr mir ein wenig helft.

Sie führen ihn zur Tür. In diesem Augenblick beginnt Galilei zu sprechen.

Galilei: Nein. Unglücklich das Land, das Helden nötig hat.

Vorlesung vor dem Vorhang:

Ist es nicht klar, daß ein Pferd, welches drei oder vier Ellen hoch herabfällt, sich die Beine brechen kann, während ein Hund keinen Schaden erlitte, desgleichen eine Katze selbst von acht oder zehn Ellen Höhe, ja eine Grille von einer Turmspitze und eine Ameise, wenn sie vom Mond herabfiele? Und wie kleinere Tiere verhältnismäßig kräftiger und stärker sind als die großen, so halten sich die kleinen Pflanzen besser: eine zweihundert Ellen hohe Eiche könnte ihre Äste in voller Proportion mit einer kleinen Eiche nicht halten, und die Natur kann ein Pferd nicht so groß wie zwanzig Pferde werden lassen noch einen Riesen von zehnfacher Größe, außer durch Veränderungen der Proportionen aller Glieder, besonders der Knochen, die weit über das Maß einer proportionellen Größe verstärkt werden müssen. – Die gemeine Annahme, daß große und kleine Maschinen gleich ausdauernd seien, ist offenbar irrig. Galilei, „Discorsi"

14

1633–1642. Galileo Galilei lebt in einem Landhaus in der Nähe von Florenz, bis zu seinem Tod ein Gefangener der Inquisition. Die „Discorsi".

Sechzehnhundertdreiunddreißig bis
sechzehnhundertzweiundvierzig
Galileo Galilei ist ein Gefangener der Kirche
bis zu seinem Tode.

Ein großer Raum mit Tisch, Lederstuhl und Globus. Galilei, nun alt und halbblind, experimentiert sorgfältig mit einem kleinen Holzball auf einer gekrümmten Holzschiene, im Vorraum sitzt ein Mönch auf Wache. Es wird ans Tor geklopft. Der Mönch öffnet, und ein Bauer tritt ein, zwei gerupfte Gänse tragend. Virginia kommt aus der Küche. Sie ist jetzt etwa vierzig Jahre alt.

Der Bauer: Ich soll die abgeben.
Virginia: Von wem? Ich habe keine Gänse bestellt.
Der Bauer: Ich soll sagen, von jemand auf der Durchreise. *(Ab.)*

Virginia betrachtet die Gänse erstaunt. Der Mönch nimmt sie ihr aus der Hand und untersucht sie mißtrauisch. Dann gibt er sie ihr beruhigt zurück, und sie trägt sie an den Hälsen zu Galilei in den großen Raum.

Virginia: Jemand auf der Durchreise hat ein Geschenk abgeben lassen.
Galilei: Was ist es?
Virginia: Kannst du es nicht sehen?
Galilei: Nein. *(Er geht hin.)* Gänse. Ist ein Name dabei?
Virginia: Nein.
Galilei (nimmt ihr eine Gans aus der Hand): Schwer. Ich könnte noch etwas davon essen.
Virginia: Du kannst doch nicht schon wieder hungrig sein. Du hast eben zu Abend gegessen. Und was ist wieder mit deinen Augen los? Die müßtest du sehen vom Tisch aus.
Galilei: Du stehst im Schatten.
Virginia: Ich stehe nicht im Schatten.

Sie trägt die Gänse hinaus.

Galilei: Gib Thymian zu und Äpfel.
Virginia (zu dem Mönch): Wir müssen nach dem Augendoktor schicken. Vater konnte die Gänse vom Tisch aus nicht sehen.
Der Mönch: Ich brauche erst die Erlaubnis vom Monsignore Carpula. – Hat er wieder selber geschrieben?
Virginia: Nein. Er hat sein Buch mir diktiert, das wissen Sie ja. Sie haben die Seiten 131 und 132, und das waren die letzten.
Der Mönch: Er ist ein alter Fuchs.
Virginia: Er tut nichts gegen die Vorschriften. Seine Reue ist echt. Ich passe auf ihn auf. *(Sie gibt ihm die Gänse.)* Sagen Sie in der Küche, sie sollen die Leber rösten, mit einem Apfel und einer Zwiebel. *(Sie geht in den großen Raum zurück.)* Und jetzt denken wir an unsere Augen und hören schnell auf mit dem Ball und diktieren ein Stückchen weiter an unserem wöchentlichen Brief an den Erzbischof.
Galilei: Ich fühle mich nicht wohl genug. Lies mir etwas Horaz.
Virginia: Erst vorige Woche sagte mir Monsignore Carpula, dem wir so viel verdanken – erst neulich wieder das Gemüse –, daß der Erzbischof ihn jedesmal fragt, wie dir die Fragen und Zitate gefallen, die er dir schickt. *(Sie hat sich zum Diktat niedergesetzt.)*
Galilei: Wie weit war ich?
Virginia: Abschnitt vier: Anlangend die Stellungnahme der Heiligen Kirche zu den Unruhen im Arsenal von Venedig stimme ich überein mit der Haltung Kardinal Spolettis gegenüber den aufrührerischen Seilern …

Galilei: Ja. *(Diktiert)*: ... stimme ich überein mit der Haltung Kardinal Spolettis gegenüber den aufrührerischen Seilern, nämlich, daß es besser ist, an sie Suppen zu verteilen im Namen der christlichen Nächstenliebe, als ihnen mehr für ihre Schiff- und Glockenseile zu zahlen. Sintemalen es weiser erscheint, an Stelle ihrer Habgier ihren Glauben zu stärken. Der Apostel Paulus sagt: Wohltätigkeit versaget niemals. – Wie ist das?

Virginia: Es ist wunderbar, Vater.

Galilei: Du meinst nicht, daß eine Ironie hineingelesen werden könnte?

Virginia: Nein, der Erzbischof wird selig sein. Er ist so praktisch.

Galilei: Ich verlasse mich auf dein Urteil. Was kommt als nächstes?

Virginia: Ein wunderbarer Spruch: „Wenn ich schwach bin, da bin ich stark."

Galilei: Keine Auslegung.

Virginia: Aber warum nicht?

Galilei: Was kommt als nächstes?

Virginia: „Auf daß ihr begreifen möget, daß Christus lieb haben viel besser ist denn alles Wissen." Paulus an die Epheser III, 19.

Galilei: Besonders danke ich Eurer Eminenz für das herrliche Zitat aus den Epheser-Briefen. Angeregt dadurch, fand ich in unserer unnachahmbaren Imitatio noch folgendes. *(Zitiert auswendig)*: „Er, zu dem das ewige Wort spricht, ist frei von vielem Gefrage." Darf ich bei dieser Gelegenheit in eigener Sache sprechen? Noch immer wird mir vorgeworfen, daß ich einmal über die Himmelskörper ein Buch in der Sprache des Marktes verfaßt habe. Es war damit nicht meine Absicht, vorzuschlagen oder gutzuheißen, daß Bücher über so viel wichtigere Gegenstände, wie zum Beispiel Theologie, in dem Jargon der Teigwarenverkäufer verfaßt würden. Das Argument für den lateinischen Gottesdienst, daß durch die Universalität dieser Sprache alle Völker die Heilige Messe in gleicher Weise hören, scheint mir wenig glücklich, da von den niemals verlegenen Spöttern eingewendet werden könnte, keines der Völker verstünde so den Text. Ich verzichte gern auf billige Verständlichkeit heiliger Dinge. Das Latein der Kanzel, das die ewige Wahrheit der Kirche gegen die Neugier der Unwissenden schützt, erweckt Vertrauen, wenn gesprochen von den priesterlichen Söhnen der unteren Klassen mit den Betonungen des ortsansässigen Dialekts. – Nein, streich das aus.

Virginia: Das Ganze?

Galilei: Alles nach den Teigwarenverkäufern.

Es wird am Tor geklopft. Virginia geht in den Vorraum. Der Mönch öffnet. Es ist Andrea Sarti. Er ist jetzt ein Mann in den mittleren Jahren.

Andrea: Guten Abend. Ich bin im Begriff, Italien zu verlassen, um in Holland wissenschaftlich zu arbeiten, und bin gebeten worden, ihn auf der Durchreise aufzusuchen, damit ich über ihn berichten kann.

Virginia: Ich weiß nicht, ob er dich sehen will. Du bist nie gekommen.

Andrea: Frag ihn.

Galilei hat die Stimme erkannt. Er sitzt unbeweglich. Virginia geht hinein zu ihm.

Galilei: Ist es Andrea?

Virginia: Ja. Soll ich ihn wegschicken?

Galilei (nach einer Pause): Führ ihn herein.

Virginia führt Andrea herein.

Virginia (zum Mönch): Er ist harmlos. Er war sein Schüler. So ist er jetzt sein Feind.

Galilei: Laß mich allein mit ihm, Virginia.

Virginia: Ich will hören, was er erzählt. *(Sie setzt sich.)*

Andrea (kühl): Wie geht es Ihnen?

Galilei: Tritt näher. Was machst du? Erzähl von deiner Arbeit. Ich höre, es ist über Hydraulik.

Andrea: Fabrizius in Amsterdam hat mir aufgetragen, mich nach Ihrem Befinden zu erkundigen.

Pause.

Galilei: Ich befinde mich wohl. Man schenkt mir große Aufmerksamkeit.

Andrea: Es freut mich, berichten zu können, daß Sie sich wohl befinden.

Galilei: Fabrizius wird erfreut sein, es zu hören. Und du kannst ihn informieren, daß ich in angemessenem Komfort lebe. Durch die Tiefe meiner Reue habe ich mir die Gunst meiner Oberen so weit erhalten können, daß mir in bescheidenem Umfang wissenschaftliche Studien unter geistlicher Kontrolle gestattet werden konnten.

Andrea: Jawohl. Auch wir hörten, daß die Kirche mit Ihnen zufrieden ist. Ihre völlige Unterwerfung hat gewirkt. Es wird versichert, die Oberen hätten mit Genugtuung festgestellt, daß in Italien kein Werk mit neuen Behauptungen mehr veröffentlicht wurde, seit Sie sich unterwarfen.

Galilei (horchend): Leider gibt es Länder, die sich der Obhut der Kirche entziehen. Ich fürchte, daß die verurteilten Lehren dort weitergefördert werden.

Andrea: Auch dort trat infolge Ihres Widerrufs ein für die Kirche erfreulicher Rückschlag ein.

Galilei: Wirklich? *(Pause.)* Nichts von Descartes? Nichts aus Paris?

Andrea: Doch. Auf die Nachricht von Ihrem Widerruf stopfte er seinen Traktat über die Natur des Lichts in die Lade.

Lange Pause.

Galilei: Ich bin in Sorge einiger wissenschaftlicher Freunde wegen, die ich auf die Bahn des Irrtums geleitet habe. Sind sie durch meinen Widerruf belehrt worden?

Andrea: Um wissenschaftlich arbeiten zu können, habe ich vor, nach Holland zu gehen. Man gestattet nicht dem Ochsen, was Jupiter sich nicht gestattet.

Galilei: Ich verstehe.

Andrea: Federzoni schleift wieder Linsen, in irgendeinem Mailänder Laden.

Galilei (lacht): Er kann nicht Latein.

Pause.

Andrea: Fulganzio, unser kleiner Mönch, hat die Forschung aufgegeben und ist in den Schoß der Kirche zurückgekehrt.

Galilei: Ja.

Pause.

Galilei: Meine Oberen sehen m e i n e r seelischen Wiedergesundung entgegen. Ich mache bessere Fortschritte, als zu erwarten war.

Andrea: So.

Virginia: Der Herr sei gelobt.

Galilei (barsch): Sieh nach den Gänsen, Virginia.

Virginia geht zornig hinaus. Im Vorbeigehen wird sie vom Mönch angesprochen.

Der Mönch: Der Mensch mißfällt mir.
Virginia: Er ist harmlos. Sie hören doch. *(Im Weggehen)*: Wir haben frischen Ziegenkäse bekommen.

Der Mönch folgt ihr hinaus.

Andrea: Ich werde die Nacht durch fahren, um die Grenze morgen früh überschreiten zu können. Kann ich gehen?
Galilei: Ich weiß nicht, warum du gekommen bist, Sarti. Um mich aufzustören? Ich lebe vorsichtig und ich denke vorsichtig, seit ich hier bin. Ich habe ohnedies meine Rückfälle.
Andrea: Ich möchte Sie lieber nicht aufregen, Herr Galilei.
Galilei: Barberini nannte es die Krätze. Er war selber nicht gänzlich frei davon. Ich habe wieder geschrieben.
Andrea: So?
Galilei: Ich schrieb die „Discorsi" fertig.
Andrea: Was? Die „Gespräche, betreffend zwei neue Wissenszweige: Mechanik und Fallgesetze"? Hier?
Galilei: Oh, man gibt mir Papier und Feder. Meine Oberen sind keine Dummköpfe. Sie wissen, daß eingewurzelte Laster nicht von heute auf morgen abgebrochen werden können. Sie schützen mich vor mißlichen Folgen, indem sie Seite für Seite wegschließen.
Andrea: O Gott!
Galilei: Sagtest du etwas?
Andrea: Man läßt Sie Wasser pflügen! Man gibt Ihnen Papier und Feder, damit Sie sich beruhigen! Wie konnten Sie überhaupt schreiben mit diesem Ziel vor Augen?
Galilei: Oh, ich bin ein Sklave meiner Gewohnheiten.
Andrea: Die „Discorsi" in der Hand der Mönche! Und Amsterdam und London und Prag hungern danach!
Galilei: Ich kann Fabrizius jammern hören, pochend auf sein Pfund Fleisch, selber in Sicherheit sitzend in Amsterdam.
Andrea: Zwei neue Wissenszweige so gut wie verloren!
Galilei: Es wird ihn und einige andre ohne Zweifel erheben zu hören, daß ich die letzten kümmerlichen Reste meiner Bequemlichkeit aufs Spiel gesetzt habe, eine Abschrift zu machen, hinter meinem Rücken sozusagen, aufbrauchend die letzte Unze Licht der helleren Nächte von sechs Monaten.
Andrea: Sie haben eine Abschrift?
Galilei: Meine Eitelkeit hat mich bisher davon zurückgehalten, sie zu vernichten.

Andrea: Wo ist sie?

Galilei: „Wenn dich dein Auge ärgert, reiß es aus." Wer immer das schrieb, wußte mehr über Komfort als ich. Ich nehme an, es ist die Höhe der Torheit, sie auszuhändigen. Da ich es nicht fertiggebracht habe, mich von wissenschaftlichen Arbeiten fernzuhalten, könnt ihr sie ebensogut haben. Die Abschrift liegt im Globus. Solltest du erwägen, sie nach Holland mitzunehmen, würdest du natürlich die gesamte Verantwortung zu schultern haben. Du hättest sie in diesem Fall von jemandem gekauft, der Zutritt zum Original im Heiligen Offizium hat.

Andrea ist zum Globus gegangen. Er holt die Abschrift heraus.

Andrea: Die „Discorsi"!

Er blättert in dem Manuskript.

Andrea (liest): „Mein Vorsatz ist es, eine sehr neue Wissenschaft aufzustellen, handelnd von einem sehr alten Gegenstand, der Bewegung. Ich habe durch Experimente einige ihrer Eigenschaften entdeckt, die wissenswert sind."

Galilei: Etwas mußte ich anfangen mit meiner Zeit.

Andrea: Das wird eine neue Physik begründen.

Galilei: Stopf es untern Rock.

Andrea: Und wir dachten, Sie wären übergelaufen! Meine Stimme war die lauteste gegen Sie!

Galilei: Das gehörte sich. Ich lehrte dich Wissenschaft, und ich verneinte die Wahrheit.

Andrea: Dies ändert alles. Alles.

Galilei: Ja?

Andrea: Sie versteckten die Wahrheit. Vor dem Feind. Auch auf dem Felde der Ethik waren Sie uns um Jahrhunderte voraus.

Galilei: Erläutere das, Andrea.

Andrea: Mit dem Mann auf der Straße sagten wir: Er wird sterben, aber er wird nie widerrufen. – Sie kamen zurück: Ich habe widerrufen, aber ich werde leben. – Ihre Hände sind befleckt, sagten wir. – Sie sagen: Besser befleckt als leer.

Galilei: Besser befleckt als leer. Klingt realistisch. Klingt nach mir. Neue Wissenschaft, neue Ethik.

Andrea: Ich vor allen andern hätte es wissen müssen! Ich war elf, als Sie eines andern Mannes Fernrohr an den Senat von Venedig verkauften. Und ich sah Sie von diesem Instrument unsterblichen Gebrauch machen. Ihre Freunde schüttelten die Köpfe, als Sie sich vor dem Kind in Florenz beugten: die Wissenschaft gewann Publikum. Sie lachten immer schon über die Helden. „Leute, welche leiden, langweilen mich", sagten Sie. „Unglück stammt von mangelhaften Berechnungen." Und: „Angesichts von Hindernissen mag die kürzeste Linie zwischen zwei Punkten die krumme sein."

Galilei: Ich entsinne mich.

Andrea: Als es Ihnen dann 33 gefiel, einen volkstümlichen Punkt Ihrer Lehren zu widerrufen, hätte ich wissen müssen, daß Sie sich lediglich aus einer hoffnungslosen politischen Schlägerei zurückzogen, um das eigentliche Geschäft der Wissenschaft weiter zu betreiben.

Galilei: Welches besteht in . . .

Andrea: . . . dem Studium der Eigenschaften der Bewegung, Mutter der Maschinen, die allein die Erde so bewohnbar machen werden, daß der Himmel abgetragen werden kann.

Galilei: Aha.

Andrea: Sie gewannen die Muße, ein wissenschaftliches Werk zu schreiben, das nur Sie schreiben konnten. Hätten Sie in einer Gloriole von Feuer auf dem Scheiterhaufen geendet, wären die andern die Sieger gewesen.

Galilei: Sie sind die Sieger. Und es gibt kein wissenschaftliches Werk, das nur ein Mann schreiben kann.

Andrea: Warum dann haben Sie widerrufen?

Galilei: Ich habe widerrufen, weil ich den körperlichen Schmerz fürchtete.

Andrea: Nein!

Galilei: Man zeigte mir die Instrumente.

Andrea: So war es kein Plan?

Galilei: Es war keiner.

Pause.

Andrea (laut): Die Wissenschaft kennt nur ein Gebot: den wissenschaftlichen Beitrag.

Galilei: Und den habe ich geliefert. Willkommen in der Gosse, Bruder in der Wissenschaft und Vetter im Verrat! Ißt du Fisch? Ich habe Fisch. Was stinkt, ist nicht mein Fisch, sondern ich. Ich verkaufe aus, du bist ein Käufer. O unwiderstehlicher Anblick des Buches, der geheiligten Ware! Das Wasser läuft im Mund zusammen und die Flüche ersaufen. Die Große Babylonische, das mörderische Vieh, die Scharlachene, öffnet die Schenkel, und alles

Ernst Busch in der Schlußszene von „Leben des Galilei“
(Aufführung des Berliner Ensembles)

ist anders! Geheiligt sei unsre schachernde, weißwaschende, todfürchtende Gemeinschaft!

Andrea: Todesfurcht ist menschlich! Menschliche Schwächen gehen die Wissenschaft nichts an.

Galilei: Nein?! – Mein lieber Sarti, auch in meinem gegenwärtigen Zustand fühle ich mich noch fähig, Ihnen ein paar Hinweise darüber zu geben, was die Wissenschaft alles angeht, der Sie sich verschrieben haben.

Eine kleine Pause.

Galilei (akademisch die Hände über dem Bauch gefaltet): In meinen freien Stunden, deren ich viele habe, bin ich meinen Fall durchgegangen und habe darüber nachgedacht, wie die Welt der Wissenschaft, zu der ich mich selber nicht mehr zähle, ihn zu beurteilen haben wird. Selbst ein Wollhändler muß, außer billig einkaufen und teuer verkaufen, auch noch darum besorgt sein, daß der Handel mit Wolle unbehindert vor sich gehen kann. Der Verfolg der Wissenschaft scheint mir diesbezüglich besondere Tapferkeit zu erheischen. Sie handelt mit Wissen, gewonnen durch Zweifel. Wissen verschaffend über alles für alle, trachtet sie, Zweifler zu machen aus allen. Nun wird der Großteil der Bevölkerung von ihren Fürsten, Grundbesitzern und Geistlichen in einem perlmutternen Dunst von Aberglauben und alten Wörtern gehalten, welcher die Machinationen dieser Leute verdeckt. Das Elend der Vielen ist alt wie das Gebirge und wird von Kanzel und Katheder herab für unzerstörbar erklärt wie das Gebirge. Unsere neue Kunst des Zweifelns entzückte das große Publikum. Es riß uns das Teleskop aus der Hand und richtete es auf seine Peiniger. Diese selbstischen und gewalttätigen Männer, die sich die Früchte der Wissenschaft gierig zunutze gemacht haben, fühlten zugleich das kalte Auge der Wissenschaft auf ein tausendjähriges, aber künstliches Elend gerichtet, das deutlich beseitigt werden konnte, indem sie beseitigt wurden. Sie überschütteten uns mit Drohungen und Bestechungen, unwiderstehlich für schwache Seelen. Aber können wir uns der Menge verweigern und doch Wissenschaftler bleiben? Die Bewegungen der Himmelskörper sind übersichtlicher geworden; immer noch unberechenbar sind den Völkern die Bewegungen ihrer Herrscher. Der Kampf um die Meßbarkeit des Himmels ist gewonnen durch Zweifel; durch Gläubigkeit muß der Kampf der römischen Hausfrau um Milch immer aufs neue verlorengehen. Die Wissenschaft,

Sarti, hat mit beiden Kämpfen zu tun. Eine Menschheit, stolpernd in diesem tausendjährigen Perlmutterdunst von Aberglauben und alten Wörtern, zu unwissend, ihre eigenen Kräfte voll zu entfalten, wird nicht fähig sein, die Kräfte der Natur zu entfalten, die ihr enthüllt. Wofür arbeitet ihr? Ich halte dafür, daß das einzige Ziel der Wissenschaft darin besteht, die Mühseligkeit der menschlichen Existenz zu erleichtern. Wenn Wissenschaftler, eingeschüchtert durch selbstsüchtige Machthaber, sich damit begnügen, Wissen um des Wissens willen aufzuhäufen, kann die Wissenschaft zum Krüppel gemacht werden, und eure neuen Maschinen mögen nur neue Drangsale bedeuten. Ihr mögt mit der Zeit alles entdecken, was es zu entdecken gibt, und euer Fortschritt wird doch nur ein Fortschreiten von der Menschheit weg sein. Die Kluft zwischen euch und ihr kann eines Tages so groß werden, daß euer Jubelschrei über irgendeine neue Errungenschaft von einem universalen Entsetzensschrei beantwortet werden könnte. – Ich hatte als Wissenschaftler eine einzigartige Möglichkeit. In meiner Zeit erreichte die Astronomie die Marktplätze. Unter diesen ganz besonderen Umständen hätte die Standhaftigkeit eines Mannes große Erschütterungen hervorrufen können. Hätte ich widerstanden, hätten die Naturwissenschaftler etwas wie den hippokratischen Eid der Ärzte entwickeln können, das Gelöbnis, ihr Wissen einzig zum Wohle der Menschheit anzuwenden! Wie es nun steht, ist das Höchste, was man erhoffen kann, ein Geschlecht erfinderischer Zwerge, die für alles gemietet werden können. Ich habe zudem die Überzeugung gewonnen, Sarti, daß ich niemals in wirklicher Gefahr schwebte. Einige Jahre lang war ich ebenso stark wie die Obrigkeit. Und ich überlieferte mein Wissen den Machthabern, es zu gebrauchen, es nicht zu gebrauchen, es zu mißbrauchen, ganz wie es ihren Zwecken diente. *(Virginia ist mit einer Schüssel hereingekommen und bleibt stehen.)* Ich habe meinen Beruf verraten. Ein Mensch, der das tut, was ich getan habe, kann in den Reihen der Wissenschaft nicht geduldet werden.

Virginia: Du bist aufgenommen in den Reihen der Gläubigen.

Sie geht weiter und stellt die Schüssel auf den Tisch.

Galilei: Richtig. – Ich muß jetzt essen.

Andrea hält ihm die Hand hin. Galilei sieht die Hand, ohne sie zu nehmen.

Galilei: Du lehrst jetzt selber. Kannst du es dir leisten, eine Hand wie die meine zu nehmen? *(Er geht zum Tisch.)* Jemand, der hier durch kam, hat mir Gänse geschickt. Ich esse immer noch gern.

Andrea: So sind Sie nicht mehr der Meinung, daß ein neues Zeitalter angebrochen ist?

Galilei: Doch. – Gib acht auf dich, wenn du durch Deutschland kommst, die Wahrheit unter dem Rock.

Andrea (außerstande zu gehen): Hinsichtlich Ihrer Einschätzung des Verfassers, von dem wir sprachen, weiß ich Ihnen keine Antwort. Aber ich kann mir nicht denken, daß ihre mörderische Analyse das letzte Wort sein wird.

Galilei: Besten Dank, Herr. *(Er fängt an zu essen.)*

Virginia (Andrea hinausgeleitend): Wir haben Besucher aus der Vergangenheit nicht gern. Sie regen ihn auf.

Andrea geht. Virginia kommt zurück.

Galilei: Hast du eine Ahnung, wer die Gänse geschickt haben kann?

Virginia: Nicht Andrea.

Galilei: Vielleicht nicht. Wie ist die Nacht?

Virginia (am Fenster): Hell.

15

1637. Galileis Buch „Discorsi" überschreitet die italienische Grenze.

Liebe Leut, gedenkt des End's
Das Wissen flüchtete über die Grenz.
Wir, die wissensdurstig sind
Er und ich, wir blieben dahint'.
Hütet nun ihr der Wissenschaften Licht
Nutzt es und mißbraucht es nicht
Daß es nicht, ein Feuerfall
Einst verzehre noch uns all
Ja, uns all.

Kleine italienische Grenzstadt früh am Morgen. Am Schlagbaum der Grenzwache spielen Kinder. Andrea wartet neben einem Kutscher die Prüfung seiner Papiere durch die Grenzwächter ab. Er sitzt auf einer kleinen Kiste und liest in Galileis Manuskript. Jenseits des Schlagbaumes steht die Reisekutsche.

Die Kinder (singen):

Maria saß auf einem Stein
Sie hatt' ein rosa Hemdelein
Das Hemdelein war verschissen.
Doch als der kalte Winter kam
Das Hemdelein sie übernahm
Verschissen ist nicht zerrissen.

Der Grenzwächter: Warum verlassen Sie Italien?
Andrea: Ich bin Gelehrter.
Der Grenzwächter (zum Schreiber): Schreib unter „Grund zur Ausreise": Gelehrter. Ihr Gepäck muß ich durchschauen. *(Er tut es.)*
Der erste Junge (zu Andrea): Hier sollten Sie nicht sitzen. *(Er zeigt auf die Hütte, vor der Andrea sitzt.)* Da wohnt eine Hexe drin.
Der zweite Junge: Die alte Marina ist gar keine Hexe.
Der erste Junge: Soll ich dir die Hand ausrenken?
Der dritte Junge: Sie ist doch eine. Sie fliegt nachts durch die Luft.
Der erste Junge: Und warum kriegt sie nirgends in der Stadt auch nur einen Topf Milch, wenn sie keine Hexe ist?
Der zweite Junge: Wie soll sie denn durch die Luft fliegen? Das kann niemand. *(Zu Andrea):* Kann man das?
Der erste Junge (über den zweiten): Das ist Giuseppe. Er weiß rein gar nichts, weil er nicht in die Schule geht, weil er keine ganze Hose hat.
Der Grenzwächter: Was ist das für ein Buch?
Andrea (ohne aufzusehen): Das ist von dem großen Philosophen Aristoteles.
Der Grenzwächter (mißtrauisch): Was ist das für einer?
Andrea: Er ist schon tot.

Die Jungen gehen, um den lesenden Andrea zu verspotten, so herum, als läsen auch sie in Büchern beim Gehen.

Der Grenzwächter (zum Schreiber): Sieh nach, ob etwas über die Religion drin steht.
Der Schreiber (blättert): Ich kann nichts finden.
Der Grenzwächter: Die ganze Sucherei hat ja auch wenig Zweck. So offen würde uns ja keiner hinlegen, was er zu verbergen hätte. *(Zu Andrea):* Sie müssen unterschreiben, daß wir alles untersucht haben.

Andrea steht zögernd auf und geht, immerfort lesend, mit den Grenzwächtern ins Haus.

Der dritte Junge (zum Schreiber, auf die Kiste zeigend): Da ist noch was, sehen Sie?
Der Schreiber: War das vorhin noch nicht da?
Der dritte Junge: Das hat der Teufel hier hingestellt. Es ist eine Kiste.
Der zweite Junge: Nein, die gehört dem Fremden.
Der dritte Junge: Ich ginge nicht hin. Sie hat dem Kutscher Passi die Gäule verhext. Ich habe selber durch das Loch im Dach, das der Schneesturm gerissen hat, hineingeschaut und gehört, wie sie gehustet haben.
Der Schreiber (der schon beinahe an der Kiste war, zögert und kehrt zurück): Teufelszeug, wie? Nun, wir können nicht alles kontrollieren. Wo kämen wir da hin?

Zurück kommt Andrea mit einem Krug Milch. Er setzt sich wieder auf die Kiste und liest weiter.

Der Grenzwächter (hinter ihm drein mit Papieren): Mach die Kisten wieder zu. Haben wir alles?
Der Schreiber: Alles.
Der zweite Junge (zu Andrea): Sie sind ja Gelehrter. Sagen Sie selber: Kann man durch die Luft fliegen?
Andrea: Wart einen Augenblick.
Der Grenzwächter: Sie können passieren.

Das Gepäck ist vom Kutscher aufgenommen worden. Andrea nimmt die Kiste und will gehen.

Der Grenzwächter: Halt! Was ist das für eine Kiste?
Andrea (wieder sein Buch vornehmend): Es sind Bücher.
Der erste Junge: Das ist die von der Hexe.
Der Grenzwächter: Unsinn. Wie soll die eine Kiste bezaubern können?
Der dritte Junge: Wenn ihr doch der Teufel hilft!
Der Grenzwächter (lacht): Das gilt hier nicht. *(Zum Schreiber)*: Mach auf.

Die Kiste wird geöffnet.

Der Grenzwächter (unlustig): Wie viele sind das?
Andrea: Vierunddreißig.

Der Grenzwächter (zum Schreiber): Wie lang brauchst du damit?

Der Schreiber (der angefangen hat, oberflächlich in der Kiste zu wühlen): Alles schon gedruckt. Aus Ihrem Frühstück wird dann jedenfalls nichts, und wann soll ich zum Kutscher Passi hinüberlaufen, um den rückständigen Wegzoll einzukassieren bei der Auktionierung seines Hauses, wenn ich all die Bücher durchblättern soll?

Der Grenzwächter: Ja, das Geld müssen wir haben. *(Er stößt mit dem Fuß nach den Büchern.)* Na, was kann schon viel drinstehen! *(Zum Kutscher)*: Ab!

Andrea geht mit dem Kutscher, der die Kiste trägt, über die Grenze. Drüben steckt er das Manuskript Galileis in die Reisetasche.

Der dritte Junge (deutet auf den Krug, den Andrea hat stehenlassen): Da!

Der erste Junge: Und die Kiste ist weg! Seht ihr, daß es der Teufel war?

Andrea (sich umwendend): Nein, ich war es. Du mußt lernen, die Augen aufzumachen. Die Milch ist bezahlt und der Krug. Die Alte soll ihn haben. Ja, und ich habe dir noch nicht auf deine Frage geantwortet, Giuseppe. Auf einem Stock kann man nicht durch die Luft fliegen. Er müßte zumindest eine Maschine dran haben. Aber eine solche Maschine gibt es noch nicht. Vielleicht wird es sie nie geben, da der Mensch zu schwer ist. Aber natürlich, man kann es nicht wissen. Wir wissen bei weitem nicht genug, Giuseppe. Wir stehen wirklich erst am Beginn.

PREIS ODER VERDAMMUNG DES GALILEI?

Es wäre eine große Schwäche des Werkes, wenn die Physiker recht hätten, die mir – im Ton der Billigung – sagten, Galileis Widerruf seiner Lehre sei trotz einiger „Schwankungen“ als vernünftig dargestellt mit der Begründung, dieser Widerruf habe ihm ermöglicht, seine wissenschaftlichen Arbeiten fortzuführen und der Nachwelt zu überliefern. In Wirklichkeit hat Galilei die Astronomie und die Physik bereichert, indem er diese Wissenschaften zugleich eines Großteils ihrer gesellschaftlichen Bedeutung beraubte. Mit ihrer Diskreditierung der Bibel und der Kirche standen sie eine Zeitlang auf der Barrikade für *allen* Fortschritt. Es ist wahr, der Umschwung vollzog sich trotzdem in den folgenden Jahrhunderten, und sie waren daran beteiligt, aber es war eben ein Umschwung anstatt einer Revolution, der Skandal artete sozusagen in einen Disput aus, unter Fachleuten. Die Kirche und mit ihr die gesamte Reaktion konnte einen geordneten Rückzug vollziehen und ihre Macht mehr oder weniger behaupten. Was diese Wissenschaften selber betrifft, erklommen sie nie mehr die damalige große Stellung in der Gesellschaft, kamen nie mehr in solche Nähe zum Volk.

Galileis Verbrechen kann als die „Erbsünde“ der modernen Naturwissenschaften betrachtet werden. Aus der neuen Astronomie, die eine neue Klasse, das Bürgertum, zutiefst interessierte, da sie den revolutionären sozialen Strömungen der Zeit Vorschub leistete, machte er eine scharf begrenzte Spezialwissenschaft, die sich freilich gerade durch ihre „Reinheit“, d. h. ihre Indifferenz zu der Produktionsweise, verhältnismäßig ungestört entwickeln konnte. Die Atombombe ist sowohl als technisches als auch soziales Phänomen das klassische Endprodukt seiner wissenschaftlichen Leistung und seines sozialen Versagens.

Der „Held“ des Werks ist so nicht Galilei, sondern das Volk, wie Walter Benjamin gesagt hat. Es ist etwas zu knapp ausgedrückt, wie mir scheint. Ich hoffe, das Werk zeigt, wie die Gesellschaft von ihren Individuen erpreßt, was sie von ihnen braucht. Der Forschungstrieb, ein soziales Phänomen, nicht weniger lustvoll oder diktatorisch wie der Zeugungstrieb, dirigiert Galilei auf das so gefährliche Gebiet, treibt ihn in den peinvollen Konflikt mit seinen heftigen Wünschen nach anderen Vergnügungen. Er erhebt das Fernrohr zu den Gestirnen und liefert sich der Folter aus. Am Ende betreibt er seine Wissenschaft wie ein Laster, heimlich, wahrscheinlich mit Gewissensbissen. Angesichts einer solchen Lage kann man kaum darauf erpicht sein, Galilei entweder nur zu loben oder nur zu verdammen.

DIE GEWEHRE DER FRAU CARRAR

PERSONEN

Teresa Carrar, *eine Fischerfrau*
José, *ihr jüngerer Sohn*
Der Arbeiter Pedro Jaquéras, *Teresa Carrars Bruder*
Der Verwundete
Manuela
Der Padre
Die alte Frau Perez
Die Stimme des Generals
Zwei Fischer
Frauen
Kinder

Unter Benutzung einer Idee von J. M. Synge
Mitarbeiter: M. Steffin

Eine der Nächte des April 1937 in einem andalusischen Fischerhaus. In einer Ecke der geweißneten Stube ein großes schwarzes Kruzifix. Eine vierzigjährige Fischerfrau, Teresa Carrar, beim Brotbacken. Am offenen Fenster ihr fünfzehnjähriger Sohn José, einen Netzpflock schnitzend. Ferner Kanonendonner.

Die Mutter: Siehst du Juans Boot noch?
Der Junge: Ja.
Die Mutter: Brennt seine Lampe noch?
Der Junge: Ja.
Die Mutter: Es ist kein anderes Boot hinzugekommen?
Der Junge: Nein.

Pause.

Die Mutter: Das wundert mich. Warum ist sonst keiner draußen?
Der Junge: Das weißt du doch.
Die Mutter (geduldig): Wenn ich frage, weiß ich es nicht.
Der Junge: Es ist außer Juan keiner draußen, weil sie jetzt etwas anderes zu tun haben, als Fische zu fangen.
Die Mutter: So.

Pause.

Der Junge: Und auch Juan wäre nicht draußen, wenn es nach ihm ginge.
Die Mutter: Richtig. Es geht nicht nach ihm.
Der Junge (heftiger schnitzend): Nein.

Die Mutter gibt den Teig in den Backofen, wischt sich die Hände ab und nimmt ein Fischernetz zum Flicken vor.

Der Junge: Ich habe Hunger.
Die Mutter: Aber du hast etwas dagegen, daß dein Bruder Fische fängt.
Der Junge: Weil das auch ich machen kann und Juan an die Front gehört.
Die Mutter: Ich dachte, du wolltest auch dorthin?

Pause.

Der Junge: Ob die Lebensmittelschiffe durch die englische Blockade kommen?

Die Mutter: Ich habe jedenfalls kein Mehl mehr, wenn dieses Brot gebacken ist.

Der Junge schließt das Fenster.

Die Mutter: Warum machst du das Fenster zu?

Der Junge: Es ist jetzt neun Uhr.

Die Mutter: Und?

Der Junge: Um neun Uhr spricht dieser Hund wieder im Radio, und die Perez drehen ihren Apparat an.

Die Mutter (bittend): Bitte, mach sofort das Fenster wieder auf! Du kannst nicht deutlich sehen, wenn wir herinnen Licht haben und das Fenster spiegelt.

Der Junge: Warum soll ich hier sitzen und aufpassen? Er läuft dir nicht fort. Du hast ja nur Angst, daß er an die Front geht.

Die Mutter: Sei nicht frech! Es ist traurig genug, daß ich auf euch aufpassen soll.

Der Junge: Was heißt „euch"?

Die Mutter: Du bist kein Haar besser als dein Bruder. Eher schlechter.

Der Junge: Sie drehen ihr Radio überhaupt nur unseretwegen an. Das ist schon der dritte Abend. Gestern habe ich gesehen, wie sie eigens das Fenster aufmachten, damit wir es hören müssen.

Die Mutter: Diese Reden sind nicht anders als die, die sie in Valencia halten.

Der Junge: Sag doch gleich, sie sind besser!

Die Mutter: Du weißt, daß ich sie nicht besser finde. Warum soll ich für die Generäle sein? Ich bin dagegen, daß Blut vergossen wird.

Der Junge: Wer hat damit angefangen? Vielleicht wir?

Die Mutter schweigt. Der Junge hat das Fenster wieder geöffnet. Man hört von weitem eine Radioansage: „Achtung, Achtung! Hier spricht Seine Exzellenz der General Queipo de Llano!" Dann kommt laut und scharf durch die Nacht die Stimme des Radiogenerals, der seine abendliche Rede an das spanische Volk hält.

Stimme des Generals: Heute oder morgen, meine Freunde, werden wir mit Ihnen ein ernstes Wort zu reden haben. Und wir werden es in Madrid sprechen, dieses Wort, wenn da vielleicht auch, was da um uns herumstehen wird, nicht mehr aussehen wird wie Madrid. Und der Herr Erzbischof von Canterbury wird seine Krokodilstränen mit Grund vergießen. Unsere braven Mauren werden Abrechnung halten!

Der Junge: Schwein!

Stimme des Generals: Meine Freunde, das sogenannte britische Weltreich, dieser Koloß auf tönernen Füßen, wird uns nicht abhalten, die Hauptstadt eines perversen Volkes zu vernichten, das der unwiderstehlichen nationalen Sache die Stirn zu bieten wagt. Wir werden dieses Gesindel von der Erde wegwischen!

Der Junge: Das sind nämlich wir, Mutter.

Die Mutter: Wir sind keine Aufrührer, und wir bieten niemandem die Stirn. Wenn es nach euch ginge, tätet ihr vielleicht so etwas. Du und dein Bruder, ihr seid leichtsinnig von Natur. Ihr habt es von eurem Vater, und ich würde es vielleicht nicht mögen, wenn ihr anders wärt. Aber das hier ist kein Spaß: hörst du nicht ihre Kanonen? Wir sind arme Leute, und arme Leute können nicht Krieg führen.

Es klopft. Herein tritt der Arbeiter Pedro Jaquéras, Teresa Carrars Bruder. Man sieht, daß er einen langen Weg hinter sich hat.

Der Arbeiter: Guten Abend!

Der Junge: Onkel Pedro!

Die Mutter: Was führt dich hierher, Pedro? *(Sie gibt ihm die Hand.)*

Der Junge: Kommst du von Motril, Onkel Pedro? Wie ist es dort?

Der Arbeiter: Oh, nicht so gut. Wie geht es euch hier?

Die Mutter (zurückhaltend): Es geht.

Der Junge: Bist du heute dort weggegangen?

Der Arbeiter: Ja.

Der Junge: Das sind gute vier Stunden, nicht?

Der Arbeiter: Mehr, weil die Straßen so überfüllt sind mit den Flüchtlingen, die nach Almeria hineinwollen.

Der Junge: Aber Motril hält sich?

Der Arbeiter: Ich weiß nicht, was heute geschah. Gestern nacht hielten wir uns noch.

Der Junge: Warum bist du denn weggegangen?

Der Arbeiter: Wir brauchen allerhand für die Front. Ich dachte, ich sehe wieder einmal nach euch.

Die Mutter: Willst du einen Schluck Wein haben? *(Sie holt Wein.)* Das Brot ist erst in einer halben Stunde fertig.

Der Arbeiter: Wo ist denn Juan?
Der Junge: Beim Fischfang.
Der Arbeiter: Tatsächlich?
Der Junge: Du kannst seine Lampe hier vom Fenster aus sehen.
Die Mutter: Wir müssen leben.
Der Arbeiter: Sicher. Als ich die Straße herunterkam, hörte ich den Radiogeneral. Wer hört sich den hier an?
Der Junge: Das sind die Perez von gegenüber.
Der Arbeiter: Drehen die immer bei solchen Sachen an?
Der Junge: Nein. Sie sind keine Francoleute, sie machen es nicht für sich selber, wenn du das meinst.
Der Arbeiter: So?
Die Mutter (zum Jungen): Siehst du auch noch nach deinem Bruder?
Der Junge (geht widerwillig zum Fenster zurück): Sei ruhig. Er ist dir nicht aus dem Boot gekippt.

Der Arbeiter nimmt den Weinkrug und setzt sich zu seiner Schwester, ihr beim Netzflicken helfend.

Der Arbeiter: Wie alt ist Juan jetzt eigentlich?
Die Mutter: Einundzwanzig im September.
Der Arbeiter: Und José?
Die Mutter: Hast du etwas Besonderes vor hier in der Gegend?
Der Arbeiter: Nichts Besonderes.
Die Mutter: Du bist lange nicht mehr hier gewesen.
Der Arbeiter: Zwei Jahre.
Die Mutter: Wie geht es Rosa?
Der Arbeiter: Rheuma.
Die Mutter: Ich dachte, ihr seht mal nach uns.
Der Arbeiter: Rosa war vielleicht ein wenig verstimmt wegen Carlos Begräbnis.

Die Mutter schweigt.

Der Arbeiter: Sie meinte, ihr hättet uns Mitteilung machen können. Wir wären natürlich gekommen zum Begräbnis deines Mannes, Teresa.
Die Mutter: Es ging zu schnell.
Der Arbeiter: Was war es denn?

Die Mutter schweigt.

Der Junge: Es war ein Lungenschuß.
Der Arbeiter (erstaunt): Wieso?

Die Mutter: Was heißt „wieso"?
Der Arbeiter: Aber hier war doch vor zwei Jahren alles ruhig?
Der Junge: Aber in Oviedo war der Aufstand.
Der Arbeiter: Aber wie kam Carlo denn nach Oviedo?
Die Mutter: Er ist hingefahren.
Der Arbeiter: Von hier?
Der Junge: Ja, als der Aufruhr in den Zeitungen stand.
Die Mutter (bitter): So wie andere nach Amerika fahren, um alles auf eine Karte zu setzen. So wie es die Narren machen.
Der Junge (steht auf): Willst du sagen, daß er ein Narr war?

Sie legt schweigend mit zitternden Händen das Netz beiseite und geht hinaus.

Der Arbeiter: Es war sehr übel für sie, was?
Der Junge: Ja.
Der Arbeiter: Hat sie einen Schock bekommen, als sie ihn nicht mehr sah?
Der Junge: Sie sah ihn noch, er kam zurück. Aber das war das Schlimmste von allem. Er kam oben in Asturien anscheinend noch irgendwie in einen Zug, einen Notverband auf der Brust unter dem Kittel, und fuhr hierher zurück. Zweimal mußte er umsteigen, und auf der Station hier starb er. Und hier ging abends plötzlich die Tür auf, und die Nachbarinnen kamen herein, wie wenn sie einen bringen, der ertrunken ist, stellten sich an den Wänden auf, ohne ein Wort, und plapperten den Englischen Gruß. Dann brachten sie ihn auf einer Plache herein und legten ihn auf den Fußboden. Und von da ab lief sie in die Kirche. Und der Lehrerin, von der man wußte, daß sie eine Rote war, hat sie die Tür gewiesen.
Der Arbeiter: Ist sie wirklich fromm jetzt?
Der Junge (nickt): Juan meint, es war hauptsächlich, weil die Leute in der Nachbarschaft über sie herumredeten.
Der Arbeiter: Was redeten sie denn über sie?
Der Junge: Sie hätte ihm zugeraten.
Der Arbeiter: Und hat sie das?

Der Junge zuckt die Achseln. Die Mutter kommt zurück, sieht nach dem Brot und setzt sich wieder an das Netz.

Die Mutter (zum Arbeiter, der ihr wieder helfen will): Laß nur, trink lieber deinen Wein und ruh dich aus, wenn du seit früh auf den Beinen bist.

Der Arbeiter nimmt sein Glas und geht an den Tisch zurück.

Die Mutter: Willst du hier übernachten?
Der Arbeiter: Nein. Ich habe nicht soviel Zeit, ich muß heute noch zurück, aber ich werde mich waschen. *(Er geht hinaus.)*
Die Mutter (den Jungen zu sich heranwinkend): Hat er dir gesagt, wozu er gekommen ist?
Der Junge: Nein.
Die Mutter: Wirklich nicht?

Der Arbeiter kommt zurück mit einer Waschschüssel und einem Handtuch; er wäscht sich.

Die Mutter: Sind die alten Lopez noch am Leben?
Der Arbeiter: Nur er. *(Zum Jungen)*: Es sind viele zur Front von hier, wie?
Der Junge: Welche sind auch noch da.
Der Arbeiter: Bei uns sind auch von den ganz Katholischen schon eine Menge dabei.
Der Junge: Von hier auch einige.
Der Arbeiter: Haben sie denn alle Gewehre?
Der Junge: Nein. Nicht alle.
Der Arbeiter: Das ist nicht gut. Gewehre sind jetzt das Nötigste. Habt ihr nicht noch Gewehre im Dorf?
Die Mutter (schnell): Nein!
Der Junge: Es gibt schon noch Leute, die welche versteckt haben. Sie graben sie in die Erde wie Kartoffeln.

Die Mutter schaut den Jungen an.

Der Arbeiter: So.

Der Junge geht schlendernd vom Fenster weg und verdrückt sich nach hinten.

Die Mutter: Wo gehst du hin?
Der Junge: Nirgends.
Die Mutter: Geh an das Fenster zurück!

Der Junge bleibt verbissen im Hintergrund stehen.

Der Arbeiter: Was ist denn los?
Die Mutter: Warum läufst du denn vom Fenster weg? Du sollst mir antworten!
Der Arbeiter: Ist jemand draußen?
Der Junge (heiser): Nein.

Man hört Kinderstimmen von draußen plärren.

Die Kinderstimmen:

Der Juan ist nicht Soldat
Weil er nicht Courage hat.
Der Juan, der feige Tropf
Zieht sich die Decke über den Kopf.

Drei Kindergesichter erscheinen im Fenster.

Die Kinder: Buh! *(Sie laufen weg.)*
Die Mutter (steht auf; zum Fenster): Wenn ich euch erwische, schlage ich euch den Hintern blau, ihr dreckiges Gesindel! *(Sie spricht ins Zimmer zurück)*: Das sind wieder die Perez!

Pause.

Der Arbeiter: Früher hast du Karten gespielt, José. Wie wäre es mit einem Spielchen?

Die Mutter setzt sich ans Fenster. Der Junge sucht die Spielkarten vor, und sie fangen an, Karten zu spielen.

Der Arbeiter: Mogelst du noch?
Der Junge (lacht): Hab ich das damals?
Der Arbeiter: Mir war so. Dann will ich auf alle Fälle abheben. Also, alles erlaubt! Im Krieg gelten alle Tricks, wie?

Die Mutter schaut mißtrauisch auf.

Der Junge: Das ist ein schlechter Trumpf.
Der Arbeiter: Fein, daß du mir das sagst. – Oh, und jetzt hat er das Trumpfas! Geblufft hast du mich, aber war es nicht ein bißchen teuer? Die große Kanone hast du abgeschossen, und jetzt kommen meine kleinen Dinger. *(Er drischt ihn nieder.)* Das kommt davon! Kühnheit ist gut, mein Sohn. Kühn bist du schon, aber noch nicht vorsichtig.
Der Junge: Wenn man nichts wagt, kann man auch nichts gewinnen.
Die Mutter: Solche Sprüche haben sie von ihrem Vater. „Ein feiner Mann riskiert was." Wie?
Der Arbeiter: Ja, unsere Haut riskiert er. Don Miguel von Ferrante verspielte einmal siebzig Bauern auf einen Sitz an einen Oberst. Er war ruiniert, der Arme, und mußte den Rest seines Lebens mit zwölf Dienstboten auskommen. – Er spielt tatsächlich den blanken Zehner aus!

Der Junge: Ich mußte so spielen. *(Er steckt einen Stich ein.)* Es war meine einzige Chance.

Die Mutter: So sind sie. Sein Vater sprang aus dem Boot, wenn sich das Netz verfing.

Der Arbeiter: Vielleicht hatte er nicht so viele Netze?

Die Mutter: Er hatte auch nicht so viele Leben.

In der Tür steht ein Mann in der Uniform der Miliz mit verbundenem Kopf, den Arm in der Schlinge.

Die Mutter: Komm nur herein, Paolo!

Der Verwundete: Sie sagten, ich kann wegen des Verbandes wiederkommen, Frau Carrar.

Die Mutter: Er ist ja wieder ganz durch! *(Sie läuft hinaus.)*

Der Arbeiter: Wo hast du das erwischt?

Der Verwundete: Monte Solluve.

Die Mutter kommt zurück mit einem Hemd, das sie in Stücke reißt. Sie erneuert ihm den Verband, aber dabei behält sie immer die am Tisch im Auge.

Die Mutter: Du hast doch wieder gearbeitet!

Der Verwundete: Nur mit dem rechten Arm.

Die Mutter: Man hat dir doch gesagt, daß du das nicht darfst.

Der Verwundete: Jaja. – Sie sagen, heute nacht bricht er durch. Wir haben keinen Ersatz mehr. Ist es möglich, daß er schon durch ist?

Der Arbeiter (unruhig): Nein, das glaube ich nicht. Der Kanonendonner müßte sich da geändert haben.

Der Verwundete: Das ist richtig!

Die Mutter: Tu ich dir weh? Du mußt es sagen. Ich bin keine gelernte Pflegerin. Ich mache es, so leicht ich kann.

Der Junge: Vor Madrid kommen sie nicht durch.

Der Verwundete: Das weiß man nicht.

Der Junge: Doch, das weiß man.

Der Verwundete: Gut. Aber Sie haben ja wieder ein ganzes Hemd zusammengerissen, Frau Carrar! Das hätten Sie nicht tun sollen.

Die Mutter: Willst du, daß ich dir einen Aufwischlappen umbinde?

Der Verwundete: Aber ihr habt es doch auch nicht so dick.

Die Mutter: Solange ich habe, habe ich. So, für deinen andern Arm würde es aber nicht mehr reichen.

Der Verwundete (lacht): Da muß ich mich also das nächste Mal besser vorsehen! *(Steht auf; zum Arbeiter)*: Wenn sie nur nicht durchkommen, die Hunde! *(Er geht.)*

Die Mutter: Dieser Kanonendonner!
Der Junge: Und wir gehen fischen.
Die Mutter: Seid froh, daß ihr eure graden Glieder noch habt.

Man hört draußen, an- und abschwellend, Lärm von Lastwagen und Singen. Der Arbeiter und der Junge treten ans Fenster und blicken hinaus.

Der Arbeiter: Das sind die Internationalen Brigaden. Sie werden jetzt nach Motril an die Front geworfen.

Der Refrain der „Thälmannkolonne" klingt auf: „Die Heimat ist weit..."

Der Arbeiter: Das sind die Deutschen.

Man hört einige Takte der Marseillaise.

Der Arbeiter: Die Franzosen.

Die Warschawjanka.

Der Arbeiter: Polen.

Bandiera rossa.

Der Arbeiter: Die Italiener.

Hold the Fort.

Der Arbeiter: Amerikaner.

Los cuatros generales.

Der Arbeiter: Und das sind unsere.

Lastwagenlärm und Lieder verklingen. Der Arbeiter und der Junge gehen wieder zum Tisch.

Der Arbeiter: Auf heute nacht kommt es an. – Ich muß eigentlich wirklich abhauen. Das war die letzte, José.
Die Mutter (an den Tisch kommend): Wer hat denn gewonnen?
Der Junge (stolz): Er.
Die Mutter: Soll ich dir also kein Bett machen?
Der Arbeiter: Nein, ich muß weg. *(Er bleibt aber sitzen.)*
Die Mutter: Du mußt Rosa grüßen. Und sie soll nicht nachtragen. Wir wissen ja alle nicht, was noch wird.
Der Junge: Ich bringe dich ein Stück.
Der Arbeiter: Das ist nicht nötig.

Die Mutter schaut stehend zum Fenster hinaus.

Die Mutter: Du hättest wohl Juan gern noch gesehen?

Der Arbeiter: Ja, das hätte ich gern. Er wird nur nicht so bald zurückkommen, wie?

Die Mutter: Er ist ziemlich weit draußen. Er muß fast am Kap sein. *(Ins Zimmer zurück.)* Wir könnten ihn holen.

In der Tür erscheint ein junges Mädchen.

Der Junge: Guten Tag, Manuela! *(Leise zu dem Arbeiter)*: Das ist Juans Freundin Manuela. Das ist Onkel Pedro.

Das junge Mädchen: Wo ist Juan?

Die Mutter: Juan arbeitet.

Das junge Mädchen: Wir dachten, Sie haben ihn in den Kindergarten geschickt, Ball spielen.

Die Mutter: Nein, er ist fischen gegangen. Juan ist Fischer.

Das junge Mädchen: Warum ist er nicht zu der Versammlung ins Schulhaus gekommen? Dort waren auch Fischer.

Die Mutter: Er hat dort nichts verloren.

Der Junge: Was war das für eine Versammlung?

Das junge Mädchen: Es wurde beschlossen, daß alle, die abkommen können, noch heute nacht an die Front sollen. Aber ihr wußtet ja, worum es ging. Wir haben Juan ja verständigt.

Der Junge: Das kann nicht sein! Dann wäre Juan nie fischen gegangen! Oder haben sie es dir gesagt, Mutter?

Die Mutter schweigt. Sie ist ganz in den Backofen gekrochen.

Der Junge: Sie hat es ihm einfach nicht ausgerichtet! *(Zur Mutter)*: Jetzt weiß ich auch, warum du ihn fischen geschickt hast!

Der Arbeiter: So etwas solltest du nicht machen, Teresa.

Die Mutter (sich aufrichtend): Gott hat den Menschen Berufe gegeben. Mein Sohn ist Fischer.

Das junge Mädchen: Sie wollen uns wohl lächerlich machen im ganzen Ort? Wo ich hinkomme, deutet man mit Fingern auf mich. Der Name Juan macht mich schon krank. Was seid ihr denn überhaupt für Leute hier?

Die Mutter: Wir sind arme Leute.

Das junge Mädchen: Die Regierung hat alle kampffähigen Männer aufgefordert, sich unter Gewehr zu stellen. Behaupten Sie nicht, daß Sie das nicht gelesen haben!

Die Mutter: Ich habe es gelesen. Regierung hin und Regierung her.

Wir sollen auf den Schindanger geworfen werden. Aber deswegen fahre ich jedenfalls nicht meine Kinder freiwillig mit dem Schubkarren auf den Schindanger.

Das junge Mädchen: Nein! Sie warten, bis man sie an die Mauer abholt. Solch eine Dummheit habe ich noch nicht gesehen. Leute wie Sie sind schuld daran, daß es soweit gekommen ist und daß dieses Schwein Llano es wagen kann, so zu uns zu reden.

Die Mutter (schwach): Ich dulde nicht, daß man in meinem Hause solche Ausdrücke gebraucht.

Das junge Mädchen (außer sich): Ist sie jetzt glücklich schon für die Generäle!

Der Junge (etwas ungeduldig): Nein! Aber sie will nicht, daß wir kämpfen.

Der Arbeiter: Neutral bleiben, was?

Die Mutter: Ich weiß, ihr wollt aus meinem Haus ein Verschwörernest machen. Bevor Sie Juan nicht an der Wand stehen sehen, geben Sie nicht Ruhe!

Das junge Mädchen: Und von Ihnen hat es geheißen, daß Sie Ihrem Mann geholfen haben, als er nach Oviedo ging.

Die Mutter (leise): Halten Sie den Mund! Ich habe meinem Mann nicht geholfen! Nicht zu so was! Ich weiß, daß man mir das anhängt, aber es ist alles Lüge! Nichts als schmutzige Lügen! Das kann jedermann bezeugen.

Das junge Mädchen: Das heißt nicht, jemand etwas anhängen, Frau Carrar. Man hat das nur in tiefstem Respekt gesagt. Wir alle wußten im Ort, daß Carlo Carrar ein Held war. Aber er mußte sich dazu wohl nachts aus dem Haus schleichen, das wissen wir jetzt.

Der Junge: Mein Vater hat sich nicht nachts aus dem Haus geschlichen, Manuela.

Die Mutter: Du hältst den Mund, José.

Das junge Mädchen: Sagen Sie Ihrem Sohn, ich will mit ihm nichts mehr zu tun haben. Und er braucht keinen Bogen mehr um mich zu machen aus Angst, ich könnte ihn fragen, wieso er immer noch nicht dort ist, wo er hingehört. *(Sie geht.)*

Der Arbeiter: Du hättest das Mädchen nicht so weggehen lassen sollen. Das hättest du früher nicht gemacht, Teresa.

Die Mutter: Ich bin, wie ich immer war. Wahrscheinlich haben sie Wetten abgeschlossen, daß sie Juan an die Front hinausbringen. Ich will ihn überhaupt holen. Oder hol du ihn, José! Nein, warte, ich gehe doch selber. Aber ich bin gleich wieder zurück. *(Ab.)*

Der Arbeiter: Sag mal, José, du gehörst doch nicht zu den Dümmsten, und man muß dir nicht alles lang und breit auseinandersetzen. Also wo sind sie?

Der Junge: Was?

Der Arbeiter: Die Gewehre!

Der Junge: Vaters?

Der Arbeiter: Die müssen doch noch da sein. Er kann doch in die Eisenbahn nicht mit so einem Ding eingestiegen sein, als er abfuhr.

Der Junge: Bist du sie holen gekommen?

Der Arbeiter: Was sonst?

Der Junge: Sie wird sie nie herausgeben. Sie hat sie versteckt.

Der Arbeiter: Wo?

Der Junge zeigt in eine Ecke. Der Arbeiter steht auf und will eben hingehen, als sie Tritte hören.

Der Arbeiter (setzt sich schnell wieder): Still jetzt!

Die Mutter kommt mit dem Ortsgeistlichen herein. Er ist ein großer, starker Mann in sehr abgetragenem Rock.

Der Padre: Guten Abend, José! *(Zum Arbeiter)*: Guten Abend!

Die Mutter: Das ist mein Bruder aus Motril, Padre.

Der Padre: Ich freue mich, Ihre Bekanntschaft zu machen. *(Zu der Mutter)*: Ich muß Sie wirklich um Entschuldigung bitten, daß ich schon wieder mit einem Anliegen komme. Wenn Sie morgen mittag nach den Turillos sehen könnten? Dort sind die Kinder jetzt auch allein, da die Turillo zu ihrem Mann an die Front gegangen ist.

Die Mutter: Das tue ich sehr gern.

Der Padre (zum Arbeiter): Was führt Sie in diese Gegend? Ich habe gehört, die Verbindung soll schon sehr schwierig sein von Motril nach hier?

Der Arbeiter: Hier ist es ja noch sehr ruhig, wie?

Der Padre: Wie bitte? Ja.

Die Mutter: Ich glaube, Pedro, der Padre hat dich was gefragt. Was dich hierherführt?

Der Arbeiter: Ich dachte, ich sehe mal wieder nach meiner Schwester.

Der Padre (sieht aufmunternd die Mutter an): Das ist schön, daß Sie nach Ihrer Schwester sehen. Wie Sie vielleicht schon bemerkt haben werden, hat sie es nicht leicht.

Der Arbeiter: Hoffentlich haben Sie ein gutes Pfarrkind an ihr.

Die Mutter: Sie müssen ein Glas Wein nehmen. Der Padre kümmert sich um die Kinder, wo die Eltern an die Front gegangen sind. Sicher sind Sie wieder den ganzen Tag herumgelaufen? *(Sie stellt dem Padre einen Krug Wein hin.)*

Der Padre (setzt sich, nimmt den Krug): Ich möchte nur wissen, wer mir meine Schuhe ersetzen wird.

In diesem Augenblick beginnt das Perezsche Radio wieder. Die Mutter will das Fenster schließen.

Der Padre: Lassen Sie nur das Fenster offen, Frau Carrar! Sie haben mich hereingehen sehen. Sie nehmen mir übel, daß ich nicht auf die Barrikade gehe, und da lassen sie mich ab und zu eine solche Rede hören.

Der Arbeiter: Stört es Sie sehr?

Der Padre: Ja, offen gesagt. Aber lassen Sie das Fenster ruhig auf.

Die Stimme des Generals: ... aber man kennt ja diese verdammten Lügen, mit denen diese Herren die nationale Sache zu besudeln suchen. Wir bezahlen ja den Herrn Erzbischof von Canterbury vielleicht nicht so gut wie die Roten, aber dafür könnten wir ihm die zehntausend toten Priester nennen, denen seine verehrten Freunde die Gurgeln durchgeschnitten haben. Dieser Herr mag es sich gesagt sein lassen, auch wenn kein Scheck beiliegt, daß die nationale Armee bei ihrem siegreichen Vormarsch wohl Bomben und Gewehrmagazine die Fülle, aber noch nie einen am Leben gebliebenen Priester vorgefunden hat.

Der Arbeiter reicht dem Padre sein Zigarettenpäckchen. Der Padre nimmt sich lächelnd eine Zigarette heraus, obwohl er kein Raucher ist.

Die Stimme des Generals: Es ist nur gut, daß die gerechte Sache auch ohne die Herren Erzbischöfe, solange sie sich dafür auf gute Aeroplane stützen kann, zu siegen versteht. Auf solche Männer wie General Franco, General Mola ... *(Die Darbietung bricht brüsk ab.)*

Der Padre (gutmütig): Gott sei Dank halten die Perez mehr als drei Sätze davon selber nicht durch! Ich meine, solche Reden können keinen guten Eindruck machen.

Der Arbeiter: Wir hörten allerdings, daß der Vatikan selber solche Lügen in die Welt setzen soll.

Der Padre: Das weiß ich nicht. *(Unglücklich.)* Meiner Meinung nach ist es nicht Sache der Kirche, aus schwarz weiß und aus weiß schwarz zu machen.
Der Arbeiter (auf den Jungen schauend): Sicher nicht.
Die Mutter (schnell): Mein Bruder kämpft bei der Miliz, Padre.
Der Padre: Von welchem Frontabschnitt kommen Sie?
Der Arbeiter: Malaga.
Der Padre: Es ist schrecklich dort, wie?

Der Arbeiter raucht schweigend.

Die Mutter: Mein Bruder hält mich nicht für eine gute Spanierin. Er meint, ich solle Juan an die Front lassen.
Der Junge: Und mich auch! Da gehören wir hin!
Der Padre: Sie wissen, Frau Carrar, daß ich Ihre Haltung nach bestem Wissen und Gewissen für eine gerechtfertigte halte. Der niedrige Klerus unterstützt in vielen Gegenden die gesetzmäßige Regierung. Von den achtzehn Diözesen Bilbaos haben sich siebzehn für die Regierung erklärt. Nicht wenige meiner Amtsbrüder wirken an der Front. Einige sind schon gefallen. Aber ich selber bin in keiner Weise ein Kämpfer. Gott hat mir nicht die Gabe verliehen, meine Pfarrkinder laut und vernehmlich zum Kampf für... *(er sucht ein Wort)* irgend etwas aufzurufen. Für mich gilt das Wort unseres Herrn: Du sollst nicht töten! Ich bin kein reicher Mann. Ich besitze kein Kloster und teile mit meiner Gemeinde das wenige. Das ist vielleicht das einzige, was meinen Worten in einer solchen Zeit einigen Nachdruck verleihen kann.
Der Arbeiter: Sicher. Nur ist es die Frage, ob Sie kein Kämpfer sind. Sie müssen mich verstehen. Wenn Sie zum Beispiel einem Mann, der gerade getötet werden soll und sich verteidigen will, mit dem Wort in den Arm fallen: Du sollst nicht töten!, so daß er wie ein Huhn abgeschlachtet werden kann, dann nehmen Sie vielleicht an diesem Kampf doch teil, ich meine, in Ihrer Weise. Ich denke, Sie entschuldigen es, wenn ich das sage.
Der Padre: Vorläufig nehme ich am Hungern teil.
Der Arbeiter: Und wie meinen Sie, daß wir wieder zu unserem täglichen Brot kommen, um das Sie im Vaterunser bitten?
Der Padre: Das weiß ich nicht, ich kann nur bitten.
Der Arbeiter: Dann wird es Sie interessieren, daß Gott die Lebensmittelschiffe gestern nacht wieder umkehren ließ.
Der Junge: Ist das wahr? – Mutter, die Schiffe sind umgekehrt!

Der Arbeiter: Ja, das ist die Neutralität. *(Plötzlich)*: Sie sind ja auch neutral?

Der Padre: Wie meinen Sie das?

Der Arbeiter: Nun, für Nichteinmischung! Und indem Sie für Nichteinmischung sind, billigen Sie im Grund jedes Blutbad, das diese Herren Generäle unter dem spanischen Volk anrichten.

Der Padre (seine Hände abwehrend in Kopfhöhe erhebend): Ich billige es nicht!

Der Arbeiter (schaut ihn mit halbgeschlossenen Augen an): Lassen Sie Ihre Hände einen Augenblick oben. In dieser Haltung sollen fünftausend von uns in Badajoz aus den belagerten Häusern getreten sein. Sie wurden in ebendieser Haltung niedergeschossen.

Die Mutter: Wie kannst du so sprechen, Pedro?

Der Arbeiter: Es fiel mir nur auf, daß die Haltung, mit der man etwas mißbilligt, so schrecklich der Haltung gleicht, mit der man kapituliert, Teresa. Ich habe oft gelesen, daß die Leute, die ihre Hände in Unschuld waschen, dies in blutigen Schüsseln tun. Man sieht es den Händen danach an.

Die Mutter: Pedro!

Der Padre: Lassen Sie nur, Frau Carrar. Die Geister sind hitzig in solchen Zeiten. Wir alle werden wieder ruhiger denken, wenn dies vorüber sein wird.

Der Arbeiter: Ich denke, wir sollen vom Erdboden weggewischt werden, weil wir ein perverses Volk sind?

Der Padre: Wer sagt so etwas?

Der Arbeiter: Der Radiogeneral. Haben Sie es nicht gehört vorhin? Sie hören immer noch zu wenig Radio.

Der Padre (verächtlich): Ach, der General ...

Der Arbeiter: Sagen Sie nicht: Ach, der General! Der General hat den ganzen Abschaum Spaniens gemietet, uns vom Erdboden wegzuwischen, von den Mauren, Italienern und Deutschen ganz abgesehen.

Die Mutter: Das ist auch eine Schande, daß sie diese Leute hereinholen, die es nur für Geld machen.

Der Padre: Sie glauben nicht, daß auch auf der anderen Seite ehrlich überzeugte Menschen stehen könnten?

Der Arbeiter: Ich weiß nur nicht, wovon sie überzeugt sein könnten.

Pause.

Der Padre (zieht seine Uhr): Ich muß noch zu den Turillos hinübersehen.

Der Arbeiter: Denken Sie nicht, die Kammer der Abgeordneten, in der die Regierung eine solche Mehrheit hatte, ist nach ehrlichen Spielregeln gewählt worden?

Der Padre: Das glaube ich.

Der Arbeiter: Ich sagte vorhin, wenn man einem Mann, der sich verteidigt, in den Arm fällt – das meinte ich wörtlich, wir haben tatsächlich nicht viel mehr als unsere bloßen Arme ...

Die Mutter (unterbricht ihn): Du solltest nicht wieder davon anfangen, es hat keinen Sinn.

Der Padre: Der Mensch ist mit bloßen Armen geboren, wie wir alle wissen. Der Schöpfer läßt ihn nicht mit einer Waffe in der Hand aus dem Mutterschoß hervorgehen. Ich kenne die Doktrin, nach der alles Elend der Welt davon kommen soll, daß der Fischer und der Arbeiter – ich denke, Sie sind Arbeiter – nur seine bloßen Arme hat, um sich seinen Lebensunterhalt zu erkämpfen. Aber es steht nirgends in der Schrift, daß diese Welt eine vollkommene Welt ist. Sie ist im Gegenteil voll von Elend, Sünde und Unterdrückung. Wohl dem, der, wenn er schon zu seinem Leidwesen unbewaffneten Arms auf diese Welt geschickt wurde, sie doch wenigstens ohne Waffen in der Hand verlassen konnte.

Der Arbeiter: Das ist schön gesagt. Und ich will nichts dagegen sagen, wenn etwas schön klingt. Ich wollte, es machte auf den General Franco einen Eindruck. Das Schlimme ist, daß der General Franco, bewaffnet bis an die Zähne, wie er ist, so gar keine Neigung zeigt, aus der Welt zu gehen. Wir würden ihm alle Waffen Spaniens nachwerfen, wenn er nur aus der Welt ginge. Seine Flieger werfen uns da ein Flugblatt herunter, ich habe es heute in Motril auf der Straße aufgelesen.

Er zieht ein Flugblatt aus der Tasche.
Der Padre, die Mutter und der Junge schauen es sich an.

Der Junge (zur Mutter): Siehst du, hier sagen sie wieder, daß sie alles vernichten werden.

Die Mutter (lesend): Das können sie ja gar nicht.

Der Arbeiter: Doch, die können. Was meinen Sie, Padre?

Der Junge: Ja.

Der Padre (unsicher): Ich meine, daß sie technisch vielleicht in der Lage sein würden. Aber wenn ich Frau Carrar richtig verstanden habe, dann meint sie, daß dies nicht nur eine Frage der Aeroplane für sie ist. Sie mögen hier in dieser Art Flugblätter damit drohen, um der Bevölkerung den Ernst der Lage vor Augen zu führen, aber es ist etwas anderes, eine solche Drohung aus militärischen Gründen auszuführen.

Der Arbeiter: Ich kann Sie nicht ganz verstehen.

Der Junge: Ich auch nicht.

Der Padre (noch unsicher): Ich denke, ich sprach deutlich.

Der Arbeiter: Ihre Sätze sind deutlich, aber Ihre Meinung ist für mich und José nicht ganz deutlich. Meinen Sie, daß sie nicht bombardieren werden?

Kleine Pause.

Der Padre: Ich halte es für eine Drohung.

Der Arbeiter: Die nicht ausgeführt wird?

Der Padre: Nein.

Die Mutter: Wie ich es lese, wollen sie gerade Blutvergießen vermeiden, indem sie uns warnen, die Hände gegen sie zu erheben.

Der Junge: Generäle und Blutvergießen vermeiden!

Die Mutter (ihm das Flugblatt hinhaltend): Sie schreiben doch hier: Wer die Waffen niederlegt, den verschonen sie.

Der Arbeiter: Dann will ich noch eine andere Frage an Sie richten, Padre: Glauben Sie, daß verschont werden wird, wer die Waffen niederlegt?

Der Padre (blickt sich hilfesuchend um): Es heißt, daß General Franco selber immer unterstreicht, daß er Christ ist.

Der Arbeiter: Das bedeutet, daß er sein Versprechen halten wird?

Der Padre (mit Heftigkeit): Er muß es halten, Herr Jaquéras!

Die Mutter: Dem, der nicht kämpft, kann nichts geschehen.

Der Arbeiter: Herr Padre... *(entschuldigend)* –, ich weiß Ihren Namen nicht ...

Der Padre: Francisco.

Der Arbeiter (fährt fort): ... Francisco, ich wollte Sie eigentlich nicht fragen, was Ihrer Meinung nach der General Franco tun muß, sondern was er Ihrer Meinung nach tun wird. Sie verstehen meine Frage?

Der Padre: Ja.

Der Arbeiter: Sie verstehen, daß ich Sie als Christen frage, oder sollen wir sagen: als einen Mann, der selber kein Kloster besitzt, wie Sie es ausgedrückt haben, und der die Wahrheit sagen wird, wenn es um Leben und Tod geht. Denn darum geht es, nicht wahr?

Der Padre (sehr unruhig): Ich verstehe Sie.

Der Arbeiter: Vielleicht kann ich Ihnen Ihre Antwort erleichtern, indem ich Sie an die Geschehnisse in Malaga erinnere.

Der Padre: Ich weiß, was Sie meinen. Aber sind Sie sicher, daß in Malaga keine Gegenwehr vorlag?

Der Arbeiter: Sie wissen, daß fünfzigtausend flüchtende Männer, Frauen und Kinder auf der zweihundertzwanzig Kilometer langen Landstraße nach Almeria von den Geschützen der Schiffe und von den Bomben und Maschinengewehren der Fluggeschwader Francos niedergemäht wurden?

Der Padre: Das könnte eine Greuelnachricht sein.

Der Arbeiter: Wie die von den erschossenen Priestern?

Der Padre: Wie die von den erschossenen Priestern.

Der Arbeiter: Sie wurden also nicht niedergemäht?

Der Padre schweigt.

Der Arbeiter: Frau Carrar und ihre Söhne erheben nicht die Hand gegen den General Franco. Frau Carrar und ihre Söhne sind also sicher?

Der Padre: Nach menschlichem Ermessen ...

Der Arbeiter: Ja? Nach menschlichem Ermessen?

Der Padre (aufgeregt): Sie wollen doch nicht, daß ich eine Garantie übernehmen soll?

Der Arbeiter: Nein. Sie sollen nur Ihre wirkliche Meinung sagen. Sind Frau Carrar und ihre Söhne sicher?

Der Padre schweigt.

Der Arbeiter: Ich denke, wir verstehen Ihre Antwort. Sie sind ein ehrlicher Mann.

Der Padre (verwirrt aufstehend): Also, Frau Carrar, dann kann ich damit rechnen, daß Sie nach den Turilloschen Kindern sehen?

Die Mutter (ebenfalls sehr betroffen): Ich bringe ihnen auch zu essen mit. Und danke für Ihren Besuch.

Der Padre geht, dem Arbeiter und dem Jungen zunickend, hinaus. Die Mutter begleitet ihn.

Der Junge: Da hast du gehört, was sie ihr immer einreden! Aber geh nicht ohne die Gewehre fort.

Der Arbeiter: Wo sind sie? Schnell!

Sie gehen nach hinten, schieben eine Truhe vor und reißen die Diele auf.

Der Junge: Aber sie kommt doch gleich zurück!

Der Arbeiter: Wir stellen die Gewehre vor das Fenster. Von da nehme ich sie dann weg.

Sie nehmen eilig die Gewehre aus einem Holzkasten. Eine kleine, zerschlissene Fahne, in die sie eingewickelt waren, fällt zu Boden.

Der Junge: Das ist ja noch die kleine Fahne von damals! Ich wundere mich, daß du so ruhig dasitzen konntest, wo es so eilig ist.

Der Arbeiter: Ich mußte die Dinger haben.

Beide probieren die Gewehre aus. Der Junge zieht plötzlich eine Mütze, die Mütze der Miliz, aus der Tasche und setzt sie sich triumphierend auf.

Der Arbeiter: Wo hast du denn die her?

Der Junge: Eingetauscht. *(Mit einem scheuen Blick zur Tür steckt er sie wieder in die Tasche.)*

Die Mutter (die wieder eingetreten ist): Legt die Gewehre zurück! Bist du deshalb gekommen?

Der Arbeiter: Ja, wir brauchen sie, Teresa. Wir können die Generäle nicht mit den Händen aufhalten.

Der Junge: Jetzt hast du es doch vom Padre selber gehört, wie es steht.

Die Mutter: Wenn du nur hier bist, um die Gewehre zu kriegen, dann brauchst du nicht mehr zu warten. Und wenn ihr uns nicht in Ruhe laßt in diesem Haus, dann nehme ich meine Kinder und laufe weg.

Der Arbeiter: Teresa, hast du dir unser Land auf der Karte angesehen? Wir leben wie auf einem zerbrochenen Teller. Wo die Bruchlinie ist, ist das Wasser, und am Tellerrand stehen die Geschütze. Und über uns sind die Bombenflieger. Wo willst du hinlaufen, außer in die Kanonen hinein?

Sie geht auf ihn zu, nimmt ihm die Gewehre aus der Hand und trägt sie in den Armen weg.

Die Mutter: Ihr könnt die Gewehre nicht haben, Pedro!

Der Junge: Du m u ß t sie ihm geben, Mutter! Hier verdrecken sie doch nur!

Die Mutter: Du bist still, José! Was weißt denn du?

Der Arbeiter hat sich ruhig wieder auf seinen Stuhl gesetzt und zündet sich eine Zigarette an.

Der Arbeiter: Teresa, du hast kein Recht, Carlos Gewehre zurückzuhalten.

Die Mutter (die Gewehre einpackend): Recht oder nicht Recht: ich gebe sie euch nicht! Ihr könnt mir hier nicht meinen Fußboden aufreißen und gegen meinen Willen etwas aus meinem Haus wegnehmen.

Der Arbeiter: Das ist nicht unbedingt etwas, was ins Haus gehört. Ich will dir vor deinem Jungen nicht sagen, was ich über dich denke, und wir wollen auch nicht davon reden, was dein Mann über dich denken würde. Er hat gekämpft. Ich nehme an, daß du vor Furcht um deine Jungens den Kopf verloren hast. Aber darum können wir uns natürlich nicht kümmern.

Die Mutter: Was soll das heißen?

Der Arbeiter: Das heißt, daß ich ohne die Gewehre nicht weggehe. Da kannst du sicher sein.

Die Mutter: Dann mußt du mich niederschlagen.

Der Arbeiter: Das werde ich nicht. Ich bin nicht der General Franco. Ich werde nur mit Juan reden. Da kriege ich sie wohl.

Die Mutter (schnell): Juan kommt nicht zurück.

Der Junge: Du hast ihn ja selber gerufen!

Die Mutter: Ich habe ihn nicht gerufen. Ich will nicht, daß er dich sieht, Pedro.

Der Arbeiter: Ich dachte mir so was. Aber ich habe ja auch noch eine Stimme. Ich kann ans Wasser hinuntergehen und zu ihm hinausrufen. Ein Satz genügt, Teresa; ich kenne Juan. Er ist kein Feigling. Du kannst ihn nicht halten.

Der Junge: Und ich gehe auch mit.

Die Mutter (sehr ruhig): Laß meine Kinder in Ruhe, Pedro! Ich habe ihnen gesagt, daß ich mich aufhängen werde, wenn sie gehen. Ich weiß, daß das vor Gott eine Sünde ist und die ewige Verdammnis nach sich zieht. Aber ich kann nicht anders handeln. Als Carlo starb, so starb, ging ich zum Padre, sonst hätte ich mich damals schon aufgehängt. Ich wußte ganz gut, daß ich mit schuld war, obgleich er selber der Schlimmste war mit seiner Heftigkeit und seinem Hang zur Gewalttätigkeit. Wir haben es nicht so gut, und es ist nicht so leicht, dieses Leben zu ertragen. Aber es geht nicht mit der Gewalt. Das sah ich, als sie ihn hereinbrachten und ihn mir auf den Boden legten. Ich bin nicht für die Generale, und es ist eine Schande, das von mir zu sagen. Aber wenn ich mich still verhalte und meine Heftigkeit bekämpfe, dann lassen sie uns vielleicht verschont. Das ist eine einfache Rechnung. Es ist wenig genug, was ich verlange. Ich will diese Fahne nicht mehr sehen. Wir sind unglücklich genug.

Sie geht still zu der kleinen Fahne, nimmt sie hoch und zerreißt sie. Dann, sogleich, bückt sie sich und sammelt die Fetzen wieder auf, sie in die Tasche steckend.

Der Arbeiter: Es wäre besser, wenn du dich aufhängtest, Teresa.

Es klopft, und herein kommt Frau Perez, eine alte Frau in Schwarz.

Der Junge (zum Arbeiter): Die alte Frau Perez.
Der Arbeiter (halblaut): Was sind das für Leute?
Der Junge: Gute Leute. Die mit dem Radio. Ihre Tochter ist vorige Woche an der Front gefallen.
Die alte Frau: Ich habe gewartet, bis ich den Padre weggehen sah, wissen Sie. Ich dachte, ich sehe einmal herein wegen meiner Leute. Ich wollte Ihnen sagen, daß ich es nicht richtig finde, wenn sie Ihnen wegen Ihrer Ansichten Schwierigkeiten machen.

Die Mutter schweigt.

Die alte Frau (die sich gesetzt hat): Sie haben Angst um Ihre Kinder, Frau Carrar. Die Leute denken immer nicht daran, wie schwierig es ist, Kinder großzuziehen in diesen Zeiten. Ich habe sieben geboren. *(Sie wendet sich ein wenig auch an den Arbeiter, mit dem sie nicht bekannt gemacht worden ist.)* Es sind nicht mehr so viele übriggeblieben davon, jetzt, nachdem Inez fiel. Zwei bekam ich überhaupt nicht über fünf. Das waren die Hungerjahre von achtundneunzig und neunundneunzig. Von Andrea weiß ich gar nicht, wo er ist. Er schrieb zuletzt aus Rio. Das ist in Südamerika. Mariana ist ja in Madrid. Sie klagt auch sehr. Sie ist nie die Stärkste gewesen. Wir Alten bilden uns ja immer ein, daß alles, was nach uns kam, ein wenig kümmerlicher ausgefallen ist.
Die Mutter: Aber Fernando haben Sie auch noch.
Die alte Frau: Ja.
Die Mutter (verwirrt): Entschuldigen Sie, ich wollte Sie nicht kränken.
Die alte Frau (ruhig): Sie müssen sich nicht entschuldigen. Ich weiß, daß Sie mich nicht kränken wollten.
Der Junge (leise zum Arbeiter): Der ist bei Franco.
Die alte Frau (still): Wir reden nicht mehr von Fernando. *(Nach*

einer kleinen Pause.) Wissen Sie, Sie können meine Leute nicht verstehen, wenn Sie nicht einrechnen, daß wir alle über Inez' Tod sehr bekümmert sind.

Die Mutter: Wir alle haben Inez ja sehr gern gehabt. *(Zum Arbeiter)*: Sie hat Juan das Lesen beigebracht.

Der Junge: Mir auch.

Die alte Frau: Man meint ja von Ihnen, daß Sie für die andere Seite sind. Aber da widerspreche ich immer. Unsereiner weiß, was der Unterschied zwischen arm und reich ist.

Die Mutter: Ich will nicht, daß meine Kinder Soldaten werden. Sie sind kein Schlachtvieh.

Die alte Frau: Wissen Sie, Frau Carrar, ich sage immer: Für arme Leute gibt es keine Lebensversicherung. Das heißt, es trifft sie so und so. Diejenigen, die es trifft, das nennt man eben die armen Leute. Die armen Leute, Frau Carrar, rettet keine Vorsicht. Unsere Inez war immer gerade das zurückhaltendste von unseren Kindern. Was glauben Sie, daß mein Mann mit ihr anstellen mußte, bis sie sich ans Schwimmen wagte!

Die Mutter: Ich meine, sie könnte noch leben.

Die alte Frau: Aber wie?

Die Mutter: Was mußte Ihre Tochter, die Lehrerin war, ein Gewehr in die Hand nehmen und gegen die Generäle kämpfen.

Der Arbeiter: Die sogar vom Heiligen Vater finanziert werden!

Die alte Frau: Sie sagte, sie wollte Lehrerin bleiben.

Die Mutter: Und das konnte sie nicht in Malaga in ihrer Schule, Generäle hin, Generäle her?

Die alte Frau: Wir haben mit ihr darüber gesprochen. Ihr Vater hatte das Rauchen aufgegeben für sieben Jahre, und ihre Geschwister bekamen keinen Tropfen Milch in all diesen Jahren, damit sie Lehrerin werden konnte. Und jetzt sagte Inez, sie könne nicht lehren, daß zwei mal zwei fünf und der General Franco von Gott geschickt sei.

Die Mutter: Wenn Juan zu mir kommen und mir sagen würde, unter den Generälen könne er nicht mehr fischen, dann würde ich ihm ein Licht aufstecken. Meinen Sie, die Aufkäufer werden uns nicht die Haut abziehen, wenn wir die Generäle weghaben, wie?

Der Arbeiter: Ich denke, sie werden sich vielleicht etwas schwerer tun, wenn wir die Gewehre haben.

Die Mutter: Also auch dann wieder Gewehre? Es wird weitergeschossen.

Der Arbeiter: Wer spricht davon? Wenn dich die Haifische angreifen, bist dann du es, der die Gewalt anwendet? Sind wir nach Madrid marschiert, oder ist der General Mola über die Gebirge zu uns gekommen? Zwei Jahre lang war etwas Licht, ganz schwaches Licht, noch nicht einmal Dämmerung, aber jetzt soll es wieder Nacht werden. Und nicht einmal so steht es. Die Lehrerinnen sollen nicht etwa mehr den Kindern nicht sagen dürfen, daß zwei mal zwei vier ist, sondern sie sollen ausgerottet werden, wenn sie das jemals gesagt haben. Hast du ihn nicht sagen hören, heute abend, daß wir vom Erdboden weggewischt werden sollen?

Die Mutter: Nur die zu den Waffen gegriffen haben. Ihr sollt nicht so in mich hineinreden. Ich kann nicht mit euch allen streiten. Meine Söhne schauen mich an wie einen Polizisten. Wenn die Mehltruhe leer ist, dann lese ich auf ihren Gesichtern, daß ich schuld bin. Und wenn die Flieger auftauchen, dann blicken sie weg, als hätte ich sie geschickt. Warum schweigt der Padre, wenn er reden sollte? Man sieht mich an wie eine Wahnsinnige, wenn ich glaube, daß die Generäle Menschen sind, sehr schlechte, aber kein Erdbeben, mit dem man nicht reden kann! Wozu setzen Sie sich in meine Stube, Frau Perez, und reden mir solches Zeug ein? Meinen Sie, ich weiß nicht alles, was Sie sagen, selber? Ihre ist schon tot, jetzt sollen meine dran! Das wollen Sie, wie? Sie laufen mir das Haus ein wie Steuereintreiber, aber ich habe schon bezahlt.

Die alte Frau (steht auf): Frau Carrar, ich wollte Sie nicht zornig machen. Ich bin nicht der Meinung meines Mannes, daß man Sie zu irgend etwas zwingen soll. Wir hatten eine sehr gute Meinung von Ihrem Mann, und ich wollte Sie um Entschuldigung bitten, daß meine Leute Sie belästigen. *(Sie geht, dem Arbeiter und dem Jungen zunickend.)*

Pause.

Die Mutter: Das schlimmste ist, daß sie einen mit ihrer Hartnäckigkeit dahin bringen, daß man lauter Dinge sagt, die man gar nicht meint. Ich bin doch nicht gegen Inez.

Der Arbeiter (zornig): Ja, du bist gegen Inez! Indem du ihr nicht geholfen hast, warst du gegen sie! Du sagst ja auch, du bist nicht für die Generäle. Und das ist ebenso unwahr, ob du es weißt oder nicht. Indem du uns nicht gegen sie hilfst, bist du für sie. Du kannst nicht neutral bleiben, Teresa!

Helene Weigel und Erwin Geschonneck in „Die Gewehre der Frau Carrar“
(Aufführung des Berliner Ensembles)

Der Junge (geht plötzlich auf sie zu): Komm, Mutter, es hilft dir nichts! *(Zum Arbeiter)*: Jetzt hat sie sich auf die Gewehrkiste gesetzt, damit wir nicht zukönnen. Also gib schon her, Mutter!

Die Mutter: Wisch dir lieber die Nase ab, José!

Der Junge: Mutter, ich will mit Onkel Pedro gehen! Ich warte nicht, bis man uns hier absticht wie Schweine. Du kannst mir das Kämpfen nicht verbieten wie das Rauchen! Philippo, der nicht halb so gut mit dem Stein trifft, ist schon vorn, und Andrea, der ein Jahr jünger ist als ich, ist schon gefallen. Ich lasse mich nicht auslachen vom ganzen Dorf.

Die Mutter: Ja, ich weiß. Der kleine Paolo hat einem Lastwagenchauffeur seinen toten Maulwurf versprochen, wenn er ihn mit an die Front nimmt. Das ist lächerlich.

Der Arbeiter: Es ist nicht lächerlich.

Der Junge: Sag dem Ernesto Turillo, er kann mein kleines Boot haben. – Komm, Onkel Pedro! *(Er will gehen.)*

Die Mutter: Du bleibst!

Der Junge: Nein, ich gehe! Du kannst sagen, du brauchst Juan, aber mich brauchst du dann nicht auch noch.

Die Mutter: Ich halte Juan nicht, weil er für mich fischen gehen soll. Und ich lasse dich nicht weg! *(Sie läuft auf ihn zu und umarmt ihn.)* Du kannst rauchen, wenn du willst, und wenn du allein fischen gehen willst, ich werde nichts sagen, und auch einmal in Vaters Boot!

Der Junge: Laß mich los!

Die Mutter: Nein, du bleibst hier!

Der Junge (sich losringend): Nein, ich gehe! – Rasch, nimm die Gewehre, Onkel!

Die Mutter: Oh!

Sie läßt den Jungen los und hinkt weg, mit dem Fuß vorsichtig auftretend.

Der Junge: Was hast du?

Die Mutter: Was kümmert das dich, was ich habe? Geh nur! Deine Mutter hast du jedenfalls besiegt.

Der Junge (mißtrauisch): Ich habe gar nicht gerungen. Es kann dir nichts passiert sein.

Die Mutter (sich den Fuß massierend): Nein, geh nur!

Der Arbeiter: Soll ich ihn dir einrenken?

Die Mutter: Nein, gehen sollst du! Geh hinaus aus meinem Haus! Hetzest du meine Kinder auf, daß sie sich auf mich werfen?

Der Junge (zornig): Ich habe mich auf sie geworfen! *(Er geht, weiß vor Zorn, nach hinten.)*

Die Mutter: Du wirst ein Verbrecher werden! Warum nehmt ihr mir nicht auch noch das letzte Brot aus dem Ofen? Ihr könnt mich ja mit einem Strick an den Stuhl binden! Ihr seid ja zwei!

Der Arbeiter: Laß den Schwindel! Ja?

Die Mutter: Juan ist auch verrückt, aber er würde nicht Gewalt anwenden gegen seine Mutter! Er wird es euch eintränken, wenn er kommt! Juan!

Sie steht plötzlich auf, von einem Gedanken gepackt, und rennt zum Fenster. Dabei vergißt sie das Hinken, und der Junge zeigt empört auf ihre Füße.

Der Junge: Plötzlich ist der Fuß gut.

Die Mutter (schaut hinaus; plötzlich): Ich weiß nicht, ich sehe Juans Lampe nicht mehr!

Der Junge (mürrisch): Wie soll sie denn weg sein?

Die Mutter: Nein, sie ist wirklich weg!

Der Junge geht zum Fenster, schaut hinaus.

Der Junge (mit sonderbarer Stimme zum Arbeiter): Ja, sie ist weg! Er war zuletzt bis ganz am Kap draußen. Ich lauf hinunter. *(Er geht schnell weg.)*

Der Arbeiter: Er wird gerade zurückrudern.

Die Mutter: Dann müßte ich die Lampe sehen.

Der Arbeiter: Was soll es denn dann sein?

Die Mutter: Ich weiß, was es ist! Sie ist zu ihm hinausgerudert!

Der Arbeiter: Wer? Das Mädchen? Sicher nicht!

Die Mutter: Doch, sie haben ihn geholt! *(In steigender Erregung.)* Das war ein Plan! Sie haben es ausgemacht! Sie haben den ganzen Abend einen nach dem andern hergeschickt, damit ich nicht aufpasse! Das sind Mörder! Allesamt!

Der Arbeiter (halb im Spaß, halb böse): Den Padre jedenfalls haben sie nicht hergeschickt!

Die Mutter: Sie ruhen ja nicht, bis sie alle hineingezogen haben!

Der Arbeiter: Du meinst doch nicht, daß er zur Front ist?

Die Mutter; Sie sind seine Mörder, aber er ist nicht besser als sie! Bei Nacht stiehlt er sich weg! Ich will ihn nicht mehr sehen!

Der Arbeiter: Ich verstehe dich überhaupt nicht mehr, Teresa. Siehst du denn nicht, daß du ihm nichts Schlimmeres antun kannst, als ihn jetzt vom Kämpfen zurückzuhalten? Er wird es dir nicht danken.

Die Mutter (wie abwesend): Ich habe ihm nicht meinethalben gesagt, daß er nicht kämpfen darf.

Der Arbeiter: Nicht für uns kämpfen, Teresa, heißt nicht: nicht kämpfen, sondern für die Generäle kämpfen.

Die Mutter: Wenn er mir das angetan hat und zur Miliz gegangen ist, dann soll er verflucht sein! Mit ihren Fliegerbomben sollen sie ihn treffen! Mit ihren Tanks sollen sie ihn niederfahren! Daß er merkt, daß Gott sich nicht spotten läßt. Und daß ein Armer nicht gegen die Generäle aufkommen kann. Ich habe ihn nicht dazu geboren, daß er hinter einem Maschinengewehr auf seine Mitmenschen lauert. Wenn da Unrecht ist in der Welt, habe ich ihn nicht gelehrt, daran teilzunehmen. Ich werde ihm meine Tür nicht mehr öffnen, wenn er zurückkommt, nur weil er sagt, er hat die Generäle besiegt! Ich werde ihm sagen, und zwar durch die Tür, daß ich niemand in meinem Haus haben will, der sich mit Blut befleckt hat. Ich werde ihn mir abhauen wie einen kranken Fuß. Das werde ich. Sie haben mir schon einen gebracht. Der meinte auch, er werde schon Glück haben. Aber wir haben kein Glück. Das werdet ihr vielleicht noch begreifen, bevor die Generäle mit uns fertig sind. Wer zum Schwert greift, wird durch das Schwert umkommen.

Vor der Tür hört man Gemurmel, dann geht die Tür auf, und herein kommen drei Frauen, die Hände über der Brust gefaltet, den Englischen Gruß murmelnd. Sie stellen sich an der Wand auf, und durch die offengebliebene Tür bringen zwei Fischer auf einem blutdurchtränkten Segel den toten Juan Carrar. Hinter ihnen kommt totenblaß der Junge. Er hat die Mütze seines Bruders in der Hand. Die Fischer legen den Toten auf den Fußboden. Einer hält Juans Lampe. Während die Mutter erstarrt dasitzt und die Frauen lauter beten, erklären die Fischer dem Arbeiter mit gedämpfter Stimme, was geschehen ist.

Erster Fischer: Es war einer von ihren Fischkuttern mit Maschinengewehren. Sie haben ihn im Vorbeifahren einfach abgeschossen.

Die Mutter: Das kann nicht sein! Das ist ein Irrtum! Er ist doch fischen gegangen!

Die Fischer schweigen. Die Mutter sinkt zu Boden, der Arbeiter hebt sie auf.

Der Arbeiter: Er kann nichts gespürt haben.

Die Mutter kniet bei dem Toten nieder.

Die Mutter: Juan!

Man hört eine Zeitlang nur das Gemurmel der betenden Frauen und das dumpfe Rollen der Geschütze in der Ferne.

Die Mutter: Könnt ihr ihn mir auf die Truhe legen?

Der Arbeiter und die Fischer heben den Toten hoch und tragen ihn nach hinten auf die Truhe. Das Segel bleibt liegen. Das Beten der Frauen wird lauter und heller. Die Mutter nimmt den Jungen bei der Hand und geht mit ihm zu dem Toten.

Der Arbeiter (wieder vorn zu den Fischern): War er allein? Kein anderes Boot draußen?

Erster Fischer: Nein. Aber er war am Ufer. *(Er deutet auf den zweiten Fischer.)*

Zweiter Fischer: Sie haben ihn nicht einmal etwas gefragt. Sie wischten nur so vorbei mit ihrem Scheinwerfer, und dann fiel seine Lampe ins Boot.

Der Arbeiter: Aber sie müssen doch gesehen haben, daß er nur fischt?

Zweiter Fischer: Ja, das müssen sie gesehen haben.

Der Arbeiter: Und er hat ihnen nichts zugerufen?

Zweiter Fischer: Das hätte ich gehört.

Die Mutter kommt mit Juans Mütze, die der Junge hereingebracht hat, nach vorn.

Die Mutter (einfach): Schuld war die Mütze.

Erster Fischer: Wieso?

Die Mutter: Sie ist schäbig. So etwas trägt kein Herr.

Erster Fischer: Aber sie können doch nicht auf jeden losknallen, der eine schäbige Mütze aufhat?

Die Mutter: Doch. Das sind keine Menschen. Das ist ein Aussatz, und das muß ausgebrannt werden wie ein Aussatz. *(Zu den betenden Frauen, höflich)*: Ich möchte euch bitten, zu gehen. Ich habe noch allerhand zu tun hier, und mein Bruder ist ja bei mir.

Die Leute gehen.

Erster Fischer: Das Boot haben wir unten festgemacht.

Wenn sie allein sind, nimmt die Mutter das Segel auf und sieht darauf hinab.

Die Mutter: Vorhin habe ich eine Fahne zerrissen. Sie haben mir wieder eine gebracht. *(Sie schleift es nach hinten und deckt den Toten damit zu. In diesem Augenblick ändert sich der ferne Donner der Geschütze. Er kommt plötzlich näher.)*
Der Junge (apathisch): Was ist das?
Der Arbeiter (plötzlich gehetzt aussehend): Der Durchbruch! Ich muß sofort los!
Die Mutter (nach vorn zum Backofen gehend, laut): Nehmt die Gewehre heraus! Mach dich fertig, José! Das Brot ist auch fertig.

Während der Arbeiter die Gewehre aus dem Kasten nimmt, sieht sie nach dem Brot. Sie nimmt es aus dem Ofen, schlägt es in ein Tüchlein und tritt zu den beiden. Sie faßt nach einem der Gewehre.

Der Junge: Willst du denn auch mitkommen?
Die Mutter: Ja, für Juan.

Sie gehen zur Tür.

DREIZEHN BÜHNENTECHNIKER ERZÄHLEN

Brecht schrieb nach dem Umbau des Schiffbauerdammtheaters an die Techniker einen Brief, in dem er sich für ihre Arbeit bedankte und mit nachstehenden Worten schloß: „Ich bitte, mich daran zu erinnern, wenn ich wieder einmal zu sehr schimpfen sollte."

Gerhart Szameit, 38 Jahre. Elektriker. Beim Berliner Ensemble seit 1954, Theatermeister:

„Ich hatte Gelegenheit, mit Brecht zu sprechen, wenn er technische Sachen kennenlernen wollte. Bei anderen Regisseuren kommt man nicht so ran, aber Brecht hat sich jeden Vorgang direkt von dem betreffenden Arbeiter demonstrieren lassen. Er hat viel Verständnis aufgebracht für Dinge, für die andere Regisseure ihren Bühnenbildner oder ihren Technischen Direktor haben."

„Hast du mal Krach gehabt mit ihm?"

„Vor Jahren. Wir probierten damals ‚Katzgraben', abends sollte ‚Courage' gespielt werden. Um 17 Uhr machte ich Brecht aufmerksam, daß wir jetzt umbauen müßten, und er sagte: ‚Szameit, noch zehn Minuten.' Als ich ihn nach einer halben Stunde wieder erinnerte, sagte er: ‚Ich probiere, bis alles klappt.' Er sah nicht die Vorstellung am Abend, sondern nur die Probe. Dann gab's doch Krach, Brecht ließ die Vorstellung ausfallen und probierte bis abends.

Er war nicht nachtragend der Technik gegenüber. Ich erinnere mich an eine Probe der Regie-Assistenten. Wir mußten immer wieder umstellen, und uns war nicht wohl bei der Sache. Als ich zum Zuschauerraum hinunterrief: ‚Ihr müßt doch wissen, was ihr wollt', brach ein großes Gelächter aus, und ich merkte, daß die Anweisung von Brecht kam, der inzwischen gekommen war. Aber Brecht hat selbst sehr gelacht und hat es überhaupt nicht persönlich genommen.

Besonders fiel mir auf, daß Brecht die Hilfsmittel der Technik, die Drehscheibe oder den Schnürboden, nicht einfach technisch benutzte, sondern die Technik war etwas Lebendiges bei ihm. Im allgemeinen baut man auf der Drehscheibe drei bis vier Dekorationen auf und dreht sie dann ein – Brecht dagegen benutzte sie als dramaturgisches Mittel. Das ist anders als bei jedem anderen Regisseur.

Spaß machte uns, daß er sich seine Zigarre nicht nehmen ließ, trotz des Verbots der Feuerwehr. Als Brecht in einer Illustrierten im Zuschauerraum mit der Zigarre abgebildet war, haben wir sie den Feuerwehrleuten gezeigt. Von der Zigarre war er unzertrennlich."

Gerhard Rietdorff, 27 Jahre. Elektriker. Im Berliner Ensemble seit 1953, jetzt als Beleuchter und Filmvorführer. Geht im Herbst zur Arbeiter-und-Bauern-Fakultät.

„Ich habe Brecht besonders in den letzten Monaten schätzengelernt. Er war ein ganz einfacher und bescheidener Mensch. Wenn man ihm auf dem Hof begegnete – er konnte in ein Gespräch vertieft sein, aber er war nie so weit weg (das gibt's bei anderen, die sind immer abwesend), daß er einen Arbeiter übersehen hätte. Eine Reinemachefrau hat er schon auf zwanzig Meter Entfernung gegrüßt, das haben die Arbeiter schnell gemerkt. Einmal hat er auf dem Hof am Auto gestanden. Da sagte ein Maurer, der da zu tun hatte: ‚Sag mal deinem Alten, er soll sich eine neue Karre kaufen.' Brecht fuhr doch damals diesen alten Schinken. Aber er lachte nur: ‚Die fährt noch ganz gut.'

Ich weiß nicht, ob das von Wichtigkeit ist: Als wir wieder mal eine schlechte Kritik hatten, sprach Brecht über die Presse und sagte: ‚Mir ist es Wurscht, was sie über mich schreiben, ob ich zuviel Anzüge hätte oder nur einen.'

Wenn ich auf der Bühne nichts zu tun hatte, setzte ich mich im Zuschauerraum in seine Nähe und versuchte zu hören, was am Regie-Pult gesprochen wurde. Wenn es Mißverständnisse technischer Art gab, ist mir manchmal ein Wort herausgerutscht. Dann drehte sich Brecht sofort um und fragte: ‚Was meinen Sie? Sagen Sie ruhig, was Sie denken.' Er war für jeden Einwand zu haben.

In den ‚Gegenseitigen Vereinbarungen' waren für die Technik Stückbesprechungen festgelegt. Die erste war zu ‚Held der westlichen Welt', die zweite zu ‚Galilei'. Im Foyer waren die Modelle aufgebaut. Ein Techniker fragte, ob wir wieder mit halbem Vorhang spielten, und Brecht wollte wissen, ob das eine Rolle spiele. Der Kollege antwortete: ‚Technisch natürlich', und auf Brechts Frage, ob es schwieriger oder einfacher sei: ‚Für uns als Beleuchter bedeutend schwieriger.' Brecht erklärte sofort, daß sich dann darüber reden ließe, und wir haben mit hohem Vorhang gespielt. Ich habe gestaunt, denn ich hatte immer gehört, Brecht hätte einen Dickkopf. Aber für uns war es unfaßbar, daß er sogar in solchen prinzipiellen Dingen mit sich reden ließ."

„Hattest du in deiner Eigenschaft als BGL-Vorsitzender mit Brecht zu tun?"

„Ich habe ihn das erste Mal gesprochen wegen der Paris-Tournee. Die X (Schauspielerin) sollte nicht mit, aber sie bestand auf ihrem Vertrag. Das war aber für Brecht gar nicht maßgebend. Als wir ihn dann jedoch daran erinnerten, daß er sie in der Rolle besser gefunden habe als die Y, die die Rolle jetzt spiele, hat er eingesehen, daß man nicht mal hü und mal hott sagen kann, und sie konnte mitfahren."

Werner Lindemann, 52 Jahre. Kraftfahrer. Im Berliner Ensemble seit 1950, jetzt Bühnenhandwerker.

„Brecht hat dich doch damals, als du die Weigel und auch ihn gefahren hast, immer in die letzten Proben geschickt?"

„Ja, er hat immer diskutiert, über vieles, er hat oft einen Rat von mir angenommen, was ich gar nicht gedacht hätte. Er hat stets gefragt, was mir nicht gefällt – nicht nur im Theater, auch an unserer Regierung und an unseren Gesetzen. Dann hat er mir erklärt, warum zu vielem noch nicht die Zeit sei, und gesagt, das käme noch. Über seine Stücke haben wir uns oft unterhalten."

„Ich erinnere mich, daß du in den Proben zur ‚Mutter' gesessen hast, das war 1950."

„Ja, wie war das? Zuerst habe ich ihm gesagt, das geht nicht, daß der Genosse dem Pawel die Jacke gibt, wenn er fliehen muß. Das muß die Weigel als Wlassowa machen, das macht die Mutter. Brecht sagte gleich, ja, das ist gut, und hat es gemacht. Im ‚Zerbrochnen Krug' wurde auch was geändert. Da wollten sie in der Küche zwei Wäschestangen aufstellen. ‚Das gibt's doch gar nicht', sagte ich, ‚die Wäsche gehört an den Ofen.' Da kam sie dann am Ofen auf eine Leine."

Horst Güldemeister, 31 Jahre. Beim Berliner Ensemble seit 1950, Inspizient.

„Ich habe eine wundervolle Erinnerung an Paris, an das II. Festival. Da ist uns der Vorhang herausgesprungen, und Brecht war der erste, der auf der Bühne war und sich dafür interessierte, wie das passiert ist. Da waren Leute mit Namen und Titeln und Würden –

Brecht hat sie alle weggeschickt und hatte keine Ruhe, solange die Vorstellung nicht gesichert war. Ich habe gestaunt, wie wichtig ihm das war."

Lindemann: „Er war immer interessiert, wenn technisch was nicht klappte..."

G.: „Er hatte unheimliches technisches Verständnis. Er wußte genau, was er von der Technik verlangen konnte und was darüber hinausging. Wenn eine technische Schwierigkeit auftrat, hat er alle künstlerischen Erwägungen beiseite gelassen und zuerst das Technische geklärt. Man konnte jederzeit die Probe unterbrechen, selbst ich als Inspizient, wenn was Technisches nicht klappte."

L.: „Er hat oft technische Dinge selbst ausgeknobelt..."

G.: „Er hatte unheimlichen Mut dazu, das gibt's woanders nicht. ‚Kreidekreis' zum Beispiel: Verwandlung bei offener Bühne und bei strahlendem Licht, alles wechselt, fährt herein – ein guter Inspizient bin ich nur durch Brecht geworden, in einem anderen Haus hätte ich mir das nie erarbeiten können. Solche technischen Schwierigkeiten gibt's woanders höchstens bei ‚Faust II'. Im allgemeinen geht woanders der Vorhang zu, Umbau, dann geht's weiter. Viele haben sich bei uns qualifiziert."

L.: „Wenn man ihm klargemacht hat, daß etwas nicht geht, hat er das eingesehen, er hat keinen dicken Kopf gehabt. Freilich bestand er manchmal darauf, daß etwas gehen mußte."

G.: „Das Schönste: er löste alles mit Humor. Wenn's schwierig war, kam ein Witz, dann ging's wieder. Er war nicht trocken."

Walter Meier, 55 Jahre. Elektriker. Beim Berliner Ensemble als Technischer Direktor, seit 1950.

„Du warst doch vorher in vielen anderen Theatern?"

„Seit 1920 fast ohne Unterbrechung, von der Schmiere an, vom Wandertheater."

„An welchen größeren?"

„In Plauen, Gera, zu uns kam ich von Altenburg. Ich habe mit guten Bühnenbildnern gearbeitet..."

„Auch mit guten Regisseuren?"

„Ich weiß nicht. Dafür habe ich erst ein Gefühl bekommen, als Brecht mich zur Arbeit zugezogen hat."

„In welcher Phase der Inszenierung war das im allgemeinen?"

„Gleich zu den ersten Proben. Er hat erklärt, wie er sich etwas gedacht hat, und mich dann gefragt: ‚Was glauben Sie, wie man das machen kann?'"

„Deine Techniker haben mir von Brechts großem technischen Verständnis erzählt.“

„Ich würde sagen, von Fall zu Fall. Manchmal hatte er sich etwas ausgedacht und glaubte, daß man das im nächsten Moment umsetzen könnte. Das ging aber nicht immer so schnell.“

„Hat er auf etwas bestanden, was nicht ging?“

„Wir haben immer versucht, seine Wünsche zu erfüllen. Es war nur wichtig, daß man vorher sagte, wenn etwas nicht fertig war. Wenn man rechtzeitig sagte: ‚Brecht, wir sind noch nicht soweit, das klappt nicht‘, war er zufrieden. Nur wenn man ihm etwas Unfertiges vorgesetzt hat und hinterher versuchte, sich herauszureden, wurde er böse. – Ich wollte eigentlich nicht Technischer Direktor bei ihm werden, weil ich aus der Beleuchtung kam und kein Maschinenfachmann war. Aber Brecht meinte, für ihn sei wichtiger, daß ich künstlerisches Empfinden hätte. Daß ich aus der Beleuchtung kam, war für ihn nützlich. Seine Beleuchtung war zwar neu für mich, aber er hat mir in verschiedenen Gesprächen erklärt, was er erreichen wollte, so daß ich es jetzt ganz verstehe.“

„Und was wollte er?“

„Keine Stimmung, alles klar, einfach, sichtbar – was gar nicht so einfach ist, wie meist angenommen wird. Wenn man alles sehen kann, muß sauber gearbeitet werden.“

„Du hältst also unser Licht für schwieriger als die herkömmliche Beleuchtung?“

„Ja, ja. Es wirkt sich sofort auf die Dekorationen aus, sie müssen ganz sauber sein, wenn man alles bis in den letzten Winkel sieht. In der letzten Zeit war ich darin oft konsequenter als Brecht. Bei einer der letzten Inszenierungen wollte er weniger Licht haben, mehr Stimmung, aber er hat mir dann geschrieben, daß ich recht gehabt hätte, und er sähe immer mehr, wie ich mich künstlerisch entwickelt hätte.“

„Das war eine schöne Gewohnheit von Brecht, daß er Briefe an seine Mitarbeiter schrieb . . .“

„Vor allem nach den Umbauten hier im Haus, die meist in den Spielferien lagen und mit ziemlichen Schwierigkeiten verbunden waren, hat er sich stets bei der Technik bedankt. Wenn ihm die Nerven durchgingen, konnte er auch mal ungerecht sein, aber ich habe meinen Leuten immer gesagt, lieber bei einem Könner arbeiten und mal eine Ungerechtigkeit einstecken. Obwohl ich dreißig Jahre im Theater arbeite, habe ich in den Jahren mit Brecht das meiste gelernt.“

Helmut Richter, 28 Jahre. Tapezierer. Beim Berliner Ensemble seit 1953, jetzt stellvertretender Deko-Meister.

„Ich habe gar nichts zu erzählen, ich habe in der ganzen Zeit kein Wort mit Brecht gewechselt, wir von den Dekos hatten ja kaum mit ihm zu tun. Ich war mit Brecht sehr zufrieden, er war immer so höflich, zuvorkommend, besonders der Technik gegenüber, es war ein gutes Arbeiten mit ihm. Einen Krach habe ich nie miterlebt. Wir hatten doch ein Transparent im Schnürboden hängen mit dem Schlußsatz aus Brechts Brief, das wollten wir herunterlassen als ‚Erinnerung', falls er Krach macht – wir haben es leider nie benutzen können."

Helmut Morbach, 56 Jahre. Heimerzieher. Beim Berliner Ensemble seit 1954, jetzt Requisitenmeister.

„Du hast doch schon vor 1933 mit Brecht gearbeitet, bei seiner Inszenierung der ‚Mutter'?"

„Ja, bei der ‚Mutter' und bei politischen Revuen. Ich war bei einer Laienspielgruppe, und Brechts Truppe brauchte mich wegen eines Motors. Die Szenentitel liefen mechanisch, an der Seite war eine Tafel aufgestellt, und man brauchte einen Rat, weil etwas klemmte. Ich sagte: ‚Um Gottes willen, das müßt ihr mit der Hand machen, die Hand ist die sicherste Maschine, und vor allem ist sie billiger.' Wir hatten doch kein Geld damals: eine Messing-Gardinenstange und Latten für ein paar Mark, das war der ganze Apparat. In der Fleischerszene hatten wir eine Margarinetonne als Hackklotz, ein paar Beine darunter, das war gut so. Das Publikum hat es natürlich gesehen, aber Brecht fand, das mache nichts.

Zum Weiterdrehen der Szenentitel mußten wir ein Signal geben, das war schwierig. Der Bühnenbildner saß im Zuschauerraum in der ersten Reihe, er bekam eine Leine in die Hand, und wenn er zog, gab es hinten ein Klingelzeichen. Ich wollte eine dunkle Strippe nehmen, die man nicht sieht, aber Brecht verlangte eine helle, damit sie gesehen wurde – wir kauften dann eine Wäscheleine.

Die Weigel, die die ‚Mutter' spielte, gab jedesmal ein Klopfzeichen mit der Hand, wenn es weitergehen sollte, wie bei einem Lichtbildervortrag.

Wenn etwas fehlte, ein Stuhl oder irgendeine Kleinigkeit, ging Brecht selbst in den Keller und suchte was raus. Wir hatten keine Arbeiter, nur einen alten Saaldiener, so eine Art Schlüsselbewahrer. Brecht hat selbst eine Kommode hochgeschleppt oder was da war.

Ich bin kein Bühnenfachmann. Als mich Brecht 1932 holte, war ich Süßwarenarbeiter, arbeitslos, und durch Brecht – und über die Laienspielgruppe – kam ich zum Theater. Brecht hat sich sehr bemüht, damit ich unterkam, das war damals ungeheuer schwer, er hat Briefe geschrieben meinetwegen.

Er hat sich immer dafür interessiert, was jemand für eine Meinung hatte. In der ‚Mutter' war ein Vers über die Polizisten und Soldaten, ‚die *viel* Geld bekommen und zu allem bereit sind'. Ich sagte, daß ich nicht der Meinung sei, daß sie viel Geld bekommen, ein Arbeiter verdient doch mehr als ein Polizist. Brecht hat geändert, ‚die wenig Geld bekommen, doch zu allem bereit sind'. Ich wußte doch: im Arbeitsnachweis in der Gormannstraße lief der Luxemburgmörder rum. Viel kann er nicht bekommen haben für seinen Mord. Übrigens haben die Arbeiter ihm nachts aufgelauert und ihn verdroschen.

Brecht hat immer alle nach ihrer Meinung gefragt und dann alles ausprobiert. Er war ja ein Individualist, würde ich sagen, aber er hat immer viele Leute angehört und seine Meinung abgestimmt."

„Seit wann bist du jetzt wieder bei Brecht?"

„Seit Januar 1954, seit wir das eigene Haus haben."

„Was hast du vorher gemacht?"

„Nach 1945 Heimarbeit, ich war gesundheitlich schwach. Daneben habe ich ehrenamtlich beim Magistrat im Amt für Kunst mitgearbeitet. Ich hatte noch von vor 1933 Material, etwas für Bühnenbilder. Ich hatte es aufgehoben, das ist doch Volkseigentum. Ich habe auch in unserer Requisite noch Sachen von vor 1933, jetzt gehören sie unserem Theater.

Ich wollte Heimleiter werden in einem Jugendwohnheim, habe auch nach meiner Erzieher-Ausbildung eine Zeitlang ein Heim geleitet. Von da hat mich die Weigel wieder geholt. Sie hat mir immer gesagt: ‚Wenn wir ein eigenes Haus haben, kommst du wieder zu uns.'"

„Wie bist du überhaupt wieder zur Weigel gekommen?"

„Ich glaube, ich habe sie im Deutschen Theater besucht, und dann hatten wir laufend Kontakt."

„Kannte Brecht dich noch?"

„Natürlich. Er sagte gleich, Sie waren doch damals Inspizient (ich war nicht nur Requisiteur, das habe ich auch gemacht, aber auch den Bühnenumbau, das ganze Technische). Brecht hatte sich überhaupt nicht verändert, er war wie vor fünfundzwanzig Jahren."

Emil Neumann, 36 Jahre. Gürtler. Im Berliner Ensemble seit 1952, jetzt als Theatermeister.

„Nach dem 17. Juni hatten wir drei Betriebsversammlungen. Ich hatte angegriffen, daß viele Funktionäre wenig Interesse hätten an den Nöten und Sorgen der Arbeiter. Außerdem habe ich gesagt, daß den Technikern keine oder zuwenig Möglichkeiten gegeben werden, sich zu qualifizieren und dadurch mehr Geld zu verdienen . . ."

„Ich verstehe nicht, Sie waren damals Requisiteur und sind jetzt Meister . . ."

„Ja, aber meine Diskussion betraf doch die damalige Situation, nicht die heutige."

„Und was hat Brecht dazu gesagt?"

„Er hat mir anschließend kräftig die Hand geschüttelt und mir versichert, daß das, was ich gesagt hätte, ganz besonders gut war, daß ich das viel früher hätte sagen sollen und daß man so was nicht oft genug sagen könne. Ich glaube, ich habe auch viel Unsinn geredet damals, aber die Stimmung war sehr heiß . . .

Besonders aufmerksam fand ich, daß Brecht mir ein Glückwunschschreiben schickte, als ich meine Prüfung als Theatermeister bestanden hatte, obwohl er damals schon monatelang krank war. Ich meine die Aufmerksamkeit, daß er überhaupt davon Notiz nimmt, wenn ein Techniker einen Lehrgang macht und eine Prüfung besteht.

Einen besonderen Eindruck hatte ich von ihm, als wir in dem neuen Haus anfingen. Ich war damals krank, hatte einen Schwächeanfall und bin umgekippt. Ohne den Arzt zu hören, hat er gesagt, er wolle mich in den nächsten zwei Wochen nicht im Theater sehen, und er hat einen Heidenkrach gemacht, als er mich am nächsten Tag noch antraf."

Wolfgang Bömelburg, 24 Jahre. Möbeltischler. Beim Berliner Ensemble seit 1951 als Bühnenhandwerker.

„Ich fing während der Inszenierung der ‚Mutter' bei uns an. Brecht verlangte absolute Ruhe auf der Bühne, das Schlimmste, was es gibt. Die Kollegen hatten mich vorher gewarnt: ‚Nimm dich in acht vor Brecht, wenn der anfängt zu schreien, dann hau ab. Dann sind wir alle von der Bühne marschiert.' Also, irgendwie war ich an diesem Tage laut, und Brecht wollte wissen, wer das gewesen sei, der Betreffende sollte sofort auf die Bühne kommen. Er brüllte, daß der Mann sofort entlassen werden sollte, er tauge nicht fürs

Theater. Und ich war ganz neu, hatte noch nie auf der Bühne gearbeitet – da war ich gleich zu Anfang bedient. Aber in den letzten Jahren ist Brecht ganz ruhig geworden, hier bei uns hat er überhaupt nicht mehr gebrüllt, da konnte man mit ihm über alles sprechen.

Noch etwas: Ich fahre doch seit Jahren den ‚Courage'-Wagen, gebe ihn der Weigel in die Hand und nehme ihn wieder ab. Wenn wir auf irgendeiner anderen Bühne gespielt haben, auf Tournee, hat Brecht jedesmal gemerkt, wenn der Wagen nicht genau stand, und wenn es nur zwanzig Zentimeter waren. Du weißt, es ist dunkel, man findet nicht gleich das Zeichen, aber Brecht hat es immer gesehen.

Das ist bis jetzt so geblieben: Wenn wir ‚Courage' spielen, kommt Walter Meier fünfmal zu mir und fragt, ob ich den Wagen in Ordnung habe. Die Weigel sieht auch sofort, wenn er nicht richtig steht, da konnten sie sich die Hand geben.

Brecht war immer so einfach. Auf dem Hof waren mal Müllkutscher. Brecht hatte seinen Wagen drüben auf dem Damm abgestellt und kam über den Hof, in so einem blauen Anzug wie wir. Da rief ihn ein Müllkutscher an: ‚Du, faß mal mit zu und renn nicht vorbei.'"

Emil Kohlmeier, 55 Jahre. Elektriker. Beim Berliner Ensemble seit 1951, jetzt als Oberbeleuchter.

„In den Kammerspielen drüben hat es mal gefunkt, als wir die ‚Jeanne d'Arc' von der Seghers probiert haben. Das war kompliziert, da waren zwölf oder fünfzehn Scheinwerfer, die verstellt werden mußten."

„Alle mit der Hand?"

„Ja, und immer schnell, schnell. Ich habe, so gut ich konnte, notiert, hatte einen Haufen fliegender Blätter, und auf einmal hieß es: zurück ins 4. Bild. Ich mußte suchen, was war bloß in 4, da ging der Vorhang auf, und die ganze Beleuchtung war falsch. Da hat Brecht getobt: ‚Wer ist das da oben, aufschreiben!'"

„Wie haben Sie reagiert?"

„Ich war still. Ich habe mir gesagt, das ist im Theater so, da sind sie oft nervös. Er tobte, und dann war alles wieder gut."

„Brecht wußte doch ziemlich genau, wo die Scheinwerfer waren?"

„Nun, er sah, daß was fehlte, wenn er vorher eingeleuchtet hatte. Er sah, welche Stelle anders beleuchtet war. Einmal hat er sich genau aufschreiben lassen, welche Scheinwerfer drin waren, um es dann zu vergleichen."

„Habt ihr spezielle Schwierigkeiten dadurch gehabt, daß Brecht immer viel Licht haben wollte?"

„Ja, ja, man konnte doch nur einschalten, was vorhanden war. Er wollte es immer ganz hell. Das Deutsche Theater war nicht reich an Scheinwerfern, die Kammerspiele nicht, wir nicht – wir brauchten immer zusätzliches Licht. Da hat er nicht gespart.

Auch mit seinem Horizont war er nie zufrieden, immer wurde umgebaut. Erst war er fahrbar, dann wurde er fest gebaut, dann kam der Schleier drüber, er hatte mal einen Vorschlag aus weißen Steinen, in der letzten Zeit hat er ihn zurückversetzen lassen."

Heinz Koppe, 22 Jahre. Ungelernter Arbeiter. Beim Berliner Ensemble seit 1955, jetzt als Dekorateur.

„Du hast Brecht ziemlich kurz gekannt, nicht?"

„Ja, nur ein knappes Jahr. Was mir vor allem auffiel: es wurde ernsthaft gearbeitet, wenn Brecht Regie führte, konsequent. Der Technik gegenüber war er immer wunderbar, man hatte immer den Eindruck, daß er technisch sehr interessiert war, nicht nur künstlerisch.

Ich hatte mal einen Streit mit X (Schauspieler). Er hat behauptet, ich hätte eine Bank falsch hingestellt, und er brüllte mich deshalb an. Ich sagte: ‚Hören Sie mal, ich bin auch ein Mensch.' Da war er sehr erregt, und Brecht hat sofort eingegriffen: ‚Herr X, so geht das nicht.' Er hat sich immer dafür eingesetzt, daß die Techniker geachtet wurden.

Was ich mal nicht schön fand von ihm, daß er den Y (Schauspieler) zur Generalprobe von ‚Pauken und Trompeten' angeschrien hat, weil er nicht singen konnte. Man kann von einem Menschen nicht fordern, was er nicht kann."

„Aber Y war schlecht, Brecht hatte wochenlang probiert . . ."

„Dann hätte er in diesen Wochen sagen müssen, daß es nicht geht. Er war doch ein Meister in seinem Fach und hätte es längst hören müssen. Aber sonst, von meinem Standpunkt aus war es ein wunderbares Arbeiten. Vielleicht ist ihm auch mal ein Wort rausgerutscht, was er später bereut hat, aber es ist ja im Theater so, daß man automatisch von der Nervosität mitgerissen wird."

Eduard Fischer, 40 Jahre. Polsterer und Dekorateur. Beim Berliner Ensemble seit 1951, jetzt als Kascheur und Theater-Plastiker.

„Als ich herkam, suchte die Weigel jemanden, der kaschieren konnte. Ich war fast beleidigt, als sie von mir verlangte, daß ich ein Huhn machen solle; das kann jeder, dachte ich. Aber sie wollte ein besonderes Huhn, eines, das sie rupfen konnte, die Federn sollten ausziehbar und wieder einzustecken sein. Ich sagte ihr, das sei Zuchthausarbeit und würde eine Menge Geld kosten. Als ich ihr das Huhn dann vorführte, ist sie mir um den Hals gefallen – ich war aber eigentlich nicht zufrieden, ich habe mich hinterher geärgert, daß ich es nicht besser ausgearbeitet hatte."

„In welchem Stadium der Inszenierung hat Brecht mit dir über deine Arbeit gesprochen?"

„Schon vor der Inszenierung. Zum Beispiel bei der Vorbesprechung zu ‚Galilei' gab's viele verschiedene Meinungen. Das fand ich prima: er ließ uns zu Wort kommen. Er hat nie vorgeschrieben: ‚Ich möchte das so und so haben', sondern wer arbeitete, konnte auch seine Meinung dazu sagen. Aber wenn man noch so gut erklärt hat, Brecht konnte sich nichts vorstellen, sondern wollte immer einen Entwurf oder ein Modell sehen. Die meisten Arbeiten hat er sich in meiner Werkstatt angesehen. An dem großen Engel im ‚Urfaust' hätte ich noch drei Tage zu arbeiten gehabt, aber Brecht sagte, der sei gut so, raus damit. Für die Hexe auf dem Dachfirst habe ich sieben Entwürfe gemacht. Brecht fragte mich, wie ich mir eine Hexe vorstelle. Ich sagte: ‚Eine Furie, ein altes Weib, das auf einem Besen reitet, mit Pantoffeln, wehenden Röcken, fliegenden Haaren.' – Brecht hatte sie sich genauso vorgestellt."

„Gab es auch Meinungsverschiedenheiten?"

„Nun ja, als ich den Komtur für ‚Don Juan' gemacht hatte. Hill war in Frankfurt, Besson in Wien, Brecht in Buckow – und mich haben sie allein hier gelassen. Als sie dann kamen, sagte Brecht, der Komtur sei anders als der für Rostock, der hätte ein dreifaches Kinn gehabt. Aber ich stellte mir einen fünfzigjährigen Franzosen eben so vor. Ich habe ihn dann etwas älter gemacht und Brecht gezeigt, daß er aus jeder Richtung anders aussieht. Auf der Bühnenprobe hieß es dann, Fischer solle vorkommen. Ich hatte mich schon in Positur geworfen für den Krach, aber Brecht hat mir nur zu meinem Komtur gratuliert."

„Wollte Brecht nicht, daß der Komtur irgendwie deformiert wird? In Rostock hatte ihm gefallen, daß der Rücken plattgedrückt war wie bei einer Wanze. Und du hast den Rücken doch auch nachträglich hier flach gemacht?"

„Ja, das kam durch einen Zufall, der Komtur war auf dem Transport flachgedrückt worden, das gefiel Brecht."

(Fischers Komtur ist 3,10 m hoch, läuft, spricht, nickt.)

„Seinen Konfutse (chinesisches Rollbild in Brechts Wohnung) habe ich ihm mal restauriert. Da hat er mir seine Bücher geschickt mit der Widmung: Für die Rettung des Konfutse.

In seinem Arbeitszimmer in Buckow habe ich ihm die Gardinen angemacht, an Metallringen, die auf dünnen Drahtseilen liefen. Brecht war ganz entsetzt, als ich darüber eine sehr schöne Eichenholzleiste angebracht hatte, und sagte: ‚Fischer, Sie verdecken doch die ganze Technik, man muß sehen, wie das funktioniert.' Die Leiste haben wir dann weggestellt."

Anton Schubert, 43 Jahre. Tischler. Beim Berliner Ensemble seit 1952, jetzt als Modelltischler.

„Haben Sie mal Krach gehabt mit Brecht?"

„Krach? Ich? Wir haben uns so prima verstanden, ich habe noch nie im Leben einen besseren Chef gehabt. Immer, wenn Brecht ins Probenhaus kam, kam er auch in meine Werkstatt und hat sich zeigen lassen, woran ich arbeitete. Er hat sich für jede Kleinigkeit interessiert. Er war noch ein paar Tage, ehe er starb, hier und hat sich nach meiner Arbeit erkundigt. Er war der einzige, der Verständnis dafür hatte. Andere halten es für Spielerei, aber Brecht sagte, wir arbeiten nicht für zwei, drei Jahre, das holt man in dreißig Jahren wieder heraus und sieht nach, wie wir unsere Bühnenbilder gebaut haben.

Als ich herkam, hat niemand gewußt, daß ich Modellbauen kann. Palitzsch sah zufällig bei mir einen ‚Courage'-Wagen (1:33⅓, jede Kleinigkeit genau wie am Original-Wagen, drei Wochen Arbeitszeit), den wollte er für die Vitrine im Bahnhof Friedrichstraße. Als das Brecht erfuhr, sagte er: ‚Keinen Handgriff mehr in der großen Werkstatt.' Ich bekam sofort eine eigene kleine Werkstatt eingerichtet, mein Vertrag wurde geändert, und seitdem baue ich meine Modelle. Sie waren hauptsächlich für Ausstellungen gedacht, und es waren welche in Paris, London, Wien, zur Zeit in Amerika.

Wenn ich ein Modell gebaut hatte, wollte Brecht dann auch auf der Bühne alles ganz genau so haben wie bei mir: die Art der Holzbehandlung, die Tönung des Holzes. Ich mußte dann die großen Dekorationen mit allen möglichen Sachen bearbeiten, mit Schuhcreme, oder abschleifen, bis alles genau stimmte. Bei den Besprechungen mußte ich immer von Anfang an dabei sein.

Ich muß sagen, Brecht hat mir in den fünf Jahren, die wir zusammengearbeitet haben, nicht ein unfreundliches Wort gesagt. Er war so freundlich und nett zu mir wie noch niemals jemand in einem Betrieb.

Es ist schlimm, daß Brecht nicht mehr ist – auch für mich. Wer hat jetzt dieses Verständnis für meine Arbeit?"

Aufgeschrieben von Käthe Rülicke

DAS EHE-EXAMEN

Aus: Herr Puntila und sein Knecht Matti

Eßzimmer auf Puntila. Aus kleinen Tischchen ist ein langer Eßtisch aufgebaut. Der Gutsbesitzer Puntila, seine Tochter Eva, Verlobungsgäste, Hauspersonal und Matti sitzen vereint beisammen.

Eva: Matti, wir wollen's versuchen. Ich bin deine Chauffeursfrau, sag mir, was ich zu tun hab.

Puntila: Das ist ein Wort! Hol die Sandwich herein, Fina, wir machen ein gemütliches Essen, und der Matti examiniert die Eva, bis sie blau wird!

Matti: Bleib sitzen, Fina, wir haben keine Bedienung. Wenn wir von Gästen überrascht werden, ist nichts im Haus, als was für gewöhnlich in der Speis ist. Hol den Hering herein, Eva.

Eva (lustig): Ich spring schon. *(Ab.)*

Puntila (ruft ihr nach): Vergiß nicht die Butter! *(Zu Matti)*: Ich begrüß deinen Entschluß, daß du dich selbständig machen willst und von mir nichts annimmst. Das tät nicht jeder.

Eva (zurück mit einer Platte mit Heringen): In unserer Küch ist keine Butter, hab ich recht?

Matti: Ja, da ist er. Ich kenn ihn wieder. *(Er nimmt die Platte.)* Ich hab seinen Bruder erst gestern gesehn und einen aus seiner Familie vorgestern und so zurück Mitglieder von der Familie, seit ich selber nach einem Teller gegriffen hab. Wie oft wollen Sie einen Hering essen wolln in der Woche?

Eva: Dreimal, Matti, wenn's sein muß.

Die Köchin: Da werdens ihn öfter essen müssen, wenns n i c h t wollen.

Matti: Sie werden eine Menge lernen müssen. Meine Mutter, die Gutsköchin war, hat ihn fünfmal die Woche gegeben, und die Laina gibt ihn achtmal. *(Er nimmt den Hering und faßt ihn am Schwanz.)* Willkommen, Hering, du Belag des armen Volkes! Du Sättiger zu allen Tageszeiten und salziger Schmerz in den Gedärmen! Aus dem Meer bist du gekommen und in die Erde wirst du gehn. Mit deiner Kraft werden die Fichtenwälder gefällt und die Äcker angesät, und mit deiner Kraft gehen die Maschinen, Gesinde genannt, die noch keine perpetua mobile sind. O Hering, du Hund, wenn du nicht wärst, möchten wir anfangen, vom Gut Schweinefleisch verlangen, und was würd da aus Finnland?

Er legt ihn zurück, zerschneidet ihn und gibt allen ein Stückchen.

Puntila: Mir schmeckt's wie eine Delikateß, weil ich's selten eß. Das ist eine Ungleichheit, die nicht sein sollt. Wenn's nach mir ging, tät ich alle Einnahmen vom Gut in eine Kass, und wer vom Personal was braucht, nimmt heraus, denn ohne ihn wär ja auch nichts drin. Hab ich recht?

Matti: Ich kann's Ihnen nicht raten. Warum? Sie wären schnell ruiniert, und die Bank würd übernehmen.

Puntila: Das sagst du, aber ich sag anders. Ich bin beinah ein Kommunist, und wenn ich ein Knecht wär, würd ich dem Puntila das Leben zur Höll machen. Setz dein Examen fort, es interessiert mich.

Matti: Wenn ich bedenk, was eine können muß, die ich meiner Mutter vorführ, denk ich gleich an meine Socken. *(Er zieht einen Schuh aus und gibt Eva die Socke.)* Können Sie die zum Beispiel flicken?

Der Richter: Das ist viel verlangt. Ich hab zu dem Hering geschwiegen, aber die Liebe von der Julia zum Romeo möcht eine solche Zumutung nicht überlebt haben wie Sockenflicken. Eine solche Liebe, die zu so einer Aufopferung fähig ist, könnt auch leicht unbequem werden, denn sie ist ihrer Natur nach zu feurig und also geeignet, die Gericht zu beschäftigen.

Matti: In den untern Ständen werden die Socken nicht nur aus Liebe geflickt, sondern auch aus Ersparnisgründen.

Der Probst: Ich glaub nicht, daß die guten Fräuleins, die sie in Brüssel erzogen haben, an diese Eventualität gedacht haben.

Eva ist mit Nadel und Zwirn zurückgekehrt und fängt an zu nähen.

Matti: Was an ihrer Erziehung versäumt worden ist, muß sie jetzt nachholen. *(Zu Eva)*: Ich werf Ihnen Ihre Unbildung nicht vor, so lang Sie Eifer zeigen. Sie haben in der Wahl Ihrer Eltern Unglück gehabt und nichts Richtiges gelernt. Schon der Hering vorhin hat die riesigen Lücken in Ihrem Wissen gezeigt. Ich hab den Socken mit Vorbedacht gewählt, damit ich seh, was in Ihnen steckt.

Fina: Ich könnt's dem Fräulein Eva zeigen.

Puntila: Nimm dich zusammen, Eva, du hast einen guten Kopf, du mußt es treffen.

Eva gibt Matti zögernd die Socke. Er hebt sie hoch und betrachtet sie sauer lächelnd, da sie hoffnungslos vernäht ist.

Fina: Ohne Stopfei hätt ich's auch nicht besser fertiggebracht.

Puntila: Warum hast du keins genommen?

Matti: Unkenntnis. *(Zum Richter, der lacht)*: Lachens nicht, der Socken ist hin. *(Zu Eva)*: Wenns einen Chauffeur heiraten wollen, ist das eine Tragödie, denn da müssen Sie sich nach der Decke strecken, und die ist kurz, Sie werden sich wundern. Aber ich geb Ihnen noch eine Chance, damit Sie besser abschneiden.

Eva: Ich geb zu, das mit der Socke ist nicht gelungen.

Matti: Ich bin Chauffeur auf einem Gut, und Sie helfen beim Waschen und im Winter beim Ofenheizen. Ich komm abends heim, und wie behandeln Sie mich da?

Eva: Das werd ich besser treffen, Matti. Komm heim.

Matti geht einige Schritte weg und tritt anscheinend durch eine Tür ein.

Eva: Matti! *(Sie läuft auf ihn zu und küßt ihn.)*

Matti: Erster Fehler. Vertraulichkeiten und Schnickschnacks, wenn ich müd heimkomm.

Er geht anscheinend zu einer Wasserleitung und wäscht sich. Dann streckt er die Hand nach einem Handtuch aus.

Eva (hat angefangen zu plaudern): Armer Matti, bist du müd? Ich hab den ganzen Tag dran denken müssen, wie du dich abplagst. Ich würd's dir so gern abnehmen.

Fina gibt ihr ein Tischtuch in die Hand, sie gibt es niedergedrückt Matti.

Eva: Entschuldige, ich hab nicht verstanden, was du haben willst.

Matti brummt unfreundlich und setzt sich auf einen Stuhl am Tisch. Dann streckt er ihr die Stiefel hin. Sie versucht, sie auszuziehen.

Puntila (ist aufgestanden und sieht gespannt zu): Zieh!

Der Probst: Ich halte das für eine sehr gesunde Lektion. Sie sehen, wie unnatürlich es ist.

Matti: Ich mach das nicht immer, ich hab nur heut zum Beispiel den Traktor gefahren und bin halbtot, und man muß damit rechnen. Was hast du heut geschafft?

Eva: Gewaschen, Matti.

Matti: Wieviel große Stücke habens dich auswaschen lassen?

Eva: Vier, aber Bettlaken.

Matti: Fina, sag's ihr.

Fina: Sie haben mindestens siebzehn gemacht und zwei Zuber Buntes.

Matti: Habt ihr das Wasser durch den Schlauch bekommen, oder habt ihr's mit'm Eimer reingießen müssen, weil der Schlauch hin ist wie auf Puntila?

Puntila: Gib mir nur Saures, Matti, ich bin ein schlechter Mensch.

Eva: Mit'm Eimer.

Matti: Die Nägel hast du dir *(er nimmt ihre Hand auf)* beim Wäschereiben oder beim Feuern gebrochen. Überhaupt nimmst du besser immer bissel Fett drauf, meine Mutter hat so *(er zeigt es)* dicke Händ bekommen mit der Zeit und rot. Ich denk, du bist müd, aber meine Montur mußt du mir noch auswaschen, ich brauch sie morgen sauber.

Eva: Ja, Matti.

Matti: Dann ist sie schön trocken morgen früh, und du brauchst zum Bügeln nicht vor halb sechs aus'm Bett. *(Matti sucht mit der Hand was neben sich auf dem Tisch.)*

Eva (alarmiert): Was ist es?

Fina: Zeitung.

Eva springt auf und hält Matti anscheinend eine Zeitung hin. Er nimmt sie nicht, sondern greift finster weiter auf dem Tisch herum.

Fina: Auf den Tisch!

Eva legt sie endlich auf den Tisch, aber sie hat den zweiten Stiefel noch nicht ausgezogen, und er stampft ungeduldig mit ihm auf. Sie setzt sich wieder dazu auf den Boden. Wenn sie ihn aus hat, steht sie erleichtert auf, schnauft aus und richtet sich das Haar.

Eva: Ich hab mir die Schürze eingenäht, das gibt ein wenig Farbe hinein, nicht? Man kann überall etwas Farbe hineinbringen, ohne daß es viel kostet, man muß es nur verstehn. Wie gefällt sie dir, Matti?

Matti, im Zeitunglesen gestört,
läßt erschöpft die Zeitung sinken und sieht Eva leidend an.
Sie schweigt erschrocken.

Fina: Nicht reden, wenn er die Zeitung liest!
Matti (aufstehend): Sehens?
Puntila: Ich bin enttäuscht von dir, Eva.
Matti (fast mitleidig): Da fehlt eben alles. Nur dreimal in der Woche Hering essen wollen, das Stopfei für'n Socken, und wenn ich abends heimkomm, fehlt die Feinfühligkeit, zum Beispiel das Maulhalten! Und dann werd ich in der Nacht gerufen, daß ich den Alten von der Station abhol, und was dann?
Eva: Das werd ich dir zeigen. *(Sie geht anscheinend an ein Fenster und schreit hinaus, sehr schnell)*: Was, mitten in der Nacht? Wo mein Mann grad heimgekommen ist und seinen Schlaf braucht? Das ist die Höhe! Er kann im Straßengraben seinen Rausch ausschlafen. Vor ich meinen Mann hinauslaß, versteck ich ihm die Hosen!
Puntila: Das ist gut, das mußt du eingestehen!
Eva: Die Leut zu nachtschlafender Zeit heraustrommeln! Als ob's nicht schon tagsüber genug Schinderei wär! Mein Mann kommt heim und fällt mir ins Bett wie ein Toter. Ich kündige! Ist das besser?
Matti (lachend): Eva, das ist eine schöne Leistung. Ich werd zwar gekündigt, aber wenn du das meiner Mutter vormachst, ist sie gewonnen. *(Er schlägt Eva scherzhaft mit der Hand auf den Hintern.)*
Eva (erst sprachlos, dann zornig): Lassen Sie das!
Matti: Was ist denn?
Eva: Wie können Sie sich unterstehn, dorthin zu haun?
Der Richter (ist aufgestanden und klopft Eva auf die Schulter): Ich fürchte, du bist zu guter Letzt doch noch durchs Examen gefallen, Eva.
Puntila: Was ist denn los mit dir?
Matti: Sind Sie beleidigt! Ich hätt Ihnen nicht eins draufgeben solln, wie?
Eva (lacht wieder): Papa, ich zweifel doch, ob's geht.
Der Probst: So ist es.
Puntila: Was heißt das, du zweifelst?

Eva: Ich glaub jetzt auch, daß meine Erziehung die falsche war. Ich glaub, ich geh hinauf.

Puntila: Ich muß einschreiten. Setz dich sofort auf deinen Platz, Eva.

Eva: Papa, ich halt es für besser, wenn ich geh, du kannst deine Verlobung leider nicht haben, gute Nacht. *(Ab.)*

BERICHT VOM 1. MAI 1905

Aus: Die Mutter

Straße.

Pawel: Als wir Arbeiter von den Suchlinow-Werken über den Wollmarkt kamen, stießen wir auf den Zug der anderen Betriebe, es waren schon viele Tausende. Wir trugen Transparente, darauf stand: Arbeiter, unterstützt unseren Kampf gegen die Lohnsenkung! Arbeiter, vereinigt euch!

Iwan: Wir marschierten ruhig und in Ordnung. An Liedern wurde gesungen: „Wacht auf, Verdammte dieser Erde" und „Brüder, zur Sonne, zur Freiheit". Unser Betrieb kam direkt hinter der großen roten Fahne.

Andrej: Neben mir marschierte Pelagea Wlassowa dicht hinter ihrem Sohn. Als wir diesen in der Frühe abgeholt hatten, war sie plötzlich angekleidet aus der Küche gekommen, und auf unsere Frage, wohin sie wolle, hatte sie geantwortet:

Pelagea Wlassowa: Mit euch gehen.

Anton: Solche wie sie gingen viele mit uns, denn der strenge Winter, die Lohnsenkungen in den Betrieben und unsere Agitation hatten viele zu uns geführt. Bevor wir zum Erlöserboulevard kamen, sahen wir einige Polizisten und keine Soldaten, aber an der Ecke des Erlöserboulevards und der Twerskaja stand plötzlich eine zweifache Kette von Soldaten. Als sie unsere Fahne und unsere Transparente sahen, schrie plötzlich eine Stimme uns zu: Achtung! Auseinandergehen! Es wird geschossen. Und: Fahne weg! – Unser Zug kam ins Stocken.

Pawel: Aber da die hinten Marschierenden nachrückten, konnten die Vorderen nicht stehenbleiben, und jetzt wurde geschossen. Als die ersten Leute umschlugen, erfolgte nichts weiter als eine Verwirrung. Viele konnten nicht glauben, daß das, was sie sahen, wirklich geschehen war. Dann setzten sich die Soldaten in Bewegung auf die Menge zu.

Pelagea Wlassowa: Ich war mitgegangen, um für die Sache der Arbeiter zu demonstrieren. Es waren lauter ordentliche Leute, die da marschierten, die ihr Leben lang gearbeitet hatten. Freilich waren auch Verzweifelte darunter, die durch die Arbeitslosigkeit zum Äußersten getrieben waren, und Hungrige, die zu schwach waren, sich zur Wehr zu setzen.

Andrej: Wir standen immer noch ziemlich vorn, und wir gingen auch nicht auseinander, als geschossen wurde.

Pawel: Wir hatten unsere Fahne, Smilgin trug sie, und wir dachten auch nicht daran, sie wegzugeben, denn jetzt schien uns, ohne daß wir uns verständigten, daß es wichtig wäre, daß sie gerade uns träfen und niedermachten und die Fahne, gerade unsere, die r o t e, wegnähmen. Dies wollten wir aber, damit alle Arbeiter sähen, wer wir sind und wofür wir sind, nämlich für die Arbeiter.

Andrej: Die gegen uns waren, mußten sich benehmen wie die wilden Tiere. Weil sie dafür von den Suchlinows ihren Lebensunterhalt bekamen.

Mascha: Endlich würde es jeder sehen, und unsere Fahne, die r o t e, mußte besonders hoch gehalten werden, allen sichtbar, nicht zum wenigsten den Soldaten, aber auch allen anderen.

Iwan: Und die sie nicht sahen, denen sollte es erzählt werden, heute noch oder morgen oder in den nächsten Jahren, so lange, bis sie w i e d e r gesehen würde. Denn, das glaubten wir zu wissen, und viele wußten es sicher in diesem Augenblick, sie würde immer wieder gesehen werden, von jetzt ab bis zur völligen Umänderung aller Dinge, die auf dem Marsch ist: unsere Fahne, die die gefährlichste ist für alle Ausbeuter und Herrschenden, die unerbittlichste!

Anton: Aber für uns Arbeiter die endgültige!

Alle:
Darum werdet ihr sie sehen
Immer wieder
Gern oder ungern
Je nach eurer Stellung in diesem Kampf
Der nicht mehr anders enden wird als
Mit unserem vollständigen Sieg
In allen Städten aller Länder
Wo es Arbeiter gibt.

Pelagea Wlassowa: Aber an diesem Tag trug sie der Arbeiter Smilgin.

Smilgin: Mein Name ist Smilgin. Ich habe zwanzig Jahre lang der Bewegung angehört. Ich war einer der ersten, die im Betriebe revolutionäre Aufklärung verbreiteten. Wir haben um die Löhne gekämpft und um bessere Arbeitsbedingungen. Dabei habe ich im Interesse meiner Kollegen oftmals mit den Unternehmern verhandelt. Anfangs voller Feindschaft, aber dann, ich gebe es zu, dachte ich, es ginge anders leichter. Wenn wir unseren Einfluß vermehrten, dachte ich, würden wir mitzubestimmen haben. Das war wohl falsch. Jetzt stehe ich hier, hinter mir sind es schon viele Tausende, aber vor uns steht wieder die Gewalt. Sollen wir die Fahne weggeben?

Anton: Gib sie nicht weg, Smilgin! Es geht nicht durch Verhandeln, sagten wir. Und Pelagea Wlassowa sagte ihm:

Pelagea Wlassowa: Du mußt sie nicht hergeben, es kann dir nichts geschehen. Gegen eine friedliche Demonstration kann die Polizei nichts haben.

Mascha: Und in diesem Augenblick schrie ein Polizeioffizier uns zu: Gebt die Fahne heraus!

Iwan: Und Smilgin sah hinter sich und sah hinter seiner Fahne unsere Transparente und auf den Transparenten unsere Losungen. Und hinter den Transparenten standen die Streikenden von den Suchlinow-Werken. Und wir sahen hin, was er neben uns, einer von uns, mit der Fahne machte.

Pawel: Zwanzig Jahre in der Bewegung, Arbeiter, Revolutionär, am 1. Mai 1905, vormittags 11 Uhr an der Ecke des Erlöserboulevards, im entscheidenden Augenblick. Er sagte:

Smilgin: Ich gebe sie nicht her! Es wird nicht verhandelt.

Andrej: Gut, Smilgin, sagten wir. So ist es recht. Jetzt ist alles in Ordnung.

Iwan: Ja, sagte er und fiel vornüber aufs Gesicht, denn sie hatten ihn schon abgeschossen.

Andrej: Und sie liefen hin, vier, fünf Mann, um sich die Fahne zu holen. Aber die Fahne lag neben ihm. Da bückte sich unsere Pelagea Wlassowa, die Ruhige, Gleichmütige, die Genossin, und griff nach der Fahne.

Pelagea Wlassowa: Gib die Fahne her, Smilgin, sagte ich. Gib sie her! Ich werde sie schon tragen. Das wird alles noch anders werden!

RECHTSFINDUNG 1934

Aus: Furcht und Elend des Dritten Reiches

Es kommen die Herren Richter.
Denen sagt das Gelichter:
Recht ist, was dem deutschen Volke nützt.
Sie sagen: Wie sollen wir das wissen?
So werden sie wohl Recht sprechen müssen
Bis das ganze deutsche Volk sitzt.

Augsburg. Beratungszimmer in einem Gerichtsgebäude. Durch das Fenster sieht man den milchigen Januarmorgen. Eine kugelige Gaslampe brennt noch. Der Richter zieht sich eben den Talar an. Es klopft.

Der Richter: Herein.

Herein der Kriminalinspektor.

Der Inspektor: Guten Morgen, Herr Amtsrichter.

Der Richter: Guten Morgen, Herr Tallinger. Ich habe Sie hergebeten wegen des Falls Häberle, Schünt, Gaunitzer. Die Sache ist mir, offen gestanden, nicht ganz klar.

Der Inspektor: –?

Der Richter: Ich entnehme aus den Akten, daß das Geschäft, in dem der Auftritt stattfand, der Juwelierladen Arndt, ein jüdisches Geschäft ist?

Der Inspektor: –?

Der Richter: Und die Häberle, Schünt, Gaunitzer sind wohl immer noch Mitglieder des Sturms 7?

Der Inspektor nickt.

Der Richter: Demnach hat also der Sturm keine Veranlassung gesehen, die drei von sich aus zu disziplinieren?

Der Inspektor schüttelt den Kopf.

Der Richter: Man kann doch wohl annehmen, daß von seiten des Sturmes nach dem Aufsehen, das der Auftritt im Stadtviertel erregt hat, eine Untersuchung angestellt wurde?

Der Inspektor zuckt die Achseln.

Der Richter: Ich wäre Ihnen dankbar, Tallinger, wenn Sie mir vor der Verhandlung einen kleinen Überblick gäben, wie?

Der Inspektor (mechanisch): Am zweiten Dezember des Vorjahres, früh acht ein viertel, drangen in das Juweliergeschäft Arndt in der Schlettowstraße die SA-Leute Häberle, Schünt und Gaunitzer ein und verletzten nach kurzem Wortwechsel den vierundfünfzigjährigen Arndt am Hinterkopf. Es entstand dabei auch Sachschaden in der Höhe von 11 234 Mark. Recherchen der Kriminalpolizei, angestellt am siebenten Dezember des Vorjahres, ergaben ...

Der Richter: Lieber Tallinger, das steht ja alles in den Akten. *(Er zeigt ärgerlich auf die Anklageschrift, die aus einer einzigen Seite besteht.)* Die Anklageschrift ist die magerste und schlampigst gemachte, die ich je zu Gesicht bekommen habe, und ich bin in den letzten Monaten nicht verwöhnt worden! Aber das steht doch drin. Ich hoffte, Sie wären in der Lage, mir einiges von den Hintergründen der Sache zu erzählen.

Der Inspektor: Jawohl, Herr Amtsrichter.

Der Richter: Nun?

Der Inspektor: Die Sache hat eigentlich gar keine Hintergründe, Herr Amtsrichter.

Der Richter: Tallinger, Sie werden doch nicht behaupten wollen, daß der Fall klarliegt?

Der Inspektor (grinsend): Nein, klar liegt er nicht.

Der Richter: Es sollen ja auch Schmuckstücke verschwunden sein bei dem Auftritt. Sind die wieder erfaßt worden?

Der Inspektor: Nein, nicht daß ich wüßte.

Der Richter: –?

Der Inspektor: Herr Amtsrichter, ich habe eine Familie.

Der Richter: Das habe ich auch, Tallinger.

Der Inspektor: Jawohl.

Pause.

Der Inspektor: Der Arndt ist eben Jude, wissen Sie.

Der Richter: Wie schon der Name sagt.

Der Inspektor: Jawohl. Im Viertel ist eine Zeitlang gemunkelt worden, daß da sogar ein Fall von Rassenschande vorgelegen haben soll.

Der Richter (sieht etwas Licht): Aha! Wer war da verwickelt?

Der Inspektor: Die Tochter des Arndt. Sie ist neunzehn und gilt als hübsch.

Der Richter: Ist der Sache behördlicherseits nachgegangen worden?

Der Inspektor (zurückhaltend): Das nicht. Das Gerücht verstummte dann wieder.

Der Richter: Wer hat es denn verbreitet?

Der Inspektor: Der Hausbesitzer. Ein Herr von Miehl.

Der Richter: Der wollte wohl das jüdische Geschäft aus seinem Haus haben?

Der Inspektor: Das dachten wir. Aber er revozierte anscheinend dann wieder.

Der Richter: Trotzdem könnte man sich also schließlich erklären, wieso im Viertel eine gewisse Erbitterung gegen den Arndt bestand. So daß die jungen Leute in einer Art nationaler Erregung handelten ...

Der Inspektor (bestimmt): Ich glaube nicht, Herr Amtsrichter.

Der Richter: Was glauben Sie nicht?

Der Inspektor: Daß die Häberle, Schünt, Gaunitzer auf der Rassenschande viel herumreiten werden.

Der Richter: Warum nicht?

Der Inspektor: Der Name des betreffenden Ariers ist, wie gesagt, niemals aktenmäßig erfaßt worden. Der Mann kann weiß Gott wer sein. Überall, wo ein Haufen Arier ist, kann er darunter sein, nicht? Na, und wo gibt es solche Haufen von Ariern? Kurz, der Sturm wünscht nicht, daß das aufs Tapet gebracht wird.

Der Richter (ungeduldig): Und warum sagen Sie mir's denn?

Der Inspektor: Weil Sie sagten, daß Sie eine Familie haben. Damit Sie's nicht aufs Tapet bringen. Irgendein Zeuge aus der Nachbarschaft könnte immerhin davon anfangen.

Der Richter: Ich verstehe. Aber sonst verstehe ich nicht viel.

Der Inspektor: Je weniger, desto besser, unter uns gesagt.

Der Richter: Sie haben gut reden. Ich muß ein Urteil fällen.

Der Inspektor (vage): Ja, ja.

Der Richter: Da bleibt also nur die direkte Provokation durch den Arndt, sonst ist der Vorgang ja gar nicht zu erklären.

Der Inspektor: Ganz meine Meinung, Herr Amtsrichter.

Der Richter: Wie sind die SA-Leute denn provoziert worden?

Der Inspektor: Nach ihrer Aussage sowohl von dem Arndt selber als auch von einem Arbeitslosen, den er zum Schneeschaufeln angestellt hatte. Sie wollten angeblich ein Glas Bier trinken gehen, und wie sie am Laden vorbeikamen, habe der Arbeitslose Wagner und der Arndt selber ihnen von der Ladentür aus gemeine Schimpfwörter nachgerufen.

Der Richter: Zeugen haben sie wohl keine, wie?

Der Inspektor: Doch. Der Hausbesitzer, dieser von Miehl, sagte aus, daß er vom Fenster aus den Wagner die SA-Leute provozieren sah. Und der Teilhaber des Arndt, ein gewisser Stau, ist am selben Nachmittag noch im Sturmlokal gewesen und hat gegenüber den Häberle, Schünt, Gaunitzer zugegeben, daß der Arndt schon immer, auch ihm gegenüber, von der SA verächtlich gesprochen hat.

Der Richter: Ah, der Arndt hat einen Teilhaber? Arisch?

Der Inspektor: Na klar, arisch. Denken Sie, er hat sich 'nen Juden als Strohmann genommen?

Der Richter: Aber dann wird sein Teilhaber doch nicht gegen ihn aussagen?

Der Inspektor (schlau): Vielleicht doch.

Der Richter (irritiert): Wieso? Das Geschäft kann doch keine Schadenersatzforderung einbringen, wenn nachgewiesen wird, daß der Arndt die Häberle, Schünt, Gaunitzer zu ihrem Überfall provoziert hat?

Der Inspektor: Woher wissen Sie denn, daß dem Stau etwas an einer Schadenersatzforderung gelegen ist?

Der Richter: Das verstehe ich nicht! Er ist doch Teilhaber.

Der Inspektor: Na eben.

Der Richter: –?

Der Inspektor: Wir haben festgestellt – ich meine unter der Hand natürlich, das ist nicht offiziell –, daß der Stau im Sturmlokal aus und ein geht. Er war selber bei der SA oder ist es noch. Darum hat ihn wahrscheinlich der Arndt als Teilhaber aufgenommen. Der Stau war auch schon mal in so eine Sache verwickelt, wo die SA jemandem einen Besuch abgestattet hat. Sie kam damals an den falschen Mann, und es hat einige Arbeit gekostet, die Sache in die Schublade zu bringen. Ich will natürlich nicht behaupten, daß der Stau selber im vorliegenden Fall ... Jedenfalls ist er keine ganz ungefährliche Type. Bitte, dies als ganz vertraulich zu betrachten, weil Sie vorhin von Ihrer Familie gesprochen haben.

Der Richter (kopfschüttelnd): Ich sehe nur nicht, was der Herr Stau

Siegfried Kilian und Martin Flörchinger in der Szene „Rechtsfindung" von „Furcht und Elend des Dritten Reiches"
(Aufführung des Berliner Ensembles)

für ein Interesse haben kann, daß das Geschäft um über 11 000 Mark geschädigt wird?

Der Inspektor: Ja, die Schmuckstücke sind ja verschwunden. Ich meine, die Häberle, Schünt, Gaunitzer haben sie jedenfalls nicht. Sie haben sie auch nicht veräußert.

Der Richter: So.

Der Inspektor: Dem Stau kann natürlich nicht zugemutet werden, den Arndt als Teilhaber zu behalten, wenn dem ein so provozierendes Verhalten nachgewiesen werden kann. Und den Verlust, den er verursacht hat, muß er dem Stau natürlich ersetzen, klar?

Der Richter: Ja, das ist allerdings sehr klar. *(Er betrachtet einen Augenblick sinnend den Inspektor, der wieder rein dienstlich ausdruckslos dreinblickt.)* Ja, da wird es wohl darauf hinauslaufen, daß der Arndt die SA-Leute provoziert hat. Der Mann hat sich ja anscheinend überall mißliebig gemacht. Sagten Sie nicht, daß er auch schon dem Hausbesitzer durch die skandalösen Zustände in seiner Familie Anlaß zu Klagen gegeben hat? Jaja, ich weiß, die Sache soll nicht aufs Tapet gebracht werden, aber man kann jedenfalls annehmen, daß es auch von dieser Seite begrüßt werden wird, wenn da in nächster Zeit ein Auszug stattfindet. Ich danke Ihnen, Tallinger, Sie haben mir wirklich einen Dienst erwiesen.

Der Richter gibt dem Inspektor eine Zigarre. Der Inspektor geht hinaus. Er begegnet unter der Tür dem Staatsanwalt, der eben hereinkommt.

Der Staatsanwalt (zum Richter): Kann ich Sie einen Augenblick sprechen?

Der Richter (der sich einen Frühstücksapfel schält): Das können Sie.

Der Staatsanwalt: Es handelt sich um den Fall Häberle, Schünt, Gaunitzer.

Der Richter (beschäftigt): Ja?

Der Staatsanwalt: Der Fall liegt ja soweit ziemlich klar ...

Der Richter: Ja. Ich verstehe überhaupt nicht, warum die Staatsanwaltschaft da ein Verfahren eingeleitet hat, offen gestanden.

Der Staatsanwalt: Wieso? Der Fall hat im Viertel unliebsames Aufsehen erregt. Sogar Pgs. haben eine Untersuchung für angezeigt gehalten.

Der Richter: Ich sehe da nur einen klaren Fall jüdischer Provokation, sonst gar nichts.

Der Staatsanwalt: Ach, Unsinn, Goll! Glauben Sie nur ja nicht, daß unsere Anklageschriften, weil sie jetzt ein bißchen lakonisch aussehen, keine tiefere Beachtung mehr verdienen. Ich habe es mir ja gedacht, daß Sie schlichten Gemüts gleich auf das Nächstliegende tippen werden. Aber machen Sie da keinen Schnitzer. Sie sind schneller im hintersten Pommern, als Sie denken. Und da ist es heute nicht sehr gemütlich.

Der Richter (perplex, hört mit dem Apfelessen auf): Das ist mir ganz unverständlich. Sie werden doch nicht behaupten wollen, daß Sie beabsichtigen, den Juden Arndt zu exkulpieren?

Der Staatsanwalt (mit Größe): Und ob ich das beabsichtige! Der Mann dachte nicht daran, zu provozieren. Sie meinen, weil er Jude ist, kann er nicht vor einem Gerichtshof des Dritten Reiches sein Recht bekommen? Hören Sie, das sind reichlich eigentümliche Anschauungen, die Sie da entwickeln, Goll.

Der Richter (ärgerlich): Ich habe doch keine Anschauungen entwickelt. Ich hatte lediglich die Auffassung, daß die Häberle, Schünt, Gaunitzer provoziert worden sind.

Der Staatsanwalt: Aber sie sind doch nicht von dem Arndt provoziert worden, sondern von dem Arbeitslosen da, na, wie heißt er doch gleich, der da Schnee schaufelte, ja, Wagner.

Der Richter: Davon steht nicht ein Wort in Ihrer Anklageschrift, mein lieber Spitz.

Der Staatsanwalt: Allerdings nicht. Der Staatsanwaltschaft ist lediglich zu Ohren gekommen, daß die SA-Leute den Arndt überfallen haben. Und da schreitet sie eben pflichtgemäß ein. Aber wenn der Zeuge von Miehl zum Beispiel in der Verhandlung aussagen wird, der Arndt sei während des Auftritts überhaupt nicht auf der Straße gewesen, dahingegen habe der Arbeitslose, na, wie heißt er doch gleich, ja, Wagner, Beschimpfungen der SA verlauten lassen, dann muß das doch zur Kenntnis genommen werden.

Der Richter (fällt aus den Wolken): Der von Miehl soll das aussagen? Aber das ist doch der Hausbesitzer, der den Arndt aus seinem Haus heraushaben will. Der sagt doch nicht für ihn aus.

Der Staatsanwalt: Was haben Sie denn jetzt wieder gegen den von Miehl? Warum soll der nicht die Wahrheit aussagen unter Eid? Sie wissen vielleicht nicht, daß von Miehl, außer daß er bei der SS ist, auch über recht gute Beziehungen beim Justizministerium verfügt? Ich würde Ihnen raten, ihn für einen anständigen Mann zu halten, lieber Goll.

Der Richter: Tue ich doch. Schließlich kann es heute nicht als unanständig betrachtet werden, wenn jemand in seinem Haus kein jüdisches Geschäft haben will.

Der Staatsanwalt (großzügig): Solang der Mann die Miete bezahlt ...

Der Richter (diplomatisch): Er soll ihn doch auch schon einmal wegen was anderem angezeigt haben ...

Der Staatsanwalt: Also, das wissen Sie doch. Aber wer sagt Ihnen denn, daß er ihn damit heraushaben wollte? Um so mehr, als die Klage zurückgezogen wurde? Das ließe eher auf ein besonders gutes Einvernehmen schließen, wie? Lieber Goll, seien Sie doch nicht naiv.

Der Richter (wird jetzt wirklich ärgerlich): Mein lieber Spitz, das ist nicht so einfach. Der eigene Teilhaber, von dem ich dachte, er will ihn decken, will ihn anzeigen, und der Hausherr, der ihn angezeigt hat, will ihn decken. Da soll man sich auskennen.

Der Staatsanwalt: Wofür beziehen wir unser Gehalt?

Der Richter: Scheußlich verwickelte Angelegenheit. Nehmen Sie eine Brasil? *(Der Staatsanwalt nimmt eine Brasil, sie rauchen schweigend. Dann erwägt der Richter düster)*: Aber wenn vor Gericht festgestellt wird, daß der Arndt nicht provoziert hat, dann kann er glatt eine Schadenersatzforderung gegen die SA einbringen.

Der Staatsanwalt: Erstens kann er sie nicht gegen die SA einbringen, sondern höchstens gegen die Häberle, Schünt, Gaunitzer, die nichts haben; wenn er nicht überhaupt sich an den Arbeitslosen, na, wie heißt er doch ... richtig, Wagner, halten muß. *(Mit Nachdruck)*: Zweitens wird er sich eine Klage gegen SA-Leute vielleicht noch überlegen.

Der Richter: Wo ist er denn gegenwärtig?

Der Staatsanwalt: In der Klinik.

Der Richter: Und der Wagner?

Der Staatsanwalt: Im Konzentrationslager.

Der Richter (wieder etwas beruhigt): Na ja, angesichts der Umstände wird der Arndt da tatsächlich wohl kaum gegen die SA klagen wollen. Und der Wagner wird auch nicht zu sehr auf seiner Unschuld herumreiten wollen. Aber der Sturm wird kaum zufrieden sein, wenn der Jude frei ausgeht.

Der Staatsanwalt: Der SA wird doch vor Gericht bestätigt, daß sie provoziert worden ist. Ob von dem Juden oder von dem Marxisten, das kann ihr doch gleichgültig sein.

Der Richter (immer noch zweifelnd): Nicht ganz. Bei der Auseinandersetzung zwischen dem Arbeitslosen Wagner und der SA ist immerhin der Juwelierladen beschädigt worden. Etwas bleibt doch da an dem Sturm haften.

Der Staatsanwalt: Ja, alles kann man nicht haben. Jedem können Sie es nicht recht machen, und wem Sie es recht machen wollen, das muß Ihnen schon Ihr nationales Gefühl sagen, lieber Goll. Ich kann Ihnen nur betonen, daß man in nationalen Kreisen – und ich spreche da auch von einer sehr hohen Stelle der SS – nachgerade etwas mehr Rückgrat vom deutschen Richterstand erwartet.

Der Richter (tief seufzend): Die Rechtsfindung ist jedenfalls heute nicht mehr so einfach, mein lieber Spitz. Das müssen Sie zugeben.

Der Staatsanwalt: Gern. Aber Sie haben ja da einen ausgezeichneten Satz von unserem Justizkommissar, an den Sie sich halten können: „Recht ist, was dem deutschen Volke nützt."

Der Richter (lustlos): Ja, ja.

Der Staatsanwalt: Nur keine Bange. *(Er steht auf.)* Sie kennen jetzt die Hintergründe. Da sollte es nicht schwer sein. Auf nachher, lieber Goll.

Er geht. Der Richter ist sehr unzufrieden. Er steht eine Zeitlang am Fenster. Dann blättert er zerstreut in den Akten. Am Schluß läutet er. Ein Gerichtsdiener tritt ein.

Der Richter: Holen Sie mir noch einmal den Kriminalinspektor Tallinger aus dem Zeugenzimmer. Machen Sie es unauffällig.

Der Diener ab. Dann tritt der Inspektor noch einmal ein.

Der Richter: Tallinger, Sie hätten mir da beinahe eine schöne Suppe eingebrockt mit Ihrem Rat, den Fall als eine Provokation von seiten des Arndt anzusehen. Herr von Miehl soll ja bereit sein, unter Eid zu bezeugen, daß der Arbeitslose Wagner provoziert hat und nicht der Arndt.

Der Inspektor (undurchdringlich): Ja, das heißt es, Herr Amtsrichter.

Der Richter: Was soll das jetzt wieder bedeuten? „Das heißt es!"

Der Inspektor: Daß der Wagner die Beschimpfungen nachgerufen hat.

Der Richter: Und das stimmt nicht?

Der Inspektor (eingeschnappt): Herr Amtsrichter, ob das stimmt oder ob das nicht stimmt, das können wir doch nicht ...

Der Richter (mit Charakter): Jetzt hören Sie aber mal, Mann. Sie stehen in einem deutschen Gerichtsgebäude. Hat der Wagner gestanden oder hat er nicht gestanden?

Der Inspektor: Herr Amtsrichter, ich war nicht persönlich im Konzentrationslager, wenn Sie das wissen wollen. In dem Akt der kommissarischen Untersuchung – der Wagner selber soll an den Nieren erkrankt sein – heißt es, er hat gestanden. Nur ...

Der Richter: Na also, er hat gestanden. Was heißt „nur?"

Der Inspektor: Er war Kriegsteilnehmer und hat nämlich einen Steckschuß im Hals und soll, wie der Stau, Sie wissen, der Teilhaber des Arndt, ausgesagt hat, keinen lauten Ton herausbringen können. Wie da der von Miehl vom ersten Stock aus ihn hat Beschimpfungen rufen hören können, ist nicht ganz ...

Der Richter: Na ja, da wird eben gesagt werden, daß man, um jemandem wie der Götz von Berlichingen zu kommen, keine Stimme braucht. Das können Sie auch mit einer einfachen Geste andeuten. Ich habe durchaus den Eindruck gewonnen, daß die Staatsanwaltschaft der SA einen solchen Rückzug offenhalten will. Genauer gesagt: einen solchen Rückzug und keinen andern.

Der Inspektor: Jawohl, Herr Amtsrichter.

Der Richter: Was sagt denn der Arndt aus?

Der Inspektor: Daß er überhaupt nicht dabei war und sich seine Kopfverletzung durch einen Sturz von der Treppe zugezogen hat. Mehr ist aus dem nicht herauszubringen.

Der Richter: Wahrscheinlich ist der Mann ganz unschuldig und hineingekommen wie der Pontius ins Credo.

Der Inspektor (gibt es auf): Jawohl, Herr Amtsrichter.

Der Richter: Und der SA kann es doch genügen, wenn ihre Leute freigesprochen werden.

Der Inspektor: Jawohl, Herr Amtsrichter.

Der Richter: Sagen Sie doch nicht immer „jawohl" wie ein Nußknacker.

Der Inspektor: Jawohl, Herr Amtsrichter.

Der Richter: Was wollen Sie eigentlich sagen? Seien Sie doch nicht übelnehmerisch, Tallinger. Sie müssen doch verstehen, daß ich etwas nervös bin. Ich weiß doch, daß Sie ein ehrlicher Mann sind. Und wenn Sie mir einen Rat gegeben haben, so müssen Sie sich doch dabei etwas gedacht haben.

Der Inspektor (gibt sich, gutmütig wie er ist, einen Ruck): Haben

Sie sich überlegt, ob der Herr Zweite Staatsanwalt nicht nur einfach Ihre Stellung haben will und Sie zu diesem Zweck hereinlegt? Das hört man jetzt viel. Nehmen wir doch mal an, Herr Amtsrichter, Sie bescheinigen dem Juden seine Unschuld. Er hat nicht die Bohne provoziert. War gar nicht zur Stelle. Bekam sein Loch im Hinterkopf rein zufällig, bei einer Rauferei zwischen anderen Personen. Kehrt also nach einiger Zeit ins Geschäft zurück. Der Stau kann ihn daran gar nicht hindern. Und das Geschäft ist um 11 000 Mark geschädigt. Das ist jetzt aber eine Schädigung des Stau mit, denn der kann ja jetzt die 11 000 Emm nicht von dem Arndt verlangen. Also wird der Stau, wie ich die Type kenne, sich an den Sturm halten wegen seiner Preziosen. Er geht natürlich nicht selber hin, da er als Kompagnon eines Juden ein Judenknecht ist, aber er wird schon Leute an der Hand haben. Dann heißt es, daß die SA in nationaler Erregung Schmuckstücke klaut. Was dann die vom Sturm von Ihrem Urteil halten werden, können Sie sich ausmalen. Der einfache Mann kann es sowieso nicht verstehen. Denn wieso kann im Dritten Reich ein Jude gegen die SA recht behalten?

Seit einiger Zeit kommt Lärm von hinten. Er wird jetzt ziemlich stark.

Der Richter: Was ist das für ein scheußlicher Lärm? Einen Augenblick, Tallinger.

Er läutet. Der Gerichtsdiener kommt herein.

Der Richter: Was ist denn das für ein Krach, Mann?

Der Gerichtsdiener: Der Saal ist voll. Und jetzt stehen sie so eingepfercht in den Gängen, daß niemand mehr durchkommt, und es sind von der SA welche darunter, die sagen, sie müssen durch, weil sie Befehl haben, der Verhandlung beizuwohnen.

Der Gerichtsdiener ab, da der Richter nur erschrocken blickt.

Der Inspektor (fährt fort): Die Leute werden Sie dann so ziemlich auf dem Genick haben, wissen Sie. Ich rate Ihnen gut, halten Sie sich an den Arndt und lassen Sie die SA in Ruhe.

Der Richter (sitzt gebrochen, den Kopf in der Hand. Müde): Es ist gut, Tallinger, ich muß mir die Sache überlegen.

Der Inspektor: Das sollten Sie wirklich, Herr Amtsrichter.

Er geht hinaus. Der Richter steht schwer auf und läutet Sturm. Der Gerichtsdiener tritt ein.

Der Richter: Gehen Sie mal hinüber zu Herrn Landgerichtsrat Fey und sagen Sie ihm, ich ließe ihn bitten, für einige Minuten zu mir herüberzukommen.

Der Gerichtsdiener geht. Herein das Dienstmädchen des Richters mit einem Frühstückspaket.

Das Dienstmädchen: Sie vergessen noch einmal Ihren Kopf, Herr Amtsrichter. Es ist schrecklich mit Ihnen. Was haben Sie heute wieder vergessen? Jetzt denkens einmal tief nach: die Hauptsache! *(Sie streckt ihm das Paketchen hin.)* Das Frühstückspaket! Dann müssen Sie wieder diese Brezeln kaufen, wo noch warm sind, und dann haben wir wieder wie vorige Woche das Magendrücken. Weil Sie nie nicht auf sich achtgeben.

Der Richter: Ist gut, Marie.

Das Dienstmädchen: Kaum, daß ich durchgekommen bin. Das ganze Justizgebäude ist voll von SA, weil der Prozeß ist. Aber heute kriegen sie's, wie, Herr Amtsrichter? Beim Fleischer haben die Leut auch gesagt: gut, daß es noch eine Gerechtigkeit gibt! Einfach einen Geschäftsmann niederschlagen! In dem Sturm sind die Hälfte frühere Kriminelle, das weiß das ganze Stadtviertel. Wenn wir nicht unsere Justiz hätten, täten die ja noch die Domkirchen fortschleppen. Sie haben's wegen die Ringe gemacht, der eine, der Häberle, hat eine Braut, wo auf den Strich gegangen ist bis vor einem halben Jahr. Und den Arbeitslosen Wagner, wo den Steckschuß im Hals hat, haben sie auch überfalln beim Schneeschaufeln, alle haben's gesehn. Ganz offen machen sie's und terrorisieren das Viertel, und die, wo was sagen, passen sie ab und schlagen sie, daß sie liegenbleiben.

Der Richter: Schon gut, Marie. Gehen Sie jetzt nur!

Das Dienstmädchen: Ich hab's gesagt beim Fleischer: der Herr Amtsrichter wird ihnen schon heimleuchten, hab ich recht? Die Anständigen haben Sie da ganz auf Ihrer Seite, das ist einmal eine Tatsache, Herr Amtsrichter. Nur essens das Frühstück nicht zu hastig hinein, das könnt Ihnen schaden. Das ist ungesund, und jetzt geh ich und halt Sie nicht mehr auf, Sie missen in die Verhandlung, und regens Ihnen nicht auf in der Verhandlung, sonst essen Sie besser vorderhand, auf die paar Minuten, wo Sie zum Essen brauchen, kommt's auch nicht mehr an, und Sie essen nicht auf einen aufgeregten Magen. Denn Sie sollten auf sich aufpassen. Ihre Gesundheit ist Ihr hechstes Gut, aber jetzt geh ich, Sie wissen selbst, und ich seh schon, Sie sind ungeduldig, in die Verhandlung zu kommen, und ich muß noch zum Kolonialwarenhändler.

Das Dienstmädchen geht. Herein der Landgerichtsrat Fey, ein älterer Richter, der mit dem Amtsrichter befreundet ist.

Der Landgerichtsrat: Was gibt's?

Der Richter: Ich wollte mal etwas mit dir durchsprechen, wenn du ein wenig Zeit hast. Ich habe da einen ziemlich scheußlichen Fall heute vormittag.

Der Landgerichtsrat (setzt sich): Ja, die SA-Sache.

Der Richter (bleibt im Herumgehen stehen): Woher weißt du denn –?

Der Landgerichtsrat: Drüben wurde schon gestern nachmittag davon gesprochen. Unangenehmer Fall.

Der Richter beginnt wieder nervös auf und ab zu laufen.

Der Richter: Was sagen denn die drüben?

Der Landgerichtsrat: Du wirst nicht beneidet. *(Neugierig)*: Was willst du denn machen?

Der Richter: Das weiß ich eben nicht. Ich dachte übrigens nicht, daß der Fall schon so bekannt ist.

Der Landgerichtsrat (wundert sich): Nein ...?

Der Richter: Dieser Teilhaber soll ja ein recht gefährliches Subjekt sein.

Der Landgerichtsrat: So heißt es. Aber dieser von Miehl ist auch kein Menschenfreund.

Der Richter: Weiß man was über ihn?

Der Landgerichtsrat: Jedenfalls genug. Er hat eben diese Beziehungen.

Pause.

Der Richter: Sehr hohe?

Der Landgerichtsrat: Sehr hohe.

Pause.

Der Landgerichtsrat (vorsichtig): Wenn du den Juden drausläßt und die Häberle, Schünt, Gaunitzer freisprichst, weil sie von dem Arbeitslosen da provoziert wurden, der sich ins Geschäft zurückflüchtete, dann kann doch die SA zufrieden sein? Der Arndt wird jedenfalls nicht gegen die SA klagen.

Der Richter (sorgenvoll): Aber der Teilhaber des Arndt. Er wird zur SA gehen und die Wertsachen reklamieren. Und dann habe ich die ganze SA-Führung auf dem Genick, Fey.

Der Landgerichtsrat (nachdem er dieses Argument, das ihn anscheinend überrascht, bedacht hat): Aber wenn du den Juden nicht drausläßt, dann bricht dir der von Miehl ganz bestimmt das Genick, mindestens. Du weißt vielleicht nicht, daß er diese Wechselschulden bei seiner Bank hat? Der braucht den Arndt wie der Ertrinkende den Strohhalm.

Der Richter (entsetzt): Wechselschulden ...

Es klopft.

Der Landgerichtsrat: Herein!

Herein der Gerichtsdiener.

Der Gerichtsdiener: Herr Amtsrichter, ich weiß wirklich nicht, wie ich für den Herrn Ersten Staatsanwalt und den Herrn Landgerichtspräsidenten Schönling Sitze reservieren soll. Wenn die Herren es einem nur immer rechtzeitig sagen würden.

Der Landgerichtsrat (da der Richter schweigt): Machen Sie zwei Plätze frei und stören Sie hier nicht.

Der Gerichtsdiener ab.

Der Richter: Die haben mir noch gefehlt!

Der Landgerichtsrat: Der von Miehl kann unter keinen Umständen den Arndt preisgeben und ruinieren lassen. Er braucht ihn.

Der Richter (vernichtet): Als Milchkuh.

Der Landgerichtsrat: So etwas habe ich nicht geäußert, lieber Goll. Ich verstehe auch nicht, wie du mir so etwas unterschieben kannst, wirklich nicht. Ich möchte feststellen, daß ich gegen Herrn von Miehl kein Wort geäußert habe. Tut mir leid, daß das nötig ist, Goll.

Der Richter (regt sich auf): Aber so kannst du das doch nicht auffassen, Fey. So, wie wir zueinander stehen.

Der Landgerichtsrat: Was willst du damit sagen: „wie wir zueinander stehen?" Ich kann mich doch nicht in deine Fälle mischen. Ob du es mit dem Justizkommissar oder mit der SA anlegen willst, beides mußt du schon allein machen. Heute ist sich schließlich jeder selbst der Nächste.

Der Richter: Ich bin mir auch selber der Nächste. Ich weiß nur nicht, was ich mir raten soll.

Er steht an der Tür, lauschend auf den Lärm draußen.

Der Landgerichtsrat: Schlimm genug.

Der Richter (gehetzt): Ich bin ja zu allem bereit, Herrgott, versteh mich doch! Du bist ja ganz verändert. Ich entscheide so und ich entscheide so, wie man das verlangt, aber ich muß doch wissen, was man verlangt! Wenn man das nicht weiß, gibt es keine Justiz mehr.

Der Landgerichtsrat: Ich würde nicht schreien, daß es keine Justiz mehr gibt, Goll.

Der Richter: Was habe ich jetzt wieder gesagt? Das meinte ich doch nicht. Ich meine nur, wenn solche Gegensätze da sind ...

Der Landgerichtsrat: Es gibt keine Gegensätze im Dritten Reich.

Der Richter: Ja, natürlich. Ich sagte doch nichts anderes. Leg doch nicht jedes Wort auf die Goldwaage.

Der Landgerichtsrat: Warum soll ich das nicht? Ich bin Richter.

Der Richter (dem der Schweiß ausbricht): Wenn man jedes Wort jedes Richters auf die Goldwaage legen wollte, lieber Fey! Aber ich bin ja gern bereit, alles in der allersorgfältigsten, gewissenhaftesten Weise zu prüfen, aber man muß mir doch sagen, welche Entscheidung im höheren Interesse liegt! Wenn ich den Juden im Laden geblieben sein lasse, verstimme ich natürlich den Hausbesitzer ... nein, den Teilhaber, ich kenne mich schon gar nicht mehr aus ... und wenn die Provokation von dem Arbeitslosen ausgegangen sein soll, ist es der Hausbesitzer, der ... wie, der von Miehl will doch, daß ... man kann mich doch nicht nach Hinterpommern versetzen, ich habe einen Bruch und will nichts mit der SA zu tun kriegen, schließlich habe ich Familie, Fey! Meine Frau hat gut sagen, ich soll einfach untersuchen, was wirklich vorgefallen ist! Davon würde ich höchstens in einer Klinik aufwachen. Rede ich denn von Überfall? Ich rede von Provokation. Also, was will man? Ich verurteile natürlich nicht die SA, sondern den Juden oder den Arbeitslosen, aber wen von diesen beiden soll ich verurteilen? Wie soll ich wählen zwischen dem Arbeitslosen und dem Juden, beziehungsweise dem Teilhaber und dem Hausbesitzer? Nach Pommern gehe ich auf keinen Fall, lieber ins Konzentrationslager, Fey, das geht doch nicht! Sieh mich doch nicht so an! Ich bin doch kein Angeklagter! Ich bin doch zu allem bereit!

Der Landgerichtsrat (der aufgestanden ist): Bereit sein ist eben nicht alles, mein Lieber.

Der Richter: Aber wie soll ich denn entscheiden?

Der Landgerichtsrat: Im allgemeinen sagt dem Richter das sein

Gewissen, Herr Goll. Lassen Sie sich das gesagt sein! Habe die Ehre.

Der Richter: Ja, natürlich! Nach bestem Wissen und Gewissen. Aber in diesem Fall: was soll ich wählen! Was, Fey?

Der Landgerichtsrat ist weggegangen. Der Richter starrt ihm wortlos nach. Das Telefon klingelt.

Der Richter (nimmt den Hörer ab): Ja? – Emmi? – Was haben sie abgesagt? Den Kegelabend? – Von wem kam der Anruf? – Der Referendar Priesnitz? Woher weiß denn der schon ...? – Was das bedeuten soll? Ich habe ein Urteil zu sprechen.

Er hängt ein. Der Gerichtsdiener tritt ein. Der Lärm auf den Gängen wird stark hörbar.

Der Gerichtsdiener: Häberle, Schünt, Gaunitzer, Herr Amtsrichter.

Der Richter (sucht seine Akten zusammen): Sofort.

Der Gerichtsdiener: Den Herrn Landgerichtspräsidenten habe ich am Pressetisch untergebracht. Er war ganz zufrieden. Aber der Herr Erste Staatsanwalt hat sich geweigert, auf dem Zeugenstand Platz zu nehmen. Er wollte wohl an den Richtertisch. Aber da hätten Sie ja die Verhandlung von der Anklagebank aus führen müssen, Herr Amtsrichter! *(Er lacht albern über seinen Scherz.)*

Der Richter: Das tue ich auf keinen Fall.

Der Gerichtsdiener: Hier geht's hinaus, Herr Amtsrichter. Aber wo haben Sie denn Ihre Mappe mit der Anklage hingebracht?

Der Richter (völlig verwirrt): Ja, die brauche ich. Sonst weiß ich überhaupt nicht, wer angeklagt ist, wie? Was machen wir nur mit dem Herrn Ersten Staatsanwalt?

Der Gerichtsdiener: Aber jetzt haben Sie ja das Adreßbuch untern Arm genommen, Herr Amtsrichter. Hier ist Ihre Mappe.

Er stopft sie ihm unter den Arm. Der Amtsrichter geht, sich den Schweiß abtrocknend, verstört hinaus.

Über das Theater

KANN DIE HEUTIGE WELT DURCH THEATER WIEDERGEGEBEN WERDEN?

Beitrag zum Darmstädter Gespräch über das Theater

Mit Interesse höre ich, daß Friedrich Dürrenmatt in einem Gespräch über das Theater die Frage gestellt hat, ob die heutige Welt durch Theater überhaupt noch wiedergegeben werden kann.

Diese Frage, scheint mir, muß zugelassen werden, sobald sie einmal gestellt ist. Die Zeit ist vorüber, wo die Wiedergabe der Welt durch das Theater lediglich erlebbar sein mußte. Um ein Erlebnis zu werden, muß sie stimmen.

Es gibt viele Leute, die konstatieren, daß das Erlebnis im Theater schwächer wird, aber es gibt nicht so viele, die eine Wiedergabe der heutigen Welt als zunehmend schwierig erkennen. Es war diese Erkenntnis, die einige von uns Stückeschreibern und Spielleitern veranlaßt hat, auf die Suche nach neuen Kunstmitteln zu gehen.

Ich selbst habe, wie Ihnen als Leuten vom Bau bekannt ist, nicht wenige Versuche unternommen, die heutige Welt, das heutige Zusammenleben der Menschen, in das Blickfeld des Theaters zu bekommen.

Dies schreibend, sitze ich nur wenige hundert Meter von einem großen, mit guten Schauspielern und aller nötigen Maschinerie ausgestatteten Theater, an dem ich mit zahlreichen, meist jungen Mitarbeitern manches ausprobieren kann, auf den Tischen um mich Modellbücher mit Tausenden von Fotos unserer Aufführungen und vielen mehr oder minder genauen Beschreibungen der verschiedenartigsten Probleme und ihrer vorläufigen Lösungen. Ich habe also alle Möglichkeiten, aber ich kann nicht sagen, daß die Dramaturgien, die ich aus bestimmten Gründen nichtaristotelische nenne, und die dazu gehörende epische Spielweise *die* Lösung darstellen. Jedoch ist eines klargeworden: Die heutige Welt ist den heutigen

Menschen nur beschreibbar, wenn sie als eine veränderbare Welt beschrieben wird.

Für heutige Menschen sind Fragen wertvoll der Antworten wegen. Heutige Menschen interessieren sich für Zustände und Vorkommnisse, denen gegenüber sie etwas tun können.

Vor Jahren sah ich ein Foto in einer Zeitung, das zu Reklamezwecken die Zerstörung von Tokio durch ein Erdbeben zeigte. Die meisten Häuser waren eingefallen, aber einige moderne Gebäude waren verschont geblieben. Die Unterschrift lautete: Steel stood – Stahl blieb stehen. Vergleichen Sie diese Beschreibung mit der klassischen Beschreibung des Ätnaausbruchs durch den älteren Plinius, und Sie finden bei ihm einen Typus der Beschreibung, den die Stückeschreiber dieses Jahrhunderts überwinden müssen.

In einem Zeitalter, dessen Wissenschaft die Natur derart zu verändern weiß, daß die Welt schon nahezu bewohnbar erscheint, kann der Mensch dem Menschen nicht mehr lange als Opfer beschrieben werden, als Objekt einer unbekannten, aber fixierten Umwelt. Vom Standpunkt eines Spielballs aus sind die Bewegungsgesetze kaum konzipierbar.

Weil nämlich – im Gegensatz zur Natur im allgemeinen – die Natur der menschlichen Gesellschaft im Dunkeln gehalten wurde, stehen wir jetzt, wie die betroffenen Wissenschaftler uns versichern, vor der totalen Vernichtbarkeit des kaum bewohnbar gemachten Planeten.

Es wird Sie nicht verwundern, von mir zu hören, daß die Frage der Beschreibbarkeit der Welt eine gesellschaftliche Frage ist. Ich habe dies viele Jahre lang aufrechterhalten und lebe jetzt in einem Staat, wo eine ungeheure Anstrengung gemacht wird, die Gesellschaft zu verändern. Sie mögen die Mittel und Wege verurteilen – ich hoffe übrigens, Sie kennen sie wirklich, nicht aus den Zeitungen –, Sie mögen dieses besondere Ideal einer neuen Welt nicht akzeptieren – ich hoffe, Sie kennen auch dieses –, aber Sie werden kaum bezweifeln, daß an der Änderung der Welt, des Zusammenlebens der Menschen in dem Staat, in dem ich lebe, gearbeitet wird. Und Sie werden mir vielleicht darin zustimmen, daß die heutige Welt eine Änderung braucht.

Für diesen kleinen Aufsatz, den ich als einen freundschaftlichen Beitrag zu Ihrer Diskussion zu betrachten bitte, genügt es vielleicht, wenn ich jedenfalls meine Meinung berichte, daß die heutige Welt auch auf dem Theater wiedergegeben werden kann, aber nur wenn sie als veränderbar aufgefaßt wird.

LIED DES STÜCKSCHREIBERS

Fragment

Ich bin ein Stückschreiber. Ich zeige
Was ich gesehen habe. Auf den Menschenmärkten
Habe ich gesehen, wie der Mensch gehandelt wird. Das
Zeige ich, ich, der Stückschreiber.

Wie sie zueinander ins Zimmer treten mit Plänen
Oder mit Gummiknüppeln oder mit Geld
Wie sie auf den Straßen stehen und warten
Wie sie einander Fallen bereiten
Voller Hoffnung
Wie sie Verabredungen treffen
Wie sie einander aufhängen
Wie sie sich lieben
Wie sie die Beute verteidigen
Wie sie essen
Das zeige ich.

Die Worte, die sie einander zurufen, berichte ich.
Was die Mutter dem Sohn sagt
Was der Unternehmer dem Unternommenen befiehlt
Was die Frau dem Mann antwortet.
Alle die bittenden Worte, alle die herrischen
Die flehenden, die mißverständlichen
Die lügnerischen, die unwissenden
Die schönen, die verletzenden
Alle berichte ich.

Ich sehe da auftreten Schneefälle
Ich sehe da nach vorn kommen Erdbeben
Ich sehe da Berge stehen mitten im Wege
Und Flüsse sehe ich über die Ufer treten.
Aber die Schneefälle haben Hüte auf
Die Erdbeben haben Geld in der Brusttasche
Die Berge sind aus Fahrzeugen gestiegen
Und die reißenden Flüsse gebieten über Polizisten.
Das enthülle ich.

Um zeigen zu können, was ich sehe
Lese ich nach die Darstellungen anderer Völker und anderer
Zeitalter.
Ein paar Stücke habe ich nachgeschrieben, genau
Prüfend die jeweilige Technik und mir einprägend
Das, was mir zustatten kommt.
Ich studierte die Darstellungen der großen Feudalen
Durch die Engländer, reicher Figuren
Denen die Welt dazu dient, sich groß zu entfalten.
Ich studierte die moralisierenden Spanier
Die Inder, Meister der schönen Empfindungen
Und die Chinesen, welche die Familien darstellen
Und die bunten Schicksale in den Städten.

Und so schnell wechselte zu meiner Zeit
Das Aussehen der Häuser und Städte, daß ein Wegfahren für
2 Jahre
Und ein Rückkehren eine Reise in eine andere Stadt war
Und in riesiger Masse wandelten die Menschen ihr Aussehen
In wenigen Jahren. Ich sah
Arbeiter in das Tor der Fabrik treten, und das Tor war hoch
Aber als sie herauskamen, mußten sie sich bücken.

Da sagte ich zu mir:
Alles wandelt sich und ist nur für seine Zeit.

Also gab ich jedem Schauplatz sein Kennzeichen
Und brannte jedem Fabrikhof seine Jahreszahl ein und jedem
Zimmer
Wie die Hirten dem Vieh seine Zahl einbrennen, daß es erkannt
wird.

Und auch den Sätzen, die da gesprochen wurden
Gab ich ihr Kennzeichen, so daß sie wurden wie Aussprüche
Der Vergänglichen, die man aufzeichnet
Damit sie nicht vergessen werden.

Was da die Frau sagte im Arbeitskittel
Über die Flugblätter gebeugt, in diesen Jahren
Und wie die Börsenleute mit ihren Schreibern sprachen
Die Hüte im Genick, gestern

Das versah ich mit dem Zeichen der Vergänglichkeit
Ihrer Jahreszahl.

Alles aber übergab ich dem Staunen
Selbst das Vertrauteste.
Daß die Mutter dem Kinde die Brust reichte
Das berichtete ich wie etwas, das keiner mir glauben wird.
Daß der Pförtner vor dem Frierenden die Tür zuschlug
Wie etwas, das noch keiner gesehen hat.

Und ich stellte die Sätze so, daß ihre Folgen
Sichtbar wurden, so also, daß
Sie gesprochen zu haben den Sprecher
Froh machen konnte oder auch unfroh. Und auch uns andere
Konnte es unfroh machen oder auch froh, daß der Sprecher so
sprach.
(Dies erschwerte das Sehen der Stücke: die erste
Wirkung trat oft erst beim zweiten Sehen ein.)

Immer vollführte ich
Jede Bewegung wie vor der Versammlung
Die darüber befinden wird, so wie einer
Der vorsichtig, bemüht, sich genau zu erinnern
Wie es denn war und wie es denn sein konnte
Alles darbietet, die Wahrheit, dem Urteil der
Endgültig entscheidenden Versammlung.

VERGNÜGUNGSTHEATER ODER LEHRTHEATER?

Wenn man vor einigen Jahren über modernes Theater sprach, dann nannte man das Moskauer, das New Yorker und das Berliner Theater. Vielleicht sprach man noch von einer oder der andern Aufführung Jouvets in Paris oder Cochrans in London oder der Dybuk-Darstellung der Habima, die eigentlich auch dem russischen Theater angehört, denn ihr Regisseur war Wachtangow; aber im großen ganzen gab es nur drei Theaterhauptstädte, was die Moderne betrifft.

Die russischen, amerikanischen und deutschen Theater unterschieden sich sehr stark voneinander, glichen sich aber darin, daß sie modern waren, das heißt, technische und artistische Neuerungen einführten. In einem bestimmten Sinn kamen sie sogar zu Ähnlichkeiten im Stilistischen, und zwar wohl deshalb, weil die Technik international ist (nicht nur das von der Technik, was für die Bühne unmittelbar benötigt wird, sondern auch das, was auf sie Einfluß ausübt, wie zum Beispiel der Film) und weil es sich um große fortschrittliche Städte in großen Industrieländern handelte. In allerletzter Zeit schien in den hochkapitalistischen Ländern das Berliner Theater führend zu sein. In ihm kam das dem modernen Theater Gemeinsame eine Zeitlang zu stärkstem und vorläufig reifstem Ausdruck.

Die letzte Phase des Berliner Theaters, das damit wie gesagt nur die Entwicklungstendenz des modernen Theaters am reinsten aufzeigte, war das sogenannte epische Theater. Alles, was man Zeitstück oder Piscatorbühne oder Lehrstück nannte, gehört zum epischen Theater.

Das epische Theater

Das Wort „episches Theater" schien vielen als in sich widerspruchsvoll, da man nach dem Beispiel des Aristoteles die epische und die dramatische Form des Vortrags einer Fabel für grundverschieden voneinander hielt. Der Unterschied zwischen den beiden Formen wurde keinesfalls nur darin erblickt, daß die eine von lebenden Menschen vorgeführt wurde und die andere sich des Buches bediente – Werke der Epik wie diejenigen Homers und der mittelalterlichen Sänger waren ebenfalls theatralische Veranstaltungen, und Dramen wie der Goethesche „Faust" oder wie „Manfred" von Byron erreichten ihre höchste Wirkung zugestandenermaßen als Bücher –, der Unterschied zwischen der dramatischen und der epischen Form wurde schon nach Aristoteles in der verschiedenen Bauart erblickt, deren Gesetze in zwei verschiedenen Zweigen der Ästhetik behandelt wurden. Diese Bauart hing von der verschiedenen Art ab, in der die Werke dem Publikum geboten wurden, einmal durch die Bühne, einmal durch das Buch, aber es gab dann doch unabhängig davon „das Dramatische" auch in epischen Werken und „das Epische" in dramatischen. Der bürgerliche Roman entwickelt im vorigen Jahrhundert ziemlich viel „Dramatisches", und man verstand darunter die starke Zentralisation einer Fabel, ein Moment des Aufeinanderangewiesenseins der einzelnen Teile. Eine gewisse Leidenschaftlichkeit des Vortrags, ein Herausarbeiten des Aufeinanderprallens der Kräfte kennzeichnete das „Dramatische". Der Epiker Döblin gab ein vorzügliches Kennzeichen, als er sagte, Epik könne man im Gegensatz zur Dramatik sozusagen mit der Schere in einzelne Stücke schneiden, welche durchaus lebensfähig bleiben.

Es soll hier nicht auseinandergesetzt werden, wodurch die lange für unüberbrückbar angesehenen Gegensätze zwischen Epik und Dramatik ihre Starre verloren, es soll genügen, wenn darauf hingewiesen wird, daß schon durch technische Errungenschaften die Bühne instand gesetzt wurde, erzählende Elemente den dramatischen Darbietungen einzugliedern. Die Möglichkeit der Projektion, der größeren Verwandlungsfähigkeit der Bühne durch die Motorisierung, der Film vervollständigten die Ausrüstung der Bühne, und sie taten dies in einem Zeitpunkt, wo die wichtigsten Vorgänge unter Menschen nicht mehr so einfach dargestellt werden konnten, indem man die bewegenden Kräfte personifizierte oder die Personen unter unsichtbare, metaphysische Kräfte stellte.

Zum Verständnis der Vorgänge war es nötig geworden, die Umwelt, in der die Menschen lebten, groß und „bedeutend" zur Geltung zu bringen.

Diese Umwelt war natürlich auch im bisherigen Drama gezeigt worden, jedoch nicht als selbständiges Element, sondern nur von der Mittelpunktsfigur des Dramas aus. Sie erstand aus der Reaktion des Helden auf sie. Sie wurde gesehn, wie der Sturm gesehen werden kann, wenn man auf einer Wasserfläche die Schiffe ihre Segel entfalten und die Segel sich biegen sieht. Im epischen Theater sollte sie aber nun selbständig in Erscheinung treten.

Die Bühne begann zu erzählen. Nicht mehr fehlte mit der vierten Wand zugleich der Erzähler. Nicht nur der Hintergrund nahm Stellung zu den Vorgängen auf der Bühne, indem er auf großen Tafeln gleichzeitig andere Vorgänge an andern Orten in Erinnerung rief, Aussprüche von Personen durch projizierte Dokumente belegte oder widerlegte, zu abstrakten Gesprächen sinnlich faßbare, konkrete Zahlen lieferte, zu plastischen, aber in ihrem Sinn undeutlichen Vorgängen Zahlen und Sätze zur Verfügung stellte – auch die Schauspieler vollzogen die Verwandlung nicht vollständig, sondern hielten Abstand zu der von ihnen dargestellten Figur, ja forderten deutlich zur Kritik auf.

Von keiner Seite wurde es dem Zuschauer weiterhin ermöglicht, durch einfache Einfühlung in dramatische Personen sich kritiklos (und praktisch folgenlos) Erlebnissen hinzugeben. Die Darstellung setzte die Stoffe und Vorgänge einem Entfremdungsprozeß aus. Es war die Entfremdung, welche nötig ist, damit verstanden werden kann. Bei allem „Selbstverständlichen" wird auf das Verstehen einfach verzichtet.

Das „Natürliche" mußte das Moment des Auffälligen bekommen. Nur so konnten die Gesetze von Ursache und Wirkung zutage treten. Das Handeln der Menschen mußte zugleich so sein und mußte zugleich anders sein können.

Das waren große Änderungen.

Zwei Schemata

Einige kleine Schemata mögen zeigen, worin sich die Funktion des epischen von der des dramatischen Theaters unterscheidet.

1

Dramatische Form	*Epische Form*
Die Bühne „verkörpert" einen Vorgang	Sie erzählt ihn
verwickelt den Zuschauer in eine Aktion	macht ihn zum Betrachter, aber
verbraucht seine Aktivität	weckt seine Aktivität
ermöglicht ihm Gefühle	erzwingt von ihm Entscheidungen
vermittelt ihm Erlebnisse	vermittelt ihm Kenntnisse
der Zuschauer wird in eine Handlung hineinversetzt	er wird ihr gegenübergesetzt
es wird mit Suggestion gearbeitet	es wird mit Argumenten gearbeitet
die Empfindungen werden konserviert	bis zu Erkenntnissen getrieben
Der Mensch wird als bekannt vorausgesetzt	der Mensch ist Gegenstand der Untersuchung
der unveränderliche Mensch	der veränderliche und verändernde Mensch
seine Triebe	seine Beweggründe
Die Geschehnisse verlaufen linear	in „unregelmäßigen" Kurven
natura non facit saltus	facit saltus
die Welt wie sie ist	die Welt wie sie wird

2

Der Zuschauer des dramatischen Theaters sagt: Ja, das habe ich auch schon gefühlt. – So bin ich. – Das ist nur natürlich. – Das wird immer so sein. – Das Leid dieses Menschen erschüttert mich, weil es keinen Ausweg für ihn gibt. – Das ist große Kunst: das ist alles selbstverständlich. – Ich weine mit den Weinenden, ich lache mit den Lachenden.

Der Zuschauer des epischen Theaters sagt: Das hätte ich nicht gedacht. – So darf man es nicht machen. – Das ist höchst auffällig, fast nicht zu glauben. – Das muß aufhören. – Das Leid dieses Menschen erschüttert mich, weil es doch einen Ausweg für ihn gäbe. – Das ist große Kunst: da ist nichts selbstverständlich. – Ich lache über den Weinenden, ich weine über den Lachenden.

Das Lehrtheater

Die Bühne begann lehrhaft zu wirken.

Das Öl, die Inflation, der Krieg, die sozialen Kämpfe, die Familie, die Religion, der Weizen, der Schlachtviehhandel wurden Gegenstände theatralischer Darstellung. Chöre klärten den Zuschauer über ihm unbekannte Sachverhalte auf. Filme zeigten montiert Vorgänge in aller Welt. Projektionen brachten statistisches Material. Indem die „Hintergründe" nach vorn traten, wurde das Handeln der Menschen der Kritik ausgesetzt. Es zeigte sich falsches und richtiges Handeln. Es zeigten sich Menschen, die wußten, was sie taten, und Menschen, die das nicht wußten. Das Theater wurde eine Angelegenheit für Philosophen, allerdings solcher Philosophen, die die Welt nicht nur zu erklären, sondern auch zu ändern wünschten. Es wurde also philosophiert; es wurde also gelehrt. Und wo blieb das Amüsement? Wurde man wieder auf die Schulbank gesetzt, als Analphabet behandelt? Sollte man Examina bestehen, Zeugnisse erwerben?

Nach allgemeiner Ansicht besteht ein sehr starker Unterschied zwischen Lernen und sich Amüsieren. Der erstere mag nützlich sein, aber nur das letztere ist angenehm. Wir haben also das epische Theater gegen den Verdacht, es müsse eine höchst unangenehme, freudlose, ja anstrengende Angelegenheit sein, zu verteidigen.

Nun, wir können eigentlich nur sagen, daß der Gegensatz zwischen Lernen und sich Amüsieren kein naturnotwendiger zu sein braucht, keiner, der immer bestanden hat und immer bestehen muß.

Unzweifelhaft ist das Lernen, das wir aus der Schule, aus den Vorbereitungen zum Beruf usw. kennen, eine mühselige Sache. Aber man bedenke auch, unter was für Umständen und zu welchem Zweck es vorgeht. Es ist eigentlich ein Kauf. Das Wissen ist lediglich eine Ware. Sie wird erworben zum Zweck des Weiterverkaufs. Bei all denen, die der Schulbank entwachsen sind, muß das Lernen sozusagen in aller Heimlichkeit betrieben werden; denn der, welcher zugibt, noch zulernen zu müssen, entwertet sich als einer, der eben zu wenig weiß. Außerdem ist der Nutzen des Lernens sehr begrenzt durch Faktoren außerhalb des Willensbereichs des Lernenden. Es gibt die Arbeitslosigkeit, gegen die kein Wissen schützt. Es gibt die Arbeitsteilung, die ein Gesamtwissen unnötig und unmöglich macht. Das Lernen gehört vielfach zu den Mühen derer, die durch keine Mühen mehr weiterkommen. Es gibt nicht viel Wissen, das Macht verschafft, aber es gibt viel Wissen, das nur durch Macht verschafft wird.

Für die verschiedenen Volksschichten spielt das Lernen eine sehr verschiedene Rolle. Es gibt Schichten, die sich eine Verbesserung der Zustände nicht denken können; die Zustände scheinen ihnen gut genug für sie. Wie immer es mit dem Petroleum zugehen mag: sie gewinnen dadurch. Und: sie fühlen sich doch schon etwas bejahrt. Allzu viele Jahre können kaum mehr kommen. Wozu da noch viel lernen? Sie haben ihr letztes Wort schon gesprochen, hough. Aber es gibt auch Schichten, die „noch nicht dran waren", die unzufrieden mit den Verhältnissen sind, ein ungeheures praktisches Interesse am Lernen haben, sich unbedingt orientieren wollen, wissen, daß sie ohne Lernen verloren sind – das sind die besten und begierigsten Lerner. Solche Unterschiede bestehen auch für Länder und Völker. Die Lust am Lernen hängt also von vielerlei ab; dennoch gibt es lustvolles Lernen, fröhliches und kämpferisches Lernen.

Gäbe es nicht solch amüsantes Lernen, dann wäre das Theater seiner ganzen Struktur nach nicht imstande, zu lehren.

Das Theater bleibt Theater, auch wenn es Lehrtheater ist, und soweit es gutes Theater ist, ist es amüsant.

Theater und Wissenschaft

„Aber was hat Wissenschaft mit Kunst zu tun? Wir wissen ganz gut, daß Wissenschaft amüsant sein kann, aber nicht alles was amüsant ist, gehört auf das Theater."

Ich habe oft, wenn ich auf die unschätzbaren Dienste hinwies, die die moderne Wissenschaft, richtig verwendet, der Kunst, besonders dem Theater leisten kann, zu hören bekommen, daß Kunst und Wissenschaft zwei schätzenswerte, aber völlig verschiedene Gebiete menschlicher Tätigkeit seien. Das ist natürlich ein schrecklicher Gemeinplatz, und man tut gut, immer schnell zu versichern, daß das ganz richtig ist, wie die meisten Gemeinplätze. Kunst und Wissenschaft wirken in sehr verschiedener Weise, abgemacht. Dennoch muß ich gestehen, so schlimm es klingen mag, daß ich ohne Benutzung einiger Wissenschaften als Künstler nicht auskomme. Das mag vielen ernste Zweifel an meinen künstlerischen Fähigkeiten erregen. Sie sind es gewohnt, in Dichtern einzigartige, ziemlich unnatürliche Wesen zu sehen, die mit wahrhaft göttlicher Sicherheit Dinge erkennen, welche andere nur mit großer Mühe und viel Fleiß erkennen können. Es ist natürlich unangenehm, zugeben zu müssen, daß man nicht zu diesen Begnadeten gehört. Aber man muß es zugeben. Man muß auch ablehnen, daß es sich bei den eingestandenen wissenschaftlichen Bemühungen um verzeihliche Nebenbeschäftigungen handelt, vorgenommen am Feierabend, nach getaner Arbeit. Man weiß ja, auch Goethe hat Naturkunde, Schiller Geschichte betrieben, man nimmt freundlicherweise an, als eine Art Marotte. Ich will diese beiden nicht ohne weiteres beschuldigen, sie hätten diese Wissenschaften für ihre dichterische Tätigkeit benötigt, ich will mich nicht mit ihnen entschuldigen, aber ich muß sagen, ich benötige die Wissenschaften. Und ich muß sogar zugeben, ich schaue allerhand Leute krumm an, von denen mir bekannt ist, daß sie nicht auf der Höhe der wissenschaftlichen Erkenntnis sind, das heißt, daß sie singen, wie der Vogel singt, oder wie man sich vorstellt, daß der Vogel singt. Damit will ich nicht sagen, daß ich ein hübsches Gedicht über den Geschmack einer Flunder oder das Vergnügen einer Wasserpartie nur deshalb ablehne, weil sein Verfasser nicht Gastronomie oder Nautik studiert hat. Aber ich meine, daß die großen verwickelten Vorgänge in der Welt von Menschen, die nicht alle Hilfsmittel für ihr Verständnis herbeiziehen, nicht genügend erkannt werden können.

Nehmen wir an, es seien große Leidenschaften darzustellen oder Vorgänge, welche die Schicksale der Völker beeinflussen. Für eine solche Leidenschaft wird heute etwa der Machttrieb gehalten. Angenommen, ein Dichter „fühlte" diesen Trieb, er wollte einen Menschen zur Macht streben lassen – wie soll er nun den äußerst komplizierten Mechanismus in Erfahrung bringen, innerhalb dessen heute die Macht erkämpft wird? Ist sein Held ein Politiker, wie geht Politik, ist er ein Geschäftsmann, wie gehen Geschäfte vor sich? Und dann gibt es noch Dichter, die weit weniger als der Machttrieb der einzelnen gerade die Geschäfte und die Politik mit leidenschaftlichem Interesse erfüllen! Wie sollen sie sich die nötigen Kenntnisse verschaffen? Dadurch, daß sie herumgehen und die Augen offenhalten, werden sie kaum genug in Erfahrung bringen, und das wäre immerhin schon mehr, als wenn sie nur die Augen in holdem Wahnsinn rollten! Die Gründung einer Zeitung wie des „Völkischen Beobachters" oder eines Geschäftes wie der Standard Oil ist eine ziemlich komplizierte Angelegenheit, und diese Dinge werden einem nicht ohne weiteres auf die Nase gebunden. Ein wichtiges Gebiet für die Dramatiker ist die Psychologie. Man nimmt an, daß wenn nicht ein gewöhnlicher Mensch, so doch ein Dichter ohne weitere Belehrung imstande sein müßte, die Gründe ausfindig zu machen, die einen Menschen zu einem Mord veranlassen, er müßte „aus eigenem" ein Bild von dem seelischen Zustand eines Mörders geben können. Man nimmt an, es genüge in einem solchen Fall, in sich selbst hineinzuschauen, und dann gibt es ja auch die Phantasie ... Aus einer Reihe von Gründen kann ich mich dieser angenehmen Hoffnung, ich könnte auf so bequeme Weise zurechtkommen, nicht mehr hingeben. Ich kann in mir selber nicht mehr alle Gründe finden, die, wie man aus Zeitungs- oder wissenschaftlichen Berichten ersieht, bei Menschen festgestellt werden. So wie der gewöhnliche Richter bei der Aburteilung, kann auch ich mir nicht ohne weiteres ein ausreichendes Bild von dem seelischen Zustand eines Mörders machen. Die moderne Psychologie von der Psychoanalyse bis zum Behaviourismus verschafft mir Kenntnisse, die mir zu einer ganz anderen Beurteilung des Falles verhelfen, besonders, wenn ich die Ergebnisse der Soziologie berücksichtige und die Ökonomie sowie die Geschichte nicht außer acht lasse. Man wird sagen: das wird aber kompliziert. Ich muß antworten: das ist kompliziert. Vielleicht wird man sich überzeugen lassen und mit mir darin übereinstimmen, daß ein ganzer Haufen Literatur reichlich primitiv ist, aber doch mit schwerer Sorge fragen: wird da nicht solch ein Theaterabend eine ganz beängstigende Angelegenheit? Die Antwort darauf ist: nein.

Was immer an Wissen in einer Dichtung stecken mag, es muß völlig umgesetzt sein in Dichtung. Seine Verwertung befriedigt eben gerade das Vergnügen, welches vom Dichterischen bereitet wird. Allerdings, wenn es auch nicht jenes Vergnügen befriedigt, das vom

Wissenschaftlichen befriedigt wird, so ist doch eine gewisse Geneigtheit für ein tieferes Eindringen in die Dinge, ein Wunsch, die Welt beherrschbar zu machen, vonnöten, um zu einer Zeit, die eben eine Zeit großer Entdeckungen und Erfindungen ist, sich des Genusses an ihren Dichtungen zu versichern.

Ist das epische Theater etwa eine „moralische Anstalt"?

Nach Friedrich Schiller soll das Theater eine moralische Anstalt sein. Als Schiller diese Forderung aufstellte, kam es ihm kaum in den Sinn, daß er dadurch, daß er von der Bühne herab moralisierte, das Publikum aus dem Theater treiben konnte. Zu seiner Zeit hatte das Publikum nichts gegen das Moralisieren einzuwenden. Erst später beschimpfte ihn Friedrich Nietzsche als den Moraltrompeter von Säckingen. Nietzsche schien die Beschäftigung mit Moral eine trübselige Angelegenheit, Schiller erblickte darin eine durchaus vergnügliche. Er kannte nichts, was amüsanter und befriedigender sein könnte, als Ideale zu propagieren. Das Bürgertum ging daran, die Ideen der Nation zu konstituieren. Sein Haus einrichten, seinen eigenen Hut loben, seine Rechnungen präsentieren ist etwas sehr Vergnügliches. Dagegen ist vom Verfall seines Hauses reden, seinen alten Hut verkaufen müssen, seine Rechnungen bezahlen wirklich eine trübselige Angelegenheit, und so sah Friedrich Nietzsche ein Jahrhundert später die Sache. Er war schlecht zu sprechen auf Moral und also auch auf den ersten Friedrich.

Auch gegen das epische Theater wandten sich viele mit der Behauptung, es sei zu moralisch. Dabei traten beim epischen Theater moralische Erörterungen erst an zweiter Stelle auf. Es wollte weniger moralisieren als studieren. Allerdings, es wurde studiert, und dann kam das dicke Ende nach: die Moral von der Geschichte. Wir können natürlich nicht behaupten, wir hätten uns aus lauter Lust zu studieren und ohne anderen, handgreiflicheren Anlaß ans Studium gemacht und seien dann durch die Resultate unseres Studiums völlig überrascht worden. Es gab da zweifellos einige schmerzliche Unstimmigkeiten in unserer Umwelt, schwer ertragbare Zustände, die nicht nur aus moralischen Bedenken heraus schwer zu ertragen waren. Hunger, Kälte und Bedrückung erträgt man nicht nur aus moralischen Bedenken heraus schwer. Auch der Zweck unserer Untersuchungen war es nicht lediglich, moralische Bedenken gegen gewisse Zustände zu erregen (wenngleich solche Bedenken sich leicht einstellen könnten, wenn auch nicht bei allen Zuhörern – solche Bedenken stellten sich zum Beispiel bei denjenigen Zuhörern selten ein, die von den betreffenden Zuständen profitierten!), Zweck unserer Untersuchungen war es, Mittel ausfindig zu machen, welche die betreffenden schwer ertragbaren Zustände beseitigen konnten. Wir sprachen nämlich nicht im Namen der Moral, sondern im Namen der Geschädigten. Das sind wirklich zweierlei Dinge, denn oft wird gerade mit moralischen Hinweisen den Geschädigten gesagt, sie müßten sich mit ihrer Lage abfinden. Die Menschen sind für solche Moralisten für die Moral da, nicht die Moral für die Menschen.

Immerhin wird man aus dem Gesagten entnehmen können, wie weit und in welchem Sinn das epische Theater eine moralische Anstalt ist.

Kann man überall episches Theater machen?

In stilistischer Hinsicht ist das epische Theater nichts besonders Neues. Mit seinem Ausstellungscharakter und seiner Betonung des Artistischen ist es dem uralten asiatischen Theater verwandt. Lehrhafte Tendenzen zeigte sowohl das mittelalterliche Mysterienspiel als auch das klassische spanische und das Jesuitentheater.

Diese Theaterformen entsprachen gewissen Tendenzen ihrer Zeit und vergingen mit diesen. Auch das moderne epische Theater ist an bestimmte Tendenzen gebunden. Es kann keineswegs überall gemacht werden. Die meisten großen Nationen neigen heute nicht dazu, ihre Probleme im Theater zu erörtern. London, Paris, Tokio und Rom halten ihre Theater zu gänzlich andern Zwecken. Nur an wenig Orten und nicht für lange Zeit waren bisher die Umstände einem epischen lehrhaften Theater günstig. In Berlin hat der Faschismus der Entwicklung eines solchen Theaters energisch Einhalt geboten.

Es setzt außer einem bestimmten technischen Standard eine mächtige Bewegung im sozialen Leben voraus, die ein Interesse an der freien Erörterung der Lebensfragen zum Zwecke ihrer Lösung hat und dieses Interesse gegen alle gegensätzlichen Tendenzen verteidigen kann.

Das epische Theater ist der breiteste und weitestgehende Versuch zu modernem großem Theater, und es hat alle die riesigen Schwierigkeiten zu überwinden, die alle lebendigen Kräfte auf dem Gebiet der Politik, Philosophie, Wissenschaft und Kunst zu überwinden haben.

ÜBER ALLTÄGLICHES THEATER

Ihr Künstler, die ihr Theater macht
In großen Häusern, unter künstlichen Lichtsonnen
Vor der schweigenden Menge, sucht zuweilen
Jenes Theater auf, das auf der Straße sich abspielt.
Das alltägliche, tausendfache und ruhmlose
Aber so sehr lebendige, irdische, aus dem Zusammenleben
Der Menschen gespeiste Theater, das auf der Straße sich
abspielt.
Hier macht die Nachbarin den Hauswirt nach, deutlich
zeigt sie
Seine Redeflut vorführend
Wie er versucht, das Gespräch abzubiegen
Von der Wasserleitung, die geborsten ist. In den Anlagen
Zeigen die Burschen den kichernden Mädchen
Abends, wie sie sich wehren und dabei
Geschickt die Brüste zeigen. Und jener Betrunkene
Zeigt den Pfarrer bei seiner Predigt, die Unbemittelten
Auf die reichen Auen des Paradieses verweisend. Wie
nützlich
Ist doch solches Theater, ernsthaft und lustig
Und wie würdig! Nicht wie Papagei und Affe
Ahmen diese nur nach der Nachahmung willen, gleichgültig
Was sie da nachahmen, nur um zu zeigen, daß sie
Gut nachahmen können, sondern sie
Haben Zwecke im Auge. Mögt ihr
Großen Künstler, meisterhaften Nachahmer, darin
Nicht unter ihnen bleiben! Entfernt euch
Wie immer ihr eure Kunst vervollkommt, nicht allzuweit
Von jenem alltäglichen Theater, das
Auf der Straße sich abspielt.
Seht dort den Mann an der Straßenecke! Er zeigt, wie
Der Unfall vor sich ging. Gerade
Überliefert er den Fahrer dem Urteil der Menge. Wie der
Hinter der Steuerung saß, und jetzt
Ahmt er den Überfahrenen nach, anscheinend
Einen alten Mann. Von beiden gibt er
Nur so viel, daß der Unfall verständlich wird, und doch
Genug, daß sie vor euren Augen erscheinen. Beide
Zeigt er aber nicht so, daß sie einem

Unfall nicht zu entgehen vermöchten. Der Unfall
Wird so verständlich und doch unverständlich, denn beide
Konnten sich auch ganz anders bewegen, jetzt zeigt er, wie
nämlich
Sie sich hätten bewegen können, damit der Unfall
Nicht erfolgt wäre. Da ist kein Aberglauben
An diesem Augenzeugen, er gibt
Nicht den Gestirnen die Sterblichen preis, sondern
Nur ihren Fehlern.

Beachtet auch
Seinen Ernst und die Sorgfalt seiner Nachahmung. Dieser
Weiß, daß von seiner Genauigkeit vieles abhängt, ob der
Unschuldige
Dem Verderben entrinnt, ob der Geschädigte
Entschädigt wird. Seht ihn
Jetzt wiederholen, was er schon einmal gemacht hat. Zögernd
Seine Erinnerung zu Hilfe rufend, unsicher
Ob er auch gut nachahmt, einhaltend
Und einen andern auffordernd, er möge
Dies oder jenes berichtigen. Dies
Betrachtet mit Ehrfurcht!
Und mit Staunen
Mögt ihr eines betrachten: daß dieser Nachahmende
Nie sich in einer Nachahmung verliert. Er verwandelt sich
Nie zur Gänze in den, den er nachahmt. Immer
Bleibt er der Zeigende, selbst nicht Verwickelte. Jener
Hat ihn nicht eingeweiht, er
Teilt nicht seine Gefühle
Noch seine Anschauungen. Er weiß von ihm
Nur wenig. In seiner Nachahmung
Entsteht kein Drittes, aus ihm und dem andern
Etwa aus beiden Bestehendes, in dem
Ein Herz schlüge und
Ein Gehirn dächte. Seine Sinne beisammen
Steht der Zeigende und zeigt
Den fremden Nachbarn.

Die geheimnisvolle Verwandlung
Die auf euren Theatern angeblich vor sich geht
Zwischen Ankleideraum und Bühne: ein Schauspieler

Verläßt den Ankleideraum, ein König
Betritt die Bühne, jener Zauber
Über den ich die Bühnenarbeiter, Bierflaschen in Händen
So oft habe lachen sehen, passiert hier nicht.
Unser Zeigender an der Straßenecke
Ist kein Schlafwandler, den man nicht anrufen darf. Er ist
Kein Hoher Priester beim Gottesdienst. Jederzeit
Könnt ihr ihn unterbrechen: er antwortet euch
Ganz ruhig und setzt
Wenn ihr mit ihm gesprochen habt, seine Vorführung fort.

Ihr aber sagt nicht: der Mann
Ist kein Künstler. Eine solche Scheidewand aufrichtend
Zwischen euch und aller Welt, werft ihr euch
Nur aus der Welt. Hießet ihr ihn
Gar keinen Künstler, so könnte er euch
Gar keinen Menschen heißen, und das
Wäre ein größerer Vorwurf. Sagt lieber:
Er ist ein Künstler, weil er ein Mensch ist. Wir
Mögen, was er macht, vollendeter machen und
Darum geehrt werden, doch, was wir machen
Ist etwas Allgemeines und Menschliches, stündlich
Im Gewimmel der Straße Geübtes, beinahe
So Beliebtes wie Essen und Atmen dem Menschen.

Euer Theatermachen
Führt so zurück auf Praktisches. Unsere Masken, sagt
Sind nichts Besonderes, soweit sie nur Masken sind:
Dort, der Shawlverkäufer
Setzt sich den steifen, runden Hut des Herzenbezwingers au
Hakt einen Stock ein, ja, klebt sich ein Bärtchen
Unter die Nase und geht hinter seinem Stand
Ein paar wiegende Schritte, so
Die vorteilhafte Veränderung weisend, die
Durch Shawls, Schnurrbärte und Hüte
Männer bewirken können. Und unsere Verse, sagt
Habt ihr doch auch: die Zeitungsverkäufer
Rufen die Meldungen in Rhythmen aus, so
Die Wirkung steigernd und die oftmalige Wiederholung
Sich erleichternd! Wir
Sprechen fremden Text, aber die Liebenden

Und die Verkäufer lernen auch fremde Texte, und wie oft
Zitiert ihr Aussprüche! So wird
Maske, Vers und Zitat gewöhnlich, ungewöhnlich aber
Groß gesehene Maske, schön gesprochener Vers
Und kluges Zitieren.

Aber damit wir uns verstehen: selbst wenn ihr verbessertet
Was der Mann an der Straßenecke macht, machtet ihr
weniger
Als er, wenn ihr
Euer Theater weniger sinnvoll machtet, aus geringerem
Anlaß
Weniger eingreifend in das Leben der Zuschauer und
Weniger nützlich.

ANMERKUNGEN ZUM VOLKSSTÜCK

Das Volksstück ist für gewöhnlich krudes und anspruchsloses Theater, und die gelehrte Ästhetik schweigt es tot oder behandelt es herablassend. Im letzteren Fall wünscht sie es sich nicht anders, als es ist, so wie gewisse Regimes sich ihr Volk wünschen: krud und anspruchslos. Da gibt es derbe Späße, gemischt mit Rührseligkeiten, da ist hanebüchene Moral und billige Sexualität. Die Bösen werden bestraft und die Guten werden geheiratet, die Fleißigen machen eine Erbschaft und die Faulen haben das Nachsehen. Die Technik der Volksstückschreiber ist ziemlich international und ändert sich beinahe nie. Um in den Stücken zu spielen, muß man nur unnatürlich sprechen können und sich auf der Bühne in schlichter Eitelkeit benehmen. Es genügt eine tüchtige Portion der gefürchteten Routiniertheit des Dilettantismus.

Die Großstädte sind mit der Zeit gegangen, als sie vom Volksstück zur Revue übergingen. Die Revue verhält sich zum Volksstück wie der Schlager zum Volkslied, wenn man berücksichtigt, daß das Volksstück niemals so edel war wie das Volkslied. In neuerer Zeit ist die Revueform literarisiert worden. Der Deutsche Wangenheim, der Däne Abell, der Amerikaner Blitzstein und der Engländer Auden haben interessante Stücke in Revueform geschrieben, Stücke, die weder krud noch anspruchslos sind. Diese Stücke haben einiges von der Poesie, freilich absolut nichts von der Naivität des alten Volksstücks. Sie vermeiden seine konventionellen Situationen und schematischen Figuren, übertreffen es jedoch, genauer besehen, an Romantik. Ihre Situationen sind grotesk, und Figuren gibt es im Grund überhaupt nicht, kaum Rollen. Die monotone Fabel ist zum alten Eisen geworfen, das heißt die Monotonität zusammen mit der Fabel, denn die neuen Stücke haben keine Fabel, kaum einen „roten Faden". Die Darstellung benötigt durchaus Artistik – Dilettanten können das nicht spielen –, jedoch ist es die Artistik des Kabaretts.

Es scheint aussichtslos, das alte Volksstück wieder beleben zu wollen. Es ist nicht nur völlig versumpft, sondern hat, was bedenklicher ist, niemals eine wirkliche Blüte erlebt. Andrerseits ist es der literarischen Revue nicht gelungen, „volkstümlich zu werden". Sie ist zu sehr billige Delikatesse. Jedoch zeigt sie, daß hier Bedürfnisse vorliegen, auch wenn sie diese nicht befriedigen kann. Tatsächlich kann ein Bedürfnis nach naivem, aber nicht primitivem, poetischem, aber nicht romantischem, wirklichkeitsnahem, aber nicht tagespolitischem Theater angenommen werden. Wie könnte so ein neues Volksstück aussehen?

In bezug auf die Fabel gibt die literarische Revue einige wertvolle Winke. Wie erwähnt, verzichtet sie auf die einheitliche und durchgehende Fabel und bringt „Nummern", das heißt lose miteinander verknüpfte Sketche. In dieser Form leben die „Streiche und Abenteuer" der alten Volksepen wieder auf, freilich schwer erkennbar. Die Sketche sind nicht fabulierend gehalten, sie enthalten wenig Episches, so wie die Lowschen Karikaturen im Vergleich zu den Hogarthschen wenig Episches enthalten. Sie sind spiritualistischer, mehr auf eine einzige Pointe gestellt. Das neue Volksstück könnte die Folge verhältnismäßig selbständiger Begebnisse der literarischen Revue entnehmen, müßte jedoch mehr epische Substanz bieten und realistischer sein.

Auch was die Poesie betrifft, gibt die literarische Revue Fingerzeige. Besonders in den Stücken, die Auden zusammen mit Isherwood geschrieben hat, gibt es Partien von großer poetischer Schönheit. Er verwendet chorische Elemente und erlesene Lyrik. Auch die Begebenheiten sind teilweise sublim. Jedoch ist alles mehr oder weniger symbolisch, er führt sogar die Allegorie wieder ein. Wenn man etwa den Aristophanes zum Vergleich heranzieht – was Auden erlauben wird –, erkennt man den betont subjektiven Charakter dieser Lyrik und dieses Symbolismus, und das neue Volksstück dürfte den Lyrismus hier studieren, aber müßte mehr Objektivität bieten. Die Poesie sollte vielleicht mehr in den Situationen liegen als im Ausdruck der Figuren, die auf die Situationen reagieren.

Von der größten Bedeutung ist es, einen Stil der Darstellung zu finden, der zugleich artistisch und natürlich ist. Das bietet angesichts der babylonischen Verwirrung der Stile, die auf der europäischen Bühne herrscht, eine sehr große Schwierigkeit. Man kann auf der zeitgenössischen Bühne im Grund mit zwei Darstellungsstilen rechnen, die jedoch ziemlich vermischt auftreten. Der „gehobene" Darstellungsstil, der für große dichterische Werke ausgebildet worden ist und den man z. B. noch für die Ibsenschen Jugenddramen verwenden kann, steht noch immer zur Verfügung, wenngleich in etwas ramponiertem Zustand. Er wurde durch die zweite vorhandene Spielweise, die naturalistische, eher ergänzt als ersetzt; die beiden Spielweisen existieren nebeneinander weiter wie Segelschiff und Dampfschiff. Der gehobene Stil war früher durchaus den nichtrealistischen Stücken reserviert, und die realistischen Stücke behalfen sich im Grund „ohne Stil". Stilisiertes Theater bedeutete dasselbe wie gehobenes Theater. In der ersten, stärksten Zeit des Naturalismus kopierte man die Wirklichkeit so komplett, daß jedes stilistische Element als unnatürlich empfunden worden wäre. Als der Naturalismus schwächer wurde, schloß er vielfache Kompromisse, und heute hat man es auch in realistischen Stücken mit einer eigentümlichen Mischung von Saloppheit und Deklamation zu tun. Mit diesem Cocktail ist überhaupt nichts anzufangen. Von der gehobenen Spielweise lebt in ihm nur noch die Unnatur und Künstlichkeit, der Schematismus und die Gespreiztheit, zu deren Tiefen der gehobene Stil herabsank, bevor er durch den Naturalismus abgelöst wurde. Und vom Naturalismus der großen Epoche lebt in ihm nur noch das Zufällige, Ungestaltete, Phantasielose, das er auch in seiner besten Zeit an sich hatte. So ist es also nötig, neue Wege zu suchen. In welcher Richtung? Die Vereinigung der beiden Spielweisen, der romantisch-klassizistischen und der naturalistischen zu einem romantisch-naturalistischen Cocktail war eine Synthese der Schwäche. Zwei taumelnde Rivalen hielten sich aneinander, um nicht vollends umzufallen. Die Mischung geschah beinahe unbewußt, durch gegenseitiges Nachgeben, stillschweigendes Aufgeben von Prinzipien, kurz durch Korruption. An und für sich aber wäre die Synthese, bewußt und kraftvoll vollzogen, die Lösung. Der Gegensatz zwischen Kunst und Natur kann dann fruchtbar gemacht werden, wenn er im Kunstwerk zwar zur Einheit gebracht, aber nicht ausgetilgt wird. Wir sahen eine Kunst, die sich ihre eigene Natur schuf, eine eigene Welt, eben die der Kunst, eine Welt, die mit der wirklichen Welt nur noch sehr wenig zu schaffen hatte und zu schaffen haben wollte, und wir sahen eine Kunst, die sich lediglich darin erschöpfte, die wirkliche Welt zu kopieren und dabei ihre Phantasie nahezu völlig einbüßte. Wir brauchen eine Kunst, die die Natur meistert, wir brauchen die künstlerisch gestaltete Wirklichkeit und die natürliche Kunst.

Das kulturelle Niveau eines Theaters wird unter anderm durch den Grad bestimmt, in welchem es den Gegensatz zwischen „edlem" (gehobenem, stilisierendem) und realistischem („der Wirklichkeit abgelauschtem") Spiel zu überwinden vermag. Das realistische Spiel hat, wie oft angenommen wird, „von Natur" etwas „Unedles", so wie das „edle" Spiel etwas Unrealistisches hat. Gemeint damit wird: Fischweiber sind nicht edel, und wenn man sie wirklichkeitsgetreu darstellt, kann nichts Edles herauskommen. Bei einer realistischen Darstellung verbleiben sogar Königinnen, wie man fürchtet, nicht edel. Hier wimmeln die Denkfehler. Faktum ist, daß der Schauspieler, wenn er Grobheit, Gemeinheit und Häßlichkeit darzustellen hat, ob nun bei Fischweibern oder bei Königinnen, keineswegs ohne Feinheit, Billigkeitssinn und Gefühl für das Schöne auskommen kann. Das wirklich kultivierte Theater wird seinen Realismus nicht mit der Preisgabe der künstlerischen Schönheit erkaufen müssen. Die Realität mag unschön sein, das verbannt sie durchaus nicht von einer Stilbühne. Gerade ihre Unschönheit kann der Hauptgegenstand der Darstellung sein – niedere menschliche Eigenschaften wie Habsucht, Prahlerei, Dummheit, Unwissenheit, Streitsucht in der Komödie, das entmenschte soziale Milieu im ernsten Drama. Schönfärberei ist selber etwas unbedingt Unedles, Wahrheitsliebe etwas unbedingt Edles. Die Kunst vermag das Häßliche des Häßlichen in schöner Weise, das Unedle des Unedlen in edler Weise darzustellen, denn die Künstler können ja auch das Ungraziöse in graziöser, das Schwache in kraftvoller Weise darstellen. Die Gegenstände der Komödie, die das „gemeine Leben" schildert, entziehen sich durchaus nicht der Veredelung. Das Theater hat die delikate Farbe, die angenehme und bedeutende Gruppierung, die originelle Gestik, kurz den *Stil* zur Verfügung, es hat Humor, Phantasie und Weisheit, um das Häßliche zu meistern. Davon zu sprechen ist notwendig, da unsere Theater nicht ohne weiteres geneigt sind, für Stücke, die Inhalte und Formen des Volksstücks aufweisen, so etwas Hohes wie Stil aufzuwenden. Sie würden allenfalls der Forderung nach gereinigtem Stil nachkommen, wenn sie es mit einer Gattung zu tun bekämen, die sich schon äußerlich sehr sichtbar vom naturalistischen Problemstück entfernt hielte, etwa dem Versstück. Sie würden dem Versstück eine andere Stellung zum „Problem" und eine andere Behandlung des Psychologischen vielleicht unaufgefordert zubilligen. Ein Stück in Prosa, noch dazu in populärer Prosa, mit ziemlich unproblematischer Psychologie und überhaupt wenig „Problem" hat es da schwerer. Die ganze Gattung des Volksstücks wird ja, wie erwähnt, nicht als literarische Gattung anerkannt. Die Ballade und die elisabethanische Historie sind literarische Gattungen, aber auch die Moritat, aus der die erstere, und das Schauerstück der Biergärten, aus dem die letztere sich entwickelte, beide erheischten „Stil", ob man sie als literarisch anerkennen will oder nicht. Es ist freilich schwerer, Erlesenheit auch dort zu erkennen, wo die Auslese aus einem neuen Material erfolgt, das bisher nur mit gröbster Indifferenz behandelt wurde. Um Beispiele aus dem „Puntila" anzuführen: der Leser und, was wichtiger ist, der Schauspieler wird geneigt sein, über solche Partien wie etwa das kleine Zwiegespräch des Richters und des Advokaten in der 6. Szene (über den finnischen Sommer) hinwegzulesen, da eine volkstümliche Sprechweise angewandt ist. Der Schauspieler wird die Partie jedoch nicht zur Wirkung bringen können, wenn er sie nicht wie ein Prosagedicht behandelt, denn sie ist eines. Es spielt hier natürlich keine Rolle, ob es ein gutes oder schlechtes Gedicht ist, das soll der Leser oder Schauspieler entscheiden dürfen, eine Rolle spielt nur, daß es als Gedicht behandelt werden muß, das heißt mit Distinktion, „auf goldenem Teller gereicht". Mattis Lobgesang auf den Strömling im 9. Bild ist dafür vielleicht ein noch besseres Beispiel. Im naturalistischen Stück müßten mehrere Situationen des „Puntila" unbedingt als grob erscheinen, und es ist sicher, daß der Schauspieler, der etwa die Stelle, wo Matti und Eva eine kompromittierende Szene aufführen (4. Bild), wie eine Stelle aus einem Schwank spielte, jede Wirkung verfehlen müßte. Gerade eine solche Szene verlangt echte Artistik, und so verlangen es die Proben, denen Matti im 8. Bild seine Verlobte unterwirft. Auch hier soll nicht ein Vergleich auf qualitativer Basis herausgefordert werden, wenn an die Kästchenszene aus dem „Kaufmann von Venedig" erinnert wird – diese Szene kann tief unter der Shakespearischen stehen, und es wird doch nötig sein, um zu ihrer vollen Wirkung zu gelangen, eine Spielweise zu finden, die der angenähert ist, die das Versstück verlangt. Ohne Zweifel ist es schwer, bei einem Stück, das in Prosa geschrieben ist und „gewöhnliche" Menschen zeigt, nicht von Primitivität, sondern von künstlerischer Einfachheit zu sprechen. Die Ausweisung der vier Frauen aus Kurgela (im 7. Bild) ist aber kein primitiver, sondern ein einfacher Vorgang, und er muß genau wie das ganze 3. Bild (die Fahrt nach dem gesetzlichen Schnaps und den Bräuten) poetisch gespielt werden, das heißt die Schönheit des Vorgangs (noch einmal: ob sie nun groß oder klein ist) muß im Bühnenbild, in der Bewegung, im sprachlichen Ausdruck zur Geltung kommen. Auch die Figuren müssen mit einer gewissen Größe dargestellt werden, auch hier wird der Schauspieler einige Schwierigkeit haben, wenn er nur naturalistisch zu spielen gelernt hat oder nicht sieht, daß hier naturalistisches Spiel nicht ausreicht. Er wird sich leichter tun, wenn er sich bewußt ist, daß er eine nationale Figur zu kreieren hat und dazu all seine Menschenkenntnisse, Kühnheit und Feinfühligkeit benötigt. Zuletzt noch eines: der „Puntila" ist alles andere als ein Tendenzstück. Die Rolle des Puntila darf also keinen Augenblick und in keinem Zug ihres natürlichen Charmes entkleidet werden; es wird besondere Kunst nötig sein, die Betrunkenheitsszenen poetisch und zart, mit so viel Variation wie möglich und die Nüchternheitsszenen so ungrotesk und unbrutal wie möglich zu bringen. Praktisch gesprochen: man muß versuchen, den „Puntila" in einem Stil aufzuführen, der Elemente der alten commedia dell'arte und Elemente des realistischen Sittenstücks enthält.

Es mag unadäquat erscheinen, für ein einzelnes kleines Volksstück so weitgehende Erörterungen anzustellen, so große Schatten heraufzubeschwören und am Ende sogar eine völlig neue Kunst der theatralischen Darstellung zu fordern. Jedoch muß diese neue Kunst sowieso gefordert werden; sie ist nötig für unser ganzes Repertoire, ganz unentbehrlich für die Darstellung der großen Meisterwerke vergangener Epochen und muß ausgebildet werden, damit neue Meisterwerke entstehen können. Mit den obigen Ausführungen ist nicht mehr beabsichtigt als ein Hinweis darauf, daß auch für das neue Volksstück der Ruf nach einer neuen realistischen Kunst erhoben werden muß. Das Volksstück ist eine lange verachtete und dem Dilettantismus oder der Routine überlassene Gattung. Es ist an der Zeit, ihr das hohe Ziel zu stecken, zu dem ihre Benennung diese Gattung eigentlich von vornherein verpflichtet.

REDE AN DÄNISCHE ARBEITERSCHAUSPIELER ÜBER DIE KUNST DER BEOBACHTUNG

Hergekommen seid ihr, um Theater zu spielen, aber jetzt
Sollt ihr gefragt werden: was soll das?
Ihr seid gekommen, euch zu zeigen vor den Leuten
Was ihr alles könnt, also ausgestellt zu werden
Als Sehenswerte . . .
Und die Leute, so hofft ihr
Werden euch Beifall klatschen, fortgerissen von euch
Aus ihrer engen Welt in eure Weite, ebenfalls durchkostend
Den Schwindel auf dem hohen Grat, die Leidenschaften in ihrer
Größten Stärke. Und jetzt werdet ihr gefragt: was soll das?

Hierorts nämlich, auf den niederen Bänken
Eurer Zuschauer ist ein Streit ausgebrochen: beharrlich
Fordern einige, ihr solltet
Keinesfalls nur euch zeigen, sondern
Die Welt. Was nützt das, sagen sie
Wenn wir immer aufs neue zu sehen bekommen, wie der dort
Traurig sein kann und die dort herzlos oder was für einen
Bösen König der da hinten abgäbe, was soll dieses
Immerwährende Ausstellen von Grimassen und Agieren
Einiger Leute, die im Griff ihres Schicksals sind?

Lauter Opfer spielt ihr uns vor und tut, als wäret ihr
Hilflose Opfer fremdartiger Mächte und eigener Triebe.
Die Freuden werden ihnen, als wären sie Hunde, von
unsichtbaren
Händen plötzlich zugeworfen wie Brocken, und ebenso
Plötzlich legen sich Schlingen um ihre Hälse, die Sorgen, die
Von oben kommen. Wir aber, die Zuschauer
Auf den niederen Bänken, sitzen verglasten Auges und glotzen
Nunmehr in eurem Griff, auf eure Grimassen und Zuckungen
Etwas nachempfindend geschenkte Freude und
Unhemmbare Sorge.

Nein, sagen wir Unzufriedenen auf den niederen Bänken
Genug! Das genügt nicht! Habt ihr denn
Nicht gehört, daß es ruchbar geworden ist
Wie dieses Netz von Menschen gestrickt und geworfen ist?

Überall schon von den hundertstöckigen Städten
Über die Meere, durchfurcht von menschenreichen Schiffen
In die entfernten Dörfer wurde gemeldet
Daß des Menschen Schicksal der Mensch ist! Darum
Fordern sie nun von euch, den Schauspielern
Unserer Zeit, Zeit des Umbruchs und der großen Meisterung
Aller Natur, auch der menschlichen, euch
Endlich umzustellen und uns die Menschenwelt
So zu zeigen, wie sie ist: von den Menschen gemacht und
veränderbar.

So ungefähr kommt's von den Bänken. Freilich nicht alle dort
Stimmen da zu. Mit hängenden Schultern
Hocken die meisten und Stirnen, durchfurcht wie
Immer wieder vergeblich gepflügte Steinäcker. Erschöpft
Von den unablässigen Kämpfen des Alltags erwarten sie
Gierig gerade, was jene andern verabscheun. Etwas Knetung
Ihrer erschlafften Gemüter. Etwas Spannung
Abgespannter Nerven. Billiges Abenteuer, den Griff magischer
Hände
Der sie entführt aus der aufgegebenen
Nicht meisterbaren Welt. Wem also von euren Zuschauern
Sollt ihr folgen, Schauspieler? Ich schlage euch vor:
Den Unzufriedenen.

Wie aber
Nun dies anstellen? Wie
Dieses Zusammenleben der Menschen abbilden, so
Daß es verstanden werden kann und beherrschbar wird? Wie
Nicht nur sich selbst zeigen und andre nicht nur
Wie sie sich aufführen, wenn sie
Ins Netz gefallen sind? Wie
Zeigen jetzt, wie das Netz des Schicksals gestrickt und geworfen
wird?
Und von Menschen gestrickt und geworfen? Das erste
Was ihr zu lernen habt, ist die *Kunst der Beobachtung.*

Du, der Schauspieler
Mußt vor allen anderen Künsten
Die Kunst der Beobachtung beherrschen.

Nicht wie du aussiehst nämlich ist wichtig, sondern
Was du gesehen hast und zeigst. Wissenswert
Ist, was du weißt.
Man wird dich beobachten, um zu sehen
Wie gut du beobachtet hast.

Aber Menschenkenntnis erwirbt nicht
Wer nur sich selbst beobachtet. Allzuviel
Verbirgt er vor sich selbst. Und keiner ist
Klüger als er selbst.

Also muß eure Schulung beginnen unter den
Lebendigen Menschen. Eure erste Schule
Sei euer Arbeitsplatz, eure Wohnung, euer Stadtviertel.
Sei Straße, Untergrundbahn und Laden. Alle Menschen
dort
Sollt ihr beobachten, Fremde, als seien es Bekannte, aber
Bekannte, als seien sie euch fremd.

Da ist der Mann, der die Steuer zahlt, und der gleicht nicht
Jedem Mann, der die Steuer zahlt, auch wenn
Jeder sie ungern zahlt. Ja nicht einmal
Sich selbst gleicht er immer bei diesem Geschäft.
Und der Mann, der sie eintreibt:
Ist er wirklich ganz anders als der, der die Steuer zahlt?
Nicht nur zahlt er auch selbst die Steuer, so manches
Hat er mit jenem gemeinsam, den er bedrängt. Und die Frau
dort
Sprach nicht immer so hart, nicht zu jedem
Spricht sie so hart, noch ist jene dort
Lieblich zu jedem. Und der herrische Gast
Ist er herrisch nur, ist er nicht auch voll Furcht?
Aber das mutlose Weib, das dem Kind keine Schuhe hat?
Wurden nicht Reiche erobert nur mit dem Rest ihres Mutes?
Seht, sie ist wieder schwanger! Und habt ihr des kranken
Mannes Blick gesehen, als er erfuhr, daß er nicht mehr gesund
wird?
Daß er aber gesund würd', wenn er nicht
Arbeiten müßte? Nun blättert er, seht doch
Diesen Rest seiner Zeit in dem Buch, wo zu lesen ist
Wie aus der Welt ein bewohnbarer Stern zu machen wär'.

Und auch die Bilder vergeßt nicht auf Leinwand und
Zeitungsblatt!
Sehet sie reden und gehen, die Herrschenden
Die eures Schicksals Fäden halten in weißen und grausamen
Händen.
Solche sollt ihr genau ansehn. Und jetzt
Stellt euch vor, was um euch herum vorgeht, all diese
Kämpfe
So im Bilde ganz wie historische Vorgänge
Denn so sollt ihr sie darstellen dann auf der Bühne:
Kampf um den Arbeitsplatz, süße und bittre Gespräche
Zwischen dem Mann und der Frau, Diskussion über Bücher
Verzicht und Auflehnung, Versuch und Mißgeschick
Werdet ihr darstellen dann als historische Vorgänge.
(Selbst was hier geschieht, eben jetzt, bei uns, könnt ihr
So als Bild betrachten: Wie euch der landflüchtige
Stückschreiber unterweist in der
Kunst der Beobachtung.)

Um zu beobachten
Muß man vergleichen lernen. Um zu vergleichen
Muß man schon beobachtet haben. Durch Beobachtung
Wird ein Wissen erzeugt, doch ist Wissen nötig
Zur Beobachtung. Und:
Schlecht beobachtet der, der mit dem Beobachteten
Nichts zu beginnen weiß. Schärferen Auges überblickt
Der Obstzüchter den Apfelbaum als der Spaziergänger.
Keiner aber sieht den Menschen genau, der nicht weiß,
daß der
Mensch das Schicksal des Menschen ist.

Die Kunst der Beobachtung
Angewandt auf die Menschen, ist nur ein Zweig der
Kunst der Menschenbehandlung. Eure Aufgabe, Schauspieler
ist es
Forscher zu sein und Lehrer in der Kunst der Behandlung der
Menschen.
Kennend ihre Natur und sie zeigend, lehrt sie
Sich zu behandeln. Ihr lehrt sie die große Kunst
Des Zusammenlebens.

Wie aber, höre ich euch fragen, sollen wir
Getretenen und Gehetzten, Ausgenutzten und Abhängigen
In Unwissenheit Gehaltenen, unsicher Lebenden
Jene große Haltung einnehmen der Forscher und Pioniere
Die ein fremdes Land auskunden, es auszubeuten und es sich
Zu unterwerfen! Waren wir doch immer nur
Gegenstand des Handelns anderer, Glücklicherer. Wie
Sollen wir, immer nur die
Obsttragenden Bäume, nun selbst die Gärtner werden! Das eben
Scheint mir die Kunst, die ihr lernen müßt, die ihr Schauspieler
Und Arbeiter zugleich seid.

Nicht unmöglich kann sein
Zu lernen, was Nutzen bringt. Gerade ihr, in eurer täglichen Beschäftigung
Bildet Beobachtung aus. Die Schwächen und
Fähigkeiten des Vorarbeiters zu erkennen, eurer Kollegen
Gewohnheiten und Denkungsart
Genau zu bedenken, ist euch nützlich. Wie
Euren Klassenkampf kämpfen ohne
Menschenkenntnis! Ich sehe euch
Alle, die Besten von euch, schon gierig nach Kenntnissen greifen
Jenem Wissen, das die Beobachtung schärft, welche wieder zu
Neuem Wissen führt. Und schon studieren
Viele von euch die Gesetze des menschlichen Zusammenlebens, schon
Schickt eure Klasse sich an, ihre Schwierigkeiten zu meistern und damit
Die Schwierigkeiten der
Gesamten Menschheit. Und da könnt ihr
Schauspieler der Arbeiter, lernend und lehrend
Mit eurer Gestaltung eingreifen in alle Kämpfe
Von Menschen eurer Zeit und so
Mit dem Ernst des Studiums und der Heiterkeit des Wissens
Helfen, die Erfahrung des Kampfs zum Gemeingut zu machen und
Die Gerechtigkeit zur Leidenschaft.

IST DER KOMMUNISMUS EXKLUSIV?

Aus: Anmerkungen zur „Mutter“

Viele, beinahe alle bürgerlichen Beurteiler der „Mutter“ sagten uns, diese Aufführung sei eine Sache der Kommunisten allein. Von solch einer Sache sprachen sie wie etwa von einer Sache der Kaninchenzüchter oder Schachspieler, die also recht wenige Menschen angeht und vor allem nicht beurteilt werden kann von Leuten, die von Kaninchen oder Schachspielen nichts verstehen. Aber wenn schon nicht die ganze Welt den Kommunismus für ihre Sache hält, so ist doch die Sache des Kommunismus die ganze Welt. Der Kommunismus ist keine Spielart unter Spielarten. Radikal auf die Abschaffung des Privateigentums an Produktionsmitteln ausgehend, steht er allen Richtungen, die sich durch was immer unterscheiden, aber in der Beibehaltung des Privateigentums einig sind, als einer einzigen Richtung gegenüber. Er erhebt den Anspruch, die direkte und einzige Fortführung der großen abendländischen Philosophie zu sein, als solche Fortführung eine radikale Umfunktionierung dieser Philosophie, wie er die einzige praktische Fortführung der abendländischen (kapitalistischen) Entwicklung und als solche zugleich die radikale Umfunktionierung der entwickelten Wirtschaft ist. Wir können und müssen darauf hinweisen, daß unsere Aussagen keine beschränkt subjektiven, sondern objektive und allgemeinverbindliche sind. Wir sprechen nicht für uns als einen kleinen Teil, sondern für die gesamte Menschheit als der Teil, der die Interessen der gesamten Menschheit (nicht eines Teiles) vertritt. Niemand hat das Recht, daraus, daß wir kämpfen, den Schluß zu ziehen, wir seien nicht objektiv. Wer immer heute, um einen scheinbar objektiven Eindruck hervorzurufen, einen Eindruck, als kämpfte er nicht, hervorruft, der wird bei genauerer Betrachtung auf einem hoffnungslos subjektiven, die Interessen eines winzigen Teiles der Menschheit vertretenden Standpunkt ertappt werden können. Er wird, objektiv betrachtet, die Interessen der gesamten Menschheit durch sein Eintreten für die Beibehaltung der kapitalistischen Besitz- und Produktionsverhältnisse verraten. Der scheinbar objektive „linke“ bürgerliche Skeptiker erkennt nicht oder will nicht erkennen lassen, daß er in diesem großen Kampfe mitkämpft, indem er die permanente, aber durch den Usus langer Zeit dem Bewußtsein entrückte Ausübung der Gewalt durch eine kleine Schicht nicht Kampf nennt. Es ist notwendig, dieser besitzenden Schicht, einer entarteten, schmutzigen, objektiv und subjektiv unmenschlichen Clique, sämtliche „Güter idealer Art" aus den Händen zu schlagen, gleichgültig, was eine ausgebeutete, am Produzieren gehinderte, sich gegen das Verkommen wehrende Menschheit mit diesen Gütern weiterhin anzufangen wünscht. Zuerst muß unter allen Umständen diese Schicht jeden Anspruchs auf menschliches Ansehen verlustig gesprochen werden. Was immer weiterhin „Freiheit", „Gerechtigkeit", „Menschlichkeit", „Bildung", „Produktivität", „Kühnheit", „Zuverlässigkeit" bedeuten sollen – bevor diese Begriffe nicht von allem gereinigt sind, was ihnen von ihrem Funktionieren in der bürgerlichen Gesellschaft anhaftet, werden sie nicht mehr gebraucht werden dürfen. Unsere Gegner sind die Gegner der Menschheit. Sie haben nicht „recht". von ihrem Standpunkt aus: das Unrecht besteht in ihrem Standpunkt. Sie müssen vielleicht so sein, wie sie sind, aber sie müssen nicht sein. Es ist verständlich, daß sie sich verteidigen, aber sie verteidigen den Raub und die Vorrechte, und verstehen darf hier nicht verzeihen heißen. Der dem Menschen ein Wolf ist, ist kein Mensch, sondern ein Wolf. „Güte" bedeutet heute, wo die nackte Notwehr riesiger Massen zum Endkampf um die Kommandohöhe wird, die Vernichtung derer, die Güte unmöglich machen.

Den bürgerlichen Beurteilern scheinen solche Werke bestimmte Interessen nicht genug allgemeiner Natur vorauszusetzen, statt solche allgemeiner Natur zu wecken, aber die Interessen, die hier wenigstens als schlummernd vorausgesetzt werden, sind in Wahrheit von ganz besonders allgemeiner Art und gerade darum den Interessen der bürgerlichen Beurteiler entgegengesetzt.

Jene Gruppen von Kopfarbeitern, die durch ihre existentielle Verknüpftheit mit den Besitzern der Produktionsmittel geistig festgelegt sind, haben nicht mit der Sache des Kommunismus, sondern mit der Sache der Welt nichts mehr zu tun. Sich von den Kommunisten als von einseitigen, festgelegten, unfreien Geistern trennend, trennen sie sich nur von der Sache der Menschheit und vereinigen sie sich nur mit der allerdings allseitigen, allerdings ungebundenen, allerdings freien Ausbeutung. Eine große Menge von Kopfarbeitern haben durchaus das Gefühl, daß die Welt (ihre Welt) von Unstimmigkeiten befallen ist, aber sie verhalten sich nicht dementsprechend. Wenn man jene ausscheidet, die sich einfach geistig eine Welt konstruieren, welche an sich unstimmig ist (gerade durch ihre Unstimmigkeit existiert), hat man es mit Menschen zu tun, die, der Unstimmigkeit mehr oder weniger bewußt, sich dennoch so verhalten, als wäre die Welt stimmig. In das Denken solcher Menschen greift also die Welt nur mangelhaft ein; es kann nicht überraschen, wenn ihr Denken dann nicht in die Welt eingreift. Dies bedeutet aber, daß sie dem Denken dann überhaupt kein Eingreifen zumuten: so entsteht der „Reine Geist", der für sich existiert, mehr oder weniger behindert durch die „äußeren" Umstände. Die durch das Stück „Die Mutter" angeregten Auseinandersetzungen mit einer Arbeiterin gehören für diese Leute nicht zu den geistigen. Sie schikken die Politiker. So wie sie selber nichts mit der Praxis, haben jene nichts mit Geist zu tun. Was braucht der Kopf zu wissen, was die Hand tut, die ihm die Taschen füllt! Diese Leute sind gegen die Politik. Das bedeutet praktisch, daß sie für die Politik sind, die mit ihnen gemacht wird. Ihr Verhalten, selbst in ihrem Beruf, ist ein durchaus politisches. Außerhalb der Politik seinen Wohnsitz aufschlagen ist nicht dasselbe, wie außerhalb der Politik angesiedelt werden; und außer der Politik stehen ist nicht über der Politik stehen.

Manche von ihnen meinen, sie könnten in einem unvollkommenen Staatswesen vollkommen sein, ohne das Staatswesen zu vervollkommnen. Dabei ist es das Wesen unseres Staates, keinen vollkommenen oder sich vervollkommnenden Menschen zu brauchen. Überall sehen wir Anstalten, in denen Krüppel benötigt werden, Einarmige oder Einbeinige oder solche ohne Beine. Die Geschäfte der Verwaltung können am besten von Dummköpfen bewältigt werden. Unsere Schutzleute müssen, um ihr Amt auszuüben, Raufbolde und unsere Richter Blinde sein. Die Forscher Taubstumme oder zumindest Stumme. Und die Verlage der Bücher und Zeitungen rechnen, um nicht pleite zu gehen, nur mit Analphabeten. Nicht im Finden und Aussprechen der Wahrheit zeigt sich das, was Klugheit genannt wird, sondern im Finden der Unwahrheit und der größeren oder geringeren Feinheit des Verschweigens. Einige vermissen große Werke und schieben es dem Mangel an großen Begabungen zu. Aber kein Homer und kein Shakespeare könnte in Verse bringen, was sie hören wollen. Und die, die die großen Werke vermissen, können ohne sie ganz gut leben und könnten es vielleicht nicht mit ihnen.

SUCHE NACH DEM NEUEN UND ALTEN

Wenn ihr eure Rollen lest
Forschend, bereit zu staunen
Sucht nach dem Neuen und Alten, denn unsere Zeit
Und die Zeit unserer Kinder ist die Zeit der Kämpfe
Des Neuen mit dem Alten.
Die List der alten Arbeiterin
Die dem Lehrer sein Wissen abnimmt
Wie eine zu schwere Hucke, ist neu
Und muß wie Neues gezeigt werden. Und alt
Ist die Angst der Arbeiter im Krieg
Die Flugblätter mit dem Wissen zu nehmen; es muß
Als Altes gezeigt werden. Aber
Wie das Volk sagt: zur Zeit des Mondwechsels
Hält der junge Mond den alten
Eine Nacht lang im Arme. Das Zögern der Fürchtenden
Zeigt die neue Zeit an. Immer
Setzt das Noch und das Schon.
Die Kämpfe der Klassen
Die Kämpfe zwischen Alt und Neu
Rasen auch im Innern des einzelnen.
Die Bereitschaft des Lehrers zu lehren:
Die der Bruder nicht sieht, die Fremde
Sieht sie.
Alle Regungen und Handlungen eurer Figuren durchsucht
Nach Neuem und Altem!
Die Hoffnungen der Händlerin Courage
Sind den Kindern tödlich; aber die Verzweiflung
Der Stummen über den Krieg
Gehört zum Neuen. Ihre hilflosen Bewegungen
Wenn sie die rettende Trommel aufs Dach schleppt
Die große Helferin, sollen euch
Mit Stolz erfüllen; die Tüchtigkeit
Der Händlerin, die nichts lernt, mit Mitleid.
Lesend eure Rollen
Forschend, bereit zu staunen
Erfreut euch des Neuen, schämt euch des Alten!

KLEINES ORGANON FÜR DAS THEATER

Vorrede

In der Folge wird untersucht, wie eine Ästhetik aussähe, bezogen von einer bestimmten Art, Theater zu spielen, die seit einigen Jahrzehnten praktisch entwickelt wird. In den gelegentlichen theoretischen Äußerungen, Ausfällen, technischen Anweisungen, publiziert in der Form von Anmerkungen zu Stücken des Verfassers, wurde das Ästhetische nur beiläufig und verhältnismäßig uninteressiert berührt. Eine bestimmte Spezies Theater erweiterte und verengte da seine gesellschaftliche Funktion, vervollständigte oder siebte seine artistischen Mittel und etablierte oder behauptete sich in der Ästhetik, wenn darauf die Rede kam, indem es die herrschenden moralischen oder geschmacksmäßigen Vorschriften mißachtete oder für sich anführte, je nach der Kampflage. Es verteidigte etwa seine Neigung zu gesellschaftlichen Tendenzen, indem es gesellschaftliche Tendenzen in allgemein anerkannten Kunstwerken nachwies, unauffällig nur dadurch, daß sie eben die anerkannten Tendenzen waren. In der zeitgenössischen Produktion bezeichnete es die Entleerung von allem Wissenswerten als ein Verfallsmerkmal: es beschuldigte diese Verkaufsstätten für Abendunterhaltung, sie seien herabgesunken zu einem Zweig des bourgeoisen Rauschgifthandels. Die falschen Abbildungen des gesellschaftlichen Lebens auf den Bühnen, eingeschlossen die des sogenannten Naturalismus, entlockten ihm den Schrei nach wissenschaftlich exakten Abbildungen und der abgeschmackte Kulinarismus geistloser Augen- oder Seelenweiden den Schrei nach der schönen Logik des Einmaleins. Den Kult des Schönen, der betrieben wurde mit der Abneigung gegen das Lernen und der Verachtung des Nützlichen, lehnte es verächtlich ab, besonders, da nichts Schönes mehr hervorgebracht wurde. Angestrebt wurde ein Theater des wissenschaftlichen Zeitalters, und wurde es seinen Planern zu beschwerlich, aus dem Zeughaus der ästhetischen Begriffe genug auszuleihen oder zu stehlen, womit sie sich die Ästheten der Presse vom Leibe halten konnten, drohten sie einfach die Absicht an, „aus dem Genußmittel den Lehrgegenstand zu entwickeln und gewisse Institute aus Vergnügungsstätten in Publikationsorgane umzubauen“ („Anmerkungen zur Oper“), d. h. aus dem Reich des Wohlgefälligen zu emigrieren. Die Ästhetik, das Erbstück einer depravierten und parasitär gewordenen Klasse, befand sich in einem so beklagenswerten Zustand, daß ein Theater sowohl Ansehen als Bewegungsfreiheit gewinnen mußte, wenn es sich lieber Thaëter nannte. Dennoch war, was als Theater eines wissenschaftlichen Zeitalters praktiziert wurde, nicht Wissenschaft, sondern Theater, und die Häufung von Neuerungen bei dem Fortfall praktischer Demonstrationsmöglichkeiten in der Nazizeit und im Krieg legen nun den Versuch nahe, diese Spezies Theater auf seine Stellung in der Ästhetik hin zu prüfen oder jedenfalls Umrisse einer denkbaren Ästhetik für diese Spezies anzudeuten. Es wäre zu schwierig, etwa die Theorie der theatralischen Verfremdung außerhalb einer Ästhetik darzustellen.

Es könnte ja heute sogar eine Ästhetik der exakten Wissenschaften geschrieben werden. Galilei schon spricht von der Eleganz bestimmter Formeln und dem Witz der Experimente, Einstein schreibt dem Schönheitssinn eine entdeckerische Funktion zu, und der Atomphysiker R. Oppenheimer preist die wissenschaftliche Haltung, die „ihre Schönheit hat und der Stellung des Menschen auf Erden wohl angemessen scheint".

Widerrufen wir also, wohl zum allgemeinen Bedauern, unsere Absicht, aus dem Reich des Wohlgefälligen zu emigrieren, und bekunden wir, zu noch allgemeinerem Bedauern, nunmehr die Absicht, uns in diesem Reich niederzulassen. Behandeln wir das Theater als eine Stätte der Unterhaltung, wie es sich in einer Ästhetik gehört, und untersuchen wir, welche Art der Unterhaltung uns zusagt!

1

„Theater" besteht darin, daß lebende Abbildungen von überlieferten oder erdachten Geschehnissen zwischen Menschen hergestellt werden, und zwar zur Unterhaltung. Dies ist jedenfalls, was wir im folgenden meinen, wenn wir von Theater sprechen, sei es von altem oder neuem.

2

Um noch mehr unterzubringen, könnten wir auch Geschehnisse zwischen Menschen und Göttern hinzufügen, aber da es uns nur um eine Bestimmung des Minimums zu tun ist, kann derlei unterbleiben. Selbst wenn wir etwa diese Erweiterung vornähmen, müßte jedoch die Beschreibung der allgemeinsten Funktion der Einrichtung „Theater" als einer Vergnügung dieselbe bleiben. Es ist die nobelste Funktion, die wir für „Theater" gefunden haben.

3

Seit jeher ist es das Geschäft des Theaters wie aller andern Künste auch, die Leute zu unterhalten. Dieses Geschäft verleiht ihm immer seine besondere Würde; es benötigt keinen andern Ausweis als den Spaß, diesen freilich unbedingt. Keineswegs könnte man es in einen höheren Stand erheben, wenn man es z. B. zu einem Markt der Moral machte; es müßte dann eher zusehen, daß es nicht gerade erniedrigt würde, was sofort geschähe, wenn es nicht das Moralische vergnüglich, und zwar den Sinnen vergnüglich machte – wovon das Moralische allerdings nur gewinnen kann. Nicht einmal zu lehren sollte ihm zugemutet werden, jedenfalls nichts Nützlicheres, als wie man sich genußvoll bewegt, in körperlicher oder geistiger Hinsicht. Das Theater muß nämlich durchaus etwas Überflüssiges bleiben dürfen, was freilich dann bedeutet, daß man für den Überfluß ja lebt. Weniger als alles andere brauchen Vergnügungen eine Verteidigung.

4

So ist, was die Alten nach dem Aristoteles ihre Tragödie tun lassen, weder etwas Höheres noch etwas Niedrigeres zu nennen, als die Leute zu unterhalten. Wenn man sagt, das Theater sei aus dem Kultischen gekommen, so sagt man nur, daß es durch den Auszug Theater wurde; aus den Mysterien nahm es wohl nicht den kultischen Auftrag mit, sondern das Vergnügen daran, pur und simpel. Und jene Katharsis des Aristoteles, die Reinigung durch Furcht und Mitleid, oder von Furcht und Mitleid, ist eine Waschung, die nicht nur in vergnüglicher Weise, sondern recht eigentlich zum Zwecke des Vergnügens veranstaltet wurde. Mehr verlangend vom Theater oder ihm mehr zubilligend, setzt man nur seinen eigenen Zweck zu niedrig an.

5

Selbst wenn man spricht von einer hohen und einer niedrigen Art von Vergnügungen, schaut man der Kunst in ein eisernes Gesicht, denn sie wünscht, sich hoch und niedrig zu bewegen und in Ruhe gelassen zu werden, wenn sie damit die Leute vergnügt.

6

Dagegen gibt es schwache (einfache) und starke (zusammengesetzte) Vergnügungen, bereitbar durch das Theater. Die letzteren, mit denen wir es bei der großen Dramatik zu tun haben, erreichen ihre Steigerungen, etwa wie der Beischlaf sie in der Liebe erreicht; sie sind verzweigter, reicher an Vermittlungen, widersprüchlicher und folgenreicher.

7

Und die Vergnügungen der verschiedenen Zeiten waren natürlich verschieden, je nach der Art, wie da die Menschen gerade zusammenlebten. Der von Tyrannen beherrschte Demos des hellenischen Zirkus mußte anders unterhalten werden als der feudale Hof des vierzehnten Ludwig. Das Theater mußte andere Abbildungen des menschlichen Zusammenlebens liefern, nicht nur Abbildungen anderen Zusammenlebens, sondern auch Abbildungen anderer Art.

8

Je nach der Unterhaltung, welche bei der jeweiligen Art des menschlichen Zusammenlebens möglich und nötig war, mußten die Figuren anders proportioniert, die Situationen in andere Perspektiven gebaut werden. Geschichten sind sehr anders zu erzählen, damit diese Hellenen sich mit der Unentrinnbarkeit göttlicher Gesetzlichkeiten, deren Unkenntnis nicht vor Strafe schützt, amüsieren können, diese Franzosen mit der graziösen Selbstüberwindung, die der höfische Kodex der Pflichten von den Großen der Erde erheischt, die Engländer der elisabethanischen Ära mit der Selbstbespiegelung des sich frei austobenden neuen Individuums.

9

Und man muß sich vor Augen halten, daß das Vergnügen an den Abbildungen so verschiedener Art kaum jemals von dem Grad der Ähnlichkeit des Abbilds mit dem Abgebildeten abhing. Unkorrektheit, selbst starke Unwahrscheinlichkeit störte wenig oder gar nicht, sofern nur die Unkorrektheit eine gewisse Konsistenz hatte und die Unwahrscheinlichkeit von derselben Art blieb. Es genügte die Illusion eines zwingenden Verlaufs der jeweiligen Geschichte, welche durch allerhand poetische und theatralische Mittel geschaffen

Bertolt Brecht und Erwin Strittmatter in Eichwege 1952

wurde. Auch wir übersehen gern derlei Unstimmigkeiten, wenn wir an den seelischen Waschungen des Sophokles oder den Opferakten des Racine oder den Amokläufen bei Shakespeare schmarotzen dürfen, indem wir versuchen, der schönen oder großen Gefühle der Hauptpersonen dieser Geschichten habhaft zu werden.

10

Denn von all den vielerlei Arten von Abbildungen bedeutender Geschehnisse unter Menschen, die seit den Alten auf dem Theater gemacht worden sind und die unterhalten haben trotz ihrer Unkorrektheiten und Unwahrscheinlichkeiten, gibt es heute noch eine erstaunliche Menge, die auch uns unterhalten.

11

Wenn wir nun unsere Fähigkeit konstatieren, uns an Abbildungen aus so verschiedenen Zeitaltern zu ergötzen, was den Kindern dieser kräftigen Zeitalter kaum möglich gewesen sein dürfte, müssen wir da nicht den Verdacht schöpfen, daß wir die speziellen Vergnügungen, die eigentliche Unterhaltung unseres eigenen Zeitalters gar noch nicht entdeckt haben?

12

Und unser Genuß im Theater muß schwächer geworden sein, als der der Alten war, wenn auch unsere Art des Zusammenlebens der ihren immer noch genügend gleicht, daß er überhaupt zustande kommen kann. Wir bemächtigen uns der alten Werke vermittels einer verhältnismäßig neuen Prozedur, nämlich der Einfühlung, der sie nicht allzuviel geben. So wird der Großteil unseres Genusses aus anderen Quellen gespeist als solchen, die denen vor uns sich so mächtig geöffnet haben müssen. Dann halten wir uns schadlos an sprachlichen Schönheiten, an der Eleganz der Fabelführung, an Stellen, die uns Vorstellungen selbständiger Art entlocken, kurz an dem Beiwerk der alten Werke. Das sind gerade die poetischen und theatralischen Mittel, welche die Unstimmigkeiten der Geschichte verbergen. Unsere Theater haben gar nicht mehr die Fähigkeit oder die Lust, diese Geschichten, sogar die nicht so alten des großen Shakespeare, noch deutlich zu erzählen, d. h. die Verknüpfung der Geschehnisse glaubhaft zu machen. Und die Fabel ist nach Aristoteles – und wir denken da gleich – die Seele des Dramas. Mehr und mehr werden wir gestört durch die Primitivität und Sorglosigkeit der Abbildungen menschlichen Zusammenlebens, und dies nicht nur bei den alten Werken, sondern auch bei zeitgenössischen, wenn sie nach alten Rezepten gemacht sind. Unsere ganze Art zu genießen beginnt unzeitgemäß zu werden.

13

Es sind die Unstimmigkeiten in den Abbildungen der Geschehnisse unter Menschen, was unsern Genuß im Theater schmälert. Der Grund dafür: wir stehen zu dem Abgebildeten anders als die vor uns.

14

Wenn wir nämlich Umschau halten nach einer Unterhaltung unmittelbarer Art, einem umfassenden, durchgehenden Vergnügen, das unser Theater uns mit Abbildungen des menschlichen Zusammenlebens verschaffen könnte, müssen wir an uns als an die Kinder eines wissenschaftlichen Zeitalters denken. Unser Zusammenleben als Menschen – und das heißt: unser Leben – ist in einem ganz neuen Umfang von den Wissenschaften bestimmt.

15

Vor einigen hundert Jahren haben einige Leute, in verschiedenen Ländern, jedoch korrespondierend, gewisse Experimente angestellt, vermittels derer sie der Natur ihre Geheimnisse zu entreißen hofften. Angehörend einer Klasse von Gewerbetreibenden in den schon mächtigen Städten, gaben sie ihre Erfindungen weiter an Leute, die sie praktisch ausnützten, ohne sich von den neuen Wissenschaften viel mehr zu versprechen als persönliche Gewinne. Gewerbe, die sich mit Methoden, durch tausend Jahre nahezu unverändert, beholfen hatten, entfalteten sich nun ungeheuer, an vielen Orten, die sie durch den Wettbewerb miteinander verbanden, allerorten große Menschenmassen in sich sammelnd, welche, auf eine neue Art organisiert, eine riesige Produktion begannen. Bald zeigte die Menschheit Kräfte, von deren Ausmaß sie zuvor kaum zu träumen gewagt hatte.

16

Es war, als ob sich die Menschheit erst jetzt bewußt und einheitlich daranmachte, den Stern, auf dem sie hauste, bewohnbar zu machen. Viele seiner Bestandteile, wie die Kohle, das Wasser, das Öl, verwandelten sich in Schätze. Wasserdampf wurde beordert, Fahrzeuge zu bewegen; einige kleine Funken und das Zucken von Froschschenkeln verrieten eine Naturkraft, die Licht erzeugte, den Ton über Kontinente trug usw. Mit einem neuen Blick sah der Mensch sich allerorten um, wie er lange Gesehenes, aber nie Verwertetes zu seiner Bequemlichkeit anwenden könnte. Seine Umgebung verwandelte sich von Jahrzehnt zu Jahrzehnt immer mehr, dann von Jahr zu Jahr, dann beinahe von Tag zu Tag. Ich, der dies schreibt, schreibe es auf einer Maschine, die zur Zeit meiner Geburt nicht bekannt war. Ich bewege mich in den neuen Fahrzeugen mit einer Geschwindigkeit, die sich mein Großvater nicht vorstellen konnte; nichts bewegte sich damals so schnell. Und ich erhebe mich in die Luft, was mein Vater nicht konnte. Mit meinem Vater sprach ich schon über einen Kontinent weg, aber erst mit meinem Sohn zusammen sah ich die bewegten Bilder von der Explosion in Hiroshima.

17

Haben die neuen Wissenschaften so eine ungeheure Veränderung und vor allem Veränderbarkeit unserer Umwelt ermöglicht, kann man doch nicht sagen, daß ihr Geist uns alle bestimmend erfülle. Der Grund dafür, daß die neue Denk- und Fühlweise die großen Menschenmassen noch nicht wirklich durchdringt, ist darin zu suchen, daß die Wissenschaften, so erfolgreich in der Ausbeutung und Unterwerfung der Natur, von der Klasse, die ihr die Herrschaft verdankt, dem Bürgertum, gehindert werden, ein anderes Gebiet zu bearbeiten, das noch im Dunkel liegt, nämlich das der Beziehungen der Menschen untereinander bei der Ausbeutung und Unterwerfung der Natur. Dieses Geschäft, von dem alle abhingen, wurde ausgeführt, ohne daß die neuen Denkmethoden, die es ermöglichten, das gegenseitige Verhältnis derer klarlegten, die es ausführten. Der neue Blick auf die Natur richtete sich nicht auch auf die Gesellschaft.

18

In der Tat sind die gegenseitigen Beziehungen der Menschen undurchsichtiger geworden, als sie je waren. Das gemeinsame gigantische Unternehmen, in dem sie engagiert sind, scheint sie mehr und mehr zu entzweien, Steigerungen der Produktion verursachen Steigerungen des Elends, und bei der Ausbeutung der Natur gewinnen nur einige wenige, und zwar dadurch, daß sie Menschen ausbeuten. Was der Fortschritt aller sein könnte, wird zum Vorsprung weniger, und ein immer größerer Teil der Produktion wird dazu verwendet, Mittel der Destruktion für gewaltige Kriege zu schaffen. In diesen Kriegen durchforschen die Mütter aller Nationen, ihre Kinder an sich gedrückt, entgeistert den Himmel nach den tödlichen Erfindungen der Wissenschaft.

19

Wie den unberechenbaren Naturkatastrophen der alten Zeiten stehen die Menschen von heute ihren eigenen Unternehmungen gegenüber. Die bürgerliche Klasse, die der Wissenschaft den Aufschwung verdankt, den sie in Herrschaft verwandelte, indem sie sich zur alleinigen Nutznießerin machte, weiß gut, daß es das Ende ihrer Herrschaft bedeuten würde, richtete sich der wissenschaftliche Blick auf ihre Unternehmungen. So ist die neue Wissenschaft, die sich mit dem Wesen der menschlichen Gesellschaft befaßt und die vor etwa hundert Jahren begründet wurde, im Kampf der Beherrschten mit den Herrschenden begründet worden. Seitdem gibt es etwas vom wissenschaftlichen Geist in der Tiefe, bei der neuen Klasse der Arbeiter, deren Lebenselement die große Produktion ist: die großen Katastrophen werden von dort aus als Unternehmungen der Herrschenden gesichtet.

20

Es treffen sich aber Wissenschaft und Kunst darin, daß beide das Leben der Menschen zu erleichtern da sind, die eine beschäftigt mit ihrem Unterhalt, die andere mit ihrer Unterhaltung. In dem Zeitalter, das kommt, wird die Kunst die Unterhaltung aus der neuen Produktivität schöpfen, welche unsern Unterhalt so sehr verbessern kann und welche selber, wenn einmal ungehindert, die größte aller Vergnügungen sein könnte.

21

Wenn wir uns nun dieser großen Leidenschaft des Produzierens hingeben wollen, wie müssen unsere Abbildungen des menschlichen Zusammenlebens da aussehen? Welches ist die produktive Haltung gegenüber der Natur und gegenüber der Gesellschaft, welche wir Kinder eines wissenschaftlichen Zeitalters in unserm Theater vergnüglich einnehmen wollen?

22

Die Haltung ist eine kritische. Gegenüber einem Fluß besteht sie in der Regulierung des Flusses; gegenüber einem Obstbaum in der Okulierung des Obstbaumes, gegenüber der Fortbewegung in der Konstruktion der Fahr- und Flugzeuge, gegenüber der Gesellschaft in der Umwälzung der Gesellschaft. Unsere Abbildungen des menschlichen Zusammenlebens machen wir für die Flußbauer, Obstzüchter, Fahrzeugkonstrukteure und Gesellschaftsumwälzer, die wir in unsere Theater laden und die wir bitten, ihre fröhlichen Interessen bei uns nicht zu vergessen, auf daß wir die Welt ihren Gehirnen und Herzen ausliefern, sie zu verändern nach ihrem Gutdünken.

23

Das Theater kann eine so freie Haltung freilich nur einnehmen, wenn es sich selber den reißendsten Strömungen in der Gesellschaft ausliefert und sich denen gesellt, die am ungeduldigsten sein müssen, da große Veränderungen zu bewerkstelligen. Wenn nichts anderes, so vertreibt der nackte Wunsch, unsere Kunst der Zeit gemäß zu entwickeln, unser Theater des wissenschaftlichen Zeitalters sogleich in die Vorstädte, wo es sich, sozusagen türenlos, den breiten Massen der viel Hervorbringenden und schwierig Lebenden zur Verfügung hält, damit sie sich in ihm mit ihren großen Problemen nützlich unterhalten können. Sie mögen es schwierig finden, unsere Kunst zu bezahlen, und die neue Art der Unterhaltung nicht ohne weiteres begreifen, und in vielem werden wir lernen müssen, herauszufinden, was sie brauchen und wie sie es brauchen, aber wir können ihres Interesses sicher sein. Diese nämlich, die der Naturwissenschaft so fern zu stehen scheinen, stehen ihr nur fern, weil sie von ihr ferngehalten werden, und müssen, sie sich anzueignen, zunächst selber eine neue Gesellschaftswissenschaft entwickeln und praktizieren und sind so die eigentlichen Kinder des wissenschaftlichen Zeitalters, und sein Theater kann nicht in Bewegung kommen, wenn sie es nicht bewegen. Ein Theater, das die Produktivität zur Hauptquelle der Unterhaltung macht, muß sie auch zum Thema machen und mit ganz besonderem Eifer heute, wo der Mensch allenthalben durch den Menschen gehindert wird, sich zu produzieren, d. h. seinen Unterhalt zu ergattern, unterhalten zu werden und selber zu unterhalten. Das Theater muß sich in der Wirklichkeit engagieren, um wirkungsvolle Abbilder der Wirklichkeit herstellen zu können und zu dürfen.

24

Dies erleichtert es aber dann dem Theater, so nahe an die Lehr- und Publikationsstätten zu rücken, wie ihm möglich ist. Denn wenn es auch nicht behelligt werden kann mit allerhand Wissensstoff, mit dem es nicht vergnüglich werden kann, so steht ihm doch frei, sich mit Lehren oder Forschen zu vergnügen. Es macht die praktikablen Abbildungen der Gesellschaft, die dazu imstande sind, sie zu beeinflussen, ganz und gar als ein Spiel: für die Erbauer der Gesellschaft stellt es die Erlebnisse der Gesellschaft aus, die vergangenen wie die gegenwärtigen, und in einer solchen Weise, daß die Empfindungen, Einsichten und Impulse „genossen" werden können, welche die Leidenschaftlichsten, Weisesten und Tätigsten unter uns aus den Ereignissen des Tages und des Jahrhunderts gewinnen. Sie seien unterhalten mit der Weisheit, welche von der Lösung der Probleme kommt, mit dem Zorn, in den das Mitleid mit den Unterdrückten nützlich sich verwandeln kann, mit dem Respekt vor der Respektierung des Menschlichen, das heißt Menschenfreundlichen, kurz mit all dem, was die Produzierenden ergötzt.

25

Und dies gestattet es dem Theater auch, seine Zuschauer die besondere Sittlichkeit ihres Zeitalters genießen zu lassen, welche aus der Produktivität fließt. Die Kritik, d. h. die große Methode der Produktivität, zur Lust machend, gibt es auf dem sittlichen Gebiet für das Theater nichts, was es tun muß, und viel, was es tun kann. Selbst aus dem Asozialen kann die Gesellschaft so Genuß ziehen, wofern es vital und mit Größe auftritt. Da zeigt es oft Verstandeskräfte und mancherlei Fähigkeiten von besonderem Wert, freilich zerstörerisch eingesetzt. Auch den katastrophal losgebrochenen Strom vermag ja die Gesellschaft frei in seiner Herrlichkeit zu genießen, wenn sie seiner Herr zu werden vermag: dann ist er ihrer.

26

Für ein solches Unternehmen werden wir allerdings das Theater, wie wir es vorfinden, kaum belassen können. Gehen wir in eines dieser Häuser und beobachten wir die Wirkung, die es auf die Zuschauer ausübt. Sich umblickend, sieht man ziemlich reglose Gestalten in einem eigentümlichen Zustand: sie scheinen in einer starken Anstrengung alle Muskeln anzuspannen, wo diese nicht erschlafft sind in einer starken Erschöpfung. Untereinander verkehren sie kaum, ihr Beisammensein ist wie das von lauter Schlafenden, aber solchen, die unruhig träumen, weil sie, wie das Volk von den Albträumern sagt, auf dem Rücken liegen. Sie haben freilich ihre Augen offen, aber sie schauen nicht, sie stieren, wie sie auch nicht hören, sondern lauschen. Sie sehen wie gebannt auf die Bühne, welcher Ausdruck aus dem Mittelalter stammt, der Zeit der Hexen und Kleriker. Schauen und Hören sind Tätigkeiten, mitunter vergnügliche, aber diese Leute scheinen von jeder Tätigkeit entbunden und wie solche, mit denen etwas gemacht wird. Der Zustand der Entrückung, in dem sie unbestimmten, aber starken Empfindungen hingegeben scheinen, ist desto tiefer, je besser die Schauspieler arbeiten, so daß wir, da uns dieser Zustand nicht gefällt, wünschten, sie wären so schlecht wie nur möglich.

27

Was die Welt selber betrifft, die dabei abgebildet wird, aus der da Ausschnitte genommen sind für die Erzeugung dieser Stimmungen und Gefühlsbewegungen, so tritt sie auf, erzeugt aus so wenigen und kümmerlichen Dingen wie etwas Pappe, ein wenig Mimik, ein bißchen Text, daß man die Theaterleute bewundern muß, die da mit einem so dürftigen Abklatsch der Welt die Gefühle ihrer gestimmten Zuschauer so viel mächtiger bewegen können, als die Welt selber es vermöchte.

28

Auf jeden Fall sollten wir die Theaterleute entschuldigen, denn sie könnten die Vergnügungen, die ihnen mit Geld und Ruhm abgekauft werden, weder mit genaueren Abbildungen der Welt bewirken noch ihre ungenauen Abbildungen auf weniger magische Weise anbringen. Wir sehen ihre Fähigkeit, Menschen abzubilden, allenthalben am Werk; besonders die Schurken und die kleineren Figuren zeigen Spuren ihrer Menschenkenntnis und unterscheiden sich voneinander, aber die Mittelpunktsfiguren müssen allgemein gehalten werden, damit der Zuschauer sich mit ihnen leichter identifizieren kann, und jedenfalls müssen alle Züge aus dem engen Bereich genommen sein, innerhalb dessen jedermann sogleich sagen kann: ja, so ist es. Denn der Zuschauer wünscht in den Besitz ganz bestimmter Empfindungen zu kommen, wie ein Kind sie wünschen mag, wenn es sich auf eines der Holzpferde eines Karussells setzt: der Empfindung des Stolzes, daß es reiten kann und daß es ein Pferd hat; der Lust, daß es getragen wird, an andern Kindern vorbei; der abenteuerlichen Träume, daß es verfolgt wird oder andere verfolgt usw. Damit das Kind all das erlebte, spielt die Pferdeähnlichkeit des Holzvehikels keine große Rolle, noch stört die Beschränkung des Rittes auf einen kleinen Kreis. Alles, worauf es den Zuschauern in diesen Häusern ankommt, ist, daß sie eine widerspruchsvolle Welt mit einer harmonischen vertauschen können, eine nicht besonders gekannte mit einer träumbaren.

29

Solcherart ist das Theater, das wir für unsere Unternehmen vorfinden, und es zeigte sich bisher wohl imstande, unsere hoffnungsvollen Freunde, von uns die Kinder des wissenschaftlichen Jahrhunderts genannt, in eine eingeschüchterte, gläubige, „gebannte" Menge zu verwandeln.

30

Es ist wahr: seit etwa einem halben Jahrhundert haben sie etwas getreuere Abbildungen des menschlichen Zusammenlebens zu sehen bekommen sowie Figuren, die gegen gewisse gesellschaftliche Übelstände oder sogar gegen die Gesamtstruktur der Gesellschaft rebellierten. Ihr Interesse war stark genug, daß sie zeitweilig eine außerordentliche Reduzierung der Sprache, der Fabel und des geistigen Horizonts willig erduldeten, denn die Brise wissenschaftlichen Geistes brachte die gewohnten Reize beinahe zum Abwelken. Die Opfer lohnten nicht besonders. Die Verfeinerung der Abbildungen beschädigte ein Vergnügen, ohne ein anderes zu befriedigen. Das Feld der menschlichen Beziehungen wurde sichtbar, aber nicht sichtig. Die Empfindungen, erzeugt auf die alte (die magische) Art, mußten selber alter Art bleiben.

31

Nach wie vor waren nämlich die Theater Vergnügungsstätten einer Klasse, die den wissenschaftlichen Geist auf dem Gebiet der Natur festhielt, nicht wagend, ihm das Gebiet der menschlichen Beziehungen auszuliefern. Der winzige proletarische Teil des Publikums aber, nur unwesentlich und unsicher verstärkt durch apostatische Kopfarbeiter, benötigte ebenfalls noch die alte Art der Unterhaltung, welche ihre festgesetzte Lebensweise erleichterte.

32

Dennoch, schreiten wir fort! Gefallen wie gesprungen! Wir sind offenbar in einen Kampf gekommen, kämpfen wir also! Haben wir nicht gesehen, wie der Unglaube Berge versetzt hat? Genügt es nicht, daß wir ausgefunden haben, es wird uns etwas vorenthalten? Vor dem und jenem hängt ein Vorhang: ziehen wir ihn auf!

33

Das Theater, wie wir es vorfinden, zeigt die Struktur der Gesellschaft (abgebildet auf der Bühne) nicht als beeinflußbar durch die Gesellschaft (im Zuschauerraum). Ödipus, der sich gegen einige Prinzipien, welche die Gesellschaft der Zeit stützen, versündigt hat, wird hingerichtet, die Götter sorgen dafür, sie sind nicht kritisierbar. Die großen Einzelnen des Shakespeare, welche die Sterne ihres Schicksals in der Brust tragen, vollführen ihre vergeblichen und tödlichen Amokläufe unaufhaltsam, sie bringen sich selbst zur Strecke, das Leben, nicht der Tod wird in ihren Zusammenbrüchen obszön, die Katastrophe ist nicht kritisierbar. Menschenopfer allerwege! Barbarische Belustigungen! Wir wissen, daß die Barbaren eine Kunst haben. Machen wir eine andere!

34

Wie lange noch sollen unsere Seelen, im Schutz der Dunkelheit die „plumpen" Körper verlassend, eindringen in jene traumhaften oben auf dem Podium, teilzuhaben an ihren Aufschwüngen, die uns „ansonsten" versagt sind? Was für eine Befreiung ist das, da wir doch am Ende all dieser Stücke, das glücklich ist nur für den Zeitgeist (die gehörige Vorsehung, die Ordnung der Ruhe), die traumhafte Exekution erleben, welche die Aufschwünge als Ausschweifungen ahndet! Wir kriechen in den Ödipus, denn da sind immer noch die Tabus, und die Unkenntnis schützt nicht vor Strafe. In den Othello, denn die Eifersucht macht uns immer noch zu schaffen, und vom Besitz hängt alles ab. In den Wallenstein, denn wir müssen frei sein für den Konkurrenzkampf und loyal, sonst hört er auf. Diese Inkubusgewohnheiten werden auch gefördert in Stücken wie „Gespenster" und „Die Weber", in denen immerhin die Gesellschaft als „Milieu" problematischer auftaucht. Da wir die Empfindungen, Einblicke und Impulse der Hauptpersonen aufgezwungen bekommen, bekommen wir in bezug auf die Gesellschaft nicht mehr, als das „Milieu" gibt.

35

Wir brauchen Theater, das nicht nur Empfindungen, Einblicke und Impulse ermöglicht, die das jeweilige historische Feld der menschlichen Beziehungen erlaubt, auf dem die Handlungen jeweils stattfinden, sondern das Gedanken und Gefühle verwendet und erzeugt, die bei der Veränderung des Feldes selbst eine Rolle spielen.

36

Das Feld muß in seiner historischen Relativität gekennzeichnet werden können. Dies bedeutet den Bruch mit unserer Gewohnheit, die verschiedenen gesellschaftlichen Strukturen vergangener Zeitalter ihrer Verschiedenheiten zu entkleiden, so daß sie alle mehr oder weniger wie das unsere aussehen, welches durch diese Operation etwas immer schon Vorhandenes, also schlechthin Ewiges bekommt. Wir aber wollen ihre Unterschiedlichkeit belassen und ihre Vergänglichkeit im Auge halten, so daß auch das unsere als vergänglich eingesehen werden kann. (Hierfür kann natürlich nicht Kolorit oder Folklore dienen, welche von unsern Theatern gerade dazu verwendet werden, die Gleichheiten in der Handlungsweise der Menschen in den verschiedenen Epochen um so stärker hervortreten zu lassen. Wir werden die theatralischen Mittel später andeuten.)

37

Bewegen wir unsere Figuren auf der Bühne durch gesellschaftliche Triebkräfte und durch verschiedene, je nach der Epoche, dann erschweren wir unserm Zuschauer, sich da einzuleben. Er kann nicht schlechthin fühlen: so würde ich auch handeln, sondern kann höchstens sagen: wenn ich unter solchen Umständen gelebt hätte; und wenn wir Stücke aus unserer eigenen Zeit als historische Stücke spielen, mögen ihm die Umstände, unter denen er handelt, ebenfalls besonders vorkommen, und dies ist der Beginn der Kritik.

38

Die „historischen Bedingungen" darf man sich freilich nicht denken (noch werden sie aufgebaut werden) als dunkle Mächte (Hintergründe), sondern sie sind von Menschen geschaffen und aufrechterhalten (und werden geändert werden von ihnen): was eben da gehandelt wird, macht sie aus.

39

Wenn nun eine Person historisiert der Epoche entsprechend antwortet und anders antworten würde in andern Epochen, ist sie da nicht „jedermann schlechthin"? Ja, nach den Zeitläuften oder der Klasse antwortet hier jemand verschieden; lebte er zu anderer Zeit oder noch nicht so lang oder auf der Schattenseite des Lebens, so antwortete er unfehlbar anders, aber wieder ebenso bestimmt und wie jedermann antworten würde in dieser Lage zu dieser Zeit: ist da nicht zu fragen, ob es nicht noch weitere Unterschiede der Antwort gibt? Wo ist er selber, der Lebendige, Unverwechselbare, der nämlich, der mit seinesgleichen nicht ganz gleich ist? Es ist klar, daß das Abbild ihn sichtbar machen muß, und das wird geschehen, indem dieser Widerspruch im Abbild gestaltet werden wird. Das historisierende Abbild wird etwas von den Skizzen an sich haben, die um die herausgearbeitete Figur herum noch die Spuren anderer Bewegungen und Züge aufweisen. Oder man denke an einen Mann, der in einem Tal eine Rede hält, in der er mitunter seine Meinung ändert oder lediglich Sätze spricht, die sich widersprechen, so daß das Echo, mitsprechend, die Konfrontation der Sätze vornimmt.

40

Solche Abbilder erfordern freilich eine Spielweise, die den beobachtenden Geist frei und beweglich erhält. Er muß sozusagen laufend fiktive Montagen an unserm Bau vornehmen können, indem er die gesellschaftlichen Triebkräfte in Gedanken abschaltet oder durch andere ersetzt, durch welches Verfahren ein aktuelles Verhalten etwas „Unnatürliches" bekommt, wodurch die aktualen Triebkräfte ihrerseits ihre Natürlichkeit einbüßen und handelbar werden.

41

Dies ist, wie der Flußbauer einen Fluß sieht, zusammen mit seinem erstmaligen Bett und manchem fiktiven Bett, das er hätte haben können, wäre die Neigung des Plateaus verschieden oder die Wassermenge anders. Und während er in Gedanken einen neuen Fluß sieht, hört der Sozialist in Gedanken neue Arten von Gesprächen bei den Landarbeitern am Fluß. Und so sollte unser Zuschauer im Theater Vorgänge, die unter solchen Landarbeitern spielen, mit diesen Skizzenspuren und Echos ausgestattet finden.

42

Die Spielweise, welche zwischen dem ersten und zweiten Weltkrieg am Schiffbauerdamm-Theater in Berlin ausprobiert wurde, um solche Abbilder herzustellen, beruht auf dem „Verfremdungseffekt" (V-Effekt). Eine verfremdende Abbildung ist eine solche, die den Gegenstand zwar erkennen, ihn aber doch zugleich fremd erscheinen läßt. Das antike und mittelalterliche Theater verfremdete seine Figuren mit Menschen- und Tiermasken, das asiatische benutzt noch heute musikalische und pantomimische V-Effekte. Die Effekte verhinderten zweifellos die Einfühlung, jedoch beruhte diese Technik eher mehr denn weniger auf hypnotisch suggestiver Grundlage als diejenige, mit der die Einfühlung erzielt wird. Die gesellschaftlichen Zwecke dieser alten Effekte waren von den unsern völlig verschieden.

43

Die alten V-Effekte entziehen das Abgebildete dem Eingriff des Zuschauers gänzlich, machen es zu etwas Unabänderlichem; die neuen haben nichts Bizarres an sich, es ist der unwissenschaftliche Blick, der das Fremde als bizarr stempelt. Die neuen Verfremdungen sollten nur den gesellschaftlich beeinflußbaren Vorgängen den Stempel des Vertrauten wegnehmen, der sie heute vor dem Eingriff bewahrt.

44

Das lange nicht Geänderte nämlich scheint unänderbar. Allenthalben treffen wir auf etwas, das zu selbstverständlich ist, als daß wir uns bemühen müßten, es zu verstehen. Was sie miteinander erleben, scheint den Menschen das gegebene menschliche Erleben. Das Kind, lebend in der Welt der Greise, lernt, wie es dort zugeht. Wie die Dinge eben laufen, so werden sie ihm geläufig. Ist einer kühn genug, etwas nebenhinaus zu wünschen, wünschte er es sich nur als Ausnahme. Selbst wenn er, was die „Vorsehung" über ihn verhängt, als das erkennte, was die Gesellschaft für ihn vorgesehen hat, müßte ihm die Gesellschaft, diese mächtige Sammlung von Wesen seinesgleichen, wie ein Ganzes, das größer ist als die Summe seiner Teile, ganz unbeeinflußbar vorkommen – und dennoch wäre das Unbeeinflußbare ihm vertraut, und wer mißtraut dem, was ihm vertraut ist? Damit all dies viele Gegebene ihm als ebensoviel Zweifelhaftes erscheinen könnte, müßte er jenen fremden Blick entwickeln, mit dem der große Galilei einen ins Pendeln gekommenen Kronleuchter betrachtete. Den verwunderten diese Schwingungen, als hätte er sie so nicht erwartet und verstünde es nicht von ihnen, wodurch er dann auf die Gesetzmäßigkeiten kam. Diesen Blick, so schwierig wie produktiv, muß das Theater mit seinen Abbildungen des menschlichen Zusammenlebens provozieren. Es muß sein Publikum wundern machen, und dies geschieht vermittels einer Technik der Verfremdungen des Vertrauten.

45

Welche Technik es dem Theater gestattet, die Methode der neuen Gesellschaftswissenschaft, die materialistische Dialektik, für seine Abbildungen zu verwerten. Diese Methode behandelt, um auf die Beweglichkeit der Gesellschaft zu kommen, die gesellschaftlichen

Zustände als Prozesse und verfolgt diese in ihrer Widersprüchlichkeit. Ihr existiert alles nur, indem es sich wandelt, also in Uneinigkeit mit sich selbst ist. Dies gilt auch für die Gefühle, Meinungen und Haltungen der Menschen, in denen die jeweilige Art ihres gesellschaftlichen Zusammenlebens sich ausdrückt.

46

Es ist eine Lust unseres Zeitalters, das so viele und mannigfache Veränderungen der Natur bewerkstelligt, alles so zu begreifen, daß wir eingreifen können. Da ist viel im Menschen, sagen wir, da kann viel aus ihm gemacht werden. Wie er ist, muß er nicht bleiben; nicht nur, wie er ist, darf er betrachtet werden, sondern auch, wie er sein könnte. Wir müssen nicht von ihm, sondern auf ihn ausgehen. Das heißt aber, daß ich mich nicht einfach an seine Stelle, sondern ihm gegenüber setzen muß, uns alle vertretend. Darum muß das Theater, was es zeigt, verfremden.

47

Um V-Effekte hervorzubringen, mußte der Schauspieler alles unterlassen, was er gelernt hatte, um die Einfühlung des Publikums in seine Gestaltungen herbeiführen zu können. Nicht beabsichtigend, sein Publikum in Trance zu versetzen, darf er sich selber nicht in Trance versetzen. Seine Muskeln müssen locker bleiben, führt doch z. B. ein Kopfwenden mit angezogenen Halsmuskeln die Blicke, ja mitunter sogar die Köpfe der Zuschauer „magisch“ mit, womit jede Spekulation oder Gemütsbewegung über diese Geste nur geschwächt werden kann. Seine Sprechweise sei frei von pfäffischem Singsang und jenen Kadenzen, die die Zuschauer einlullen, so daß der Sinn verlorengeht. Selbst Besessene darstellend, darf er selber nicht besessen wirken; wie sonst könnten die Zuschauer ausfinden, was die Besessenen besitzt?

48

In keinem Augenblick läßt er es zur restlosen Verwandlung in die Figur kommen. Ein Urteil: „er spielte den Lear nicht, er war Lear“, wäre für ihn vernichtend. Er hat seine Figur lediglich zu zeigen oder, besser gesagt, nicht nur lediglich zu erleben; dies bedeutet nicht, daß er, wenn er leidenschaftliche Leute gestaltet, selber kalt sein muß. Nur sollten seine eigenen Gefühle nicht grundsätzlich die seiner Figur sein, damit auch die seines Publikums nicht grundsätzlich die der Figur werden. Das Publikum muß da völlige Freiheit haben.

49

Dies, daß der Schauspieler in zweifacher Gestalt auf der Bühne steht, als Laughton und als Galilei, daß der zeigende Laughton nicht verschwindet in dem gezeigten Galilei, was dieser Spielweise auch den Namen „die epische" gegeben hat, bedeutet schließlich nicht mehr, als daß der wirkliche, der profane Vorgang nicht mehr verschleiert wird – steht doch auf der Bühne tatsächlich Laughton und zeigt, wie er sich den Galilei denkt. Schon indem es ihn bewunderte, vergäße das Publikum natürlich Laughton nicht, auch wenn er die restlose Verwandlung versuchte, aber es ginge dann doch seiner Meinungen und Empfindungen verlustig, welche vollkommen in der Figur aufgegangen wären. Er hätte ihre Meinungen und Empfindungen zu seinen eigenen gemacht, so daß also tatsächlich nur ein einziges Muster derselben herauskäme: Er würde es zu dem unsrigen machen. Um diese Verkümmerung zu verhüten, muß er auch den Akt des Zeigens zu einem künstlerischen machen. Um eine Hilfsvorstellung zu benutzen: wir können die eine Hälfte der Haltung, die des Zeigens, um sie selbständig zu machen, mit einer Geste ausstatten, indem wir den Schauspieler rauchen lassen und ihn uns vorstellen, wie er jeweils die Zigarre weglegt, um uns eine weitere Verhaltungsart der erdichteten Figur zu demonstrieren. Wenn man aus dem Bild alles Hastige herausnimmt und sich das Lässige nicht nachlässig denkt, haben wir einen Schauspieler vor uns, der uns sehr wohl unsern oder seinen Gedanken überlassen könnte.

50

Noch eine andere Änderung in der Übermittlung der Abbildungen durch den Schauspieler ist nötig, und auch sie macht den Vorgang „profaner". Wie der Schauspieler sein Publikum nicht zu täuschen hat, daß nicht er, sondern die erdichtete Figur auf der Bühne stehe, so hat er es auch nicht zu täuschen, daß, was auf der Bühne vorgeht, nicht einstudiert sei, sondern zum erstenmal und einmalig geschehe. Die Schillersche Unterscheidung, daß der Rhapsode seine Begebenheit als vollkommen vergangen, der Mime die seinige als vollkommen gegenwärtig zu behandeln habe, trifft nicht mehr so zu. Es soll in seinem Spiel durchaus ersichtlich sein, daß „er schon am

Anfang und in der Mitte das Ende weiß", und er soll „so durchaus eine ruhige Freiheit behalten". In lebendiger Darstellung erzählt er die Geschichte seiner Figur, mehr wissend als diese und das „Jetzt" wie das „Hier" nicht als eine Fiktion, ermöglicht durch die Spielregel, setzend, sondern es trennend vom Gestern und dem andern Ort, wodurch die Verknüpfung der Begebnisse sichtbar werden kann.

51

Dies ist besonders wichtig bei der Darstellung von Massenereignissen oder wo die Umwelt sich stark verändert, wie bei Kriegen und Revolutionen. Der Zuschauer kann dann die Gesamtlage und den Gesamtverlauf vorgestellt bekommen. Er kann z. B. eine Frau, während er sie sprechen hört, im Geist noch anders sprechen hören, sagen wir in ein paar Wochen, und andere Frauen eben jetzt anderswo anders. Dies wäre möglich, wenn die Schauspielerin so spielte, als ob die Frau die ganze Epoche zu Ende gelebt hätte und nun, aus der Erinnerung, von ihrem Wissen des Weitergehens her, das äußerste, was von ihren Äußerungen für diesen Zeitpunkt wichtig war, denn wichtig ist da, was wichtig wurde. Eine solche Verfremdung einer Person als „gerade dieser Person" und „gerade dieser Person gerade jetzt" ist nur möglich, wenn nicht die Illusionen geschaffen werden: der Schauspieler sei die Figur, und die Vorführung sei das Geschehnis.

52

Nun hat aber schon in diesem eine weitere Illusion aufgegeben werden müssen: die, als handelte jedermann wie die Figur. Aus dem „ich tue das" wurde ein „ich tat das", und jetzt muß aus dem „er tat das" noch ein „er tat das, nichts anderes" werden. Es ist eine zu große Vereinfachung, wenn man die Taten auf den Charakter und den Charakter auf die Taten abpaßt; die Widersprüche, welche Taten und Charakter wirklicher Menschen aufweisen, lassen sich so nicht aufzeigen. Die gesellschaftlichen Bewegungsgesetze können nicht an den „Idealfällen" demonstriert werden, da die „Unreinheit" (Widersprüchlichkeit) gerade zu Bewegung und Bewegtem gehört. Es ist nur nötig – dies aber unbedingt –, daß im großen und ganzen so etwas wie Experimentierbedingungen geschaffen werden, d. h. daß jeweils ein Gegenexperiment denkbar ist. Wird doch die Gesellschaft überhaupt hier so behandelt, als mache sie, was sie machte, als ein Experiment.

53

Wenn auch beim Probieren Einfühlung in die Figur benutzt werden kann (was bei der Vorführung zu vermeiden ist), darf dies doch nur als eine unter mehreren Methoden der Beobachtung angewendet werden. Sie ist beim Probieren von Nutzen, hat sie doch selbst in der maßlosen Anwendung durch das zeitgenössische Theater zu einer sehr verfeinerten Charakterzeichnung geführt. Jedoch ist es die primitivste Art der Einfühlung, wenn der Schauspieler nur fragt: wie wäre ich, wenn mir dies und das passierte? wie sähe es aus, wenn ich dies sagte und das täte? – anstatt zu fragen: wie habe ich schon einen Menschen dies sagen hören oder das tun sehen? um sich so, hier und da allerhand holend, eine neue Figur aufzubauen, mit der die Geschichte vor sich gegangen sein kann – und noch einiges mehr. Die Einheit der Figur wird nämlich durch die Art gebildet, in der sich ihre einzelnen Eigenschaften widersprechen.

54

Die Beobachtung ist ein Hauptteil der Schauspielkunst. Der Schauspieler beobachtet den Mitmenschen mit all seinen Muskeln und Nerven in einem Akt der Nachahmung, welcher zugleich ein Denkprozeß ist. Denn bei bloßer Nachahmung käme höchstens das Beobachtete heraus, was nicht genug ist, da das Original, was es aussagt, mit zu leiser Stimme aussagt. Um vom Abklatsch zur Abbildung zu kommen, sieht der Schauspieler auf die Leute, als machten sie ihm vor, was sie machen, kurz, als empfählen sie ihm, was sie machen, zu bedenken.

55

Ohne Ansichten und Absichten kann man keine Abbildungen machen. Ohne Wissen kann man nichts zeigen; wie soll man da wissen, was wissenswert ist? Will der Schauspieler nicht Papagei oder Affe sein, muß er sich das Wissen der Zeit über das menschliche Zusammenleben aneignen, indem er die Kämpfe der Klassen mitkämpft. Dies mag manchem wie eine Erniedrigung vorkommen, da er die Kunst, ist die Bezahlung geregelt, in die höchsten Sphären versetzt: aber die höchsten Entscheidungen für das Menschengeschlecht werden auf der Erde ausgekämpft, nicht in den Lüften; im „Äußern", nicht in den Köpfen. Über den kämpfenden Klassen kann niemand stehen, da niemand über den Menschen stehen kann. Die Gesellschaft hat kein gemeinsames Sprachrohr, solange sie in kämpfende Klassen gespalten ist. So heißt „unparteiisch sein" für die Kunst nur: „zur herrschenden" Partei gehören.

56

So ist die Wahl des Standpunkts ein anderer Hauptteil der Schauspielkunst, und er muß außerhalb des Theaters gewählt werden. Wie die Umgestaltung der Natur, so ist die Umgestaltung der Gesellschaft ein Befreiungsakt, und es sind die Freuden der Befreiung, welche das Theater eines wissenschaftlichen Zeitalters vermitteln sollte.

57

Schreiten wir fort, indem wir untersuchen, wie z. B. der Schauspieler, von diesem Standpunkt aus, seine Rolle zu lesen hat. Es ist da wichtig, daß er nicht zu schnell „begreift". Wenn er auch gleich den natürlichsten Tonfall seines Textes ausfindig machen wird, die bequemste Art, ihn zu sagen, so soll er doch die Aussage selbst nicht als die natürlichste betrachten, sondern da zögern und seine allgemeinen Ansichten heranziehen, andere mögliche Aussagen in Erwägung ziehen, kurz, die Haltung des sich Wundernden einnehmen. Dies nicht nur, um nicht zu früh, nämlich bevor er alle Aussagen und besonders die der anderen Figuren registriert hat, eine bestimmte Figur festzulegen, der dann vieles eingestopft werden müßte, sondern auch, und dies hauptsächlich, um in den Aufbau der Figur das „Nicht-Sondern" hineinzubringen, auf das soviel ankommt, wenn das Publikum, das die Gesellschaft repräsentiert, die Vorgänge von der beeinflußbaren Seite einsehen können soll. Auch muß jeder Schauspieler, anstatt nur das ihm Gemäße als „das schlechthin Menschliche" an sich zu ziehen, besonders nach dem ihm nicht Gemäßen, Speziellen langen. Und er muß, mit dem Text, diese seine ersten Reaktionen, Vorbehalte, Kritiken, Verblüffungen memorieren, damit sie in seiner Endgestaltung nicht etwa vernichtet werden, indem sie „aufgehen", sondern bewahrt und wahrnehmbar bleiben; denn die Figur und alles muß dem Publikum weniger eingehen als auffallen.

58

Und das Lernen des Schauspielers muß zusammen mit dem Lernen der anderen Schauspieler, sein Aufbau der Figur mit dem Aufbau der andern Figuren vorgenommen werden. Denn die kleinste gesellschaftliche Einheit ist nicht der Mensch, sondern zwei Menschen. Auch im Leben bauen wir uns gegenseitig auf.

59

Hier ist einiges aus der Unsitte unserer Theater zu lernen, daß der herrschende Schauspieler, der Star, sich auch dadurch „hervortut", daß er sich von allen andern Schauspielern bedienen läßt: er macht seine Figur fürchterlich oder weise, indem er die Partner zwingt, die ihren furchtsam oder aufmerksam zu machen usw. Schon um diesen Vorteil allen zu gewähren und dadurch der Fabel zu dienen, sollten die Schauspieler die Rollen auf den Proben mit ihren Partnern mitunter tauschen, damit die Figuren voneinander bekommen, was sie voneinander brauchen. Es ist aber für die Schauspieler auch gut, wenn sie ihren Figuren in der Kopie begegnen oder auch in anderen Gestaltungen. Von einer Person anderen Geschlechts gespielt, wird die Figur ihr Geschlecht deutlicher verraten, von einem Komiker gespielt, tragisch oder komisch, neue Aspekte gewinnen. Vor allem sichert der Schauspieler, indem er die Gegenfiguren mitentwickelt oder zumindest ihre Darsteller vertritt, den so entscheidenden gesellschaftlichen Standpunkt, von dem aus er seine Figur vorführt. Der Herr ist nur so ein Herr, wie ihn der Knecht es sein läßt usw.

60

An der Figur sind natürlich schon zahllose Aufbauakte vollzogen worden, wenn sie unter die anderen Figuren des Stücks tritt, und der Schauspieler wird seine Vermutungen, die der Text darüber anregt, zu memorieren haben. Aber nun erfährt er weit mehr über sich aus der Behandlung, welche die Figuren des Stücks ihm widerfahren lassen.

61

Den Bereich der Haltungen, welche die Figuren zueinander einnehmen, nennen wir den gestischen Bereich. Körperhaltung, Tonfall und Gesichtsausdruck sind von einem gesellschaftlichen „Gestus" bestimmt: die Figuren beschimpfen, komplimentieren, belehren einander usw. Zu den Haltungen, eingenommen von Menschen zu Menschen, gehören selbst die anscheinend ganz privaten, wie die Äußerungen des körperlichen Schmerzes in der Krankheit oder die religiösen. Diese gestischen Äußerungen sind meist recht kompliziert und widerspruchsvoll, so daß sie sich mit einem einzigen Wort nicht mehr wiedergeben lassen, und der Schauspieler muß achtgeben, daß er bei der notwendigerweise verstärkten Abbildung da nichts verliert, sondern den ganzen Komplex verstärkt.

62

Der Schauspieler bemächtigt sich seiner Figur, indem er kritisch ihren mannigfachen Äußerungen folgt sowie denen seiner Gegenfiguren und aller andern Figuren des Stücks.

63

Gehen wir, um zum gestischen Gehalt zu kommen, die Anfangsszenen eines neueren Stückes durch, meines „Leben des Galilei“. Da wir auch nachsehen wollen, wie die verschiedenen Äußerungen Licht aufeinander werfen, wollen wir annehmen, es handle sich nicht um die erste Annäherung an das Stück. Es beginnt mit den morgendlichen Waschungen des Sechsundvierzigjährigen, unterbrochen durch Stöbern in Büchern und eine Lektion für den Knaben Andrea Sarti über das neue Sonnensystem. Mußt du nicht wissen, wenn du das machen sollst, daß wir schließen werden mit dem Nachtmahl des Achtundsiebzigjährigen, den eben derselbe Schüler für immer verlassen hat? Er ist dann schrecklicher verändert, als diese Zeitspanne es hätte zuwege bringen können. Er frißt mit haltloser Gier, nichts anderes mehr im Kopf, er ist seinen Lehrauftrag auf schimpfliche Weise losgeworden wie eine Bürde, er, der einst seine Morgenmilch achtlos getrunken hat, gierig, den Knaben zu belehren. Aber trinkt er sie wirklich ganz achtlos? Ist sein Genuß an dem Getränk und der Waschung nicht eins mit dem an den neuen Gedanken? Vergiß nicht: er denkt der Wollust wegen! Ist dies etwas Gutes oder etwas Schlechtes? Ich rate dir, da du im ganzen Stück darüber nichts der Gesellschaft Nachteiliges finden wirst, und besonders, da du doch selber, wie ich hoffe, ein tapferes Kind des wissenschaftlichen Zeitalters bist, es als etwas Gutes darzustellen. Aber notiere es deutlich, viel Schreckliches wird in dieser Sache passieren. Daß der Mann, der hier das neue Zeitalter begrüßt, am Ende gezwungen sein wird, dieses Zeitalter aufzufordern, daß es ihn mit Verachtung von sich stoße, wenn auch enteigne, wird damit zu tun haben. Was die Lektion anlangt, magst du übrigens entscheiden, ob bloß, dem das Herz voll ist, das Maul überläuft, so daß er zu jedem davon reden würde, selbst einem Kinde, oder ob das Kind ihm das Wissen erst entlocken muß, indem es, ihn kennend, Interesse zeigt. Es können auch zwei sein, die sich nicht enthalten können, der eine zu fragen, der andere zu antworten; solch eine Brüderschaft wäre interessant, denn sie wird einmal böse gestört werden. Freilich wirst du die Demonstration des Erdumlaufs mit einer Hast vornehmen wollen, da sie nicht bezahlt wird, denn nun tritt der fremde, wohlhabende Schüler auf und verleiht der Zeit des Gelehrten Goldwert. Er zeigt sich nicht interessiert, aber er muß bedient werden, ist Galilei doch mittellos, und so wird er zwischen dem wohlhabenden Schüler und dem intelligenten stehen und seufzend wählen. Er kann den Neuen nicht viel lehren, so läßt er sich von ihm belehren; er erfährt vom Teleskop, das in Holland erfunden worden ist: in seiner Weise verwendet er die Störung des Morgenwerks. Der Rektor der Universität kommt. Galileis Eingabe um Erhöhung des Gehalts ist abgeschlagen worden, die Universität zahlt nicht gern für physikalische Theorien, was sie für theologische bezahlt, sie wünscht von ihm, der sich schließlich auf einer niedrig angesetzten Ebene der Forschung bewegt, Nützliches für den Tag. Du wirst an der Art, wie er seinen Traktat anbietet, bemerken, daß er die Zurück- und Zurechtweisungen gewohnt ist. Der Kurator verweist ihn darauf, daß die Republik die Freiheit der Forschung gewährt, wenn auch schlecht bezahlt; er erwidert, daß er mit dieser Freiheit wenig anfangen kann, wenn er nicht die Muße hat, die gute Bezahlung verschafft. Da wirst du gut tun, seine Ungeduld nicht allzu herrisch zu finden, sonst kommt seine Armut zu kurz. Denn du triffst ihn kurz darauf bei Gedanken, die einiger Erklärung bedürfen: der Verkünder eines neuen Zeitalters der wissenschaftlichen Wahrheiten erwägt, wie er die Republik um Geld betrügen kann, indem er ihr das Teleskop als seine Erfindung anbietet. Nichts als ein paar Skudi, wirst du erstaunt sehen, sieht er in der neuen Erfindung, die er lediglich untersucht, um sie sich anzueignen. Gehst du aber weiter, zur zweiten Szene, wirst du entdecken, daß er, die Erfindung an die Signoria von Venedig mit einer durch ihre Lügen entwürdigende Rede verkaufend, dieses Geld schon beinahe vergessen hat, weil er neben der militärischen noch eine astronomische

Bedeutung des Instruments ausgefunden hat. Die Ware, die herzustellen man ihn erpreßt hat – nennen wir es doch jetzt so –, zeigt eine hohe Qualität für eben die Forschung, die er unterbrechen mußte, um sie herzustellen. Wenn er während der Zeremonie, die unverdienten Ehrungen geschmeichelt entgegennehmend, dem gelehrten Freund die wunderbaren Entdeckungen andeutet – überspring da nicht, wie theatralisch er das tut –, wirst du einer viel tieferen Erregung bei ihm begegnen, als die Aussicht auf den geldlichen Gewinn bei ihm auslöste. Wenn jedoch, so betrachtet, seine Scharlatanerei nicht sehr viel bedeutet, zeigt sie doch an, wie entschlossen dieser Mann ist, den leichten Weg zu gehen und seine Vernunft in niedriger wie in hoher Weise zu verwenden. Eine bedeutsamere Prüfung steht bevor, und macht nicht jedes Versagen ein weiteres Versagen leichter?

64

Solch gestisches Material auslegend, bemächtigt sich der Schauspieler der Figur, indem er sich der „Fabel" bemächtigt. Erst von ihr, dem abgegrenzten Gesamtgeschehnis aus, vermag er, gleichsam in einem Sprung, zu seiner endgültigen Figur zu kommen, welche alle Einzelzüge in sich aufhebt. Hat er alles getan, sich zu wundern über die Widersprüche in den verschiedenen Haltungen, wissend, daß er auch sein Publikum darüber zu wundern haben wird, so gibt ihm die Fabel in ihrer Gänze die Möglichkeit einer Zusammenfügung des Widersprüchlichen; denn die Fabel ergibt, als begrenztes Geschehnis, einen bestimmten Sinn, d. h. sie befriedigt von vielen möglichen Interessen nur bestimmte.

65

Auf die „Fabel" kommt alles an, sie ist das Herzstück der theatralischen Veranstaltung. Denn von dem, was *zwischen* den Menschen vorgeht, bekommen sie ja alles, was diskutierbar, kritisierbar, änderbar sein kann. Auch wenn der besondere Mensch, den der Schauspieler vorführt, schließlich zu mehr passen muß als nur zu dem, was geschieht, so doch hauptsächlich deswegen, weil das Geschehnis um so auffälliger sein wird, wenn es sich an einem besonderen Menschen vollzieht. Das große Unternehmen des Theaters ist die „Fabel", die Gesamtkomposition aller gestischen Vorgänge, enthaltend die Mitteilungen und Impulse, die das Vergnügen des Publikums nunmehr ausmachen sollen.

66

Jedes Einzelgeschehnis hat einen Grundgestus: *Richard Gloster wirbt um die Witwe seines Opfers. Vermittels eines Kreidekreises wird die wahre Kindsmutter ausgefunden. Gott wettet mit dem Teufel um die Seele des Doktor Faust. Woyzek kauft ein billiges Messer, seine Frau umzubringen* usw. Bei der Gruppierung der Figuren auf der Bühne und der Bewegung der Gruppen muß die erforderliche Schönheit hauptsächlich durch die Eleganz gewonnen werden, mit der das gestische Material vorgeführt und dem Einblick des Publikums ausgesetzt wird.

67

Da das Publikum ja nicht eingeladen werde, sich in die Fabel wie in einen Fluß zu werfen, um sich hierin und dorthin unbestimmt treiben zu lassen, müssen die einzelnen Geschehnisse so verknüpft sein, daß die Knoten auffällig werden. Die Geschehnisse dürfen sich nicht unmerklich folgen, sondern man muß mit dem Urteil dazwischenkommen können. (Wäre gerade die Dunkelheit der ursächlichen Zusammenhänge interessant, müßte eben dieser Umstand genügend verfremdet werden.) Die Teile der Fabel sind also sorgfältig gegeneinander zu setzen, indem ihnen ihre eigene Struktur, eines Stückchens im Stück, gegeben wird. Man einigt sich zu diesem Zweck am besten auf Titel wie die im vorigen Abschnitt. Die Titel sollen die gesellschaftliche Pointe enthalten, zugleich aber etwas über die wünschenswerte Art der Darstellung aussagen, d. h. je nachdem den Ton der Titel einer Chronik oder einer Ballade oder einer Zeitung oder einer Sittenschilderung nachahmen. Eine einfache verfremdende Darstellungsart ist z. B. diejenige, welche sonst Sitten und Gebräuche erfahren. Einen Besuch, die Behandlung eines Feindes, das Treffen von Liebenden, Abmachungen geschäftlicher oder politischer Art kann man bringen, als ob man lediglich eine Sitte darstellte, die an diesen Orten herrscht. So dargestellt, bekommt der einmalige und besondere Vorgang ein befremdliches Aussehen, weil er als Allgemeines, zur Sitte Gewordenes erscheint. Schon die Frage, ob er oder was von ihm tatsächlich zur Sitte werden sollte, verfremdet den Vorgang. Den poetischen Historienstil kann man in den Jahrmarktsbuden, Panoramen genannt, studieren. Da das Verfremden auch ein Berühmtmachen bedeutet, kann man gewisse Vorgänge einfach wie berühmte darstellen, als seien sie allgemein und seit langem bekannt, auch in ihren Einzelheiten, und als bemühe man sich, nirgends gegen die Überlieferung zu verstoßen. Kurz: es sind viele Erzählungsarten denkbar, bekannte und noch zu erfindende.

68

Was und wie dieses zu verfremden ist, hängt ab von der Auslegung, die dem Gesamtgeschehnis gegeben werden soll, wobei das Theater kräftig die Interessen seiner Zeit wahrnehmen mag. Wählen wir als Beispiel für die Auslegung das alte Stück „Hamlet". Angesichts der blutigen und finsteren Zeitläufe, in denen ich dies schreibe, verbrecherischen Herrscherklassen, eines verbreiteten Zweifels an der Vernunft, welche immerfort mißbraucht wird, glaube ich, diese Fabel so lesen zu können: Die Zeit ist kriegerisch. Hamlets Vater, König von Dänemark, hat in einem siegreichen Raubkrieg den König von Norwegen erschlagen. Als dessen Sohn Fortinbras zu einem neuen Krieg rüstet, wird auch der dänische König erschlagen, und zwar von seinem Bruder. Die Brüder der erschlagenen Könige, nun selbst Könige, wenden den Krieg ab, indem den norwegischen Truppen erlaubt wird, für einen Raubkrieg gegen Polen dänisches Gebiet zu queren. Nun ist aber der junge Hamlet vom Geist seines kriegerischen Vaters aufgerufen worden, die an ihm verübte Untat zu rächen. Nach einigem Zaudern, eine blutige Tat durch eine andere blutige Tat zu beantworten, ja schon willig, ins Exil zu gehen, trifft er an der Küste den jungen Fortinbras, der mit seinen Truppen auf dem Weg nach Polen ist. Überwältigt durch das kriegerische Beispiel, kehrt er um und schlachtet in einem barbarischen Gemetzel seinen Onkel, seine Mutter und sich selbst, Dänemark dem Norweger überlassend. In diesen Vorgängen sieht man den jungen, aber schon etwas beleibten Menschen die neue Vernunft, die er auf der Universität in Wittenberg bezogen hat, recht unzulänglich anwenden. Sie kommt ihm bei den feudalen Geschäften, in die er zurückkehrt, in die Quere. Gegenüber der unvernünftigen Praxis ist seine Vernunft ganz unpraktisch. Dem Widerspruch zwischen solchem Räsonieren und solcher Tat fällt er tragisch zum Opfer. Diese Lesart des Stücks, das mehr als eine Lesart hat, könnte, meines Erachtens, unser Publikum interessieren.

69

Alle Vormärsche nämlich, jede Emanzipation von der Natur in der Produktion, führend zu einer Umgestaltung der Gesellschaft, alle jene Versuche in neuer Richtung, welche die Menschheit unternommen hat, ihr Los zu bessern, verleihen uns, ob in den Literaturen als geglückt oder mißglückt geschildert, ein Gefühl des Triumphs und des Zutrauens und verschaffen uns Genuß an den Möglichkeiten des Wandels aller Dinge. Dies drückt Galilei aus, wenn er sagt: „Es ist meine Ansicht, daß die Erde sehr nobel und bewundernswert ist, angesichts so vieler und verschiedener Änderungen und Generationen, welche unaufhörlich auf ihr vorkommen."

70

Die Auslegung der Fabel und ihre Vermittlung durch geeignete Verfremdungen ist das Hauptgeschäft des Theaters. Und nicht alles muß der Schauspieler machen, wenn auch nichts ohne Beziehung auf ihn gemacht werden darf. Die „Fabel" wird ausgelegt, hervorgebracht und ausgestellt vom Theater in seiner Gänze, von den Schauspielern, Bühnenbildnern, Maskenmachern, Kostümschneidern, Musikern und Choreographen. Sie alle vereinigen ihre Künste zu dem gemeinsamen Unternehmen, wobei sie ihre Selbständigkeit freilich nicht aufgeben.

71

Den allgemeinen Gestus des Zeigens, der immer den besonderen gezeigten begleitet, betonen die musikalischen Adressen an das Publikum in den Liedern. Deshalb sollten die Schauspieler nicht in den Gesang „übergehen", sondern ihn deutlich vom übrigen absetzen, was am besten auch noch durch eigene theatralische Maßnahmen, wie Beleuchtungswechsel oder Betitelung, unterstützt wird. Die Musik muß sich ihrerseits durchaus der Gleichschaltung widersetzen, die ihr gemeinhin zugemutet wird und die sie zur gedankenlosen Dienerin herabwürdigt. Sie „begleite" nicht, es sei denn mit Komment. Sie begnüge sich nicht damit, sich „auszudrücken", indem sie sich einfach der Stimmung entleert, die sie bei den Vorgängen befällt. So hat z. B. Eisler vorbildlich die Verknüpfung der Vorgänge besorgt, indem er zu der Fastnachtsszene des „Galilei", dem Maskenzug der Gilden, eine triumphierende und bedrohliche Musik machte, welche die aufrührerische Wendung anzeigt, die das niedere Volk den astronomischen Theorien des Gelehrten gab. Ähnlicherweise würde im „Kaukasischen Kreidekreis" eine kalte und unbewegte Singweise des Sängers, der die auf der Bühne pantomimisch dargestellte Rettung des Kindes durch die Magd beschreibt, die Schrecken einer Zeit entblößen, in der Mütterlichkeit zu selbstmörderischer Schwäche werden kann. So kann sich die Musik auf viele Arten und durchaus selbständig etablieren und in ihrer Weise zu den Themen Stellung nehmen, jedoch kann sie auch lediglich für die Abwechslung in der Unterhaltung sorgen.

72

Wie der Musiker seine Freiheit zurückbekommt, indem er nicht mehr Stimmungen schaffen muß, die es dem Publikum erleichtern, sich haltlos den Vorgängen auf der Bühne hinzugeben, so bekommt der Bühnenbildner viel Freiheit, wenn er beim Aufbau der Schauplätze nicht mehr die Illusion eines Raumes oder einer Gegend erzielen muß. Da genügen Andeutungen, jedoch müssen sie mehr geschichtlich oder gesellschaftlich Interessantes aussagen, als es die aktuale Umgebung tut. Im Moskauer Jüdischen Theater verfremdete ein an ein mittelalterliches Tabernakel erinnernder Bau den „König Lear"; Neher stellte den „Galilei" vor Projektionen von Landkarten, Dokumenten und Kunstwerken der Renaissance; im Piscator-Theater verwendete Heartfield in „Tai Yang erwacht" einen Hintergrund von drehbaren beschrifteten Fahnen, welche den Wandel der politischen Situation notierten, der den Menschen auf der Bühne mitunter nicht bekannt war.

73

Auch die Choreographie bekommt wieder Aufgaben realistischer Art. Es ist ein Irrtum jüngerer Zeit, daß sie bei der Abbildung von „Menschen, wie sie wirklich sind", nichts zu tun habe. Wenn die Kunst das Leben abspiegelt, tut sie es mit besonderen Spiegeln. Die Kunst wird nicht unrealistisch, wenn sie die Proportionen ändert, sondern wenn sie diese so ändert, daß das Publikum, die Abbildungen praktisch für Einblicke und Impulse verwendend, in der Wirklichkeit scheitern würde. Es ist freilich nötig, daß die Stilisierung das Natürliche nicht aufhebe, sondern steigere. Jedenfalls kann ein Theater, das alles aus dem Gestus nimmt, der Choreographie nicht entraten. Schon die Eleganz einer Bewegung und die Anmut einer Aufstellung verfremdet, und die pantomimische Erfindung hilft sehr der Fabel.

74

So seien all die Schwesterkünste der Schauspielkunst hier geladen, nicht um ein „Gesamtkunstwerk" herzustellen, in dem sie sich alle aufgeben und verlieren, sondern sie sollen, zusammen mit der Schauspielkunst, die gemeinsame Aufgabe in ihrer verschiedenen Weise fördern, und ihr Verkehr miteinander besteht darin, daß sie sich gegenseitig verfremden.

75

Und hier, noch einmal, soll erinnert werden, daß es ihre Aufgabe ist, die Kinder des wissenschaftlichen Zeitalters zu unterhalten, und zwar in sinnlicher Weise und heiter. Dies können besonders wir Deutschen uns nicht oft genug wiederholen, denn bei uns rutscht sehr leicht alles in das Unkörperliche und Unanschauliche, worauf wir anfangen, von einer Weltanschauung zu sprechen, nachdem die Welt selber sich aufgelöst hat. Selbst der Materialismus ist bei uns wenig mehr als eine Idee. Aus dem Geschlechtsgenuß werden bei uns eheliche Pflichten, der Kunstgenuß dient der Bildung, und unter dem Lernen verstehen wir nicht ein fröhliches Kennenlernen, sondern daß uns die Nase auf etwas gestoßen wird. Unser Tun hat nichts von einem fröhlichen Sich-Umtun, und um uns auszuweisen, verweisen wir nicht darauf, wieviel Spaß wir mit etwas gehabt haben, sondern wieviel Schweiß es uns gekostet hat.

76

Zu sprechen ist noch von der Ablieferung des in den Proben Aufgebauten an das Publikum. Es ist da nötig, daß dem eigentlichen Spiel der Gestus des Aushändigens von etwas Fertigem unterliegt. Vor den Zuschauer kommt jetzt das Oftgehabte von dem Nichtverworfenen, und so müssen die fertiggestellten Abbildungen in völliger Wachheit abgeliefert werden, damit sie in Wachheit empfangen werden können.

77

Die Abbildungen müssen nämlich zurücktreten vor dem Abgebildeten, dem Zusammenleben der Menschen, und das Vergnügen an ihrer Vollkommenheit soll in das höhere Vergnügen gesteigert werden, daß die zutage getretenen Regeln in diesem Zusammenleben als vorläufige und unvollkommene behandelt sind. In diesem läßt das Theater den Zuschauer produktiv, über das Schauen hinaus. In seinem Theater mag er seine schrecklichen und nie endenden Arbeiten, die ihm den Unterhalt geben sollen, genießen als Unterhaltung, samt den Schrecken seiner unaufhörlichen Verwandlung. Hier produziere er sich in der leichtesten Weise; denn die leichteste Weise der Existenz ist in der Kunst.

Zu Literatur und Kunst

FÜNF SCHWIERIGKEITEN BEIM SCHREIBEN DER WAHRHEIT

Wer heute die Lüge und Unwissenheit bekämpfen und die Wahrheit schreiben will, hat zumindest fünf Schwierigkeiten zu überwinden. Er muß den *Mut haben,* die Wahrheit zu schreiben, obwohl sie allenthalben unterdrückt wird; die *Klugheit,* sie zu erkennen, obwohl sie allenthalben verhüllt wird; die *Kunst,* sie handhabbar zu machen als eine Waffe; das *Urteil,* jene auszuwählen, in deren Händen sie wirksam wird; die *List,* sie unter diesen zu verbreiten. Diese Schwierigkeiten sind groß für die unter dem Faschismus Schreibenden, sie bestehen aber auch für die, welche verjagt wurden oder geflohen sind, ja sogar für solche, die in den Ländern der bürgerlichen Freiheit schreiben.

1. Der Mut, die Wahrheit zu schreiben

Es erscheint selbstverständlich, daß der Schreibende die Wahrheit schreiben soll in dem Sinn, daß er sie nicht unterdrücken oder verschweigen und daß er nichst Unwahres schreiben soll. Er soll sich nicht den Mächtigen beugen, er soll die Schwachen nicht betrügen. Natürlich ist es sehr schwer, sich den Mächtigen nicht zu beugen, und sehr vorteilhaft, die Schwachen zu betrügen. Den Besitzenden mißfallen, heißt dem Besitz entsagen. Auf die Bezahlung für geleistete Arbeit verzichten, heißt unter Umständen, auf das Arbeiten verzichten, und den Ruhm bei den Mächtigen ausschlagen, heißt oft, überhaupt Ruhm ausschlagen. Dazu ist Mut nötig. Die Zeiten der äußersten Unterdrückung sind meist Zeiten, wo viel von großen und hohen Dingen die Rede ist. Es ist Mut nötig, zu solchen Zeiten von so niedrigen und kleinen Dingen wie dem Essen und Wohnen der Arbeitenden zu sprechen, mitten in einem gewaltigen Geschrei, daß Opfersinn die Hauptsache sei. Wenn die Bauern mit Ehrungen überschüttet werden, ist es mutig, von Maschinen und billigen Futtermitteln zu sprechen, die ihre geehrte Arbeit erleichtern würden. Wenn über alle Sender geschrien wird, daß der Mann ohne Wissen und Bildung besser sei als der Wissende, dann ist es mutig, zu fragen: für wen besser? Wenn von vollkommenen und unvollkommenen Rassen die Rede ist, ist es mutig, zu fragen, ob nicht der Hunger und die Unwissenheit und der Krieg schlimme Mißbildungen hervorbringen. Ebenso ist Mut nötig, um die Wahrheit über sich selber zu sagen, über sich, den Besiegten. Viele, die verfolgt werden, verlieren die Fähigkeit, ihre Fehler zu erkennen. Die Verfolgung scheint ihnen das größte Unrecht. Die Verfolger sind, da sie ja verfolgen, die Bösartigen, sie, die Verfolgten, werden ihrer Güte wegen verfolgt. Aber diese Güte ist geschlagen worden, besiegt und verhindert worden und war also eine schwache Güte, eine schlechte, unhaltbare, unzuverlässige Güte: denn es geht nicht an, der Güte die Schwäche zuzubilligen wie dem Regen seine Nässe. *Zu sagen, daß die Guten nicht besiegt wurden, weil sie gut, sondern weil sie schwach waren, dazu ist Mut nötig.* Natürlich muß die Wahrheit im Kampf mit der Unwahrheit geschrieben werden, und sie darf nicht etwas Allgemeines, Hohes, Vieldeutiges sein. Von dieser allgemeinen, hohen, vieldeutigen Art ist ja gerade die Unwahrheit. Wenn von einem gesagt wird, er hat die Wahrheit gesagt, so haben zunächst einige oder viele oder einer etwas anderes gesagt, eine Lüge oder etwas Allgemeines, aber *er* hat die Wahrheit gesagt, etwas Praktisches, Tatsächliches, Unleugbares, das, um was es sich handelte.

Wenig Mut ist dazu nötig, über die Schlechtigkeit der Welt und den Triumph der Roheit im allgemeinen zu klagen und mit dem Triumphe des Geistes zu drohen, in einem Teile der Welt, wo dies noch erlaubt ist. Da treten viele auf, als seien Kanonen auf sie gerichtet, während nur Operngläser auf sie gerichtet sind. Sie schreien ihre allgemeinen Forderungen in eine Welt von Freunden harmloser Leute. Sie verlangen eine allgemeine Gerechtigkeit, für die sie niemals etwas getan haben, und eine allgemeine Freiheit, einen Teil von der Beute zu bekommen, die lange mit ihnen geteilt wurde. Sie halten für Wahrheit nur, was schön klingt. Ist die Wahrheit etwas Zahlenmäßiges, Trockenes, Praktisches, etwas, was zu finden Mühe macht und Studium verlangt, dann ist es keine Wahrheit für sie, nichts was sie in Rausch versetzt. Sie haben nur das äußere Gehaben derer, die die Wahrheit sagen. Das Elend mit ihnen ist: *sie wissen die Wahrheit nicht.*

2. *Die Klugheit, die Wahrheit zu erkennen*

Da es schwierig ist, die Wahrheit zu schreiben, weil sie allenthalben unterdrückt wird, scheint es den meisten eine Gesinnungsfrage, ob die Wahrheit geschrieben wird oder nicht. Sie glauben, dazu ist nur Mut nötig. Sie vergessen die zweite Schwierigkeit, die der Wahrheits*findung*. Keine Rede kann davon sein, daß es leicht sei, die Wahrheit zu finden.

Zunächst einmal ist es schon nicht leicht, ausfindig zu machen, *welche* Wahrheit zu sagen sich lohnt. So versinkt z. B. jetzt, sichtbar vor *aller* Welt, einer der großen zivilisierten Staaten nach dem andern in die äußerste Barbarei. Zudem weiß jeder, daß der innere Krieg, der mit den furchtbarsten Mitteln geführt wird, jeden Tag in den äußern sich verwandeln kann, der unsern Weltteil vielleicht als einen Trümmerhaufen hinterlassen wird. Das ist zweifellos eine Wahrheit, aber es gibt natürlich noch mehr Wahrheiten. So ist es z. B. nicht unwahr, daß Stühle Sitzflächen haben und der Regen von oben nach unten fällt. Viele Dichter schreiben Wahrheiten dieser Art. Sie gleichen Malern, die die Wände untergehender Schiffe mit Stilleben bedecken. Unsere erste Schwierigkeit besteht nicht für sie, und doch haben sie ein gutes Gewissen. Unbeirrbar durch die Mächtigen, aber auch durch die Schreie der Vergewaltigten nicht beirrt, pinseln sie ihre Bilder. Das Unsinnige ihrer Handlungsweise erzeugt in ihnen selber einen „tiefen" Pessimismus, den sie zu guten Preisen verkaufen und der eigentlich eher für andere angesichts dieser Meister und dieser Verkäufe berechtigt wäre. Dabei ist es nicht einmal leicht zu erkennen, daß ihre Wahrheiten solche über Stühle und den Regen sind, sie klingen für gewöhnlich ganz anders, so wie Wahrheiten über wichtige Dinge. Denn die künstlerische Gestaltung besteht je gerade darin, einer Sache Wichtigkeit zu verleihen.

Erst bei genauem Hinsehen erkennt man, daß sie nur sagen: ein Stuhl ist ein Stuhl und: niemand kann etwas dagegen machen, daß der Regen nach unten fällt.

Diese Leute finden nicht die Wahrheit, die zu schreiben sich lohnt. Andere wieder beschäftigen sich wirklich mit den dringendsten Aufgaben, fürchten die Machthaber und die Armut nicht, können aber dennoch die Wahrheit nicht finden. Ihnen fehlt es an Kenntnissen. Sie sind voll von altem Aberglauben, von berühmten und in alter Zeit oft schön geformten Vorurteilen. Die Welt ist zu verwickelt für sie, sie kennen nicht die Fakten und sehen nicht die

Zusammenhänge. Außer der Gesinnung sind erwerbbare Kenntnisse nötig und erlernbare Methoden. Nötig ist für alle Schreibenden in dieser Zeit der Verwicklungen und der großen Veränderungen eine Kenntnis der materialistischen Dialektik, der Ökonomie und der Geschichte. Sie ist aus Büchern und durch praktische Anleitung erwerbbar, wenn der nötige Fleiß vorhanden ist. Man kann viele Wahrheiten aufdecken auf einfachere Weise, Teile der Wahrheit oder Sachbestände, die zum Finden der Wahrheit führen. Wenn man suchen will, ist eine Methode gut, aber man kann auch finden ohne Methode, ja sogar ohne zu suchen. Aber man erreicht, auf so zufällige Art, kaum eine solche Darstellung der Wahrheit, daß die Menschen auf Grund dieser Darstellung wissen, wie sie handeln sollten. Leute, die nur kleine Fakten niederschreiben, sind nicht imstande, die Dinge dieser Welt handhabbar zu machen. Aber die Wahrheit hat nur diesen Zweck, keinen andern. Diese Leute sind der Forderung, die Wahrheit zu schreiben, nicht gewachsen.

Wenn jemand bereit ist, die Wahrheit zu schreiben, und fähig, sie zu erkennen, bleiben noch drei Schwierigkeiten übrig.

3. *Die Kunst, die Wahrheit handhabbar zu machen als eine Waffe*

Die Wahrheit muß der Folgerungen wegen gesagt werden, die sich aus ihr für das Verhalten ergeben. Als Beispiel für eine Wahrheit, aus der keine Folgerungen oder falsche Folgerungen gezogen werden können, soll uns die weitverbreitete Auffassung dienen, daß in einigen Ländern schlimme Zustände herrschen, die von der Barbarei herrühren. Nach dieser Auffassung ist der Faschismus eine Welle von Barbarei, die mit *Naturgewalt* über einige Länder hereingebrochen ist. Nach dieser Auffassung ist der Faschismus eine neue dritte Macht neben (und über) Kapitalismus und Sozialismus; nicht nur die sozialistische Bewegung, sondern auch der Kapitalismus hätte nach ihr ohne den Faschismus weiter bestehen können usw. Das ist natürlich eine faschistische Behauptung, eine Kapitulation vor dem Faschismus. Der Faschismus ist eine historische Phase, in die der Kapitalismus eingetreten ist, insofern etwas Neues und zugleich Altes. Der Kapitalismus existiert in den faschistischen Ländern nur noch als Faschismus, und der *Faschismus kann nur bekämpft werden als Kapitalismus, als nacktester, frechster, erdrückendster und betrügerischster Kapitalismus.*

Wie will nun jemand die Wahrheit über den Faschismus sagen, gegen den er ist, wenn er nichts gegen den Kapitalismus sagen will, der ihn hervorbringt? Wie soll da seine Wahrheit praktikabel ausfallen?

Die gegen den Faschismus sind, ohne gegen den Kapitalismus zu sein, die über die Barbarei jammern, die von der Barbarei kommt, gleichen Leuten, die ihren Anteil vom Kalb essen wollen, aber das Kalb soll nicht geschlachtet werden. Sie wollen das Kalb essen, aber das Blut nicht sehen. Sie sind zufriedenzustellen, wenn der Metzger die Hände wäscht, bevor er das Fleisch aufträgt. Sie sind nicht gegen die Besitzverhältnisse, welche die Barbarei erzeugen, nur gegen die Barbarei. Sie erheben ihre Stimme gegen die Barbarei, und sie tun das in Ländern, in denen die gleichen Besitzverhältnisse herrschen, wo aber die Metzger noch die Hände waschen, bevor sie das Fleisch auftragen.

Laute Beschuldigungen gegen barbarische Maßnahmen mögen eine kurze Zeit wirken, solange die Zuhörer glauben, in ihren Ländern kämen solche Maßnahmen nicht in Frage. Gewisse Länder sind imstande, ihre Eigentumsverhältnisse noch mit weniger gewalttätig wirkenden Mitteln aufrechtzuerhalten als andere. Ihnen leistet die Demokratie noch die Dienste, zu welchen andere die Gewalt heranziehen müssen, nämlich die Garantie des Eigentums an Produktionsmitteln. Das Monopol auf die Fabriken, Gruben, Ländereien schafft überall barbarische Zustände; jedoch sind diese weniger sichtbar. Die Barbarei wird sichtbar, sobald das Monopol nur noch durch offene Gewalt geschützt werden kann.

Einige Länder, die es noch nicht nötig haben, der barbarischen Monopole wegen auch noch auf die formellen Garantien des Rechtsstaates sowie solche Annehmlichkeiten wie Kunst, Philosophie, Literatur zu verzichten, hören besonders gern die Gäste, welche ihre Heimat wegen des Verzichtes auf solche Annehmlichkeiten beschuldigen, da sie davon Vorteile haben in den Kriegen, die erwartet werden. Soll man da sagen, diejenigen hätten die Wahrheit erkannt, die da z. B. laut verlangen: unerbittlichen Kampf gegen Deutschland, „denn dieses ist die wahre Heimat des Bösen in dieser Zeit, die Filiale der Hölle, der Aufenthalt des Antichrist"? Man soll lieber sagen, es sind törichte, hilflose und schädliche Leute. Denn die Folgerung aus diesem Geschwätz ist, daß dieses Land ausgerottet werden soll. Das ganze Land mit all seinen Menschen, denn das Giftgas sucht nicht die Schuldigen heraus, wenn es tötet.

Der leichtfertige Mensch, der die Wahrheit nicht weiß, drückt sich allgemein, hoch und ungenau aus. Er faselt von „den" Deutschen, er jammert über „das" Böse, und der Hörer weiß im besten

Fall nicht, was tun. Soll er beschließen, kein Deutscher zu sein? Wird die Hölle verschwinden, wenn er gut ist? Auch das Gerede von der Barbarei, die von der Barbarei kommt, ist von dieser Art. Danach kommt die Barbarei von der Barbarei und hört auf durch die Gesittung, die von der Bildung kommt. Das ist alles ganz allgemein ausgedrückt, nicht der Folgerungen für das Handeln wegen, und im Grunde niemandem gesagt.

Solche Darstellungen zeigen nur wenige Glieder der Ursachenreihe und stellen bestimmte bewegende Kräfte als unbeherrschbare Kräfte hin. Solche Darstellungen enthalten viel Dunkel, das die Kräfte verbirgt, welche die Katastrophen bereiten. Etwas Licht, und es treten Menschen in Erscheinung als Verursacher der Katastrophen! Denn wir leben in einer Zeit, wo des Menschen Schicksal der Mensch ist.

Der Faschismus ist keine Naturkatastrophe, welche eben aus der „Natur" des Menschen begriffen werden kann. Aber selbst bei Naturkatastrophen gibt es Darstellungsweisen, die des Menschen würdig sind, weil sie an seine Kampfkraft appellieren.

In vielen amerikanischen Zeitschriften konnte man nach einem großen Erdbeben, das Jokohama zerstörte, Photographien sehen, welche ein Trümmerfeld zeigten. Darunter stand „steel stood" (Stahl blieb stehen), und wirklich, wer auf den ersten Blick nur Ruinen gesehen hatte, bemerkte nun, durch die Unterschrift darauf aufmerksam gemacht, daß einige hohe Gebäude stehengeblieben waren. Unter den Darstellungen, die man von einem Erdbeben geben kann, sind von unvergleichlicher Wichtigkeit diejenigen der Bauingenieure, welche die Verschiebungen des Bodens, die Kraft der Stöße, die sich entwickelnde Hitze usw. berücksichtigen und zu Konstruktionen führen, die dem Beben widerstehen. Wer den Faschismus und den Krieg, die großen Katastrophen, welche keine Naturkatastrophen sind, beschreiben will, muß eine praktikable Wahrheit herstellen. Er muß zeigen, daß dies Katastrophen sind, die den riesigen Menschenmassen der ohne eigene Produktionsmittel Arbeitenden von den Besitzern dieser Mittel bereitet werden.

Wenn man erfolgreich die Wahrheit über schlimme Zustände schreiben will, muß man sie so schreiben, daß ihre vermeidbaren Ursachen erkannt werden können. Wenn die vermeidbaren Ursachen erkannt werden, können die schlimmen Zustände bekämpft werden.

4. Das Urteil, jene auszuwählen, in deren Händen die Wahrheit wirksam wird

Durch die jahrhundertelangen Gepflogenheiten des Handels mit Geschriebenem auf dem Markt der Meinungen und Schilderungen, dadurch, daß dem Schreibenden die Sorge um das Geschriebene abgenommen wurde, bekam der Schreibende den Eindruck, sein Kunde oder Besteller, der Mittelsmann, gebe das Geschriebene an alle weiter. Er dachte: ich spreche, und die hören wollen, hören mich. In Wirklichkeit sprach er; und die zahlen konnten, hörten ihn. Sein Sprechen wurde nicht von allen gehört, und die es hörten, wollten nicht alles hören. Darüber ist viel, wenn auch noch zu wenig gesagt worden; ich will hier nur hervorheben, daß aus dem „jemandem schreiben" ein „schreiben" geworden ist. Die Wahrheit aber kann man nicht eben schreiben; man muß sie durchaus *jemandem* schreiben, der damit etwas anfangen kann. Die Erkenntnis der Wahrheit ist ein den Schreibern und Lesern gemeinsamer Vorgang. Um Gutes zu sagen, muß man gut hören können und Gutes hören. Die Wahrheit muß mit Berechnung gesagt und mit Berechnung gehört werden. Und es ist für uns Schreibende wichtig, wem wir sie sagen und wer sie uns sagt.

Wir müssen die Wahrheit über die schlimmen Zustände denen sagen, für die die Zustände am schlimmsten sind, und wir müssen sie von ihnen erfahren. Nicht nur die Leute einer bestimmten Gesinnung muß man ansprechen, sondern die Leute, denen diese Gesinnung auf Grund ihrer Lage anstünde. Und eure Hörer verwandeln sich fortwährend! Sogar die Henker sind sprechbar, wenn die Bezahlung für das Hängen nicht mehr einläuft oder die Gefahr zu groß wird. Die bayrischen Bauern waren gegen jeden Umsturz, aber als der Krieg lange genug gedauert hatte und die Söhne nach Hause kamen und keinen Platz mehr auf den Höfen fanden, waren sie für den Umsturz zu gewinnen.

Für die Schreibenden ist wichtig, daß sie den Ton der Wahrheit treffen. Für gewöhnlich hört man da einen sehr sanften, wehleidigen Ton, den von Leuten, die keiner Fliege weh tun können. Wer diesen Ton hört und im Elend ist, wird elender. So sprechen Leute, die vielleicht keine Feinde sind, aber bestimmt keine Mitkämpfer. Die Wahrheit ist etwas Kriegerisches, sie bekämpft nicht nur die Unwahrheit, sondern bestimmte Menschen, die sie verbreiten.

5. Die List, die Wahrheit unter vielen zu verbreiten

Viele, stolz darauf, daß sie den Mut zur Wahrheit haben, glücklich, sie gefunden zu haben, müde vielleicht von der Arbeit, die es kostet, sie in eine handhabbare Form zu bringen, ungeduldig wartend auf das Zugreifen derer, deren Interessen sie verteidigen, halten es nicht für nötig, nun auch noch besondere List bei der Verbreitung der Wahrheit anzuwenden. So kommen sie oft um die ganze Wirkung ihrer Arbeit. Zu allen Zeiten wurde zur Verbreitung der Wahrheit, wenn sie unterdrückt und verhüllt wurde, List angewandt. *Konfutse* fälschte einen alten, patriotischen Geschichtskalender. Er veränderte nur gewisse Wörter. Wenn es hieß, „Der Herrscher von Kun ließ den Philosophen Wan töten, weil er das und das gesagt hatte": setzte Konfutse statt töten „ermorden". Hieß es, der Tyrann Soundso sei durch ein Attentat umgekommen, setzte er „hingerichtet worden". Dadurch brach Konfutse einer neuen Beurteilung der Geschichte Bahn.

Wer in unserer Zeit *statt Volk Bevölkerung* und *statt Boden Landbesitz* sagt, unterstützt schon viele Lügen nicht. Er nimmt den Wörtern ihre faule Mystik. Das Wort Volk besagt eine gewisse Einheitlichkeit und deutet auf gemeinsame Interessen hin, sollte also nur benutzt werden, wenn von mehreren Völkern die Rede ist, da höchstens dann eine Gemeinsamkeit der Interessen vorstellbar ist. Die Bevölkerung eines Landstriches hat verschiedene, auch einander entgegengesetzte Interessen, und dies ist eine Wahrheit, die unterdrückt wird. So unterstützt auch, wer Boden sagt und die Äcker den Nasen und Augen schildert, indem er von ihrem Erdgeruch und von ihrer Farbe spricht, die Lügen der Herrschenden; denn nicht auf die Fruchtbarkeit des Bodens kommt es an, noch auf die Liebe des Menschen zu ihm, noch auf den Fleiß, sondern hauptsächlich auf den Getreidepreis und den Preis der Arbeit. Diejenigen, welche die Gewinne aus dem Boden ziehen, sind nicht jene, die aus ihm Getreide ziehen, und der Schollengeruch des Bodens ist den Börsen unbekannt. Sie riechen nach anderem. Dagegen ist Landbesitz das richtige Wort; damit kann man weniger betrügen. Für das Wort *Disziplin* sollte man, wo Unterdrückung herrscht, das Wort *Gehorsam* wählen, weil Disziplin auch ohne Herrscher möglich ist und dadurch etwas Edleres an sich hat als Gehorsam. Und besser als das Wort *Ehre* ist das Wort *Menschenwürde*. Dabei verschwindet der einzelne nicht so leicht aus dem Gesichtsfeld. Weiß man doch, was für ein Gesindel sich herandrängt, die Ehre eines Volkes verteidigen zu dürfen! Und wie verschwenderisch verteilen die Satten Ehre an die, welche sie sättigen, selber hungernd. Die List des Konfutse ist auch heute noch verwendbar. Konfutse ersetzte ungerechtfertigte Beurteilungen nationaler Vorgänge durch gerechtfertigte. Der Engländer *Thomas More* beschrieb in einer Utopie ein Land, in dem gerechte Zustände herrschten – es war ein sehr anderes Land als das Land, in dem er lebte, aber es glich ihm sehr, bis auf die Zustände!

Lenin, von der Polizei des Zaren bedroht, wollte die Ausbeutung und Unterdrückung der Insel Sachalin durch die russische Bourgeoisie schildern. Er setzte Japan statt Rußland und Korea statt Sachalin. Die Methoden der japanischen Bourgeoisie erinnerten alle Leser an die der russischen in Sachalin, aber die Schrift wurde nicht verboten, da Japan mit Rußland verfeindet war. Vieles, was in Deutschland über Deutschland nicht gesagt werden darf, darf über Österreich gesagt werden.

Es gibt vielerlei Listen, durch die man den argwöhnischen Staat täuschen kann.

Voltaire bekämpfte den Wunderglauben der Kirche, indem er ein galantes Gedicht über die Jungfrau von Orleans schrieb. Er beschrieb die Wunder, die zweifellos geschehen sein mußten, damit Johanna in einer Armee und an einem Hof und unter Mönchen eine Jungfrau blieb.

Durch die Eleganz seines Stils und indem er erotische Abenteuer schilderte, die aus dem üppigen Leben der Herrschenden stammten, verlockte er diese, eine Religion preiszugeben, die ihnen die Mittel für dieses lockere Leben verschaffte. Ja, er schuf so die Möglichkeit, daß seine Arbeiten auf ungesetzlichen Wegen an die gelangten, für die sie bestimmt waren. Die Mächtigen seiner Leser förderten oder duldeten die Verbreitung. Sie gaben so die Polizei preis, die ihnen ihre Vergnügungen verteidigte. Und der große *Lukrez* betont ausdrücklich, daß er sich für die Verbreitung des epikureischen Atheismus viel von der Schönheit seiner Verse verspreche.

Tatsächlich kann ein hohes literarisches Niveau einer Aussage als Schutz dienen. Oft allerdings erweckt es auch Verdacht. Dann kann es sich darum handeln, daß man es absichtlich herabschraubt. Das geschieht z. B., wenn man in der verachteten Form des Kriminalromans an unauffälligen Stellen Schilderungen übler Zustände einschmuggelt. Solche Schilderungen würden einen Kriminalroman durchaus rechtfertigen. Der große *Shakespeare* hat aus viel geringeren Erwägungen heraus das Niveau gesenkt, als er die Rede der Mutter Coriolans, mit der sie dem gegen die Vaterstadt ziehenden

Sohn gegenübertritt, absichtlich kraftlos gestaltete – er wollte, daß Coriolan nicht durch wirkliche Gründe oder durch eine tiefe Bewegung von seinem Plan abgehalten werden sollte, sondern durch eine gewisse Trägheit, mit der er sich einer alten Gewohnheit hingab. Bei Shakespeare finden wir auch ein Muster listig verbreiteter Wahrheit in der Rede des Antonius an der Leiche des Cäsar. Unaufhörlich betont er, daß Cäsars Mörder Brutus ein ehrenwerter Mann sei, aber er schildert auch seine Tat, und die Schilderung dieser Tat ist eindrucksvoller als die ihres Urhebers; der Redner läßt sich so durch die Tatsachen selber besiegen; er verleiht ihnen eine größere Beredsamkeit als „sich selber". *Ein ägyptischer Dichter,* der vor viertausend Jahren lebte, benutzte eine ähnliche Methode. Es war eine Zeit großer Kämpfe der Klassen. Die bisher herrschende Klasse erwehrte sich mit Mühe ihres großen Widersachers, des bisher dienenden Teils der Bevölkerung. Im Gedicht nun tritt am Hofe des Herrschers ein Weiser auf und ermahnt zum Kampf gegen die inneren Feinde. Er schildert lang und eindringlich die Unordnung, die durch den Aufstand der unteren Schichten entstanden ist. Diese Schilderung sieht so aus:

> Es ist doch so: Die Vornehmen sind voll Klagen und die Geringen voll Freude. Jede Stadt sagt: Laßt uns die Starken aus unserer Mitte vertreiben.
> Es ist doch so: Die Amtszimmer werden geöffnet und ihre Listen fortgenommen; die Leibeigenen werden zu Herren.
> Es ist doch so: Der Sohn eines Angesehenen ist nicht mehr zu erkennen; das Kind der Herrin wird zum Sohn ihrer Sklavin.
> Es ist doch so: Die Bürger hat man an die Mühlsteine gesetzt. Die den Tag nie sahen, sind herausgegangen.
> Es ist doch so: Die Opferkästen aus Ebenholz werden zerschlagen; das herrliche Sesnemholz zerhackt man zu Betten.
> Sehet, die Residenz ist in einer Stunde zusammengestürzt.
> Sehet, die Armen des Landes sind zu Reichen geworden.
> Sehet, wer kein Brot hatte, besitzt jetzt eine Scheune; womit sein Speicher versehen ist, das ist die Habe eines andern.
> Sehet, es tut einem Manne wohl, wenn er seine Speise ißt.
> Sehet, wer kein Korn hatte, besitzt jetzt Scheunen; wer sich Kornspenden holte, läßt sie jetzt selbst austeilen.
> Sehet, wer kein Joch Ochsen hatte, besitzt jetzt Herden, wer sich keine Pflugstiere verschaffen konnte, besitzt jetzt Viehherden.
> Sehet, wer keine Kammer für sich bauen konnte, besitzt jetzt vier Wände.

Sehet, die Räte suchen Obdach im Speicher; wer kaum auf den Mauern ausruhen durfte, besitzt jetzt ein Bett.
Sehet, wer sonst kein Boot für sich zimmerte, besitzt jetzt Schiffe, schaut ihr Besitzer nach ihnen, so sind sie nicht mehr sein.
Sehet, die Kleider besaßen, sind jetzt in Lumpen; wer nicht für sich webte, besitzt jetzt feines Leinen.
Der Reiche schläft durstig; wer ihn sonst um seine Neigen bat, besitzt jetzt starkes Bier.
Sehet, wer nichts vom Harfenspiel verstand, besitzt jetzt eine Harfe; der, vor dem man nicht sang, der preist jetzt die Musik.
Sehet, der aus Mangel ehelos schlief, findet jetzt Damen; die ihr Gesicht im Wasser besah, besitzt jetzt einen Spiegel.
Sehet, die Obersten des Landes laufen, ohne daß sie ein Geschäft haben. Den Großen meldet man nichts mehr. Wer ein Bote war, schickt jetzt einen andern aus ...
Sehet, da sind fünf Männer, die ihren Herren ausgeschickt. Sie sagen: geh jetzt selber den Weg, wir sind angelangt.

Es ist einleuchtend, daß dies die Schilderung einer Unordnung ist, die den Unterdrückten als ein sehr begehrenswerter Zustand erscheinen muß. Und doch ist der Dichter schwer faßbar. Er verurteilt ausdrücklich diese Zustände, wenn auch schlecht ...

Jonathan Swift schlug in einer Broschüre vor, man sollte, damit das Land zu Wohlstand gelange, die Kinder der Armen einpökeln und als Fleisch verkaufen. Er stellte genaue Berechnungen auf, die bewiesen, daß man viel einsparen kann, wenn man vor nichts zurückschreckt.

Swift stellte sich dumm. Er verteidigte eine bestimmte, ihm verhaßte Denkungsart mit vielem Feuer und vieler Gründlichkeit in einer Frage, wo ihre ganze Gemeinheit jedermann erkennbar zutage trat. Jedermann konnte klüger sein als Swift oder wenigstens humaner, besonders der, welcher bisher gewisse Anschauungen nicht auf die Folgerungen untersucht hatte, die sich aus ihnen ergaben.

Die Propaganda für das Denken, auf welchem Gebiet sie immer erfolgt, ist der Sache der Unterdrückten nützlich. Eine solche Propaganda ist sehr nötig. Das Denken gilt unter Regierungen, die der Ausbeutung dienen, als niedrig.

Als niedrig gilt, was für die Niedergehaltenen nützlich ist. Niedrig gilt die ständige Sorge um das Sattwerden; das Verschmähen der Ehren, welche den Verteidigern des Landes, in dem sie hungern, in Aussicht gestellt werden; der Zweifel am Führer, wenn er ins Unglück führt; der Widerwille gegen die Arbeit, die ihren Mann nicht nährt; das Aufbegehren gegen den Zwang zu sinnlosem Verhalten; die Gleichgültigkeit gegen die Familie, der das Interesse nichts mehr nützte. Die Hungernden werden beschimpft als Verfressene, die nichts zu verteidigen haben, als Feiglinge, die an ihrem Unterdrücker zweifeln, als solche, die an ihrer eigenen Kraft zweifeln, die Lohn für ihre Arbeit haben wollen, als Faulpelze usw. Unter solchen Regierungen gilt das Denken ganz allgemein als niedrig und kommt in Verruf. Es wird nirgends mehr gelehrt und, wo es auftritt, verfolgt. Dennoch gibt es immer Gebiete, wo man ungestraft auf die Erfolge des Denkens hinweisen kann; das sind diejenigen Gebiete, auf denen die Diktaturen das Denken benötigen. So kann man z. B. die Erfolge des Denkens auf dem Gebiet der Kriegswissenschaft und Technik nachweisen. Auch das Strecken der Wollvorräte durch Organisation und Erfindungen von Ersatzstoffen erfordert Denken. Die Verschlechterung der Nahrungsmittel, die Ausbildung der Jugendlichen für den Krieg, all das erfordert Denken: es kann beschrieben werden. Das Lob des Krieges, des unbedachten Zweckes dieses Denkens, kann listig vermieden werden; so kann das Denken, das aus der Frage kommt, wie man am besten einen Krieg führt, zu der Frage führen, ob dieser Krieg sinnvoll ist, und bei der Frage verwendet werden, wie man einen sinnlosen Krieg am besten vermeidet.

Diese Frage kann natürlich schwerlich öffentlich gestellt werden. Kann also das Denken, das man propagiert hat, nicht verwertet, das heißt eingreifend gestaltet werden? Es kann.

Damit in einer Zeit wie der unsrigen die Unterdrückung, die der Ausbeutung des einen (größeren) Teils der Bevölkerung durch den (kleineren) anderen Teil dient, möglich bleibt, bedarf es einer ganz bestimmten Grundhaltung der Bevölkerung, die sich auf alle Gebiete erstrecken muß. Eine Entdeckung auf dem Gebiet der Zoologie, wie die des Engländers *Darwin,* konnte der Ausbeutung plötzlich gefährlich werden; dennoch kümmerte sich eine Zeitlang nur die Kirche um sie, während die Polizei noch nichts merkte. Die Forschungen der Physiker haben in den letzten Jahren zu Folgerungen auf dem Gebiet der Logik geführt, die immerhin eine Reihe von Glaubenssätzen, die der Unterdrückung dienen, gefährlich werden konnten. Der preußische Staatsphilosoph Hegel, beschäftigt mit schwierigen Untersuchungen auf dem Gebiet der Logik, lieferte Marx und Lenin, den Klassikern der proletarischen Revolution, Methoden von unschätzbarem Wert. Die Entwicklung der Wissenschaften erfolgt im Zusammenhang, aber ungleichmäßig, und der

Staat ist außerstande, alles im Auge zu behalten. Die Vorkämpfer der Wahrheit können sich Kampfplätze auswählen, die verhältnismäßig unbeobachtet sind. Alles kommt darauf an, daß ein richtiges Denken gelehrt wird, ein Denken, das alle Dinge und Vorgänge nach ihrer vergänglichen und veränderbaren Seite fragt. Die Herrschenden haben eine große Abneigung gegen starke Veränderungen. Sie möchten, daß alles so bleibt, am liebsten tausend Jahre. Am besten, der Mond bliebe stehen, und die Sonne liefe nicht weiter! Dann bekäme keiner mehr Hunger und wollte zu Abend essen. Wenn sie geschossen haben, soll der Gegner nicht mehr schießen dürfen, ihr Schuß soll der letzte gewesen sein. Eine Betrachtungsweise, die das Vergängliche besonders hervorhebt, ist ein gutes Mittel, die Unterdrückten zu ermutigen. Auch, daß in jedem Ding und in jedem Zustand ein Widerspruch sich meldet und wächst, ist etwas, was den Siegern entgegengehalten werden muß. Eine solche Betrachtungsweise (wie der Dialektik, der Lehre vom Fluß der Dinge) kann bei der Untersuchung von Gegenständen eingeübt werden, welche den Herrschenden eine Zeitlang entgehen. Man kann sie in der Biologie oder Chemie anwenden. Aber auch bei der Schilderung der Schicksale einer Familie kann sie eingeübt werden, ohne allzuviel Aufsehen zu erwecken. Die Abhängigkeit jeden Dings von vielen andern, sich ständig ändernden, ist ein den Diktaturen gefährlicher Gedanke, und er kann in vielerlei Arten auftreten, ohne der Polizei eine Handhabe zu bieten. Eine vollständige Schilderung aller Umstände und Prozesse, von denen ein Mann betroffen wird, der einen Tabakladen aufmacht, kann ein harter Schlag gegen die Diktatur sein. Jeder, der ein wenig nachdenkt, wird finden, warum. Die Regierungen, welche die Menschenmassen ins Elend führen, müssen vermeiden, daß im Elend an die Regierung gedacht wird. Sie reden viel vom Schicksal. Dieses, nicht sie, ist am Mangel schuld. Wer nach der Ursache des Mangels forscht, wird verhaftet, bevor er auf die Regierung stößt. Aber es ist möglich, im allgemeinen dem Gerede vom Schicksal entgegenzutreten; man kann zeigen, daß dem Menschen sein Schicksal von Menschen bereitet wird.

Dies kann wieder auf vielfache Art geschehen. Es kann z. B. die Geschichte eines Bauernhofes erzählt werden, etwa eines isländischen Bauernhofes. Das ganze Dorf spricht davon, daß auf diesem Hof ein Fluch liegt. Eine Bäuerin hat sich in den Brunnen gestürzt, ein Bauer hat sich aufgehängt. Eines Tages findet eine Heirat statt, der Sohn des Bauern verheiratet sich mit einem Mädchen, das einige Äcker mit in die Ehe bringt. Der Fluch weicht vom Hof. Das Dorf ist sich in der Beurteilung dieser glücklichen Wendung nicht einig. Die einen schreiben es der sonnigen Natur des jungen Bauern zu, die andern den Äckern, die die junge Bäuerin mitgebracht hat und die den Hof erst lebensfähig machen. Aber selbst in einem Gedicht, das eine Landschaft schildert, kann etwas erreicht werden, nämlich wenn der Natur die vom Menschen geschaffenen Dinge einverleibt werden.

Es ist List nötig, damit die Wahrheit verbreitet wird.

Zusammenfassung

Die große Wahrheit unseres Zeitalters (mit deren Erkenntnis noch nicht gedient ist, ohne deren Erkenntnis aber keine andere Wahrheit von Belang gefunden werden kann) ist es, daß unser Erdteil in Barbarei versinkt, weil die Eigentumsverhältnisse an den Produktionsmitteln mit Gewalt festgehalten werden. Was nützt es da, etwas Mutiges zu schreiben, aus dem hervorgeht, daß der Zustand, in den wir versinken, ein barbarischer ist (was wahr ist), wenn nicht klar ist, warum wir in diesen Zustand geraten? Wir müssen sagen, daß gefoltert wird, weil die Eigentumsverhältnisse bleiben sollen. Freilich, wenn wir dies sagen, verlieren wir viele Freunde, die gegen das Foltern sind, weil sie glauben, die Eigentumsverhältnisse könnten auch ohne Foltern aufrechterhalten bleiben (was unwahr ist).

Wir müssen die Wahrheit über die barbarischen Zustände in unserem Land sagen, daß das getan werden kann, was sie zum Verschwinden bringt, nämlich das, wodurch die Eigentumsverhältnisse geändert werden.

Wir müssen es ferner denen sagen, die unter den Eigentumsverhältnissen am meisten leiden, an ihrer Abänderung das meiste Interesse haben, den Arbeitern und denen, die wir ihnen als Bundesgenossen zuführen können, weil sie eigentlich auch kein Eigentum an Produktionsmitteln besitzen, wenn sie auch an den Gewinnen beteiligt sind.

Und wir müssen fünftens mit List vorgehen.

Und alle diese fünf Schwierigkeiten müssen wir zu ein und derselben Zeit lösen, denn wir können die Wahrheit über barbarische Zustände nicht erforschen, ohne an die zu denken, welche darunter leiden, und während wir, immerfort jede Anwandlung von Feigheit abschüttelnd, die wahren Zusammenhänge im Hinblick auf die suchen, die bereit sind, ihre Kenntnisse zu benützen, müssen wir auch noch daran denken, ihnen die Wahrheit so zu reichen, daß sie eine Waffe in ihren Händen sein kann, und zugleich so listig, daß diese Überreichung nicht vom Feind entdeckt und verhindert werden kann.

So viel wird verlangt, wenn verlangt wird, der Schriftsteller soll die Wahrheit schreiben.

VOLKSTÜMLICHKEIT UND REALISMUS

Geschrieben 1938 im Exil

Wenn man Parolen für die zeitgenössische deutsche Literatur aufstellen will, muß man berücksichtigen, daß, was Anspruch erheben will, Literatur genannt zu werden, ausschließlich im Ausland gedruckt und fast ausschließlich nur im Ausland gelesen werden kann. Die Parole *Volkstümlichkeit* für die Literatur erhält dadurch eine eigentümliche Note. Der Schriftsteller soll da für ein Volk schreiben, mit dem er nicht lebt. Jedoch ist bei näherer Betrachtung die Distanz des Schriftstellers zum Volk doch nicht so sehr gewachsen, wie man denken könnte. Sie ist jetzt nicht ganz so groß, wie es scheint, und sie war ehedem nicht ganz so klein, wie es schien. Die herrschende Ästhetik, der Buchpreis und die Polizei haben immer eine beträchtliche Distanz zwischen Schriftsteller und Volk gelegt. Trotzdem wäre es unrichtig, nämlich unrealistisch, die Vergrößerung der Distanz als eine nur „äußerliche" zu betrachten. Es sind zweifellos besondere Bemühungen nötig, um heute volkstümlich schreiben zu können. Andererseits ist es leichter geworden, leichter und dringender. Das Volk hat sich deutlicher getrennt von seiner Oberschicht, seine Unterdrücker und Ausbeuter sind aus ihm herausgetreten und haben sich in einen nicht mehr übersehbaren, blutigen Kampf mit ihm verwickelt. Es ist leichter geworden, Partei zu ergreifen. Unter dem „Publikum" ist sozusagen eine offene Schlacht ausgebrochen.

Auch die Forderung nach einer realistischen Schreibweise kann heute nicht mehr so leicht überhört werden. Sie hat etwas Selbstverständliches bekommen. Die herrschenden Schichten bedienen sich offener der Lüge als ehedem und dickerer Lüge. Die Wahrheit zu sagen erscheint als immer dringendere Aufgabe. Die Leiden haben sich vergrößert, und die Masse der Leidenden hat sich vergrößert. Angesichts der großen Leiden der Massen wird die Behandlung von kleinen Schwierigkeiten und von Schwierigkeiten kleiner Gruppen als lächerlich, ja verächtlich empfunden.

Gegen die zunehmende Barbarei gibt es nur einen Bundesgenossen: das Volk, das so sehr darunter leidet. Nur von ihm kann etwas erwartet werden. Also ist es naheliegend, sich an das Volk zu wenden, und nötiger denn je, seine Sprache zu sprechen.

So gesellen sich die Parolen *Volkstümlichkeit* und *Realismus* in natürlicher Weise. Es liegt im Interesse des Volkes, der breiten, arbeitenden Massen, in der Literatur wirklichkeitsgetreue Abbildungen des Lebens zu bekommen, und wirklichkeitsgetreue Abbildungen des Lebens dienen tatsächlich nur dem Volk, den breiten, arbeitenden Massen, müssen also unbedingt für diese verständlich und ergiebig, also volkstümlich sein. Trotzdem müssen diese Begriffe vor dem Aufstellen von Sätzen, in denen sie verwendet und verschmolzen werden, erst gründlich gereinigt werden. Es wäre ein Irrtum, diese Begriffe für ganz geklärt, geschichtslos, unkompromittiert, eindeutig zu halten („Wir wissen ja alle, was gemeint ist damit, seien wir keine Haarspalter"). Der Begriff *volkstümlich* selber ist nicht allzu volkstümlich. Es ist nicht realistisch, dies zu glauben. Eine ganze Reihe von „Tümlichkeiten" müssen mit Vorsicht betrachtet werden. Man denke nur an *Brauchtum, Königstum, Heiligtum,* und man weiß, daß auch *Volkstum* einen ganz besonderen, sakralen, feierlichen und verdächtigen Klang an sich hat, den wir keineswegs überhören dürfen. Wir dürfen diesen verdächtigen Klang nicht überhören, weil wir den Begriff *volkstümlich* unbedingt brauchen.

Es sind gerade die sogenannten poetischen Fassungen, in denen „das Volk" besonders abergläubisch oder besser Aberglauben erweckend vorgestellt wird. Da hat das Volk seine unveränderlichen Eigenschaften, seine geheiligten Traditionen, Kunstformen, Sitten und Gebräuche, seine Religiosität, seine Erbfeinde, seine unversiegbare Kraft usw. usw. Da tritt eine merkwürdige Einheit auf von Peiniger und Gepeinigtem, von Ausnutzer und Ausgenutztem, von Lügner und Belogenem, und es handelt sich keineswegs einfach um die „kleinen", vielen, arbeitenden Leute im Gegensatz zu den Oberen.

Die Geschichte der vielen Fälschungen, die mit diesem Begriff *Volkstum* vorgenommen wurde, ist eine lange, verwickelte Geschichte und eine Geschichte der Klassenkämpfe. Wir wollen hier nicht darauf eingehen, wir wollen nur die Tatsache der Verfälschung im Auge behalten, wenn wir davon sprechen, daß wir volkstümliche Kunst brauchen und damit Kunst für die breiten Volksmassen meinen, für die vielen, die von den wenigen unterdrückt werden, „die Völker selber", die Masse der Produzierenden, die so lange das Objekt der Politik war und die das Subjekt der Politik werden muß. Wir wollen uns erinnern, daß dieses *Volk* lange durch mächtige Institutionen von der vollen Entwicklung zurückgehalten, künstlich oder gewalttätig durch Konventionen geknebelt wurde und daß der Begriff *volkstümlich* zu einem geschichtslosen, statischen, entwicklungslosen gestempelt wurde. Und mit dem Begriff in dieser Ausgabe haben wir nichts zu tun, besser gesagt, ihn haben wir zu bekämpfen.

Unser Begriff *volkstümlich* bezieht sich auf das Volk, das an der Entwicklung nicht nur voll teilnimmt, sondern sie geradezu usurpiert, forciert, bestimmt. Wir haben ein Volk vor Augen, das Geschichte macht, das die Welt und sich selbst verändert. Wir haben ein kämpfendes Volk vor Augen und also einen kämpferischen Begriff *volkstümlich*.

Volkstümlich heißt: den breiten Massen verständlich, ihre Ausdrucksform aufnehmend und bereichernd / ihren Standpunkt einnehmend, befestigend und korrigierend / den fortschrittlichsten Teil des Volkes so vertretend, daß er die Führung übernehmen kann, also auch den andern Teilen des Volkes verständlich / anknüpfend an die Traditionen, sie weiterführend / dem zur Führung strebenden Teil des Volkes die Errungenschaften des jetzt führenden Teils übermittelnd.

Und jetzt kommen wir zu dem Begriff *Realismus*. Und auch diesen Begriff werden wir als einen alten, viel und von vielen und zu vielen Zwecken gebrauchten Begriff vor der Verwendung erst reinigen müssen. Das ist nötig, weil die Übernahme von Erbgut durch das Volk in einem Expropriationsakt vor sich gehen muß. Literarische Werke können nicht wie Fabriken übernommen werden, literarische Ausdrucksformen nicht wie Fabrikationsrezepte. Auch die realistische Schreibweise, für die die Literaturgeschichte viele voneinander sehr verschiedene Beispiele stellt, ist geprägt von der Art, wie, wann und für welche Klasse sie eingesetzt wurde, geprägt bis in die kleinsten Details hinein. Das kämpfende, die Wirklichkeit ändernde Volk vor Augen, dürfen wir uns nicht an „erprobte" Regeln des Erzählens, ehrwürdige Vorbilder der Literaturgeschichte, ewige ästhetische Gesetze klammern. Wir dürfen nicht bestimmten vorhandenen Werken *den* Realismus abziehen, sondern wir werden alle Mittel verwenden, alte und neue, erprobte und unerprobte, aus der Kunst stammende und anderswoher stammende, um die Realität den Menschen meisterbar in die Hand zu geben. Wir werden uns hüten, etwa nur eine bestimmte, historische Romanform einer bestimmten Epoche als realistisch zu bezeichnen, sagen wir die der Balzac oder der Tolstoi, so für den Realismus nur formale, nur literarische Kriterien aufstellend. Wir werden nicht nur dann von realistischer Schreibweise sprechen, wenn man z. B. „alles" riechen, schmecken, fühlen kann, wenn „Atmosphäre" da ist und wenn Fabeln so geführt sind, daß seelische Expositionen der Personen zustande kommen. Unser *Realismus*-Begriff muß breit und politisch sein, souverän gegenüber den Konventionen.

Realistisch heißt: den gesellschaftlichen Kausalkomplex aufdeckend / die herrschenden Gesichtspunkte als die Gesichtspunkte der Herrschenden entlarvend / vom Standpunkt der Klasse aus schreibend, welche für die dringendsten Schwierigkeiten, in denen die menschliche Gesellschaft steckt, die breitesten Lösungen bereithält / das Moment der Entwicklung betonend / konkret und das Abstrahieren ermöglichend.

Das sind riesige Anweisungen, und sie können noch ergänzt werden. Und wir werden dem Künstler erlauben, seine Phantasie, seine Originalität, seinen Humor, seine Erfindungskraft dabei einzusetzen. An allzu detaillierten literarischen Vorbildern werden wir nicht kleben, auf allzu bestimmte Spielarten des Erzählens werden wir den Künstler nicht verpflichten.

Wir werden feststellen, daß die sogenannte sensualistische Schreibweise (bei der man alles riechen, schmecken, fühlen kann) nicht ohne weiteres mit der realistischen Schreibweise zu identifizieren ist, sondern wir werden anerkennen, daß es sensualistisch geschriebene Werke gibt, die nicht realistisch, und realistische Werke, die nicht sensualistisch geschrieben sind. Wir werden sorgfältig untersuchen müssen, ob wir die Fabel wirklich am besten führen, wenn wir als Endeffekt die seelische Exposition der Personen anstreben. Unsere Leser werden vielleicht nicht finden, daß sie den Schlüssel zu den Ereignissen ausgeliefert bekommen, wenn sie, durch viele Künste verführt, sich lediglich an den seelischen Emotionen der Helden unserer Bücher beteiligen. Ohne gründliche Prüfung die Formen der Balzac und Tolstoi übernehmend, würden wir vielleicht unsere Leser, das Volk, ebenso ermüden, wie es diese Schriftsteller oft tun. Realismus ist keine bloße Frage der Form. Wir würden, die Schreibweise dieser Realisten kopierend, nicht mehr Realisten sein.

Denn die Zeiten fließen, und flössen sie nicht, stünde es schlimm für die, die nicht an den goldenen Tischen sitzen. Die Methoden verbrauchen sich, die Reize versagen. Neue Probleme tauchen auf und erfordern neue Mittel. Es verändert sich die Wirklichkeit; um sie darzustellen, muß die Darstellungsart sich ändern. Aus nichts wird nichts, das Neue kommt aus dem Alten, aber es ist deswegen doch neu.

Die Unterdrücker arbeiten nicht zu allen Zeiten auf die gleiche Art. Sie können nicht zu allen Zeiten in der gleichen Weise dingfest gemacht werden. Es gibt so viele Methoden, sich der Vernehmung zu entziehen. Ihre Heerstraßen taufen sie Autostraßen. Ihre Tanks sind bemalt, daß sie wie die Büsche des Macduff aussehen. Ihre Agenten zeigen Schwielen an den Händen vor, als seien sie Arbeiter. Nein, den Jäger in das Wild zu verwandeln, das braucht Erfindung. Was gestern volkstümlich war, ist es nicht heute, denn wie das Volk gestern war, so ist es nicht heute.

Jeder, der nicht in formalen Vorurteilen befangen ist, weiß, daß die Wahrheit auf viele Arten verschwiegen und auf viele Arten gesagt werden kann. Daß man Empörung über unmenschliche Zustände auf vielerlei Arten erwecken kann, durch die direkte Schilderung in pathetischer und in sachlicher Weise, durch die Erzählung von Fabeln und Gleichnissen, in Witzen, mit Über- und Untertreibung. Auf dem Theater kann die Wirklichkeit dargestellt werden in sachlicher und in phantastischer Form. Die Schauspieler können sich nicht (oder kaum) schminken und sich „ganz natürlich" geben, und alles kann Schwindel sein, und sie können Masken grotesker Art tragen und die Wahrheit darstellen. Darüber ist doch kaum zu streiten: die Mittel müssen nach dem Zweck gefragt werden. Das Volk versteht das, die Mittel nach dem Zweck zu fragen. Die großen Theaterexperimente Piscators (und meine eigenen), bei denen fortgesetzt konventionelle Formen zerschlagen wurden, fanden ihre große Stütze in den fortgeschrittensten Kadern der Arbeiterklasse. Die Arbeiter beurteilten alles nach dem Wahrheitsgehalt, sie begrüßten jede Neuerung, die der Darstellung der Wahrheit, des wirklichen sozialen Getriebes, förderlich war, sie lehnten alles ab, was spielerisch schien, Maschinerie, die um ihrer selbst willen arbeitete, d. h. ihren Zweck noch nicht oder nicht mehr erfüllte. Die Argumente der Arbeiter waren niemals literarische oder theaterästhetische. Man kann nicht Theater mit Film mischen, das hörte man niemals hier. War der Film nicht richtig eingesetzt, hieß es höchstens: Der Film da ist überflüssig, der lenkt ab. Arbeiterchöre sprachen kompliziert rhythmisierte Verspartien („Wenn's Reime wären, dann ging's runter wie Wasser, und nichts bliebe hängen") und sangen schwierige (ungewohnte) Eislersche Kompositionen („Da ist Kraft drin"). Aber wir mußten bestimmte Verszeilen umändern, deren Sinn nicht einleuchtete oder falsch war. Wenn in Marschliedern, die gereimt waren, damit man sie schneller lernen konnte und die einfacher rhythmisiert waren, damit sie besser „durchgingen", gewisse Feinheiten (Unregelmäßigkeiten, Kompliziertheiten) waren, sagten sie: „Da ist ein kleiner Dreh drinnen, das ist lustig." Das Ausgelaufene, Triviale, das so Gewöhnliche, daß man sich nichts mehr dabei denkt, liebten sie gar nicht („Da kommt nichts bei raus"). Wenn man eine Ästhetik brauchte, konnte man sie hier haben. Ich vergesse nie, wie mich ein Arbeiter anschaute, dem ich auf seine Anregung, in einen Chor über die Sowjetunion noch etwas einzubauen („Da *muß* noch das rein – sonst wozu?"), erwiderte, das würde die künstlerische Form sprengen: mit dem Kopf auf die Seite gelegt, lächelnd. Ein ganzer Trakt der Ästhetik stürzte durch dieses höfliche Lächeln zusammen. Die Arbeiter hatten keine Angst, uns zu lehren, und sie hatten keine Angst, selber zu lernen.

Ich spreche aus Erfahrung, wenn ich sage: man braucht nie Angst zu haben, mit kühnen, ungewohnten Dingen vor das Proletariat zu treten, wenn sie nur mit seiner Wirklichkeit zu tun haben. Es wird immer Leute mit Bildung, Kunstkenner, geben, die sich dazwischen drängen mit einem „Das versteht das Volk nicht". Aber das Volk schiebt ungeduldig diese Leute beiseite und verständigt sich direkt mit den Künstlern. Es gibt hochgezüchtetes Zeug, für Klüngel gemacht, um Klüngel zu bilden, die zweitausendste Umformung des alten Filzhutes, die Paprizierung des alten, in Verwesung übergegangenen Stücks Fleisch: das Proletariat weist das zurück („Sorgen haben die") mit einem ungläubigen, eigentlich nachsichtigen Schütteln des Kopfes. Es ist nicht das Paprika, das da zurückgewiesen wird, sondern das verfaulte Fleisch; nicht die zweitausendste Form, sondern der alte Filz. Wo sie selber dichteten und Theater machten, waren sie hinreißend originell. Die sogenannte Agitpropkunst, über die nicht die besten Nasen gerümpft werden, war eine Fundgrube neuartiger künstlerischer Mittel und Ausdrucksarten. In ihr tauchten längst vergessene großartige Elemente echt volkstümlicher Kunstepochen auf, den neuen gesellschaftlichen Zwecken kühn zugeschnitten. Waghalsige Abkürzungen und Komprimierungen, schöne Vereinfachungen (neben verunglückten); da gab es oft eine erstaunliche Eleganz und Prägnanz und einen unerschrockenen Blick für das Komplexe. Manches mochte primitiv sein, aber die Primitivität war doch nie von der Art Primitivität, unter der die scheinbar so differenzierten Seelengemälde der bourgeoisen Kunst litten. Man tut nicht gut, wegen einiger verunglückter Stilisierungen einen Darstellungsstil zu verwerfen, der sich bemüht (und so oft mit Erfolg bemüht), das Wesentliche herauszuarbeiten und die Abstraktion zu ermöglichen. Das scharfe Auge der Arbeiter durchdrang die Oberfläche der naturalistischen Wirklichkeitsabbildungen. Wenn die Arbeiter im „Fuhrmann Henschel“ über die Seelenzergliederungen sagten: „So genau wollen wir das gar nicht wissen“, steckte dahinter der Wunsch, die unter der Oberfläche des ohne weiteres Sichtbaren wirkenden eigentlichen sozialen Triebkräfte genauer dargestellt zu bekommen. Um eigene Erfahrungen anzuführen: Sie stießen sich nicht an den phantastischen Einkleidungen, dem scheinbar unrealen Milieu der „Dreigroschenoper“. Sie waren nicht eng, sie haßten das Enge (ihre Wohnungen waren eng). Sie waren großzügig, die Unternehmer waren knickrig. Sie fanden einiges überflüssig, von dem die Künstler behaupteten, es sei für sie notwendig, aber da waren sie generös, sie waren nicht gegen den Überfluß, im Gegenteil, sie waren gegen die Überflüssigen. Dem Ochsen, der da drischet, verbanden sie nicht das Maul, allerdings sahen sie nach, ob er drosch. „Die“ Methode, an so was glaubten sie nicht. Sie wußten, sie hatten viele Methoden nötig, ihr Ziel zu erreichen.

Die Kriterien für Volkstümlichkeit und Realismus müssen also sowohl weitherzig als sehr sorgfältig gewählt werden und dürfen nicht nur bestehenden realistischen Werken und bestehenden volkstümlichen Werken abgezogen werden, wie es häufig geschieht. So vorgehend, bekäme man ganz formalistische Kriterien und eine Volkstümlichkeit und einen Realismus nur der Form nach.

Ob ein Werk realistisch ist oder nicht, das kann man nicht feststellen, indem man nur nachsieht, ob es bestehenden, realistisch genannten, für ihre Zeit realistisch zu nennenden Werken gleicht oder nicht. Man muß in jedem einzelnen Fall die Schilderung des Lebens (statt nur mit einer anderen Schilderung) mit dem geschilderten Leben selber vergleichen. Und auch was Volkstümlichkeit anlangt, gibt es ein ganz formalistisches Vorgehen, vor dem man sich hüten muß. Die Verständlichkeit eines literarischen Werkes ist nicht nur gegeben, wenn es genauso geschrieben ist wie andere Werke, die verstanden wurden. Auch diese anderen Werke, die verstanden wurden, wurden nicht immer so geschrieben wie die Werke vor ihnen. Für ihre Verständlichkeit war etwas getan worden. So müssen auch wir etwas für die Verständlichkeit der neuen Werke tun. Es gibt nicht nur das *Volkstümlichsein,* sondern auch das *Volkstümlichwerden.*

Wenn wir eine lebendige kämpferische, von der Wirklichkeit voll erfaßte und die Wirklichkeit voll erfassende, wahrhaft volkstümliche Literatur haben wollen, müssen wir Schritt halten mit der reißenden Entwicklung der Wirklichkeit. Die großen arbeitenden Volksmassen sind bereits im Aufbruch begriffen. Die Geschäftigkeit und die Brutalität ihrer Feinde beweist es.

NOTIZEN ZUR BARLACH-AUSSTELLUNG

Die Barlach-Ausstellung und die Diskussionen darüber müssen als Zeichen für die Bedeutung gewertet werden, welche der Kunst in der DDR beigelegt wird. Die Diskussion mag noch nicht die Gründlichkeit und Allseitigkeit haben, die anzustreben ist, und mir mißfällt auch der ungeduldige und eifernde Ton einiger Äußerungen, aber Barlachs Werk ist noch nie für ein so großes Forum diskutiert worden.

Ich halte Barlach für einen der größten Bildhauer, die wir Deutschen gehabt haben. Der Wurf, die Bedeutung der Aussage, das handwerkliche Ingenium, Schönheit ohne Beschönigung, Größe ohne Gerecktheit, Harmonie ohne Glätte, Lebenskraft ohne Brutalität machen Barlachs Plastiken zu Meisterwerken. Gleichwohl gefällt mir nicht alles, was er geschaffen hat, und wenn von ihm viel zu lernen ist, so ist doch auch die Frage erlaubt: Was? Wann? Durch wen?

Die religiösen Plastiken Barlachs sagen mir nicht viel, überhaupt alle, die etwas Mystisches haben. Und ich kann mich nicht recht entscheiden, ob er nicht auch mitunter seine Bettler und abgestumpften Mütter nur der religiösen Empfindung überantwortete, die ja ökonomische *und* geistige Armut fromm ergeben hinnimmt. Aber in seinen für mich schönsten Plastiken läßt er die menschliche Substanz, das gesellschaftliche Potential, herrlich über Entrechtung und Erniedrigung triumphieren, und das zeigt seine Größe.

Da ist die *Bettlerin mit Schale,* in Bronze, von 1906. Eine mächtige Person mit hartem Selbstbewußtsein, von der kein Dank für milde Gaben zu erwarten ist. Sie scheint gefeit gegen die heuchlerische Überredung durch eine korrupte Gesellschaft, daß man mit Fleiß und Sichnützlichmachen etwas erreichen könne. Sie schiebt ihr kalt die Schuld zu dafür, daß ihre Kraft lahmliegt. Es gab um 1906 schon Frauen, die dieser Gesellschaft den Kampf ansagten: diese gehört nicht dazu. Es gab auch schon Künstler, die solche Kämpferinnen gestalteten (Gorki schuf eben seine Wlassowa); Barlach gehört nicht zu diesen Künstlern. Das ist vielleicht schade, aber ich bin bereit, mich an seinen Beitrag zu halten und ihm dafür zu danken.

Da ist dann der *Melonenschneider,* eine Bronze von 1907. Wir finden in der deutschen plastischen Kunst der letzten Jahrhunderte kaum ein Werk, das mit solcher sinnlichen Kraft einen Esser aus dem Volk gestaltete. (Habe ich unrecht? Ich bin dankbar für Belehrung.) Er hat sich genau so hingesetzt, wie es für eben diese Tätigkeit am besten ist, und er verliert sich nicht in seiner Arbeit. Mit ihm könnte man sehr wohl über die Arbeitsbedingungen reden und über einiges andere dazu. Er mag noch nicht genug wissen, aber als eines Ahnen zumindest braucht sich seine Klasse nicht zu schämen, denke ich.

Drei singende Frauen, ein Holzschnitzwerk von 1911, feiste Weiber, sich aneinander anlehnend und nach allen Richtungen schallend singend, gefallen mir, weil die Verbindung von Kraft und Singen mir angenehm ist.

Der singende Mann, eine Bronze von 1928, singt anders als die drei Frauen von 1911, kühn, in freier Haltung, deutlich arbeitend an seinem Gesang. Er singt allein, hat aber anscheinend Zuhörer. Barlachs Humor will es, daß er ein wenig eitel ist, aber nicht mehr, als sich mit der Ausübung von Kunst verträgt.

Daß der *Engel des Güstrower Ehrenmals* (Bronze 1927) mich überwältigt, ist nicht verwunderlich. Er hat das Gesicht der unvergeßlichen Käthe Kollwitz. Solche Engel gefallen mir. Und obwohl man weder einen Engel noch einen Mann je hat fliegen sehen, so ist doch das Fliegen glorios dargestellt.

Der Blinde und der Lahme, Stukko von 1919, ein Blinder, der einen Lahmen schleppt. Das Bildwerk ist nicht so ausgeführt, wie Gleichnisse es für gewöhnlich sind, nämlich mehr oder weniger abstrakt, mit unindividuellen Figuren. Es ist realistisch ausgeführt, und der wirkliche, individuelle Vorgang bekommt Gleichnis-Charakter. (Es ist etwas anderes, ob ich bei den Worten „Ein reicher Mann hatte einen Weinberg" mir die begüterte Klasse vorstelle, oder beim Anblick eines Blinden, der einen Lahmen schleppt, und zwar bergaufwärts, an die Gewerkschaften denke, die 1919 die sozialdemokratische Partei schleppten. Ich bin keineswegs sicher, daß Barlach derlei dachte.) Die Gruppe hat einen wunderbaren inneren Schwung durch die wirklichkeitsgetreue Zeichnung der Glieder bei dem schwerbelasteten Gang.

Tanzende Alte, Gips getönt, von 1920. Ein Bildwerk von einem Humor, wie er in der deutschen Plastik äußerst selten ist. Welche Grandezza, mit der die Alte den Rock hebt, noch ein Tänzlein zu wagen! Der Blick ist nach oben gerichtet: Sie gräbt in ihrem Gedächtnis nach den richtigen Schritten!

Die *Kußgruppen I und II*, Bronzen von 1912, sind von großem Interesse, weil der Bildhauer hier sein Thema entwickelte und durch Aufrauhung des Materials, also eigentlich durch Vergröberung, eine größere Innigkeit erzielte. Das Werk ist eine wohltuende Abkehr von den niedlichen geschlechtslosen Amor-und Psyche-Gruppen in den guten Stuben der Kleinbürger.

Von nun an, bei den Plastiken aus den Jahren nach 33, muß man sich die Entstehungsjahre ansehen. Da ist der *Buchleser,* die Bronze von 1936. Ein sitzender Mann, vorgebeugt, in schweren Händen ein Buch haltend. Er liest neugierig, zuversichtlich, kritisch. Er sucht deutlich Lösungen dringender Probleme im Buch. Goebbels hätte ihn wohl eine „Intelligenzbestie" genannt. Der Buchleser gefällt mir besser als Rodins berühmter Denker, der nur die Schwierigkeit des Denkens zeigt. Barlachs Plastik ist realistischer, konkreter, unsymbolisch.

Bei der *Frierenden Alten* (Teakholz von 1937), einer kauernden Magd oder Kleinbäuerin, so sichtbar körperlich und geistig von der Gesellschaft im Stich gelassen, fallen die großen, zerarbeiteten Hände auf: Sie konnte sie vor der Kälte nicht schützen! Sie besorgt das Frieren wie eine Arbeit, und sie zeigt keinen Zorn. Aber der Bildhauer zeigt Zorn, weit mehr Zorn als Mitleid; er sei bedankt dafür.

Sitzende Alte, Bronzeplastik von 1933. Wieder wird der Blick auf Gesicht und Hände gelenkt, aber diese Frau besitzt Geist; Gesicht und Hände zeigen das, was man Adel nennen könnte, wäre dieses Wort nicht verknüpft mit den Hindenburgs und Hohenzollern. (Wieder ist übrigens meisterhaft die Kleidung gestaltet. Sie läßt den Körper nicht nur ahnen, sondern macht ihn vollkommen überblickbar wie ein glücklicher Reim einen Gedanken. Ein winziges Detail macht sie ganz und gar realistisch: das wollene Halstuch.) Der Körper ist von großer Schönheit, er zeigt Zartheit und Kraft in edlen Maßen. Die Alte hält sich aufrecht, sie denkt. Ihr Lächeln deutet auf Erfahrungen, die sie gesammelt hat wie Ähren am Wegrain, eine nach der andern. Vor dieser Plastik, entstanden im verhängnisvollen Jahr 1933, steigen wieder Erinnerungen und Vergleiche auf. Ein Jahr vorher stellte in Berlin die Weigel die Wlassowa auf der Bühne dar. Statt der Passivität die Aktivität, statt des Opfers der Unmenschlichkeit die Menschlichkeit. Ich kann mir einen Arbeiter vorstellen, der die Alte Barlachs mit dem Ellbogen anstößt: Herrsche! Du hast alles, was dazu gehört.

Ich kann nicht viel anfangen mit Symbolik, aber Barlachs *Das schlimme Jahr 1937* (in Gips) möchte ich gelten lassen. Es ist eine aufrecht stehende, abgemagerte junge Frau, in einen Schal gehüllt. Es könnte die *Sitzende Alte* jung sein. Sie blickt sorgenvoll in die Zukunft, aber ihre Sorge bezeugt den Optimismus des Bildhauers. Das Bildwerk bedeutet eine leidenschaftliche Ablehnung des Naziregimes, des Goebbels-Optimismus. Diese junge Frau kann ich mir gut als Aktivistin von 1951 vorstellen.

Aus demselben schlimmen Jahr 1937 stammt die *Lachende Alte* (in Holz). Ihre Heiterkeit ist unwiderstehlich. Ihr Lachen ist wie ein Singen, es hat den ganzen Körper gelöst, er sieht beinahe jung aus. Auch die hätten die Goebbels und Rosenberg mit wenig Freude lachen sehn, denke ich. Es heißt, Barlach habe seine *Lachende Alte* gemacht, als er hörte, daß viele seiner aus den Museen als „entartet" entfernten Plastiken in die Schweiz verkauft wurden, Devisen für die Herstellung von Kanonen zu angeln. Es ist interessant, wie die historische Sicht den Genuß an solchen Werken vertieft.

Alle diese Plastiken scheinen mir das Merkmal des Realismus zu haben: Sie haben viel Wesentliches und nichts Überflüssiges. Idee, wirkliche Vorbilder und Material bestimmen die beglückende Form.

Auch die Liebe zum Menschen, der Humanismus Barlachs sind unbestreitbar. Freilich gibt er dem Menschen wenig Hoffnung: Auch einige seiner schönsten Werke erwecken den traurigen Gedanken an die deutsche Misere, die unsere Künste so geschädigt hat. Der „Idiotismus des Landlebens", der Barlachs Figuren den grausamen Stempel aufdrückt, ist nicht Ziel seines Angriffs; mitunter gewinnt er sogar den Anschein des „Erdgebundenen", „Ewigen", „Gottgewollten". Wenn ein Traktorist von heute diese herrlichen Darstellungen armer Menschen dennoch mit Gewinn zu betrachten vermag, so deshalb, weil der Künstler seiner so lange unterdrückten Klasse in einer vertierten Welt geradezu das Monopol der Menschlichkeit verlieh. – Barlach schreibt: „Es ist wohl so, daß der Künstler mehr weiß, als er sagen kann." Aber vielleicht ist es doch wohl so, daß Barlach mehr sagen kann, als er weiß.

Ich notiere hier nichts über die Werke, die mir weniger gefallen (wie: *Der Rächer, Der Zweifler, Die Verlassenen* usw.), da bei ihnen die Formung, wie mir scheint, eine Deformierung der Wirklichkeit bedeutet. Auch ich bin der Meinung, daß unser künstlerischer Nachwuchs nicht aufgefordert werden sollte, von solchen Werken zu lernen. Jedoch geht es nicht an, diese Werke mit den anderen in einen Topf zu werfen, besonders dann, wenn weder die einen noch die andern konkret behandelt werden. Eine abstrakte Kritik führt nicht zu einer realistischen Kunst.

Reden und Briefe zur Politik

REDE AUF DEM I. INTERNATIONALEN SCHRIFTSTELLERKONGRESS ZUR VERTEIDIGUNG DER KULTUR

Paris 1935

Kameraden, ich möchte, ohne besonders Neues sagen zu wollen, etwas über die Bekämpfung jener Mächte sagen, welche heute sich anschicken, die westliche Kultur in Blut und Schmutz zu ersticken, oder die Reste der Kultur, welche ein Jahrhundert der Ausbeutung uns übriggelassen hat. Ich möchte Ihre Aufmerksamkeit nur auf einen einzigen Punkt lenken, über den meiner Meinung nach Klarheit herrschen muß; wenn man diese Mächte wirksam und vor allem bis zu ihrem Ende bekämpfen will. Die Schriftsteller, welche die Greuel des Faschismus erfahren, am eigenen Leibe oder am fremden Leibe, und darüber entsetzt sind, sind mit dieser Erfahrung und mit diesem Entsetztsein noch nicht ohne weiteres imstande, diese Greuel zu bekämpfen. Es mag mancher glauben, daß die Schilderung dieser Greuel genüge, besonders wenn großes literarisches Talent und echter Zorn die Schilderung eindringlich machen. In der Tat sind solche Schilderungen sehr wichtig. Hier geschehen Greuel. Das darf nicht sein. Hier werden Menschen geschlagen. Das soll nicht geschehen. Was braucht es da langer Erörterungen? Man wird aufspringen und den Peinigern in den Arm fallen. Kameraden, es bedarf der Erörterungen.

Man wird vielleicht aufspringen, das ist nicht so schwer. Aber dann kommt das In-den-Arm-Fallen, und das ist schon schwerer. Der Zorn ist da, der Gegner ist bezeichnet; aber wie bringt man ihn zu Fall? Der Schriftsteller kann sagen: Meine Aufgabe ist es, das Unrecht zu denunzieren, und er kann es dem Leser überlassen, damit fertig zu werden. Aber dann wird der Schriftsteller eine sonderbare Erfahrung machen. Er wird merken, daß der Zorn wie das Mitleid etwas Mengenartiges ist, etwas, was in der und der Menge vorhanden ist und ausgehen kann. Und das schlimmste ist: es geht aus in dem Maße, in dem es nötiger wird. Kameraden sagten mir: Als wir zum ersten Male berichteten, daß unsere Freunde geschlachtet wurden, gab es einen Schrei des Entsetzens und viele Hilfe. Da waren hundert geschlachtet. Aber als tausend geschlachtet waren und des Schlachtens kein Ende war, breitete sich Schweigen aus, und es gab nur mehr wenig Hilfe. So ist es: „Wenn die Verbrechen sich häufen, werden sie unsichtbar. Wenn die Leiden unerträglich werden, hört man die Schreie nicht mehr. Ein Mensch wird geschlagen, und der zusieht, wird ohnmächtig. Das ist nur natürlich. Wenn die Untat kommt, wie der Regen fällt, dann ruft niemand mehr halt."

So also ist es. Wie ist dem zu steuern? Gibt es keine Mittel, den Menschen zu hindern, sich abzuwenden von den Greueln? Warum wendet er sich ab? Er wendet sich ab, wenn er keine Möglichkeit des Eingreifens sieht. Der Mensch verweilt nicht bei dem Schmerz des andern, wenn er ihm nicht helfen kann. Man kann den Schlag aufhalten, wenn man weiß, wann er fällt und wohin er fällt und warum, zu welchem Zweck er fällt. Und wenn man den Schlag aufhalten kann, wenn irgendeine, selbst eine schwache Möglichkeit dazu besteht, dann kann man Mitleid haben mit dem Opfer. Man kann es auch sonst, aber nicht lang, jedenfalls nicht so lang, als auf das Opfer die Schläge sausen. Also: Warum fällt der Schlag? Warum wird die Kultur über Bord geworfen wie ein Ballast, jene Reste der Kultur, die uns übriggeblieben sind, warum das Leben von Millionen Menschen, der allermeisten Menschen so verarmt, entblößt, halb oder ganz vernichtet?

Einige von uns beantworten diese Frage. Sie antworten: Aus Roheit. Sie glauben einen erschreckenden Ausbruch bei einem großen und immer größer werdenden Teil der Menschheit zu erleben, einen entsetzlichen Vorgang ohne erkennbare Ursache, plötzlich auftretend, vielleicht, hoffentlich, ebenso plötzlich wieder verschwindend, ein ungestümes Heraustreten einer lange unterdrückten oder schlummernden Barbarei von triebhafter Natur.

Die so antworten, fühlen natürlich selber, daß eine solche Antwort nicht sehr weit reicht. Und sie fühlen auch selbst, daß man der Roheit nicht den Anschein von Naturgewalten verleihen darf, unbesiegbaren Mächten der Hölle.

Sie sprechen also von vernachlässigter Erziehung des Menschengeschlechts. Irgend etwas wurde da versäumt oder konnte in der Eile nicht gemacht werden. Man muß es jetzt nachholen. Man muß gegen die Roheit die Güte einsetzen. Man muß die großen Wörter hervorrufen, die Beschwörungen, die schon einmal geholfen haben, die unvergänglichen Begriffe: Freiheitsliebe, Würde, Gerechtigkeit, deren Wirkung historisch verbürgt ist. Und sie wenden die großen Beschwörungen an. Was geschieht? Den Hinweis darauf, daß er roh sei, beantwortet der Faschismus mit dem fanatischen Lob der Roheit. Angeklagt, er sei fanatisch, antwortet er mit dem Lob des Fanatismus. Bezichtigt, er verletze die Vernunft, schreitet er wohlgemut zu einer Verurteilung der Vernunft.

Auch der Faschismus findet nämlich die Erziehung vernachlässigt. Er verspricht sich sehr viel von einer Beeinflussung der Gehirne und Festigung der Herzen. Er fügt zu den Roheiten seiner Folterkeller die seiner Schulen, Zeitungen, Theater. Er erzieht die ganze Nation, und er erzieht sie den ganzen Tag. Er hat nicht allzuviel zu vergeben an die große Mehrzahl, da heißt es viel erziehen. Er liefert kein Essen, da muß er zur Selbstzucht erziehen. Er kann seine Produktion nicht in Ordnung bringen und braucht Kriege, da muß er zum körperlichen Mut erziehen. Er braucht Opfer, da muß er zum Opfersinn erziehen. Das sind ebenfalls Ideale, Forderungen an den Menschen, einige davon sind sogar hohe Ideale, hohe Forderungen.

Nun, wir wissen, wozu diese Ideale dienen, wer da erzieht und wem diese Erziehung nützen soll – nicht den Erzogenen. Wie ist es mit unsern Idealen? Auch jene von uns, die das Grundübel in der Roheit, der Barbarei erblicken, sprechen, wie wir gesehen haben, nur von Erziehung, nur von Eingriffen in die Geister – keinen anderen Eingriffen jedenfalls. Sie sprechen von der Erziehung zur Güte. Aber die Güte wird nicht von der Forderung nach Güte kommen, nach Güte unter allen Bedingungen, *selbst den schlimmsten,* so wie die Roheit nicht von der Roheit kam.

Ich selbst glaube nicht an die Roheit um der Roheit willen. Man muß die Menschheit in Schutz nehmen gegen die Beschuldigung, sie wäre auch roh, wenn dies nicht ein so gutes Geschäft wäre; es ist eine geistreiche Umbiegung meines Freundes Feuchtwanger, wenn er sagt: Gemeinheit geht vor Eigennutz – aber er hat nicht recht. Die Roheit kommt nicht von der Roheit, sondern von den Geschäften, die ohne sie nicht mehr gemacht werden können.

In dem kleinen Land, aus dem ich komme[1], herrschen weniger erschreckende Zustände als in vielen anderen Ländern; aber jede Woche werden 5000 Stück besten Schlachtviehs destruiert. Das ist eine schlimme Sache, aber es ist kein Ausbruch plötzlichen Blutdurstes. Wäre es das, so wäre die Sache weniger schlimm. Die Destruktion von Schlachtvieh und die Destruktion von Kultur haben

1 Brecht lebte von 1933 bis 1939 in Dänemark.

als Ursache nicht barbarische Triebe. In beiden Fällen wird von nicht ohne Mühe erzeugten Gütern *ein Teil* vernichtet, weil er zur Last geworden ist. Angesichts des Hungers, der alle fünf Weltteile beherrscht, sind solche Maßnahmen zweifellos Verbrechen, aber sie haben nichts mit Mutwillen zu tun, beileibe nicht. Wir haben heute in den meisten Ländern der Erde gesellschaftliche Zustände, in denen die Verbrechen aller Art hoch prämiiert werden und die Tugenden viel kosten. „Der gute Mensch ist wehrlos und der Wehrlose wird niedergeknüppelt, aber mit der Roheit kann man alles haben. Die Gemeinheit richtet sich ein auf 10 000 Jahre. Die Güte dagegen braucht eine Leibwache; aber sie findet keine."

Hüten wir uns, sie von den Menschen einfach zu verlangen! Möchten doch auch wir nichts Unmögliches verlangen! Setzen wir uns nicht dem Vorwurf aus, wir kämen, auch wir, mit Appellen an die Menschen, Übermenschliches zu leisten, nämlich durch hohe Tugenden furchtbare Zustände zu ertragen, welche zwar geändert werden können, aber nicht geändert werden sollen! Reden wir nicht nur für die Kultur!

Erbarmen wir uns der Kultur, aber erbarmen wir uns zuerst der Menschen! Die Kultur ist gerettet, wenn die Menschen gerettet sind. Lassen wir uns nicht zu der Behauptung fortreißen, die Menschen seien für die Kultur da, nicht die Kultur für die Menschen! Das würde allzusehr an die Praxis der großen Märkte erinnern, wo die Menschen für das Schlachtvieh da sind, nicht das Schlachtvieh für die Menschen!

Kameraden, denken wir nach über die Wurzel der Übel!

Eine große Lehre nun, die immer größere Menschenmassen auf unserem Planeten, welcher noch sehr jung ist, ergreift, sagt, daß die Wurzel aller Übel unsere Eigentumsverhältnisse sind. Diese Lehre, einfach wie alle großen Lehren, hat jene Menschenmassen ergriffen, welche am meisten unter den bestehenden Eigentumsverhältnissen und den barbarischen Methoden, mit denen sie verteidigt werden, leiden. Sie wird in einem Lande, das ein Sechstel der Erdoberfläche ausmacht, wo die Unterdrückten und Besitzlosen die Herrschaft ergriffen haben, in die Tat umgesetzt. Dort gibt es keine Destruktion von Nahrungsmitteln mehr und keine Destruktion von Kultur.

Viele von uns Schriftstellern, welche die Greuel des Faschismus erfahren und darüber entsetzt sind, haben diese Lehre noch nicht verstanden, haben die Wurzel der Roheit, die sie entsetzt, noch nicht entdeckt. Es besteht immerfort bei ihnen die Gefahr, daß sie die Grausamkeit des Faschismus als unnötige Grausamkeit betrachten. Sie halten an den Eigentumsverhältnissen fest, weil sie glauben, daß zu ihrer Verteidigung die Grausamkeiten des Faschismus nicht nötig sind. Aber zur Aufrechterhaltung der herrschenden Eigentumsverhältnisse sind diese Grausamkeiten nötig. Damit lügen die Faschisten nicht, damit sagen sie die Wahrheit. Diejenigen unserer Freunde, welche über die Grausamkeiten des Faschismus ebenso entsetzt sind wie wir, aber die Eigentumsverhältnisse aufrechterhalten wollen oder gegen ihre Aufrechterhaltung sich gleichgültig verhalten, können den Kampf gegen die so sehr überhandnehmende Barbarei nicht kräftig und nicht lang genug führen, weil sie nicht die gesellschaftlichen Zustände angeben und herbeiführen helfen können, in denen die Barbarei überflüssig wäre. Jene aber, welche auf der Suche nach der Wurzel der Übel auf die Eigentumsverhältnisse gestoßen sind, sind tiefer und tiefer gestiegen, durch ein Inferno von tiefer und tiefer liegenden Greueln, bis sie dort angelangt sind, wo ein kleiner Teil der Menschheit seine gnadenlose Herrschaft verankert hat. Er hat sie verankert in jenem Eigentum des einzelnen, das zur Ausbeutung des Mitmenschen dient und das mit Klauen und Zähnen verteidigt wird, unter Preisgabe einer Kultur, welche sich zu seiner Verteidigung nicht mehr hergibt oder zu ihr nicht mehr geeignet ist, unter Preisgabe aller Gesetze menschlichen Zusammenlebens überhaupt, um welche die Menschheit so lang und mutig verzweifelt gekämpft hat.

Kameraden, sprechen wir von den Eigentumsverhältnissen!

Das wollte ich zum Kampf gegen die überhandnehmende Barbarei sagen, damit es auch hier gesagt sei oder damit auch ich es gesagt habe.

REDE FÜR DEN II. INTERNATIONALEN SCHRIFTSTELLERKONGRESS ZUR VERTEIDIGUNG DER KULTUR

Madrid 1937

Vor nunmehr vier Jahren spielte sich in meinem Lande eine Reihe schrecklicher Ereignisse ab, welche anzeigten, daß die Kultur in allen ihren Phänomenen in eine tödliche Gefahrenzone eingetreten war. Der faschistische Umsturz erweckte sofort in einem großen Teil der Welt die leidenschaftlichsten Proteste, seine Gewalttaten erweckten Abscheu. Trotzdem blieben die großen Zusammenhänge vielen der von Abscheu Erfüllten ganz dunkel. Einzelne dieser Ereignisse, obwohl wahrgenommen, wurden in ihrer elementaren Bedeutung für das Sein oder Nichtsein der Kultur keineswegs allgemein anerkannt.

Die ungeheuerlichen Vorgänge in Spanien, Bombardierung offener Städte und Dörfer, Abschlachtungen ganzer Bevölkerungen, öffnen nun immer mehr Menschen die Augen für die Bedeutung der im Grund nicht weniger ungeheuerlichen, nur nicht so dramatisch erscheinenden Vorgänge, die sich damals in Ländern wie dem meinigen, wo der Faschismus die Macht eroberte, abgespielt haben. Sie entdeckten nunmehr für die Zerstörung von Guernica und die Besetzung der deutschen Gewerkschaftshäuser im Mai 33 die gemeinsame schreckliche Ursache. Der Schrei derer, die auf öffentlichen Plätzen getötet werden, verstärkt den unhörbaren anonymen Schrei derer, die hinter den Mauern der Gestapokeller gequält werden: die faschistischen Diktaturen haben angefangen, die Methoden, die sie auf ihre eigenen Proletariate anwendeten, nunmehr auch auf fremde Proletariate anzuwenden; sie behandeln das spanische Volk, als ob es das deutsche oder italienische Volk wäre. Wenn die faschistischen Diktaturen ihre Flugzeugparks fabrizieren, bekommt das eigene Volk keine Butter und bekommt das fremde Volk Bomben. Für die Butter und gegen die Bomben standen die Häuser der Gewerkschaften: sie wurden geschlossen. Wer kann heute noch zweifeln, daß die Art, wie die Diktaturen ihre Kriegsregimenter sich gegenseitig ausleihen, und die Art, wie sie dem Handel der Ware Arbeitskraft einen gigantischen Aufschwung geben, indem sie dem Kapital in ihrem freiwilligen Arbeitsdienst Zivilbataillone zutreiben, ein und dieselbe Art ist?

Als der Generalangriff auf die ökonomischen und politischen Positionen der deutschen und der italienischen Arbeiterschaft erfolgte, als die Koalitionsfreiheit der Arbeiter, die Meinungsfreiheit der Presse, als die Demokratie erdrosselt wurde, erfolgte damit der Generalangriff auf die Kultur überhaupt.

Nicht sofort, nicht unmittelbar setzte man die Zerstörung der Gewerkschaften der Zerstörung von Kathedralen und andern Kulturdenkmälern gleich. Und doch erfolgte hier der Angriff auf das Zentrum der Kultur.

Das deutsche und das italienische Volk verlor, als ihm seine politischen und ökonomischen Positionen entrissen wurden, jede Möglichkeit zu kultureller Produktivität – selbst Herr Goebbels langweilt sich in seinen Theatern –, das spanische Volk, indem es seinen Boden und seine Demokratie mit der Waffe verteidigt, erobert und verteidigt seine kulturelle Produktivität: mit jedem Hektar Boden einen Quadratzentimeter Pradoleinwand.

Wenn dem so ist, wenn die Kultur etwas von der gesamten Produktivität der Völker Untrennbares ist, wenn ein und derselbe gewalttätige Eingriff den Völkern die Butter *und* das Sonett entziehen kann, wenn also die Kultur etwas so Materielles ist, was muß dann getan werden zu ihrer Verteidigung?

Was kann sie selbst tun? Kann sie sich schlagen? Sie schlägt sich, also: sie kann es. Der Kampf hat seine verschiedenen Phasen. Die kulturell produzierenden einzelnen distanzieren sich zunächst oft nur impulsiv von den schrecklichen Vorgängen in ihrem Land. Aber schon die Bezeichnung der Barbarei als Barbarei bedeutet: sich schlagen. Dann vereinigen sie sich gegen die Barbarei, das muß man, um sich zu schlagen. Sie schreiten vom Protest zum Appell, von der Klage zum Kampfruf. Sie weisen nicht nur mit Fingern auf die verbrecherische Tat, sondern sie nennen die Verbrecher mit Namen und fordern auf zu ihrer Bestrafung. Sie erkennen, daß die Verdammung der Unterdrückung enden muß mit der Vernichtung der Unterdrücker, daß das Erbarmen mit den Opfern der Gewalt zur Erbarmungslosigkeit gegen die Opferer werden muß, das Mitleid zum Zorn und der Abscheu gegen die Gewalt selber zur Gewalt. Der Gewalt der einzelnen, wie der privilegierten Klasse, muß die Gewalt, die volle zerschmetternde Gewalt des Volkes entgegengesetzt werden.

Denn ihre Kriege hören ja schon nicht mehr auf. Die italienischen Flugzeuggeschwader, die sich auf das unglückliche Abessinien gestürzt hatten, erhoben sich noch mit heißem Öl in die Luft und vereinigten sich mit den deutschen Geschwadern, um sich mit ihnen gemeinsam auf das spanische Volk zu stürzen. Die Schlacht ist nicht ausgekämpft, und schon erheben sich über China die Flugzeuggeschwader des imperialistischen Japan.

Diesen Kriegen wie jenen anderen Kriegen, von denen wir sprachen, muß der Krieg erklärt werden, und dieser Krieg muß als Krieg geführt werden.

Die Kultur, lange, allzulange nur mit geistigen Waffen verteidigt, angegriffen aber mit materiellen Waffen, selber nicht nur eine geistige, sondern auch und besonders sogar eine materielle Sache, muß mit materiellen Waffen verteidigt werden.

OFFENER BRIEF AN DIE DEUTSCHEN KÜNSTLER UND SCHRIFTSTELLER

Berlin 1951

Mit Entsetzen habe ich, wie viele andere, der Rede Otto Grotewohls, in der er eine gesamtdeutsche Beratung zur Vorbereitung allgemeiner freier Wahlen fordert, entnommen, wie ernst die Regierung der Deutschen Demokratischen Republik die Lage in Deutschland beurteilt.

Werden wir Krieg haben? Die Antwort: Wenn wir zum Krieg rüsten, werden wir Krieg haben. Werden Deutsche auf Deutsche schießen? Die Antwort: Wenn sie nicht miteinander sprechen, werden sie aufeinander schießen.

In einem Land, das lange Zeit seine Geschäfte einheitlich geführt hat und das plötzlich gewaltsam zerrissen wird, gibt es allerorten und allezeit viele Konflikte, die geschlichtet werden müssen. Dies kann auf viele Weise geschehen. Wenn es Heere gibt, wird es auf kriegerische Weise geschehen. Spätestens, wenn die Gefahr auftaucht, daß solche Heere entstehen, muß unter allen Umständen eine neue Anstrengung gemacht werden, die Wiedervereinigung auf friedlichem Wege herbeizuführen, welche, abgesehen von den ungeheuren Vorteilen solcher Einheit, die Konflikte beseitigt. Die Menschen aller Berufe, alle gleich bedroht, müssen dazu beitragen, die Spannungen zu beseitigen, die entstanden sind. Als Schriftsteller wende ich mich an die deutschen Schriftsteller und Künstler, ihre Volksvertretungen zu ersuchen, in einem frühen Stadium der erhofften Verhandlungen folgende Vorschläge zu besprechen:

1. Völlige Freiheit des Buches, mit einer Einschränkung.
2. Völlige Freiheit des Theaters, mit einer Einschränkung.
3. Völlige Freiheit der bildenden Kunst, mit einer Einschränkung.
4. Völlige Freiheit der Musik, mit einer Einschränkung.
5. Völlige Freiheit des Films, mit einer Einschränkung.

Die Einschränkung: Keine Freiheit für Schriften und Kunstwerke, welche den Krieg verherrlichen oder als unvermeidbar hinstellen, und für solche, welche den Völkerhaß fördern.

Das große Carthago führte drei Kriege. Es war noch mächtig nach dem ersten, noch bewohnbar nach dem zweiten. Es war nicht mehr auffindbar nach dem dritten.

ZUM VÖLKERKONGRESS FÜR DEN FRIEDEN

Wien 1952

Das Gedächtnis der Menschheit für erduldete Leiden ist erstaunlich kurz. Ihre Vorstellungsgabe für kommende Leiden ist fast noch geringer. Die Beschreibungen, die der New-Yorker von den Greueln der Atombombe erhielt, schreckten ihn anscheinend nur wenig. Der Hamburger ist noch umringt von Ruinen, und doch zögert er, die Hand gegen einen neuen Krieg zu erheben. Die weltweiten Schrecken der vierziger Jahre scheinen vergessen. Der Regen von gestern macht uns nicht naß, sagen viele.

Diese Abgestumpftheit ist es, die wir zu bekämpfen haben, ihr äußerster Grad ist der Tod. Allzu viele kommen uns schon heute vor wie Tote, wie Leute, die schon hinter sich haben, was sie vor sich haben, so wenig tun sie dagegen.

Und doch wird mich nichts davon überzeugen, daß es aussichtslos ist, der Vernunft gegen ihre Feinde beizustehen. Laßt uns das tausendmal Gesagte immer wieder sagen, damit es nicht einmal zu wenig gesagt wurde! Laßt uns die Warnungen erneuern, und wenn sie schon wie Asche in unserem Mund sind! Denn der Menschheit drohen Kriege, gegen welche die vergangenen wie armselige Versuche sind, und sie werden kommen ohne jeden Zweifel, wenn denen, die sie in aller Öffentlichkeit vorbereiten, nicht die Hände zerschlagen werden.

EIN VORSCHLAG ANLÄSSLICH DER AUSSERORDENTLICHEN TAGUNG DES WELTFRIEDENSRATES IN BERLIN 1954

Die großen Revolutionen in Rußland und China und, im Gefolge davon, die Emanzipation der Kolonialvölker auf der ganzen Welt haben ein wirtschaftliches und politisches System in Gefahr gebracht, von dem viele glaubten, es werde für immer herrschen können.

Von den aufgeklärten Völkern zur Rede gestellt, daß dieses System die Welt nicht bewohnbar machen konnte, greift es nun zu Waffen, die sie sehr wohl ganz und gar für immer unbewohnbar machen können.

Es gibt eine große und größer werdende Friedensbewegung in der Welt, deren Ausdruck Sie sind. Aber das Entsetzliche ist, daß ein Krieg schon nicht mehr nötig ist, die Welt zu vernichten: durch die Entwicklung der Atomphysik genügen die Kriegsvorbereitungen dazu.

Auf japanische und amerikanische Städte gehen seit Wochen radioaktive Regen nieder. Mit Furcht betrachtet die Bevölkerung Japans die Fischdampfer, die immer ihre Hauptnahrung gebracht haben. Denn das Meer und die Luft, jahrtausendelang ohne Besitzer, haben nun Herren gefunden, die sich das Recht über sie anmaßen, nämlich das Recht, sie zu verseuchen. Die Gesundheit des Menschengeschlechts ist bedroht auf Jahrhunderte hinaus.

Aber die Angestellten dieser Experimentatoren in Presse und Radio verheimlichen alles und machen zu Kleinigkeiten, was sie nicht verheimlichen können.

Dagegen gibt es nur eines: Die Millionen in allen fünf Erdteilen müssen von der ungeheuren Gefahr verständigt werden. Wie das anfangen? Wie die pure Unwissenheit bekämpfen, wie die durch die Greuel zweier Weltkriege abgestumpfte Phantasie wieder beleben? Es ist meine Meinung, daß das Wissen, das allein in dieser späten Stunde eine Bewegung entfalten kann, so umfassend, daß die Anschläge der Meuchelmörder vereitelt werden können, von den Millionen der Betroffenen selber verbreitet werden sollte. Es muß zu großen Geldsammlungen aufgerufen werden, die dazu dienen sollen, Flugblätter, Broschüren und Bücher herzustellen, in denen unsere Wissenschaftler in einfachster Sprache, vielleicht unterstützt von uns Schriftstellern, die Wahrheit über die Gefahr der Experimente mit Atomwaffen für die ganze Erde sagen. Die Mütter müssen Geld geben und sammeln, kleinweise, in Pfennigen, damit örtlich und im Großen das Wissen verbreitet wird, das ihre Kinder retten soll. Die Nachbarn müssen die Nachbarn anreden. Lehrend würden sie am besten lernen. Sich und die Ihren verteidigend, würden sie alle zur Verteidigung aufrufen.

Lassen Sie uns gegen die unkonventionellen Waffen, wie die amerikanische Regierung ihre Atombomben nennt, zu unkonventionellen Mitteln der Verbreitung des Wissens greifen!

REDE ANLÄSSLICH DER VERLEIHUNG DES LENIN-PREISES „FÜR FRIEDEN UND VERSTÄNDIGUNG ZWISCHEN DEN VÖLKERN“

Moskau 1955

Es ist eine der erstaunlichen Gepflogenheiten der Sowjetunion, dieses höchst erstaunlichen Staates, alljährlich einige Leute mit einem Preis für Bemühungen um den Weltfrieden auszuzeichnen. Ein solcher Preis scheint mir der höchste und meist erstrebenswerte von allen Preisen, die heute verliehen werden können. Was immer man ihnen einreden will, die Völker wissen: der Friede ist das A und O aller menschenfreundlichen Tätigkeiten, aller Produktion, aller Künste, einschließlich der Kunst zu leben.

Ich war neunzehn Jahre alt, als ich von Ihrer großen Revolution hörte, zwanzig, als ich den Widerschein des großen Feuers in meiner Heimat erblickte. Ich war Sanitätssoldat in einem Augsburger Lazarett. Die Kasernen und sogar die Lazarette leerten sich, die alte Stadt füllte sich plötzlich mit neuen Menschen, in großen Zügen aus den Vorstädten kommend, von einer Lebendigkeit, welche die Straßen der Reichen, der Ämter und Kaufleute nicht kannten. Einige Tage lang sprachen Arbeiterfrauen in den schnell improvisierten Räten und wuschen jungen Arbeitern in Soldatenkitteln die Köpfe, und die Fabriken hörten die Befehle der Arbeiter.

Einige Tage, aber was für Tage! Überall Kämpfer, aber zugleich friedliche Leute, aufbauende Leute!

Die Kämpfe führten, wie Sie wissen, nicht zum Sieg, und Sie wissen, warum. In den folgenden Jahren der Weimarer Republik waren es die Schriften der Klassiker des Sozialismus, die durch den großen Oktober neu belebt worden waren, und die Berichte von Ihrem kühnen Aufbau einer neuen Gesellschaft, die mich diesen Idealen verpflichteten und mit Wissen versahen.

Die wichtigste der Lehren bestand darin, daß eine Zukunft für die Menschheit nur „von unten her“, vom Standpunkt der Unterdrückten und Ausgebeuteten aus, sichtbar wurde. Nur mit ihnen kämpfend, kämpft man für die Menschheit.

Ein riesiger Krieg hatte stattgefunden, ein riesigerer wurde vorbereitet. Von hier aus, von unten aus, waren die versteckten Ursachen dieser Kriege zu erkennen; diese Klasse hatte sie zu bezahlen, die verlorenen und die siegreichen. Hier, in der Tiefe, hatte auch der Friede einen kriegerischen Aspekt.

Zuinnerst der Sphäre der Produktion und allüber die Sphäre der Produktion herrschte die Gewalt, sei es die offene des Flusses, der die Dämme zerreißt, oder die geheime der Dämme, die den Fluß niederhalten. Es handelte sich nicht nur darum, ob Kanonen hergestellt wurden oder Pflüge – in den Kriegen um den Brotpreis sind die Pflüge die Kanonen. In den immerwährenden unerbittlichen Kämpfen der Klassen um die Produktionsmittel sind die Zeiten verhältnismäßigen Friedens nur die Zeiten der Erschöpfung. Nicht so ist es, daß ein zerstörerisches kriegerisches Element immer wieder die friedliche Produktion unterbricht, sondern die Produktion selbst gründet sich auf das zerstörerische kriegerische Prinzip.

Das ganze Leben kämpfen die Menschen im Kapitalismus um ihre Existenz – gegeneinander. Die Eltern kämpfen um die Kinder, die Kinder um das Erbe, der kleine Händler kämpft um seinen Laden mit dem anderen kleinen Händler, und alle kämpfen sie mit dem großen Händler. Der Bauer kämpft mit dem Städter, die Schüler kämpfen mit dem Lehrer, das Volk kämpft mit den Behörden, die Fabriken kämpfen mit den Banken, die Konzerne kämpfen mit den Konzernen. Wie sollten da am Ende nicht die Völker mit den Völkern kämpfen!

Die Völker, die sich eine sozialistische Wirtschaft erkämpft haben, haben eine wunderbare Position bezogen, was den Frieden betrifft. Die Impulse der Menschen werden friedlich. Der Kampf aller gegen alle verwandelt sich in den Kampf aller für alle. Wer der Gesellschaft nützt, nützt sich selbst. Wer sich selbst nützt, nützt der Gesellschaft. Gut haben es die Nützlichen, nicht mehr die Schädlichen. Der Fortschritt hört auf, ein Vorsprung zu sein, und die Erkenntnisse werden niemandem mehr verheimlicht, sondern allen zugänglich gemacht. Die neuen Erfindungen können mit Freude und Hoffnung empfangen werden, anstatt mit Entsetzen und Furcht.

Ich selbst habe zwei Weltkriege erlebt. Jetzt, an der Schwelle des Alters, weiß ich, daß von neuem ein ungeheurer Krieg vorbereitet wird. Aber ein Viertel der Welt ist jetzt befriedet. Und in anderen Teilen befinden sich die sozialistischen Ideen im Vormarsch.

Der Friedenswunsch der einfachen Menschen allüberall ist tief. In den intellektuellen Berufen kämpfen viele, auch in kapitalistischen Staaten, mit verschiedenen Graden des Wissens für den Frieden. Aber es sind die Arbeiter und Bauern in ihren eigenen Staaten und in den Staaten des Kapitalismus, auf denen unsere beste Hoffnung für Frieden beruht.

Es lebe der Friede! Es lebe Ihr großer Staat des Friedens, Staat der Arbeiter und Bauern!

REDE AUF DEM IV. DEUTSCHEN SCHRIFTSTELLERKONGRESS

Berlin 1956

In dem Teil Deutschlands, in dem dieser Kongreß tagt, wird im Interesse ganz Deutschlands der Kampf um eine neue, bessere Lebensweise und um eine neue, bessere Denkweise mächtig fortgeführt werden.

Wir werden ihn auf allen Gebieten mit allen Mitteln führen, auf dem Gebiet der Künste mit allen Kunstmitteln.

Immer noch lebt der größere Teil Deutschlands im Sumpf der bürgerlichen Barbarei, und der Sumpf steigt wieder. Jubelnd begrüßen in Friedland Sprecher des Großbürgertums jene Unglücklichen, die es einst zu Wölfen erzogen hat, während es schon wieder Unglückliche in einem neuen Überfallsheer abrichtet. Unermüdlich den Frieden zu einem Schimpfwort machend, sucht es zu Kriegen zu kommen – seiner barbarischen Lebensform.

Die Literatur wird da, abgesehen von einigen freilich großartigen Ausnahmen, zur Literatur der schamlosen Anpassung oder der Verzweiflung.

Wir schreiben unter neuen Bedingungen. Die sozialistische und realistische Schreibweise, die wir als Sozialisten und Realisten für unsere neuen Leser, Erbauer einer neuen Welt, entwickeln, kann, wie wir sahen, für den großen Kampf in vielfacher Weise dichterisch ausgebaut werden, nach meiner Meinung besonders durch das Studium der materialistischen Dialektik und das Studium der Weisheit des Volkes. Bauen wir doch unseren Staat nicht für die Statistik, sondern für die Geschichte, und was sind Staaten ohne die Weisheit des Volkes!

Verzeichnis der Abbildungen

Literaturhinweise

Brecht. Stücke, 14 Bände, Aufbau-Verlag Berlin 1955 ff.

Brecht. Gedichte, 10 Bände, Aufbau-Verlag Berlin 1961–1978

Brecht. Prosa, 4 Bände, Aufbau-Verlag Berlin und Weimar 1973–1975

Brecht. Schriften zum Theater, 7 Bände, Aufbau-Verlag Berlin und Weimar 1964

Brecht. Schriften zur Literatur und Kunst, 2 Bände, Aufbau-Verlag Berlin und Weimar 1966

Brecht. Schriften zur Politik und Gesellschaft, 2 Bände, Aufbau-Verlag Berlin und Weimar 1968

Brecht. Werke in fünf Bänden, Aufbau-Verlag Berlin und Weimar 1973

Brecht. Texte für Filme, 2 Bände, Aufbau-Verlag Berlin und Weimar 1971

Brecht. Tagebücher 1920–1922. Autobiographische Aufzeichnungen 1920 bis 1954, Aufbau-Verlag Berlin und Weimar 1976

Brecht. Arbeitsjournal 1938–1955, Aufbau-Verlag Berlin und Weimar 1977

Sonderheft Bertolt Brecht der Zeitschrift „Sinn und Form", Rütten & Loening Berlin 1949

Zweites Sonderheft Bertolt Brecht der Zeitschrift „Sinn und Form", Rütten & Loening Berlin 1957

Arnolt Bronnen. Tage mit Bertolt Brecht, Henschelverlag Berlin 1960

Werner Mittenzwei. Bertolt Brecht, Aufbau-Verlag Berlin 1962

Erinnerungen an Brecht. Zusammengestellt von Hubert Witt, Verlag Philipp Reclam jun. Leipzig 1964

Klaus Schuhmann. Der Lyriker Bertolt Brecht 1913–1933, Rütten & Loening Berlin 1964

Hanns Otto Münsterer. Bert Brecht. Erinnerungen aus den Jahren 1917 bis 1922, Aufbau-Verlag Berlin und Weimar 1966

Werner Frisch/K. W. Obermeier. Brecht in Augsburg, Aufbau-Verlag Berlin und Weimar 1975

Werner Mittenzwei. Der Realismus-Streit um Brecht, Aufbau-Verlag Berlin und Weimar 1978